波密年鉴

སྤོ་བོའི་ལོ་རེའི་མེ་ལོང་།

2020（总第5卷）

中共波密县委办公室　编

图书在版编目（CIP）数据

波密年鉴.2020 / 中共波密县委办公室编.--北京：方志出版社, 2020.12

ISBN 978-7-5144-4564-0

Ⅰ.①波… Ⅱ.①中… Ⅲ.①波密县-2020-年鉴
Ⅳ.①Z527.54

中国版本图书馆CIP数据核字（2020）第237887号

波密年鉴（2020）

编　　者： 中共波密县委办公室
责任编辑： 刘方圆

出 版 者： 方志出版社
地址 北京市朝阳区潘家园东里 9 号（国家方志馆4层）
邮编 100021
网址 http://www.zgfzcb.org
发　　行： 方志出版社图书经销中心
电话（010）67110500
经　　销： 各地新华书店
印　　刷： 河南金雅昌文化传媒有限公司

开　　本： 889mm × 1194mm　1/16
印　　张： 37.5
字　　数： 950千字
版　　次： 2020年12月第1版　2020年12月第1次印刷
印　　数： 001-900册

ISBN 978-7-5144-4564-0　　定价：350.00元

全境面积：16700平方公里

辖区乡镇：7个乡3个镇

村（居）委会：85个

总人口：39400人

平均海拔：3300米左右

年均气温：10.0℃

年均降水量：683.9毫米

年均日照时长：1205小时

无霜期：195天

年生产总值：27.4亿元

第一产业：2.86亿元

第二产业：9.25亿元

第三产业：15.29亿元

财政公共预算收入：0.56亿元

社会固定资产投资：13.12亿元

社会消费品零售总额：2.896亿元

农村居民人均可支配收入：18460元

森林覆盖率：34.30%

林地面积：630329.999公顷

耕地面积：6266.67公顷

《波密年鉴（2020）》编纂委员会

1–7月

《波密年鉴（2020）》编纂委员会

8–12月

波密天麻

天麻丰收

波密县位于青藏高原东南部，介于北纬29° 21′ －30′ ，东经94° 00′ －96° 40′ 之间，东临昌都地区八宿县，西接那曲地区嘉黎县和林芝地区工布江达县，北靠昌都地区边坝县和洛隆县，南依林芝地区林芝县、墨脱县和察隅县，土地面积1.67万平方千米。县境北部、西部、东北部均为念青唐古拉山向东南延伸的余脉，东部有伯舒拉岭，南有喜马拉雅山脉。总体地势呈现出东高西低，四周为山地，中部为河谷区，岭谷相间排列的地理分布格局。

由于波密县高原特殊的地理气候条件，造就了波密县林下资源生物的多元性和优异性，波密天麻就是其中最有代表性的物产。

波密天麻是一味常用而较名贵的中药，性微寒、味甘，有熄风镇痉作用。治头痛、头昏、眼花、风寒湿痹、小儿惊风等症状。临床多用于头痛眩晕、肢体麻木、小儿惊风、癫痫、抽搐、破伤风等症。波密天麻具有质坚、体实、无空心、特异气味浓等特点。经测定，其天麻素含量在0.4%以上，比内地品种天麻的天麻素含量高出很多。

2010年3月25日，中华人民共和国农业部批准对“波密天麻”实施农产品地理标志登记保护。

查看天麻长势

巴琼天麻培育

波密羊肚菌

野生羊肚菌

波密县位于西藏自治区东南部，是西藏出口菌类、松茸、羊肚菌的重要产地之一。随着相关技术的逐渐成熟，人工种植羊肚菌逐渐走进当地群众的生产生活，助力群众增收致富。

羊肚菌是世界公认的著名珍稀食药兼用菌。波密羊肚菌其香味独特，营养丰富，功能齐全，食效显著。富含多种人体需要的氨基酸和有机锗，有补肾、壮阳、补脑，提神等功效。其抗癌作用明显，对肌瘤细胞有强烈抑制作用，具有较高的食用价值和医用价值，在美国被称为“陆地鱼”，一直被欧美等发达国家作为人体营养的高级补品。

波密蜂蜜

蜜蜂养殖

波密县古乡和易贡乡地处北纬30度，平均海拔2300米左右，属藏东南温带半湿润气候区，拥有上百年的养蜂历史。当地盛产的“中华蜂”属藏东南特有蜂种，具有不可移动放养的特性，采用传统圆形木桶兼方形蜂箱进行饲养，生产过程处纯自然状态，无人工投入品及任何药物、天然无污染、原生态，所产蜂蜜被称之为“波密蜂蜜”，闻名于西藏自治区内外。“波密蜂蜜”色泽呈深褐色，味甜润带有花瓣的清香气味，稍有浑浊，易结晶，其晶粒特别细腻，呈油状结晶；具有护肤美容、促进消化、提高免疫力、改善睡眠、保肝、抗疲劳、促进儿童生长发育、保护心血管、润肺止咳化痰等功效。

波密蜂蜜

2017年9月1日，“波密蜂蜜”被中华人民共和国农业部批准实施国家地理标志登记保护。

易贡辣椒

易贡乡位于西藏林芝市波密县西北部，受地理位置、海拔高度与地貌条件等影响，土壤发育比较晚，平均海拔2100米，土壤与植被类型较为复杂，因此农业利用的土地资源较为丰富，适宜易贡辣椒种植。

易贡辣椒

易贡辣椒是经长年种植而形成的独特地方品种。果实为浆果，鲜椒形状以羊角、牛角、圆锥形居多。未成熟时呈绿色，成熟后呈鲜红色，具有皮薄、香甜、香辣味浓郁的优点。

易贡辣椒鲜椒维生素含量为60—70毫克/100克、干椒维生素含量为154—162毫克/100克，鲜椒含辣椒素20—90毫克/千克，干椒含辣椒素500700毫克/千克。

2015年11月5日，中华人民共和国农业部批准对“易贡辣椒”实施国家农产品地理标志登记保护。

易贡藏刀

易贡藏刀

易贡藏刀打制工艺历史悠久，迄今为止已有上千年历史。易贡藏刀打制工艺于2007年被列入西藏自治区非物质文化遗产名录，易贡藏刀藏语称“易贡波冶加玛”，易贡藏刀充分体现了藏民族佩戴刀具的历史，是西藏文化不可分割的一部分。易贡藏刀采用独特的打制工艺，使用原料是由“易贡妞日铁”“帕根森布铁”及“工布扎松铁”融合冶炼而成，故而其他地区无法打制这种藏刀。易贡藏刀在旧社会专供波密地区的上层人士使用，现在藏区的农牧民群众和区内外的游客都以能拥有一把易贡藏刀而感到自豪。

在2015年之前，易贡藏刀发展相对分散，7名非物质文化遗产继承人都各自为政，资源无法充分利用，产出的藏刀很少。易贡乡党委、政府从保护国家非物质文化遗产和促进江拉村产业结构调整的角度出发，积极协调联系藏刀打制工艺传承人，在2015年3月19日成立了波密县易贡乡拉嘎藏刀打制工艺农牧民专业合作社。

易贡菜籽油

易贡菜籽油

易贡乡位于波密县城外120公里处。平均海拔2100米，属温带半湿润半干旱河谷盆地农林气候。年平均气温11.4℃，年平均降水量1082毫米，无霜期为191天。在这得天独厚的气候条件下，适应多种作物及经济林生长。易贡油菜籽产量好、颗粒饱满、出油率高。榨出的青油色泽艳丽、油质优良、口感好、油烟少，真正属于纯天然无污染的绿色食品。

岗云杉糌粑

波密岗乡林芝云杉林位于扎木县城以西22公里，总面积4600公顷。其中森林面积2800多公顷，森林覆盖率达61％以上。保护区内林木生长速度、持续生长期和单位蓄积量远远超过国内外同类林，尤以云杉为突出。区内山高树密，古木参天，珍稀野生动物活动频繁，各类名贵中药材蕴藏丰富。1984年，被划为以保护丰产针叶林为主的森林生态系统自然保护区。波密岗乡位于雅鲁藏布江大拐弯的东北部，帕龙藏布的中下游。帕龙藏布由东北向西南穿行于崇山峻岭和茂密的林海之中，北上的暖温气流在此形成丰沛的降水和温和的气候，成为青藏高原上现代冰川发育的中心区域之一，形成中国少有的海洋性冰川。这里森林垂直带的变化也比较明显，随着海拔的升高，依次有针阔叶混交林带、山地针叶林带、暗针叶林带，主要分布着高山松、漆树、槭树、沙棘、云杉、冷杉等高产林和经济植物。保护区的山地海拔大多在2600—5000米，受印度洋西南季风影响，气候温和湿润。区内森林茂密，以云杉和冷杉为主组成的树干通直、高大的暗针叶林占优势，部分密林下还生长着密集的箭竹，难以通行。这里的森林拥有罕见的生产力，个别地段每公顷的蓄积量超过2400立方米，约为中国东北林区的3倍；树龄高达300—400年，有些云杉树干胸径达1.5—2.5米，树高75—80米，单株树木的树干木材多达60立方米以上，是迄今所知世界上生产力最高的暗针叶林。

岗云杉糌粑

受岗乡林芝云杉得天独厚的自然条件影响，波密县岗乡种植的青稞品质非常优良，是波密的主导产业。而波密县品牌“岗云杉”牌糌粑正是采用岗乡纯天然、无污染的优质青稞，结合当地的传统加工工艺（筛选、清洗、烘炒、去皮、水磨）精制而成。为了保证糌粑的原质原味和营养成份在机械加工过程中不会流失，特和岗乡岗村已有50多年糌粑加工经验的米玛老师傅达成合作意向，由老师傅带领他的一个徒弟在岗村糌粑加工基地进行糌粑传统（水磨）加工，县粮油加工厂负责深加工和包装及销售。目前“岗云杉”糌粑经深加工后，加入适量波密当地野生顶级虫草、天麻、灵芝，从而制作成虫草糌粑、天麻糌粑、灵芝糌粑三大品种，现这三大品种已初步形成生产规模，并有少量产品已进入市场。

桃花沟桑伦藏香

桃花沟桑伦藏香是嘎朗王专用藏香，是由第二十三代嘎朗王本根波波于公元12世纪传下，制作工艺是从波密嘎朗王遗留一千多年的旧部经书中抄录配方，吸取历代名医配方之精华，并在现藏医学院众多教授的指导下通过传统工艺加工精心制作而成。

此香多用于宾馆、饭馆、办公及公共场所，有很好的除垢，杀菌、清洁空气、抗疲劳、提神、缓解压力等作用，可使心情舒畅，生意兴隆；在室内长期点此香可防止实木家具和纯毛料和皮革类衣物蛀虫；同时对调节心气和预防流感、传染病、癫痫疾病也有一定的治疗和预防作用。

桃花沟桑伦藏香

桃花沟桑伦藏香的制作技艺已有近千年的历史，利用嘎朗王传统的手工工艺与天然青藏高原特有的二十多种藏草药制作而成。藏香原材料主要采用波密噶瓦龙神山上采摘的名贵香料金丝草和银丝草，波密卓龙瀑布的清泉，墨脱县莲师圣地的各种名贵藏药，还有藏红花、青蒿子、川木香、肉豆蔻、纳格（藏药名）、印度金光柯子、沉香、红檀香、白豆蔻、矾叶、广枣、紫草茸等多种名贵藏药按一定比例配合主料经过人工搓揉制成藏香原料，其中制作藏香的部分辅料则要从印度引进。

波密藏香猪

藏香猪又名“人参猪”和“蕨麻猪”，是一种畜禽品种，是川西高原、云南、西藏、甘肃甘南和岷县特有的一种古老畜种资源，是西藏原始的瘦肉型猪种，属于外牧养类。

在饲养中能够有效地适应地理环境与饲养方式，具有一定的外貌特征与生产性能。主要原产地四川阿坝州、甘孜州、云南香格里拉，西藏林芝地区。

藏香猪

波密灵芝

灵芝

林芝波密灵芝是生长在高海拔地区的一种稀有灵芝品种，菌柄较短，呈黑红色，有漆状光亮，菌盖呈圆形状，表面红色或深红色，边缘色略淡，中心未喷粉前有漆状光亮，外围为白色，喷粉后菌盖被孢子粉覆盖，无光泽，淡黄色。其含有的锗元素能使人体血液吸收氧的能力增加1.5倍，因此波密灵芝具有很好的促进新陈代谢和延缓衰老的作用。灵芝中含有的多糖具有双向调节机体免疫力抗肿瘤和护肝的作用。

波密松茸

波密松茸

松茸又叫松口蘑，主要分布于海拔2600—3600米左右针阔叶林地，与松属或栎属植物形成外生菌根。肉质肥厚，具香气，味道鲜美，是一种经济价值很高的名贵食用菌，也是一种重要的树木菌根菌。

波密松茸一般分布于海拔1600—3200米的温带，寒温带的云南松、华山松与栎树、杜鹃等混交林的密林中地上。与树木的须根发生共生关系，形成菌根。一般6月—11月间出菇，8月—9月间为出菇旺季。

波密松茸最大的特点在于它的营养价值，最主要的功效就是具有抗癌抗肿瘤，松茸含有一种任何植物都没有的特殊物质——松茸醇；日本广岛原子弹爆炸后，第一个长出来的植物就是松茸，因此松茸还有能够抗辐射；除此之外，松茸还有抗氧化、美容养颜、提高免疫力等多种功效，是食物中的佳品。最重要的是，松茸迄今为止还不能人工种植，因为松茸必须寄宿在活的树木上，这也让松茸非常珍贵。

易贡茶叶

俗话说，高山出好茶。易贡茶场海拔高度为1900—2300米之间，年平均气温11.4摄氏度，冬无严寒，夏无酷暑，空气湿度大，原始森林的落叶使土壤的腐殖质增多，营养丰富；太阳的蓝紫光多，空气洁净。易贡茶场用天然雪水浇灌，基本上不施化肥和农药，经查，易贡茶叶化肥含量为零，是世界上少有的零化肥茶叶。

易贡茶叶

（此版块所有照片均由波密县农业农村局提供）

2019 年 7 月 11 日，自治区党委书记吴英杰（右三）在扎木镇巴琼村看望结对帮扶对象

2019 年 5 月 14 日，自治区党委常委、常务副主席罗布顿珠（左一）在古乡检查指导工作

2019日11月12日，中央扫黑除恶第13督导组组长朱维群（正中）到波密县公安局检查督导，自治区党委常委、区政法委书记何文浩（右三）陪同

2019年6月3日，生态环境部副部长黄润秋赴波密县就川藏铁路路径问题进行调研

2019年7月6日，中国残联党组成员、副主席、副理事长程凯（右三）一行在波密县调研残疾人工作

2019年10月3日，自治区党委常委、区纪委书记、区监察委主任王卫东（左一）到指挥中心督导中华人民共和国70周年大庆维稳安保工作

2019 年 3 月 10 日，自治区常委、组织部部长陈永奇（中间）在波密县多东寺督导维稳工作

2019 年 10 月 5 日，自治区党委常委、政法委书记何文浩（左二），在司法厅党委书记肖传江（左一），波密监狱党委书记、政委任辉（右二），党委副书记、监狱长斯朗扎西（右一）等有关人员的陪同下，深入监管区一线调研指导工作

2019年7月16日，自治区人民政府副主席江白（左三）到易贡乡督察指导补植复绿工作

2019年6月18日，自治区政协原副主席益希单增（左二）入户走访调研

2019 年 5 月 12 日，人社部农保司司长刘从龙（左二）在波密县调研

2019 年 4 月 23 日，司法部办公厅巡视员、指挥中心主任李敬鹤（前排左一）在司法厅党委委员、副厅长、监狱管理局党委书记于续文（前排右一）陪同下，到西藏波密监狱考察调研信息化建设

2019年7月19日，中山大学党组书记陈春生（左三），自治区党委宣传部副部长于红（左四）在县委红楼调研并合影留念

2019年4月19日，自治区党委宣传部副部长、文明办主任仁青罗布（前排左一）一行到波密县中学调研

2019 年 4 月 24 日，西藏日报社党委委员、副总编辑、自治区强基惠民办公室负责人达娃次仁（右五）带领的强基惠民连片驻村工作第四调研组在古乡强基惠民连片驻村工作进行调研，林芝市委组织部副部长、市强基办主任古桑朗卓（右六）陪同

2019 年 4 月 18 日，司法厅党委副书记、厅长旦巴（左三），在司法厅副巡视员、监狱管理局党委副书记、政委万马（右一），司法厅装备财务保障处处长李刚（右二），波密监狱党委副书记、监狱长斯朗扎西（左二）的陪同下，到波密监狱调研指导工作

2019年10月4日至6日，司法厅党委书记肖传江（左二），在监狱管理局党委委员、副局长张晓华（左四），波密监狱党委书记、政委任辉（左三），党委副书记、监狱长斯朗扎西（左一）的陪同下，深入波密监狱调研，并对国庆安保维稳工作进行督导

2019年5月23日，自治区自然资源厅党组书记王刚（右二），在波密县县委常委、副县长沈光银（右一）陪同下到波密县自然资源局检查督导工作

2019年5月8日，自治区住建厅党组书记、副厅长余和平（前排左一）在波密县指导城乡发展工作

2019年7月10日，自治区妇联党组书记周世英（左三），在县委常委、组织部部长张斌（左一），政府副县长达娃卓嘎（右一）陪同下到波密县进行考察调研

2019 年 5 月 21 日，自治区妇联党组副书记、主席江措拉姆（左二）在市县领导的陪同下，带队自治区妇联领导干部到古乡调研妇女儿童工作开展情况

2019 年 6 月 21 日，自治区气象局局长向毓意（左二）率队考察易贡天然氧吧评选工作

2019 年 7 月 25 日，自治区林草局巡视员田建文（左三）调研森林草原防火工作

2019 年 4 月 29 日，林芝市委副书记、市长旺堆（前排中）在倾多镇调研倾多镇苗圃选址工作

2019 年 4 月 29 日，林芝市委副书记、市长旺堆（左二）在波密县指导水电工作

2019 年 2 月 27 日，国家发改委地区经济司副司长安利民（左二）一行到波密县开展调研工作

2019年1月11日，自治区政府副秘书长、妇儿工委副主任李桑（右三）及区妇儿工委相关成员单位负责人一行调研波密县“两规”工作

2019年11月6日，自治区主题教育第四巡回指导组常务副组长伊西加措（右二）一行在波密县检查指导工作

2019年7月14日，自治区市场监督管理局党组书记、副局长刘家杰（右一）深入调研县市场监管局小个专党建工作及特种配备等相关工作开展情况

2019年4月17日，林芝市人大常委会副主任次仁央宗（右二）在倾多镇开展“一法一条例”执法检查及巡河

2019 年 6 月 14 日，林芝市委常委、市纪委书记、监委主任喻昌（右一）赴波密县纪委监委调研指导工作

2019 年 4 月 3 日，林芝市委常委、统战部部长达瓦（前排右二）在多吉乡调研产业、党建、扶贫工作

2019 年 4 月 25 日，林芝市委常委、副市长杨赤卫（前排中）一行在波密县应急局召开安全生产工作座谈会

2019 年 10 月 19 日，林芝市委常委、宣传部部长张海波（右三）在古乡调研宣传工作并与村干部亲切交谈

2019 年 3 月 2 日，林芝市副市长徐龙海（中）到波密县境内 559 国道抢险点督导工作

2019 年 3 月 10 日，林芝市政府副市长肖鹤（前排右二）在巴卡寺检查指导工作

2019年4月16日，林芝市农业农村局调研员嘎路（中）等一行在波密县藏王大酒店举办林芝市藏猪产业发展洽谈会

2019年8月21日，林芝市政协副主席、市信访局党组书记罗布次仁（中）到波密县信访局检查指导工作

2019 年 10 月 18 日，林芝市委政法委副书记龚雷斌（右二）检查指导波密县平安建设（综治工作）

2019 年 6 月 11 日，波密县委书记朱正辉（中）在古乡调研产业发展

2019年1月10日，召开波密县创先争优强基础惠民生活动第七批驻村工作总结表彰暨第八批驻村工作动员部署会

2019年2月23日，召开中国人民政治协商会议第九届波密县委员会第四次会议

2019 年 2 月 24 日至 26 日，召开波密县第十二届人民代表大会第六次会议

2019 年 2 月 28 日，召开波密县委 2019 年经济工作会议

2019 年 4 月 9 日，召开中国共产党波密县第九届纪律检查委员会第四次全体会议

2019 年 6 月 11 日，召开波密县扫黑除恶打非治乱专项斗争迎检工作第二次推进会

2019 年 6 月 29 日，召开波密县欢送第八批援藏干部暨欢迎第九批援藏干部座谈会

2019 年 6 月 29 日，召开波密县网络正能量培训会

2019 年 9 月 3 日，召开波密县脱贫攻坚指挥部巩固脱贫攻坚成果工作座谈会

2019 年 9 月 19 日，召开中共波密县委理论中心组 2019 年第十三次学习会及县委常委班子“不忘初心、牢记使命”主题教育第一次专题研讨会

2019 年 10 月 16 日，召开波密县 2019 年脱贫攻坚成效考核汇报会

2019 年 10 月 29 日，召开波密县“互联网 + 政务服务”工作推进会

2019 年 11 月 6 日，召开九届波密县委第六轮巡察工作动员部署会

2019 年 11 月 11 日，召开中央扫黑除恶督导组下沉波密见面会

2019 年 11 月 25 日，召开波密县 2019 至 2020 年森林草原防火工作会议

2019 年 12 月 9 日，召开波密县第八次妇女代表大会，与会人员及代表合影留念

2019 年 1 月 20 日，县委书记朱正辉（中）深入县城调研风貌改造

2019 年 9 月 18 日，县委副书记、县长边巴（前排右二）在康玉乡调研“不忘初心、牢记使命”主题教育工作

2019 年 10 月 10 日，县委常委、县人大常委会主任马海蕴（左二）在洛觉藏布巡河

2019 年 7 月 21 日，县政协主席巴桑（左三）调研三岩选址工作

2019年1月6日，波密县政法系统第二届“长安杯”运动会闭幕

2019年3月18日，波密县2019年春季义务植树活动

2019 年 3 月 23 日，波密县开展世界气象日宣传活动

2019 年 3 月 28 日，波密县举行百万农奴解放纪念日升旗仪式

2019年4月3日，波密县举行2019年林芝市第十七届桃花旅游文化节波密分会场开幕式活动

2019年4月5日，波密县举行清明节祭奠革命英烈仪式

2019年5月，波密县“大龙杯”民间美食大赛，县委副书记、常务副县长李伟成（中）为获奖者颁奖

2019年5月7日，波密县中学第35届校运会暨校园文化艺术节开幕

2019 年 5 月 22 日，波密县开展粮食科技周宣传活动

2019 年 5 月 22 日，波密县举行松宗度假小镇项目签约仪式现场

2019 年 6 月 5 日，波密县组织开展“我和我的祖国”快闪活动

2019 年 6 月 5 日，波密县开展“6・5”世界环境日宣传活动

2019 年 6 月 11 日，波密县法院法制宣传进民营企业

2019 年 6 月 27 日，西藏自治区全国人大代表团视察波密县城镇化建设

2020 年 7 月 1 日，波密县四大班子在家领导与第八批、第九批援藏工作组于红楼合影留念

2019 年 7 月 1 日，波密县举行建党节升旗仪式

2019年7月31日，波密县举办“不忘初心，牢记使命，重走长征路公益健步行”活动启动仪式

2019年8月1日，扎木大站举行军地联欢活动，县委书记朱正辉（前排左四）出席活动

2019 年 8 月 26 日，波密县纪委监委召开扶贫领域腐败和作风问题暨扫黑除恶专项斗争工作推进会

2019 年 8 月 27 日，波密县举办“回望七十载 奋进新时代”庆祝中华人民共和国成立 70 周年主题演讲比赛

2019 年 9 月 8 日，波密县召开庆祝全国第 35 个教师节暨表彰大会

2019 年 9 月 17 日，波密县举行“网络安全为人民 网络安全靠人民”宣传活动

2019 年 9 月 24 日，波密县自然资源局联合波密县扎木中学组织开展地质灾害应急演练

2019 年 9 月 27 日，波密县武警交通三支队举办“红旗漫卷忆辉煌 · 雪域天路颂祖国”文艺演出

2019 年 10 月 1 日，波密县举办“大美波密 辉煌成就——波密县庆祝新中国成立 70 周年记忆图片展”活动

2019 年 10 月 1 日，波密县举行庆祝中华人民共和国成立 70 周年升国旗仪式

2019 年 10 月 17 日，波密县举行“扶贫日”宣传活动

2019 年 10 月 25 日，波密县举行 2018 年度农家书屋寺庙书屋出版物资更新项目发放仪式

2019 年 11 月 1 日，波密县开展政法宣传教育活动

2019 年 11 月 6 日，自治区旅游文化厅验收米堆冰川创 AAAA 级景区

2019 年 11 月 9 日，县委常委、人大主任马海蕴（左二），县委副书记、常务副县长全保卫（左三）出席在波茂广场举行的波密县“119”消防宣传日活动启动仪式

2019 年 11 月 14 日，波密县举办“我和我的祖国”—波密县第五届中小学生波卓波央比赛

2019 年 4 月 11 日，广东省纪委副书记、监委副主任陈伟东（前排中）赴波密县纪委监委调研指导工作并与波密县纪委监委干部合影

2019 年 10 月 28 日，广东省发改委主任、援疆援藏办主任葛长伟（前排左四）率队到波密县调研指导援藏工作，并参观红楼

2019 年 6 月 19 日，广东省人才服务局局长何启谋（右二）一行向波密县人社局捐赠一批办公设备

2019 年 4 月 27 日，广东省司法厅厅长曾祥陆（右四），西藏自治区司法厅副厅长王立平（右二），林芝市政府副市长赵俊（左三），林芝市司法局党组书记康岩（左二），波密县委副书记、常务副书记李伟成（左一），慰问援藏律师

2019年3月8日，广东省监狱管理局政委张道坤（左二）在司法厅党委委员、副厅长王学泽（右一），波密监狱党委书记、政委任辉（右二）陪同下对波密监狱开展对口援助考察调研

2019年4月23日至24日，广东省专家检查组、市应急管理局领导组成危化品行业专项检查组，对波密县辖区内5家加油站进行安全隐患排查检查

2019年9月4日至5日，广州市人大常委会赴波密县为人大代表和人大干部援助送课

2019年1月11日，举行波密县先心病患者赴广州市第一人民医院救治仪式

2019 年 3 月 20 日，波密县召开第六批援藏医疗队与波密县人民医院医护人员"师带徒"签约仪式

2019 年 5 月 20 日，广东东莞市中院院长陈昌盛（左排中）一行调研组到波密县法院开展调研

2019 年 6 月 29 日，广东散文诗协会文化援藏捐赠书画活动

2019 年 7 月 26 日，广州市黄埔区政协帮扶玉许乡交通工具捐赠仪式

2019 年 9 月 10 日，广州市黄埔区夏港街道党工委与玉许乡党委一起开展“用歌声唱响初心 用音乐激扬使命”主题党日活动

2019 年 9 月 13 日，第九批援藏工作队波密工作组组长、县委常务副书记邹勇刚（左五）看望慰问波密县福利院集中供养的特困老人

2019 年 9 月 17 日，广东共青团"健康直通车"波密行—在波密县人民医院开展义诊

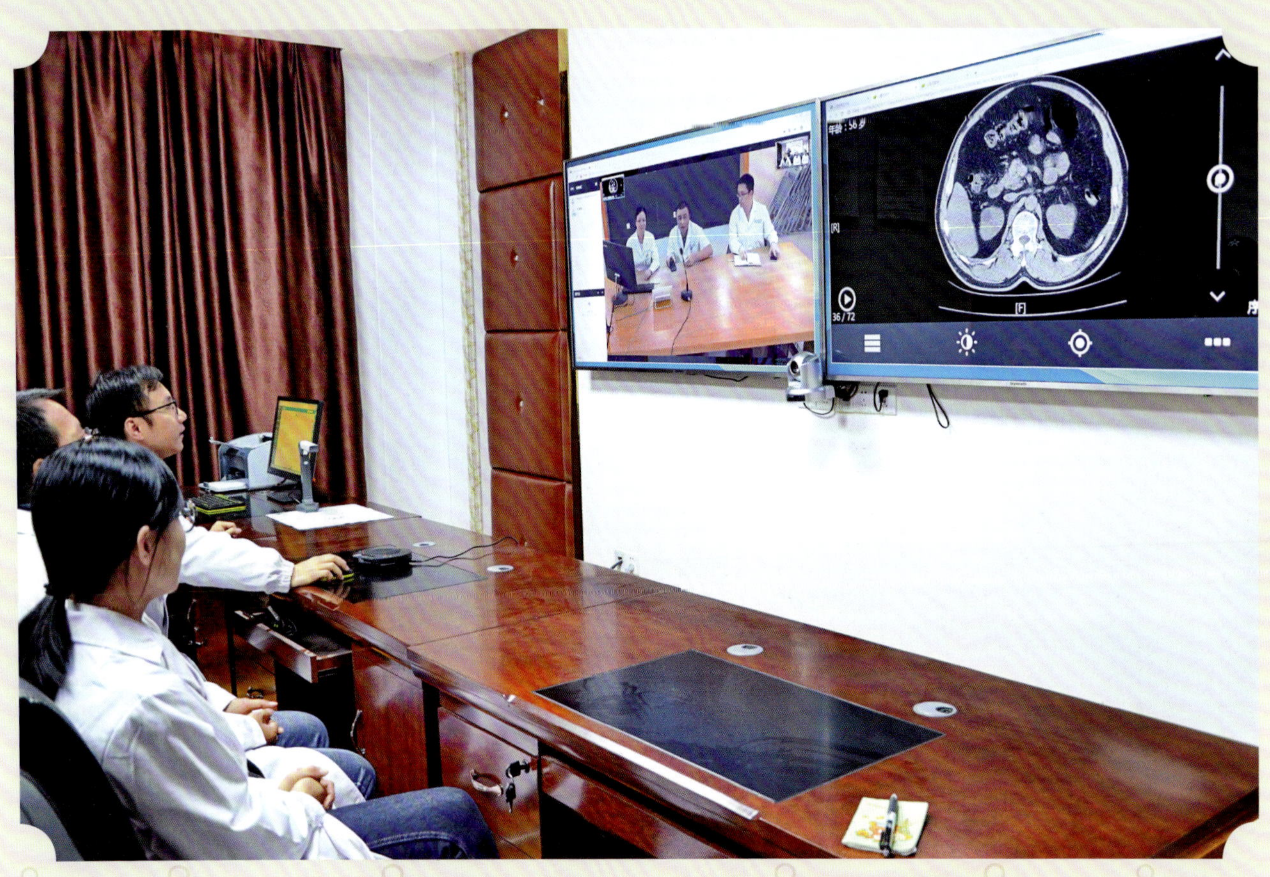

2019 年 9 月 27 日，波密县与广州市第一人民医院开展远程会诊

2019 年 10 月 28 日，广州大学附属中学校长邓云洲（中）出席波密县中学首届藏、汉语言文化艺术节开幕式

2019 年 11 月 11 日，广州市增城区科技工业商务和信息化局副局长王天和、科长江文杰召开“增城—康玉”对口援藏座谈会

2019年12月17日，县委副书记、常务副县长钟泳薪（二排中）带队参加广州对口帮扶地区综合旅游产品推介会

2019年12月27日，广州大学副书记张强（中），副县长达娃卓嘎（左四）结对帮扶交流

编辑说明

一、《波密年鉴》以马克思列宁主义、毛泽东思想、邓小平理论、“三个代表”重要思想、科学发展观、习近平新时代中国特色社会主义思想为指导，坚持辩证唯物主义和历史唯物主义的立场、观点和方法，始终坚持“实事求是、质量第一、存史资政、服务大众”的编鉴宗旨，全面、系统、翔实地记述波密县上一年度政治、经济、文化、社会等各项事业的基本情况，为社会各界与国内外人士了解和研究当今波密县提供翔实资料。

二、《波密年鉴》分为正文与彩页两部分。正文采取分类编辑法，以类目、分目、条目为主要框架架构，个别包含多方面资料的条目，则在段落间加插楷体标题提示，方便读者查阅全书。

三、《波密年鉴（2020）》载录波密县2019年经济社会发展的基本资料，设有特载、综述、大事记、政治、群众团体、援藏工作、军事、应急管理、法治、经济管理、主要经济企业、财政·审计·税收、社会事业、农牧林水电、城市建设·环保、交通·通信、金融·保险、乡（镇）概况、附录等内容。

四、《波密年鉴》所提供的内容和数据，分别来自于林芝市波密县各有关部门和乡（镇）人民政府，并经各级领导、编纂委员会和编辑部审核，但由于口径和统计方法不同，恐有不一致之处，使用时应以县统计局提供的数据为准。本书中农田土地面积的计量单位部分使用“亩”。

目录

特载

综述

大事记

政治

中共波密县委员会

“不忘初心、牢记使命”主题教育

中共波密县委宣传部

波密县互联网信息办公室

中共波密县委统战部（县民宗局）

中共波密县委巡察工作领导小组办公室

波密县委党校

中共波密县直属机关工作委员会

中共波密县委国家安全委员会办公室

群众团体

波密县总工会

共青团波密县委员会

波密县妇女联合会

波密县工商业联合会

波密县文学艺术界联合会

波密县残疾人联合会

援藏工作

广州市援藏波密工作组

军　事

波密县人民武装部

78536 部队

武警第二机动总队某支队

77550 部队

武警林芝支队执勤一大队

应急管理

波密县应急管理局

波密县消防救援大队

波密县森林消防中队

法 治

中共波密县委政法委（综治办）

波密县公安局

波密县人民检察院

波密县人民法院

波密县司法局

玉普一级公安检查站

波密监狱

波密县信访局

经济管理

波密县发展和改革委员会

波密县自然资源局

波密县统计局

波密县市场监督管理局

波密县商务局

波密县审计局

国家税务总局波密县税务局

社会事业

波密县民政局

波密县扶贫开发办公室

波密县人力资源和社会保障局

波密县行政审批和便民服务局

波密县退役军人事务局

波密县卫生健康委员会

波密县医疗保障局

波密县人民医院

波密县完全小学

波密县中心幼儿园

波密县第二幼儿园

波密县气象局

农牧林水电

波密县农业农村局

波密县林业和草原局

波密县水利局

波密县供电有限公司

中国大唐集团西藏波堆水电站

波密县自来水有限公司

城市建设·环保

波密县住房和城乡建设局

林芝市生态环境局波密县分局

波密县城市管理和综合执法局

交通·通信

波密县交通运输局

扎墨公路养护管理段

林芝公路分局扎木机械化养护队

乡（镇）概况

扎木镇

倾多镇

松宗镇

古乡

玉许乡

八盖乡

多吉乡

康玉乡

玉普乡

易贡乡

附　录

勘误表

索　引

特载

中共波密县第九届委员会第五次全体会议工作报告

政府工作报告

波密县人民代表大会常务委员会工作报告

中国人民政治协商会议第九届波密县委员会常务委员会工作报告

强化政治担当、扎实履职尽责一以贯之坚定不移纵深推进全面从严治党

波密县人民法院工作报告

波密县人民检察院工作报告

波密县 2019 年国民经济和社会发展计划执行情况与 2020 年国民经济和社会发展计划草案的报告

波密县 2019 年财政预算执行情况与 2020 年财政预算草案的报告

2020 BOMI YEARBOOK

中共波密县第九届委员会第五次全体会议工作报告

波密县委书记 朱正辉

（2020 年 1 月 13 日）

2019 年是中华人民共和国成立 70 周年，是西藏民主改革 60 周年，也是巩固脱贫攻坚成效、全面建成小康社会的关键之年。一年来，县委常委会深入贯彻落实习近平新时代中国特色社会主义思想和党的十九大、十九届二中、三中、四中全会精神，认真贯彻落实中央和区、市一系列决策部署，在广东人民的无私援助下，坚持守初心、担使命，敢担当、善作为，以奋力建设“五个波密”为抓手，以全面打赢脱贫攻坚战为目标，坚持全面从严治党不动摇、坚持发展产业求突破、坚持维护稳定不松劲、坚持改善民生不减力、坚持生态建设不懈怠，团结带领全县各级党组织和广大党员干部群众，高质量推进全县经济社会事业发展，圆满完成了各项目标任务，为全面建成小康社会奠定了坚实基础。

这一年，我们坚持践行初心、担当使命，不断夯实党的政治根基。县委常委会始终坚持把学习贯彻习近平新时代中国特色社会主义思想和党的十九大精神作为重大政治任务，持续深入贯彻落实习近平总书记重要讲话精神特别是关于治边稳藏的重要论述，坚持把抓好党建作为最大的政绩，全面落实新时代党的建设新要求，坚持管党治党从严、正风肃纪从重，统筹推进党的建设各项工作。注重强化政治统领。坚持把党的政治建设摆在首要位置，以政治建设为统领，坚定维护以习近平同志为核心的党中央权威和集中统一领导，自觉贯彻党总揽全局、协调各方的根本要求，把党的领导落实到县域治理的各领域各方面各环节，引导全县党员干部切实增强“四个意识”、坚定“四个自信”、做到“两个维护”。注重强化思想引领。坚持把思想建设作为党的基础性建设，聚焦新时代，立足新方位，全力深化理论武装，坚定理想信念。县委常委会以上率下，带头学习，先后召开常委会会议27次，理论学习中心组学习会17次，不折不扣学习贯彻习近平总书记重要讲话精神以及中央、区党委、市委重大决策部署，确保政令畅通、令行禁止。全面加强意识形态工作。结合“不忘初心、牢记使命”主题教育，依托学习强国、西藏党员教育等平台和班子成员带头讲党课、深入基层宣讲等方式，通过组织培训、集中学习、观看教育影视资料等多种形式不断巩固学习成效。全年各级党组织累计开展各类学习230场次、受训党员干部人数1.2万人次。深入开展“四讲四爱”群众教育实践活动，组织群众开展民主改革60周年、新中国成立70周年纪念等活动，累计开展宣讲活动2000场次，受教群众15.6万人次。扎实开展主题教育。以高度政治自觉认真开展“不忘初心、牢记使命”主题教育，精准落实学习教育、调查研究、检视问题、整改落实四项重点措施，依托红色资源创新实践载体，广大党员干部自觉在加强理论学习、追忆红色历史中滋养初心，主动在查摆整改问题、践行群众路线中担当作为，通过主题教育，广大党员干部在思想上受洗礼、灵魂上受触动、初心和使命得到进一步弘扬。扎木镇达兴村党员群众集中学习党的十九届四中全会精神在中央电视台《新闻联播》专题播出。基层组织持续夯实。认真落实新时代党的建设总要求，以提升基层党组织组织力为抓手，突出“红色波密、红楼精神、红心党建”品牌引领作用，系统谋划“318”基层党建工作思路，全面推动基层党建工作创新发展。深入开展村（居）组织换届“回头看”和村干部联审工作，不断优化村干部队伍结构。目前，已调整处置履职不到位、不能胜任本职的村干部3名。积极推行部队军官到村结对帮建工作，为易贡乡通加、古乡巴卡等6个村配备了5名党建指导员。严格按照“三化”“四性”“八个阵地”的建设要求，累计整合各类资金3700万元，有序推进35个村级组织活动场所建设。队伍建设愈加规范。崇尚实干用人导向，定期开展领导班子运行情况调研和考核，注重从基层一线和急难险重工作中识人用人，推进干部能上能下。2019年提任干部（含职级晋升）143人，交流调整115人，其中在维稳、扶贫一线领域工作19人，有驻村驻寺经历的39人。严格执行干部选拔任用程序，以党政机构改革为契机，多渠道、多层次、多侧面识别干部，科学合理调整干部结构，选优配强各级领导班子。制定完善《波密县干部人才调动办法》，统筹全县干部流动管理，规范干部借调、抽调和调动程序，形成用制度管人管事的良好工作氛围。从严治党持续发力。严格落实全面从严治党“两个责任”，坚定不移推进党风廉政建设和反腐败工作，制定《波密县2019年度落实党风廉政建设责任制任务分解表》《中共波密县委员会加强党的领导主体责任清单（2019年度）》等相关规定，为县委统揽党风廉政建设工作提供制度保障。围绕资源开发、工程招投标以及公共财政支出等重点领域和关键环节，大力开展扶贫领域腐败和作风问题以及涉黑涉恶腐败和“保护伞”问题监督执纪问责工作。2019年共处置问题线索53件，了结24件，立案17件（含2018年2件），正在办理14件。约谈20人、诫勉谈话8人、给予党纪政务处分19人，下达监察建议书8份，追缴违纪资金和挽回经济损失共计11万元。全力支持纪检监察改革。制定《波密县关于监察工作向基层延伸改革试点的实施方案》，全县10个乡镇完成派出监察室挂牌并同步配齐各监察室主任和监察人员。巡察利剑作用充分彰显。聚焦“六个围绕”“四个落实”共开展两轮巡察，5月13日对公安局、财政局等6家单位党组织开展巡察，发现问题168条、提出整改建议60条，发现问题线索5条，相关问题正在整改落实中。11月6日对县委办、住建局等6家单位党组织开展巡察，目前，巡察工作正顺利进行。党政机构改革全面实施。对标中央和区、市机构改革工作部署，组建工作专班，制定机构改革方案，设置党政机构37个，21个新组建或更名部门全部完成挂牌，制定出台了“三定”方案36家，并顺利完成人员转隶和职能划转，确保了部门间职责分工明确、管理边界清晰，党政机构设置和人员配置更加科学合理。

这一年，我们坚持攻坚克难、砥砺前行，发展后劲不断增强。县委常委会始终坚定不移贯彻新发展理念，把产业发展作为重中之重，找准发力重点和突破路径，立足资源禀赋，充分发挥优势，靶向发力，主动作为，不断推动县域经济长足发展。2019年，全县国内生产总值26.15亿元，同比增长11.02%；社会消费品零售总额3.03亿元，同比增长16%；全社会固定资产投资15.64亿元，同比增长9.1%；城镇居民人均可支配收入33093元，同比增长11.5%；农村居民人均可支配收入18657元，同比增长14.01%；一般公共财政收入5585万元。生态旅游业迈出新步伐。坚持以创建全域旅游示范区为抓手，加快构建“一轴三线”旅游发展布局，着力推进旅游公共服务基础设施建设，鼓励大企强企以及农牧民群众参与全域旅游发展，旅游服务水平和能力不断提升。成功举办林芝市第十七届桃花旅游文化节波密分会场活动、倾多镇首届民俗文化旅游节等节庆活动，全区首条“红色+”复合旅游产品线路落地波密，旅游品牌进一步壮大。2019年接待游客177万人次，旅游收入突破14亿元。巴卡村入选第一批全国乡村旅游重点村名录，扎木中心县委红楼成功创建全区首个AAAA级红色旅游景区，米堆冰川景区成功创AAAA级旅游景区，打破了我县无A级景区局面。特色农牧业稳步推进。围绕“两产业一平台”发展战略，抓实产业规划，制定“2+3+1”农牧产业发展思路。抓好藏猪养殖发展，统筹各类资金8300万元，建设核心保种场1个，标准化规模养殖场3个。全市单体规模最大标准化藏猪养殖场—多吉乡木古村藏猪养殖基地投入使用。2家藏猪养殖企业顺利落户波密。制定下发《2019年茶叶种植实施方案》，全面落实2019年茶叶种植地块工作，茶叶种植主要分布在易贡乡、古乡，建成高原生态有机乌龙茶育种基地，立足以打造村级千亩茶田为基础、构建县域万亩规模的茶产业发展格局。2019年完成茶叶种植140公顷，品种为老茶树和软枝乌龙。结合村集体经济打造，以市场为导向，推进天麻、灵芝菌、羊肚菌特色农产品种植9.56公顷，新建蔬菜温室大棚4.53公顷。同时，依托藏核、京藏等企业，发挥其市场主体作用，完善“企业+”链条，实现农牧民群众持续稳定增收。城镇化建设持续向好。围绕“搭建旅游引导下的城镇化建设”这一思路，积极打造“一核四心”发展布局。稳步实施县城“东进西延南拓北优”发展策略，强化“一江两岸”县城空间发展布局，依托县城民俗特色化改造项目，不断完善城市亮化、雨污管网、道路交通等市政设施建设，提升县城品质品味。县城文化广场、音乐喷泉和江心石音乐亮化成为网红打卡点，受到过往游客和各族干部群众的交口称赞。项目建设实现新发展。严格落实“十三五”规划总体要求，切实加快项目建设，各项重点项目建设进展顺利。2018 年小型农田水利重点县建设、松宗小集镇、高海拔乡镇小学供暖、县委党校、三岩搬迁、棚户区改造等项目顺利完工，省道 303 易贡至八盖公路、朗秋冰川景区公路、乡镇污水处理及收集系统等项目有序推进。全年开复工项目共计 167 项，完成国家重点项目投资 7.93 亿元。同时，协调做好川藏铁路、滇藏铁路等项目的前期勘探、指挥部建设、站点位置及线路图设计等工作。稳步推进波密县“十四五”规划编制工作，整理形成总投资 426 亿元、包含 350 个项目的《波密县“十四五”重点项目建设需求表》。招商引资不断推进。全年招商引资到位资金 5.1 亿元。总投资 1500 万元的波密县全国电子商务进农村综合示范项目有序推进，将有效拓宽波密特色农产品销售渠道。国企改革有序推进。顺利实施国合联营公司企业并购重组及相关配套改革工作，抓好债务风险管控，妥善处理遗留问题，进一步优化全县国有资产配置。及时调整充实藏利天麻、波韵电影、波密客运、县城投等县属国有企业法人、经理和监事，合理设置人员岗位，科学安排挂任干部，健全完善管理运营方式，不断提高经营管理水平，增强市场竞争力，切实激发公司发展内生动力。援藏工作顺利开局。顺利完成第八批和第九批援藏工作交接，第九批援藏工作组到位后，立足波密资源禀赋，认真谋划工作思路，主动深入乡镇、村居调研援建项目建设需求，推动对口支援精准对接，乡镇基础设施建设、产业发展、能力提升、社会援助、民生事业等受援工作逐步深化，区乡对口援建工作进一步夯实。

这一年，我们坚持稳字当头、治理有效，社会大局和谐稳定。县委常委会始终坚持把保平安、保稳定、促和谐摆在突出位置，把维护祖国统一、加强民族团结作为各项工作的基础和前提，不断在措施、机制上创新，推动全县社会局势稳定和谐。狠抓扫黑除恶，社会生态得到有效净化。严格落实“书记工程”“一把手”工程责任制，建立健全《波密县扫黑除恶专项斗争联席会议制度》，召开专项斗争会议 5 次，专题推进会 4 次、联席会议 10 次，研究相关案件线索，调度工作情况，推动相关问题解决，并顺利通过中央扫黑除恶专项督导及“回头看”工作。梳理中央扫黑除恶第 13 督导组反馈整改共性问题 24 条，制定整改措施 41 条，并完成全部问题整改。围绕平安创建，社会治理工作稳步推进。严格按照内紧外松的原则，不断加强社会面管控，提高街面见警率，加强各村、各寺庙的情报信息收集和重点部位、重点场所的安保力度。落实专项资金 215 万元，创新“综治 + 网格警务”机制，优化全县 33 个网格，把 318 国道沿线 15 个点作为示范样板，将综治“10+1”工作任务与网格警务内容有机结合起来，切实发挥网格民警统领抓总优势。借鉴新时代“枫桥经验”，探索建立“三级和议”源头化解矛盾纠纷隐患模式，将玉普乡阿西村打造成为全县首个“三级和议”样板村。针对往年在虫草采挖矛盾纠纷较多的地点，创新设置了临时党支部，通过巡逻、排查等方式，及时整改安全隐患3处、化解虫草采集矛盾纠纷1起。强化社区矫正、安置帮教工作，严格执行相关管理规定，深入实地开展走访、排查、思想教育10次，受众500人次，实现矫正帮教工作全覆盖。有效发挥公安检查站、便民警务站“过滤网”“护城河”作用，严格落实“四必查”，杜绝违法分子、违禁物品流入波密县。2019年，玉普一级公安检查站受到西藏自治区公安厅全区通报表扬2次并荣获集体二等功1次。教育管理并举，确保宗教领域绝对稳定。制定《关于加强和改进新形势下宗教工作实施意见》，进一步明确各级党委、政府和涉宗部门工作职能，为依法依规管理宗教工作提供了根本遵循；进一步加大“遵行四条标准 争做先进僧尼”“四讲四爱”等教育实践活动宣讲力度，教育引导寺庙僧人爱国爱教、潜心修行、遵规守法，积极引导宗教与社会主义社会相适应。全年共开展学习教育100场次，受教育僧人800人次。突出重点领域，安全生产局面明显好转。全力构建“党政同责、一岗双责、齐抓共管、失职追责”责任体系，将安全生产工作作为维护稳定、推动发展的头等大事来抓，狠抓风险隐患排查，深化专项整治。以“安全生产月、安全生产波密行”等活动为契机，组织安委会成员单位开展宣传教育活动，发放安全生产知识宣传材料5100份。全面开展道路交通安全专项整治活动，建立道路安全生产包片负责制，严格执行“两限一警”制度，坚决打击整治交通违法行为，发现并整改隐患60处。以强化森林防火能力建设为重点，狠抓防火基础设施建设和责任落实，认真开展消防、森防安全大检查，整治隐患266处。积极应对“2·28”“8·31”雪崩、塌方等自然灾害，主动做好滞留车辆和人员的疏通、劝导，并稳妥开展灾后隐患排查清理工作，确保道路安全畅通。注重普法宣传，持续推进法治建设。以深入推进“七五”普法工作为契机，坚持以宪法学习宣传为重点，充分利用综治宣传月、国家安全教育日、环境日、禁毒日、法制宣传日等重要时间节点，围绕土地整治、生态建设、安全生产、平安建设等主题开展普法宣传教育，累计开展宣传活动60场次，发放宣传资料1万份，受教群众1.6万人次。

这一年，我们坚持民生优先、共建共享，群众福祉日益增进。县委常委会始终坚持以人民为中心的发展思想，扎实推进各项重点民生工程，坚持不懈地把民生实事办好办实，让发展成果惠及更多群众，不断满足人民群众日益增长的美好生活需要。脱贫成果不断巩固。认真做好中央脱贫攻坚专项巡视反馈意见整改工作，及时组建工作专班，制定《整改方案》，建立《整改台账》，制定整改措施110条，现已全部整改完成。严格按照“四个不摘”工作要求，制定印发《波密县脱贫攻坚巩固提升实施方案》，进一步明确产业、就业、医疗、教育等9个方面重点任务，持续落实教育帮扶、医疗救助、产业扶持、政策兜底等各项惠农政策，确保已脱贫群众持续增收。制定出台《波密县财政扶贫资金管理办法》《波密县扶贫资金县级报账制管理暂行办法》，有效确保扶贫资金投向合理、使用规范、及时拨付；2019年，全县无返贫、错退及新增贫困人口，所有建档立卡贫困户均已全部实现脱贫，贫困发生率降至0；稳步推进三岩搬迁，做实各项配套产业及各项服务工作，确保搬迁群众搬得进、留得住、能致富。目前，五批46户321名搬迁群众全部顺利入住。教育事业优先推进。强化藏粤学校学术、经验交流，“广州波密·区乡对接”教育帮扶模式全部完成，签订帮扶协议12份，按照“走出去，请进来”的方式，邀请广州大学及广州市教育系统124名专家教授来波密进行帮扶指导，全县533名教师不同程度受益，师资力量等教育软实力不断提升。组织开展片区语文、数学主题教研活动，加强校际教研交流，促进教师专业发展，提升校本教研水平，为全县教育教学水平提升奠定坚实基础。2019年全县教育支出1.7亿元，同比增长22.98%。全县共有在校学生5499人。其中，中学1353人，毛入学率105.94%；小学生2912人，毛入学率108.95%；在园幼儿1234人，学前三年毛入园率86.13%。卫生事业优质提升。严格按照西藏自治区《医院评价标准实施细则》实施方案、安排部署和工作要求，有序开展县人民医院二级甲等医院创建工作。加大医疗卫生项目投资力度，提高医疗硬件实力和医疗服务能力，县级区域医疗中心、妇幼保健站等项目现已建成并陆续投入使用，群众“家门口”看病就医更加便捷。文化事业加快发展。着力打造“一乡一品”文化品牌，形成以多吉乡非遗文化节、易贡油菜花节为主的波密民俗文化活动体系；集中开展“挖掘波密革命历史，感知波密红色情怀”全国行等行动，持续做好波密红色历史资料搜集、红色旅游资源挖掘工作，红楼精神得到有力传承。市场监管稳定可控。紧盯重点部门和关键环节，围绕证照资质、环境卫生、明厨亮灶等内容，深入组织开展日常监管、专项整治和联合检查，切实维护食品市场秩序，有效保障广大农牧民群众“舌尖上的安全”。2019年，全县开展食品抽样176批次，合格率100%。累计出动执法人员63人次，执法车辆6台次，检查食品生产经营小作坊126家次，没收不合格食品食材1050公斤。严格执行“先照后证”“五证合一”“一照一码”“证照分离”和“双告知”制度，企业登记办理程序逐步简化，便民利民举措深入人心。目前，全县市场经营主体3249户，注册资金34.3亿元。社会保障更加有力。不断健全完善社会保障体系，坚持“广覆盖、多层次、保基本、可持续”方针，加强政策宣传，全民参保登记工作全面完成，各项社会保险稳步推进。认真落实“双集中”和社会救助，全年兑现城乡低保、特困补助资金504.37万元、城乡医疗救助资金485.32万元、困难家庭救助资金69.59万元。“大爱波密”扶贫济困慈善微平台运行良好，累计资助困难学生54名，发放资助金9.25万元。稳步推进残联工作，健全完善残疾人社保体系，及时兑现各类补贴268.66万元，建成全区首个村级残联组织全覆盖县。认真做好高校毕业生就业和转移就业工作，高校毕业生已就业208人，就业率99.5%，建档立卡贫困户应届高校毕业生就业22人，就业率100%；实现城镇新增就业529人，农牧民劳动转移就业9363人次。此外，顺利完成年初确定的民生十件实事，文化广场、幼儿园食堂、高海拔乡镇供暖、棚户区改造、区域医疗中心、村道防护工程、安全饮水巩固提升等惠民利民项目全部建设完成并投入使用，三级便民服务体系进一步完善，老年人照料中心和未成年人保护中心有序推进，群众幸福感、获得感得到有力提升。科技服务持续完善。紧盯特色农牧业、生态旅游等特色产业的发展壮大，不断深化科技培训，着力培养有文化、懂技术、会经营的新型农牧民。充分利用春耕春播、秋收冬播、春防秋防等时机，组织技术人员走村入户开展农牧业技术指导工作，培训农牧民600人次，开展村兽医、农民技术员、科技特派员培训班3期，培训419人次。客运改革顺利推进。按照区、市各级党委、政府安排部署，及时研究制定客运班线体制改革方案和客运公司组建方案，有序开展车辆采购、人员招聘、政策宣讲、协议签订等工作，客运管理更加规范。

这一年，我们坚持保护环境、绿色发展，生态建设成效明显。县委常委会始终坚持生态优先、绿色发展，自觉践行绿水青山就是金山银山发展理念，时刻绷紧生态保护这根弦，持续打好生态环境保护攻坚战，坚决履行维护国家生态安全的光荣使命。生态工作井然有序。大力实施生态功能区建设以及重点区域造林、退耕还林、义务植树等重点工程，累计完成各类造林133.33公顷，完成2018年森林抚育项目1333.33公顷，兑现生态效益补偿金2453万元；全面推行河长湖长制，设立河湖长248名，进一步明确日常巡逻、管护等工作责任，有效杜绝河湖重大污染事件发生。2019年全县空气质量达标天数比例达100%，主要江河湖泊水质达到或优于Ⅲ类标准，水源地水质达标率100%。环保整改积极有力。对标对表“绿盾2018”自然保护区监督检查专项行动中涉及我县8个整改项目，现已完成7个项目整改工作。全力推进中央、自治区环保督察整改工作，按照“一案一册”的要求，分别对中央、自治区环保督察所涉共性问题，及时制定整改方案，并提出具体整改措施。中央环保督察组转办的7项问题和自治区环保督察组反馈的2项问题已全部办结。土地治理和砂石乱象整治稳步推进。加大对非法侵占国有土地、乱圈乱占乱建、违规建筑、超面积使用等问题的整治查处力度，制止“五乱”行为41宗，完成卫片执法图斑16宗，涉及违法用地13亩，向扫黑办移交非法买卖土地案件1起。坚持节约、集约利用土地，依法确定增减挂钩立项试点8个，节余建设用地指标430.07公顷，依法出让土地9.46公顷，缴纳土地出让金4346万元，收缴罚金55.08万元，国有土地依法管理环境不断净化。扎实开展砂石乱象整治，组织水利、自然资源、公安等部门联合执法、全面梳理、分类处置，对全县35处非法采挖点进行了关停治理，切实遏制了非法开采行为。同时，研究制定《波密县砂石运营计划方案》，进一步规范全县砂石资源管理，在推动矿产资源国有化的同时，实现群众受益、企业壮大、效益提升。

一年来，县委常委会始终坚持主动担当、积极作为，带头开展理论中心组学习，坚持和健全民主集中制，定期听取人大、政府、政协和法检两院党组工作汇报，支持人大、政府、政协充分发挥职能作用，支持法院、检察院、纪委监委依法依规履职尽责，巩固和发展爱国统一战线，不断深化民族团结进步事业，全力推进老干部工作，支持和保障群团组织发挥作用。强化党管武装，召开县委议军会议，人武建设工作进一步提升，战备应急能力得到全面提高，全县凝心聚力、团结奋进的政治局面得到持续巩固。

一年来，县委常委会高度重视自身建设，严守党的政治纪律和政治规矩，常委会各位同志坚持以习近平新时代中国特色社会主义思想为统领，锤炼全面过硬的政治品格，带头落实党章和准则条例等有关党内法规，认真履行全面从严治党“一岗双责”，在模范遵守党章、执行“三重一大”集体决策制度、严肃党内政治生活、带头廉洁自律、改进工作作风等方面作出表率，共同营造了风清气正的政治生态。

一年的生动实践，让我们深知，发展才是硬道理，进步才有说服力，全县各级干部群众在推动波密经济社会长足发展和长治久安进程中干事创业的精气神明显提升，这已成为我们决胜全面建成小康社会，最为深厚的根基和制胜的法宝。一年的发展成就，根本在于以习近平同志为核心的党中央举旗定向、掌舵领航，得益于区、市各级党委、政府的正确领导和有力关心，饱含着全县各级党政组织和广大党员干部的辛勤汗水，也是驻县（中、区、市）直各单位、军警部队、社会各界鼎力支持、共同参与的结果。在此，我谨代表县委常委会，向所有关心、支持和参与波密改革发展稳定的同志们、朋友们，表示衷心感谢，并致以崇高敬意！

在总结成绩的同时，县委常委会也分析了我们在全面建成小康社会进程中面临的挑战和存在的不足。全县经济总体发展质量效益还不高，固定资产投资和财政收入很大程度依托重大项目建设来拉动，管理精细化、规范化水平仍需提升；城乡一体化发展不够均衡，基础设施和公共服务不够完善，群众出行难、停车难等问题仍然突出；全面建成小康社会还有不少短板弱项，防范化解重大风险任务艰巨，脱贫攻坚成果还需进一步巩固；优质教育、医疗、社会保障与人民群众对美好生活的新期待还有差距，民生改善需要进一步加强；形成规模的农牧产业少、特色项目带动力不强、非公经济发展不充分，产业结构调整、转型升级刻不容缓；干部队伍中仍个别存在本领不强、担当不足，形式主义、官僚主义未彻底根治，违纪违法问题仍有发生，部分基层党组织带动力不足，作风建设仍需不断加强。对于以上问题，我们既要客观认识，更要辩证看待，要突出目标导向和问题导向，认真研究谋划，在发展中切实加以解决。同时，也希望与会同志们对县委常委会工作提出意见建议，支持帮助我们把工作做得更好。

同志们，起航新征程，扬帆再出发。2020年是脱贫攻坚决战决胜之年，也是全面建成小康社会和“十三五”规划圆满收官之年，让我们更加紧密地团结在以习近平同志为核心的党中央周围，在区党委、政府和市委、市政府的坚强领导下，进一步解放思想、凝聚共识，攻坚克难、真抓实干，为奋力推进“五个波密”建设、决战决胜全面建成小康社会做出新的更大贡献！

注释：

1. 五个波密：祥和波密、活力波密、幸福波密、美丽波密、法治波密。

2. 四个意识：政治意识、大局意识、核心意识、看齐意识。

3. 四个自信：道路自信、理论自信、制度自信、文化自信。

4. 两个维护：坚决维护习近平总书记在党中央和全党的核心地位，坚决维护党中央权威和集中统一领导。

5.“不忘初心、牢记使命”主题教育：是在全党范围内开展的主题教育，是推动全党更加自觉地为实现新时代党的历史使命不懈奋斗的重要内容。

6.“三化”“四性”“八个阵地”：“三化”即办公区域最小化、服务场所最大化、服务功能最优化；“四性”即政治性、服务性、群众性、开放性；“八个阵地”即政治引领、服务群众、凝聚人心、民族团结、推动发展、维护稳定、法治宣传、文化活动。

7. 两个责任：落实党风廉政建设责任制，党委负主体责任，纪委负监督责任。

8. 六个围绕：围绕党的政治建设，重点检查坚决维护习近平总书记核心地位，维护党中央权威和集中统一领导，贯彻落实中央十九大精神，意识形态落实等情况；围绕党的思想建设，重点检查学习贯彻习近平新时代中国特色社会主义思想情况；围绕党的组织建设，重点检查选人用人和基层党组织建设情况；围绕党的作风建设，重点检查落实中央八项规定精神和整治“四风”情况；围绕党的纪律建设，重点检查党规党纪执行情况及减税降费落实情况；围绕夺取反腐败斗争压倒性胜利，重点检查领导干部廉洁自律和整治群众身边腐败问题、黑恶势力情况。

9. 四个落实：落实党的路线方针政策、上级重大决策和重要部署情况；落实全面从严治党战略部署情况；落实新时代党的组织路线情况；落实巡视巡察、审计等各类监督发现问题和主题教育整改情况。

10. 全域旅游：在一定行政区域内，以旅游业为优势的主导产业，实现区域资源有机整合、产业深度融合发展和社会共同参与，通过旅游业带动乃至于统领经济社会全面发展的一种新的区域旅游发展理念和模式。

11. 一轴三线：“一轴”即 318 国道，“三线”即易贡沟自然风光景观带，波堆沟历史人文景观带和多吉沟文化民俗景观带。

12.“红色 +”复合旅游产品（线路）：将拉萨和林芝两地众多的红色经典结成“红色旅游联盟”，推出拉萨－鲁朗－波密－巴松措的精品红色旅游线路，同时串联沿线生态游、乡村游。

13.“2+3+1”农牧产业发展思路：“2”即藏猪产业和茶产业；“3”即天麻、灵芝菌和羊肚菌产业；“1”即养殖业。

14.“一核四心”发展布局：以扎木镇为核心，松宗、倾多、古乡和通麦四个小集镇为中心的城镇化发展建设格局。

15.“一江两岸”县城空间发展布局：以帕龙藏布江为发展带，规划和发展沿江两岸城镇化建设的发展布局。

16. 综治 +“网格警务”机制：将全县划分 10 个一级网格（10 各乡镇 + 居委会），92 个二级网格（84 个村，6 个警务站，易贡茶场，通麦小集镇），865 个三级网格（联户单位）；同时结合公安部门一村一警工作，网络员和民警有效协调的工作机制。

17. 综治“10+1”工作任务：“10”即矛盾纠纷联排联调、安全隐患联防联控、重点人员联管联教、困难家庭联帮联扶、环境卫生联管联治、精神文化联娱联扬、科技知识联学联教、小额贷款联保联担、致富项目联建联营、发展成果联创联享，“1”即建档立卡户联帮联扶。

18. 枫桥经验：20 世纪 60 年代初，浙江省诸暨市枫桥镇干部群众创造了“发动和依靠群众，坚持矛盾不上交，就地解决。实现捕人少，治安好”的“枫桥经验”，并得到毛泽东同志批示。之后，“枫桥经验”得到不断发展，形成了具有鲜明时代特色的“党政动手，依靠群众，预防纠纷，化解矛盾，维护稳定，促进发展”的枫桥新经验，成为新时期把党的群众路线坚持好，贯彻好的典范。

19.“三级和议”源头化解矛盾纠纷隐患模式：以

"双联户"户长为一级和议，以村级调委会为二级和议，以乡级调委会为三级和议，从源头排查调处矛盾纠纷的工作机制。

20. 遵行四条标准 争做先进僧尼：遵行政治上靠得住的标准，争做旗帜鲜明、立场坚定的先进僧尼；遵行宗教上有造诣的标准，争做精进学识、勤学苦修的先进僧尼；遵行品德上能服众的标准，争做遵纪守法、道德高尚的先进僧尼；遵行关键时起作用的标准，争做积极作为、发挥作用的先进僧尼。

21. 四讲四爱：讲党恩爱核心、讲团结爱祖国、讲贡献爱家园、讲文明爱生活。

22. 两限一警：限速限载、一车一警。

23. "绿盾2018"自然保护区监督检查专项行动：生态环境部、自然资源部、水利部、农业农村部、国家林业和草原局、中国科学院和国家海洋局等七部门联合开展的专项行动。

24. 一岗双责："一岗"即一个领导干部的职务所对应的岗位；"双责"即一个领导干部既要对所在岗位应当承担的具体业务负责，又要对所在岗位应当承担的党风廉政建设责任制负责。

25. 三重一大：重大事项决策、重要干部任免、重要项目安排和大额资金的使用。

政府工作报告

——在波密县第十二届人民代表大会第七次会议上

波密县人民政府县长 边 巴

（2020 年 1 月 16 日）

2019 年工作回顾

2019 年，我们隆重庆祝中华人民共和国成立 70 周年和西藏民主改革 60 周年。这一年，我们高举习近平新时代中国特色社会主义思想伟大旗帜，全面贯彻落实党中央、国务院和自治区党委、政府及市委、市政府的各项决策部署，按照县委九届四次全会和县委经济工作会议部署要求，坚持党对经济工作的全面领导，以处理好“十三对关系”为根本方法，坚决打好三大攻坚战，谱写了波密改革发展稳定新篇章，全县经济呈现“快于去年同期、好于年初预期”发展势头和“总体平稳、稳中趋快、稳中向好”运行态势。2019 年全县地区生产总值 27.4 亿元，同比增长 8.2%；地方公共财政收入 5585 万元，同比下降 19.96%；全社会固定资产投资 13.118 亿元，同比下降 64.8%；社会消费品零售总额 2.896 亿元，同比增长 10.7%；城镇居民人均可支配收入 33041 元，同比增长 11.3%；农村居民人均可支配收入 18460 元，同比增长 12.8%。

——民生事业持续改善。聚焦脱贫攻坚硬战，不断把脱贫攻坚巩固提升作为扶贫工作第一要务，坚决执行“四个不摘”政策，扎实推进“回头看”各项任务，做到扶贫方向不变、力度不减、能量不弱，全县所有建档立卡贫困户均全部实现脱贫，贫困发生率降为 0。精准制定《波密县脱贫攻坚巩固提升实施方案》，认真上报《波密县“十四五”时期扶贫开发规划项目表》，资金6.96亿元。顺利完成2019年自治区脱贫攻坚成效考核，诸多做法受到区、市各级领导的充分肯定。同时，抓实三岩片区易地扶贫搬迁，统筹谋划搬迁方案，配套产业规划，顺利完成五批46户321人搬迁任务。康玉乡、多吉乡高海拔集中供暖项目全面竣工投用，完成教学及辅助用房改扩建和4所高海拔乡镇小学供暖工程，稳步实施教师周转房、学生宿舍、运动场建设。有效落实“三包”经费，落实资金1982.72万元。成功举办第二届“易美课堂展示交流”“波密县中学首届藏汉语言文化艺术节”“波密县中学首届数学文化节”，深入开展“一师一优课 一课一名师”活动，晒课教师高达182名，晒课率位居全市前列。全县中学毛入学率105.94%、小学毛入学率108.95%、学前三年毛入园率86.13%。抓实就业创业，强化政策落实，深入开展“一对一”就业帮扶，成功举办“春风行动”招聘会，县双创中心稳步运行，4家企业已成功入驻。县劳务派遣公司成立并运营。全年实现农牧民劳动转移就业5181人，高校毕业生成功就业208人，就业率99.5%，实现新增城镇人口就业529人，困难群体转移就业361人，城镇登记失业率0.7%。持续巩固包虫病综合防治成果，扎实推进重点人群“三病”筛查、妇幼保健及基本公共卫生服务，深化公立医院改革，与藏医院、乡镇卫生院、普济医院等12家医院签订了医共体合作协议，农牧民参保25170人，参保率98.5%。认真落实“双集中”和社会救助，全年兑现城乡低保、特困补助资金441.36万元、城乡医疗救助资金416.18万元、困难家庭救助资金39.88万元。稳步推进残联工作，实现全区首个村居残疾人协会全覆盖。开展食品抽样176批次，合格率均为100%，食品快检5969批次，问题检出率0.21%。县乡村三级退役军人服务中心（站）全部挂牌，发放“光荣之家”荣誉牌536张。成立客运有限责任公司，稳步推进班线客运改革工作。35个村级组织活动场所标准化建设全部完成，实现85个村居全覆盖。成功开展“挖掘波密革命历史，感知波密红色情怀”全国行，“寻找波密红色遗迹，追忆波密红色记忆”基层行，“弘扬红楼精神，传承红色基因”我先行三大行动，初步完成波密县红楼舞台剧编排工作，文化广场、数字电影院正式投入运营，各族群众精神文化生活日益丰富。向代表、委员和全县人民承诺的民生十件实事也圆满完成。

——基础设施加快完善。保持专注发展、转型发展战略定位，坚定不移落实稳增长政策措施，抓实“十三五”规划中期调整，围绕优势资源上项目、特色产业上项目、基础设施上项目，在协调做好易贡湖生态修复与综合整治、川藏铁路、滇藏铁路、夏曲电站等重大项目工程跟踪服务基础上，2019年开工建设国家投资重点项目共计167项，总投资46.74亿元，全年完成投资7.93亿元。小型农田水利重点县建设项目、县级区域医疗中心、生态功能区保护、县委党校、村级组织标准化活动场所、三岩搬迁等一大批项目全面竣工，棚户区改造（县城民俗化）工程已完工，县城东大桥已通车，帕隆藏布大桥通车，朗秋冰川道路及康玉通堆至宗热道路竣工投用，八盖公路、电子商务进农村、污水处理及收集系统、高标准农田建设等按期推进，三区三州电网（通麦、易贡、八盖）已全面开工。加强项目储备谋划，扎实做好“十四五”规划编制，涉及民生、基础设施、特色产业、生态环境、基层政权等方面，总投资426.38亿元的350个项目盘子已上报。

——产业发展补齐短板。紧扣林芝市“一带四基地”产业发展布局，深入推进“两产业一平台”发展战略，构建“2+3+1”产业发展格局，产业链条有效延伸，产业富民效益有力彰显。波隅旅游开发有限公司有效运营，岗巴大桥已建成通车，朱西、朗秋、角达村旅游示范村及18个旅游厕所建设项目已完工并投用。全年累计接待游客177.4万人次，旅游相关收入14.5亿元，分别同比增长34.02%和37.42%。巴卡村入选第一批全国乡村旅游重点村名录，扎木中心县委红楼系列红色景区成功获批全区首个AAAA级红色旅游景区，米堆冰川景区成功创AAAA级旅游景区，打破了我县无A级景区局面。制定《2019年茶叶种植实施方案》，全面落实茶叶种植地块工作，完成茶树种植2100亩，建立乌龙茶苗繁育基地，成功申报国家有机产品认证。统筹各类资金8391.79万元，建设核心保种场1个，标准化规模养殖场3个，全市单体规模最大标准化藏猪养殖场—多吉乡木古村藏猪养殖基地正式投用，全县藏猪产业扎实推进。西藏绿康园生态农业开发有限公司和广州天丰园农牧科技有限公司2家企业成功落户波密，特色产业链条未来更加完善。

——城乡面貌焕然一新。先行启动全国农村人居环境整治三年行动示范县建设，投入2000万元，持续推进15个示范村建设。围绕“拆违拆旧、垃圾治理、人畜分区、绿色篱笆、百果庭院”五大行动，拆违5万米，整治围墙3万米，移栽花苗5万株。坚持“全域产业化、全域景区化、全域生态化、全域特色化”理念，积极打造“一核四心”发展布局，投资7700万元的松宗镇、倾多镇、古乡3个乡（镇）新型城镇化建设已全部竣工，投资2.8亿元的棚户区改造已竣工，完成棚户区改造1199户，厕所革命深入实施，57座厕所全部建成投用，新建输配水管网21.9公里，消火栓154座，稳步推进县城等4座污水处理厂建设工作，城镇路网、线路改造、文化广场、景观大桥、街道绿化亮化及建筑特色化改造、旅游服务等基础设施进一步完善，城镇功能、承载能力进一步提升，波密县城已成为318国道上一道亮丽的风景。

——生态屏障全面筑牢。正确处理保护生态和富民利民关系，创森工作稳步推进，全年完成植树造林133.33公顷、森林抚育1333.33公顷、国土绿化16.13公顷，依法查处涉林案件16起，查处率100%。编制完成《波密县全面加强生态环境保护坚决打好污染防治攻坚战实施方案》，深入推进河湖“清四乱”专项行动，依法对全县35处非法采挖点关停治理。全面推行河长制、湖长制、林长制，落实生态岗位6963个，河湖长248名。空气质量达标天数比例达100%，主要江河湖泊水质达到或优于Ⅲ类标准，水源地水质达标率100%。

——社会大局和谐稳定。持续巩固“长安杯”和“全国民族团结进步创建示范县”成果，不断完善共建共治共享社会治理格局。扫黑除恶打非治乱专项行动取得阶段性成果，排查矛盾纠纷49起，化解49起，发现隐患97处，整改97处，摸排专项斗争线索37条，立案办理20起；不断加大砂石整治排查力度，进一步规范了砂石运营市场，净化了河湖生态治理环境。加强道路交通安全管理，建成县城智能交通指挥监控系统，查处各类道路交通违法行为4850起。建立完善《信访联席工作机制》，受理信访案件23批（件）48人次，妥善化解22批（件）47人次，调处化解率95.65%。落实资金30万元开办学经回流人员教育转化培训班，15名区外学经回流人员“五个认同”思想不断增强。全面落实党的民族宗教政策，深入推进民族团结进步创建活动，各族群众“三个离不开”思想根深蒂固。不断加强自然灾害、森林防火应急演练，全面提升应急救援能力，顺利通过国务院2018年度省级政府安全生产和消防考核巡查，全年安全生产形势继续保持稳定态势，各领域未发生重大安全生产事故。

——政务环境持续优化。深入开展“不忘初心 牢记使命”主题教育，各级党组织开展集中学习544次，专题研讨交流340次，查摆问题882条，完成整改。始终深化“放管服”改革，围绕“互联网＋政务服务”，努力构建“一网、一门、一次”服务体系，发布实施清单835项，采集电子证照1.1万个，注册平台账号2365个。深入推进商事制度改革，严格执行“先照后证”“五证合一”“一照一码”“证照分离”和“双告知”制度，企业登记办理程序实现大幅缩减。目前，全县市场经营主体3249户（企），注册资金34.3亿元。完善政府法律顾问制度，法治政府建设步伐不断加快。顺利完成“四经普”普查和机构改革工作。自觉接受人大、政协、审计和社会各界监督，承办人大建议60条、政协提案51件，答复率、满意率均100%。严格落实“五公开”工作机制，让政府权力在阳光下运行。全面落实党风廉政建设责任制，政府机关为民、务实、清廉形象进一步树牢。

——土地治理成效显著。扎实推进农村集体土地确权登记工作，调查确权登记集体土地946宗、宅基地4952宗、集体建设用地207宗、农村房屋9249栋，已发放农村宅基地使用权和房屋所有权证书5197本。第三次国土调查已顺利通过国家验收，共计图斑44852个。粮食生产功能区划定顺利通过区级验收，面积3613.33公顷。全面完成农村产权制度改革暨清产核资，共计1.02亿元。加大对非法侵占国有和集体土地、乱圈乱占乱建、违规建筑、超面积使用等问题的整治查处力度，制止“五乱”行为41宗，完成卫片执法图斑16宗，涉及违法用地13亩。坚持节约、集约利用土地，依法确定增减挂钩立项试点8个，节余建设用地指标30.07公顷，依法出让土地9.46公顷，缴纳土地出让金4346.37万元，依法管理国有土地环境得到不断净化。

——援藏工作硕果累累。逐步完善以广州市第一人民医院为主导，其他三级医院为辅的柔性帮扶机制，年度接受援藏医生16人，接诊门诊患者2735人次。强化藏粤学校学术、经验交流，“广州波密·区乡对接”教育帮扶模式全部完成，签订帮扶协议12份，年度邀请广州教育系统124名专家教授进行帮扶指导，邀请广州大学18名优秀大学生开展支教活动。第八批和第九批援藏轮换交接圆满完成，第九批援藏工作开局良好，得到各级的好评。成功开展“区乡对接项目擂台大比武”活动，10个乡镇“区乡对接”帮扶框架全部形成，乡镇基础设施建设、产业发展、干部能力提升等受援工作稳步推进。全年协调广州市各级党政考察团、驻穗机构及企业进藏考察交流、对接帮扶28

次，完成干部交流430人次，全县533名教师不同程度受益。

与此同时，国防、双拥、民兵预备役、人民武装、军地共建、气象、统计、编译、档案、保密、地方志、粮食安全等方面工作取得了新进步，工会、共青团、妇女儿童、残联、工商联、慈善、理赔等工作取得新成绩。

各位代表，一年来，我们深入学习贯彻落实习近平总书记对西藏工作系列指示精神，波密发展方向和举措更加明确；一年来，我们坚持把发展作为第一要务，经济实力不断增强；一年来，我们全力以赴打好三大攻坚战，决胜全面小康的基础更加坚实；一年来，我们加快深化改革步伐，全社会创新活力持续增强；一年来，我们大力推动农业农村优先发展，乡村振兴战略实现良好开局；一年来，文化事业产业繁荣发展，群众美好生活精神食粮更加丰富；一年来，我们切实改善保障民生，老百姓全面共享发展成果；一年来，我们坚决践行绿水青山就是金山银山发展理念，生态安全屏障有效筑牢；一年来，我们持之以恒加强政府自身建设，政府职能和作风进一步转变。这些成绩的取得来之不易，是以习近平新时代中国特色社会主义思想正确指导下的结果，是自治区、林芝市党委政府坚强领导和县委直接领导的结果，是全国各族人民特别是广东人民无私援助的结果，是全县各族人民共同努力的结果。在此，我代表县人民政府，向全县3.8万各族干部群众辛勤付出和全体援藏干部人才无私奉献，表示衷心感谢！向给予政府工作大力支持的人大代表、政协委员和离退休干部，向驻地解放军指战员、武警官兵、政法干警，表示衷心感谢！向长期关心支持波密建设发展的社会各界人士，表示衷心感谢！

各位代表！在肯定成绩、总结经验的同时，我们要看到推动波密高质量发展还面临一些困难和挑战：基础设施还相对滞后，产业发展质量和效益还不够高，土地可利用资源管理不够理想，城乡一体化发展进程需进一步加快，教育、卫生等公共服务水平有待提高，群众就业渠道需进一步拓宽，脱贫攻坚巩固提升工作还需持续发力，社会治理能力还需增强，政府自身建设仍需加强。对此，我们要增强忧患意识，抓住主要矛盾，针对性地加以解决。

2020年工作安排

各位代表！2020年是全面脱贫摘帽和建成小康社会的决胜之年，是推动乡村振兴战略深入实施之年，做好政府各项工作至关重要。我们必须坚持党对政府工作的全面领导，砥砺奋进、筑梦前行，切实走好稳增长与优转型良性互动、发展与生态相得益彰、经济与社会协调并进的高质量发展之路，全面促进波密经济社会持续健康发展。

今年政府工作的总体思路是：高举习近平新时代中国特色社会主义思想伟大旗帜，全面贯彻落实党的十九大和十九届四中全会精神，深入贯彻落实第七次西藏工作座谈会和自治区第九次党代会、区党委九届七次全会精神，以处理好“十三对关系”为根本方法，按照市委一届九次全会部署要求，紧扣全面建成小康社会伟大目标，全力抓实改革、发展、稳定三件大事，持续打好防范化解重大风险、污染防治、脱贫攻坚巩固提升三大攻坚战，全面做好“六稳”工作，加快推进政府治理体系和治理能力现代化，对标“五个林芝”建设总要求，统筹做好稳增长、调结构、强产业、惠民生、优生态、防风险各项工作，确保“五个波密”建设取得新的更大成就。

今年经济社会发展主要预期目标是：全县地区生产总值力争增长10%，地方公共财政预算收入力争增长10%，全社会固定资产投资力争增长15%，社会消费品零售总额力争增长15%，城乡居民人均可支配收入分别增长11%、13.5%，居民消费价格涨幅控制在3.4%，城镇登记失业率控制在2.3%。

围绕上述目标，我们要突出抓好以下重点工作：

一、聚焦项目建设，在扩大有效投资上实现高质量突破。加快重点项目建设。认真做好“十四五”国民经济和社会发展规划体系编制，强化项目策划与储备，力争更多项目列入“十四五”项目盘子，形成有梯度、有支撑的滚动项目库。全力做好伟大工程（川、滇藏铁路）、重大工程（川藏高等级公路、易贡湖综合治理工程）配合服务。加快推进项目审批进度，完成高标准农田建设，优质蔬菜生产基地建设，桃花沟、318国道、易贡沟景区，污水处理及收集系统工程，八盖公路，易贡、米堆冰川、八盖输变电工程，继续推进帕隆藏布重点河段治理工程、波堆藏布重点河段治理工程、倾多镇曲西村至昌都市洛隆县公路、G318线卡达桥至倾多镇公路改建工程等项目，积极申报并稳步实施教育、卫生等基建项目。加大招商引资力度。以林芝市桃花节、第二届藏王故里文化旅游节、藏博会、广博会等区内外重大活动为平台，围绕强链、补链，突出文化旅游、特色产业、现代服务业等重点领域，加大对投资1000万元项目引进力度，持续做好天宇圆梦苑、野生光核桃、松赞林卡酒店、王朝大酒店等19个落地项目跟踪服务工作。对已签约项目，建立“一套班子·专班服务”机制，发挥县级领导干部联系民营企业、招商引资企业制度作用，提升项目落地率，确保落地项目尽快开工，实现开工项目尽快投产并发挥效益。优化项目建设环境。推进工程建设项目审批制度改革，建立重大项目前置手续办理协商推进机制，完善项目审批联席会议制度，健全领导干部联系重大项目机制和现场调度机制，完善重大项目推进问题跟踪管理平台，推行限时审批，开辟绿色通道，做到快审、快批、快通过，力争固定资产投资增长15%。

二、聚焦产业发展，在加快转型升级上实现高质量突破。做精生态旅游。紧扣全域旅游示范县和区域旅游中心总体定位，加快构建“一轴三线”旅游发展布局，以扎木中心县委红楼、米堆冰川等AAAA级旅游景区为平台，做好全域旅游规划，全维度拓展旅游空间，实现“波密处处皆景点”。加大投资力度，补齐景区（点）旅游基础设施短板，完善旅游公共服务基础设施。立足波密千里冰川、百里桃花等丰富的旅游资源，围绕“吃、住、行、游、购、娱、厕”七大要素，以项目拉动、包装和多渠道、多形式宣传推介，制作一批具有影响力的旅游指南和宣传片，全力办好第二届藏王故里文化旅游节，全面打响“藏王故里、冰川之乡、桃花世界”旅游品牌。多渠道争取国家旅游发展资金，加快推进G318风景道、桃花沟景区、318国道易贡景区公共服务等景区（点）公共服务基础设施建设，着力实现“全域、全民、全要素、全产业链”高质量旅游产业。扎实做好“旅游+”文章，促进生态旅游业与民俗文化、农牧特色产业深度融合，培育发展田园旅游、文化旅游、体育旅游、康养旅游、休闲旅游等新业态新产品。以旅游行业监管为突破口，强化旅游执法，严厉打击高价售卖、非法买卖等不正当经营行为，更好净化旅游市场，确保游客“游得顺心、玩得开心、住得放心”。做强特色产业。按照林芝市“一带四基地”产业布局和波密县“2+3+1”产业发展格局，稳步推进茶叶、藏猪重点产业，不断扩大天麻、灵芝、羊肚菌及养殖业等特色农牧优势产业规模。推广“政府引导、市场主导、企业主体、科技支撑、群众获益”产业发展模式，建成以玉许、倾多、多吉、松宗为中心的藏猪产业基地；打造以易贡乡、古乡、八盖为主的茶叶种植基地；建立以波密县特色产业培育基地为中心，辐射带动松宗、扎木、倾多的“1托3”天麻产业发展体系；建立以扎木、倾多、玉许为中心的灵芝菌种植基地和羊肚菌种植基地，打造以康玉为中心的肉牛业和奶牛业，提升养殖产业附加值。强化农产品质量安全示范县创建工作，加大“三品一标”申报力度，扶持龙头企业、专合组织开展产品包装和品牌申报。做实新型产业。鼓励引导企业和社会资本向绿色发展聚焦，结合川藏铁路、滇藏铁路建设，发挥波密地域优势，全力打造市经开区拓展区和藏东南物流中心，全力支持商贸物流新型产业发展。加大特色基地申报工作，规划并力争启动农牧特色产品种植、生产、加工、研发、培训为一体的特色基地建设。

三、聚焦城乡融合，在促进协同发展上实现高质量突破。提升城市承载能力。坚持城乡基础设施提质扩容和“一核四心”城镇化布局，强化城乡配套设施，提升集镇承载能力，实施一批乡镇公共服务、给排水，城乡结合部综合治理等补短板项目，完善城镇路网、线路改造、街道绿化亮化及旅游服务等基础设施，建成通麦、倾多等小集镇的4座污水处理设施。有效完善交通路网。抓住川藏铁路、滇藏铁路等重大区域性公共设施建设机遇，加快城市交通基础设施建设和道路交通改造，实现市政道路与铁路、公路有机衔接，连接大动脉，形成大循环。及时打通康玉乡至昌都洛隆县腊久乡、倾多镇达龙村至昌都洛隆县、八盖乡日卡村至那曲嘉黎县忠玉乡公路，着力打造“一横三纵七通道”路网布局。不断美化市容市貌。全力打造生态之城、旅游之城、文化之城、宜居之城。深入推进生活垃圾分类处理，加强市容市貌环境综合治理，加大违建治理力度，切实维护市政基础设施。建设一支规范化、科学化的城市管理队伍，在执法中强化管理、在管理中做好服务。加大环卫基础设施投入力度，持续改善城市生活环境。集中整治道路交通秩序，严厉整治车辆乱停乱放行为，切实解决县城内行车难、停车难问题。

四、聚焦“三农”工作，在实施乡村振兴上实现高质量突破。切实把当前巩固脱贫攻坚成果与长远的乡村振兴战略紧密结合，以脱贫攻坚补齐乡村短板，以乡村振兴巩固脱贫成效。紧紧围绕“两不愁三保障”，整合使用各类涉农资金，突出抓好产业扶贫，健全利益联结机制，增强“造血”功能。坚决落实“四个不摘”政策，对贫困群众继续扶上马、送一程，做深做细做实防返贫工作，巩固脱贫攻坚成果。全面完成三岩片区易地搬迁任务，以人民满意和经得起历史检验的脱贫成果迎接全国脱贫攻坚普查。坚持绿色兴农、品牌强农，扩大无公害农产品、绿色食品、有机产品等种植加工。加快推进国家级电子商务进农村综合示范县建设。发展良种繁育、特色产业、设施农业和规模化养殖等现代农业，带动当地群众就地就近就便创业就业，多渠道增加群众收入。重视三农人才建设，培养造就一支懂农业、爱农村、爱农牧民的三农工作队伍，切实让农牧民群众真正成为乡村振兴的主体。结合群众意愿和区域特色，大力发展村集体经济，全面消除村集体经济“空壳村”。稳步推进全国农村人居环境整治三年行动示范县建设，加快推进人居环境整治示范村建设步伐，健全自治、法治、德治相结合的乡村治理体系，完善村规民约，推动移风易俗，培育文明乡风、良好家风、淳朴民风。

五、聚焦生态保护，在推进绿色发展上实现高质量突破。加快推进国土绿化。牢固树立“绿水青山就是金山银山、冰天雪地也是金山银山”理念，加快推进国家森林城市创建步伐，统筹山水林田湖草综合治理，推进人工造林、乡村绿化、苗圃建设、经济林木等生态项目，编制完成《波密县创建国家森林城市实施方案》《波密嘎朗国家湿地公园管理办法》，全年完成义务植树300亩、国土绿化40亩。强化环境综合治理。继续打好污染防治攻坚战，加强环境执法监管，强化环境监测，严查严打各类环境违法行为。持续打好水、大气、土壤污染防治攻坚战，继续推进中央环境保护、自治区环境保护督察反馈问题整改工作，完成生态红线划定和第二次全国污染源普查工作。严格落实河长制、湖长制，坚持常态化巡河护河治河，全面加强河湖管理保护。依法做好砂石运营管理，持续加大砂石整治排查力度，不断规范和净化砂石运营市场。突出国土资源保护。加强国土空间生态资源分布、规模和质量调查，完成国土空间规划编制，全力推动第三次全国国土调查工作，不断加快三调数据库建设和成果运用。用好“三线一单”绿色标尺，严禁不符合主体功能区定位的各类开发活动，坚决杜绝以破坏生态环境为代价的GDP。

六、聚焦民计民生，在增进民生福祉上实现高质量突破。抓好就业创业服务。持续拓展延伸高校毕业生就业创业政策，充分发挥县劳务派遣公司作用，全面落实“一对一”就业帮扶，统筹做好高校毕业生、农牧区转移劳动力、就业困难人员等重点人群就业工作，积极扩大就业创业政策宣传覆盖面，在转变就业观念上做实文章、下足功夫，引导和鼓励高校毕业生和剩余劳动力自主就业。依托波密双创中心，鼓励更多高校毕业生入驻创业。建成公共职业技能实训基地，保障全县剩余劳动力实现更充分就业。办好人民满意教育。深化教育体制机制改革，完善教育经费保障机制，全面落实教育优先发展战略，持续巩固“五个100%”目标成果。创新教研模式，提升教研品质，不断增强教学内容的思想性和针对性，亲和力和感染力。狠抓学前教育普惠，着力建成广覆盖、保基本、有质量的学前教育体系。加快10个乡镇教职工周转房改扩建项目手续办理，争取早投入、早见效。提升全民健康水平。持续深化医疗制度改革，健全现代医院管理制度，规范乡村医疗一体化管理运行机制，推进医联体建设，发挥区域医疗中心作用。加强乡村一体化管理，提高家庭医生签约质量，解决“签而不约”等问题。加快推进等级医院建设步伐，全面完成县人民医院“二甲”创建工作。加强医德医风和行业作风建设，提高医务人员职业道德素质，增强依法执业、依法行医、廉洁行医意识。深化住院医师规范化培训、全科医生转岗培训、定向医学生培养，保障医疗卫生人才队伍素质和水平。处理好传承与创新关系，推动藏医藏药业上新水平。健全社会保障体系。全面实施全民参保登记计划，统筹失业、工伤、养老、医疗保险，提高第三代社保卡激活率和使用率。统筹推进城镇职工和城乡居民基本医疗保险、医疗救助、大病统筹保险等工作，积极探索推进异地就医直接结算工作，扩大异地就医覆盖面。全力做好城乡低保审批权限下放，发挥兜底政策社会“稳定器”作用，推进低保制度和社会救助、优抚安置等有机衔接，加强留守和城乡困难儿童关爱保护，着力维护残疾人、老年人、妇女儿童合法权益。全面繁荣文化事业。不断完善“三馆一站”内部功能，实施公共文化服务薄弱环节建设计划，加快文化基础设施建设进度，推动文化、旅游、广电与宣传、科技、体育等领域功能融合发展。以国家AAAA级红色景区—扎木中心县委红楼为载体，深入挖掘一批红色遗迹，形成一批具有示范性、典型性、引领性的革命文物保护基地。以文化广场和乡镇文化站为载体，以乡镇文化民俗节为抓手，开展丰富多彩的群众活动，使文化发展成果更多更好惠及各族群众。

各位代表！我们将继续办好以下民生十件实事：不断完善校园服务功能，建成县城中小学智慧校园，为中小学生提供更加优质教育。抓实就业保障，完成转移就业5000人，开发就业岗位300个，实现城镇新增就业500人，保障更充分就业。抓实救灾物资保障，建成波密县区域救灾物资储备库，切实增强应急救援能力。建设和完善农村电子商务公共服务体系，建成“一个中心五个体系”，推动工业品下乡、农产品进城，解决“最后一公里”物流问题。建成波密县鲜肉追溯体系，完善快检室设施服务，确保广大干部群众饮食安全。组建完成全县85个村（居）文艺演出队，不断丰富群众文化生活，夯实基层文化阵地。不断完善县卫生服务中心自身功能，完成创“二甲”工作目标和全县2500名40-75岁心血管疾病高危人群筛查，全面提升广大群众健康指数。建成23470平方米的公共体育场，有效促进全民健身活动更加广泛、深入、持久开展。稳步实施扎木片区、倾多片区25000人百吨千人供水工程，保障干部群众饮水安全。建成波密县二手车交易市场，切实解决县域群众二手车交易及过户办理难题。

七、聚焦改革创新，在优化发展环境上实现高质量突破。全面深化“放管服”改革。高标准运营好三级便民服务中心，完成政府服务事项进驻服务大厅“应进必进”，加快实现“一网通办”，可办率95%，办结率100%。继续加强财税体制、商事制度、农业农村等重点领域改革，充分释放市场活力和社会创造力。持续推动国有资本向关乎民生等重点行业、关键领域和优势产业集中，保障经济持续健康稳定发展。大力发展非公经济。牢牢把握“两个健康”主题，贯彻落实支持民营企业发展各项政策措施，构建“亲、清”新型政商关系。强化企业开办、施工许可、要素供给、法治保障等领域服务，健全非公经济维权工作体系，给民营企业更加良好、稳定的市场预期，增强市场主体的发展信心，激发非公经济发展活力。引导金融机构加大对民营企业的信贷投放力度，努力满足融资需求，持续壮大民企实力，切实做到让利于企、让利于民，为企业发展创造良好条件。深化国有企业改革。以打赢“强企发展、开放创新、依法监管、稳增提质”为主线，分类推进国有企业改革，推动国有企业同市场经济深度融合，促进国有企业经济效益与社会效益有机统一。突出服务保障民生和城市建设发展大局，有效扩大国有资产规模，做强做大做优国有企业。完善企业管理和资产管理制度，深化企业内部用人制度改革，推动国有资产合理流动优化配置，不断增强国有经济活力、控制力、影响力和抗风险能力。不断扩大对外开发。主动融入川渝经济圈、大香格里拉经济圈，协助做好林芝经开区拓展区筹建，深化与周边县区交流合作，力争打造林芝市政治、经济、文化的次中心。做好援藏“十四五”规划编制，争取更多资金投入波密各项事业。不断深化穗波合作，建立紧密型、常态化对接合作机制，推进“组团式”教育、医疗，提升智力援藏水平。

八、聚焦社会稳定，在防范化解重大风险上实现高质量突破。有效维护社会和谐稳定。坚持和发展新时代“枫桥经验”，创新搭建综治+“网格警务”治理机制，探索建立“三级和议”源头化解矛盾纠纷隐患模式，提高社会治安立体化、法治化、专业化、智能化水平，从源头上预防和减少矛盾发生。坚持标本兼治，预防与打击并重，全力打好根治“双拖欠”组合拳。持续推进扫黑除恶打非治乱专项斗争，切实增强人民群众安全感。促进民族团结宗教和睦。持续巩固全国民族团结进步创建示范县成果，充分发挥爱国主义（民族团结）教育基地作用，引导各族群众牢固树立“三个离不开”思想，增强“五个认同”观念，进一步唱响民族团结主旋律。深入开展“遵行四条标准、争做先进僧尼”教育实践活动，积极引导宗教与社会主义社会相适应。持续加强淡化宗教消极影响，严肃党内政治生态和党员政治信仰，让淡化宗教消极影响触角向基层农牧民延伸。提高防灾减灾和应急救援能力。充分利用群测群防人员作用，强化对地质灾害隐患点的巡查，加大地质灾害治理力度，完成卓龙沟等地质灾害治理。全力筑牢安全生产防线，完善重大安全风险分级管控和隐患排查治理标准，全面落实“三必须”安全生产监管责任，狠抓道路交通、森防消防、景区景点、食品药品和建筑施工等重点行业领域安全监管，确保全县安全形势持续平稳。深化军民融合发展。统筹做好经济建设和国防建设，强化军民深度融合，完善国防动员体系，加强退役军人服务管理，依法保障军人军属合法权益，做实优抚安置，扎实做好争创全国双拥模范城评选工作。

九、聚焦使命担当，在改善政务服务上实现高质量突破。坚持依法行政。深入贯彻自治区法治政府建设实施纲要实施意见，全面开展法治宣传教育，着力提升法治思维、依法行政能力，推进政府决策科学化、民主化、法治化，提升行政决策公信力。全面落实规范性文件审查备案和依法政务公开制度，规范行政裁量行为，促进公正文明执法。自觉主动接受人大及其常委会工作监督和法律监督，接受政协民主监督，认真吸收听取工商联、无党派人士、人民团体和社会各界意见。创新群众工作体制机制和方式方法，主动接受社会监督、舆论监督，让权力公开透明、阳光运行。敢于担当作为。坚持以功成不必在我的精神境界和功成必定有我的历史胸襟，充分发扬斗争精神和钉钉子精神，主动实践、主动作为，做到“挑担不怕难、上山不怕险、坦途不歇脚、重压不歇肩”，咬定目标不放松、抓落实、见实效。进一步统筹改进和规范考核监督机制，优化政府目标管理绩效考核体系，提高各类督查检查考核实效，切实减轻基层负担。健全正向激励、容错纠错机制，进一步激发干部崇尚实干、攻坚克难的责任担当，推动形成想作为、敢作为、善作为的良好风尚。强化廉洁从政。切实履行全面从严治党主体责任和“一岗双责”，深入推进政府系统党风廉政建设和反腐败工作，加强和规范党内政治生活，自觉加强和接受党内监督，严防权力滥用，加强对环境保护、脱贫攻坚、项目建设、国有资产管理等重点领域的监督管理，牢记作风建设永远在路上。深入贯彻落实中央八项规定，严格执行《准则》《条例》，驰而不息整治“四风”问题新形式新表现，严肃查处侵害群众利益行为，支持纪检监察机关依法依规履行职责，强化审计、巡察结果运用，推动干部清正、政府廉洁、政治清明。

各位代表！新时代是奋进者的时代。让我们更加紧密地团结在以习近平同志为核心的党中央周围，在区党委、政府，市委、市政府和县委的坚强领导下，在人大、政协和广大代表、委员的监督支持下，在广东人民特别是广州人民的无私援助下，勇于担当、善于创新、敢于实干、乐于奉献，同心同德干事业、攻坚克难抓落实，奋力谱写新时代新时期波密发展新篇章！

注释：

1. 十三对关系：2016 年 12 月 31 日，在全区经济工作会议上，吴英杰书记提出做好 2017 年经济工作要处理好“十三对”关系，即处理好国家投资和社会投资的关系，重大项目和民生项目的关系，发挥优势和补齐短板的关系，城镇就业和就近就便、不离乡不离土、能干会干的关系，扶贫搬迁向城镇聚集和向生产资料富裕、基础设施相对完善地区聚集的关系，央企在藏资源开发和解决当地农牧民增加收入的关系，保护生态和富民利民的关系，城市发展和提高农牧区基本公共服务能力的关系，高校毕业生政府就业和市场就业的关系，简政放权和地方承接的关系，企业增产提效和改善企业职工福利待遇、促进农牧民群众增收的关系，中央关心、全国支援和自力更生、艰苦奋斗的关系，鼓励干部担当干事和容错纠错的关系。

2. 四个不摘：摘帽不摘责任、摘帽不摘政策、摘帽不摘帮扶、摘帽不摘监管。

3. 三病：结核病、肝炎、风湿病（骨关节疾病）。

4. 双集中：有意愿的五保户集中供养和有意愿的孤儿集中收养。

5. 一带四基地：“一带”即建立以巴宜区、米林县、朗县、米林农场为主的林果产业带；“四基地”即建立以巴宜区、工布江达县、米林县、波密县为主的藏猪繁育繁殖加工基地，以巴宜区、工布江达县、米林县、波密县、察隅县为主的藏药材种植基地，以波密县、墨脱县、察隅县为主的茶叶种植基地，以巴宜区为重点、各县城郊为补充的蔬菜生产基地。

6.“两产业一平台”：全力发展以生态旅游产业为龙头的绿色产业，大力发展藏猪产业，合力搭建旅游经济引导下的城镇化建设平台。

7.“2+3+1:2”即藏猪产业和茶产业；“3”即天麻、灵芝菌和羊肚菌产业；“1”即养殖业。

8. 一核四心：“一核”即以县城（扎木镇）为核心，

“四心”即以松宗、倾多、古乡和通麦4个小集镇为中心的城镇化发展建设格局。

9. 清四乱：清理河湖存在的乱占、乱采、乱堆、乱建等突出问题。

10. 制止五乱：制止土地乱圈、乱占、乱建、乱挖、乱签土地使用合同(协议)。

11. 五个认同：对伟大祖国的认同、对中华民族的认同、对中华文化的认同、对中国共产党的认同、对中国特色社会主义的认同。

12. 三个离不开：汉族离不开少数民族、少数民族离不开汉族、各少数民族之间也相互离不开。

13. 两学一做：学党章党规、学系列讲话、做合格党员。

14. 放管服：简政放权、放管结合、优化服务。

15. 一网、一门、一次：政务服务一网通办、企业和群众办事只进一扇门、企业和群众现场办事最多跑一次。

16. 应尽必进：行政审批和公共服务部门应尽必进政务服务大厅、行政审批和公共服务事项应尽必进西藏政务服务平台。

17. 先照后证：先申领营业执照后再办理有关许可证。

18. 五证合一、一照一码：通过“一窗受理、互联互通、信息共享”，将由市场监管、税务、人社、统计、质监五个部门分别核发不同证照，改为由市场监管部门核发加载统一社会信用代码的营业执照，组织机构代码证、税务登记证、社会保险登记证、统计登记证不再发放，为企业提供更加便利服务。

19. 证照分离：“证”即指各相关行业主管部门颁发的经营许可证，“照”即指市场监管部门颁发的营业执照。“证照分离”即指只要到市场监管部门领取一个营业执照，便可以从事一般性的生产经营活动，若需要从事需要许可的生产经营活动，再到相关审批部门办理许可手续。

20. 双告知：工商办理注册登记后，告知市场主体和相关行政审批部门，及时办理后置审批事项。

21. 四经普：第四次全国经济普查。

22. 五公开：决策公开、执行公开、管理公开、服务公开、结果公开。

23. 五个林芝：繁荣林芝、和谐林芝、健康林芝、绿色林芝、美丽林芝。

24. 一轴三线：“一轴”即318国道，“三线”即易贡沟自然风光景观带，波堆沟历史人文景观带和多吉沟文化民俗景观带。

25. 三品一标：无公害农产品、绿色产品、有机农产品和农产品地理标志。

26. 三线一单：生态保护红线、环境质量底线、资源利用上线和生态环境准入清单。

27. 五个100%：中小学双语教育普及率100%，小学数学课程开课率100%，中学数理化生课程计划完成率100%，中学理化生实验课程开出率100%，职业技术学校国家目录规定课程开出率100%。

28. 三馆一站：文化馆、图书馆、群艺馆和乡镇文化站。

29. 一个中心五个体系：电子商务公共服务中心和农村电商三级服务体系、农村电商物流仓储体系、农村电商供应链体系、农村电商培训体系、农村电商营销体系。

30. 两个健康：非公有制经济健康发展，非公有制经济人士健康成长。

31. 三级和议：从双联户＋村“两委”班子开展一级和议，到村“两委”班子＋驻村工作队启动二级和议，再到乡镇党委政府主导三级和议，将矛盾纠纷化解在基层。

32. 双拖欠：拖欠建设领域工程款和农民工工资。

33. 三必须：管行业必须管安全、管业务必须管安全、管生产经营必须管安全。

波密县人民代表大会常务委员会工作报告

——在波密县第十二届人民代表大会第七次会议上

波密县委常委、人大常委会主任 马海蕴

（2020 年 1 月 16 日）

过去一年的主要工作

2019 年，是新中国成立 70 周年，是西藏民主改革 60 周年，也是县级以上地方人大设立常委会 40 周年。县人大常委会以习近平新时代中国特色社会主义思想为指导，全面贯彻党的十九大和十九届二中、三中、四中全会精神，深入学习习近平总书记关于坚持和完善人民代表大会制度的重要思想、关于治边稳藏的重要论述，贯彻落实区党委九届五次、六次全会，市委一届七次、八次全会及县委九届三次、四次全会精神。紧紧依靠县委的坚强领导，始终坚持党的领导、人民当家作主、依法治国有机统一，围绕改革发展稳定生态大局，认真履行宪法和法律赋予的职责，按照“五个波密”建设的总体要求，紧扣县十二届人大六次会议工作目标，开拓创新、主动作为，为推进波密长足发展和长治久安作出了积极贡献。

一年来，共举行常委会会议 9 次，听取审议专项报告和专题报告 16 个，作出决议决定 12 件，依法任免国家机关工作人员 53 人次，检查 18 部法律法规实施情况。

一、始终坚持政治统领，服务大局有力有为

一年来，我们坚持以政治建设为统领，增强“四个意识”、坚定“四个自信”、做到“两个维护”，服从服务大局，紧紧围绕县委决策部署抓大事、强监督、保落实，为“五个波密”建设聚焦发力。

（一）坚定思想理论武装。扎实开展“不

忘初心、牢记使命”主题教育，坚持把主题教育与人大依法履职有机结合，深入学习习近平总书记关于坚持和完善人民代表大会制度的重要思想、关于地方人大及其常委会工作的重要指示、党的十九届四中全会精神等新理论新知识。印发藏汉双语版《波密县人大常委会“不忘初心、牢记使命”主题教育人大代表应知应会手册》200册，使广大代表和人大工作者对坚持和完善人民代表大会制度这一根本政治制度的信心更强，推进国家治理体系和治理能力现代化的决心更坚定。

（二）坚定正确政治方向。始终把坚持党的领导放在首位，确保人大工作沿着正确的政治方向推进。县委高度重视人大工作，多次研究人大工作和建设中的重大问题，作出工作部署，提出明确要求，为县人大依法履职提供了政治保证和强大动力。常委会党组严格执行重大事项向县委请示报告制度。2019年，就人大重要会议、年度重点安排、重点监督工作、重大决议决定、重要考察学习、深化机构改革等事项向县委请示报告14次。

（三）坚定服从服务大局。我们坚持把履行法定职责与服务全县中心大局同频共振、同向发力。2019年，组织班子成员60人次参加县级领导维稳值班带班和蹲点督导，选派副主任4名参与市委巡察、脱贫攻坚、三岩搬迁和主题教育督导工作，班子成员70人次深入一线开展产业发展、教育卫生、巡河巡湖、矛盾纠纷排查化解等相关工作，提出意见建议20条，为县委中心工作积极贡献智慧和力量；协调武警交通三支队开展古乡和玉许乡泥石流灾后治理工作；协调相关部门解决了八盖乡雄吉村饮水困难问题。

二、始终坚持精准聚焦，依法监督有实有效

一年来，我们按照习近平总书记关于地方人大及其常委会工作的重要指示精神，立足波密人大实际，坚持以人民为中心，依法行使好监督权、决定权和任免权，持续精准发力，全力以赴履行宪法法律赋予的职责。

（一）监督实效更加凸显。人大监督是在党的领导下，代表国家和人民进行具有法律效力的监督。我们牢牢把握人大监督的政治定位、法律定位，严格遵循“依法”二字，实现正确监督、有效监督。强化财政经济审查。听取和审议了上半年国民经济和社会发展计划、财政预算执行情况等报告；听取和审议了财政存量资金使用、年度本级财政预算调整方案报告，切实为人民管好了“钱袋子”。首次听取了波密县国有资产管理情况专项报告，初步实现了县属国有资产管理监督审查。强化法律法规实施。组织开展《食品安全法》《妇女权益保障法》《就业促进法》及自治区实施办法等4部法律法规执法检查；协助配合区、市人大开展《草原法》《残疾人权益保障法》《文物保护法》及自治区实施办法等14部法律法规的执法检查。强化来信来访办理。全年受理并及时交办、转办和督办群众来信来访4件。坚持把保障和改善民生作为工作的出发点和落脚点，积极回应人民关切，持续开展监督，推动政府切实办好“民生十件实事”，不断提升全县人民获得感和幸福感。四是强化调查研究实效。围绕县委重大决策部署和全县经济社会发展重点课题，大力加强调查研究，形成有见地、有深度的调研报告6篇。医疗保障、校园及周边综合治理、赴南平市考察茶旅产业融合发展等专项报告，为县委决策贡献出了人大智慧。

（二）决定事项更加科学。人大讨论决定重大事项是确保县委的主张通过法定程序成为全县人民意志的重要途径，是人民行使国家权力的重要形式，是实现决策科学化、民主化的制度保证。我们始终坚持民主集中制原则，着力把讨论决定重大事项作为关注民生、促进发展的有力抓手。2019年，听取和审议了318国道规划按终稿实施、环境状况和环境保护目标完成情况、脱贫攻坚总体情况等报告14项，对政府重大事项监督进一步加强，不断提升政府决策科学化、民主化。

（三）人事任免更加严谨。我们坚持党管干部原则与人大依法行使任免权有机统一，按照法律规定，依法任免国家机关工作人员53人次，严格规范任职表态、集体表决等法定程序，落实宪法宣誓制度。补选林芝市一届人大代表1名，确定人民陪审员名额56名。对农业农村局、市场监督管理局、文化和旅游局、城市管理和综合执法局4家单位进行工作评议，通过评议征求意见建议46条，归纳整理为17条，向相关部门如实反馈，限时整改。

三、始终坚持代表主体，依法履职尽职尽责

人大代表是国家权力机关组成人员，代表人民意志行使职权。一年来，我们牢固树立尊重代表、依靠代表、服务代表理念，加强和改进代表工作，引导和支持代表更好地投身服务大局的“主战场”，当好人民群众的“代言人”。

（一）提升代表履职能力。2019年，共邀请6批22名区市县乡人大代表列席县人大常委会，30人次参与视察调研、执法检查等活动，5批10人参与法院旁听庭审，3批6人参加检察院开放日活动，拓宽代表知情知政渠道，提高代表履职水平。接待选民来访20人次，充分倾听了选民呼声，掌握选区选民意见。组织市县乡三级人大代表12名赴山南考察学习县乡人大工作经验；邀请广州市人大常委会领导和专家9名，赴波密培训代表100人；组织四级人大代表10人赴福建省南平市考察学习茶旅产业融合发展经验；各乡镇人大主席团先后组织5批57人前往山南、察隅、墨脱等地交流学习，进一步开阔了代表眼界，提升了代表履职能力。

（二）发挥代表之家作用。我们把“人大代表之家”建成学习培训之家、督政议政之家、联系选民之家、履职交流之家。充分利用“人大代表之家”这一场所，组织代表开展有关法律法规、方针政策、业务知识的学习及讨论研究等活动，有效提高人大代表的法律水平、政策水平和履职能力。2019年，组织开展农牧民人大代表家访活动，走访代表47人，送去价值4万元的慰问品和慰问金。进一步了解六次会议意见建议答复情况，收集意见建议，切实增进与广大代表的沟通交流，及时反馈县政府，为全县经济社会发展提供参考。建立“双联系”机制，进一步强化县人大常委会组成人员与人大代表联系、人大代表与选民联系的工作，提升履职效能。

（三）抓实意见建议督办。我们始终高度重视代表意见建议办理工作，坚持把办好代表建议作为保障代表民主权利的有效途径，全力推动代表意见建议落实。2019年，及时召开意见建议交办会，向政府交办代表所提意见建议60条，全年建议交办无缝隙，做到事事有回音、件件有反馈，实现代表意见建议答复率100%，一些富有建设性建议成为有关部门开展

工作的参考依据。

四、始终坚持自身建设，履职能力提质提效

一年来，我们围绕“两个机关”建设目标，精准把握新时代强化人大自身建设的特点规律，持续在党的建设、组织建设、自我提升等重点领域聚焦发力，推动履职能力和服务水平再上新台阶，为高质量高标准开展工作奠定坚实基础。

（一）突出党建引领。认真贯彻落实新时代党的建设总要求，切实履行管党治党政治责任，深入落实党风廉政建设责任制，坚决执行党员不信仰宗教政策，自觉淡化宗教消极影响。进一步健全政治理论学习机制常态化，不断强化人大机关干部“四个意识”，切实增强机关干部做好新时期人大工作的使命感和责任感。

（二）健全组织架构。抓住深化党政机构改革机遇，科学设置县人大“一室三委”组织机构，设立了财政经济委员会、教育科技文化卫生委员会、社会建设委员会3个专门委员会，涵盖了全县经济建设、社会发展、文化教育、生态建设各领域。人大组织建设得到全面加强，为人大依法审查、依法监督、依法履职提供了组织保障。

（三）完善工作制度。编制印发藏汉双语版《波密县“人大代表之家”工作制度》《代表履职手册》《人大常委会制度》《人大办公室制度》《专委会工作规则》等制度43项，为规范人大工作提供了制度保障，有效推进了国家治理体系和治理能力现代化建设的步伐。

各位代表！一年来，常委会工作成绩的取得，是习近平新时代中国特色社会主义思想科学指引的结果，是县委坚强领导、高度重视的结果，是全体人大代表履职尽责、扎实工作的结果，是“一府一委两院”和各乡镇人大主席团密切配合、团结协作的结果，是全县人民充分信任、大力支持的结果。在此，我谨代表县人大常委会表示崇高的敬意和衷心的感谢！

回顾过去一年，我们清醒地认识到，我们的工作还存在一些问题和不足。主要表现在：督政议政精准性和有效性有待进一步提升；代表作用发挥有待进一步激发；对乡镇人大工作的指导有待进一步加强；专委会职能作用有待进一步发挥。这些问题，我们将采取务实措施，认真解决。

2020年主要工作任务

2020年，既是全面建成小康社会的决战决胜之年，又是“十三五”规划收官之年，更是实现第一个百年奋斗目标的关键之年。做好今年人大常委会的工作，使命光荣，任务艰巨。新的一年，常委会工作总体思路是：坚持以习近平新时代中国特色社会主义思想为指导，深入贯彻落实党的十九大和十九届二中、三中、四中全会精神，深入贯彻落实习近平总书记关于坚持和完善人民代表大会制度的重要思想、关于治边稳藏的重要论述，坚持党的领导、人民当家作主、依法治国有机统一，按照党中央和区党委、市委、县委关于人大工作的要求，坚持稳定第一责任、发展第一要务、民生第一导向、生态第一红线，接地气、察民情、聚民智，切实提高依法履职能力和水平，创造性地做好法治、监督、代表等工作，为推动波密经济社会持续平稳健康快速发展作出新的更大贡献。

根据这一总体要求，我们着重做好以下四个方面的工作：

一、持续服务大局，着力彰显高质量的履

职作为

我们将始终站在增强“四个意识”、坚定“四个自信”、做到“两个维护”的政治高度，坚持把党的领导贯穿人大工作始终，贯穿到落实县委决策部署中去，融汇到推进经济社会发展的全过程，确保常委会的每一项工作、每一项举措都自觉服从大局，坚决服务大局，有效助推大局。坚决执行向县委请示报告制度，依法做好人事任免，围绕县委中心工作，依法决定重大事项，通过法定程序全力推动县委重大决策部署的贯彻落实。牢牢把握维护祖国统一、加强民族团结这个着眼点和着力点，深入学习宣传贯彻《西藏自治区民族团结进步模范区创建条例》，坚定不移开展反分裂斗争，争做神圣国土守护者、幸福家园建设者。

二、持续精准发力，着力实施高质量的依法监督

我们将坚持把宪法法律赋予的监督权用好用活，把实行正确监督、有效监督作为人大开展监督工作的基本遵循，进一步创新监督方式、加大监督力度，不断深化对人大监督工作定位和规律的认识。紧扣经济社会发展这一要务，坚持以统筹推进稳增长、促改革、调结构、惠民生、防风险和保稳定为目标，综合运用人大审议、视察调研、工作评议等手段，打好监督组合拳，增强监督刚性，提升监督权威和实效。围绕国有资产管理、产业发展、乡村振兴、环境保护、促进就业、民生改善、民族团结进步及“十三五”重点项目完成情况等进行专题调研；围绕法治波密建设，加强执法检查、备案审查、司法监督等工作，开展《环境保护法》《医疗保障法》等法律法规的执法检查，抓好乡村振兴规划等规范性文件的备案审查；围绕回应全县人民重大关切，促进“一府一委两院”担当作为、优化服务，推动重大事项高质量实施。

三、持续优化服务，着力打造高质量的履职平台

我们将聚焦代表履职能力提升，着力为代表依法履职拓展渠道、优化服务、强化保障。深入开展以会代训、专题培训、区内外视察、波密－广州人大双向交流等学习培训活动，不断提高代表的思想政治素质、法律政策水平和专业知识素养。继续做好“双联系”工作，密切常委会组成人员与代表、代表与选民的联系；继续向代表发送各种参阅材料，为代表履职提供服务；继续加强对乡镇人大工作的指导，总结推广好经验好做法，推动全县人大工作整体上台阶上水平上质量；创新建立代表“家访月”活动，有针对性地组织常委会组成人员与代表结成对子，帮助代表提升参与行使国家权力的能力；探索建立常委会、专委会重要工作向代表通报机制，让代表及时了解经济社会发展、常委会履职等方面的新情况。

四、持续提质增效，着力建设高质量的人大队伍

我们将按照新时代党的建设总要求，全面加强机关党的建设和作风建设，持续改作风转作风，用实际行动落实好党风廉政建设各项规定。持续加强人大代表和常委会机关干部队伍建设，配齐配强专委会成员，推动专委会有效开展工作。大兴理论学习和调查研究之风，进一步提升人大代表和人大干部政治素质和履职能力；大力加强人大宣传工作，进一步营造有利于提振精神、推进工作的良好环境；大力强化作风建设，教育和引导人大干部始终牢记党

的宗旨，维护好人大队伍和人大机关的良好形象；坚持严管与厚爱结合，激励和约束并重，真正把铁的纪律，转化为人大干部的日常习惯和自觉遵循，把县人大及其常委会建设成为全面担负起宪法法律赋予的各项职责的工作机关，成为同人民群众保持密切联系的代表机关。

各位代表！蓝图激发动力，实干铸就梦想！让我们更加紧密地团结在以习近平同志为核心的党中央周围，在县委的坚强领导下，始终牢记使命职责，勇担人民重托，以高度的政治责任感、历史使命感和饱满的工作热情，全力推动人大工作高质量发展，为加快推进“五个波密”建设做出新的更大贡献！

注释：

双联系制度：人大常委会联系人大代表、人大代表联系选民制度。代表法规定：“县级以上的各级人民代表大会常务委员会应当采取多种方式同本级人民代表大会代表保持联系”，并要求“代表应当与原选区选民或者原选举单位和人民群众保持密切联系，听取和反映他们的意见和要求，努力为人民服务”。

“两个机关”建设：中共的十九大报告指出，使各级人大及其常委会成为全面担负起宪法法律赋予的各项职责的工作机关，成为同人民群众保持密切联系的代表机关。

一室三委：“一室”即县人大常委会办公室，“三委”即县人大财政经济委员会、教育科技文化卫生委员会、社会建设委员会。

一府一委两院：“一府”是指人民政府，“一委”是指监察委员会，“两院”是指人民法院、人民检察院。

中国人民政治协商会议第九届波密县委员会常务委员会工作报告

——在政协第九届波密县委员会第五次会议上

波密县政协主席　巴　桑

（2020 年 1 月 15 日）

2019 年工作回顾

2019 年是中华人民共和国成立 70 周年和人民政协成立 70 周年，是西藏自治区政协成立 60 周年，也是我县巩固脱贫攻坚成果、全面建成小康社会的关键之年。一年来，在县委的坚强领导和市政协的精心指导下，在县人大、县政府的大力支持下，在广东人民的无私援助下，县政协常委会坚持以习近平新时代中国特色社会主义思想为指导，全面贯彻落实党中央、区党委、市委和县委一系列决策部署，团结带领全县广大政协委员和政协工作者，坚持以党的建设为引领，突出团结民主两大主题，紧扣全县中心工作，着力在建言资政和凝聚共识双向发力，全力履行政治协商、民主监督、参政议政三大职能，为“五个波密”建设发挥专门协商机构作用，展现新时代我县政协新面貌、新气象。

一年来，我们主动适应新时代，自觉学习新理论，不断夯实团结奋斗的共同思想政治基础。坚持把理论学习摆在突出位置，团结引领广大政协委员和党员干部深入学习贯彻习近平新时代中国特色社会主义思想，学习贯彻党的十九大及十九届二中、三中、四中全会精神，学习贯彻习近平总书记关于加强和改进人民政协工作的重要思想及中央政协工作会议、区党委政协工作会议精神，学习贯彻区党委九届五次、六次全会和市委一届八次全会精神，准确理解把握党的新理论、新思想、新战略，自觉接受党的全面领导，自觉维护习近平总书记的核心地位，自觉维护中共中央权威和集中统一领导，在事关道路、制度、旗帜、方向等根本问题上统一思想、统一意志、统一步调，确保人民政协事业沿着正确的政治方向前进。全年组织召开党组理论学习中心组学习会16次、党组会议6次、主席会议3次、常委会议4次、机关党支部学习会22次、主题党日活动11次。在“不忘初心、牢记使命”主题教育中，组织开展集中学习14次、研讨发言10次、红色教育活动4次、为民办实事活动2次、选派处级干部参与主题教育轮训1人次，科级干部参与轮训4人次，将党员委员纳入机关党支部开展培训1次，使广大政协党员干部和党员委员思想政治深受洗礼，进一步筑牢信仰之基、补足精神之钙、把稳思想之舵。

一年来，我们坚持围绕中心工作，努力展现新作为，大力推进“五个波密”建设。坚持围绕中心，服务大局，始终将政协工作放到全县大局中去谋划，去推进，始终与县委、政府“同唱一首歌，同下一盘棋”。自觉服务中心工作。始终把政协工作置于党委的坚强领导下，主动融入全县中心工作，选派精干力量8人，协助县委、政府做好三岩搬迁、巡视巡察等重点工作。县政协主席协助分管三岩搬迁工作以来，主动深入基层开展督导调研21次，宣讲三岩易地扶贫政策10次，大力推进三岩搬迁工作；党组成员严格落实“河长”制，坚持问题导向，认真开展巡河巡湖16次，全方位加强河湖管理保护，推动河湖面貌持续改善；主席会成员围绕精准扶贫、乡村振兴战略实施、农牧特色产业发展、扫黑除恶、非洲猪瘟预防与治理等重点工作参与督导调研25人次，撰写调研报告5篇，提出意见建议6条。巩固脱贫攻坚成果。积极投身脱贫攻坚主战场，对单位的2户帮扶对象、党员干部的27户帮扶对象，坚持定期走访，有针对性地开展教育帮扶活动6次，捐资捐物1.45万元；鼓励和支持政协委员创办发展实体经济，积极扶危济困，优先接收贫困人口就业，努力带动贫困家庭增收致富。一年来，珠嘎玛、白玛次仁等一批优秀政协委员创办的企业接收贫困人口就业50人次，大学生就业2人，为贫困户、低保户、在校大学生捐资捐物20万元。助推波密改革发展。聚焦乡村振兴、全域旅游、农牧业特色产业等工作，组织部分委员赴区外和区内市外考察学习2次，围绕“控辍保学”这一全县重点工作，组织部分委员深入扎木、松宗、玉许等乡（镇）开展专题调研1次，共撰写调研报告3篇，提出意见建议5条。优化波密发展环境。主动加强与区市政协、外地政协的沟通联系和交往联谊，接待全国政协考察团、广东佛山市政协、青海省政协、青海省玉树州政协、山南市琼结县、昌都市卡若区政协、那曲市比如县等区内外政协来访交流，积极宣传波密品牌，为波密发展营造交流融合的外部环境。

一年来，我们充分利用政协优势，广泛增进共识，全力维护波密和谐稳定。坚持以习近平总书记治边稳藏重要战略思想为指导，牢牢把握大团结大联合主题，全力维护波密和谐稳定。扎实做好维护社会稳定工作。认真贯彻落实区党委、市委以及县委关于维稳工作的部署要求，结合政协实际，制定2019年维稳工作方案、预案，在单位范围内深入开展矛盾纠纷、安全隐患排查3次；在3月和国庆期间，主席会成员深入联系乡镇蹲点督导工作6人次，蹲点时间60天；严格执行县委维稳巡逻值班制度，共参与县委大院值班46人次，油库值班77人次，为维护我县稳定大局贡献了“政协”力量。扎实做好群众教育引导工作。县政协领导干部充分利用蹲点督导、走访调研、结对帮扶等机会，深入走访基层群众100人次；广泛动员政协委员主动深入各族各界，积极宣传党的十九大、十九届四中全会精神以及党的民族宗教政策，教育引导各族各界群众感党恩、听党话、跟党走，牢固树立“三个离不开”思想，树立正确的“五观”，增进“五个认同”，深入揭批十四世达赖“三性”反动本质，维护祖国统一，加强民族团结，理性对待宗教，积极淡化宗教消极影响，依靠自己的勤劳双手脱贫致富，追求今生健康文明幸福生活。因工作表现突出，2019年我县政协委员扎西多吉荣获“西藏自治区第五届劳动模范”称号，政协委员央珍荣获“2019年度自治区级民族团结进步模范个人”称号。

一年来，我们认真践行“一线”意识，始终做到履职担当，大力提升政协工作水平。主动顺应“人民政协处于凝心聚力第一线、决策咨询第一线、协商民主第一线、国家治理第一线，是党和国家一线工作的重要组成部分”的定位，主动作为，履职担当，努力谱写新时代波密政协新篇章。常抓提案工作不松懈。坚持在提案收集、提案交办、协商办理、重点提案督办上下功夫，不断提高提案办理水平。九届四次全体会议期间，共收到委员提案67件，经归类整合审查立案51件，委员意见建议31条，通过严格交办督办，办结率92.2%、答复率100%、满意率100%。2019年11月，县政协提案委员会带领相关承办单位负责人、政协委员组成重点提案督办小组，对《加快我县公共厕所建设，改善城市卫生环境》《建议加大施工单位的环境监督和管理力度，保护好波密环境》《解决中学热水供应问题》等重点提案进行现场督办，进一步增强办理单位对提案工作的重视，激发委员通过提案履职尽责的热情，有效推动了一批热点、难点问题的解决。常抓制度建设不放松。主动顺应新时代，建立健全常委联系委员、党员委员联系党外委员、委员家访、党员委员参加“双重组织生活”等6项工作制度，其中三级委员家访制度和委员履职量化考核制度得到区、市政协领导的肯定，并在电视台等媒体进行宣传报道。分管副主席带队落实相关制度3项，下基层走访乡镇领导、政协委员、政协委员联络员130人次、家访委员49人次，广泛听取意见建议，全面了解委员履职情况，帮助委员解决履职过程中存在的问题和困难；完成委员履职量化考核82人，并存档备案，作为表彰奖励以及下一届留任考察依据，进一步激发了委员履职的主动性积极性。常抓委员培养不松劲。结合“不忘初心、牢记使命”主题教育，组织党员委员开展集中培训1次。期间，邀请我县政协原副主席、退休老干部白玛多吉同志结合自身经历讲党课，使党员委员深受革命精神洗礼，切实提高了政治站位，提升履职科学化水平。2019年4月，对1名不合格委员，我们严格按照程序要求，取消其委员资格，达到警示教育的目的。

一年来，我们勇于自我革新，坚持强化自身建设，用心打造一支清正廉洁、务实高效的政协队伍。人民政协要发挥作用、体现价值，就必须不断加强和改进自身建设。全力推进机关党建工作提质增效。以“三会一课”、主题党日活动为载体，通过集中学习与个人自学相结合、线上与线下学习相结合、专题学习与研讨交流相结合等形式，深入开展“不忘初心、牢记使命”主题教育，组织机关党员干部深入学习习近平新时代中国特色社会主义思想和新思想新理论、党章党规、法纪条规等22次，党组成员带头撰写心得体会40篇，树立了良好学风；组织机关党员干部参加县委各部委举办的各种教育活动42人次，开展主题党日活动11次，召开专题民主生活会和组织生活会各1次，持续推进机关政治、思想、作风、组织、效能建设；组织党员委员参加机关党支部主题教育活动30人次，实现了党的组织对党员委员全覆盖，党的工作对政协委员全覆盖，切实提升了委员的政治素质和履职水平。全力推进党风廉政建设取得新成效。班子成员通过开展专题研究党风廉政建设工作3次，签订党风廉政建设责任书5份，党组书记听取党风廉政建设工作汇报2次、开展廉政谈话4次、参观警示教育基地2次、观看廉政教育片3场、参与党纪法规知识测试3次，进一步促使班子成员在思想上牢固树立纪律意识和规矩意识，筑牢反腐倡廉思想防线。全力推进领导班子建设形成工作合力。在县委的高度重视和关心支持下，撤销原来的综合专委会，增设了提案委员会、文史民族宗教法制委员会、经济资源环境社会科教文卫委员会，配齐配强政协办公室和三个专委会班子，进一步规范政协专委会设置，工作力量进一步充实，为政协组织开展工作创造有利条件，形成加强和改进人民政协工作的合力。全力推进政协工作向基层延伸。根据政协西藏自治区委员会办公厅印发《关于加强我区乡镇（街道办事处）基层政协委员联络员工作的方案》精神，按照“五有”建设标准要求，结合我县实际，设立乡（镇）基层政协工作联络组，由各乡（镇）一名乡（镇）班子成员担任组长，1名专职干部负责联络政协委员工作，并计划于2020年年初完成“各乡（镇）政协委员联络组”挂牌仪式。

各位委员，一年来我们取得的成绩，根本在于习近平新时代中国特色社会主义思想的科学指引，关键在于县委的坚强领导和市政协的精心指导，主要在于县人大、县政府的大力支持，广东人民的无私援助，以及政协各参加单位、全体政协委员和政协工作者的共同努力，在此，我代表常委会向大家表示衷心的感谢！

回顾一年来的履职实践，我们深切地体会到，只有毫不动摇地坚持党的领导，认真贯彻中央和区党委、市委、县委的重大决策部署，才是做好新时代政协工作的根本保障；只有毫不动摇地把握人民政协的性质定位，把建言献策与投身实践紧密结合，才是发挥政协独特作用的重要前提；只有毫不动摇地围绕中心、服务大局，聚焦人民群众最关心最直接最现实的利益问题建真言、献良策、办实事，才是体现人民政协价值的基本途径。

在总结成绩的同时，我们还应清醒地认识到，我们的工作离上级党委要求和群众期盼还有一定差距，主要表现在：部分委员履职能力有限，提出的提案和意见站位不高，前瞻性、建设性、操作性不强；党员委员双重组织生活、双重管理仍存在短板，将农牧民党员委员纳入政协党组、机关党支部过双重组织生活仍面临诸多困难；部分政协委员履职积极性不高，仍热衷于当“名誉委员”“年度委员”；专题民主协商制度还未真正落实到位，协商议政水平还有待进一步提高。对此，我们将在今后的工作中高度重视，采取务实有力的措施，切实加以改进。

2020年工作安排

2020年是全面建成小康社会和“十三五”规划收官之年，是全面贯彻党的十九届四中全会精神的开局之年，做好政协工作意义重大。县政协工作的总体思路是：高举习近平新时代中国特色社会主义思想伟大旗帜，全面贯彻落实党的十九大、十九届四中全会精神，深入贯彻落实习近平总书记关于加强和改进人民政协工作的重要思想和关于治边稳藏的重要论述，贯彻落实中央政协工作会议和区党委政协工作会议精神，贯彻落实市委、县委决策部署，以坚持和发展中国特色社会主义为主轴，以加强政协党的建设为引领，以实现“两个一百年”奋斗目标和助推波密发展稳定生态三件大事为主线，以正确处理“十三对关系”为根本方法，在县委的坚强领导下，牢牢把握团结民主两大主题，坚持把提质增效贯穿履职全过程和各方面，充分发挥政协专门协商机构作用，不断提高政治协商、民主监督、参政议政水平，广泛凝聚共识、汇聚发展合力，为决胜全面建成小康社会、推进“五个波密”建设贡献政协智慧和力量，努力展现新时代政协新作为新担当。

一、抓学习，强理论，把握好政治方向。要坚持把理论武装摆在更加突出位置，组织广大政协干部和委员深入学习贯彻习近平新时代中国特色社会主义思想和党的十九大、十九届二中、三中、四中全会精神、中央第六次西藏座谈会精神和习近平总书记关于治边稳藏的重要论述，学习贯彻区党委九届五次、六次全会和市委一届八次全会精神，引导广大政协委员和政协干部树牢“四个意识”，增强“四个自信”，做到“两个维护”，严守党的政治纪律和政治规矩。认真学习贯彻习近平总书记关于加强和改进人民政协工作的重要思想，贯彻落实汪洋主席对西藏政协工作的重要指示精神，学习贯彻中央、区党委政协工作会议精神以及市委《关于加强新时代林芝政协系统党的建设工作的实施意见》，在持续深入学习、抓好成果运用上下功夫，提高全体政协委员和政协机关干部思想理论水平，努力把党的政策主张转化为社会共识和新时代政协的履职实践，推动政协工作沿着正确的政治方向前进。

二、守初心，担使命，服务好波密发展。紧扣县委、政府中心工作和全县经济社会发展大局，明确目标任务，找准发力方向，履职建言献策，全力助推“五个波密”建设。围绕中央、区、市、县作出的重大决策部署的执行情况进行民主监督，确保党委、政府的决策部署、政策措施贯彻落实到位，不走过场、不流于形式。围绕农牧业特色产业发展、全域旅游发展、川藏、滇藏铁路建设等重大项目重点工程，勇担发展重任，主动跟进、定期调度，创造性地破解难题，竭尽全力为县委、政府排忧解难，助推党政中心工作落地生根。围绕十项民生工程建设、重点课题及重点提案督办等问题开展专题调研，广泛听取来自社会各界和基层群众的意见建议，在积极履职中提出提案和反映社情民意；围绕人民群众关注的热点问题、难点问题，以解决问题为导向，精心选准协商课题，开展专题协商，研究和回应群众关心关切，努力提出一批有高度、有深度、有力度的建议，为县委、政府科学决策提供有价值、可操作的参考意见。围绕改善民生办实事、做好事，组织引导政协委员和政协干部参与党的建设，投身乡村振兴，助力脱贫攻坚，密切党群干群关系、政协组织与群众的关系，全力协助党委、政府做好解疑释惑、化解矛盾、维护稳定、扶贫济困工作，为波密经济社会发展减少阻力、增加动力、形成合力，为波密团结稳定、和谐发展贡献力量。

三、强素质，重“一线”，发挥好职能作用。坚持以习近平总书记关于加强和改进人民政协工作的重要思想为指导，切实推动政协工作从注重“做了什么”“做了多少”向“做出了什么效果”转变。要强化委员队伍建设。围绕调查研究、提案收集与撰写、协商议政等内容，开展1-2次委员培训，帮助委员理清“政协组织是什么、政协干什么、政协委员怎么干”等工作思路；围绕脱贫攻坚、全域旅游、产业发展等课题组织委员赴区内外开展视察调研2-3次，帮助委员开阔视野，切实履行政治协商、民主监督、参政议政三大职能。要强化专委会建设。切实发挥专委会的基础和支撑作用，将全体委员按照界别分别编排到3个专委会，由专委会组织委员开展专题协商、重点调研考察、撰写提案、大会发言、反映社情民意等履行职能活动和业务培训；建立健全专委会各项工作制度，理顺专委会与政协综合办公室的关系，与政协各参加单位、党政职能部门、上下级政协对口专委会的关系，形成分工负责、统一协调、相互配合、共同推进的工作格局，搭建立体式、全方位的合作平台，促进各方面的交流沟通、协调联动。要强化协商议政平台建设。充分运用好全体会议、常委会议、专题协商会等形式，使政协经常性规范性协商平台更好发挥作用；不断完善新的协商平台，适时开展专题协商、对口协商、界别协商、提案办理协商，为政协委员和各界人士提供更多发表见解、沟通协商的机会；积极搭建委员之间、委员与政协常设机构之间、委员与党政部门之间多种形式的交流平台，增进委员对各相关方面工作的了解，引导委员发挥自身优势、贡献聪明才智。

四、抓党建，转作风，建设好政协队伍。坚持党对政协工作的全面领导，以创建学习型、服务型、创新型、引领型、战斗型“五型”基层党组织建设为抓手，创新工作思路、改进工作方式、提升工作水平，全面加强政协干部队伍建设。坚持以政治建设为统领，切实发挥政协党组的领导核心作用和机关党支部的职能职责作用，将思想政治建设作为首要任务，把学习宣传贯彻党的十九届四中全会精神作为当前和今后一个时期的重大政治任务，持续深化学习研讨，巩固拓展学习成果，用学习研讨新成效推动政协工作新发展；深化拓展“三个培养”工作法，努力把委员培养成致富能手和村干部，为党的基层组织注入新鲜血液。坚持以制度建设为突破口，落实和完善党组理论学习中心组学习制度、三会一课制度、党组织书记讲党课制度，不断提高干部队伍政治把握、调查研究、联系群众、合作共事四种能力；健全和落实党员委员参加双重组织生活制度，不断推动党员委员学习常态化、专题化、特色化；健全和规范委员履职量化考核工作机制，进一步增强委员履职积极性和主动性，不断提高政协工作科学化、制度化、规范化水平。坚持以作风建设为重点，严格落实党风廉政建设责任制，坚决贯彻执行准则条例，严守纪律规矩，永葆政治本色。按照“信念坚定、为民服务、勤政务实、敢于担当、清正廉洁”标准，围绕“忠诚、干净、担当”要求，着力打造一支“政治过硬、本领高强、作风优良“的机关干部队伍，围绕“守纪律、讲规矩、重品行”要求，着力打造一支“懂政协、会协商、善议政”的委员队伍。

各位委员，同志们！站在新的历史方位，人民政协任重道远；担起新的使命任务，人民政协大有可为。新的一年，让我们更加紧密地团结在以习近平同志为核心的党中央周围，坚持以习近平新时代中国特色社会主义思想和党的十九大精神为指导，在中共波密县委的坚强领导下，不忘初心、牢记使命，团结一心、务实进取，为“五个波密”建设谱写政协新篇章，作出新的更大贡献！

注释：

1. 昌都三岩片区搬迁工作简介：三岩片区位于昌都市贡觉县，在距贡觉县北部约145公里处的金沙江西岸。“三岩”藏语意为“险恶之地”，这里山高谷深，峭壁耸立，道路崎岖，贫穷闭塞。对三岩片区群众实施整体易地扶贫搬迁，是深入贯彻落实习近平总书记关于扶贫开发重要思想、特别是在深度贫困地区脱贫攻坚座谈会上的重要讲话精神的具体体现，是我区打赢脱贫攻坚战的实际行动，意义重大、十分必要。对三岩片区的群众实施整体易地扶贫搬迁有利于从根本上帮助贫困群众挪穷窝、拔穷根、换穷业、富口袋，阻断贫困代际传递；有利于发挥资金的最大效益，实现社会进步；有利于改善生态环境，推动生态富民；有利于让各族群众切实感受到总书记和党中央的无比厚爱，更加自觉地感党恩、听党话、跟党走，夯实党在西藏的执政基础。

2. 乡村振兴战略：习近平总书记在十九大报告中指出，实施乡村振兴战略。农业农村农民问题是关系国计民生的根本性问题，必须始终把解决好“三农”问题作为全党工作重中之重。要坚持农村优先发展，按照产业兴旺、生态宜居、乡风文明、治理有效、生活富裕的总要求，建立健全城乡融合发展体制机制和政策体系，加快推进农业农村现代化。

3. 全域旅游：是指在一定区域内，以旅游业为优势产业，通过对区域内经济社会资源尤其是旅游资源、相关产业、生态环境、公共服务、体制机制、政策法规、文明素质等进行全方位、系统化的优化提升，实现区域资源有机整合、产业融合发展、社会共建共享，以旅游业带动和促进经济社会协调发展的一种新的区域协调发展理念和模式。

4. “一线”意识：全国政协主席汪洋同志在指导新时代人民政协工作时指出，人民政协处于凝心聚力第一线、决策咨询第一线、协商民主第一线、国家治理第一线，是党和国家一线工作的重要组成部分。

5. 双重组织生活：在全国政协党组学习贯彻中共中央办公厅印发的《关于加强新时代人民政协党的建设工作的若干意见》时，汪洋主席提出建立党员委员参加双重组织生活制度等8项重点任务。双重组织生活，即党员委员既要参加所在党支部组织的活动，又要参加政协机关党支部组织的活动。

6. “两个一百年”奋斗目标：一是在中国共产党成立一百年时全面建成小康社会。二是在新中国成立一百年时建成富强民主文明和谐的社会主义现代化国家。

7. “三会一课”：“三会”是指定期召开支部党员大会、支委会、党小组会；“一课”是指按时上好党课。

8. “新时代人民政协的新方位新使命”：是习近平总书记对人民政协工作的新要求，即“推动人民政协这一具有中国特色的制度安排更加成熟，更加定型，发挥好专门协商机构的作用”。

强化政治担当 扎实履职尽责 一以贯之坚定不移纵深推进全面从严治党

——在中国共产党波密县第九届纪律检查委员会第五次会议上的工作报告

县委副书记、县纪委书记、监委主任　王　芳

（2020 年 4 月 13 日）

这次全会的主要任务是：深入学习贯彻习近平新时代中国特色社会主义思想和党的十九大、十九届二中、三中、四中全会精神，认真贯彻落实十九届中央纪委四次全会、区党委九届七次全会、区纪委九届五次全会、市委一届九次全会、市纪委一届六次全会部署，总结 2019 年纪检监察工作，部署 2020 年工作任务。刚才，朱正辉书记作了重要讲话，聚焦全面打赢脱贫攻坚战和全面建成小康社会任务目标，对坚定不移推进全面从严治党，进一步巩固发展反腐败斗争压倒性胜利提出了明确要求。我们要认真学习领会，抓好贯彻落实。

一、2019 年工作回顾

2019 年以来，在以习近平同志为核心的党中央坚强领导下，县纪委监委深入学习贯彻习近平新时代中国特色社会主义思想，认真贯彻落实党的十九大和中、区、市纪委全会工作部署，增强“四个意识”，坚定“四个自信”，做到“两个维护”，坚持稳中求进，坚持实事求是，坚持依规依纪依法，坚持不敢腐、不能腐、不想腐一体推进，牢牢把握监督基本职责、第一职责，坚定不移整风肃纪反腐；认真开展“不忘初心、牢记使命”主题教育，坚持思想政治引领和忠实履行职责两手抓、两促进、两融和，党风廉政建设和反腐败工作取得新进展新成效。

（一）把政治建设摆在首位，坚决做到“两个维护”

一是推进政治监督常态化。县纪委常委会带头贯彻关于加强党中央集中统一领导的若干规定精神，带头贯彻党中央关于加强党的政治建设的意见，带头贯彻重大事项请示报告条例，2019 年参与县委、政府“三重一大”研究事项 24 次，推进政治监督具体化、常态化，围绕领导班子建设、全面从严治党责任落实、选人用人等八个方面开展政治生态分析，坚持上级重大决策部署到哪里，监督检查就跟进到哪里。

二是严明党内政治生活。制定出台《关于加强对党和国家机关党员领导干部民主生活会和组织生活会监督的通知》，提高政治站位，履行好民主生活会和组织生活会监督职责，坚

持“提前介入、认真把关、全程监督、确保实效”的原则，与组织部门形成合力，列席参加各乡镇各单位民主生活会、组织生活会42次，审核70个党组织的对照检查材料，提出修改意见142条，确保民主生活会、组织生活会发现问题找准靶心，点中穴位，有效强化监督实效。

严肃政治纪律监督。坚持“严”字当头，强化各单位责任意识，把防止宗教渗透作为党风廉政建设中的重要一环，督促全县各级党组织抓好党员不得信仰宗教工作，从思想认识上筑牢防渗透“堤坝”，对全县10个乡镇、45家县直部门、7个寺庙开展党员不得信仰宗教监督检查14次，抽查136名党员干部家中是否摆放宗教物品，对八盖乡3名农牧民党员参与宗教活动的问题进行处理，并要求各乡镇党委以此为戒，进一步加强对农牧民党员的日常教育、管理和监督。

（二）学深悟透习近平新时代中国特色社会主义思想，扎实开展“不忘初心、牢记使命”主题教育

加强学习、提高认识。始终把学习贯彻习近平新时代中国特色社会主义思想作为首要政治任务，认真落实主题教育要求，坚持和完善集体学习制度，将专题学习、专题研讨、专题讲座、专题党课等规定动作的内容纳入县纪委常委会，组织全体纪检监察干部反复研读党的十九大报告和党章，深入学习《习近平关于“不忘初心、牢记使命”重要论述选编》《习近平新时代中国特色社会主义思想学习纲要》等理论文章，将习近平新时代中国特色社会主义思想作为做好新时代纪检监察工作的行动指南，紧紧围绕推进国家治理体系和治理能力现代化进行专题研讨，有效确保了主题不偏、动作不减、效率不降。

精心组织、周密安排。坚持“学、研、查、改”贯通推进，活动期间共开展集体学习10次、专题研讨5次、支部书记讲党课1次、党员干部重温入党誓词1次、警示教育1次，完成为民办实事1件。县纪委监委主要领导同志牵头开展10项重点调研，对照清单，检视发现问题10个，全部整改完成。通过活动引导纪检监察干部在学懂弄通做实上下功夫，努力做到学思用贯通、知信行统一。

检视问题，查找不足。立足“不忘初心、牢记使命”专项整治工作小组职责，召开2次工作协调会和推进会，在责任落实、问题查找、整改落实上出真招和实招，全县各单位对照“不忘初心、牢记使命”主题教育要求共梳理问题314个，其中县纪委监委牵头整治4项任务，共梳理汇总问题95条，制定整改措施136条，已完成整改93个，剩余2个问题已督促相关职能部门按计划完成，完成率97.9%。

（三）持续深化纪检监察体制改革，着力推动制度优势向监督效能转化。

将改革向基层推进。及时制定《波密县关于监察工作向基层延伸改革试点的实施方案》，报请县委常委会审议、市纪委同意后，启动监察体制改革向基层延伸工作，全县10个乡镇完成派出监察室挂牌，各派出监察室主任和监察员同步完成任命，通过明确职责权限，实现对所辖10个乡镇监察机构、监察人员、监察职能“三到位”。

不断提升工作规范。围绕监督检查、审查调查措施使用、办案安全等，启动一批制度规定的制定修订。出台《县纪委监委班子成员对口联系乡镇纪委的工作机制》，班子成员每季度深入乡镇纪委“手把手”传授工作经验，指导问题线索受理、处置方法、调查措施的使用以及文书模板制作和依法开展监察工作等方面的内容，确保乡镇纪检监察工作规范化法治化。

持续推进纪法贯通。进一步规范监察业务流程，强化与审判机关、检察机关、公安机关的相互配合、相互监督，加强与司法机关在线索移交、措施使用、案件移送等方面的协调衔接，2019年县纪委监委向公安局移交问题线索1件，接收问题线索5件，执纪执法贯通进一步得到加强。

（四）坚定不移深化政治巡察，完善巡察战略格局

聚焦总目标深化巡察。不断提高巡察全覆盖质效，聚焦“六个围绕”“四个落实”，全年完成2轮对8个部门（单位）、1个寺管会、和3家企事业单位党组织的巡察，县委巡察领导小组听取汇报4次，召开书记专题会2次，问题反馈会12次，反馈问题297条，综合整改建议27条，向纪委监委移交问题线索6件。做好巡察“后半篇文章”。对巡察发现的问题，督促被巡察党组织抓牢整改落实，两轮巡察通过强化巡察成果综合运用，压实党委（党组）巡视整改主体责任，通报巡察发现共性问题3大类11条，联合县委办、组织部等部门针对巡察整改开展“回头看”，督促被巡察单位领导班子成员一体推进巡察整改和主题教育整改，扎实做好巡察整改“后半篇文章”，坚持从本级、本人改起，进一步净化波密县政治生态。

（五）聚焦监督第一职责，精准运用监督执纪“四种形态”

健全日常监督机制。认真贯彻“把纪律和规矩挺在前面”要求，将“早教育早提醒才是厚爱”的教育理念贯穿于践行监督执纪“四种形态”全过程，推动纪律监督、监察监督、巡察监督形成有序衔接、互为补充、协调一致的监督链条，动态更新廉政档案，加大谈话函询结果抽查核实力度，共开展廉政提醒谈话52次1142人，对提拔、调整的158名领导干部开展廉政集体谈话和任前廉政测试各1次，回复党风廉政意见1276人次。深化运用“四种形态”。综合运用提醒谈话、谈话函询等方式，坚持抓早抓小、层层设防，把问题解决在萌芽状态和初始阶段。运用“四种形态”处理52人次，其中运用“第一种形态”开展谈话函询33人，占63.46％；运用“第二种形态”给予党纪轻处分15人，占28.84％；运用“第三种形态”给予党纪处分2人，占3.85％；运用“第四种形态”给予开除党籍2人，占3.85%。

（六）持续发力纠治“四风”，锲而不舍落实中央八项规定及其实施细则精神

打好作风建设战斗。聚焦监督第一职责，采取明察与暗访、重点检查与随机抽查、定期与不定期相结合的方式进行检查，不断加强常态化监督，打好节点整治“四风”组合拳，盯紧违规吃喝等老问题，深挖细查隐形变异问题，严肃整治领导干部利用名贵特产类特殊资源谋取私利问题，开展各项监督检查108次，受理巡察移交涉及中央八项规定精神问题线索2件。各单位、各乡镇围绕中央八项规定精神具体界定的9种类型46项问题开展自查自纠工作，发现问题5个，提出整改措施6条，追回违规发放津贴补贴20575元。

整治阻碍发展顽疾。深化治理贯彻党中央和区党委、市委和县委决策部署只表态不落实、维护群众利益不担当不作为、困扰基层的

形式主义官僚主义等问题。印发《关于开展形式主义、官僚主义问题自查工作的通知》《关于认真落实基层减负有关举措的通知》把形式主义、官僚主义作为监督重点，制定监督“基层减负年”工作部署落实措施，对易贡乡等5家单位在集中整治工作的慢作为情况进行了通报。积极整治“景观亮化工程”过度化等“政绩工程”“面子工程”，对全县103个项目建设、运行情况进行监督检查3次，督促相关部门及时出台《波密县市政亮化工程运行管理方案》，杜绝资源浪费的情况出现。

（七）坚决整治群众身边腐败和作风问题，推动全面从严治党向基层延伸

持续深化扶贫领域专项治理。结合扶贫领域腐败和作风问题专项治理，聚焦民生领域的痛点难点，围绕扶贫资金使用、项目审批、教育医疗等安全领域开展专项治理，共受理扶贫领域问题线索15件，了结10件，立案3件，正在办理2件，约谈7人，诫勉谈话1人，给予党纪处分4人，下达监察建议书1份。扎实做好中央脱贫攻坚专项巡视整改工作，严格按照区、市纪委关于扶贫领域腐败和作风问题专项治理工作要求，进一步明确工作任务，出台《波密县脱贫攻坚指挥部各成员单位向县纪委监委移送扶贫领域腐败和作风问题线索暂行办法》等4项制度，制定整改措施29条，召开专项治理工作推进会2次，对10个乡镇纪委书记进行约谈，倒逼责任落实，助推扶贫领域监督执纪问责工作到位。

严肃查处涉黑涉恶腐败及“保护伞”。把惩治“蝇贪”与扫黑除恶打非治乱专项斗争结合起来，针对中央扫黑除恶第13督导组反馈的5大类9个问题，制定15条整改措施，印发《波密县纪委监委在扫黑除恶打非治乱专项斗争中强化监督执纪问责的实施方案》《波密县纪检监察机关与波密县政法机关建立扫黑除恶打非治乱案件和线索快速移送处置机制的实施方案》，聚焦涉黑涉恶突出问题，对全县重点项目、行业和领域开展扫黑除恶打非治乱专项监督检查3次，对县扫黑办和成员单位办理的32条问题线索和县纪委监委办理的5起问题线索，进行全面筛查、分析研判，深挖涉黑涉恶腐败问题背后的“保护伞”“关系网”。

（八）一体推进不敢腐、不能腐、不想腐，巩固发展反腐败斗争压倒性胜利

精准有力惩治腐败。突出重点削减存量、零容忍遏制增量，聚焦问题线索反映集中、群众反映强烈、现在重要岗位且可能还要提拔使用的重点对象。2019年，县纪委监委处置问题线索53件，了结24件，立案15件20人，正在办理14件。警示谈话2人、批评教育3人、约谈20人、诫勉谈话8人、给予党纪政务处分19人，下达监察建议书8份，追缴违纪资金和挽回经济损失共计11万元，同时突出抓好审查调查和“走读式”谈话安全，常态化开展安全检查，确保“双安全”“零事故”。

大力开展廉政教育。扎实开展宣教月活动，围绕“不忘初心，牢记使命”主题教育，发展积极健康党内政治文化。共组织全县各级党组织开展各类专题党课56次，党员干部学习习近平新时代中国特色社会主义思想、党的十九大精神和党纪法规3552人次，党纪法规知识测试1277名党员干部，发放勤廉监督卡300张，组织观看《决不饶恕》警示教育片12场，受教育党员干部991人次。召开波密县警示教育大会，通报九届县委以来波密县查处的典型案例24起，转发上级典型案例通报17期109起，引导党员干部严以修身、严以用权、严以律已。

（九）落实政治过硬、本领高强要求，建设高素质纪检监察干部队伍

坚持政治引领。坚守政治机关职责定位，严格执行民主集中制、“三重一大”集体决策和监督执纪工作规则、监督执法工作规定，加强对执纪执法决策监管、防范决策风险，把执纪执法权利关进制度笼子，共召开县纪委常委会16次、监委委务会3次，向市纪委、县委汇报监督责任履行情况4次。

坚持固本强基。落实全员培训要求，大力开展纪法培训、技能培训、安全培训，进一步提升纪检监察干部能力素质，全年派出33人次参加上级纪检监察机关培训、跟班和挂职锻炼，组织纪检监察干部观看中纪委光盘讲义308人次，开展纪检监察应知应会知识测试2次。持续深化“三转”，坚持以案代训、以战促建，加大对乡镇纪委工作的指导力度，全年抽调4名乡镇纪委书记到县纪委“跟案学习”。

坚持严格监督。牢固树立法治意识、程序意识、证据意识。制定监督执纪问责、日常管理、干部队伍建设三方面20项制度，强化纪律要求，认真汲取纪检监察干部违纪违法典型案件的深刻教训，坚持刀刃向内，持续防治“灯下黑”，主动接受各方面监督，充分激发干部干事创业的内生动力，不断增强纪检监察干部队伍能力素质，努力建设一支忠诚干净担当的纪检监察干部队伍。

回顾一年来的工作，我们牢牢把握“两个维护”首要任务，认真履行党章和宪法赋予的职责，在日常监督、审查调查、巡察监督中，深入推进政治监督具体化、常态化，深化更深层次更高水平“三转”，更好的把制度优势转化为治理效能，巩固发展反腐败斗争压倒性胜利。一是必须坚持党对反腐败工作的集中统一领导，始终围绕全县工作大局，才能推进纪检监察工作高质量发展。二是必须始终坚持惩治腐败力度不减、尺度不松，切实巩固反腐败斗争压倒性胜利，一体推进“不敢腐”“不能腐”“不想腐”。三是必须坚持加强与司法机关密切配合，使纪法衔接更加高效顺畅，进一步奠定反腐败大格局。四是必须坚持严管与厚爱相结合，精准运用监督执纪“四种形态”，最大限度保护和激励干部干事创业的积极性。五是必须坚持依纪依规依法履行纪检监察职能，牢牢把握打铁必须自身硬的要求，为实现纪检监察工作高质量发展提供有力支撑。

回顾一年的工作，我们在取得了较好成绩的同时，也应该清醒的认识到当前波密县党风廉政建设和反腐败工作存在的一些问题：

有的单位党组织把习近平总书记的重要指示批示精神转化为实际行动还不到位，对党风廉政建设和反腐败工作部署落实不到位，存在以具体业务代替政治建设的倾向，个别单位主要领导不愿担责，不想担责，工作作风不扎实，“宽松软”现象突出，存在敷衍和“过关”思想，不愿主动发现和解决问题，上级推一推就动一动。二是高质量一体推进“三不”方略还有差距，“四风”问题树倒根在，个别党员干部缺乏自我监督、自我约束，落实中央八项规定精神打折扣，搞变通，不作为、慢作为、乱作为现象偶发，发现问题、纠正偏差能力不足，没有发挥严管厚爱的作用，对一些小问题没有及时遏制，存在“老好人”思想，最

终导致出现违纪违法问题。三是锻造政治过硬本领高强的干部队伍还有短板，随着改革不断深入，纪检监察干部队伍本领恐慌现象突出，乡镇纪委履行协助和监督职责意识不强、定位不准，还存在不愿监督、不敢监督、不会监督的情况。对于这些问题，我们必须严肃对待，在今后的工作中认真的加以解决。

二、2020 年主要任务

2020 年是全面打赢脱贫攻坚战、全面建成小康社会的关键之年，是“十三五”规划收官之年，全县党风廉政建设和反腐败工作必须适应新形势，把握新要求，2020 年工作的总体要求是：以习近平新时代中国特色社会主义思想为指导，全面贯彻党的十九大和十九届二中、三中、四中全会精神，增强“四个意识”、坚定“四个自信”、做到“两个维护”，按照十九届中央纪委四次全会、区党委九届七次全会、区纪委九届五次全会和市委、县委部署要求，坚持稳中求进工作总基调，纵深推进全面从严治党，聚焦完善监督体系和提高治理效能，强化履职担当，一体推进不敢腐、不能腐、不想腐，建设高素质专业化纪检监察干部队伍，持续推动纪检监察工作高质量发展，为决胜脱贫攻坚战，全面建成小康社会，建设“五个波密”，营造风清气正的政治生态。

（一）践行“两个维护”，推动政治监督具体化常态化

立足根本职责。持之以恒把学习贯彻习近平新时代中国特色社会主义思想往深里做、实里抓，在树牢“四个意识”、坚定“四个自信”、做到“两个维护”上下功夫，巩固拓展主题教育成果，把“不忘初心、牢记使命”作为政治本色和前进动力，作为加强纪检监察机关党的建设的永恒课题和纪检监察干部的终身课题，形成长效机制。

聚焦政令畅通。聚焦党中央、区党委、市委和县委中心工作，紧盯执行党章党规党纪和宪法法律法规情况，紧盯落实习近平总书记治边稳藏重要论述和关于西藏工作的重要指示批示精神，加强对贯彻新发展理念、决胜全面小康、打赢“三大攻坚战”、减税降费等决策部署落实情况的监督检查，坚决纠正置若罔闻、应付了事、弄虚作假、阳奉阴违、有令不行、有禁不止等行为，确保党的各项重大决策部署落实见效。

紧盯政治生态。突出抓好政治监督，压实反分裂斗争纪律，强化党员干部日常管理和政治体检，教育引导广大党员干部始终保持共产党人的崇高信仰、坚定信念，严把选人用人关，审慎稳妥、依规依纪依法处置党员信仰宗教问题，坚决清除政治上的“两面派”和“两面人”。协助县委完善全面从严治党责任制度，推动构建主体责任、第一责任、“一岗双责”、监督责任“四责协同”机制，压实各级党组织特别是主要负责同志全面从严治党主体责任，加强对各级党组织民主生活会、组织生活会的监督指导，严肃党内政治生活。

（二）抓实监督专责，强化对权力运行的制约监督

强化制度执行力。在监督前移、做实监督、增强实效上有新突破，突出监督重点，创新监督手段，完善监督机制，紧盯权力运行各个环节加强监督，结合机构改革工作，督促各部门梳理廉政风险点，制订权力清单、责任清单、负面清单。构建全覆盖的制度执行监督机制，督促各级领导干部强化制度意识，自觉尊

崇制度、执行制度。坚决纠正做选择、搞变通、打折扣的行为，坚决查处制度空转背后的责任问题、作风问题、腐败问题，以严格的执纪执法增强制度刚性。

加强“一把手”监督。强化精准监督，聚焦“关键少数”、关键岗位，强化执纪执法监督，压减权力设租寻租空间。认真贯彻“两准则四条例”，实施规范问责、精准问责，进一步界定不同问责情形的问责主体，督促各类问责主体齐抓共管，对滥用问责、不当问责的及时纠正，造成不良影响的严肃追责，通过抓牢“关键少数”，带动“最大多数”。

织密日常监督之网。把日常监督摆在更加突出位置，完善廉政档案，用好纪检监察建议，把好党风廉政意见回复关，做实谈话提醒制度，精准科学实施谈话函询，打好“防疫针”、提高免疫力，强化对干部“八小时外”的监督，用好用准“四种形态”，完善发现问题、纠正偏差、精准问责机制。

（三）聚焦群众利益，整治群众反映强烈的突出问题

全力护航脱贫攻坚决战决胜。持续深化扶贫领域腐败和作风问题专项治理。巩固脱贫攻坚成果，加强对扶贫领域腐败和作风问题的盘点梳理，强化监督检查，重点针对精准识别、产业项目资金、扶贫政策落实、易地搬迁和“三岩”搬迁等为重点，精准整治脱贫攻坚中的形式主义、官僚主义等问题，严肃查处数字脱贫、虚假脱贫和“小官大贪”、“微腐败”等问题。

保持“打伞破网”强大攻势。持续精准查处涉黑涉恶腐败和“保护伞”问题。始终保持凌厉攻势，围绕扫黑除恶专项斗争“一十百千万”行动目标和“十大任务举措”工作抓手，拓宽监督举报渠道以及县、乡、村三级联动排查问题线索，确保涉黑涉恶腐败和“保护伞”问题监督无死角、全覆盖，加大摸排问题线索深度，对涉黑涉恶犯罪案件，一律深挖彻查背后腐败问题；对黑恶势力“关系网”“保护伞”，一查到底、绝不姑息，着力铲除黑恶势力滋生土壤，巩固专项斗争成果。

开展深化漠视侵害群众利益问题专项整治。聚焦群众反映强烈的痛点难点焦点，突出教育医疗、生态环境保护、食品药品安全、社会保障等重点领域，加强对办理涉及群众事务过程中吃拿卡要甚至欺压群众行为治理，坚决遏制民生领域的不正之风。持续开展信访举报突出问题集中攻坚，加强对案结事不了重访问题的分析研判，不断提高息诉罢访率。

（四）坚持“破立并举”，巩固拓展作风建设成果

坚决破除形式主义、官僚主义。持续整治形式主义、官僚主义，坚持从领导干部抓起改起，深化整治贯彻党中央决策部署只表态不落实、回避问题、脱离实际、弄虚作假、敷衍塞责等问题；深化整治维护群众利益不担当、不作为、慢作为、乱作为等问题；深化整治文山会海、检查考核过多过滥，工作过度留痕，以“属地管理”为由层层“甩锅”等困扰基层的形式主义突出问题；开展“景观亮化工程”过度化等“政绩工程”“面子工程”问题整治，严查大手大脚、铺张浪费行为；督促相关单位抓好违建别墅问题专项清查整治工作，严肃处理漏报、瞒报行为。以严格的手段确保各项整治工作取得实实在在的成效。

有效防治享乐主义、奢靡之风。持之以

恒落实中央八项规定精神，深化整治领导干部利用名贵特产类资源谋取私利问题，紧盯重要节点、薄弱环节，坚持露头就打、深挖细查，抓住“四风”隐形变异问题不放，坚持节前教育、节中监督、节后核查，持续治理享乐主义、奢靡之风。健全完善长效机制，针对纠治“四风”中发现的体制机制问题和相关制度漏洞，督促有关职能部门细化规定，推动构建更有针对性、实效性、可监督、可遵循的落实中央八项规定精神制度体系，坚决防止“四风”问题反弹回潮。

撑腰壮胆干事创业。持续完善制度机制，针对共性问题、突出问题，督促有关职能部门完善细化制度规定，认真践行“三个区分开来”，积极稳妥做好容错纠错工作。同时畅通监督渠道，更好发挥群众监督和舆论监督作用，坚决打击恶意举报和诬告陷害行为，大力宣传主动作为、敢于担当、勤廉从政的先进典型，营造想干事、能干事、干实事的良好氛围。

（五）深化标本兼治，一体推进不敢腐不能腐不想腐

始终保持反腐败高压态势。把“严”的主基调长期坚持下去，加强统筹联动，努力提高治理腐败效能，坚定不移减存量、遏增量，以“三不”一体推进理念、思路和方法推进反腐败斗争，坚持无禁区、全覆盖、零容忍，突出惩治重点，严肃处理在权力集中、资金密集、资源富集等领域，特别是党的十九大后仍然不知敬畏、胆大妄为违纪违法者，强化不敢腐的震慑。

持续深化以案促改。紧盯审批监管、工程建设、资源开发等重点领域，推进以案促改制度化常态化，完善制度机制，扎牢不能腐的笼子，督促发案单位查漏洞、建机制、抓执行，开好专题民主生活会，指导非案发单位未案先改、防范在前，推动重点领域监督机制改革和制度建设，用严格执纪推动制度执行。

加强党性党风党纪教育。加强理想信念、思想道德和党纪国法教育，强化党性教育、思想教育、纪法教育。推进廉政文化建设，扎实开展好党风廉政宣教月活动，召开警示教育大会，通报十九大以来波密县查处的典型案例，用身边事教育身边人，引导党员干部严以修身、严以用权、严以律己，持续释放越往后执纪越严的强烈信号，提升党员干部不想腐的自觉。

（六）擦亮巡察利剑，不断提升巡察监督实效

深化政治巡察。从政治高度审视巡察工作，坚守巡察工作政治定位，以树牢“四个意识”、坚定“四个自信”、做到“两个维护”为标杆，坚持“六围绕一加强”，聚焦贯彻落实党的理论、路线方针政策和党中央、区党委、市委和县委决策部署情况，聚焦基层党组织软弱涣散、组织能力欠缺问题，强化政治监督，发现问题、形成震慑，推动改革、促进发展。

狠抓整改落实。坚持巡察工作一体谋划、一体部署、一体推动，完善纪检巡察联动格局，推进巡察监督高质量发展，组织开展巡察整改督导和“回头看”，进一步压紧压实被巡察党组织整改主体责任，完善巡察整改方案、整改报告联合审核机制，实行巡察台账销号制度，对整改不落实、敷衍整改、虚假整改，甚至边改边犯的从严问责，倒逼整改责任落实，提升巡察监督质效，做实巡察“后半篇文章”。

（七）持续深化改革，健全协同高效监督体系

做到“两个贯通”。推动党委主体责任和纪委监督责任贯通联动，主动向同级党委和上级纪委报告政治生态研判等情况。围绕权力运行各个环节，促进党内监督与人大监督、民主监督、行政监督、司法监督、审计监督、财会监督、统计监督、群众监督和舆论监督贯通融合、协调协同。

深化“三项改革”。一体推进党的纪律检查体制、国家监察体制、纪检监察机构改革，加强对乡镇纪委和派出监察室的领导，完善相关工作制度，推动纪检监察工作全面向基层延伸，全面打通纪检监察监督“最后一公里”，推动制度优势更好地转化为监督效能。

运用“四种形态”。坚持抓早抓小、防微杜渐，惩前毖后、治病救人。督促各级党组织特别是主要负责人带头用好第一种形态，对苗头性倾向性问题及时“咬耳扯袖”。综合运用第二、三种形态，防止一般违纪违法发展成严重违纪违法，防止严重违纪违法发展成犯罪行为。准确用好第四种形态，对严重违纪涉嫌违法的，坚决严肃查处，形成持续震慑。精准把握“四种形态”，做到宽严适度，实现政治效果、纪法效果的有机统一。

（八）提升斗争本领，打造高素质专业化纪检监察干部队伍

全面加强政治建设。坚持带头领学习近平新时代中国特色社会主义思想，带头坚守初心使命，带头执行党和国家各项制度，带头贯彻上级重大决策部署，强化理论武装，用习近平新时代中国特色社会主义思想凝心聚力、强筋壮骨，提升党性觉悟，涵养家国情怀，锤炼对党忠诚、敢于担当的政治品格，发扬斗争精神，增强斗争本领，让本领更高强、干部更坚强、队伍更顽强。

全面加强能力培养。适应新形势新任务新要求，推进更高水平更深层次“三转”，分类推进纪法、技能、谈话、安全、信息化等培训，建立参训干部定期汇报、跟案成果交流制度，加大干部培养管理、选拔任用和交流轮岗力度，优化领导班子和干部队伍结构，全方位加强思想淬炼、政治历练、实践锻炼、专业训练，打牢监督执纪执法的政治根基和业务功底。

全面加强监督管理。完善自身权力运行机制和管理监督制约体系，严格按照制度履行职责，创新纪委监委接受各方面监督体制机制，铁面无私清理门户，对泄露案情、以案谋私、蜕化变质的害群之马坚决清除，以纯粹的忠诚、纯洁的品格担当起党和人民忠诚卫士的神圣职责和光荣使命，永葆纪检监察队伍的纯洁性。

（九）履行纪检监察职责，以严明的纪律压实疫情防控责任

把准监督方向。进一步提高政治站位，把思想和行动高度统一到党中央关于疫情防控形势的判断和工作部署上来，强化政治监督，以扎实的举措、果断的行动、严明的纪律推动党中央、区党委、市委和县委关于疫情防控和复产复工各项决策部署要求落实到位，为打赢疫情防控阻击战提供坚强的纪法监督保障。

推动责任落实。紧扣疫情防控重点工作和复工复产关键环节，压紧压实卫生健康、交通、市场监管等职能部门责任，牢牢压实部各门（单位）、各乡镇属地责任，坚决服从县委统一指挥、统一协调、统一调度，把疫情防控“三包”措施和全县联防联控措施全面落实到位，奋力夺取疫情防控和实现今年经济社会发展目标双胜利。

严格执纪问责。紧紧围绕市场供应、复工复产、重大项目开工建设等工作，加强监督执纪问责，对在疫情防控工作中存在的不作为、慢作为等形式主义、官僚主义，甚至不守纪律、失职渎职的，坚决做到发现一起、查处一起，通报一起，确保党的决策部署要求落实到位。

同志们，做好新时代纪检监察工作使命光荣、责任重大。让我们更加紧密地团结在以习近平同志为核心的党中央周围，在市纪委监委和县委的坚强领导下，不忘初心、牢记使命，担当尽责、持续奋斗，坚定不移推进全面从严治党，锲而不舍抓实纪检监察工作高质量发展，把党风廉政建设和反腐败工作引向深入，为波密县打赢脱贫攻坚战，全面建成小康社会，加快建设“五个波密”提供坚强保障！

波密县人民法院工作报告

——在波密县第十二届人民代表大会第七次会议上

波密县人民法院副院长　边巴次仁

（2020 年 1 月 16 日）

2019 年主要工作

2019 年，波密县人民法院在县委坚强领导、人大有力监督、上级法院正确指导、政府、政协和社会各界关心支持下，高举中国特色社会主义伟大旗帜，坚持以马克思列宁主义、毛泽东思想、邓小平理论、“三个代表”重要思想、科学发展观、习近平新时代中国特色社会主义思想为指导，坚持依法治藏、富民兴藏、长期建藏、凝聚人心、夯实基础的重要原则，认真贯彻落实党的十九大、十九届三中、四中全会精神，认真贯彻落实中央第六次西藏工作座谈会议和习近平总书记系列重要讲话精神，特别是“治国必治边、治边先稳藏”的重要战略思想和“加强民族团结、建设美丽西藏”的重要指示。认真贯彻中央政法工作会议、最高法院院长会议、区党委九届五次会议等系列会议精神，大力推进平安西藏、法治西藏和过硬队伍建设，忠实履行审判职责，为波密经济平稳较快发展、社会和谐稳定做出积极努力，努力让人民群众在每一个司法案件中感受到公平正义。

一、依法履行审判职能，维护社会公平正义

2019 年，波密县人民法院始终把执法办案作为第一要务，认真履行审判职责，维护社会公平正义，促进经济持续健康较快发展。全年，共受理各类案件 205 件（旧存 12 件，新收 193 件，含 3 件司法救助案件），审、执结 181 件，综合结案率 88.29%，法定审限内结案率 100%。

（一）坚持惩罚犯罪与保障人权并重，充分发挥刑事审判职能。准确把握社会治安形势和违法犯罪特点，依法严厉打击两抢一盗、故意伤害等多发性犯罪。严格落实疑罪从无、非法证据排除等法律原则和制度，坚持罪刑法定和罪、责、刑相适应，认真落实宽严相济刑事政策，充分保护刑事被害人及其家属合法权益。扎实开展“扫黑除恶”专项斗争工作，全年共对 195 件民事、刑事、执行案件进行排查，未发现涉黑涉恶线索，受理涉恶案件 1 件 3 人，作有罪判决 3 人，3 名被告人均表示服判，不提起上诉。有效发挥保平安、促稳定的职能作用。全年，共受理各类刑事案件 21 件 47 人（旧存 3 件 6 人、新收 18 件 41 人），已结 20 件 41 人，未结 1 件 6 人，作出有罪判决 41 人。结案率 95.24%，法定审限内结案率 100%。

（二）坚持服务民生与化解矛盾并重，充分发挥民事审判职能。着眼于构建和谐社会、坚持“调解优先、调判结合、案结事了”的原则，把化解各种社会矛盾纠纷、理顺和建立和谐的社会关系作为审判机关履行社会管理职责的有效途径。全年，共受理各类民商事案件151件（旧存9件，新收142件），已结129件未结22件。诉讼标的3193万元，结案标的2005万元。结案率85.43%，法定审限内结案率100%。

（三）创新举措破解执行难题，充分发挥执行职能。进一步加大执行力度、形成长期执行高压态势，创新执行理念，规范执行工作，积极化解民间纠纷。在执行过程中，注重取得政府及相关部门的支持和配合，形成统一部署、协同作战的格局。在具体案件办理过程中得到财政、自然资源局等多个部门的协助和支持，克服强制执行过程中的重重困难，使执行任务得以顺利完成，维护了法律的尊严。全力做好委托案件的执行工作。随着信息化的建设，执行案件的办理已实现网络化，执行局充分利用人民法院执行指挥平台和数字法院执行办案系统办理委托执行案件，及时、精准地完成案件的委托事项，对委托案件做到优先执行、优先采取强制措施。引入财产保全、执行悬赏和执行救助保险机制。与中国人民财产保险股份有限公司林芝分公司签订《战略合作协议》，最大限度地提高了财产保全的担保比例，实现了保全申请与财产查控系统的有机衔接，保全案件能在5日内启动执行。根据当事人申请启动财产保全程序，全年共办理保全案件5件。加强执行宣传。充分利用集中法制宣传和驻村工作队对案件执行法律知识进行宣传，增强了全县干部群众对“老赖”的认识，逐步形成抵制“老赖”的社会氛围。全年，共受理执行案件30件，司法救助案件3件。执结29件，未结1件。案件申请标的总金额613万元，实际到位金额607万元。执结率96.67%，法定审限内结案率100%。共受理执行委托案件16件，协助其他法院押解12人次，布控2人。

（四）加强立案登记和信访工作，为群众提供诉讼绿色通道。继续加强立案登记工作，做到有案必立、有诉必理。注重矛盾纠纷源头治理，强化诉前调解和立案调解工作，把一部分案件化解在诉前和诉初，积极推进跨域立案工作，减轻当事人的诉累。认真做好信访工作，积极化解各类矛盾，有效化解信访难题。充分发挥诉讼服务中心窗口作用，妥善解决各种社会矛盾，为群众提供诉讼绿色通道。全年，共登记立案193件。立案阶段调解41件，撤诉9件。已实现跨域立案工作。

（五）严格司法警务工作，为审判提供有力保障。始终坚持“立警为公、司法为民”理念，严格遵循对党忠诚、服务人民、执法公正、纪律严明的宗旨，紧紧围绕法院工作大局，把服务审判、协助执行、安全保卫、社会治安综合治理、维稳等工作作为司法警察工作的中心任务，严肃执法，热情服务，为保障审判工作顺利进行、维护社会稳定发挥重要作用。司法警察大队共押解被告人41人次，参与值庭88人次，协助办理执行案件30件，协助其他法院押解12人次。

二、注重司法为民，回应群众关切期待

（一）深化司法公开，促进司法公正。继续加强审判流程公开、裁判文书公开和执行信息公开。充分发挥裁判文书公开平台的功能，

传递法治正能量，促进法官提高自身业务素质和司法水平，树立法律权威。全年，共对符合公开条件的118篇裁判文书和信息在中国裁判文书网进行公开。继续完善人民陪审员选任、培训、考核、参审等工作，充分发挥人民陪审员职能作用。人民陪审员共参审案件36件，增强了司法透明度，促进了司法民主。

（二）完善司法救助机制，加大司法救助力度。积极落实国家司法救助制度，对确有困难的农牧民贫困户、低保户、失业人员等弱势群体减免缓征收诉讼费用，让经济确有困难的当事人真正得到实惠。共为困难当事人减免缓交诉讼费387.5元。积极加大执行救助力度，对执行标的未到位和一些无可供执行财产、被执行人下落不明等难以执行到位的案件以及执行人生活确有困难的，依法给予一定的执行救助，以解决申请执行人的现实困难，切实保障困难当事人的基本生活需求。对符合条件的3名申请人发放执行救助金7.7万元。

（三）充分利用各种平台，加大法制宣传力度。通过波密县人民法院官方微信公众平台，推送法院工作动态、法律常识。积极参加各类宣传日活动，开展集中法制宣传。充分利用车载流动法庭、乡镇人民法庭开展以案普法，对川藏铁路、川藏高等级公路等即将实施的重大项目提前前往项目部进行有针对性的普法宣传工作。充分利用这些措施强化宣传广度和深度，积极落实“谁执法、谁普法”的宣传责任，潜移默化地提高广大干部群众的法律素养。

三、切实加强法院队伍建设，从严治党，全面促进审判事业发展

认真贯彻党的十九大、十九届三中、四中全会精神和十九届中央纪委三次全会精神，严格执行中央八项规定及其实施细则。始终把队伍建设作为根本性问题来抓，始终把政治建设置于队伍建设的首位，以更高的认识、更大的力度、更新的举措，不断提高干警工作能力、改进工作作风，全面提升法院队伍素质和形象。

（一）加强思想政治建设。严格落实各项学习制度，组织召开党组理论中心组学习会、党支部学习会等，通过集体学习与个人自学相结合的方式加大对党的大政方针和新出台的法律法规、司法解释等的学习力度，营造浓厚的学习氛围，确保干警政治合格、业务过硬。扎实开展党建工作，以“三会一课”制度为抓手，充分利用“不忘初心、牢记使命”主题教育、主题党日活动、学习强国平台，党组书记、党支部书记讲党课等多种形式开创法院党建工作新局面。

（二）扎实开展各项活动。通过积极开展“创先争优强基础、惠民生”、“两学一做”学习教育常态化、“扫黑除恶”专项斗争、党员政治教育、第二十四个党风廉政建设宣传教育月、“全面加强政治建警、打造过硬政法队伍”专项教育整顿、“不忘初心，牢记使命”主题教育等系列活动，提升法院队伍素质，推动了各项活动与业务工作的融合。

（三）加强教育培训，提高队伍整体素质。始终坚持以提升队伍素质为核心，积极落实上级法院及有关部门部署的各类培训。全年，共组织干警参加各类培训12次17人，全面提升了法院干警的政治素质、业务素质和职业道德素质。

四、积极配合开展中心工作，促进“五个波密”建设

（一）加强维稳值班，维护社会大局稳

定。深入开展反分裂斗争，牢固树立整体意识，转变单纯审判观念，积极与其他政法部门相互协作、密切配合、形成合力，扎实做好维护社会稳定的源头性、基础性工作，确保敏感时段和重大节假日期间的社会稳定。共安排干警参与县维稳带班值班1400人次。严格落实县委、县政府关于重点时期领导干部维稳蹲点工作，进一步发挥领导对基层维稳工作的指导监督作用。

（二）主动接受各界监督，改进法院各项工作。坚持重大事项向县委、县委政法委报告制度，坚持落实向人大及其常委会汇报工作制度，主动报告工作。积极加强与人大代表和政协委员的联络，及时办理人大代表、政协委员的意见建议，通过召开联络监督工作座谈会、邀请社会各界旁听庭审等形式，主动将法院工作置于人大、政协的监督之下。

（三）完善健全监督机制，狠抓党风廉政建设。严格落实党风廉政主体责任，认真落实“一岗双责”。组织召开党风廉政建设和反腐败工作专题会议，将党风廉政建设和反腐败工作同业务工作同安排、同部署、同检查、同落实，层层签订《党风廉政责任书》，层层传导压力，层层压实责任，做到“把纪律挺在前面”。积极组织干警传达学习党章党规、法律法规、各类通报精神及习近平系列重要讲话精神，认真组织开展廉政知识测试、观看廉政电影、签订家庭助廉承诺书，通过多种举措进一步提升干警的廉政意识。共组织廉政学习20次。

（四）加强基层基础建设，不断改善基础条件。根据“十三五”项目规划，完成总投资306万元的诉讼服务中心改扩建项目。加快推进两个“一站式”诉讼服务中心信息化平台建设，积极推进诉讼服务事项跨区办理、跨层级联动办理，按要求采购跨域立案信息化设备，进一步完善办公设备和业务装备。

（五）强化保密措施，加强保密工作。加强组织领导，将保密工作纳入重要议事日程，完善保密措施，落实保密责任制，由一把手负总责，分管领导各负其责，办公室组织协调。严格执行保密制度，通过加强秘密载体管理、档案保密管理、涉密计算机专人管理，进一步强化保密措施。积极组织干警参加保密会议、培训，定期开展保密自查。

（六）推进信息化建设，提升审判能力。积极配合上级法院完成各类视频会议联调工作，着力提升信息化水平，助推法院各项工作提质增效。利用科技法庭开庭50次，通过视频会议系统远程开庭1次，借用中院科技法庭开庭7次，既节约了办案成本，又优化了司法资源配置。

（七）稳步推进司法改革工作。积极完成司法体制配套改革工作，认真落实司法责任制。推行院、庭长直接办案制，充分发挥领导干部办案经验丰富的优势，带动全院专业化水平的提高。院、庭长作为承办法官主审办案124件（含8件旧存）、立案审批193件。

各位代表！2019年，波密法院各项工作取得了一定的成绩，这些成绩的取得，离不开县委的坚强领导、人大的有力监督、政府的大力支持、政协的民主监督和社会各界的关心帮助，离不开各位人大代表、政协委员的监督支持。在此，我代表波密县人民法院表示衷心的感谢并致以崇高的敬意！

回顾2019年工作，波密法院各项工作虽然取得了新的进展，但也存在一些困难和不足，主要表现在：司法公信力有待进一步提高；极少数干警的大局意识和工作能力有待加强；信息化深度应用水平仍需不断提高；“事多人少”依然突出；法官承受的办案压力较大；缺编、调入人员困难；因人员不足，法庭工作开展滞后；因缺乏藏汉双语法官及双语人才，双语裁判文书达不到要求等问题。对这些困难和问题，我们将在各方关心、理解和支持下，采取有力措施认真加以克服。

2020 年工作思路

各位代表，2020 年是深入贯彻十九大精神的重要之年，波密法院将认真贯彻党的十九届四中全会精神，紧紧围绕“努力让人民群众在每一个司法案件中感受到公平正义”的目标，牢牢把握“司法为民、公正司法”工作主线，不断完善各项工作机制，认真抓好执法办案，全面提升信息化水平，狠抓队伍建设，不断提高司法能力及司法公信力，为“五个波密”建设提供优质的司法服务和有力的司法保障。下一步，我院将重点做好以下几个方面的工作：

坚持反对分裂，进一步维护社会稳定。始终把维护祖国统一、加强民族团结作为着眼点和着力点，牢固树立稳定压倒一切的思想，科学分析研判反分裂斗争规律和趋势，在思想、组织、装备、机制等各方面做好司法应对准备，依法严惩暴力恐怖犯罪，严厉打击境内外敌对势力从事的一切分裂破坏活动，牢牢掌握反分裂斗争主动权。继续坚持严打方针不动摇，进一步健全各类犯罪的常态化打击整治机制，保持对严重刑事犯罪和群众反映强烈犯罪打击的高压态势，主动适应经济新常态，加强对经济社会发展新情况、新问题的分析研判，积极做好司法应对，妥善处理社会纠纷，推进平安波密建设。

不断强化司法为民、公正司法，进一步服务大局。一要坚持开展“扫黑除恶”专项斗争，依法惩治各类刑事犯罪，增强人民群众的安全感。二要妥善审理民间借贷、“双拖欠”等涉民生案件，切实维护群众合法权益。进一步规范裁判文书，强化裁判文书说理，让当事人无论输赢都明明白白。三要加强涉诉信访和诉讼服务工作，加强立案登记制、信访终结机制，做到诉访分离、积极引入第三方参与涉诉信访工作，同时积极推进两个“一站式”建设工作。四要加强执行宣传，充分利用电视、报刊、网络、微信、微博、电子显示屏等媒体积极开展内容丰富、形式多样的宣传报道活动，大力宣传法院执行工作，做好正面宣传报道，做好公布失信被执行人、罚款、拘留人的名单、拒执罪案例，形成强大的执行威慑氛围，扩大失信惩戒的社会效果，促进社会诚信建设。

加大法治宣传力度，强化宣传效果。积极发挥法律资源优势，充分利用微信、各类信息公开平台和流动法庭广泛开展法制宣传，普及法律知识，让群众学法、懂法，切实提升群众的法律素养。

持续改进作风，着力打造过硬队伍。加强学习型法院建设，提高干警的司法能力和司法水平。坚持对队伍从严教育、从严管理、从严监督、从严查处。坚持“两学一做”常态化，深入开展“全面加强政治建警、打造过硬政法队伍”专项教育整顿活动，继续改进工作作风，在抓常态、抓细致、抓长效上下功夫。切实抓好党风廉政建设和反腐败工作，落实好党风廉政建设主体责任，确保法官清正、法院清廉、司法清明。

各位代表，人民法院事业崇高而神圣，责任重大而光荣。波密县人民法院将在县委的领导下，在县人大的监督下，认真落实各项工作任务，让公平正义体现在每一起案件的审判之中，存在于每一个民众的感受之中，实践于每一个法院干警的行动之中，为全面推进依法治县、实现波密经济又快又好发展做出更大的贡献！

注解：

两个“一站式”：指一站式多元解纷机制、一站式诉讼服务中心。

跨域立案：是法院在网上立案的基础上推出的一项新的立案登记服务模式，指当事人或诉讼代理人通过选择就近的人民法院诉讼服务中心，向有管辖权的异地法院提交立案申请，人民法院为其提供相应的立案登记诉讼服务。是为了适应新形势下人民群众多元司法需求、落实司法为民的一项创新举措。

波密县人民检察院工作报告

——在波密县第十二届人民代表大会第六次会议上

波密县人民检察院检察长　胡波

（2019年1月16日）

2019年的主要工作

2019年是新中国成立70周年、西藏民主改革60周年，既是大事要事集中、又是风险挑战较多的特殊年份。波密县人民检察院在县委及上级检察机关的坚强领导下，在波密县人大及其常委会的有力监督、政府的大力支持和政协的民主监督下，深入学习贯彻习近平总书记关于治边稳藏和政法工作的重要论述，在全面坚持“一个引领、两个紧扣、三个围绕”的西藏检察工作总体思路中，体现“讲政治、顾大局、谋发展、重自强”的总体要求，持续推进新时代波密检察工作转型创新发展在“稳进、落实、提升”中取得新进展，为中华人民共和国成立七十周年献礼。

一、坚持“一个引领”，谋划推进新时代波密检察工作

波密县人民检察院始终坚持以习近平新时代中国特色社会主义思想为指导，把政治建设摆在首位。始终强化思想政治建设，落实意识形态工作责任，坚持以习近平新时代中国特色社会主义思想武装头脑、指导实践、推动工作，特别是把深入学习贯彻习近平总书记关于新时代政法工作和治边稳藏的重要论述，作为把准政治方向的根本遵循和具体实践，引导全院干警把思想和行动统一到各级党委和上级检察机关的决策部署上来，先后召开党组理论中心组学习会12次、检察委员会4次，通过不断学习提高政治站位，切实增强“四个意识”、坚定“四个自信”、做到“两个维护”，确保波密检察工作正确的政治方向。始终坚持党对检察工作的绝对领导，深刻理解和把握政法姓党是政法机关永远不变的根和魂，先后组织全院干警学习《中国共产党政法工作条例》3次，并开展相关内容的知识测评，让干警深刻领会该条例的内涵。充分发挥院党组把方向、管全局、促落实的领导作用，主动向县委请示报告重大事项，坚决贯彻落实县委各项工作部署，服务县委中心工作。始终突出检察机关的政治属性，深刻理解和把握检察工作是政治性极强的业务工作，也是业务性极强的政治工作，把讲政治和抓业务辩证统一起来，从讲政治的高度来抓业务，把业务建设当做政治性工作下大力气抓紧抓实抓好。

二、紧扣“两个矛盾”，服务保障县委中心工作

——紧扣西藏各族人民同以达赖集团为

代表的分裂势力进行斗争的社会特殊矛盾，把维护国家安全和社会稳定摆在首位，在特殊矛盾表现尖锐突出的敏感时期和特殊节点，举全院之力、全力以赴助力打赢维稳攻坚战。

坚决维护国家政治安全和社会秩序。抽调7名检察人员驻守3个村居深化七项强基维稳工作，投入检力400人次、车辆50台次参与综治维稳，为夯实党在西藏的执政根基贡献检察力量；成立应急维稳小组，制定维稳工作方案预案，全年认真履行24小时值班带班制度，严格登记交接班台账和进出入人员，努力杜绝各类安全隐患及突发事件的发生。

深入开展扫黑除恶打非治乱扫黄打非“三个专项斗争”。按照上级“十必查”和“一案三查”工作机制，共查阅公安治安大队及各乡镇派出所2018年来办理治安案件46件83人，倒查2016年以来办理的162件刑事案件，摸排黑恶势力犯罪案件线索11件，提前介入涉恶案件1件、暴力犯罪案件3件。成立以检察长为主办检察官的办案团队，依法批捕涉恶犯罪1件3人、起诉1件3人。

——紧扣新时代人民日益增长的美好生活需要和不平衡不充分发展之间的社会主要矛盾，以推进检察领域供给侧结构性改革为抓手，积极回应人民对物质文化的更高要求和在民主、法治、公平、正义、安全、环境等方面的新需求。

积极服务保障“三大攻坚战”。主动服务经济社会健康发展，助力防范化解各类风险。围绕各级党委和上级检察机关的安排部署，充分发挥检察监督在大力实施以“神圣国土守护者、幸福家园建设者”为主题的经济社会发展战略中的规范、引导、推动、保障作用；深化国家重要生态安全屏障的区情认识，积极参与美丽西藏、美丽波密建设。围绕全区生态环境保护大会部署，坚决贯彻落实“用最严格制度最严密法治保护生态环境”要求，坚持以绿色发展理念引领生态检察工作，研究制定了《波密县人民检察院“爱绿护绿、保护生态”涉林生态环境和资源保护公益诉讼检察专项活动实施方案》。刑事犯罪领域，向法院起诉涉林案件3件6人，生态环境和资源保护领域公益诉讼领域，立案15件，发出行政公益诉讼诉前检察建议14件，提起刑事附带民事公益诉讼1件。

平等保护民营企业合法权益。我们始终践行习近平总书记在民营企业座谈会上的重要讲话精神，把“三个没有变”和高检院归纳的“11条意见”领会深、把握好，不断增强为民营经济服务的意识。坚持“走出去”，开展“送法入企”活动，搭建“贴身”服务平台，派出20名干警前往工地、民营企业等地进行法治宣传；坚持“请进来”，借助“检察护航民企发展”主题检察开放日活动，邀请12名民营企业家代表走进检察院，近距离了解检察职能，感受检察服务。

依法守护“舌尖上的安全”。我们始终以人民对食品更安全的美好需求为导向，积极回应社会关切，突出监督重点，推动落实习近平总书记提出的“四严要求”，确保人民群众舌尖上的安全。以“小排查推动大专项”的工作思路，分别参与了校园周边食品安全“护苗”专项排查活动、学校食堂食品安全、农贸市场食品安全等涉及食品药品安全领域共计10次执法监督活动，发出行政公益诉讼诉前检察建议2份；与市场监督管理局建立起包括互派人员参与专业学习、互相移送线索等内容的联席机制。

用心做好未成年人检察工作。认真做好涉案未成年帮扶挽救工作，对2018年我院办理的一起故意伤害案中的未成年罪犯积极开展特赦工作，于今年9月依法特赦。认真落实好“一号检察建议”，选派院党组书记、检察长和党组成员、副检察长共2名同志分别兼任波密县中学和波密县完全小学法治副校长，持续深入学校了解师生法律需求，并有针对性地开展“法治进校园”活动3次，制作包含“一号检察建议”内容在内的未成年人预防违法犯罪宣传展板在各学校巡展。针对人民群众高度关注的校园及周边食品安全问题，与县市场监督管理局、教育局就学校食堂、校园周边“五毛钱”食品开展了4次线索摸排，对检查中发现的问题督促市场监管部门现场作出行政处罚，促进做到学生吃得放心、家长安心。开展“携手关爱，共护明天”检察开放日活动，通过“请进来”的方式为50名学生以及老师和家长等代表们宣传青少年学生预防性侵害的有关法律知识。

立足办案参与社会治理。我们始终践行新时代“枫桥经验”，积极妥善化解检察环节的矛盾纠纷。全年共受理控告申诉案1件1人，通过给原办理机关发送《说明不立案理由通知书》与《检察建议书》，在查清案件真相的基础上，给当事人耐心释疑解惑，使当事人信服。维护好“安心务工，有检同行”品牌工作，用检察智慧化解农民工工资纠纷，先后派出干警10人次前往县人社局检察维权服务点坐班提供法律咨询，联合县人社局调解劳资纠纷5件20人。开展“‘我将无我’奋斗，不负人民重托——共和国建设者走进检察机关”主题检察开放日活动，通过将企业劳动者代表“请进来”的方式，提高劳动者依法维权意识。

三、突出“三个围绕”，夯实转型创新发展的基础支撑

——紧紧围绕深化依法治国实践新要求，着力强化检察法律监督。我们始终聚焦法律监督主责主业，把加强检察办案作为履行检察监督职责的基本手段，作为服务保障波密长足发展和长治久安的基本途径，奋力推进“四大检察”全面协调充分发展。

作优刑事检察。共受理审查逮捕案件15件20人，其中作出批准逮捕决定10件13人，作出不批准逮捕决定4件6人，正在审查1件1人；受理审查起诉案件16件28人，上年度积案5件15人，向人民法院提起公诉17件35人，作出不起诉决定1件3人，移送上级院3件5人，人民法院正在审理4件9人。在办理案件过程中，认真实施修改后的刑诉法和检察院组织法，实行“捕诉合一”的办案机制，实现案件“快捕快诉”与“慎捕慎诉”、“效”与“质”的双重提高。认真贯彻落实认罪认罚制度，克服本县没有律师的现实困难，努力提高认罪认罚从宽制度的适用比率，特别是对一起交通肇事案件适用认罪认罚制度，该案经我院和法院适用速裁程序进行办理，全案审查起诉到判决仅用10天，案件经当庭宣判，被告人认罪伏法，取得良好的法律效果和社会效果。将“案件比”评价指标纳入年度检查归案业绩档案，通过加强能力考核评价，倒逼承办检察官在办案时提高办案质效，用最少的司法资源投入换当事人相对更好的司法感受。

做强民事诉讼监督和做实行政诉讼监督。“民事诉讼监督”和“行政诉讼监督”是检察

监督工作的短板、弱项，一年来我们奋力作为，砥砺前行，开展民事审判深层次违法监督和行政检察监督专项调研，就“有职能、无业务、无案件”问题进行深层次分析，派出业务骨干参加各类民事和行政检察监督专题培训4次。

做好公益诉讼检察。牢记党和人民嘱托，落实以人民为中心，依法履行“公共利益代表”的神圣职责。共立案公益诉讼案件19件，办理诉前程序案件16件，同比增长320%，提起诉讼1件，同比增长100%，办案数据位居林芝市前列。其中涉及生态环境和资源保护16件，食品药品安全领域3件。通过办案，共督促清理各类垃圾、固体废物60吨，恢复被破坏的滩涂地2000平方米，补植复绿4亩，种植树木270棵，待补植树木140棵；督促整改3家经营不规范的商店和10家网络餐饮服务提供者，没收包括面粉、冰激凌、小米椒等价值6000元的货品，销毁1.3吨。

办案中，秉持“双赢多赢共赢”理念，将与行政机关磋商作为提出检察建议的必经程序，不单纯追求办案数量，更注重办理政府及其部门遇到阻力或者需要几家单位协同解决的难案。如米堆冰川小镇建筑垃圾非法倾倒案，县环保分局主动向我院提供线索。我院经调查，向3家行政机关发出检察建议，督促联合执法，携手破解这个难题。秉持“诉前实现保护公益目的是最佳司法状态”理念，强化诉前监督、沟通、跟进，全面推动行政机关主动履职纠错。发出检察建议相关部门均及时整改落实到位，回复和整改率100%，实现了未诉先胜和检察监督效能最大化。秉持“持续跟进监督”理念，按照高检院“回头看”专项活动要求，对公益诉讼检察工作开展以来办理的22件行政诉前程序案件进行逐一排查，对行政机关整改不到位、反弹回潮等问题，及时跟进监督，确保公共利益得到充分保护。

——紧紧围绕司法体制改革新要求，着力强化司法办案责任制。

检察机关是法律监督机关，是确保宪法法律正确实施、维护社会公平正义的重要力量。以开展案件评查活动为契机，严格落实司法办案责任制，按照“谁办案谁负责、谁决定谁负责”的要求，做实检察官的权力；建立检察官司法档案，进一步完善检察官业绩评价体系、完善办案质量评价机制等措施；加强监督制约，保证检察官依法公正行使检察权。入额院领导带头直接承办具体案件， 检察长带头办理强某等三人涉恶案件等重大疑难复杂案件。8名员额检察官平均办案6.8件，入额院领导平均办案14.3件。

——紧紧围绕新时代党的建设总要求，着力加强过硬检察队伍建设。

检察队伍作为检察领域社会公共产品的供给主体，坚持以革命化正规化专业化职业化为方向，着力锻造“四个铁一般”雪域检察铁军。

坚持以党的政治建设为统领。深入学习贯彻习近平新时代中国特色社会主义思想，扎实开展“不忘初心、牢记使命”主题教育，认真贯彻“守初心、担使命、找差距、抓落实”总体要求，紧扣工作实际和队伍现状，召开集中学习19次，交流研讨9次，让全院干警确实在理论学习有收获、思想政治受洗礼、干事创业敢担当、为民服务解难题、清正廉洁作表率中增强“四个意思”、坚定“四个自信”、做到“两个维护”。自觉接受林芝市院党组第二轮巡察组的巡察监督，坚持不懈整改突出问题，全面加强检察机关党的建设。

坚持以专业化能力建设为基础。利用高检院“大检察官讲堂”、林芝市院“刑事案例每周一练兵”及每周二经验交流会等载体深入学习贯彻宪法、修改后人民检察院组织法和三大诉讼法，提升业务素质能力。秉持“一个案例胜过一打文件”理念，组织干警集中学习高检院编发的典型案例、指导性案例10次，在学懂悟透的基础上学以致用，同时发挥检察官教检察官、教检察辅助人员“师徒”传帮带作用，在干事创业中历练队伍培养人才，提高岗位成才比例。依托“检答网”学习平台，善于借力借智“双百援藏”干部咨询意见解决业务难题。

坚持以纪律作风建设为保障。始终牢记“全面从严治党永远在路上”，始终以刀刃向内的自我革命精神坚决同一切影响党的先进性、弱化党的纯洁性的问题作斗争，严格落实中央八项规定及其实施细则精神，持之以恒整治“四风”，坚持“严管就是厚爱”，检察长带头落实好干预过问司法案件处理的“三个规定”，持之以恒全面从严治检。

各位代表，一年来，检察工作的点滴进步，得益于县委和上级检察机关的坚强领导、人大及其常委会有力监督、政府政协和社会各界的大力支持，我谨代表波密县人民检察院表示衷心感谢！与此同时，我们也清醒认识到，检察工作仍然存在不少亟需解决的问题和补强的短板。一是检察产品“供给不足”“结构失衡”问题突出，聚焦主责做精主业、推进检察业务全要素平衡充分全面发展任重道远；二是司法办案质量、效率有待提升，运用“检察建议”参与社会治理能力不强；三是队伍政治业务素质仍需加强，与新时代人民的新需求还存在很大的差距。

2020年的主要任务

党的十九届四中全会就坚持和完善中国特色社会主义制度、推进国家治理体系和治理能力现代化提出了三个阶段性目标，为我们做好工作进一步指明了方向。推进国家治理体系和治理能力现代化，首先是要把国家制度体系执行好，这也是全面从严治党、全面依法治国的必然要求。检察机关在国家治理体系中肩负着重要职责，我们将脚踏实地、结合实际把具体检察制度完善好，进一步提升检察能力。

进一步提高政治站位。把党对检察工作的绝对领导作为灵魂，贯穿于履行刑事、民事、行政、公益诉讼“四大检察”职能始终，把法定职能行使与党的领导落实、中国特色社会主义制度优越性的体现紧密结合起来，进一步增强“四个意识”、坚定“四个自信”、做到“两个维护”。

进一步服务保障大局。紧紧围绕新时代社会主要矛盾对检察工作提出的新挑战，更加自觉地融入、服务和保障波密县委工作大局，紧紧围绕“五个波密”总体布局，努力提供更多更优检察公共产品，满足新时代人民群众在民主、法治、公平、正义、安全、环境等方面标准更高、内涵更丰富的司法需求。

进一步深耕检察主业。围绕宪法定位，转变工作理念，聚焦监督主责主业，结合十九届四中全会对检察工作提出的新要求，在加强和改进公益诉讼检察工作、依法保护民营经济合法权益、落实群众来信件件有回复、推进认罪认罚从宽制度、持续把检察建议做成刚性等方面持续发力、狠抓落实，努力让人民群众在每一个司法案件中感受到公平正义。

进一步强化自身建设。自觉补强这个最大的短板、最突出的弱项，下大力气抓好业务建设，不断提高检察人员的政治素质、业务素质和职业道德素质，建设“四个铁一般”的过硬检察队伍。

各位代表，波密县人民检察院在新的一年里将始终坚持以习近平新时代中国特色社会主义思想为指导，认真落实县委和上级检察机关的决策部署，按照本次会议的决议要求，努力把检察环节工作做到极致、把能力发挥到极致，为老百姓提供更优质更高效的法治、检察产品！为服务和保障波密长足发展和长治久安贡献检察力量！

注释：

1. 一个引领、两个紧扣、三个围绕：“一个引领”就是坚持以习近平新时代中国特色社会主义思想为引领。“两个紧扣”就是紧扣西藏各族人民同以达赖集团为代表的分裂势力进行斗争的社会特殊矛盾；紧扣新时代人民日益增长的美好生活需要和不平衡不充分的发展之间的社会主要矛盾。“三个围绕”就是紧紧围绕深化依法治国实践新要求，着力强化检察法律监督；紧紧围绕司法体制改革新要求，着力优化检察职权和资源配置；紧紧围绕新时代党的建设总要求，切实加强过硬检察队伍建设。

2.“四大检察”：刑事检察、民事检察、行政检察、公益诉讼检察。

3. 认罪认罚制度：指犯罪嫌疑人、被告人自愿如实供述自己的犯罪，对指控犯罪事实没有异议，同意检察机关的量刑建议，签署具结书，可以依法从宽处理的制度。

4. 公益诉讼：公益诉讼分为民事公益诉讼和行政公益诉讼。民事公益诉讼是指人民检察院在履行职责中发现破坏生态环境和资源保护、食品药品安全领域侵害众多消费者合法权益等损害社会公共利益的行为，在没有法律规定的机关和组织或者法律规定的机关和组织不提起诉讼的情况下，可以向人民法院提起诉讼，如果法律规定的机关和组织提起诉讼的，人民检察院可以支持起诉。行政公益诉讼是指人民检察院在履行职责中发现生态环境和资源保护、食品药品安全、国有财产保护、国有土地使用权出让等领域负有监督管理职责的行政机关违法行使职权或者不作为，致使国家利益或者社会公共利益受到侵害的，由人民检察院向行政机关提出检察建议，督促其依法履行职责。行政机关不依法履行职责的，人民检察院依法向人民法院提起诉讼。

5. 案件比：是指将案件当事人所经历的各诉讼阶段统一视为一个“案”，再将该当事人先后经历的审查起诉、退回补充侦查、上诉、发回重审、二审、刑事申诉等每一个诉讼阶段都视为各自独立的“件”，即统一当事人的一个“案”与其所经历的多个“件”之间的比例。“件”和“案”之间的比越高，司法资源付出就越多，当事人自己认为的案件质效就越低，案件的整治效果、社会效果、法律效果和当事人的感受可能就越差。

6.“四个铁一般”：一是要有铁一般的理想信念，确保检察队伍始终在思想上政治上行动上同以习近平同志为核心的党中央保持高度一致，把增强“四个意识”、坚定“四个自信”、做到“两个维护”更自觉地体现在检察工作中；二是要有铁一般的责任担当，敢于斗争，勇于担当，关键时刻豁得出来、顶得上去。三是要有铁一般的过硬本领，补短板，强弱项，把刑事检察、民事检察、行政检察、公益诉讼检察全面协调充分发展好。要加强全系统全员培训，用好“检答网”，切实解决能力不足问题。四是要有铁一般的纪律作风，坚持严在平时，管在日常，使全体检察干警真正养成知敬畏、存戒惧、守底线的高度自觉。对违纪违法问题，始终保持“零容忍”。

波密县2019年国民经济和社会发展计划执行情况与2020年国民经济和社会发展计划草案的报告

——在波密县第十二届人民代表大会第七次会议上

波密县发展和改革委员会

（2020年1月16日）

一、2019年国民经济和社会发展计划执行情况

2019年，全县上下在县委、政府的正确领导和县人大、政协的监督指导下，全面贯彻党的十九大及十九届二中、三中、四中全会精神，贯彻落实国家、自治区和林芝市经济工作会议精神，以习近平新时代中国特色社会主义思想指导，认真落实中央和自治区、林芝市的各项决策部署，积极顺应经济发展新常态，加快全面建成小康社会步伐，全县经济社会呈现出运行平稳、产业发展、民生改善、和谐有序的良好态势。主要经济指标统计如下：

1. 实现地区生产总值26.15亿元，同比增长11.02%。

2. 固定资产投资15.64亿元，同比增长9.1%。

3. 公共财政预算收入5585万元，同比下降19.96%。

4. 完成社会消费品零售总额3.03亿元，同比增长16%。

5. 农村居民人均可支配收入18657元，同比增长14.01%。

6. 城镇居民人均可支配收入33093元，同比增长11.5%。

7. 旅游业发展迅猛，全年累计接待游客177.4万人次，旅游相关收入14.5亿元，分别同比增长34.02%和37.42%。

一年来国民经济和社会发展成效主要体现在五个方面：

（一）项目建设有序推进

一年来，波密县各有关部门始终把项目带动作为经济增长的重大举措，不断加大争取国家投资力度，努力激活社会投资，积极协调援藏资金，继续保持投资对全县经济增长的推动作用。计划开工建设国家投资重点项目167项，总投资46.74亿元，全年完成投资7.93亿元。其中续建项目59项，总投资14.12亿元，全年完成投资5.74亿元，包括藏猪养殖、康玉乡通堆村至宗热村村道硬化、易贡茶厂至八盖乡公路、扎木镇棚户区改造等项目；新开工项目61项，总投资3.30亿元，全年完成投资2.19亿元，包括高标准农田建设、乡镇卫生院改扩

建、区域救灾物资储备库、村级组织活动场所标准化建设等项目；计划开工项目47项，总投资29.32亿元，包括帕隆藏布重点河段治理、倾多镇曲西村至昌都市洛隆县公路、旅游基础设施建设、通麦镇污水处理及收集系统建设等项目。

（二）特色产业取得新进展

一年来，依托资源禀赋和区位优势，紧紧围绕林芝市“一带四基地”产业发展布局，主动适应经济发展新常态，以广东援藏为契机，逐步发展壮大特色优势产业。

生态旅游产业。一是积极做好旅游景区建设工作，正在编制桃花谷景区旅游总体规划、波密县全域旅游总体规划，扎木县委中心红楼成功挂牌全区首个AAAA级红色旅游景区，米堆冰川景区成功创AAAA级旅游景区。二是加快推进旅游项目建设，完成朱西、朗秋、角达村旅游示范村建设及18个旅游厕所建设；申报“十四五”规划项目旅游项目12个，预计总投资108.1亿元，进一步提升乡村旅游发展综合服务能力，改善乡村居民的生产生活环境，引导农牧民增收致富，实现家门口就业。三是依托本地民俗，深入开展“一县一特、一乡一品”创建活动，按照“旅游搭台，文化唱戏”的思路，成功举办林芝市第十七届桃花旅游文化节波密分会场、松宗赛马暨民俗文化艺术节，倾多镇桃花谷首届民俗文化旅游节，易贡乡油菜花节等。

特色农牧产业。一是藏猪产业稳步推进。整合各类资金共计8391.79万元，推进1个核心保种场、3个标准化规模养殖场建设，开工建设总投资5000万元的波密县2018年藏猪养殖项目、总投资2900万元的松宗镇角达村藏猪养殖建设项目；联合林芝市藏猪行业协会成功举办林芝市藏猪产业洽谈会，邀请区内外藏猪产业相关企业和单位22家参加，对接区内外藏猪养殖企业5家，完成西藏绿康园生态农业开发有限公司和广州天丰园农牧科技有限公司2家企业落户波密。全县共养殖藏猪7.8万头，存栏。二是做优做强茶产业。聘请四川省农科院、西藏农牧学院相关专家针对拟种植茶叶地块土壤、气候等因素进行了论证，落实2019年茶叶种植地块9200亩；总投资9203万元的波密县茶叶种植基地建设项目稳步推进；推广种植容器茶苗1220亩，成活率90%。三是做大做强天麻优势产业。开展麻种繁育工作，完成天麻推广种植1.1万平方米，产量4.4万斤，产值220万元；积极开展天麻培育基地麻种采挖工作，为群众提供麻种5000斤，密环菌25000瓶；完成麻种培育种植温棚建设400平方米，收购箭麻252斤、腐殖土32车、菌棒29车、蜜环菌3万瓶、萌发菌4000袋。四是做好灵芝菌、羊肚菌种植。种植灵芝菌面积33.45亩，总产值750万元，实现群众增收130万元；种植羊肚菌47.6亩，产量1.4万斤，实现群众增收112万元。五是做好良种繁育产业。按照“优质、高产、生态、安全”原则，走精细化道路，发展农作物良种供应产业，在倾多镇、玉许乡、多吉乡高标准农田上建设“冬青18”、“喜拉22”青稞良种繁育基地4个，面积3040亩，冬播期间，共销售冬播良种290170斤。

藏医藏药产业。县藏医院各项制度不断完善，管理能力、医疗服务能力不断提高。开展藏医特色外治理疗项目14项，藏医院门诊人数8912人，同比增加7%；住院人数253人，同比增加300%；门诊收入77.18万元，住院收入69.55万元，总收入146.73万元，同比增加26.3%。全县10个乡镇卫生院均可开展藏医服务。

水电能源产业。配合做好八盖藏布、帕隆藏布、波堆藏布、易贡藏布、曲宗藏布、亚龙藏布、加桑藏布等重点水流域规划工作，协调总投资80亿元的夏曲水电站各项前期工作。建设完成总投资410万元的波密县玉仁电站维修项目，稳步推进总投资7192万元的波密县帕隆藏布重点河段治理工程、总投资7303万元的波密县波堆藏布重点河段治理工程。

文化产业。组织开展“县县文化交流”演出活动，赴林芝市、朗县、工布江达县、米林县等地参加演出45场次。加强非物质文化遗产保护传承工作，申报3项波密县第六批县级非遗项目并通过公示；申报推荐易贡藏刀制作技艺列入第一批自治区传统工艺振兴、国家级非物质文化遗产代表性项目，并申报推荐传承人西洛为“2019中国非遗年度人物”，成功申报2019年自治区非物质文化遗产专项资金25万元。挖掘红色文化，开工建设总投资509万元的波密县扎木中心县委红楼陈列展示工程，扎木县委中心红楼成功挂牌全区首个4A级红色旅游景区。

（三）基础设施水平不断提升

积极争取国家、援藏投资，促成多个重点项目落实，交通、水利等基础设施条件得到极大改善。

交通方面。康玉乡通堆村至宗热村村道硬化、省道S303线波密县易贡茶厂至八盖乡公路、2018年生命安全防护工程等项目相继开工，稳步推进川藏铁路前期勘测工作，初步完成线路设计及站点选址工作。完善以县城为中心、辐射乡镇、连接各村、沟通周边县市的交通运输网络。加快客运体系改革，研究制订《波密县客运改革实施方案》《班线客运改革群众工作方案》，成立客运公司，波密县客运站已完成前期选址、征地拆迁工作，11月份正式动工建设，预计2020年8月完工，5个乡镇客运站已完成选址工作，正在办理项目前期手续，预计2020年3月动工建设。

农村用水方面。实施水利项目32项，全年计划总投资6340.94万元，完成投资5362.29万元，完成率84.57%。包括饮水项目9项，总投资2164.48万元，完成投资1878.28万元；灌溉项目1项，总投资1000万元，完成投资500万元；山洪治理非工程措施项目1项，总投资128.87万元，完成投资128.87万元；物质储备库1项，本年度总投资390万元，完成投资390万元；农田灌溉水有效利用系数0.45。同各乡镇签订《2019年防汛抗旱责任书》，委托第三方编制《波密县2019年防汛抗旱应急预案》及10个乡镇、84个村山洪灾害防御预案。农村饮水安全工程覆盖率100%，饮水工程巩固提升率66.6%。

城镇化建设方面。城乡规划方面，编制完成《波密县城市总体规划（2013–2030）》和《波密县城市控制性详细规划》，正在推进9个乡（镇）总划、控制性详规和84个行政村村庄规划评审，其中《西藏林芝市波密县扎木镇城市设计》荣获全区优秀城乡规划设计二等奖。基础设施建设方面，建设完成林芝市先行启动新型城镇（松宗镇、倾多镇、古乡）建设工程、波密县县城供水工程、高海拔多吉乡、康玉乡供暖工程，总投资13962万元；开工建设总投资1200万元松宗镇污水处理厂项目，稳步推进总投资4768万元的通麦小集镇、倾多镇污水处理厂项目。住房保障方面，总投资2.77亿元的扎木镇扎木村、桑登村、巴琼村片区棚户区改造工程稳步推进，累计完成投资2.6亿元；总投资605万元的倾多镇、通麦小集镇棚户区改造项目累计完成投资432万元；总投资729.53万元的波密县2018年度县直公租房建设项目已完成的80%。

新农村建设方面。建设完成总投资2665万元的14个村三岩片区易地扶贫搬迁安置点项目，开工建设526万元的第三批3个三岩搬迁安置点建设项目，并配套相关产业项目，确保搬迁群众“搬得进、稳得住、富得起、融得入”。复工并建设完成总投资3597万元的15个村级组织活动场所标准化建设项目，新开工建设总投资2299万元的15个村级组织活动场所标准化建设项目，切实提高基层组织力。在全区率先谋划编制《波密县2018-2022乡村振兴战略总体规划》《波密县农村人居环境整治三年行动实施方案（2018-2020年）》，涉及六大类84个项目，总投资46.67亿元，切实把当前巩固脱贫攻坚成果与长远的乡村振兴战略紧密结合，已先后投入1600万元，打造示范村15个。

（四）社会事业全面发展

波密县始终把保障和改善民生作为一切工作的出发点和落脚点，让人民群众共享改革发展成果。

教育事业。项目建设方面，建设完成总投资703万元的康玉、玉普、多吉、玉许4个乡镇小学供暖项目，建设完成总投资630万元的中心幼儿园改扩建项目和总投资540万元的中学改扩建教学及辅助用房项目，极大改善了教育教学条件。师资培训开展方面，邀请广州大学教师培训学院7名专家教授来波密对全县中小学校进行帮扶指导，讲示范课5节，课堂诊断7节，受益教师100人，组织选派优秀骨干教师参加国家级培训26人次、自治区级培训12人次、市级培训19人次，获得自治区级荣誉教师30人，先进集体1个；获得市级荣誉12人，先进集体1个。教育教研方面，成功举办“波密县中学首届藏、汉语言文化艺术节”，深入开展片区教研、“一师一优课，一课一名师”、观摩听评课、藏文教育教学论文大赛等活动，创新教研模式，提升教研品质。全县初中在校生1353人，毛入学率105.94%；小学在校生2912人，毛入学率108.95%；幼儿园在园幼儿1234人，学前毛入学率86.13%；教师537名，其中高级教师34人，中级教师131人。

卫生事业。建设完成总投资1200万元的县级区域医疗中心建设、总投资218万元的妇幼保健站工程、总投资700万元的4个乡镇卫生院业务运房扩建工程等，提高医疗硬件实力。开展“三病”重点人群筛查工作，筛查10722人，筛查率98.1%。首针乙肝疫苗应种193人，实种185人，及时接种率95.8%，孕产妇筛查数450人，乙肝阳性人数22人，免疫球蛋白接种数21人，及时接种率95.5%。落实各项惠民政策，预算补助一孩、双女”困难户家庭313户30.048万元；预算补助特殊子女“特别扶助”家庭37户19.5万元。做好妇幼保健和计生工作，完成免费出生缺陷检查132对，免费孕前检查工作87对，产妇住院分娩240人，住院分娩率94.5%，孕产妇死亡率0%；5岁以下儿童死亡3例，死亡率11.8‰；住院分娩补助报销165人23.1万元。推进疾病防控工作，儿童入托、入学预防接种证查验率99.7%；报告法定传染病71例，发病率18.6人次/万人。加强卫生监督执法，公共场所经营单位278家，卫生许可证持证率100%。

科技事业。以“人人懂科学技术，人人会用科学技术”为奋斗目标，从云南聘请技术员2名，以集中培训和分散培训方式，围绕天麻、灵芝、羊肚菌种植培训、各种果树嫁接培训五个方面展开，培训农牧民科技特派员168名、天麻种植专业户30人，发放培训资料450册，科普海报500份，农业种植技术书刊500册。利用农闲时期组织村级技术员开展集中培训3次，共培训村兽医、农民技术员、科技特派员419人次，发放各类宣传资料2000份。

社会保障。社会救助方面，临时救助35户40人次，兑现资金39.88万元；城镇低保61户159人，发放低保金127.96万元；农村低保79户255人，发放低保金111.04万元。社会福利方面，农村特困老人187名，兑现供养金180.95万元，城镇特困老人17名，兑现供养金21.41万元；孤儿79名，生活补助1000元/人·月；救助流浪乞讨人员53人，支出0.81万元；持证残疾人1446人，发放两项补贴资金121.56万元；高龄老人218人，发放高龄津（补）贴7.93万元；投资58.5万元建立“大爱波密”慈善微平台，拨付助学金9.5万元。灾害救助方面，救助人数198人29.91万元。医疗救助方面，救助135人次86.42万元。就业方面，高校毕业生已就业193人，就业率92.4%；城镇新增就业521人，农牧民劳动转移就业4817人、8994人次，贫困人口实现转移就业361人；开发就业岗位225个；开展职业介绍177人。社会保险方面，机关事业单位养老保险参保人数1945人，企业职工养老保险参保人数484人，城乡居民养老保险参保人数11442人，失业保险参保人数1538人，城镇职工医疗保险参保人数1953人，生育保险参保人数2230人。

（五）生态文明建设有效加强

始终坚持“绿水青山就是金山银山”的发展理念，着力促进生态保护和生态建设协调发展。

严格环境准入。认真执行建设项目环境影响登记表备案制度，把好建设项目准入关，严格落实“一票否决制”，目前未引进“三高”项目，建设单位备案环境影响评价登记表116个。开展“未批先建”项目整改，补办环评手续项目9个，编制现状评估报告项目8个。

开展环境监测工作。委托第三方每季度对县城空气质量进行监测，监测结果达到国家1级标准；每月对饮用水、地表水进行监测，监测结果达到或优于三类水质标准。加强对2家辐射源企业的监管工作

加快环保项目建设。投入资金1500万元，建设波密县重要功能区保护工程，已完成竣工验收。投入资金126.98万元为城管大队配备垃圾压缩车、挂钩式垃圾转运车、垃圾箱体等环卫设备，已投入运行。

推进环保综合执法。采取“一企一档”的方式，严格按照环境影响评价和“三同时”制度，对辖区内的重大建设项目、垃圾填埋场、污水处理厂、屠宰场、饮用水水源地、旅游景区进行环境监管；推进“绿盾2018”自然保护区专项行动中涉及我县8个项目整改工作，已全部整改完成；推进环境整治工作，与乡镇签订《318国道、重点景区环境整治工作目标责任书》，每月对环境整治情况进行跟踪检查。

推进中央、自治区环保督察整改工作。中央环保督察组转办的7项问题、自治区环保督察组反馈的2项问题已全部办结。中央第六环境保护督察组反馈意见，涉及25大项整改任务、77小项整改措施，已完成整改措施63项。自治区第六环境保护督察组反馈的4个问题、12项整改措施，已完成整改。

各位代表，2019年，波密县经济社会取得了长足的发展，继续保持着良好的发展势头，这些成绩的取得是县委、政府正确领导的结果，是广东人民无私援助的结果，是全县各族人民开拓创新积极奋斗的结果。但我们在看到成绩的同时，也要清楚地认识到全县经济发展中存在的问题与不足。要始终保持清醒的头脑，增强紧迫感和责任感，认真研究措施和对策，再接再厉、鼓足干劲，抓住国家扩大内需、促进增长及对西藏特殊优惠政策的有利条件，全力推进我县经济社会又好又快发展。

二、2020年经济社会发展总体要求和预期目标

2020年是全面建成小康社会的决胜之年，是推动乡村振兴战略深入实施之年，全县经济社会发展总体要求是：全面贯彻党的十九大精神，以习近平新时代中国特色社会主义思想为指引，加强党对经济工作的领导，认真贯彻落实县委决策部署，坚持稳中求进工作总基调，坚持新发展理念，紧扣社会主要矛盾变化，按照高质量发展的要求，以增强经济内生动力和自我发展能力为中心，全面做好稳增长、促改革、调结构、惠民生、防风险各项工作，促进全县经济社会持续健康发展。

主要预期目标是：结合我县发展实际，综合考虑各方面因素，初步安排2020年国民经济和社会发展主要预期目标如下：

- 地区生产总值增长10%；
- 全社会固定资产投资增长15%；
- 农村居民人均可支配收入增长13.5%；
- 城镇居民人均可支配收入增长11%；
- 社会消费品零售总额增长15%；
- 地方公共财政预算收入增长10%；
- 居民消费价格涨幅控制在3.4%；

三、2020年波密县国民经济和社会发展主要任务

（一）抓项目建设，保持发展速度“高档位”

1. 突出重点项目建设。实行“挂图作战、现场协调、在线监控、督促落实、宣传鼓劲”工作机制，加大基础设施、产业发展、社会事业、民生保障等四大领域的投资力度，继续推进民生社会事业补短板项目和惠民特色工程。推进乡镇污水处理及收集系统工程、桃花沟景区、乡村公路等重点项目建设进度，配合做好川藏铁路、川藏高等级公路、滇藏铁路、易贡湖生态修复与综合治理等国家重大项目建设。

2. 抓好项目储备和招商引资。以“十四五”规划编制为契机，重点围绕基础设施、生态环保、社会民生等领域，谋划储备一批重大项目，并积极与区、市沟通衔接，将一批条件好、实力强、见效快的大项目、好项目纳入自治区、林芝市重点项目库。继续加大招商引资力度，围绕特色产业、现代物流业、生态旅游等重点领域，引进聚集能力强、产业规模大、科技含量高的企业，同时抓好已签约项目的跟踪落实，确保招商项目“引得进、落得下、建得快、留得住”。

3. 着力破解发展瓶颈制约。积极化解融资

难、融资贵“顽疾”，强化银政、银企对接，增加银行对本地发展的信贷投放；积极推动民间资本参与项目建设，充分发挥社会资本对产业的投资。推进“互联网＋政务服务”，提升协同联动、流程再造、线上线下一体化政务服务能力。持续推动减税降费，规范行政事业性收费和涉企经营服务型收费，进一步降低企业用地、用能、物流、融资等各方面成本。认真落实自治区关于稳定建材价格水平、保障重点工程建设需求的最新政策要求，继续做好建材需求梳理统计工作，全力抓好建材保障。积极做好征地拆迁、农牧民群众参与工程建设、地材管理等相关工作，优化项目建设环境，共建共赢，和谐建设，确保重大项目顺利推进。

（二）抓特色产业，促进经济发展“高素质”

1. 推进特色农牧业发展。按照林芝市“一带四基地”产业布局，构建“2+3+1”产业发展布局，依托得天独厚的自然优势，利用现有蜂蜜、藏猪、藏鸡、蔬菜、藏药材等特色产业，着力打造规模化、产业化、龙头化产业类型，打造独具特色产业品牌，确保农牧业增效、农牧民增收。

2. 推进生态旅游业发展。立足“藏王故里、冰川之乡、桃花世界”旅游品牌，紧扣全域旅游示范县和区域旅游中心总体定位，突出“一轴三线”景区建设，规范米堆景区、嘎朗王朝遗址管理，分片分区打造易贡景区、桃花沟景区、318 国道风景道。鼓励和扶持农牧民参与旅游服务，推进生态旅游与特色农牧、民俗文化的深度融合，实现旅游产业全要素、高质量发展。

3. 推进水电能源产业发展。加快水电开发力度，推进波密县帕隆、易贡、波堆重点流域梯级电站开发，推进农网升级改造，科学布局完善乡镇变电站和供电线路铺设，提高农业灌区电力供应能力，推动农村电网升级改造，解决农牧民群众用电问题。将水电能源业发展成为支撑地区经济加快发展的支柱产业，在满足县内经济社会发展的同时，打造成重要的电力能源输出大县。

4. 推进藏医药产业发展。加大藏医药资源的保护和开发力度，进一步建立和完善藏药生产、科研、药材种植和保护、藏药服务体系，推动藏医药产业走上规模化、集约化、现代化发展之路。大力推广天麻、藏丹参、藏柴胡、灵芝菌等藏药材种植，引进技术、人才和资本，提高种植水平。进一步完善藏药材深加工环节，延长产业链，特色保健品等，争取申报自治区级乃至国家级注册商标。

5. 推进现代物流产业发展。紧紧把握地处藏东南地区、林芝东大门重要区域的区位优势，加大对现代物流产业的投入力度，依托川藏铁路、滇藏铁路、川藏高等级公路建设，建设布局合理、衔接顺畅、功能齐全、业态融合、便捷高效、绿色环保、安全有序的物流服务体系，将我县打造成辐射周边县区，联动川渝经济圈、长江经济带，融入“一带一路”的现代物流枢纽。

（三）抓绿色发展，促进生态环境“高颜值”

1. 推进“多规合一”编制工作。以主体功能区规划为主体，合理划定城镇开发边界、永久基本农田、生态保护三条红线和城镇、农业、生态三类空间，构建县域内统一的“空间管控一张图”和“空间规划信息管理平台”，推进城乡治理能力现代化，提升科学决策水平。

2. 推进绿色低碳循环发展。树立和践行绿水青山就是金山银山的理念，加大生态系统保护力度。发展低碳节能产业，推广节能技术、节能产品、清洁能源；大力发展循环经济，坚决淘汰落后产能，推进生产、流通、消费各环节循环发展；严格项目环评审批，新上项目要严格把关，坚决不让污染项目落户波密；大力倡导低碳出行和绿色生活方式，开展全民节水行动，反对奢侈浪费和不合理消费，开展创建节约型机关、绿色家庭、绿色学校、绿色出行等行动，形成绿色发展方式和生活方式。

3. 打好污染防治攻坚战。加强农村饮用水源地保护，认真做好水、气、声、土壤监测工作，加强环境执法监管，严查严打各类环境违法行为。持续打好水、大气、土壤污染防治攻坚战，强化大气污染、工业废气污染、城市扬尘等治理，推广绿肥等方式替代秸秆禁烧，坚决打赢“蓝天保卫战”；严格落实“河长制”，加强水利执法，推动水污染防治，确保断面稳定达标；加强土壤污染防治，规范企业固体废物管理处置，确保土壤环境安全。继续推进中央环境保护、自治区环境保护督察反馈问题整改工作，完成生态红线划定和第二次全国污染源普查工作。

（四）抓城乡建设，打造宜居环境“高指数”

1. 推动县城升级。着力打造“藏王故里、冰川之乡，生态宜居、高原氧吧”城市品牌，推进县城扩容提升、空间升值。进一步完善县城水、电、路、气、讯等基础设施建设，改善居民生产生活条件和创业发展环境。提升城市建设管理服务水平，推进县城美化亮化绿化净化水平进一步提高，全力建设良好的经济社会发展平台。

2. 优化城乡发展布局。按照“旅游强镇、特色亮镇”的总体思路，坚持城乡基础设施提质扩容和“一核四心”城镇化布局，加快推进通麦小集镇建设项目，古乡康养小集镇建设步伐，深入实施易贡乡、古乡、松宗镇、玉普乡、通麦小集镇无污水处理设施建设工程，不断推动乡镇向职能化、特色化发展，切实发挥“四心”辐射带动作用，全面推动全县城镇化进程。

3. 完善交通运输条件。抓川藏铁路、川藏高速等重大区域性公共设施建设机遇，加快城市交通基础设施建设和道路交通改造，实现市政道路与铁路、公路有机协调衔接，连接大动脉，形成大循环。打通康玉乡至昌都洛隆县腊久乡、倾多镇达龙村至昌都洛隆县、八盖乡日卡村至那区嘉黎县忠玉乡、玉许乡普拉村至昌都边坝县公路，着力打造“一横三纵七通道”路网布局。深入推进交通运输行业体制改革，大力整顿运输市场，优化行业环境。

4. 完善水利基础设施。加快水利工程管理体制改革步伐，推进农村安全饮水巩固提升工程、帕隆藏布重点河段治理工程、松宗水土流失综合治理工程等水利项目建设，提升水利发展层次，保障和改善民生。

5. 大力实施乡村振兴战略。坚持农业农村优先发展，以产业兴旺、生态宜居、乡风文明、治理有效、生活富裕为原则，以农村基础设施建设、垃圾污水治理和村容村貌提升为主攻方向，进一步完善农村公共服务体系。引导广大农牧民过上文明、健康、幸福的美好生活，着力打造“房舍新、设施新、环境新、民风新”的全面小康新农村。

（五）抓协调发展，让人民群众美好生活“更有感”

1. 决胜脱贫攻坚。紧紧围绕“两不愁三保障”，继续落实教育帮扶、医疗救助、产业扶持、政策兜底和金融扶贫等优惠政策，对贫困群众，采取“摘帽”不摘政策，继续扶上马、送一程，做深做细做实防返贫工作，巩固脱贫攻坚成果。

2. 发展社会事业。提升教育发展水平。进一步加大教育投入，坚持教育优先发展战略，不断优化教育布局，大力发展职业教育、学前教育、义务教育；加大教育投入力度，完成乡镇小学教职工宿舍、玉许乡第二小学改扩建等项目，推进中小学标准化、规范化建设，持续改善县乡学校办学条件。支持医疗事业发展。推进分级诊疗、现代医院管理、人事薪酬等各项医改工作任务；加强卫生人才队伍建设，努力建设一支结构合理、质量有保障的医疗卫生人才队伍；完善疾病预防控制体系，完善乡级卫生院的配套设施，充实乡级卫生机构工作人员，逐步形成以县带乡的农牧民医疗服务体系。提高科技水平。加强区试、引种与试种观测工作，改善我县农作物结构，提高农作物品质；利用农闲时机筹办农牧民技术培训，全面提高农牧民实用致富技能；加强农村信息化建设水平，及时为农牧民提供市场等各类信息，拓展致富渠道。加强文化事业。完善各村文化站配套设施，广泛开展群众性文体活动，努力改善人民群众精神文化生活条件，丰富人民群众文化生活；加强非物质文化遗产保护，深入挖掘红色遗迹，形成一批具有示范性、典型性、引领性的革命文物保护基地。

3. 保障改善民生。完善社会保障。全面落实更加积极的就业政策，引导大学生返乡创业，转移农村富余劳动力；统筹失业、工伤、养老、医疗保险，扩大异地就医覆盖面，全力做好城乡低保审批权限下放工作，深化农村低保专项治理，完善覆盖城乡的社会保障体系，切实保障参保人员的合法权益。着力稳控物价。建立健全价格监测预警机制和预警预案，认真开展重要民生商品价格巡查与综合检查，针对市场出现的囤积居奇、哄抬物价、缺斤少两、以次充好、制假售假、相互串通、垄断市场等不正当价格行为，及时掌握，妥善处置，全力保障市场供应，维护消费者合法权益。

4. 创新社会治理。健全公共安全、社会治安防控和社区治理体系，构建共建共治共享的社会管理格局。加强基层建设，重点是推进村居多元共治，拓展网络化管理，提升社会智能化管理水平。深化食品药品安全等专项整治，严厉打击制售假冒伪劣商品等违法行为，加快推进社会诚信体系建设。完善党和政府主导的维护群众权益机制，建设社会心理服务体系，努力把各种矛盾纠纷化解在萌芽状态。严格落实安全生产责任制，有效预防和遏制重特大安全事故发生。扎实做好争创全国双拥模范城评选工作。

各位代表，2020年是全面建成小康社会之年，我们要在县委、政府的坚强领导下，自觉接受人大监督，虚心听取政协的意见和建议，齐心协力，奋发有为，圆满完成年度目标，为实现波密县经济社会新跨越做出新的更大的贡献！

波密县2019年财政预算执行情况与2020年财政预算草案的报告

——在波密县第十二届人民代表大会第七次会议上

波密县财政局

（2020年1月16日）

一、2019年财政预算执行情况

2019年，财政部门坚持以习近平新时代中国特色社会主义思想为指引，坚持稳中求进工作总基调，全面贯彻落实县委、县政府各项决策部署，结合年初确定的工作任务，紧扣“三大攻坚战”和“稳增长、促改革、调结构、惠民生、防风险”工作重点，统筹谋划，攻坚克难，积极履行财政职能，扎实推进财政体制改革，财政收支运行总体良好，较好地保障了全县各项重点工作和民生实事的落实。

（一）一般公共预算执行情况

2019年，全县总财力110568.53万元，比年初预算增加51909.28万元，增长88.49%，同比减少5.7%。其中：一般公共预算收入5585万元，减少1393万元，下降19.96%；增值税返还收入758万元、所得税返还收入75万元、一般性转移支付收入54390.8万元、专项转移支付收入48189.73万元、调入预算稳定调节基金1570万元。一般公共预算支出107117.27万元，减少7482.73万元，下降6.53%；结转下年使用2612.93万元，补充预算稳定调节基金838.33万元。

主要支出项目完成情况：

一般公共服务支出17889万元，同比减少418万元，下降2.3%。主要用于：保障党委、人大、政府、政协和工商联、群众团体等履行职能。

公共安全支出7821万元，同比增加1252万元，增长19.06%。主要用于：保障公安、检察、法院、司法等单位依法履职，维护公共安全和公平正义。

教育支出15283万元，同比增加1169万元，增长8.28%。主要用于教育行政支出、支持学前教育、义务教育以及党校人员开支。

科学技术支出104万元，同比增加3万元，增长2.97%。支持科学技术研究与开发、科学技术普及等。

文化旅游体育与传媒支出5714万元，同比增加3840万元，增长204.91%。主要用于：保障文化旅游、体育、广播电视、新闻出版、文物保护等支出。

社会保障和就业支出7861万元，同比减少391万元，下降4.74%。主要用于：保障社保、就业、民政、残联等支出，社会保障体系进一步完善。

卫生健康支出9189万元，同比减少73万元，下降0.79%。主要用于：保障卫生、计划生育、综合医院、藏医院和食品药品监管等支出。基本公共卫生服务保障能力进一步提升。

节能环保支出4667万元，同比减少2854万元，下降37.95%。主要用于环保宣传、环境执法、污染防治自然环境保护等相关支出，生态文明建设和环境保护进一步加强。

城乡社区支出1705万元，同比减少4513万元，下降72.58%。主要用于：保障建设、城乡规划、城市卫生等支出，城乡建设统筹协调推进。

农林水支出26701万元，同比减少1157万元，下降4.15%。主要用于：保障农业农村、林业和草原、水利、扶贫、产业发展及农村综合改革等支出。"三农"工作全面加强，脱贫攻坚工作取得重大进展。

交通运输支出224万元，同比减少96万元，下降30%。主要用于：保障公路交通运输事务支出。进一步改善农村交通条件。

资源勘探信息等支出468万元，同比增加371万元，增长382.47%。主要用于扶持中小微企业发展。

商业服务业等支出5万元，同比减少2184万元，下降99.77%。主要用于商业流通支出。

自然资源海洋气象等支出4454万元，同比增加3578万元，增长408.45%。主要用于自然资源管理事务、自然资源利用与保护等支出。

住房保障支出2754万元，同比减少5365万元，下降66.08%。主要用于：支持保障性住房租金补贴、住房公积金。

粮油物资储备支出31万元，同比减少7万元，下降18.42%。主要用于粮油物资储备支出。

灾害防治及应急管理支出1465万元，主要用于应急事务消防事务、森林消防事务、自然灾害防治及恢复重建等相关支出。

其他支出649万元，同比减少2236万元，下降77.5%。

债务付息支出133万元。

（二）政府性基金预算执行情况

政府性基金总财力4698.17万元（其中：地方政府性基金收入3534.59万元，其中从土地出让金中计提的国有土地收益基金438.08万元，计提的农业土地开发资金30.84万元，剩余土地出让金3065.67万元；政府性基金补助收入1163.58万元）。政府性基金支出3997.83万元，政府性基金调出资金319.69万元，其中教育资金91.34万元、农田水利资金91.34万元、保障性安居工程资金137.01万元。收支相抵，年终结余700.34万元，结转下年使用。

（三）债券资金

债券资金基本情况

2019年12月31日，县政府一般债务收入共计6000万元，其中：2016年收到政府转贷一般债务转贷收入2000万元，偿还期限10年，利率2.48%，主要用于人居环境整治；2017年收到政府一般债务转贷收入2000万元，偿还期限10年，利率3.81%，主要用于新型城镇化建设；2019年收到政府一般债务转贷收入2000万元，偿还期限2年，利率2.95%，主要用于农业生产发展和农村基础设施建设。截至目前，我县政府一般债务转贷收入偿还金额6000万元，偿还额为0。

债券资金付息情况

2019年12月31日，共计偿还一般债务转贷收入利息 266.8 万元。

债券资金使用情况

波密县扎木镇康木村、倾多镇德吉村、松宗镇角通村、德巴村、多吉乡扩拉村扶贫项目，已全部安排使用。古乡基础设施建设项目、波密县全域旅游形象宣传片制作、乡镇供排水及县级基础设施建设，已全部安排使用。2019 年新增政府一般债券转贷款安排用于以下几个方面：多吉乡、八盖乡供排水项目 1036.19 万元；桃花沟基础设施建设资金 738.72 万元；剩余资金 225.09 万元用于产业扶持资金。

二、2020 年全县财政预算草案

2020 年全县财政预算编制和财政工作的指导思想：以习近平新时代中国特色社会主义思想为指导，全面贯彻落实党的十九大和十九届二中、三中、四中全会精神，按照“保重点、控一般、促统筹、提绩效”的预算管理要求，认真落实中央、自治区、市和县委、县政府决策部署，继续实施积极的财政政策，推进财税体制改革。坚持厉行节约，严格“三公”经费管理，从严从紧控制一般性支出，集中财力办大事。坚持公开透明，规范收支预算编制，深化预决算信息公开。加快推进绩效管理，建立健全“花钱必问效、无效必问责”的绩效管理机制，提升财政资金配置使用效益。

（一）预算编制的原则

实事求是、积极稳妥。收入预算要实事求是，与经济社会发展新情况相适应，充分考虑落实减税降费政策等因素影响。统筹兼顾、突出重点。支出预算统筹兼顾，突出支出重点，政府要带头过“紧日子”，严格控制和压缩一般性支出，加大对重点领域和关键环节的保障力度，特别是县委、县政府确定的重点领域、重大项目支出。规范管理、量力而行。着力清理规范过高承诺、过度保障的支出政策，做到量力而行、精打细算。注重绩效，盘活存量。全面实施预算绩效管理，扩大绩效管理范围；积极盘活存量、用好增量，提高财政资源配置效率和使用效益。积极防范、化解风险。有效防控财务风险，规范政府举债融资行为，稳妥化解政府隐性债务风险。

（二）一般公共预算安排情况

2020 年，我县一般公共预算安排总财力 39086.74 万元，比上年预算数 58659.25 万元减少 19572.51 万元，下降 33.37%，其中：地方一般公共预算收入安排 3670 万元，比上年预算数 4747 万元减少 1077 万元，下降 22.69%，占总财力的 9.39%；上级补助收入安排 32803.81 万元，比上年预算数 52354.82 万元减少 19551.01 万元，下降 37.34 %，占总财力的 83.93 %；结转上年资金 2612.93 万元，占总财力的 6.68%。

2020 年，我县一般公共预算支出安排 39086.74 万元，比上年预算数减少 19572.51 万元，下降 33.37%，其中工资福利支出安排 30505.1 万元，占总财力的 78.04%，公用经费安排 3193.76 万元，占总财力的 8.17%，专项资金安排 5387.88 万元，占总财力的 13.79%。具体为：

一般公共服务支出 14958.23 万元，比上年预算数 12906.71 万元减少 2051.52 万元，下降 15.89%；

国防支出 48 万元，比上年增加 48 万元，增长 100%；

公共安全支出 6626.46 万元，比上年预算数 5810.79 万元增加 815.67 万元，增长 14.04%；

教育支出791.92万元，比上年预算数11890.69万元减少11098.77万元，下降93.34%（教育事业费未下达）；

文化旅游体育与传媒支出525.81万元，比上年预算数664.82万元减少139.01万元，下降20.9%；

社会保障和就业支出4034.71万元，比上年预算数7679.46万元减少3644.75万元，下降47.46%；

卫生和健康支出4855.91万元，比上年预算数5437.3万元减少581.39万元，下降10.69%；

节能环保支出187.47万元，比上年预算数939.39万元减少751.92万元，下降80%；

城乡社区事务支出477.1万元，比上年预算数664.99万元减少187.89万元，下降28.25 %；

农林水事务支出2363.66万元，比上年预算数8974.64万元减少6610.98万元，下降73.66%；

交通运输支出219.09万元，比上年预算数176.62万元增加42.47万元，增长24.05%；

自然资源气象等支出309.95万元，比上年预算数194.84万元增加115.11万元，增长59.08%；

住房保障支出2567.76万元，比上年预算数2169.65万元增加398.11万元，增长18.35%；

粮油物资储备支出51.03万元，比上年预算数30.8万元增加20.23万元，增长65.68%；

灾害防治及应急管理支出305.16万元比上年预算数216.39万元增加88.77万元，增长41.02%；

预备费391.51万元，比上年预算数593.13万元减少201.62万元，下降33.99%；

债券还本付息支出188.8万元，比上年预算数160.78万元增加28.02万元，增长17.43%；

其他支出184.17万元，比上年预算数146.25万元增加37.92万元，增长25.93%。

（三）政府性基金预算安排情况

2020年政府性基金预算收入安排2000万元；政府性基金预算支出安排2000万元。

2020年全县财政工作任务艰巨，责任重大，但我们有决心、有信心，在县委、县政府的正确领导和县人大、政协的监督下，坚持以习近平新时代中国特色社会主义思想为指导，贯彻落实党的十九大和十九届二中、三中、四中全会和中央经济工作会议精神，紧紧围绕全县发展战略，牢固树立政府带头过“紧日子”的思想，坚决落实县委、县政府的决策部署，充分发挥财政部门的主观能动性，求真务实，扎实工作，为促进全县经济和社会事业持续健康发展做出积极贡献！

综 述

综述

波密县位于西藏东南部，念青唐古拉山东段南麓与喜马拉雅山东段北麓交界处，平均海拔3300米，主要为冰川、高山峡谷及河流堆积地貌。波密夏无酷暑，冬无严寒，雨量充沛，气候湿润，年平均气温10℃，年最高气温29.9℃，最低气温-9.8℃，日照时长1205小时，年降水量683.9毫米。主要物产为天麻、松茸、灵芝菌、羊肚菌、三七等，波密天麻、松茸在区内外享有盛名。县域区位优势明显，交通便利，既是林芝市的东大门、周边邻县的重要交通中转站和物资集散地，又是318国道川藏线上的交通枢纽和商贸重镇，县域面积1.67万平方公里，距拉萨市636公里，距林芝市234公里。辖3镇7乡84个村委会，1个社区居委会。2019年，全县总人口3.94万人，其中农村人口2.49万人，人口出生率14.96%，自然增长率3.22%。党的基层组织213个，其中乡（镇）党委10个，党总支7个，党支部196个，另设党组25个，机关党（工）委2个，部门党委3个，共有党员4463名，其中农牧民党员3243名，女性党员1301名。全县产业主要以农牧、旅游产业为主，农业包括小麦、玉米、青稞、马铃薯、油菜等作物，畜牧业包括牛、马、猪、羊等。全县耕地面积6266.67公顷，经济作物耕地面积586.67公顷。林地面积630329.999公顷，森林覆盖率34.30%。国家级野生保护动物有黑颈鹤、藏雪鸡、豹斑羚、扭角羚、绯胸鹦鹉等，已探明矿产资源有铅锌矿、铜矿、云母矿、水晶矿、铁矿、冰洲石、石灰岩等40种。主要旅游景点有米堆冰川、岗云杉林、易贡国家地质公园、嘎朗湖、扎木中心县委红楼。特色产品有易贡菜籽油、波密天麻、波密松茸等。全县有寺庙、拉康、日追19所。2019年，全县地区生产总值完成27.4亿元，同比增长8.2%，其中，第一产业完成28600万元，同比增长2.9%；第二产业完成92500万元，同比增长7.8%；第三产业完成152900万元，同比增长9.0%。全县邮政业务总量336.4万元；固定电话用户7933户，使用率82.57%；移动电话用户22183户，使用率88.93%；互联网用户12168户。全社会消费品零售总额完成2.896亿元，接待旅游人数177.43万人次，实现收入14.50亿元，分别同比增长34.02%和37.42%。全县地方财政收入5585万元，地方财政支出107117.27万元，年末城乡居民储蓄存款余额72159万元。城镇居民人均可支配收入33041元，农村居民人均可支配收入18460元。实现城镇新增就业529人，城镇登记失业率0.7%。全年参加城镇失业保险1538人；机关事业单位养老保险1945人，企业职工养老保险484人；城乡居民养老保险参保11442人，城乡居民领取养老保险待遇2118人；参加新型农村合作社医疗25311人，参合率95%。城镇居民中有191人领取政府最低生活保障金。

大事记

1月

2月

3月

4月

5月

6月

7月

8月

9月

10月

11月

12月

2020 BOMI YEARBOOK

1月

1日 波密县开展“三大节日”慰问活动，县四大班子领导走访慰问驻地军警部队。

同日 波密县被国家民委授予第六批“全国民族团结进步创建示范区（单位）”荣誉称号。

2日 波密县召开“四讲四爱”群众教育实践活动第四节点总结会，县“四讲四爱”群众教育实践活动领导小组成员、各乡镇主要领导、县直各单位主要领导、国有企业负责人、县活动办工作人员参加会议，县委书记朱正辉出席并作讲话。

同日 波密县召开2019年维稳工作会，县四套班子在家领导，各乡（镇）主要负责人，县（中、区、市）直主要负责人，驻地军警部队主官，政法系统副科级以上干部参加会议，县委书记朱正辉出席并作讲话。

3日 波密县政法系统第二届“长安杯”运动会开幕。

6日 波密县组织统战部、民宗局、国保大队对波密县9个驻寺机构及44名驻寺干部、干警工作开展情况进行综合考评，寺庙属地乡镇负责人、寺庙僧人代表应邀参加考评。

8日 波密县召开乡（镇）党委书记和县直行业系统党（工）委书记抓基层党建工作述职评议会。波密县各乡（镇）党委书记、县直各行业系统党（工）委书记、县四大班子在家领导、县委党建工作领导小组成员、县委组织部部务委员、“两代表一委员”、老干部“顾问团”代表、基层党员代表等55人。会上，5个县直行业系统党（工）委书记、10个乡（镇）党委书记依次就履职抓基层党建工作“第一责任人”职责述职，参会人员现场书面评议，县委书记逐一点评。

9日 波密县召开宣传思想工作暨学习贯彻习近平新时代中国特色社会主义思想情况交流会。波密县委书记朱正辉出席会议并讲话，波密县委常委、宣传部部长屈永辉主持会议。波密县四大班子在家领导，县（中、区、市）直各单位负责人等60人参加会议。

11日 波密县安委会组织召开2019年度第一季度安全生产暨火灾防控部署会。会议回顾总结2018年波密县安全生产工作、森林防火及消防安全工作，并对2019年工作重点和春节、藏历新年期间安全生产、森林防火及消防安全工作进行安排部署，同时传达学习全国、自治区安全生产电视电话会议精神。波密县委副书记、常务副县长、安委会副主任全保卫，副县长姜治强出席会议。波密县安委会成员单位负责人、相关企业负责人参加会议。

同日 波密县“四讲四爱”群众教育实践活动总结表彰大会以电视电话会议形式召开，县城设主会场，各乡（镇）设分会场。波密县委书记、县“四讲四爱”群众教育实践活动领导小组组长朱正辉，波密县四大班子在家领导，县“四讲四爱”群众教育实践活动领导小组成员，县直各单位主要领导，国有企业负责人，县活动办工作人员62人参加主会场会议。乡（镇）干部、驻村工作队队长及村支部书记参加分会场会议。波密县委副书记罗松主持会议。

同日 波密县食品安全委员会协县宣传部、食药监局、卫生局、检察院、发改委、安监局、商务局、农牧局、兽防站等单位人员在波密县城内开展假冒伪劣食品专项整治行动。

11–12日 自治区政府副秘书长、妇女儿童工作委员会副主任李桑率队调研组就波密县“十三五”妇女儿童发展规划实施情况进行调研督导，林芝市妇女儿童工作委员会副主任晓红陪同调研。

14日 波密县委常委、纪委书记、监察委主任、巡察工作领导小组组长王芳主持召开九届波密县委第四轮巡察工作领导小组会议，分别听取专项巡察人力资源和社会保障局等3个单位和常规巡察供电公司等3个单位巡察工作的情况汇报。波密县委常委、组织部部长、党校校长、巡察工作领导小组副组长张斌，波密县委组织部常务副部长、巡察工作领导小组成员尼玛次仁出席会议。巡察办负责人、巡察组组长和副组长以及相关组员参加会议。

17日 倾多镇举行栋曲村“8·3”泥石流灾后安置搬迁仪式，栋曲村党支部书记、第一书记及11户搬迁户代表17人参加仪式。

18日 波密县委副书记、县长边巴，副县长达娃卓嘎，政府办主任白玛四朗，松宗镇镇长牛海燕，国土局局长普布、住建局局长白玛泽成等相关部门负责人一同前往波密县扎木镇康木村实地检查指导旅游规划工作。随后，又一同前往波密县松宗镇检查指导松宗小集镇总体规划工作。

21日 波密县工商联会员企业林芝嘎瓦龙林业有限责任公司一行深入波密县扎木镇康木村开展“百企帮百村”精准扶贫捐赠活动。林芝市工商联副主席龙君，波密县委常委、统战部部长加布，波密县工商联主席曲珍，扎木镇领导干部及全村群众50人参加了捐赠仪式。

28日 林芝市人大常委会副主任次仁央宗一行前往波密县玉许乡“波堆藏布”开展巡河工作，围绕河道沿线砂石采挖、水污染治理、水资源保护、水域管理等进行实地勘察。波密县人大常委会主任马海蕴，波密县副县长兼“波堆藏布”县级河长白玛旺扎陪同。

同日 林芝市政协副主席布珠到波密县倾多镇康达村、玉普乡达巴村慰问驻村工作队和看望结对帮扶户，并代表林芝市委、市政府及市政协全体干部向他们送上了节日的祝福，县政协主席巴桑陪同。

2月

19日 波密县委巡察工作领导小组召开第四轮巡察工作情况汇报会。县委常委、纪委书记、监察委主任、巡察工作领导小组组长王芳主持会议，县委常委、组织部部长、党校校长张斌出席会议。县委巡察工作领导小组成员和各巡察组组长、副组长以及巡察办负责人参加会议。

20日 县委书记朱正辉，县委副书记罗松，县委常委、组织部长、党校校长张斌前往县统战部、民宗局就人员在岗情况、引导寺庙僧人思想工作开展情况、经幡清理工作、寺庙维修工作、利寺惠僧政策落实情况、驻寺干部作用发挥情况、乡镇在宗教属地管理中作用发挥情况、党员不得信仰宗教情况等工作开展调研。县委常委、统战部长加布就县统战部、民宗局2019年工作计划作汇报。

同日 波密县举行电子政务服务大厅揭牌仪式，16家县直单位正式入驻电子政务服务大厅并受理业务。

21日 广州智慧教育平台在波密县教育系统实现初步普及，波密县实际上线用户访问数

434 人，占用户总数的 81%，实际资源访问数据量 121 条。

同日 波密县坚持以调解、教育为主的原则，通过建立案件定期通报制度，把好调查调解关。共为 389 名农民工追回劳动报酬 1099.056 万元。系全市唯一一个在“两节前”实现农民工资无拖欠目标的县区。

22 日 波密县组织召开县委第四轮巡察工作书记专题会，县委书记朱正辉出席会议并作讲话。

23 日 波密县组织召开中国共产党波密县第九届委员会第四次全体会议，县委书记朱正辉出席并代表县委常委会作工作报告。

23–26 日 波密县召开政协第九届波密县委员会第四次会议，会议审议通过政协第九届波密县委员会第四次会议议程；听取政协第九届波密县委员会常务委员会工作报告；听取政协第九届波密县委员会常务委员会关于政协九届三次会议以来提案工作情况的汇报。

24–26 日 波密县召开波密县第十二届人民代表大会第六次会议；会议表决通过《波密县人民政府工作报告》《波密县 2018 年国民经济和社会发展计划执行情况与 2019 年国民经济和社会发展计划草案的报告》《波密县 2018 年财政预算执行情况及 2019 年财政预算草案的报告》《波密县人大常委会工作报告》《波密县人民法院工作报告》《波密县人民检察院工作报告》的决议草案。

同日 波密县委组织召开乡镇党委书记座谈会，县委书记朱正辉，县委常委、组织部部长，党校校长张斌参加会议。

27–3 月 1 日 九届波密县委第四轮巡察一组和二组分别对波密县人力资源和社会保障局、民政局、卫生和计划生育委员会、供电有限公司、团县委、工妇委等共 6 个单位依次召开巡察反馈情况会。

28 日 波密县召开 2019 年经济工作会议，会议传达学习了区、市经济工作会议精神；表彰了 2018 年度综合工作和生态环境保护等工作先进乡（镇）和部门；县委书记朱正辉出席会议并作讲话。

同日 广州市越秀区瑶台小学与波密县倾多镇中心小学签订友好结对协议书，助推“广州波密·区乡对接”教育帮扶模式的成功搭建。

3 月

6 日 波密县委书记、波密县“四讲四爱”群众教育实践活动领导小组组长朱正辉深入波密县扎木镇东若村调研“四讲四爱”群众教育实践活动开展情况，并在东若村文化室召开座谈会。东若村 “两委”班子成员、双联户户长、驻村工作队员 16 人参加会议。

7 日 米林县委常委、常务副县长、市“三岩”办副主任乔多吉带领考核组前往倾多镇巴康村“三岩”搬迁安置点，对安置点 4 户房屋、农田、电路等基础设施建设情况进行检查验收，听取了倾多镇“三岩”搬迁安置工作开展情况的汇报，查看“三岩”搬迁安置工作相关资料，并与相关工作人员进行了深入交流。

9 日 波密县委副书记罗松、政协副主席布穷穷深入波密县德吉村检查指导驻村工作，对检查中发现的问题与镇蹲点领导进行了意见交换，确保将检查中发现的相关问题督促落实到位。

同日 波密县在倾多镇栋曲村开展了2019年春季义务植树活动，林芝市驻波密县维稳督导组组长、人大常委会副主任张明，副组长、政协副主席崔晓东，县委书记朱正辉，县委副书记、县长边巴及县四大班子领导与县、区（中）直机关干部职工、驻地军警部队一起，以实际行动为“美丽波密”增添新绿。

同日 广州市教育信息中心（广州市电化教育馆）副主任（副馆长）袁方正带领广州市教育信息中心（广州市电化教育馆）创新研究部副主任李赞坚、创新研究部研究员容蓉、资源服务部摄制技术员刘焕延、创新研究部研究员简铭儿，广州市番禺区教育局教研室教研员伍建强、番禺区高级中学教研室副主任李伟岸、番禺区沙墟一小学教学主任麦波和清华同方教育研究院院长助理、广东知好乐教育科技有限公司执行总经理刘丽红一行9人到波密县，深入波密县中学和县完全小学调研教育信息化建设应用情况。在波密县召开广州·波密“互联网+美育”课堂展示交流活动筹备会。袁方正携调研组一行出席会议。波密县常务副书记李锋，县教体局党委书记、局长王作谦出席会议。波密县中小学教信办负责人和县教体局教研室（电教馆）相关工作人员与会。

15日 波密县妇联举行“贫困母亲两癌救助金”发放仪式。将2018年“贫困母亲两癌救助”中央专项彩票公益金5万元发放至波密县3个乡镇的5名“两癌”贫困母亲，每人1万元。

19日 自治区党委组织部部务委员吕叶辉率队深入波密县完全小学调研指导工作。林芝市委组织部、波密县委组织部和波密县教体局主要负责人陪同。

同日 广东省监狱管理局政委张道坤一行赴波密监狱开展对口援助调研考察工作。自治区司法厅副厅长王学泽陪同调研。

20日 波密县司法局组织援藏律师黄旭东为波密县中学学生开展2019年新学期“法律进校园”专题讲座。

21日 林芝市人社局、农行林芝分行工作人员赴波密县开展社保金融卡发放工作，农行林芝分行副行长扎西顿珠、孙辉，林芝市人社局信息中心负责人何仲海到活动现场指导工作，发放社保金融卡125张。

22日 波密县第二幼儿园全体师生携手完成题为“情系桃源美丽波密二幼”的2019年桃花节文艺会演活动。

23日 波密县中学国防班2019年春季班正式开班，聘任驻地某部队4名教官担任班级教学，聘任期为一学期；吸纳学子90名，分两个班教学，教学内容有军事理论和列队、正步等军事素养训练。

28日 林芝市脱贫攻坚政策宣讲团赴波密县开展脱贫攻坚政策宣讲，市宣讲团先后在波密县、倾多镇、扎木镇达兴村开展集中宣讲，县“四讲四爱”活动办工作人员全程陪同，受众人数212人。

29日 林芝市住建局督导组组长索南努布率队赴波密县实地检查项目质量安全工作

4月

1日 波密县召开2019年“四讲四爱”群众教育实践活动动员部署大会，县委书记朱正辉出席会议，县委常委、宣传部部长屈永辉主持会议，县“四讲四爱”群众教育实践活动领导小组在家领导，扎木镇、康玉乡、八盖乡、县“四讲四爱”群众教育实践活动领导小组成员单位、县直各学校、县属各企业主要负责人、县活动办所有工作人员62人参加主会场会议。各乡（镇）设分会场，会议以电视电话会议形式召开。

2日 波密县医院、藏医院，疾控中心安排医护人员赴县敬老院开展义诊活动。发放价值1万元的西医药品和价值6000元藏药，为老人送去价值2000元的礼品，发放疾病防治知识宣传单150张，海报10张。

同日 中国工农红军林芝易贡乡八一红军小学（波密县易贡乡中心小学）三年级被中共中央党校、中国延安精神研究会、中国关心下一代工作委员会、共青团中央中国青年网、中华人民共和国史学会、上海市青少年发展基金会、全国红军小学建设工程理事会和全国红军小学建设工程办公室8个部门（单位）联合命名雷锋班称号，并授予“西藏林芝八一红军小学雷锋班”奖牌。

3–4日 波密县举行2019年林芝市第十七届桃花旅游文化节波密分会场活动。活动中，招商引资项目签约额12.15亿元，受赠宋举浦（中国人民解放军摄影学会副会长，中国人民解放军原总参谋部军训和兵种部副政委、少将，原中国摄影著作权协会副主席，国际金奖、中国摄影金像奖获得者）摄影作品80张，首次冠以10名教师“桃李天下”优秀教师之名，参加人数5万人次，实现旅游相关收入1761.588万元。

5日 波密县组织举行2019年清明节祭奠仪式，县委书记朱正辉出席并讲话。

9日 波密县组织召开中国共产党波密县第九届纪律检查委员会第四次全体会议第一次会议及第二次会议，会议由县委常委、纪委书记、监委主任王芳主持，县委书记朱正辉出席并作讲话。

10日 波密县司法局联合县委统战部、县民宗局开展以“法律进宗教场所”活动，依法管理宗教事务为主题的法制宣传活动。县民宗局局长田治国，县委统战部及多东寺管委会干部参加活动。

11日 中国民协分党组成员、副秘书长侯仰军，自治区文联副巡视员克珠群佩，西藏民协副主席、林芝市人大财经委主任委员旦增一行到波密县，通过实地调研、召开座谈会等形式，协商研究相关事宜。

12日 波密县完全小学组织150名少先队员在波密县敬老院开展“敬老爱老 从我做起”活动。

17日 波密县松宗赛马暨民俗文化艺术节在松宗镇开幕。

19日 广州市越秀区小学校长黄妙贤率队赴波密县倾多镇中心小学进行实地调研。

20日 成都市慈善总会长·慈善基金秘书长范礼智，长城慈善基金·家庭关爱援助中心常务副主任赵刚，办公室主任冯永军一行带领烈属们在波密县烈士陵园看望祭奠革命烈士。

24日 广州市黄埔区政协主席、党组书记邓少敏带队到波密县玉许乡开展对口帮扶工作。

25日 波密县宗教领域宣讲团在县委常委、统战部部长加布带领下，在波密县9个寺管会开展巡回宣讲，并对驻寺工作、属地管理工作进行了调研和再部署。

同日 林芝市委常委、副市长杨赤卫带队对波密县安全生产和迎接2018年度省级政府安全生产和消防工作考核巡查工作进行检查调研，市政府副秘书长涂小伟、波密县政府副县长马远陪同，市、县应急管理局相关同志参加了调研活动。

5月

5日 共青团波密县委组织县中学60名新老团员在县委大院红楼开展“追寻红色足迹坚定理想信念”纪念“五四”运动100周年活动。

9日 波密县组织召开“红心党建”工作座谈会，县四大班子在家领导，各行业系统党工委书记、各乡（镇）党委书记、县直各部门党组织负责人参加会议。

14日 西藏自治区党委常委、常务副主席罗布顿珠前往波密中心县委红楼、索通村泥石流处调研指导工作，县委书记朱正辉、县委副书记、县长边巴陪同。

16–17日 县农业农村局前往玉许、倾多、多吉、松宗、玉普开展种植业实用技术培训。共培训农业技术员、村干部153人，发放技术资料500份。

17日 波密县组织召开扫黑除恶打非治乱专项斗争工作推进会，各乡（镇）负责人，县扫黑除恶打非治乱各成员单位负责人，县扫黑办全体成员参加会议。县委常委、纪委书记、监委主任王芳同志通报《波密县扫黑除恶打非治乱专项斗争工作督导情况通报》，县委书记朱正辉同志作讲话。

19日 波密县组织开展以“走出家门 融入社会”为主题的全国助残日主题活动，残疾人们走进县委红楼、重温革命历史。

20–6月20日 波密县启动2019年学前教育宣传月活动。

21日 山南市琼结县政协主席仁增多吉带领政协委员一行20人在波密县围绕“村集体经济发展、人居环境整治、农牧民增收、政协机关党建”主题考察学习。波密县政协主席巴桑、副主席布穷穷、文史民族宗教法制委员会主任扎西多吉陪同。

28日 波密县妇联开展“巾帼关爱，温暖童心”困境家庭儿童慰问活动，走访慰问扎木居委会、县完全小学，县幼儿园30名贫困、残疾儿童，送上共计1.5万元的慰问金及学习用品。

同日 波密县举行退役军人服务中心揭牌仪式。政府副县长姜治强出席揭牌仪式并讲话，县退役军人事务局局长米玛主持揭牌仪式。

29日 波密县自然资源局开展不动产权证发放工作，主要针对波密县10个乡镇84个村确权登记的5105户群众入村发放农村宅基地和集体建设用地不动产权证。

31日 波密县召开中共波密县委理论学习中心组2019年第六次学习会，县委书记朱正辉参加。

6月

2日 共青团波密县委员会党支部组织西部计划志愿者在扎木社区开展“清洁社区 服务群众”志愿服务活动，共12人参与。

3日 波密县公安局党委结合“一亮、两岗、一融合”党建工作思路，在虫草采集期间，成立虫草采集区“临时党支部”，由派出所党员民警担任支部书记。

4–5日 庆祝中华人民共和国成立70周年，纪念西藏民主改革60周年，波密县“四讲四爱”活动办组织学生、干部职工、民间艺术团、个体工商户等举行“我和我的祖国”快闪活动，用歌声表达对祖国的热爱和美好祝福。

5日 波密县武警某部交通三支队对“7·11”泥石流形成的小型堰塞湖（古乡松绕至柏通段河道）进行疏通排险作业。

13日 波密县残联向波密县9名残疾人学生和9名残疾人低保家庭学生发放2018—2019学年残疾人助学补贴7.3万元。

18日 波密县学校视频监控系统建设项目完工，项目总投资716万元，属援藏资金，为波密县1所中学和10所乡（镇）小学（含附幼儿园）安装800个摄像头，县教育局设主监控室，配备12个显示大屏，实时监控学校及周边部位。

20日 为推进“四讲四爱”群众教育实践活动深入开展，力促“四讲四爱”教育实践活动进学校、进课堂、进学生头脑，激发学生参与活动的积极性和创造性，波密县各学校纷纷组织开展“学宪法讲宪法”“听习爷爷话做合格接班人”主题实践活动。

26日 波密县公安局组织波密县禁毒委成员单位联合开展以“健康人生、绿色无毒”为主题的宣传活动，县委副书记、县长、县禁毒委主任边巴，县政协主席巴桑，县委副书记罗松，县委常委、组织部部长、党校校长张斌，县委常委、政法委书记、公安局党委书记、局长阿旺朗加，县委常委、副县长沈光银出席活动。

同日 波密县召开“四讲四爱”群众教育实践活动第一节点总结暨第二节点培训会。县委常委、宣传部部长屈永辉主持会议，县“四大班子”在家领导，乡镇党委书记，县（中、区、市）直各单位主要负责同志，县中小学、一幼、二幼、寺管会和国有企业负责人、各领域宣讲员代表和县活动办工作人员共计130人参加会议。

27日 波密县隆重召开庆祝中国共产党成立98周年暨“七一”表彰大会，各级党组织书记、优秀党务工作者、优秀共产党员代表等参加了会议。会上对16个先进基层党组织、15名优秀党务工作者和67名优秀共产党员进行了表彰。

7月

1日 波密县举行“七一”建党升国旗仪式，县委书记朱正辉出席并讲话，县四套班子、县直各单位主要负责同志参加仪式。

同日 波密县举行第八批广州波密工作组欢送活动，第九批广州波密工作组副组长钟泳薪同志代表第九批广州波密工作组全体成员宣读《致第八批广州波密工作组的一封信》，200名波密县领导干部群众参加欢送仪式。

同日 波密县共享汽车正式投入使用，共享汽车为长安奔奔EV180，自动挡，续航能力为180公里，在波密县游客服务中心、古乡途友庄园和米堆冰川设置3个充电桩，租车288元/天（押金2000元）。

同日 农业农村部清产核资评估组在波密县开展清产核资督导检查工作。

2日 波密县举办“不忘初心、牢记使命”

歌咏比赛，县四套班子在家领导出席活动，县直各单位、各人民团体、部分乡镇、驻地部队、农牧民群众、学生代表1000人参加活动。

2–31日 波密县开展“挖掘波密红色遗迹 寻找波密红色记忆”基层行活动。挖掘西藏军区步兵学校旧址、西藏波密分工委办公旧址、松宗通车剪彩处、波密（分）工委旧址、波密县第一所小学巴渡卡小学遗址、郎秋农场遗址、中共波密县分工委倾多宗工作委员会遗址等红色遗迹20处。

3日 县委书记朱正辉、县委常务副书记邹勇刚、县委副书记、常务副县长全保卫在倾多镇扎西村、巴康村、热西村、达龙村、聂赤赞普农副产品种植农牧民专业合作社等地就易地扶贫搬迁、“三岩”搬迁及配套设施、藏香猪养殖、乱圈乱占整改、倾多镇数据信息系统、灵芝种植等产业发展项目开展调研。

同日 波密县小学、县中学、县幼儿园开展安全生产知识进校园系列宣传活动，1000名师生代表参加活动。

同日 波密县中学校园之声首播。校园之声以短片形式呈现学校文化特色、最新动态等，将教师信息化应用、学生口语锻炼等教育贯穿全过程。

4日 林芝市民政局党组书记拉珍到易贡茶场调研低保户清查清退工作，政府副县长索朗平措陪同。

5日 全市首个县级人民法院诉讼服务中心在波密县建设完成。总投资306万元（国家投资），改扩建总建筑面积1306.38平方米的2层楼房及附属设施，具备诉讼引导、诉讼指导、法律咨询、便民服务、法律援助、材料收转、约见法官、判后答疑、审查立案、司法救助10项服务功能，为农牧民群众提供一站式、一条龙诉讼服务。

7日 波密县完成2019年度虫草采集工作，此次虫草采集包含康玉乡、玉许乡、玉普乡、多吉乡、松宗镇和倾多镇6个乡镇45个虫草采集点，上山采集虫草2055人，发放虫草采集证2055本，采集虫草462.7公斤，同比增长12.3%；虫草销售收入4660.26万元，同比增长3.48%。

8日 波密县举行新时代文明实践中心揭牌仪式。波密县委常务副书记邹勇刚，县委常委、宣传部部长屈永辉出席揭牌仪式并揭牌。

9日 波密县委书记朱正辉、县政协主席巴桑、县委副书记、常务副县长钟泳薪、县委常委、组织部部长、党校校长张斌在玉普乡、松宗镇就米堆冰川景区管理创A建设、玉普乡公安检查站、“红墙”建设、便民服务点建设、公共卫生、责任划分、收益分配、扫黑除恶、“党建+旅游”、基层党组织建设、村级组织活动场所建设、村“两委”思想建设、政治教育开展情况等工作进行调研。

10日 波密县委党校建设项目全面竣工。项目总投资2500万元，总面积6600平方米，新建教学工程楼、综合楼、图书资料用房、学员宿舍、食堂和体育活动用房等。

11日 波密县多吉乡完成永久基本农田储备区划定工作。划定总面积1572.91亩，其中通参村330.62亩，扩拉村250.27亩，德吉村472.7亩，帕雄村207.26亩，木古村312.06亩。

11–13日 西藏自治区党委书记吴英杰在波密县调研“不忘初心，牢记使命”主题教育、扎木中心县委红楼、产业发展、基层党建、民生改善等工作，并看望慰问扎木镇巴琼村结对联系户和干部群众，县委书记朱正辉，县委副书记、县长边巴陪同。

15日 县委副书记、常务副县长全保卫主持召开交通体制改革调度会议，并听取自然资源局、林业局工作汇报。

16日 西藏自治区副主席江白先后在易贡乡白玉沟、江拉村就毁林种茶生态恢复情况、易贡茶场相关事宜开展调研，县委书记朱正辉、县委副书记、常务副县长全保卫陪同。

同日 教育部教师工作司官方公布2019年乡村优秀青年教师培养奖励人选名单，波密县松宗镇中心小学教师杨彩霞入选。

17日 林芝市副市长强巴央宗在波密县开展调研扶贫、“三岩”搬迁工作，县委副书记、常务副县长全保卫陪同。

同日 西藏自治区宣传部工作组在波密县扎木中心县委红楼调研红色文化工作。县委副书记、常务副县长钟泳薪，县委常委、副县长沈光银陪同。

同日 波密县召开藏猪产业及相关工作汇报会。县委副书记、常务副县长全保卫，县委常委、副县长沈光银，政府副县长索朗平措出席会议。

同日 西藏自治区宣传部和广东中山大学工作组在波密县考察调研扎木中心县委红楼。县委副书记、常务副县长钟泳薪陪同。

18日 位于倾多镇巴康村的波密县“冬青18号”二级良种繁育基地通过验收，基地建设面积1000亩。

同日 波密县自然资源局、司法局、林业和草原局等部门在玉普乡宗巴村“三岩”搬迁点开展法治宣传。

20日 林芝市2018年村道生命安全防护工程全面竣工并投入使用。项目总投资1132万元，建设路线总长90.315千米，实施钢筋混凝土护8287米/4379.51立方米，钢波梁形护栏6184米，设置单柱式交通标志273个、路反光凸面镜4处、道路标注36个、附着式轮廓标312个。

22日 县委书记朱正辉在倾多镇巴康村、古乡巴卡村就“三岩”搬迁工作开展情况、“三岩”搬迁配套设施、“三岩”搬迁房屋用水用电等工作开展调研，并强调要合理引导搬迁群众有序入住，村“两委”及驻村工作队要切实发挥作用，定期入户走访，县委副书记、常务副县长全保卫陪同。

22-23日 林芝市发改委工作组到波密县调研项目建设工作，政府副县长姜治强陪同。

23日 波密县第二幼儿园举行“我爱我的祖国”绘画比赛，培养幼儿爱国情感，提高幼儿综合素质，231名幼儿参加比赛、绘画作品309副。

24日 林芝市“三岩”搬迁工作组到波密县调研“三岩”搬迁工作，政府副县长张豪杰陪同调研。

25日 县委书记朱正辉，县政协主席巴桑、县委副书记、常务副县长，县委常委、统战部部长加布，县人大常委会副主任普琼，政府副县长张豪杰及相关工作人员在松宗镇迎接波密县第一批昌都“三岩”片区跨市整体易地扶贫搬迁群众。

同日 波密县在8所寺庙开展安全生产宣传教育“八进”宣传活动。期间，发放宣传资料1600份，播放宣传片20次，受教育僧人和驻寺干部100人。

26日 波密县川藏铁路指挥部房屋改造项

目完工。项目投资245万元，占地面积3000平方米，供90名工作人员食宿、工作需求。

27日08时30分 松宗镇格尼村境内318国道K3909+200米处发生山石滚落，致国道318受损，交通暂时中断。经抢修，于12点30分恢复通行。

28日 文化和旅游部主办全国乡村旅游（民宿）工作现场会，波密县古乡巴卡村登榜第一批全国乡村旅游重点村名单。

29日 县委书记朱正辉，县政协主席巴桑，县委副书记、常务副县长全保卫到318国道改道处（县党校对面）就乱圈乱占、乱搭乱建整治工作开展调研。

30日 西藏自治区水利厅水保局及专家组一行在玉许乡开展“十四五”规划水利项目建设前期调研工作。政府副县长索朗平措陪同。

同日 武警某部交通第三支队举办首届“强军标兵”“最美家庭”“最美军嫂”颁奖典礼，表彰强军标兵14人、最美军嫂3人和最美家庭3户，驻地军警部队和干部群众共计1000人参加颁奖典礼。

31日 波密县启动首届“不忘初心 牢记使命 重走长征路（线上）公益健步行”活动，根据红军两万五千里长征路线设计网络虚拟地图，共设置24道地标关卡，组建30个军团、1500人参与公益健步行活动。

8月

1日 驻地部队举办军地联欢活动，驻地部队、县直单位和乡镇共计100人参加活动。

同日 全市首个乡镇新时代书画室－波密县玉许乡新时代书画室投入使用，配备有书法、国画、油画、水彩、素描、石刻等相关设施。

2日 全国政协海外列席侨胞回国考察团在波密县考察“对口支援”工作，县委书记朱正辉，县委副书记、常务副县长钟泳薪陪同。

同日 波密县组织召开县委2019年议军会议，县委书记朱正辉出席并讲话，县四套班子领导、驻地军（警）、各乡镇、县直各单位负责同志参加会议。

同日 波密县召开乡村振兴战略纵深推进会，会期3天，以知识培训、参观学习、座谈交流3种方式开展，乡村振兴战略领导小组和县、乡（镇）、村负责人共计50人参会。

4日 波密县医疗卫生系统在敬老院开展义诊活动。期间，发放价值1万元的西医药品和价值6000元藏药，并为老人送去价值2000元的礼品，发放疾病防治知识宣传单150张，海报10张。

5日 水利部“十三五”成效评估组在波密县开展调研工作，政府副县长索朗平措陪同。

同日 波密县玉许乡林琼村藏猪养殖场建设完成，养殖场总投资160万元，占地面积13.33公顷，建设猪舍8栋及保育舍、肥猪舍等，可容纳藏猪5000头。

6日 波密县妇女中式烹调师培训班在康玉乡政府举行开班仪式。邀请新曙光职业学校专业老师授课，康玉乡乌那村、达曲村、通堆村35名妇女参训。

同日 波密县倾多镇举行“4+1”扶贫产业—巴康村、德吉村、达龙村林下资源种植项目承包合同签约仪式。

同日 波密县建立全市首套食品安全快检

体系，快检体系投入60万元建设食品快检室2间。

同日 “共建共享 健康西藏”公益宣传活动走进波密县，活动主要讲述职业疾病及慢性病的成因、预防及改善措施，普及“三减三健”、心理健康、紧急救护等知识。

8日 林芝市退役军人事务局工作组在波密县开展退役军人事务调研工作，政府副县长姜治强陪同。

9日 波密县公安局禁毒大队联合法制督察大队在辖区医院、诊所等开展易制毒化学品和精麻药品检查活动。期间，向各场所负责人及从业人员讲解毒品知识及易制毒化学品和精麻药品管制的相关法律，强化易制毒、精麻药品的安全管理工作。

9–10日 山东省工程咨询院专家到波密县开展《西藏生态安全屏障保护与建设规划（2018–2030年）》实施中期评估调研工作，听取波密县生态安全屏障建设工作开展情况汇报，实地查看雅鲁藏布大峡谷自然保护区、嘎朗国家湿地公园、森林重点火险区综合治理和火烧迹地等生态保护项目建设情况，就相关工作提出意见和建议。

10日 波密县4所高海拔乡小学供暖项目竣工，项目总投资703万元，建设波密县康玉乡、玉普乡、多吉乡中心小学及玉许乡第二小学4所学校供暖及配套设施，供暖总面积16725平方米。

11日10时13分 西藏林芝市波密县（北纬30.37°，东经94.85°）发生4.1级地震，震源深度7千米。无明显震感，无人员伤亡和财产损失报告。

同日 19时7分西藏林芝市波密县（北纬30.41°，东经94.86°）发生3.8级地震，震源深度7千米，无明显震感，无人员伤亡和财产损失。

12日 县委书记朱正辉，县委副书记、常务副县长全保卫到产业园区就天麻及灵芝种植、种植成本、种植收益、建设规划等工作进行调研。

同日 11时32分在西藏林芝市波密县（北纬30.37°，东经94.85°）发生3.7级地震，震源深度7千米，无明显震感，无人员伤亡和财产损失。

同日 波密县政协主席巴桑率县委宣传部、公安局、“三岩”办等17个县直单位负责人到倾多镇巴康村开展“三岩”搬迁政策宣传。

同日 西藏防汛抗旱储备库（波密县代储点）建设项目竣工。新建综合管理用房336.64平方米、消防水池288平方米、厕所14.08平方米、柴油发电机房48.6平方米、露天堆场硬化1400.27平方米及围墙、总体给排水电工程及附属设施。

同日 波密县组织召开县委第五轮巡察工作书记专题会。会上，县委第五轮巡察组各组长分别汇报第五轮巡察工作情况，“五人小组”审议第五轮巡察情况报告，县委书记、“五人小组”组长朱正辉作讲话。

13日 波密县玉普乡12面红墙建设完成。该项目总投资35万元，打造以西藏和平解放、扎木保卫战和西藏民主改革前后对比为主要内容的12面“红墙”。

同日 《波密县中小学教师初级专业技术职务评审细则（试行）》正式印发实施。细则共5章、24条、2000字，明确中小学教师初级专业技术职务的申报条件、申报资料和评审要求等内容。

14日 西藏自治区旅发厅在波密县开展红色波密调研工作，县委副书记、常务副县长钟泳薪陪同。

同日 16时13分西藏林芝市波密县（北纬30.37度，东经94.82度）发生4.3级地震，震源深度8千米，无明显震感，无人员伤亡和财产损失。

同日 波密县召开全区首条“红色+”复合旅游产品发布会，该旅游产品围绕“传统的冰川之乡”“遗世独立的生态园”、“西藏红色文化热土”的旅游定位，以扎木中心县委红楼为中心，辐射易贡将军楼、通麦十英雄纪念碑、波密工委旧址（倾多镇）、波密县烈士陵园等红色遗迹，打造的复合旅游品牌产品。

14–15日 国家自然资源督察成都局在波密县开展耕地保护督察工作，县委副书记、常务副县长全保卫陪同。

15日7时47分 西藏林芝市波密县（北纬30.38°，东经94.85°）发生4.3级地震，震源深度8千米，本次地震20千米以内的乡镇有易贡乡，震中距边坝县63千米、距巴宜区95千米、距波密县106千米，无明显震感，无人员伤亡和财产损失。

同日 波密县举办残疾数据动态更新培训班，培训会主要内容为残疾人信息数据动态更新、残疾人基本服务等，参训人员60人。

同日 波密县非洲猪瘟PCR快检实验室正式投入使用。

15–16日 波密县2019年第二届青年人才论坛活动正式开幕，论坛为期2天，2016-2018届专招大学生、专招生导师和援藏工作组、援藏医疗队伍、援藏教师队伍、大学生志愿者、三支一扶、聘用大学生代表共计80人参加论坛。

16日 西藏自治区农环工委在倾多镇调研巴康村聂赤赞普农副产品种植农牧民专业合作社运营情况，县委常委、政府副县长沈光银陪同调研。

同日 林芝市退役军人事务局书记达瓦在波密县调研业务工作，政府副县长姜治强陪同调研。

同日 波密县公安局举行2014年“12.23”电信诈骗案涉案资金返还仪式，返还被骗赃款48.6万元。

16–27日 波密县举办庆祝中华人民共和国成立70周年主题演讲比赛活动，比赛主题为“回望七十载，奋进新时代”，活动由县委宣传部主办，“四讲四爱”活动办、新时代文明实践中心办公室协办。

17日 波密县开展燃气站、加油站计量器具检查，检查加气站2家，加油站4家，检查压力表、加油计量器等计量器具18台，受检率100%。

同日 波密县电子商务进农村动漫教学视频全部制作完成，总投资25.64万元，共6集，时长20分钟15秒。

18日 波密县完成2019年上半年生态岗位补助资金兑现工作。兑现岗位6963个，资金1218.525万元，其中，自治区生态补偿脱贫岗位人员5984个，资金1047.2万元；林芝市生态补偿脱贫岗位979个，资金171.325万元。

同日 波密县首批村（居）、景区警务工作室投入使用，共10个警务工作室（1个景点、9个村（居））。

同日 波密县圆满完成农村集体土地确权

登记颁证工作，发放农村宅基地使用权和房屋所有权证4200本。

19日 西藏自治区农业农村厅在藏核公司、倾多镇巴康村开展调研工作，县委常委、政府副县长沈光银陪同。

同日 县委书记朱正辉率县城投、自然资源局、水利局相关负责人在古乡采砂点、帕隆藏布卡达段右岸扎木镇卡达村4家采砂点、波堆藏布倾多段左岸（桥头）倾多镇巴康村采砂点、帕隆藏布县城段右岸扎木镇扎木村3家采砂点就基本情况、整改情况、砂石存量消耗情况等事项进行调研。

20日 林芝市农业农村局一行在玉许乡白玉村开展调研工作，政府副县长索朗平措陪同。

同日 波密县召开波密县司法行政工作会议，政府副县长梁亚文出席会议。

21日 波密县人民政府召开2019年全体（扩大）暨廉政工作会议，县委副书记、县长边巴，县委副书记、常务副县长全保卫，政府副县长姜治强，政府副县长梁亚文出席会议。

同日 自治区文研所文物专家及林芝市文化局一行，在波密县文化（文物）局工作人员的陪同下深入县区5处文物点开展文物收藏查漏补缺工作。

22日 波密县工商联开展“金秋助学”捐赠活动，为27名金榜题名的学子，捐赠17800元。

同日 波密县开展“白色污染”治理攻坚战专项整治行动。

23日 县委书记朱正辉在玉普检查站红墙、“318”网红打卡地、米堆冰川景区（马厩搬迁、景区卫生、创A建设）开展调研。

同日 县委副书记、县长边巴，县委副书记、常务副县长全保卫在多吉乡、松宗镇调研产业发展情况。

23–25日 波密县参加第27届广州博览会，4家本地企业对外展出波密藏香、波密松茸、波密灵芝、波密天麻、波密木耳及波密易贡茶等特色产品50种。

24日 林芝市卫建委在波密藏王大酒店举办2019年林芝市健康教育与慢性病管理培训班和林芝市地方病防治管理培训班，主要针对波密县、察隅县、墨脱县各医疗机构业务人员，旨在提高对高血压、糖尿病及各种地方病的临床诊断能力及治疗水平。

26日 波密县召开波密县上半年经济运行分析及重点项目推进会。

27日 波密县开展“检察护航民企发展”主题检察开放日活动，12名人大代表、政协委员、工商联负责人、民营企业家代表应邀参加，主要了解检察职能、感受检察服务等内容。

28日 波密县厕所革命项目通过验收并全面投入使用，项目总投资3841.21万元，新建厕所56座，改造1座。

29日 波密县开展“区乡对接项目擂台大比武”活动，邀请波密县党政领导、林芝市城投领导、黄埔区部分企业家代表等为评委，在10个“乡镇选手”推荐申报的26个项目评选出金点子奖1个、银点子奖2个、铜点子奖3个，参与奖4个。

30日 波密县委、政府与中国人民解放军驻地部队进行军民共建协议签约仪式，县委书记朱正辉、78536部队政委肖勇出席。

同日 波密县委书记朱正辉在扎木镇东若村生态采摘园就其销售额及大棚果蔬种植情况、扎木镇高原特色种植基地及扎木镇康木村旅游项目等进行调研。

同日 15时58分波密县玉普乡境内318国道K3890处发生泥石流，方量400立方米，致国道暂时中断，无人员伤亡，18时45分全面抢通。

31日 波密县两人获评第四批自治区级非遗代表性传承人，分别为央青次仁（民俗类，波密达大赛马节）、卓玛才登（民俗类，波密西巴斗熊节）。

同日 波密县友谊商业街建设项目全面竣工并投入使用，项目总投资1.2亿元，新建住宅楼、酒店、商铺及相关附属设施。

9月

1-22日 波密县开展“中华慈善日”主题活动。

2日 中国人民解放军某部队与波密县中学签订《军校共建协议书》，明确驻地某部队充分发挥自身优势，从国防教育和精准帮扶2个方面同波密县中学开展共建。

5日 波密县2017年学前双语教育普及工程全面投入使用，项目总投资2160万元，面积4600平方米，新建10所幼儿园，包括易贡茶场小学附属幼儿园和9个村级幼儿园。

同日 波密县G318沿线、景区民房屋顶改造项目竣工验收并投入使用，项目总投资7354.06万元，对7个乡镇54个行政村3183户民房彩钢瓦屋顶改造为青灰色树脂瓦。

6日 林芝市驻波密县维稳督导组组长明马丹增在波密县指挥中心就相关工作进行督导检查，县委书记朱正辉，县委副书记罗松，县委常委、政法委书记、公安局 党组书记、局长阿旺朗加陪同。

同日 波密县扎木镇“四讲四爱”活动办组织桑登村党员开展“四讲四爱”群众教育实践野外扩展活动，50名干部群众参加。

7日 波密县完成2019年度征兵工作，兵役登记422人，登记率100%，应征报名人数67人，通过征兵上站体检、政治考核和役前训练工作，达标人数24人。

8日 波密县召开庆祝全国第35个教师节暨表彰大会，表彰“师德标兵”2名、“优秀教师”4名、“最美乡村教师”2名、“优秀班主任”4名、“优秀校长”2名，“优秀学校”4所、“2019年波密县中考先进工作者”4名、“2019年波密小考先进工作者”9名。

9日 2018年波密县扎木镇扎木村片区棚户区改造项目—文化广场（二）改造工程全面竣工并投入使用，项目总投资1758万元，棚户区改造38户及附属，附属包括地面铺装、大门、雕塑、音乐喷泉（全市首个）、藏式地雕、特色长廊、景观亭、景观灯、景观音箱、LED大屏、树坛小品及绿化等，改造面积6800平方米。

10日 全区首个污水处理试点工艺项目－波密县松宗镇污水处理及收集系统工程开工建设。

同日 最美岭南风—精品书画交流巡回展－波密站圆满落幕，展览由广州市文化馆主办、波密县协办，展出象征新中国成立70周年，致敬伟大祖国70华诞作品70幅，参观人员1000人。

11日 波密县完成粮食生产功能区划定工

作，划定5个乡镇、28个行政村粮食生产功能区、面积6.28万亩（其中：青稞生产功能区2万亩、小麦粮食生产功能区4.28万亩），完成划定任务5.2万亩的120.7%。

12日 波密县开展“不忘初心、牢记使命”主题教育专题党课暨庆祝新中国成立70周年文艺宣讲会，特邀著名词作家、自由音乐人、中国音乐家协会会员、中国音协新兴音乐群体工作委员会委员、西南政法大学客座教授邓永祥先生担任主讲嘉宾，以讲述、诵读、歌曲、情景还原等艺术形式，从不同角度、以多元方式讴歌党、讴歌国家，县四大班子在家领导、县直各单位干部代表、驻地官兵代表、老干部代表、学生代表、群众代表等共计300人听取了专题党课及宣讲会。

同日 县委书记朱正辉在扎木镇达兴村、东若村、康木村就“不忘初心，牢记使命”主题教育、庆祝新中国成立70周年安保维稳、基层党建、产业发展、脱贫攻坚等工作开展调研。

15日 波密县妇女中式烹调师培训班正式结业，培训为期45天，参培人员共37名妇女。

15–10月6日 波密县开展爱国主义教育影片放映活动，放映爱国主义教育、优秀国产抗战、科教题材的影片20部，免费播放150场次，受益人数3000名。

16日 《印象·波密》专题节目拍摄完成，共4集80分钟，分为《印象·波密之冰川围绕的桃花源》《印象·波密之技艺的传承》《印象·波密之自然的馈赠》《印象·波密之不忘初心》4个篇章。

17日 波密县委书记朱正辉，县委副书记、常务副县长钟泳薪在古乡索通村、雪瓦卡村、古村等地与基层党员干部进行面对面交流，并就产业发展、脱贫攻坚等重点工作进行调研。

同日 波密县委召开“不忘初心、牢记使命”主题教育巡回指导组工作会议，县委书记朱正辉出席并作讲话。

同日 波密县开展“喜迎国庆、共沐阳光”残疾人联欢会暨残疾人文化进社区活动。

18日 波密县2018年小型农田水利重点县建设项目全面竣工，项目总投资2000万元（水利发展资金），改造渠道总长50千米，配套渠系建筑物1210座。

同日 波密县扎木中心县委红楼陈列展示项目竣工，项目总投资509万元，对红楼外立面进行保护性维修，对内部进行陈列装饰和多媒体设备安装，制作数字化内容。

20日 波密县完成秋季疫苗发放工作，发放牛口蹄疫疫苗7万头份、猪口蹄疫疫苗4万头份、猪瘟疫苗4万头份、鸡禽流感疫苗0.3万头份。

24日 波密县召开“不忘初心、牢记使命”主题教育汇报会，县委书记朱正辉汇报县委主题教育工作开展情况，区广电局党组成员、区纪委驻区广电局纪检监察组组长、区党委主题教育第四巡回指导组副组长刘世安出席并讲话。

同日 波密县妇联康玉乡开展“不忘初心、牢记使命”—关爱妇女送医送药送健康活动，林芝市妇儿工委副主任、妇联主席晓红出席活动。期间，发放价值1万元的妇女儿童常规药品30种，卫生保健宣传资料200份。

25日 波密县在通麦川藏线十英雄纪念碑开展2019年烈士纪念日公祭活动，县四大班子在家领导、驻波部队代表、退役军人代表、波密县党员政治教育培训全体人员、波密县退役军人事务局全体人员参加活动，县委书记朱正辉宣读祭文。

26日 国民公路G318秋季行波密站活动圆满结束，活动由上海爱驾文化传媒有限公司联合波密县主办，先后在米堆冰川、岗云杉林、通麦桥头打卡留念，并举办国民公路G318波密站解码仪式暨旅游推介活动，现场发放“0069”号字样的车牌，标志着国民公路G318修建69周年（36站中发放唯一一枚具有特殊意义的车牌号）。

27日 武警交通三支队举办“红旗漫卷忆辉煌·雪域天路颂祖国”文艺演出，县四套班子在家领导应邀观看演出。

28日 县委书记朱正辉率宣传部、住建局、城市管理和综合执法局负责人就建国“70周年大庆”氛围营造、县城风貌改造等工作进行调研。

同日 波密县开展童心献礼祖国系列活动迎接宣传庆祝新中国成立70周年的“四讲四爱”群众教育实践活动。

29日 自治区党委常委、政法委书记何文浩在玉普一级公安检查站看望慰问执勤民辅警，林芝市驻波密县维稳督导组组长、市检察院检察长明马旦增，波密县县委常委、政法委书记、公安局党委书记、局长阿旺朗加陪同。

同日 波密县县级区域医疗中心建设项目全面竣工，项目总投资1200万元，改扩建业务用房2450平方米及配套设施，设置内科、外科、儿科、妇科、中医等临床科室，具备基本医疗、预防保健、健康教育、康复和计生技术服务等职能。

10月

1日 波密县举行庆祝中华人民共和国成立70周年升国旗仪式，县委书记朱正辉参加并作讲话，县（区、市）直各单位干部职工、驻地军警部队官兵代表、离退休老干部代表、农牧民群众代表、中小学生代表共计700人参加升旗仪式。

同日 波密县首个毒品预防教育基地正式开放，基地坐落于波密县中学，设置宣传走廊、样品展示厅、禁毒图书角等宣传内容，主要承担青少年毒品预防宣传和波密县毒品预防教育工作。

同日 自治区党委常委、自治区纪委书记、自治区监委代理主任、自治区林芝市维稳督导组第一队队长王卫东在波密县督导检查维稳安保工作、“不忘初心、牢记使命”主题教育工作开展情况，并在波密县红楼开展爱国主义教育活动，县委书记朱正辉陪同。

同日 波密县教育局开展工会慰问活动，走访慰问1所中学、13所小学、19所幼儿园、2个驻村工作队和1名住院教职工，发放慰问金5.25万元。

3日 波密县启动认罪认罚从宽制度和刑事案件速裁程序。

5日 自治区党委常委、政法委书记何文浩在波密县监狱督导检查工作并召开座谈会，县委书记朱正辉陪同。

6日 自治区党委常委、政法委书记何文浩在波密县红楼调研文物保护与爱国主义教育工作，县委书记朱正辉陪同。

8日 波密县中学“数字校园”项目开工建设。

9–10 日　广州市花都区教育局、花都区新华街第五小学在波密县开展“送教送课送物资、帮贫帮困帮学校”活动，为康玉乡中心小学、多吉乡中心小学和玉普乡中心小学 3 所高海拔乡小学捐赠物资 11.5 万元。

11 日　波密县人工种草与天然草场改良建设项目全面竣工，项目总投资 500 万元，建设内容为人工种草与天然草地改良 333.33 公顷。

13 日　波密县委书记朱正辉在康玉乡开展调研工作，县委副书记、常务副县长钟泳薪及县委办、主题教育办、发改委、教育局、交运局、产业办负责人陪同。

14–15 日　林芝市政协党组成员、副主席崔晓东在波密县调研学前教育事业，波密县政协副主席侯国聪陪同。

15 日　林芝市政协党组书记谢英在波密县红楼开展爱国主义教育活动，县委书记朱正辉陪同。

同日　波密县开展“百企帮百村”助力脱贫攻坚帮扶活动，非公企业向 15 户贫困户，发放慰问金 10800 元。

同日　波密县第三届“长安杯”运动会开幕，设比赛项目 3 类 10 项，参赛队伍 12 支 500 人。

16 日　波密县开展第 39 个世界粮食日和粮食安全宣传活动。期间，发放宣传资料 5000 份，参与群众 1 万人次。

17 日　全市单体规模最大标准化藏猪养殖场－波密县多吉乡木古村藏猪养殖基地举行揭牌仪式，猪舍养殖规模 3 万头。

18 日　波密县“不忘初心、牢记使命”青春故事分享会圆满落幕，活动以讲述和视频展示相结合的方式开展，300 名干部参加。

22 日　波密县委书记朱正辉，县委常委、统战部部长加布到波密至墨脱 24K 处检查环境卫生、WJBS 拆除情况，并对扎木镇巴琼村就西藏润藏实业有限公司西藏野生光核桃与开发扶贫项目进行调研。

同日　波密县完成残疾人动态更新系统数据录入工作，共录入社区登记表 87 份和残疾人登记表 1424 份。

同日　全区首个“警保联动交通安全劝导站”在波密县揭牌成立。

23 日　全区首个县级车管所－波密县车管所完成摩托车驾驶证制证工作，并举行摩托车驾驶证首发仪式，发证 26 本。

24 日　自治区人大常委会副主任、林芝市市委书记马升昌，林芝市副市长徐龙海到波密县就天麻种植、茶叶种植、广药集团灵芝种植等工作开展调研，县委书记朱正辉陪同。

25 日　自治区人大常委会副主任、林芝市市委书记马升昌，林芝市副市长徐龙海到波密县红楼调研指导红楼保护工作及爱国主义教育工作，县委书记朱正辉陪同。

同日　波密县组织召开“不忘初心、牢记使命”主题教育工作座谈会，自治区人大常委会副主任、林芝市市委书记马升昌，林芝市副市长徐龙海出席会议。

同日　波密县举行教育援藏捐赠仪式，仪式上广州市教育局向波密县教育局捐赠教学光盘 20 套，捐赠资金 10 万元。

26 日　波密县召开县委常委班子“不忘初心、牢记使命”主题教育第六次专题研讨会，县委书记朱正辉主持并作讲话。

27 日　波密县完成农村宅基地确权登记发证工作，发放农村宅基地（房地一体）使用权证7560本，发证率100%。

同日 波密县中学首届藏汉语言文化节在波密县中学开幕，广州大学附属中学及黄埔校区、从化校区、英德校区、河源、南沙校区有关负责人一行19人和波密县师生代表共300人参加开幕式，并向波密县中学捐赠国防班服装、被褥、肩章等共100套，总价值8万元。

29日 波密县政协主席巴桑到玉许乡调研热西、亚它两村的“三岩”搬迁安置点的建设情况。

同日 波密县举行扎木中心县委红楼加挂“林芝市妇女儿童爱国主义教育基地”揭牌仪式，波密县部分县直单位代表参加揭牌仪式。

同日 波密县举行2019年广州对口帮扶西藏波密小学教师培训活动开班仪式，广州大学教师培训学院教务部主任许建群一行6人出席仪式，波密县14所学校98名教师参加仪式。

31日 波密县召开县委理论学习中心组2019年第十五次学习会暨县委常委班子“不忘初心、牢记使命”主题教育第八次专题研讨会，市委主题教育第四巡回指导组组长仓琼一行出席会议，县委书记朱正辉主持并作讲话。

同日 波密县举行2018年度农家书屋寺庙书屋出版物资更新发放仪式，为波密县寺庙和85个村（居）配发图书资料204包。

11月

1日 波密县召开“不忘初心、牢记使命”主题教育专题党课报告会，市委主题教育第四巡回指导组组长仓琼一行出席会议，县委书记朱正辉讲“不忘初心、牢记使命”主题教育专题党课。

同日 波密县在全市率先完成2017年度集体林权制度改革林地确权登记颁证工作，发放集体林权制度改革林权不动产权证47本，林地确权宗地面积515.46公顷。

同日 波密县雪瓦卡“千亩茶园”茶叶种植完成，项目总投资1200万元，种植茶叶66.67公顷。

2日 波密县委书记朱正辉到倾多镇调研，县委常委、县纪委书记、监委主任王芳，县委常委、组织部部长、党校校长张斌陪同调研。

同日 波密县城、国道318沿线及乡村重要节点环境提升工程全面投入使用，项目总投资300万元，绿化面积7600平方米。

同日 波密县“冬训”练兵活动启动，旨在强化200名民（辅）警体能和警务技能水平。

3日 波密县乡村振兴专干第一批聘用人员赴村履职，第一批聘用人员49人，实际报道人数42人，已赴42个行政村履职。

4日 林芝市中院党组成员、副院长白玛加措到波密县人民法院就审判执行工作进行督查调研。

同日 波密扎木中心县委红楼成功获批全区首个红色旅游类国家AAAA级旅游景区，米堆冰川景区成功获批国家AAAA级旅游景区。

同日 波密县农村产权制度改革暨清产核资工作通过市级验收，共核实10个乡（镇）84个行政资产10156.53万元（其中：经营性资产3125.03万元、非经营性资产7031.5），集体土地总面积11.18万公顷（其中：农用地1.1万公顷）。

5日 波密县委常务副书记邹勇刚到倾多镇开展“不忘初心、牢记使命”主题教育调研工作。

6日 波密县召开基层团组织规范化建设推进会，共青团波密县委员会负责人、各乡镇团委书记、县直机关团务工作负责人共计13人参加会议。期间，发放宣传栏、团支部办公室标牌、团务手册、团旗、团章、团徽等价值2万元的团务用品。

7日 波密县客运站建设项目正式开工建设。项目总投资1390.06万元，占地面积9326.57平方米，车辆36辆，线路主要为波密--巴宜，最大能容纳400人。

8日 波密县开展“安全用药月”宣传活动，宣传新修订《中华人民共和国药品管理法》和《中华人民共和国疫苗管理法》。期间，发放宣传资料400册，免费发放药品价值800元，接受现场咨询150人次，受益群众2000人次。

同日 波密县举行“119消防宣传月”活动启动仪式，出动6车35人，调集联勤联动单位公安局、应急管理局、供电公司、县医院等单位6车25人。

10日 波密县开展文明礼仪专项教育活动，各学校通过国旗下讲话、主题班会、少队活动课等多种形式开展文明礼仪专项教育活动。

11日 中央扫黑除恶第13督导组到波密县开展专项斗争督导“回头看”工作，督导检查波密县扫黑除恶工作开展情况及中央扫黑除恶督导组反馈问题整改落实情况。区党委常委、政法委书记何文浩陪同。

同日 波密县玉许乡“四讲四爱”宣讲团到各村开展巡回宣讲习近平总书记在庆祝中华人民共和国成立70周年大会等重要讲话精神，受教育群众2000名。

11-12日 国家卫生健康委医政医管局携《中国卫生》杂志社相关人员到波密调研及采访医疗人才组团式援藏和三级医院对口帮扶县级医院工作。

12日 波密县召开中共波密县委常委班子“不忘初心、牢记使命”主题教育调研成果交流会，县委书记朱正辉主持并讲话。

同日 波密县举行气象信息员业务培训，波密县10个乡（镇）和部分村（居）气象信息员60人参加培训。

14日 波密县推广站完成耕地质量检测土样筛选工作，分别从10个乡镇15个行政村采集土壤样本15份。

同日 波密县举办第五届中小学生波卓波央比赛，共8所学校190名学生参加，玉普乡中心小学选送的波央《母亲》，波卓《绿色的林海》获得一等奖。

15日 波密县非洲猪瘟全覆盖监测排查任务圆满完成，共排查和监测乡镇8个（康玉、八盖除外）村（居）56个，养殖场2个，采集非洲猪瘟环境样品1963份。

同日 波密县曲尼二手车买卖有限责任公司承建的波密县二手车交易中心正式营业。

19日 波密县玉许乡、倾多镇4个点的“三岩”片区易地扶贫搬迁点项目通过县级验收。

20日 波密县召开下半年“争做先进僧尼”活动表彰会，表彰5座模范寺庙，65名优秀僧人代表、5个优秀组织单位和5名先进寺管干部。

同日 波密县G318线K4002+700至桑登村公路新建工程项目顺利通过验收，，总投资1522.80万元，路线全长2.270千米。

21日 波密县卫健委党支部联合卫生服务中心党支部在波茂广场开展“不忘初心、牢记使命”主题教育为民服务义诊活动，13名医护人员参加活动。

同日 波密县倾多镇组织人大代表查看川藏铁路施工建设情况。

22日 波密县召开中共十九届四中全会精神宣讲报告会，县委书记朱正辉主持并讲话。

23–25日 波密县中学开展“四下乡”活动，共出动教师13名、走访学生家庭140户、受益群众500人。

25日 波密县召开脱贫攻坚迎检暨问题整改成效巩固工作部署会，县委书记朱正辉出席并作讲话。

同日 波密县妇联与县疾控中心联合开展“社区动员同防艾 健康中国我行动”宣传教育活动。

26日 波密县“三岩”片区易地扶贫搬迁项目第一批搬迁户正式入住，18户124人入住玉许乡亚它村、倾多镇朱西村等6个安置点。

28日 波密县圆满完成2019年低保特困惠民资金兑现工作，低保户140户414人发放低保金239万元，其中，城镇低保户61户159人发放低保金127.96万元，农村低保户72户255人发放低保金111.04万元。

12月

2日 “波密县全国电子商务进农村综合示范项目运营人员培训班”开班，旨在培育青年电商人才，促进波密县电商产业发展。

3日 波密县完全小学第四届科技节活动成功举办，设有弹悬浮冲浪纸飞机竞速体验、数字模型搭建、皮筋飞机模型制作与放飞和气球直升机等科技主题项目，参与师生1000人。

4日 波密县开展“12·4”国家宪法宣传日活动。期间，发放宣传资料950份，接受群众咨询600人次。

5日 中共波密县委组织召开县委常委班子“不忘初心、牢记使命”主题教育专题民主生活会，市纪委监委驻市政府办纪检监察组组长、市委主题教育第四巡回指导组副组长蒋永生，市委主题教育第四巡回指导组成员窦加朝出席会议。

同日 波密县完成2018—2019学年“建档立卡贫困户大学生”免费教育补助资金兑现工作，为289名区内外建档立卡贫困户大学生兑现免费教育补助资金704152元。

6日 波密县第五期广州大学支教实习活动圆满结束，支教活动历时4个月，7名支教大学生参与2所学校支教。

同日 波密县“五人制”笼式足球场项目全面竣工并投入使用。项目总投资105万元，涉及波密县中学、县完全小学及倾多镇中心小学3所学校，建筑面积1800平方米。

同日 波密县玉许乡开展“送考下乡”为民办实事活动，200人参加摩托车驾驶考试。

8–10日 波密县召开第八次妇女代表大会，政府副县长达娃卓嘎出席会议，10名妇女代表、94名列席带表和18名特邀代表参加会议。大会作《不忘初心，砥砺前行，团结波密县妇女为波密跨越式发展而奋斗》报告，审议通过《关于波密县妇联工作报告的决议（草案）》，选举产生县妇联领导班子。

同日 波密县2018年度高标准农田建设项目全面投入使用，项目总投资636.07万元，建设多吉乡高标农田 233.33 公顷，倾多镇高标农田 33.33 公顷。

11 日 波密县完小举办第五届“雏鹰杯”课本剧大赛，学校师生、学生家长及社会人士共 1000 人观看了 10 场汉语文课本剧，评选出藏汉课本剧一等奖各 1 名、二等奖各 2 名、三等奖各 2 名。

同日 2019 年“三岩”搬迁第四批群众（4 户 30 人）正式入住玉许乡热西村。

12 日 波密县玉普一级公安检查站改扩建项目主体工程竣工验收，项目总投资 720 万元，修建双边查车道 900 平方米、检查区 300 平方米、犬舍 24 平方米、备勤房 600 平方米、安装监控信息化设备等配套附属设施。

14 日 波密县 2018 年城镇棚户区（城中村）改造项目全面竣工并投用，项目总投资 28031.44 万元（中央预算内投资），改造棚户区 1199 户。

15 日 波密县完成“一孩、双女”困难户家庭、“特别扶助”家庭补助资金发放。“一孩、双女”困难户家庭 313 户，补助资金 30.05 万元；特殊子女“特别扶助”家庭共有 37 户，其中子女死亡的 33 户，补助资金 17.82 万元，子女伤残的 4 户，补助资金 1.68 万元。

16 日 波密县 2019 年森林生态效益补偿资金兑现工作顺利完成，划定森林生态效益补偿面积 594.99 万亩，补偿资金 2453.30 万元。

同日 波密县召开《波密县志（2006—2015）》终审会，县委书记朱正辉出席并作讲话。

18 日 波密县开展酒驾醉驾违法行为专项整治行动，检查过往车辆 200 辆，查处各类违法行为 14 起。

19 日 波密县公安局看守所顺利通过自治区级验收，项目总投资 920 万。

同日 波密县八盖乡农牧业防灾抗灾物资储备体系建设项目全面竣工，项目总投资 100 万元，新建业务用房 300 平方米及配套相关附属设施。

20 日 波密县中学“数字校园”建设项目全面竣工，项目总投资 500 万元，建设基础网络改造、多媒体教室搭建、移动录播设备安装、校园广播系统安装、校园一卡通系统安装和平安校园监控系统搭建。

21 日 波密县 9 所学校改建项目全面竣工，项目总投资 285.15 万元，涉及 9 所中小学公厕新建、围墙加高（改扩建）、浴室改造（应急照明系统）和线路改造。

同日 波密县 2019 年“三岩”片区易地扶贫第五批群众已正式入住。2019 年报名 62 户 430 人，累计搬迁 46 户 323 人，其中：第一批 7 户 54 人；第二批 14 户 104 人；第三批 5 户 57 人；第四批 4 户 30 人，第五批 16 户 76 人，共涉及安置点 13 个，完成 2019 年度搬迁（报名）人数总目标 75.1%。

22 日 波密县举行广州市第六批对口帮扶援藏医疗队表彰及欢送活动。

23 日 波密县组织波密县党员干部集中观看廉政警示教育电影《决不饶恕》，县四大班子在家县级领导、县（中、区、市）直单位在家党员干部 490 人参加。

24 日 波密县 2019 年度农奖（原草奖）工作顺利通过自治区级验收，为 4630 户农牧民发放 672.38 万元补助金。

25 日 县委书记朱正辉、县人大常委会主任马海蕴到扎木镇东若村就羊肚菌种植进行调研。

26日 波密县召开“不忘初心、牢记使命”主题教育情况通报暨测评会，县委书记朱正辉主持并讲话。

同日 波密县召开2019年乡（镇）党委书记和县直各行业系统党（工）委书记抓基层党建工作述职评议会，各乡（镇）党委书记，县直各行业系统党（工）委书记就2019年度抓基层党建工作进行述职，县委书记朱正辉、各县委常委对述职人员进行测评。

27日 波密县召开2019年度干部选拔任用工作“一报告两评议”会议，市委组织部副部长赵敬，县委全委会成员，县人大、政府、政协领导班子成员，纪委监委领导班子成员，法院、检察院、县党政工作部门、群团组织主要负责人，各乡（镇）党政主官，党员干部群众代表参加会议，县委书记朱正辉代表县委常委会向县委全委会作《波密县2019年度干部选拔任用工作情况报告》。

同日 波密县召开2019年度第一次编委会，县委书记朱正辉，县委常委、组织部部长、党校校长张斌出席会议。

28日 西藏自治区村级组织活动场所标准化建设考核验收组到栋曲村、达兴村就村级组织活动场所建设、作用发挥等工作进行调研，县委书记朱正辉陪同。

30日 波密县公安局开展摩托车“送考下乡”便民服务活动。摩托车D照参考群众24人，24人通过考试；摩托车E照参考群众118人，105人通过考试。

31日 波密县首次完成教育系列初级专业技术职务评审及聘任工作，对30名符合条件并申报中小学二级教师专业技术职务教师的材料评审、资格确认和职务聘任相关工作，波密县已具备进行教育系列初级专业技术职务评审的能力水平，办理事项可不用再上市或跨部门办理。

政治

中共波密县委员会
中共波密县委办公室（保密局、档案局）
波密县档案馆
波密县人民代表大会常务委员会
波密县人民代表大会常务委员会办公室
波密县人大财政经济委员会
波密县人大教育科技文化卫生委员会
波密县人大社会建设委员会
波密县人民政府
波密县人民政府办公室
中国人民政治协商会议波密县委员会
中国人民政治协商会议波密县委员会办公室
中国人民政治协商会议波密县委员会提案委员会
中国人民政治协商会议波密县委员会经济资源环境社会教科文卫委员会
中国人民政治协商会议波密县委员会文史民族宗教法制委员会
中共波密县纪律检查委员会（波密县监察委员会）
中共波密县委组织部（公务员局、老干部局）
波密县创先争优强基础惠民生活动领导小组办公室
“不忘初心、牢记使命”主题教育
中共波密县委宣传部
波密县互联网信息办公室
中共波密县委统战部（县民宗局）
中共波密县委巡察工作领导小组办公室
波密县委党校
中共波密县直属机关工作委员会
中共波密县委国家安全委员会办公室

2020 BOMI YEARBOOK

中共波密县委员会

【概况】 2019年，在区党委和市委的坚强领导下，在广东人民的无私援助下，波密县委团结带领波密县广大党员干部和各族群众，高举习近平新时代中国特色社会主义思想伟大旗帜，坚持以人民为中心的发展思想，以“不忘初心、牢记使命”主题教育为抓手，聚焦“五个波密”建设，紧紧围绕年初既定工作任务，攻坚克难、奋发有为，取得了经济社会持续健康发展的新成绩。

【机构改革】 自机构改革工作启动以来，县委充分发挥总揽全局、把握方向的领导作用，全面贯彻中央、区市决策部署和指示精神，主动对标党中央、区党委和市委机构改革工作部署要求，以强烈的历史责任感和使命感积极投身机构改革各项工作任务，有力确保改革目标任务精准落地。机构改革后，波密县共设置党政机构37个。县委机构10个，其中，纪检监察机关1个，工作机关9个；政府工作部门27个。

充分学习借鉴《中共中央关于深化党和国家机构改革的决定》《西藏自治区机构改革方案》及其他有关改革文件精神，开展各类学习20余次、交流座谈4次，草拟《波密县党政机构改革方案》，研究制定《波密县党政机关机构职责编制职数调整框架》和《波密县党政机构挂牌及办公用房调配方案》，明确机构改革组织实施工作责任，结合新组建单位工作需要，新配备部门班子10家，优化部门班子26家。按照《市县机构改革操作规范》和《关于规范市县机构改革挂牌事宜的意见建议》要求，顺利完成20家新组建部门挂牌工作。

2019年8月30日，波密县委书记朱正辉（右四）前往扎木镇调研康木村旅游项目

【班子和队伍建设】 崇尚实干用人导向，定期开展领导班子运行情况调研和考核，注重从基层一线和急难险重工作中识人用人，推进干部能上能下。严格执行干部选拔任用程序，以党政机构改革为契机，多渠道、多层次、多侧面识别干部，科学合理调整干部结构，选优配强各级领导班子。制定完善《波密县干部人才调动办法》，统筹波密县干部流动管理，规范干部借调、抽调和调动程序，形成用制度管人管事的良好工作氛围。

【特色农牧产业】 围绕“两产业一平台”发展战略，抓实产业规划，制定“2+3+1”农牧产业发展思路（“2”即藏猪产业和茶产业；“3”即天麻、灵芝菌和羊肚菌产业；“1”即养殖业）。抓好藏猪养殖发展，统筹各类资金 8300 万元，建设核心保种场 1 个、标准化规模养殖场 3 个。全市单体规模最大标准化藏猪养殖场—多吉乡木古村藏猪养殖基地投入使用。2 家藏猪养殖企业顺利落户波密。制定印发《2019 年茶叶种植实施方案》，全面落实 2019 年茶叶种植地块工作，建成高原生态有机乌龙茶育种基地，完成茶叶种植 2100 亩，品种为老茶树和软枝乌龙。结合村集体经济发展，以市场为导向，推进天麻、灵芝菌、羊肚菌特色农产品种植 143 亩，新建蔬菜温室大棚 68 亩。同时，依托藏核、京藏等企业，发挥市场主体作用，完善“企业 +”链条，实现农牧民群众持续增收致富。

【教育事业】 强化藏粤学校学术、经验交流，“广州波密·区乡对接”教育帮扶模式，签订帮扶协议 12 份，按照“走出去，请进来”的方式，邀请广州大学及广州市教育系统 124 名专家教授来波密进行帮扶指导，波密县 533 名教师不同程度受益。组织开展片区语文、数学主题教研活动，加强校际教研交流，促进教师专业发展，提升校本教研水平，教育支出 1.7 亿元，同比增长 22.98%。波密县共有在校学生 5499 人。其中，中学学生 1353 人，毛入学率 105.94%；小学学生 2912 人，毛入学率 108.95%；在园幼儿 1234 人，学前三年毛入园率 86.13%。

【医疗卫生】 严格按照西藏自治区《医院评价标准实施细则》实施方案、安排部署和工作要求，有序开展县人民医院二级甲等医院创建工作。加大医疗卫生项目投资力度，提高医疗硬件实力和医疗服务能力，县级区域医疗中心、妇幼保健站等项目现已建成并投入使用，群众“家门口”看病就医更加便捷。

【文化旅游】 文化事业加快发展。着力打造“一乡一品”文化品牌，形成以多吉乡非遗文化节、易贡油菜花节为主的波密民俗文化活动体系；集中开展“挖掘波密革命历史，感知波密红色情怀”全国行等活动，持续做好波密红色历史资料搜集、红色旅游资源挖掘工作，红楼精神得到有力传承。生态旅游业迈出新步伐。坚持以创建全域旅游示范区为抓手，加快构建“一轴三线”旅游发展布局，着力推进旅游公共服务基础设施建设，鼓励大企强企以及农牧民群众参与全域旅游发展，旅游服务水平和能力不断提升。成功举办林芝市第十七届桃花旅游文化节波密分会场活动、倾多镇首届民俗文化旅游节等节庆活动，全区首条“红色+”复合旅游产品线路落地波密，旅游品牌进一步壮大。接待游客177万人次，旅游收入突破14亿元。巴卡村入选第一批全国乡村旅游重点村名录，扎木中心县委红楼成功创建全区首个AAAA级红色旅游景区，米堆冰川景区成功创AAAA级旅游景区，打破了波密县无A级景区局面。

【社会保障】 不断健全完善社会保障体系，坚持“广覆盖、多层次、保基本、可持续”方针，加强政策宣传，全民参保登记工作全面完成，各项社会保险稳步推进。认真落实“双集中”和社会救助，2019年兑现城乡低保、特困补助资金440.37万元、城乡医疗救助资金485.32万元、困难家庭救助资金69.59万元。“大爱波密”扶贫济困慈善微平台运行良好，累计资助困难学生54名，发放资助金9.25万元。稳步推进残联工作，健全完善残疾人社保体系，及时兑现各类补贴268.66万元，建成全区首个村级残联组织全覆盖县。认真做好高校毕业生就业和转移就业工作，2019年高校毕业生就业208人，就业率99.5%，建档立卡贫困户应届高校毕业生就业22人，就业率100%；实现城镇新增就业529人，农牧民劳动力转移就业9363人次。此外，顺利完成年初确定的民生十件实事，文化广场、幼儿园食堂、高海拔乡（镇）供暖、棚户区改造、区域医疗中心、村道防护工程、安全饮水巩固提升等惠民利民项目全部建设完成并投入使用，三级便民服务体系进一步完善，老年人照料中心和未成年人保护中心有序推进，群众幸福感、获得感得到有力提升。

【生态环保】 生态工作井然有序。大力实施生态功能区建设以及重点区域造林、退耕还林、义务植树等重点工程，累计完成各类造林133.33公顷，完成2018年森林抚育项目1333.33公顷，兑现生态效益补偿金2453万元；全面推行河长湖长制，设立河湖长248名，进一步明确日常巡逻、管护等工作责任，有效杜绝河湖重大污染事件发生。2019年，波密县空气质量达标天数比例100%，主要江河湖泊水质达到或优于Ⅲ类标准，水源地水质达标率100%。

环保整改积极有力。对标对表“绿盾2018”自然保护区监督检查专项行动中涉及波密县8个整改项目，已完成7个项目整改工作。全力推进中央、自治区环保督察整改工作，按照“一案一册”要求，分别对中央、自治区环保督察所涉共性问题，及时制定整改方案，并提出具体整改措施。中央环保督察组转办的7项问题和自治区环保督察组反馈的2项问题已全部办结。

土地治理和砂石乱象整治稳步推进。加大对非法侵占国有土地、乱圈乱占乱建、违规建筑、超面积使用等问题的整治查处力度，制止“五乱”行为41宗，完成卫片执法图斑16宗，涉及违法用地13亩。坚持节约、集约利用土地，依法确定增减挂钩立项试点8个，节余建设用地指标451.06亩，依法出让土地141.93亩，收缴土地出让金4346万元、罚金55.08万元，国有土地依法管理环境不断净化。扎实开展砂石乱象整治，组织水利、自然资源、公安等部门联合执法、全面梳理、分类处置，对波密县35处非法采挖点进行关停治理，切实遏制非法开采行为。

【乡村振兴】 紧扣波密县三年人居环境整治示范县定位，全面加强乡村基础设施、环境治理工作，认真贯彻乡村振兴“二十字”总要求，在全区率先谋划编制《波密县2018-2022年，乡村振兴战略总体规划》和《波密县农村人居环境整治三年行动实施方案（2018—2020年）》，涉及六大类84个项目，总投资46.67亿元，切实把巩固脱贫攻坚成果与乡村振兴战略紧密结合，以脱贫攻坚补齐乡村振兴短板，以乡村振兴巩固脱贫成效，为全面建成小康社会打下坚实基础。年内，先后投入1600万元，打造示范村15个，计划2020年推进35个行政村建设，全面实现乡村“产业兴旺、生态宜居、乡风文明、治理有效、人民富裕”。

【自然灾害】 以强化森林防火能力建设为重点，狠抓防火基础设施建设和责任落实，认真开展消防、森防安全大检查，整治隐患266处。积极应对“2·28”“8·31”雪崩及塌方等自然灾害，主动做好滞留车辆和人员的疏通、劝导，并稳妥开展灾后隐患排查清理工作，确保道路安全畅通。

【平安共建】 狠抓扫黑除恶，社会生态得到有效净化。严格落实“书记工程”“一把手”工程责任制，建立健全《波密县扫黑除恶专项斗争联席会议制度》，召开专项斗争会议5次，专题推进会4次、联席会议10次，研究相关案件线索，调度工作情况，推动解决相关问题，并顺利通过中央扫黑除恶专项督导及“回头看”工作。开展扫黑除恶专项斗争集中宣传1070场次，覆盖3.9万人次，摸排线索37条，其中立案办理20起，办结涉恶案件1起，判刑3人。

围绕平安创建，社会治理工作稳步推进。借鉴新时代“枫桥经验”，探索建立“三级和议”源头化解矛盾纠纷隐

2019年9月12日，中共波密县委员会召开县委理论学习中心组2019年第十二次学习会暨“不忘初心、牢记使命”主题教育专题学习会

患模式，将玉普乡阿西村打造成为波密县首个“三级和议”样板村，有力消除群众聚众闹事、越级上访隐患。针对往年虫草采挖期间矛盾纠纷较多的地点，创新设置临时党支部，通过巡逻、排查等方式，及时整改安全隐患3处、化解虫草采集矛盾纠纷1起。强化社区矫正、安置帮教工作，严格执行相关管理规定，深入实地开展走访、排查、思想教育10次，受众500人次，实现矫正帮教工作全覆盖。有效发挥公安检查站、便民警务站“过滤网”“护城河”作用，严格落实“四必查”，杜绝违法分子、违禁物品流入波密县。

教育管理并举，确保宗教领域绝对稳定。制定印发《关于加强和改进新形势下宗教工作实施意见》，进一步明确各级党委、政府等部门工作职能，为依法依规管理宗教工作提供根本遵循；进一步加大“遵行四条标准 争做先进僧尼”“四讲四爱”等教育实践活动宣讲力度，教育引导寺庙僧人爱国爱教、潜心修行、遵规守法，积极引导宗教与社会主义社会相适应。开展学习教育100场次，受教僧人800人次。

注重普法宣传，持续推进法治建设。以深入推进“七五”普法工作为契机，坚持以学习宣传宪法为重点，充分利用综治宣传月、国家安全教育日、环境日、禁毒日、法制宣传日等重要时间节点，围绕土地整治、生态建设、安全生产、平安建设等主题开展普法宣传教育，开展宣传活动60场次，发放宣传资料1万份，受教群众1.6万人次。

【项目与建设】 严格落实“十三五”规划总体要求，切实加快项目建设，各项重点项目建设进展顺利。2018年小型农田水利重点县建设、松宗小集镇、县委党校、“三岩”搬迁、棚户区改造等项目顺利完工，省道303易贡至八盖公路、朗秋冰川景区公路、乡（镇）污水处理及收集系统等项目有序推进。开复工项目167项，完成国家重点项目投资7.93亿元。同时，协调做好川藏铁路、滇藏铁路等项目的前期勘探、指挥部建设、站点位置及线路图设计等工作。稳步推进波密县“十四五”规划编制工作，整理形成总投资426亿元包含350个项目的《波密县“十四五”重点项目建设需求表》。总投资1500万元的波密县全国电子商务进农村综合示范项目有序推进，项目建成后将有效拓宽波密特色农产品销售渠道。

【脱贫攻坚】 认真做好中央脱贫攻坚专项巡视反馈意见整改工作，及时组建工作专班，制定《整改方案》，建立《整改台账》，制定整改措施110条，已全部整改完成。严格按照“四个不摘”工作要求，制定印发《波密县脱贫攻坚巩固提升实施方案》，进一步明确产业、就业、医疗、教育等9个方面重点任务，持续落实教育帮扶、医疗救助、产业扶持、政策兜底等各项惠农政策，确保已脱贫群众持续增收。制定出台《波密县财政扶贫资金管理办法》《波密县扶贫资金县级报账制管理暂行办法》，有效确保扶贫资金投入合理、使用规范、及时拨付；2019年，波密县无返贫、错退及新增贫困人口，所有建档立卡贫困户均已全部实现脱贫，贫困发生率降至0；稳步推进“三岩”搬迁，做实各项配套产业及各项服务工作，确保搬迁群众搬得进、留得住、能致富。2019年，5批46户321

名搬迁群众全部顺利入住。

【援藏工作】 顺利完成第八批和第九批援藏工作交接，第九批援藏工作组到位后，立足波密资源禀赋，认真谋划工作思路，主动深入乡（镇）、村（居）调研援建项目建设需求，组织开展“区乡对接项目擂台大比武”活动，推动对口支援精准对接，乡（镇）基础设施建设、产业发展、能力提升、社会援助、民生事业等受援工作逐步深化，区乡对口援建工作进一步夯实。

【招商引资】 2019年，来波密咨询、洽谈项目的客商共计25批次，与其中7家公司成功达成初步协议，其中天宇圆梦苑建设项目、野生光核桃项目等五个项目已动工建设；为提高招商项目知晓率，波密县充分利用政府门户网站广泛发布招商信息，同时以上门招商、参加重大招商活动等契机，大力开展项目宣传推介。2019年，招商引资到位资金4.8亿元。

【党建工作】 强化政治统领。坚持把党的政治建设摆在首要位置，以政治建设为统领，坚定维护以习近平同志为核心的党中央权威和集中统一领导，自觉贯彻党总揽全局、协调各方的根本要求，把党的领导落实到县域治理的各领域各方面各环节，引导波密县党员干部切实增强“四个意识”、坚定“四个自信”、做到“两个维护”。

强化思想引领。坚持把思想建设作为党的基础性建设，聚焦新时代，立足新方位，全力深化理论武装，坚定理想信念。县委常委会以上率下，带头学习，2019年召开常委会会议27次，理论学习中心组学习会17次，不折不扣学习贯彻习近平总书记重要讲话精神以及中央、区党委、市委重大决策部署，确保政令畅通、令行禁止。

强化政治教育。结合“不忘初心、牢记使命”主题教育，依托学习强国、西藏党员教育等平台和班子成员带头讲党课、深入基层宣讲等方式，通过组织培训、集中学习、观看教育影视资料等多种形式不断巩固学习成效。各级党组织开展各类学习230场次、受训党员干部人数1.2万人次。深入开展“四讲四爱”群众教育实践活动，组织群众开展民主改革60周年、新中国成立70周年等纪念活动，开展宣讲活动2000场次，受教群众15.6万人次。

扎实开展主题教育。以高度的政治自觉认真开展“不忘初心、牢记使命”主题教育，精准落实学习教育、调查研究、检视问题、整改落实四项重点措施，依托红色资源创新实践载体，广大党员干部自觉在加强理论学习、追忆红色历史中滋养初心，主动在查摆整改问题、践行群众路线中担当作为。通过主题教育，广大党员干部在思想上受洗礼、灵魂上受触动，初心和使命得到进一步弘扬。

夯实基层组织基础。以提升基层党组织组织力为抓手，突出“红色波密、红楼精神、红心党建”品牌引领作用，系统谋划“318”基层党建工作思路，全面推动基层党建工作创新发展。扎实开展村（居）组织换届“回头看”和村干部联审工作，不断优化村干部队伍结构。积极推行部队军官到村结对帮建工作，为易贡乡通加村、古乡巴卡村等6个村配备5名党建指导员。严格按照（“三化”“四性”“八个阵地”）的建设要求，整合各类资金3700万元，有序推进35个村级组织活动场所建设。

【廉政建设】 严格落实全面从严治党“两个责任”，坚定不移推进党风廉政建设和反腐败工作，制定《波密县2019年度落实党风廉政建设责任制任务分解表》《中共波密县委员会加强党的领导主体责任清单》等相关规定，为县委统揽党风廉政建设工作提供制度保障。围绕资源开发、工程招投标以及公共财政支出等重点领域和关键环节，大力开展扶贫领域腐败和作风问题以及涉黑涉恶腐败和“保护伞”问题监督执纪问责工作。制定《波密县关于监察工作向基层延伸改革试点的实施方案》，波密县10个乡（镇）完成派出监察室挂牌并同步配齐各监察室主任和监察人员。共处置问题线索53件，了结24件，立案17件（含2018年2件）。约谈20人、诫勉谈话8人、给予党纪政务处分19人，下达监察建议书8份，追缴违纪资金和挽回经济损失11万元。

（赵选贺）

【县委常委会议】

1月5日 县委书记朱正辉主持召开县委九届第47次常委会会议。会议传达学习《在十九届中央政治局第八次集体学习时的讲话》《关于在全市开展整治领导干部利用名贵特产类特殊资源谋取私利问题的通知》《关于波密县违规举办2018“中国旅游好资源”发现大会情况的通报》，听取人大、政府、政协、法院、检察院党组工作汇报，听取波密县财经工作汇报、波密县生态环境保护工作汇报、波密县安全生产工作汇报、波密县土地治理工作汇报、波密县产业发展工作汇报和波密县城镇化建设工作汇报，研究《关于评选表彰县级文明单位、文明村镇、文明家庭的请示》《关于表彰波密县2018年“四讲四爱”群众教育实践活动最美人物的请示》《关于评选2018年度县级平安企业、平安酒店、平安寄递、平安校园、平安医院（诊所）、平安家庭的请示》《关于表彰2018年综治工作先进乡镇、先进集体、先进个人的请示》《中共波密县公安局委员会关于增补党委委员的请示》，审议《波密县2018年度县委常委班子民主生活会方案》，会议还研究了《波密县维稳形势分析报告》。

1月13日 县委书记朱正辉主持召开县委九届第48次常委会会议。会议研究《关于处置林芝市永久片区贫困人口就业孵化基地建设项目的请示》《关于解决波密县植被恢复整改工作所需相关资金的请示》《关于解决波密县茶叶种植项目待付资金的请示》《关于协议出让波密县规划区内九宗地的请示》《关于研究波密县规划区内两宗地超面积问题的请示》《关于研究解决实惠加油站土地出让金和超面积用地相关事宜的请示》《关于研究波密县规划区内一宗住宅变商业用地问题的请示》，会议听取了波密县深化党政机构改革工作进展情况汇报。

2月27日 县委书记朱正辉主持召开第九届50次常委（扩大）会暨脱贫攻坚巡视整改部署会。会议传达学习习近平总书记关于扶贫工作的重要论述和《中共中央 国务院关于打赢脱贫攻坚战三年行动的指导意见》，王鸿津、吴英杰同志在中央第三巡视组对西藏自治区开展脱贫攻坚专项巡视情况反馈会议上的讲话精神和《自治区、林芝市纪委扶贫领域监督执纪问责工作座谈会上的讲话精神传达提纲》，听取了《波密县关于落实中央第三巡视组脱贫攻坚专项巡视反馈意见的整改方案》说明，并研究了下一步整改工作，会议还安排部署了波密县近期工作。

3月15日 县委书记朱正辉主持召开县委九届第51次常委会议，会议传达学习《中国共产党重大事项请示报告条例》《关于严格执行党中央“两不愁、三保障”等政策标准的通知》，研究政府相关事宜，听取了波密县中央扶贫专项巡视反馈意见的整改情况和波密县集中整治不作为慢作为、文山会海等形式主义、官僚主义突出问题的工作汇报，审议《波密县机构改革方案》，研究干部退休事宜。

3月18日 县委书记朱正辉主持召开县委九届第52次常委会议，会议听取机构改革涉改单位办公用房分配方案和机构改革涉改单位挂牌工作安排汇报，研究成立文化和旅游局等8个单位党组事宜和机构改革新组建单位负责人员安排建议方案，研究试用期满考核干部任职事宜。

4月12日 县委书记朱正辉主持召开县委九届第53次常委会，会议传达学习《中共林芝市委员会加强党的领导主体责任清单》、习近平在中央党校（国家行政学院）中青年干部培训班开班式上的重要讲话精神、《林芝市脱贫攻坚主体责任落实不到位通报约谈制度》《中共林芝市委员会关于建立市政府向市人大常委会报告国有资产管理情况制度的意见》文件精神，研究政府相关事宜、团县委申报先进集体和个人有关事宜，并就推荐区、市先进集体和个人相关事项进行说明，研究组织部相关议题。

4月15日 县委书记朱正辉主持召开县委第九届54次常委会（扩大）会议。会议传达学习《汪洋主席参加西藏自治区代表团审议时的讲话》，听取了政府党组第一季度重点工作开展情况、波密县3月敏感期维稳工作情况和“三个专项斗争”工作开展情况、脱贫攻坚工作进展情况、统战民宗第一季度工作开展情况、“三岩”搬迁工作进展情况。

4月15日 县委书记朱正辉主持召开县委九届第55次常委会，会议传达学习区党委和市委主要领导关于三月维稳工作的批示精神，研究干部人事事宜。

4月16日 受县委书记朱正辉委托，县委副书记、县长边巴主持召开县委九届第56次常委会，会议研究干部处理事宜。

5月17日 县委书记朱正辉主持召开县委九届第57次常委会议，传达学习《习近平在重庆召开的解决“两不愁三保障”突出问题座谈会上讲话精神》《习近平在中央政治局第十二次学习会上的讲话》《中共中央办公厅、国务院办公厅印发的（法治政府建设与责任落实督察工作规定）》《关于党的十九大以来自治区党委贯彻执行中央八项规定及其实施细则精神情况的报告》《林芝市重点项目（招商引资）推进管理实施方案（试行）》《林芝市加强招商引资促进实体经济发展试行办法》，研究政府党组工作事宜和县人民检察院招聘书记员有关事宜，听取《云旦平措触电意外事故调查报告》，研究《监察工作向基层延伸改革试点实施方案》，研究组织部相关事宜。

5月31日 县委书记朱正辉主持召开县委九届第58次常委会。会议传达学习《习近平在中央政治局第十四次集体学习时的讲话》《中国共产党党员教育管理工作条例》《干部选拔任用工作监督检查和责任追究办法》、区党委关于脱贫攻坚专项巡视整改进展情况的通报、《地方党政领导干部食品安全责任制规定》《西藏自治区关于解决形式主义突出问题为基层减负的若干举措》《西藏自治区安全生产党政同责实施办法》和《林芝市党政领导干部安全生产责任制规定实施细则》，研究关于加强和改进新形势下宗教工作的实施意见有关事宜，听取扫黑除恶打非治乱专项斗争工作进展情况报告。

6月14日 县委书记朱正辉主持召开县委第九届59次常委（扩大）会议，会议传达学习习近平总书记在“不忘初心、牢记使命”主题教育工作会议上的重要讲话、习近平总书记在江西考察时的重要讲话、习近平总书记在全国公安工作会议上的重要讲话精神以及中央保密委员会第二次全体会议和全区保密工作会议精神、《关于进一步规范对涉嫌违法犯罪党员作出纪律处分工作的意见》精神，听取波密县特色农牧产业发展、生态旅游产业发展、城镇化建设、招商引资和“三岩”搬迁等工作开展情况汇报。

7月23日 县委书记朱正辉主持召开县委第九届60次常委会，会议传达学习习近平总书记在中央政治局第十五次集体学习会上的重要讲话、习近平总书记在中央和国家机关党的建设工作会议上的重要讲话精神、《中共西藏自治区委员会办公厅关于开展形式主义、官僚主义问题自查工作的通知》，研究政府党组提交事宜，听取《关于拟推荐县委常委、统战部部长加布为政协第一届林芝市委员会人选的请示》的情况说明，研究了干部和农牧民党员处理事宜、干部人事事宜，通报县委常委班子成员临时分工，听取县委常委班子成员2019年上半年工作开展情况汇报，会议强调从严治党相关纪律要求。

8月9日 县委书记朱正辉主持召开县委第九届61次常委会，会议传达学习习近平在十九届中共中央政治局第十六次集体学习会上的重要讲话精神和全区扶贫领域腐败和作风问题专项治理工作座谈会精神，研究政府党组提交的《关于提请审议动用2019年存量资金的请示》《关于提请审议易贡乡卫生院建设项目缺口资金的请示》和《关于提请审议波密县客运班线体制改革方案的请示》，审议《关于成立中共波密县委“不忘初心、牢记使命”主题教育领导小组及巡回指导组的名单》，听取米堆冰川景区环境整治工作进展情况汇报。

9月3日 县委书记朱正辉主持召开县委第九届62次常委会，传达学习习近平总书记在内蒙古、甘肃考察并指导开展“不忘初心、牢记使命”主题教育时的重要讲话精神、《中共中央关于李平同志搞形式主义、官僚主义案件查处情况及其教训警示的通报》和自治区扶贫开发领导小组会议精神并研究波密县贯彻意见，研究县委巡察办提交事宜和党组设立、人员调整、名称变更相关事宜及组织部提交相关事宜，会议宣读了《关于执行阿旺朗加、索朗扎西处分决定的通知》。

9月6日 县委书记朱正辉主持召开县委第九届63次常委会，会议传达学习《李克强总理在国家应对气候变化及节能减排工作领导小组第一次会议上的讲话》《中共中央办公厅关于贵州省认真贯彻习近平总书记重要批示精神深入开展领导干部利用茅台酒谋取私利问题专项整治情况的通报》《自治区党委领导同志批示通知》《西藏自治区党政领导干部安全生产责任制实施细则》和《中共西藏自治区委员会关于加强和改进机关党的建设的实施意见》，听取基层党建、党员不信仰宗教、扫黑除恶进展情况及中央扫黑除恶第13督导组反馈问题整改落实、波密县砂石治理、波密县土地治理工作情况汇报，研究政府党组提交的关于茶产业发展相关事宜的请示。

9月25日 县委书记朱正辉主持召开县委第九届64次常委会，会议传达学习《习近平总书记在中央党校（国家行政学院）中青年干部培训班开班仪式上的讲话精神》《习近平总书记在中央全面深化改革委员会第十次会议上的讲话精神》《习近平总书记对国家网络安全宣传周重要指示精神》《中国共产党农村工作条例》和《中国共产党机构编制工作条例》，审议《中共波密县委员会关于开展“不忘初心、牢记使命”主题教育的实施方案》，研究成立相关工作领导小组事宜、《关于提请审议扎木镇发展羊肚菌产业的请示》和县委组织部提交事宜，会议还听取县委常委班子成员第三季度工作情况汇报。

10月8日 县委书记朱正辉主持召开县委第九届65次常委会，学习《中国共产党问责条例》，研究县政府党组提交事宜，听取中央扫黑除恶第13督导组反馈问题整改落实情况及扫黑除恶专项斗争“回头看”迎检准备情况和波密县社会治安“网格警务”工作开展情况。

10月28日 县委书记朱正辉主持召开县委九届66次常委会议，会议传达学习《中国共产党宣传工作条例》《习近平在黄河流域生态保护和高质量发展座谈会上的讲话》《胡春华在西藏调研脱贫攻坚时的讲话精神》《中共中央 国务院关于建立国土空间规划体系并监督实施的若干意见》，研究政府党组提交的《关于提请审议县人民政府县级领导干部分工的请示》，听取九届县委第五轮巡察情况报告，研究市级文明单位、文明村镇评选推荐和成立波密县国土空间规划委员会及组成人员确定事宜，研究组织部提交相关事项。

11月9日 县委书记朱正辉主持召开县委九届67次常委（扩大）会议，会议传达学习《中共中央办公厅关于做好党的十九届四中全会精神学习宣传工作的通知》，习近平总书记关于《中共中央关于坚持和完善中国特色社会主义制度推进国家治理体系和治理能力现代化若干重大问题的决定》的说明，《中共中央关于坚持和完善中国特色社会主义制度推进国家治理体系和治理能力现代化若干重大问题的决定》，听取波密县2019年意识形态领域工作开展情况的汇报。

11月13日 县委书记朱正辉主持召开县委九届68次常委会，会议传达《中共中央办公厅关于陕西省委、西安市委在秦岭北麓西安境内违建别墅问题上严重违反政治纪律以及开展违建别墅专项整治情况的通报》，传达学习《中共西藏自治区委员会 西藏自治区人民政府关于全面加强生态环境保护坚决打好污染防治攻坚战的实施意见》《中共中央办公厅 国务院办公厅关于在国土空间规划中统筹划定落实三条控制线的指导意见》《关于未来扶贫工作的重要核心内容》《中共中央办公厅 国务院办公厅关于进一步做好清理拖欠民营企业中小企业账款有关工作的通知》和《习近平在中央政治局第十七次集体学习时的讲话》，研究县委统战部提交相关事宜、政府党组提交相关事宜和县纪委关于干部处理相关事宜，研究县委组织部提交相关事宜。

11月18日 县委书记朱正辉主持召开县委九届69次常委会，会议研究确定职级晋升考察对象事宜。

11月24日 县委书记朱正辉主持召开县委九届70次常委会，会议听取《关于申请拍摄波密县宣传纪录片的报告》，研究干部调动和干部职级晋升调整事宜。

11月26日 县委书记朱正辉主持召开县委九届71次常委（扩大）会，会议传达学习《中共中央关于印发〈中华人民共和国成立70周年庆祝活动总结报告〉的通知》《吴英杰、齐扎拉、王旭东、多吉次珠同志在全区旅游产业发展大会上的致辞、讲话》《中共中央关于新时代加强和改进人民政协工作的意见》、自治区党委政协工作会议暨庆祝自治区政协成立60周年大会精神及林芝市贯彻意见和《关于三起纪律审查和监察调查中发现的党员干部违反中央八项规定精神问题的通报》，听取县委办、组织部、统战部、政法委、县纪委监委5家牵头单位关于“不忘初心、牢记使命”主题教育专项整治工作进展情况汇报，安排部署下一步工作，听取波密县安全生产工作汇报、信访工作汇报、食药安全工作汇报和生态环境保护工作及迎接第二轮中央生态环境保护督察情况汇报。

12月7日 县委书记朱正辉主持召开县委九届72次常委会，会议传达学习《习近平同志在中央政治局第十八次集体学习时的讲话》《李克强

2019年11月12日，中央扫黑除恶第13督导组下沉林芝市“回头看”工作组一行抵达波密开展工作

总理在研究分析当前经济形势和部署下一步经济工作时的讲话》《李克强总理在国家能源委员会第一次会议上的讲话》《全区2019年第二次扶贫领域腐败和作风问题专项治理工作例会》主要精神和《吴英杰在全区民族团结进步表彰大会上的讲话》，研究县人大党组提交相关事宜、县政协党组提交相关事宜、县委政法委提交相关事宜，研究政府党组提交相关事宜。

（赵选贺）

【领导名录】

县委书记

朱正辉

县委副书记、县长

边巴（藏族）

县委常务副书记

李锋（援藏，7月离职）

县委常务副书记

邹勇刚（援藏，7月任职）

县委常委、人大常委会主任

马海蕴

县委副书记、常务副县长

李伟成（援藏，7月离职）

县委副书记、常务副县长

钟泳薪（援藏，7月任职）

县委副书记

罗松（藏族，12月离职）

县委副书记、常务副县长

全保卫

县委副书记、纪委书记、监察委主任

王芳（12月任县委副书记）

县委常委、人武部政治委员

次仁旺拉（藏族、2月离任）

何勇（9月任职）

县委常委、组织部部长、党校校长

张斌

县委常委、统战部部长、政协党组副书记

加布（藏族）

县委常委、政法委书记、公安局局长

阿旺朗加（藏族）

县委常委、副县长

沈光银（侗族）

县委常委、宣传部部长

屈永辉

中共波密县委办公室（保密局、档案局）

【机构改革】 2019年，根据党政机构改革相关要求，明确中共波密县委员会办公室是县委的综合部门，为正科级，负责推动县委决策部署的落实，按照县委要求协调有关方面开展工作，承担县委运行保障具体事宜。新加挂县委保密委员会办公室、县国家保密局、县档案局牌子。

【政治学习】 始终坚持把学习放在突出位置，打造学习型机关，致力于学用结合，以学促用，以学习促进办公室工作人员整体素质的提高，以学习促进整体服务水平的提升，组织班子成员和全体干部系统学习党的十九大、十九届四中全会精神以及习近平总书记系列重要讲话精神，认真领会其精神实质和深刻内涵，加深对党的路线、方针、政策的理性认识，在政治上、思想上和行动上做到始终与党中央保持高度一致，与区党委、市委、县委同心同向，办公室成员认识问题、分析问题、解决问题的能力不断增强，政治理论素质和工作业务水平明显提高。2019年，县委办公室共开展各类学习会议38次。

【作风建设】 以深入开展“不忘初心、牢记使命”主题教育为契机，及时安排部署落实中央、区党委、市委和县委关于开展主题教育相关工作要求，主动研究部署学习教育、调查研究、检视反思、整改落实四项重点工作任务。主题教育开展以来，党支部书记讲党课1次，组织开展主题教育学习研讨7次，带领支部班子对照“不忘初心、牢记使命”要求查摆出问题10项15条，并逐条建立整改台账，制定整改方案，明确整改举措，全体党员干部通过主题教育思想意识有了明显提高，工作作风有了明显转变，形成了政治强、业务精、纪律严的优良作风。

【办文方面】 县委办认真贯彻落实《党政机关公文处理工作条例》和基层减负年工作要求，严把政治关、政策关、文字关、格式关、程序关，坚持“短、精、真、实”，做到内容全面、严谨细致、精益求精，确保制发的公文符合政策、表达清楚、简明扼要。严把起草关。对应由县委办公室起草的文件，认真拟稿，精益求精；对由部门代拟的文件，进行严格审核，仔细缮改，力求准确到位。严把审核关。所有文件必须经办公室人员修改无误后，再逐级经领导签发，最后再次对其进行仔细校核，使格式、内容以及标点符号准确无误。2019年共撰写领导讲话、各类文件、上报材料共80篇，县委及县委办共发文204件，确保了县委各项工作及时、准确地安排部署。严把收发关。对上级文件的传阅由办公室专人负责，及时登记传阅，并认真做好文件的整理存档。2019年共阅办各类文件723份，回收723份，杜绝文件丢失及泄密事件发生。

【办会方面】 严格按照基层减负年相关要求，精简会议活动，切实改进会风，狠抓会前、会中、会后三个关键环节，坚持会前准备充分，会中服务规范，会后落实有力，确保会议秩序井然、科学细致。2019年共组织县委九届四次全会、2019年经济工作会议、县委常委会等各类会议50次，会议期间未出现任何纰漏，受到县委、政府领导充分肯定。

【沟通协调】 充分发挥主观能动性，统筹协调、合理调度，妥善处理全局内、外部关系，做到事前勤沟通、事后多反馈，保证各项工作有序开展。日常工作中注重强化大局意识，努力做好领导工作之间的协调，遇需请示的事情按程序请示领导，听取指示，统筹安排县级领导活动，使领导之间的工作联结成一个有机整体。利用党政网、电话、短信、会议等多种形式，及时把县委各个阶段的重大决策和重要部署传达到各单位部门，把各单位部门的工作情况、意见建议反映给县委，并就有关事项根据领导的意

2019年6月21日，县委办党支部开展“不忘初心、牢记使命”主题教育专题讲党课活动

2019 年 6 月 21 日，县委办公室参加庆祝建党 98 周年歌咏比赛

见认真给予答复。2019 年，共协助各单位部门组织各类会议活动 70 场次，接待各级领导调研和视察活动 90 次。

【信息编报】 充分发挥信息主渠道作用，实事求是地做好上级党委重大方针政策、决策部署的信息反馈工作，及时传达县委领导的决策和指示精神，准确、全面地反映波密县各乡镇、各部门的工作成绩、典型经验、困难问题和发展态势，保证县委领导能够及时了解重要社情动态。在及时、准确、全面提供信息的前提下，办公室狠抓信息的收集和反馈工作，紧贴县委中心工作，抓住重点、难点、热点、特点，突出超前性、苗头性、综合性、指导性，为领导决策参考提供高质量的信息。积极向自治区、市委反馈文件、会议、决策的实施情况和波密县经济社会的发展情况。2019 年共向上级相关部门报送信息 2320 条，被区、市采用 166 条，及时编发《波密信息》综合期刊 23 期，为县委、县政府了解重要工作动态，掌握社情民意，以及各乡镇、各部门之间交流工作，相互学习，起到了积极作用。

【督查工作】 2019 年，县委办公室充分发挥职能作用，突出重点，把握关键，强化督导工作，在深入推动县委决策落实上下功夫，积极主动地开展督查工作，并对决策落实中带有普遍性、倾向性、政策性的问题及时反馈。围绕县委重大决策开展重点督查。2019 年共开展县委常委会会议贯彻落实情况督查 3 次，及时下发督查通报，表扬先进、鞭策后进，使县委重大决策得到及时贯彻落实。2019 年共编发《督查通报》7 期，向市委督查室报送《督查专报》39 期。紧扣领导批示件开展专项督查。严格按照领导要求，坚持“批则必查，查则必清、清则必办、办则必果”

的原则，抓好领导批示和交办事项的落实。2019年承办书记批示的督办件3件，全部处理完毕，并及时向领导及有关部门反馈结果，做到件件有回音、事事有结果。牵头对督查检查事项进行专项清理，科学设置督查检查指标，2019年县级层面共开展各类督查检查9项目20次，同比减少45.4%，共签订责任状28个，其中撤销“责任状”和“一票否决”7个，合并2个。

【史志工作】 深刻领会区、市方志工作会议精神，牢牢把握地方志工作的方向，坚持修志为波密县物质文明、精神文明和政治文明服务，认真履行地方志工作职责，以“创精品年鉴、修名志佳志”为目标，紧密结合波密的地方特色、时代特色，定期收集整理方志大事记。7月召开县志初审会，收集意见建议300条，对波密县方志工作进行统一规范和疑问解答，9月召开县志复审会，修改错漏200处，12月召开县志终审会，全面做好志书校对，保证出版质量。年内，顺利完成《波密年鉴》2019卷三审三校工作，续志、编鉴工作取得显著成效。

【主责工作】 自觉执行中央、区党委、市委关于党风廉政建设主体责任工作部署和要求，自觉做党风廉政建设主体责任工作的组织者和推动者，联合县纪委采取明察与暗访、重点检查与随机抽查、定期与不定期相结合的方式进行联合检查，加强党风廉政建设常态化监督。根据全面强化党的领导有关要求，强化制度建设，制定印发《波密县2019年度落实党风廉政建设责任制任务分解表》《中共波密县委员会加强党的领导主体责任清单》，为县委统揽推进党风廉政建设工作提供制度保障。

【保密工作】 定期组织办公室工作人员学习保密工作等工作制度，不断增强保密观念，提高保密意识。完善文件传阅制度，改进发文流程，实行批示件、密件及特急件分类阅示的阅文流程。认真做好重大活动的保密工作，确保国家秘密的安全。2019年保密工作未发生一起错漏、迟办等事故，实现保密工作零失误。

【档案管理】 认真贯彻落实《波密县档案管理制度》，不断增强依法治档意识，充分利用“一法一办法”，把档案事业推上法制化轨道，加大实施力度，创造良好的依法管档、依法治档环境。主动做好档案执法监督工作，及时帮助各单位解决档案工作中存在的困难，落实档案工作计划；不断规范档案收集、

2019年11月13日，九届县委第六轮县委巡察组巡察县委办党支部动员会

整理、移交程序，确保档案工作规范化科学化。严格实行档案业务指导每年不少于2次，档案执法监督检查每年不少于1次的工作制度。全年波密县档案局开展档案行政执法检查5次，发出整改通知书2份。

【驻村工作】 根据自治区、市、县三级强基办驻村工作总体要求，选派3名优秀干部组成工作队进驻倾多镇如纳村开展驻村工作。驻村工作队进驻后，坚持以饱满的热情投身到驻村工作中，第一时间明确工作思路、创新工作举措、凝聚工作合力，为推动所驻村基层党建、维护稳定、巩固脱贫攻坚成果、产业发展等方面贡献力量。积极筹措资金1000元，对驻村工作队居住场所进行整理，并添置生活必备品及办公设备。组织办公室党员干部与驻村工作队联合开展主题党日活动，进一步深化组织生活载体，拓展党建工作内容。坚持关心关怀为先，利用春节、藏历新年、中秋等时间节点，为驻村工作队送去慰问金及慰问品价值3000元，为驻村工作队更高效地开展各项工作奠定坚实基础。主动落实“四对一”结对帮扶工作，2019年县委办班子成员慰问贫困户11户，慰问资金和物品共计5000元，及时对结对帮扶户所需所盼进行解决，进一步巩固了脱贫攻坚成效。

（屈晓炜）

【领导名录】

主 任

张虎

副主任

蔡林（5月离任）

郭凯前

罗布次仁（5月任职）

波密县档案馆

【概况】 波密县档案馆是中共波密县委员会办公室管理的副科级全额拨款类事业单位，职责是负责机关、团体、企事业单位重要档案及历史档案资料的管理等工作，负责馆藏档案的整理、编目、鉴定、技术保护和安全保管等工作。在编6人，实有在岗人员5名。

【档案业务提升】 2019年，波密县档案馆瞄准重心、找准关键，开展了档案业务指导工作，使业务指导具有较强的针对性、指导性和可操作性。截至年底，波密县档案馆以实地指导讲解、集中培训等方式，对各乡（镇）、各单位开展各类档案业务指导工作共12次，同时积极选派档案馆工作人员赴雅安档案学校学习相关业务工作1人次。

【档案法制工作】 为推进法治档案建设，切实营造良好的法治环境，波密县以“七五”普法为契机，结合每年的6月9日“国际档案日”和12月4日“全国法治宣传日”作为档案法制宣传活动日，积极运用法治思维和法治方式深化档案工作，全面开展档案法治宣传活动。2019年波密县档案馆先后4次， 通过制作展板、悬挂横幅、张贴宣传挂画、发放宣传单、接受干部群众咨询、利用LED显示屏滚动播出宣传标语等多种形式进行广泛宣传，进一步增强了广大干部群众的档案法制观念，调动了干部群众参与档案建设的积极性，构建了全社会共同参与档案工作的良好局面。活动中，共制作展板4块，悬挂横幅4条，张贴挂画16幅，发放档案基本知识、法治资料等宣传单500份。

2019 年 6 月 9 日，波密县档案馆开展“6·9 国际档案日”宣传活动—新中国的记忆

【档案资源建设】 2019 年，波密县档案馆继续贯彻国家档案馆第 8、9、10 号令，不断加强档案资源建设优化馆藏档案结构，提升馆藏档案的文化元素。到年底，波密县档案馆共接收县委办公室移交文书档案 688 件，同时波密县档案馆已接收入库第八批援藏项目档案（2017 年至 2019 年）303 卷，907 件以及相应电子档案，进一步完善和丰富了馆藏资源。

【档案服务利用】 2019 年，波密县接待档案查阅共 321 人次，451 件（卷）次。外出借阅共 115 人次、245 件（卷）次，已按规定时间归还，无随意涂改、丢失和泄密情况。

（次旺卓嘎）

【领导名录】

馆　长

次旺卓嘎（女，藏族）

波密县人民代表大会常务委员会

【概况】 2019 年，波密县人大常委会始终高举习近平新时代中国特色社会主义思想伟大旗帜，深入贯彻落实中央十九大和十九届二中、三中、四中全会以及中央第六次西藏工作座谈会精神，认真贯彻落实习近平总书记关于治边稳藏的重要论述和一系列重要批示指示精神，贯彻落实自治区第九次党代会与区党委九届三次、四次全会精神，始终将坚持党的领导、人民当家作主和依法治国有机统一。在县委的坚强领导下，正确履行宪法和法律赋予的职权，积极维护宪法权威。2019 年，共召开人民代表大会 1 次、常委会会议 9 次、主任会议 9 次，听取和审议专项报告和专题报告 16 个，批准“一府一委两院”请示 9 个，作出决议决定 12 个，依法任免国家机关工作人员 53 人次，选举市级人民代表 1 人，开展专项视察调研 1 次，积极配合区市两级人大常委会开展执法检查和专题调研6次，开展执法检查和专项调研11次。

【人民代表大会】 波密县第十二届人民代表大会第六次会议于2019年2月24日召开，2月26日闭幕，会期3天。会议听取和审议波密县人民政府工作报告；审查波密县2018年国民经济和社会发展计划执行情况与2019年国民经济和社会发展计划草案的报告，批准波密县2019年国民经济和社会发展计划；审查波密县2018年财政预算执行情况及2019年财政预算草案的报告，批准波密县2019年财政预算；听取和审议波密县人大常委会工作报告；听取和审议波密县人民法院工作报告；听取和审议波密县人民检察院工作报告。

【人大常委会会议】 2019年，共召开9次常委会会议。听取和审议专项报告和专题报告16个，作出决议决定12个，依法任免国家机关工作人员53人次。

【人事任免】 2019年，波密县人大常委会严格按照《地方组织法》等法律规定，坚持拟任职人员进行宪法宣誓、表态发言、颁发任命书等制度，规范人事任免工作，增强被任命人员的法律意识、公仆意识，为国家机关的正常运转提供组织保障。2019年，共依法任免国家工作人员53人次（其中：任职27人、免职26人），补选林芝市一届人大代表1名，确定人民陪审员名额56名。

【监督工作】 2019年，波密县人大常委会听取和审议国民经济和社会发展计划、财政预算执行情况等报告；听取审议财政存量资金使用、年度本级财政预算调整方案报告，切实为人民管好“钱袋子”；首次听取波密县国有资产管理情况专项报告，初步实现县属国有资产管理监督审查；组织开展《中华人民共和国食品安全法》《中华人民共和国妇女权益保障法》《中华人民共和国未成年人保护法》3部法律法规执法检查；坚持把保障和改善民生作为工作的出发点和落脚点，积极回应人民关切，持续开展监督，推动政府切实办好“民生十件实事”，不断提升全县人民获得感和幸福感。积极配合区、市两级人大常委会开展《中华人民共和国未成年人保护法》《中华人民共和国就业促进法》《中华人民共和国草原法》《中华人民共和国文物保护法》《中华人民共和国可再生能源法》5部法律法规的执法检查，并提出意见、建议3条，有效推进“五个波密”建设进程。

认真开展工作评议。县

2019年5月22日，自治区人大调研组在扎木中学开展义务教育调研

人大常委会进一步制定和完善《波密县人大常委会评议工作办法》，狠抓工作评议规范化，使评议工作依法、严谨、有序。2019年，对农业农村局、市场监督管理局、文化和旅游局、城市管理和综合执法局四个单位工作进行评议，被评议单位积极配合县人大评议工作组开展调查走访、召开班子成员座谈会，征求意见、建议，发放测评表，共收集到意见、建议46条。县人大常委会办公室及时将评议整改意见下发，被评单位均及时制定整改方案，明确整改时限、措施和责任人并扎实整改。工作评议促进了部门依法行政，改进了部门工作作风，进一步增强了监督实效，聚焦解决群众和干部关心关注问题，树立了人大工作良好形象。

加强对县法院、检察院等部门的监督，促进司法机关公正司法。在支持司法机关依法行使职权的同时，积极开展深入有效的监督，听取关于执行工作、刑事审判工作、预防职务犯罪工作、“一法一办法”贯彻执行情况的工作报告。同时，组织各级人大代表参与法院旁听庭审和参加检察院开放日活动，拓宽代表知情知政渠道，提高代表履职水平。

【重大事项决定权】 2019年，依据中央和区、市相关文件要求，县人大常委会在原有基础上，进一步明确人大行使重大事项决定权应遵循的总体要求和原则、决定重点和范围、工作程序和机制。听取和审议《关于提请审议318国道规划按终稿实施的请示》，要求县政府按法定程序上报审批并认真组织实施，切实维护规划的权威性和严肃性；对政府重大投资项目的监督进一步加强，综合运用审查报告、调查研究、代表视察等方式，推动政府不断提升决策科学化、民主化水平，规范管理程序和制度，狠抓项目推进落实，保障项目顺利实施；听取和审议《波密县2019年上半年国民经济和下半年社会发展计划的报告》等13份请示报告，财政经济委员会出台相关审议意见，切实推动县财政部门狠抓税源经济培植，增强依法理财能力。同时，不断完善审查监督机制，依法从紧控制政府债务增长，切实防范和化解财政运行风险。

【视察调研】 2019年，县人大常委会组织区、市、县、乡四级人大代表开展全县校园及周边安全综合治理专项调研，针对调研中发现的问题提出意见建议4条，形成调研报告后报送县委、政府提供参考意见；深入了解县中心小学部分年级藏汉学生分班问题，同县教育局商讨解决办法，建议政府加大教育保障力度，优化教育资源布局，提高整体教学质量，努力办好人民满意的教育。

【人大代表工作及代表建议处理情况】 2019年，波密县人大常委会共邀请6批22名区市县乡人大代表列席县人大常委会议，30人次参与视察调研、执法检查等活动，5批10人参与法院旁听庭审，3批6人参加检察院开放日活动，拓宽代表知情知政渠道，提高代表履职水平。接待选民来访20人次，充分倾听选民呼声，掌握选区选民意见。组织市县乡三级人大代表12名赴山南考察学习县乡人大工作经验；邀请广州市人大常委会领导和专家9名，赴波密培训代表100人；组织四级人大代表10人赴福建省南平市考察学习茶旅产业融合发展经验；各乡镇人

2019年4月1日，波密县召开2019年"两会"期间人大代表和政协委员所提意见建议、提案交办会

大主席团先后组织5批57人前往山南、察隅、墨脱等地交流学习，进一步开阔代表眼界，提升代表履职能力；研究制定"双联系"工作方案，强化县人大常委会组成人员与人大代表联系、人大代表与选民联系工作，促进人大工作科学化民主化。

十二届人大六次会议期间，共收到代表建议、批评和意见60件，4月1日，县人大常委会召开意见建议交办会，向县政府交办意见建议60条，并督促政府在法定期限内完成办理和答复，确保代表意见建议件件有答复，事事有落实。

【廉洁建设】 思想重视，牢固树立主体意识。坚持强化责任意识，及时传达学习中央、区党委、市委和县委关于党风廉政建设和反腐败工作决策部署，以"三会一课"、中心组学习、每周五学习会、专题辅导讲座和研讨交流为载体，传达学习《中国共产党问责条例》《中国共产党廉洁自律准则》《中国共产党纪律处分条例》《习近平谈治国理政》《习近平新时代中国特色社会主义思想三十讲》《党组讨论和决定党员处分事项工作程序规定（试行）》及中央第六次西藏工作座谈会精神等，通过传达学习，不断增强责任意识和推进党风廉政建设的自觉性。

加强领导，全面落实从严治党。坚持深入学习贯彻党的十九大和十九届二中、三中、四中全会精神，中央第六次西藏工作座谈会精神和治国理政新理念新思想新战略，健全学习制度，严格落实中央八项规定精神和自治区约法十章、九项要求，严肃整治"四风"问题，抓好作风建设和反腐败工作；深入开展"不忘初心、牢记使命"主题教育，坚持"两学一做"学习教育常态化制度化，对照党章党规，查找差距，剖析问题，抓好整改；修改和完善《中共波密县人大常委会党组三重一大决策制度》和《中共波密县人大常委会党组工作制度》，凡属"三重一大"事项均召开县人大常委会党组会议研究，按民主集中制原则讨论决定，并实行重大事项集体讨论"一把手"末位表态制度；按照干部选拔相关规定，严格程序，实行公开推荐，民主测评，做到坚持原则不动摇，执行标准不走样，履行程序不变动，增加干部推荐工作的透明度。2019年，县人大机关内部推荐干部5名。对县委推荐和"一府一委两院"提请任命的干部，严格把关，严格依法办事，充分发扬民主，2019年任免国家工作人员53人次。

精心组织，提升机关工作效能。高度重视群众反映强烈和社会普遍关注的热点难点问题，加强对关系群众切身利益问题的监督，维护群众的合法权益；明确财务审批制度，杜绝主要领导先入为主、一支笔审签开支。同时，严管“八小时”之外党员干部生活，禁止党员干部搞团团伙伙，违规举办“升学宴”、婚丧事宜，开展好“党员不信仰宗教”活动，切实增强了党员干部及其家属遵纪守法、依规办事、廉洁为人的意识和能力。

【人大代表名册】 波密县全国人大代表 0 人；自治区级人大代表 1 人；市级人大代表 41 人；县级人大代表 99 人；乡级人大代表 360 人。

附：表一为西藏自治区第十一届人民代表大会第二次会议代表花名册；

表二为林芝市第一届人民代表大会第七次会议波密代表团代表花名册；

表三为波密县第十二届人民代表大会第六次会议代表花名册；

表四为波密县各乡镇人大代表花名册。

（黄进茂）

【领导名录】

县委常委、人大常委会主任

马海蕴

人大常委会副主任

旺青罗布（藏族）

张豪杰（藏族，8 月离任）

小普琼（藏族）

人大常委会副主任人选

阿朗（藏族，5 月任职）

人大常委会副主任人选、多吉乡党委书记

陶长能（5 月任职）

2019 年 11 月 17 日至 25 日，波密县人大常委会组织四级人大代表武夷山考察茶产业

西藏自治区第十一届人民代表大会第二次会议代表一览表

表1

姓名	性别	民族	出生年月	文化程度	政治面貌	职务	备注
卓　　玛	女	藏	1967年03月	小学	中共党员	波密县桑登村妇代会主任	区、市、乡三级人大代表

林芝市第一届人民代表大会第七次会议波密代表团代表一览表

表2

姓名	性别	民族	出生年月	文化程度	政治面貌	职务	备注
梅家奎	男	汉	1966年05月	大专	中共党员	市委常委、秘书长	
王长江	男	汉	1965年01月	研究生	中共党员	林芝市委宣传部副部长、调研员	
扎西顿珠	男	藏	1968年02月	本科	中共党员	林芝市林业局（自然保护区管理局）党委书记、副局长	
仓　　琼	男	藏	1970年06月	研究生	中共党员	林芝市卫生和计划生育委员会党组书记、副主任	
全　　胜	男	门巴	1968年03月	大专	中共党员	林芝市人大法制委员会主任委员、办公室党组成员	
次仁央宗	女	藏	1966年03月	研究生	中共党员	林芝市人常委会副主任、党组成员	
陈心德	男	汉	1968年	本科	中共党员	林芝市人大教育科技文化卫生委员会调研员	
夏世红	男	汉	1968年06月	研究生	中共党员	林芝市商务局（市生物科技产业开发管理局）党组副书记、局长	
朗　　杰	男	藏	1971年08月	大专	中共党员	林芝市国资委调研员、易贡茶场副书记、场长	
边　　巴	男	藏	1972年06月	本科	中共党员	波密县委副书记、县长	
马海蕴	男	汉	1972年09月	本科	中共党员	波密县委常委、人大常委会主任	
王　　芳	女	汉	1974年01月	本科	中共党员	波密县委常委、纪委书记、监察委员会主任	
扎　　巴	男	藏	1962年02月	小学	中共党员	波密县古乡嘎朗村村民	
扎西多吉	男	藏	1972年11月	大专	中共党员	波密县政法委综治办主任	
央青次仁	男	藏	1966年07月	小学	中共党员	波密县多吉乡达大村村务监督委员会主任	
白勇平	男	藏	1972年01月	本科	中共党员	波密县交通局主任科员	
白玛拉珍	女	门巴	1981年06月	本科	中共党员	波密县完全小学校长	

续表 2

姓名	性别	民族	出生年月	文化程度	政治面貌	职务	备注
白玛旺扎	男	门巴	1979 年 12 月	本科	中共党员	波密县人民政府副县长	
冯兰兰	女	藏	1968 年 02 月	大专	中共党员	波密县政协副主席	
向秋多吉	男	藏	1967 年 08 月	小学		波密县扎木镇多东寺僧人	僧人
刘友志	男	藏	1967 年 08 月	初中	中共党员	波密县贸易公司经理	
刘爱香	女	汉	1975 年 01 月	本科	中共党员	林芝市纪委驻市委办公室纪检组组长	
刘越岭	男	汉	1973 年 07 月	大专	中共党员	林芝市机构编制委员会办公室副主任	
次仁加措	男	藏	1972 年 06 月	研究生	中共党员	波密县交通局运输局局长	
次仁卓玛	女	藏	1970 年 11 月	大专	中共党员	林芝市财政局党组成员、纪检组长	
赤列	男	藏	1979 年 03 月	初中	中共党员	波密县玉普乡阿西村村民	
张斌	男	汉	1978 年 04 月	大专	中共党员	波密县委常委、组织部部长、党校校长	
张豪杰	男	藏	1969 年 01 月	本科	中共党员	波密县人大常委会副主任、党组成员	
阿旺仁青	男	藏	1976 年 12 月	本科	中共党员	波密县电影队队长	
卓玛	女	藏	1967 年 03 月	小学	中共党员	波密县桑登村妇代会主任	区、市级人大代表
阿旺索朗	男	藏	1979 年 05 月	本科	中共党员	波密县康玉乡党委委员、人大主席	
朱正辉	男	汉	1971 年 01 月	本科	中共党员	波密县委书记	
卓玛央金	女	藏	1984 年 04 月	初中	中共党员	波密县松宗镇德巴村村民	
郑都	男	藏	1968 年 02 月	大专	中共党员	林芝市总工会党组书记、工会副主席	
索朗扎巴	男	藏	1964 年 02 月	小学	中共党员	波密县易贡乡贡仲村第一支部书记	
索朗占堆	男	藏	1967 年 01 月	初中	中共党员	波密县玉许乡麦差村村民	
索朗次仁	男	藏	1974 年 08 月	小学	中共党员	波密县八盖乡雄金村党支部书记	
索朗旺堆	男	藏	1982 年 12 月	本科	中共党员	波密县玉许乡卫生院院长	
索朗晋美	男	藏	1972 年 02 月	本科	中共党员	林芝市国资委党委委员、副主任	
索朗顿珠	男	藏	1972 年 02 月	初中	中共党员	波密县倾多镇巴康村党支部书记	
陶长能	男	汉	1977 年 09 月	研究生	中共党员	波密县多吉乡党委书记	

波密县十二届人民代表大会第七次会议代表一览表

表 3

姓名	性别	民族	出生年月	籍贯	政治面貌	学历	职务
朱正辉	男	汉	1971年01月	山东临沂	中共党员	本科	县委书记
边巴	男	藏	1972年06月	西藏林芝	中共党员	本科	县委副书记、县长
李锋	男	汉	1971年08月	山西天镇	中共党员	研究生	县委常务副书记
马海蕴	男	汉	1972年09月	甘肃静宁	中共党员	本科	县委常委、人大常委会主任
巴桑	男	门巴	1967年11月	西藏墨脱	中共党员	大专	县政协主席
李伟成	男	汉	1973年01月	广东广州	中共党员	本科	县委副书记、常务副县长
罗松	男	藏	1972年12月	西藏昌都	中共党员	本科	县委副书记
全保卫	男	汉	1977年05月	河南洛阳	中共党员	大专	县委副书记、常务副县长
王芳	女	汉	1974年01月	重庆合川	中共党员	本科	县委常委、纪委书记、监察委员会主任
张斌	男	汉	1978年04月	河南潢川	中共党员	本科	县委常委、组织部部长、党校校长
阿旺朗加	男	藏	1970年06月	西藏丁青	中共党员	本科	县委常委、政法委书记、公安局局长、督察长
加布	男	藏	1975年05月	西藏日喀则	中共党员	大专	县委常委、统战部部长
沈光银	男	侗	1982年06月	湖南靖州	中共党员	本科	县委常委、政府副县长
屈永辉	男	汉	1974年12月	陕西户县	中共党员	本科	县委常委、宣传部部长
旺青罗布	男	藏	1972年07月	西藏波密	中共党员	大专	人大常委会副主任
张豪杰	男	藏	1969年01月	西藏亚东	中共党员	大专	人大常委会副主任
普琼	男	藏	1974年12月	西藏日喀则	中共党员	本科	人大常委会副主任
旺堆次仁	男	藏	1969年06月	青海玉树	中共党员	大专	县法院院长
胡波	男	汉	1972年12月	重庆北碚	中共党员	中专	县检察院检察长
李静	女	汉	1979年06月	重庆	中共党员	大专	县委巡察办主任
次仁卓嘎	女	藏	1972年12月	西藏德格	中共党员	大专	波密县财政局（国资委）局长（主任）
才旺索朗	男	藏	1962年01月	西藏波密	中共党员	初中	波密县粮油加工厂厂长
白玛玉珍	女	藏	1962年01月	西藏波密	中共党员	大专	波密县兽防站站长
嘎松卓嘎	女	藏	1987年08月	西藏波密	中共党员	大专	波密县人民医院妇幼保障科主任

续表 3

姓名	性别	民族	出生年月	籍贯	政治面貌	学历	职务
白玛拉珍	女	藏	1981 年 06 月	西藏墨脱	中共党员	本科	波密县中学党支部副书记、教师
巴　　桑	男	藏	1977 年 08 月	西藏波密	中共党员	本科	波密县完小教师
拉　　桑	男	藏	1982 年 11 月	西藏工布江达	中共党员	本科	波密县政法委副书记、综治办主任
次仁罗杰	男	藏	1976 年 09 月	西藏日喀则	中共党员	本科	波密县食药局局长
卓玛央金	女	藏	1980 年 03 月	西藏昌都	中共党员	本科	波密县文化局(新闻出版广电局、版权局、文物局)局长
白东升	男	藏	1971 年 05 月	西藏察雅	中共党员	高中	波密县玛咖生物科技有限公司总经理
才旺江村	男	藏	1948 年 03 月	西藏波密	中共党员	初中	波密县扎木社区居委会副书记、主任
次仁片多	女	藏	1970 年 12 月	西藏日喀则	中共党员	中专	波密县人大常委会财经农牧城建环保委员会主任
杨　　帆	男	汉	1984 年 11 月	山东东阿	中共党员	本科	扎木镇党委书记
尼玛次仁	男	藏	1982 年 01 月	西藏林芝	中共党员	本科	县委组织部常务副部长
扎西泽登	男	藏	1973 年 08 月	西藏波密	中共党员	初中	扎木镇桑登村副主任
顿珠才旺	男	藏	1963 年 01 月	西藏波密	中共党员	小学	扎木镇通木村党支部书记
巴桑卓玛	女	藏	1973 年 07 月	西藏波密	中共党员	初中	扎木镇扎木村村委会主任
桑登益西	男	藏	1984 年 01 月	西藏波密	中共党员	小学	扎木镇巴琼村主任
索朗仁青	男	藏	1983 年 12 月	西藏波密	中共党员	本科	县委办主任科员
索郎顿珠	男	藏	1972 年 02 月	西藏波密	中共党员	初中	倾多镇巴康村党支部书记
次　　多	男	藏	1971 年 09 月	西藏波密	中共党员	小学	倾多镇如纳村党支部书记
白　　玛	男	藏	1961 年 06 月	西藏波密	中共党员	小学	倾多镇党支部副书记、村委会主任
顿　　嘎	男	藏	1969 年 09 月	西藏波密	中共党员	小学	倾多镇曲西村党支部书记
布　　鲁	男	藏	1977 年 09 月	西藏波密	无党派	小学	倾多镇倾多寺寺管会副主任
次仁巴珍	女	藏	1980 年 01 月	西藏波密	中共党员	初中	倾多镇栋曲村文教卫生委员、团支部书记、妇代会主任
江安拉姆	女	藏	1964 年 01 月	西藏波密	中共党员	小学	倾多镇顶仲村党支部书记、妇代会主任
张旋坤	男	汉	1974 年 12 月	甘肃武山	中共党员	本科	古乡党委书记
西　　洛	女	藏	1975 年 11 月	西藏拉萨	中共党员	大专	古乡党委委员、人大主席

续表 3

姓名	性别	民族	出生年月	籍贯	政治面貌	学历	职务
阿博多吉	男	藏	1962年07月	西藏波密	中共党员	小学	古乡索通村党支部书记
扎巴	男	藏	1962年02月	西藏波密	中共党员	小学	古乡嘎朗村村民
布措	女	藏	1969年	西藏波密	中共党员	小学	古乡古村妇代会主任
吉美才邓	男	藏	1980年08月	西藏波密	中共党员	研究生	松宗镇党委书记
达嘎巴珠	男	藏	1979年02月	西藏错那	中共党员	大专	多吉乡曲宗寺寺管会主任
多吉	男	藏	1967年05月	西藏波密	群众	小学	松宗镇纳玉村村民
晓扬	男	藏	1967年04月	西藏波密	中共党员	初中	松宗镇格尼村支部书记
益西旺姆	女	藏	1972年07月	西藏波密	中共党员	小学	松宗镇栋曲村村委会主任
王斌	男	汉	1980年12月	陕西淳化	中共党员	研究生	玉许乡党委书记
朗色森格	男	藏	1978年02月	西藏当雄	中共党员	本科	县交通局主任科员
向巴拥宗	女	藏	1982年09月	西藏拉萨	中共党员	本科	县委巡察一组组长
次仁罗布	男	藏	1968年01月	西藏波密	中共党员	初中	玉许乡白玉村党支部书记、村委会主任
扎玛玛	男	藏	1968年02月	西藏波密	中共党员	小学	玉许乡棠木村党支部书记、村委会主任
索朗次吉	女	藏	1974年07月	西藏波密	中共党员	小学	玉许乡麦差村村民
尼玛次仁	男	藏	1966年04月	西藏波密	中共党员	小学	玉许乡沙仁村党支部书记、村委会主任
罗布次仁	男	藏	1968年04月	西藏波密	中共党员	小学	玉许乡亚它村党支部书记、村委会主任
扎西占堆	男	藏	1981年05月	西藏波密	中共党员	小学	玉许乡扎西岗村党支部书记、村委会主任
次仁曲珍	女	藏	1977年08月	西藏波密	中共党员	小学	玉许乡海定村妇女主任
洛桑尼玛	男	藏	1963年02月	西藏波密	中共党员	小学	玉许乡达拉村党支部书记、村委会主任
曲尼卫色	男	藏	1969年04月	西藏波密	无党派	小学	玉许乡岗果寺民管会主任
小吉	女	藏	1978年01月	西藏波密	中共党员	小学	玉许乡帮肯村妇女主任
陶长能	男	汉	1977年09月	贵州织金	中共党员	研究生	多吉乡党委书记
巴珍	女	藏	1983年07月	西藏波密	中共党员	本科	波密县人大常委会办公室主任
冯勇	男	汉	1984年04月	陕西大荔	中共党员	本科	多吉乡党委委员、人大主席
多扎	男	藏	1963年08月	西藏波密	中共党员	小学	多吉乡角落村党支部书记、村委会主任

续表 3

姓名	性别	民族	出生年月	籍贯	政治面貌	学历	职务
旺青罗布	男	藏	1957 年 08 月	西藏波密	中共党员	小学	多吉乡德吉村村务监督委员会主任
白　朗	男	藏	1968 年 06 月	西藏林芝	中共党员	小学	多吉乡通参村党支部书记、村委会主任
次　勇	女	藏	1972 年 06 月	西藏波密	中共党员	小学	多吉乡达大村村民
索朗次仁	男	藏	1963 年 06 月	西藏波密	中共党员	小学	多吉乡木古村党支部书记、村委会主任
次　帕	女	藏	1970 年 08 月	西藏波密	中共党员	小学	多吉乡帕雄村妇女主任
拉巴桑珠	男	藏	1978 年 06 月	西藏拉萨	中共党员	大专	玉普乡党委书记
次仁顿珠	男	藏	1982 年 01 月	西藏山南	中共党员	大专	玉普乡党委委员、人大主席
次成德青	男	藏	1984 年 02 月	西藏波密	中共党员	初中	玉普乡达巴村支部书记
巴　向	男	藏	1959 年 11 月	西藏波密	中共党员	小学	玉普乡米美村支部书记
陆文刚	男	汉	1975 年 07 月	甘肃敦煌	中共党员	大专	易贡乡党委书记
卓玛拉姆	女	藏	1983 年 11 月	西藏波密	中共党员	本科	县委宣传部主任科员
索朗扎巴	男	藏	1964 年 02 月	西藏波密	中共党员	小学	易贡乡贡仲村第一支部书记
索朗次仁	男	藏	1967 年 02 月	西藏波密	中共党员	小学	易贡乡通加村支部书记
尼玛次仁	男	藏	1968 年 01 月	西藏察隅	中共党员	本科	八盖乡党委书记
扎西多吉	男	藏	1982 年 03 月	西藏扎囊	中共党员	本科	八盖乡党委委员、人大主席
旦增旺姆	女	藏	1970 年 09 月	西藏波密	中共党员	小学	八盖乡塔鲁村村民
朗　聂	男	藏	1961 年 01 月	西藏波密	中共党员	初中	林芝市国资委副调研员 易贡茶场党委委员、副场长
丁增曲珍	女	藏	1970 年 06 月	西藏波密	中共党员	初中	易贡茶场加工厂副厂长
古桑朗杰	男	藏	1982 年 05 月	西藏昌都	中共党员	大专	康玉乡党委书记
阿旺索朗	男	藏	1979 年 05 月	西藏林芝	中共党员	本科	康玉乡党委委员、人大主席
格松加参	男	藏	1971 年 05 月	西藏波密	中共党员	小学	康玉乡通堆村支部书记
张　海	男	汉	1973 年 01 月	安徽太和	中共党员	大专	波密县扎木机械化养护队机料股股长
桑　杰	男	藏	1973 年 04 月	西藏山南	中共党员	大专	中国农业银行波密县支行行长
杜　军	男	汉	1978 年 05 月	安徽霍山	中共党员	本科	武警第二机动总队交通第三支队政治工作部保卫科科长
任　辉	男	汉	1967 年 04 月	河北安国	中共党员	本科	波密监狱党委书记、政治委员
崔发群	男	汉	1979 年 12 月	河南平舆	中共党员	本科	波密大队党委书记、教导员

波密县扎木镇第九届人民代表大会第四次会议代表一览表

表 4

姓名	性别	民族	出生年月	文化程度	政治面貌	职务	备注
杨　　帆	男	汉	1984 年 11 月	大专	中共党员	扎木镇党委书记	县、镇两级人大代表
拉巴次仁	男	藏	1984 年 10 月	大专	中共党员	扎木镇人大主席	
次　　仁	男	藏	1978 年 12 月	研究生	中共党员	扎木镇党委副书记、镇长	
贡秋次仁	男	藏	1964 年 07 月	小学	中共党员	桑登村支部书记	
江　　措	男	藏	1972 年 01 月	小学	中共党员	桑登村村民	
达瓦次仁	男	藏	1962 年 08 月	小学	中共党员	桑登村副书记	
嘎　　玛	女	藏	1970 年 04 月	小学	中共党员	桑登村宣传委员	
卓　　玛	女	藏	1967 年 03 月	小学	中共党员	桑登村副书记	区、市、镇三级人大代表
扎西泽登	男	藏	1973 年 08 月	小学	中共党员	桑登村副主任	县、镇两级人大代表
顿珠才旺	男	藏	1963 年 08 月	小学	中共党员	通木村支部书记	县、镇两级人大代表
索　　朗	男	藏	1971 年 01 月	小学	中共党员	通木村主任	
角邓玛	男	藏	1961 年 06 月	小学	中共党员	通木村双联户户长	
桑登益西	男	藏	1984 年 01 月	小学	中共党员	巴琼村副书记、村主任	县、镇两级人大代表
尼玛次仁	男	藏	1982 年 07 月	小学	中共党员	巴琼村村民	
巴　　珍	女	藏	1982 年 01 月	小学	中共党员	巴琼村村民	
巴桑顿珠	男	藏	1981 年 09 月	小学	中共党员	达兴村支部书记	
布　　地	男	藏	1979 年 02 月	小学	中共党员	达兴村村民	
嘎玛顿珠	男	藏	1989 年 04 月	小学	中共党员	达兴村主任	
白　　玛	男	藏	1954 年 08 月	小学	中共党员	康木村村民	
次仁卓玛	女	藏	1953 年 09 月	小学	中共党员	康木村村民	
卓　　松	男	藏	1953 年 04 月	小学	中共党员	康木村双联户户长	
四朗云邓	男	藏	1965 年 08 月	小学	中共党员	岗巴村支部书记	
卡　　塔	男	藏	1961 年 06 月	小学	中共党员	岗巴村支部副书记	
扎西层培	男	藏	1963 年 03 月	小学	中共党员	东若村支部书记	

续表 4

姓名	性别	民族	出生年月	文化程度	政治面貌	职务	备注
巴　　桑	男	藏	1970 年 02 月	小学	中共党员	东若村村民	
仁　　青	男	藏	1961 年 01 月	小学	中共党员	东若村村民	
次　　仁	男	藏	1958 年 01 月	小学	中共党员	扎木村支部书记	
巴桑卓玛	女	藏	1973 年 07 月	初中	中共党员	扎木村主任	县、镇两级人大代表
嘎玛次来	男	藏	1976 年 03 月	初中	中共党员	卡达村支部副书记	
索朗顿珠	男	藏	1978 年 09 月	小学	中共党员	卡达村村委会副主任	
旺　　姆	女	藏	1970 年 04 月	小学	中共党员	卡达村双联户户长	
布姆卓嘎	女	藏	1962 年 02 月	小学	中共党员	娘那村村民	
顿珠次仁	男	藏	1974 年 01 月	小学	中共党员	娘那村村民	
边　　巴	男	藏	1977 年 09 月	小学	中共党员	娘那村村民	
次旺扎西	男	藏	1976 年 08 月	小学	无党派	多东寺僧人	
扎西顿珠	男	藏	1969 年 03 月	大专	中共党员	扎木营业所	
才旺江村	男	藏	1948 年 03 月	初中	中共党员	居委会主任、副书记	
多　　吉	男	藏	1941 年 07 月	初中	中共党员	扎木片区党支部书记	
索朗旺久	男	藏	1952 年 12 月	初中	中共党员	桑登片区党支部书记	
其美玉珍	女	藏	1981 年 09 月	本科	中共党员	扎木镇卫生院院长	
向秋多吉	男	藏	1967 年 08 月	初中	无党派	多东寺民管会主任	市、县、镇三级人大代表
嘎　　嘎	男	藏	1961 年 08 月	小学	中共党员	岗村村委会副主任	

波密县倾多镇第九届人民代表大会第四次会议代表一览表

表 5

姓名	性别	民族	出生年月	文化程度	政治面貌	职务	备注
索郎顿珠	男	藏	1972年02月	初中	中共党员	巴康村党支部书记	市、县、乡三级代表
拉　　巴	男	藏	1981年07月	本科	中共党员	镇党委书记	
米海成	男	藏	1977年09月	大专	中共党员	镇党委副书记、镇长	
洛　　桑	男	藏	1984年06月	本科	中共党员	镇党委委员、人大主席	
扎西旺堆	男	藏	1978年08月	本科	中共党员	倾多镇中心小学校长	
江安拉姆	女	藏	1964年01月	小学	中共党员	顶仲村党支部书记、妇代会主任	县、乡两级代表
白　　玛	男	藏	1961年06月	小学	中共党员	热西村党支部副书记、村委会主任	县、乡两级代表
次仁巴珍	女	藏	1980年01月	初中	中共党员	栋曲村文教卫生委员、团支部书记、妇代会主任	县、乡两级代表
顿　　嘎	男	藏	1969年09月	小学	中共党员	曲西村党支部书记	县、乡两级代表
吴　　金	男	藏	1977年08月	初中	中共党员	如纳村组织委员、村委会副主任	
白玛曲珍	女	藏	1986年01月	初中	中共党员	巴康村文教卫生委员、团支部书记、妇代会主任	
才旺格桑	男	藏	1960年07月	小学	中共党员	顶仲村党支部副书记、村委会主任	
贡秋学	男	藏	1955年12月	小学	无党派	德吉村村民	
永　　忠	男	藏	1989年05月	小学	无党派	德吉村村民	
丹　　巴	男	藏	1963年07月	小学	中共党员	栋曲村组织委员、村委会副主任	
扎西央宗	女	藏	1970年12月	小学	无党派	栋曲村村民	
索朗次仁	男	藏	1971年03月	小学	无党派	栋曲村村民	
贵桑旦增	男	藏	1954年08月	小学	无党派	栋曲村村民	
桑杰旦达	男	藏	1961年06月	小学	无党派	栋曲村村民	
阿旺吉巴	男	藏	1979年08月	中专	中共党员	叶巴村党支部副书记、村委会主任	
次旺多杰	男	藏	1966年09月	小学	中共党员	扎西村党支部书记	

续表 5

姓名	性别	民族	出生年月	文化程度	政治面貌	职务	备注
乌　　金	男	藏	1979 年 07	小学	中共党员	叶巴村宣传委员、村委会副主任、治保调解委员、团支部书记	
阿　　布	男	藏	1955 年 02 月	小学	中共党员	朱西村党支部书记	
仁增拉姆	女	藏	1963 年 04 月	小学	中共党员	热西村纪检委员、文教卫生委员、妇代会主任	
左　　吉	男	藏	1973 年 06 月	小学	中共党员	叶巴村纪检委员、文教卫生委员、妇代会主任	
布　　嘎	男	藏	1970 年 05 月	初中	无党派	普龙寺僧尼	
阿　　姆	女	藏	1967 年 06 月	初中	无党派	达龙村村民	
白玛朗杰	男	藏	1969 年 10 月	初中	中共党员	达龙村党支部书记	
罗布仁增	男	藏	1976 年 12 月	初中	中共党员	达龙村党支部副书记、村委会主任	
扎　　多	男	藏	1972 年 04 月	小学	中共党员	康达村组织委员、村委会副主任、社会保障委员	
德青曲措	女	藏	1987 年 01 月	小学	无党派	康达村村民	
次仁索朗	男	藏	1979 年 04 月	小学	中共党员	康达村党支部副书记、村委会主任、团支部书记	
扎　　朱	男	藏	1981 年 03 月	小学	中共党员	巴康村宣传委员、治保调解委员	
小 扎 鲁	男	藏	1971 年 10 月	小学	中共党员	巴康村党支部副书记、村委会主任	
白玛次加	男	藏	1987 年 05 月	初中	中共党员	如纳村村民	
美央索朗	男	藏	1969 年 12 月	初中	中共党员	如纳村党支部副书记、村委会主任	
嘎　　多	男	藏	1985 年 07 月	小学	无党派	古通村治保调解委员、社会保障委员、团支部书记	
嘎玛占堆	男	藏	1970 年 01 月	小学	中共党员	古通村纪检委员、文教卫生委员、民宗教委员	
江古卓玛	女	藏	1965 年 08 月	小学	中共党员	古通村村民	

波密县松宗镇第九届人民代表大会第四次会议代表一览表

表 6

姓名	性别	民族	出生年月	文化程度	政治面貌	职务	备注
吉美才邓	男	藏	1980 年 08 月	研究生	中共党员	镇党委书记	县、镇两级人大代表
罗布次仁	男	藏	1983 年	本科	中共党员	镇党委委员、人大主席	
牛海燕	女	汉	1978 年 02 月	大专	中共党员	镇党委副书记、镇长	
多吉	男	藏	1967 年 05 月	小学	群众	纳玉村村民	县、镇两级人大代表
尼玛	男	藏	1969 年 12 月	初中	中共党员	格尼村支部书记兼村委会主任	
边巴卓玛	女	藏	1976 年 07 月	小学	中共党员	格尼村治保委员	
古松尼玛	男	藏	1977 年 07 月	小学	中共党员	德巴村党支部纪检委员、团支部书记	
斯朗才旺	男	藏	1972 年 07 月	小学	中共党员	德巴村村民	
仁吉卓玛	女	藏	1980 年 01 月	初中	群众	德巴村村民	
多吉占堆	男	藏	1956 年 06 月	小学	中共党员	岗巴村支部书记	
向秋次成	男	藏	1949 年 08 月	小学	中共党员	岗巴村组织委员、社保委员	
拥青	女	藏	1962 年 07 月	小学	中共党员	岗巴村妇女主任	
次巴扎西	男	藏	1962 年 06 月	小学	中共党员	纳玉村村民	
阿堆	男	藏	1960 年 07 月	小学	中共党员	纳玉村村民	
索巴	男	藏	1965 年 06 月	小学	群众	纳玉村村民	
文兵	男	藏	1972 年 02 月	小学	中共党员	村兽医	
白玛卓嘎	女	藏	1974 年 08 月	小学	群众	纳玉村村民	
白玛才旺	男	藏	1970 年 06 月	小学	中共党员	村务监督委员会主任	
顿堆	男	藏	1960 年 05 月	小学	中共党员	栋亚村支部书记	
卓琼	女	藏	1975 年 08 月	小学	群众	栋亚村村民	
布阿娘	男	藏	1967 年 06 月	小学	中共党员	栋曲村党支部第一书记	
索朗扎西	男	藏	1973 年 08 月	小学	中共党员	纪检委员、社会保障委员、治保调解委员	
洛布占堆	男	藏	1979 年 06 月	初中	中共党员	党支部书记、团支部书记	

续表 6

姓名	性别	民族	出生年月	文化程度	政治面貌	职务	备注
仁增曲培	男	藏	1977 年 07 月	小学	中共党员	多格村村民	
贡秋罗追	男	藏	1990 年 09 月	初中	群众	多格村兽防员	
加永占堆	男	藏	1994 年 09 月	初中	中共党员	多格村村民	
才旺巴姆	女	藏	1971 年 05 月	小学	中共党员	多格村“双联户”户长	
拉巴	男	藏	1970 年 07 月	初中	中共党员	多格村村民	
江村罗布	男	藏	1980 年 07 月	初中	中共党员	多格村团委书记	
次旦扎西	男	藏	1976 年 07 月	小学	群众	角达村“双联户”户长	
卓玛	女	藏	1980 年 01 月	小学	中共党员	角达村村民	
江村	男	藏	1980 年 05 月	小学	群众	角达村村民	
次仁朗加	男	藏	1972 年 04 月	小学	中共党员	角通村支部书记兼村委会主任	
旦曾多杰	男	藏	1968 年 12 月	小学	中共党员	角通村支部副书记兼村委会副主任	
阿珠	男	藏	1963 年 03 月	小学	中共党员	角通村社保委员、治保委员	
次仁多杰	男	藏	1979 年 05 月	本科	中共党员	镇中心小学校长	
鲁生	女	藏	1993 年	专科	预备党员	卫生院负责人	
扎西拉达	男	藏	1989 年	本科	中共党员	派出所负责人	
晓扬	男	藏	1967 年 04 月	小学	中共党员	格尼村支部副书记、纪检委员	县、镇两级人大代表

波密县古乡第九届人民代表大会第四次会议代表一览表

表 7

姓名	性别	民族	出生年月	文化程度	政治面貌	职务	备注
张旋坤	男	汉	1974年12月	大专	中共党员	乡党委书记	县、乡两级人大代表
西洛	女	藏	1975年11月	大专	中共党员	乡党委委员、人大主席	县、乡两级人大代表
旦增	男	藏	1982年09月	本科	中共党员	乡党委副书记、乡长	
吉尼玛	男	藏	1982年01月	大专	中共党员	乡党委副书记	
次旺欧珠	男	藏	1988年08月	大专	中共党员	派出所副所长	
白玛罗布	男	藏	1976年12月	大专	中共党员	古乡小学校长	
多吉占堆	男	藏	1986年07月	中专	无党派	古乡卫生院院长	
扎西曲吉	女	藏	1980年09月	小学	无党派	古乡雪瓦卡村村民	
占堆	男	藏	1969年06月	小学	中共党员	雪瓦卡村第一支部书记	
扎西次仁	男	藏	1966年07月	小学	中共党员	雪瓦卡村村务监督委员会成员	
次旺仁增	男	藏	1993年04月	初中	中共党员	雪瓦卡村党支部副书记、村委会副主任、团支部书记	
扎西措姆	女	藏	1983年03月	小学	中共党员	索通村纪检委员、民宗教委员	
阿博多吉	男	藏	1962年07月	小学	中共党员	索通村党支部书记、村委会主任	县、乡两级人大代表
嘎玛平措	男	藏	1972年06月	小学	中共党员	索通村双联户户长	
多杰	男	藏	1962年05月	小学	中共党员	索通村村民	
白玛罗布	男	藏	1984年05月	小学	中共党员	索通村党支部副书记、村委会副主任、治保调解委员、团支部书记	
多吉久美	男	藏	1985年05月	小学	中共党员	松绕村双联户户长	
益西次旺	男	藏	1988年06月	小学	中共党员	松绕村科技特派员、户长	
才顿珠	男	藏	1975年05月	小学	中共党员	松绕村党支部书记、村委会主任	
嘎玛旺姆	女	藏	1988年07月	小学	中共党员	松绕村宣传委员、文教卫生委员、妇代会主任	
白玛伦珠	男	藏	1986年11月	小学	中共党员	巴卡村宣传委员、民宗教委员	

续表 7

姓名	性别	民族	出生年月	文化程度	政治面貌	职务	备注
布地	男	藏	1966 年 03 月	小学	中共党员	巴卡村村务监督委员会成员	
尼玛次仁	男	藏	1967 年 03 月	小学	中共党员	巴卡村党支部书记、村委会主任	
阿次	男	藏	1966 年 08 月	小学	无党派	巴卡寺僧尼	
牛穷	女	藏	1983 年 04 月	小学	中共党员	巴卡村村医	
布措	女	藏	1969 年 08 月	小学	中共党员	古村组织委员、社会保障委员、妇代会主任	县、乡两级人大代表
次杰罗布	男	藏	1969 年 02 月	小学	中共党员	古村村民	
索朗罗布	男	藏	1981 年 09 月	小学	中共党员	古村党支部书记、村委会主任	
珠吉	女	藏	1961 年 02 月	小学	中共党员	古村村务监督委员会主任	
尼玛次仁	男	藏	1979 年 05 月	小学	中共党员	古村纪检委员	
扎巴	男	藏	1962 年 02 月	小学	中共党员	嘎朗村村民	市、县、乡三级人大代表
次仁索朗	男	藏	1966 年 09 月	小学	中共党员	嘎朗村支部书记	
达瓦扎巴	男	藏	1964 年 04 月	小学	无党派	嘎朗村双联户户长	
占堆	男	藏	1963 年 01 月	小学	中共党员	嘎朗村村务监督委员会主任	
群培	男	藏	1966 年 02 月	小学	中共党员	嘎朗村双联户户长	
次仁措姆	女	藏	1971 年 09 月	小学	中共党员	嘎朗村村民	

波密县玉许乡第三届人民代表大会第八次会议代表一览表

表 8

姓名	性别	民族	出生年月	文化程度	政治面貌	职务	备注
王　斌	男	汉	1980年12月	研究生	中共党员	乡党委书记	县、乡两级人大代表
索朗次仁	男	藏	1983年04月	本科	中共党员	乡党委副书记、乡长	
张　斌	男	汉	1985年08月	大学本科	中共党员	乡人大专职副主席	
普　布	男	藏	1975年12月	本科	中共党员	玉许二小校长	
小　张	男	藏	1976年07月	大专	中共党员	许木寺寺管会副主任	
拉　巴	男	藏	1978年05月	小学	中共党员	许木寺民管会主任	
罗布顿珠	男	藏	1972年05月	小学		玉仁寺民管会主任	县、乡两级人大代表
次仁罗布	男	藏	1968年01月	初中	中共党员	白玉村党支部书记村委会主任	县、乡两级人大代表
加央平措	男	藏	1954年12月	小学	群众	白玉村双联户户长	
从　丁	男	藏	1964年03月	小学	中共党员	林琼村党支部书记、村委会主任	
桑旦卓玛	女	藏	1956年06月	小学	中共党员	林琼村村民	
阿　珠	男	藏	1964年03月	小学	群众	林琼村村委监督员	
次仁索朗	男	藏	1968年06月	小学	中共党员	玉沙村村民	
顿珠次仁	男	藏	1978年11月	小学	中共党员	玉沙村党支部书记、村委会主任	
桑丹措姆	女	藏	1950年07月	小学	中共党员	玉沙村村民	
布　央	男	藏	1971年03月	初中	中共党员	热西村党支部书记、村委会主任	
次仁卓玛	女	藏	1969年04月	小学	中共党员	热西村妇女主任	
扎玛玛	男	藏	1968年02月	小学	中共党员	棠木村党支部书记、村委会主任	县、乡两级人大代表
扎西德勒	男	藏	1973年09月	小学	中共党员	棠木村村委会副主任	
索朗占堆	男	藏	1967年01月	小学	中共党员	麦差村村民	市、乡两级人大代表
布　吉	女	藏	1974年12月	小学	群众	麦差村村民	
丹巴热杰	男	藏	1957年05月	小学	群众	麦差村村民	

续表 8

姓名	性别	民族	出生年月	文化程度	政治面貌	职务	备注
尼玛次仁	男	藏	1966 年 04 月	小学	中共党员	沙仁村党支部书记、村委会主任	县、乡两级人大代表
次仁德吉	女	藏	1968 年 04 月	小学	中共党员	沙仁村妇女主任	
罗布次仁	男	藏	1980 年 03 月	小学	中共党员	亚它村党支部书记、村委会主任	县、乡两级人大代表
布琼	男	藏	1973 年 07 月	小学	中共党员	亚它村村民	
次旺多吉	男	藏	1980 年 03 月	小学	中共党员	亚它村村民	
扎西占堆	男	藏	1981 年 05 月	小学	中共党员	扎西岗村党支部书记、村委会主任	县、乡两级人大代表
曲加	男	藏	1963 年 11 月	小学	中共党员	扎西岗村双联户户长	
拉宗	男	藏	1979 年 07 月	小学	中共党员	扎西岗村村民	
贡阿	男	藏	1954 年 05 月	小学	中共党员	海定村村委会主任	
久阿	男	藏	1969 年 09 月	小学	中共党员	海定村社会保障委员	
仁增德珍	女	藏	1982 年 06 月	小学	中共党员	海定村村民	
洛桑尼玛	男	藏	1963 年 02 月	初中	中共党员	达拉村党支部书记、村委会主任	县、乡两级人大代表
多布杰	男	藏	1982 年 04 月	小学	中共党员	达拉村团支部书记	
才旺顿珠	男	藏	1962 年 11 月	初中	中共党员	帮肯村党支部书记、村委会主任	
傲贡卡	男	藏	1961 年 06 月	小学	中共党员	帮肯村党支部副书记	
索朗仁青	男	藏	1979 年 02 月	小学	中共党员	则普村党支部书记、村委会主任	
土多	男	藏	1979 年 01 月	小学	中共党员	则普村村民	
曲肥	男	藏	1958 年 09 月	初中	中共党员	普热村党支部书记、村委会主任	
索朗罗布	男	藏	1969 年 06 月	初中	中共党员	普热村村委会副主任	

波密县八盖乡第九届人民代表大会第四次会议代表一览表

表 9

姓名	性别	民族	出生年月	文化程度	政治面貌	职务	备注
尼玛次仁	男	藏	1967年01月	本科	中共党员	乡党委书记	县、乡两级人大代表
赵和林	男	汉	1983年08月	本科	中共党员	乡党委委员乡长	
扎西多吉	男	藏	1982年03月	大专	中共党员	乡党委委员人大主席	县、乡两级人大代表
赵一冬	男	汉	1982年01月	本科	中共党员	乡党委委员副书记	
张辉	男	汉	1985年12月	本科	中共党员	乡党委委员派出所所长	
次仁德吉	女	藏	1988年02月	本科	中共党员	卫生院院长	
索朗群培	男	藏	1984年12月	本科	中共党员	小学校长	
边巴	男	藏	1982年02月	小学	中共党员	龙普村村支部书记	
乔点	男	藏	1969年01月	小学	中共党员	龙普村村主任	
贡秋巴姆	女	藏	1991年09月	小学	中共党员	龙普村村妇女主任	
朗贡次仁	男	藏	1961年06月	小学	中共党员	日卡村支部书记	
彭措	男	藏	1984年06月	小学	中共党员	日卡村村主任	
央青	女	藏	1966年06月	小学	中共党员	日卡村村妇女主任	
囊朗	男	藏	1963年03月	小学	中共党员	日卡村村民	
桑旦次仁	男	藏	1994年01月	小学	中共党员	日卡村村副主任	
白玛多杰	男	藏	1976年07月	小学	中共党员	乡林业管护战站长	
四朗次仁	男	藏	1974年08月	小学	中共党员	雄吉村村支部书记	市、乡两级人大代表
白玛支确	男	藏	1967年07月	小学	中共党员	雄吉村村民	
达瓦扎西	男	藏	1962年06月	小学	中共党员	雄吉村村副主任	
白路	女	藏	1967年08月	小学	中共党员	雄吉村村妇女主任	
巴登才旺	男	藏	1968年08月	小学	中共党员	竹玉村村支部书记	
旦增彭措	男	藏	1988年09月	小学	中共党员	竹玉村监督委员会主任	
次仁央宗	女	藏	1992年02月	小学	中共党员	竹玉村村民	
索朗次仁	男	藏	1987年08月	小学	中共党员	巴瑞村村主任	

续表 9

姓名	性别	民族	出生年月	文化程度	政治面貌	职务	备注
阿　娘	男	藏	1986 年 06 月	小学	中共党员	巴瑞村副主任	
罗布卓玛	女	藏	1983 年 08 月	小学	中共党员	巴瑞村村妇女主任	
次久罗布	男	藏	1956 年 01 月	小学	中共党员	巴瑞村村民	
塔　杰	男	藏	1960 年 09 月	小学	中共党员	卧普村村民	
嘎　日	男	藏	1991 年 01 月	小学	中共党员	卧普村村民	
扎　波	男	藏	1959 年 05 月	小学	中共党员	塔鲁村村支部书记	
晓次仁	男	藏	1974 年 05 月	小学	中共党员	塔鲁村村监督委员	
旦增旺姆	女	藏	1970 年 09 月	小学	中共党员	塔鲁村村民	县、乡两级人大代表
巴　吉	女	藏	1957 年 05 月	小学	中共党员	塔鲁村村民	

波密县多吉乡第九届人民代表大会代表一览表

表 10

姓名	性别	民族	出生年月	文化程度	政治面貌	职务	备注
陶长能	男	汉	1977年09月	研究生	中共党员	波密县人大常委会副主任人选、乡党委书记	市、县、乡三级人大代表
于云波	男	藏	1982年08月	本科	中共党员	乡党委副书记、乡长	
格顿	男	藏	1983年12月	大专	中共党员	乡党委委员、人大主席	
旦增平措	男	藏	1991年03月	本科	中共党员	乡人大专职副主席	
白朗	男	藏	1968年06月	小学	中共党员	通参村党支部书记、村委会主任	县、乡两级人大代表
嘎次登	男	藏	1976年02月	小学	中共党员	通参村宣传委员	
阿嘎	女	藏	1976年08月	小学	中共党员	通参村妇联主任	
旺青罗布	男	藏	1971年05月	大专	中共党员	乡中心小学副校长	
罗索扎西	男	藏	1966年07月	小学	中共党员	通参村监督委员会主任	
旦巴索朗	男	藏	1972年01月	小学	中共党员	扩拉村党支部书记、村委会主任	
尼玛江村	男	藏	1977年01月	小学	无党派	曲宗寺僧人	
布尼玛	男	藏	1977年06月	小学	中共党员	扩拉村村民	
布珠档	男	藏	1966年1月	小学	中共党员	扩拉村监督委员会主任	
旺青罗布	男	藏	1963年06月	小学	中共党员	德吉村监督委员会主任	县、乡两级人大代表
次仁	男	藏	1952年11月	小学	中共党员	德吉村退休教师	
顿珠次仁	男	藏	1968年06月	小学	中共党员	德吉村村民	
土登群培	男	藏	1970年02月	小学	中共党员	德吉村党支部副书记	
卓玛才登	男	藏	1964年04月	小学	中共党员	西巴村党支部书记、村委会主任	
卓嘎	女	藏	1990年11月	小学	中共党员	西巴村村民	
其美仁增	男	藏	1976年12月	小学	中共党员	西巴村村党支部副书记	
索朗扎西	男	藏	1962年11月	小学	中共党员	达大村党支部书记、村委会主任	
次勇	女	藏	1970年08月	小学	党外人士	达大村村民	县、乡两级人大代表
央青次仁	男	藏	1966年07月	小学	中共党员	达大村监督委员会主任	市、乡两级人大代表

续表 10

姓名	性别	民族	出生年月	文化程度	政治面貌	职务	备注
顿珠次仁	男	藏	1963 年 01 月	小学	中共党员	波密县多吉乡达大村村民	
索朗次仁	男	藏	1963 年 06 月	小学	中共党员	木古村党支部书记、村委会主任	县、乡两级人大代表
保　穷	女	藏	1973 年 03 月	小学	中共党员	木古村妇联主任	
次旦卓玛	女	藏	1986 年 12 月	本科	中共党员	乡卫生院院长	
巴桑绕登	男	藏	1965 年 08 月	小学	中共党员	毛江村监督委员会主任	
索朗玉珍	女	藏	1995 年 04 月	小学	中共党员	毛江村村医	
仁青旺久	男	藏	1987 年 04 月	初中	中共党员	毛江村党支部书记、村委会主任	
布珠玛	女	藏	1965 年 04 月	小学	中共党员	毛江村村民	
扎　巴	男	藏	1955 年 01 月	初中	中共党员	帕雄村监督委员会主任	
次　帕	女	藏	1970 年 08 月	小学	中共党员	帕雄村妇女主任	县、乡两级人大代表
顿　扎	男	藏	1963 年 08 月	小学	中共党员	角落村党支部书记、村委会主任	县、乡两级人大代表
扎西斯朗	男	藏	1970 年 08 月	小学	中共党员	角落村党支部副书记	
斯朗多丹	男	藏	1982 年 02 月	小学	无党派	伽达寺僧人	
普布扎西	男	藏	1969 年 11 月	小学	中共党员	角落村村民	
嘎　玛	女	藏	1977 年 03 月	小学	中共党员	角落村妇联主任	
边秋多吉	男	藏	1985 年 11 月	小学	中共党员	角落村村委会副主任	

波密县康玉乡第九届人民代表大会代表一览表

表11

姓名	性别	民族	出生年月	文化程度	政治面貌	职务	备注
古桑朗杰	男	藏	1982年05月	大专	中共党员	乡党委书记	县、乡两级人大代表
阿旺索朗	男	藏	1979年05月	本科	中共党员	党委委员、乡人大主席	市、县、乡三级人大代表
陈　亮	男	汉	1979年03月	大专	中共党员	乡主任科员	
卓　拥	男	藏	1963年08月	小学	中共党员	乌那村支部书记	
仁青罗布	男	藏	1973年06月	小学	中共党员	乌那村副书记	
次仁尼玛	男	藏	1971年09月	小学	中共党员	乌那村宣传委员	
左　觉	男	藏	1971年05月	小学	中共党员	乌那村村民	
格　西	女	藏	1981年05月	小学	中共党员	乌那村妇女主任	
格松加参	男	藏	1971年05月	小学	中共党员	通堆村支部书记	县、乡两级人大代表
次旺久美	男	藏	1969年03月	小学	中共党员	通堆村副书记	
落松土旦	男	藏	1987年03月	小学	中共党员	通堆村宣传委员	
罗次培	男	藏	1987年12月	小学	中共党员	通堆村组织委员	
拥　青	女	藏	1980年02月	小学	中共党员	通堆村妇女代表	
罗　次	男	藏	1966年09月	小学	中共党员	通堆村纪检委员	
阿旺尼玛	男	藏	1971年03月	小学	中共党员	达曲村支部书记	
普　珠	男	藏	1969年01月	小学	中共党员	达曲村副书记	
西绕路培	男	藏	1973年08月	小学	中共党员	达曲村委副主任	
贡觉次仁	男	藏	1989年03月	中学	中共党员	达曲村纪检委员	
德　青	女	藏	1984年02月	小学	中共党员	达曲村妇女主任	
格桑多吉	男	藏	1979年07月	小学	中共党员	宗热村支部书记	
贡　桑	男	藏	1960年02月	小学	中共党员	宗热村副书记	
拥青拉姆	女	藏	1971年04月	小学	中共党员	宗热村纪检委员	
旦　塔	男	藏	1977年04月	小学	中共党员	宗热村宣传委员	
白玛多吉	男	藏	1982年05月	小学	中共党员	宗热村组织委员	

续表 11

姓名	性别	民族	出生年月	文化程度	政治面貌	职务	备注
次旺多吉	男	藏	1954 年 12 月	小学	中共党员	拉瓦西村支部书记	
贡　　嘎	男	藏	1972 年 11 月	小学	中共党员	拉瓦西村副书记	
索朗益西	男	藏	1961 年 08 月	小学	中共党员	拉瓦西村村民	
拥　　宗	女	藏	1978 年 07 月	小学	中共党员	拉瓦西村副主任	
索　　那	男	藏	1976 年 01 月	小学	中共党员	拉瓦西村纪检委员	
落追尼玛	男	藏	1985 年 06 月	小学	中共党员	达曲村户长	
次仁央青	女	藏	1978 年 01 月	小学	中共党员	通堆村村民	
索朗罗松	男	藏	1981 年 02 月	小学	中共党员	乌那村户长	

波密县玉普乡第九届人民代表大会代表一览表

表 12

姓名	性别	民族	出生年月	文化程度	政治面貌	职务	备注
拉巴桑珠	男	藏	1978年06月	大专	中共党员	波密县玉普乡、乡党委书记	乡、县代表
次仁顿珠	男	藏	1982年10月	大专	中共党员	波密县玉普乡乡党委委员、人大主席	乡、县代表
巴　向	男	藏	1959年11月	小学	中共党员	波密县玉普乡米美村村支部书记	乡、县代表
次成德青	男	藏	1984年02月	初中	中共党员	波密县玉普乡达巴村村党支部书记	乡、县代表
王学位	男	汉	1987年01月	本科	中共党员	波密县玉普乡乡党委副书记乡长	乡级代表
巴桑罗布	男	藏	1983年06月	本科	中共党员	波密县玉普乡乡党委委员派出所所长	乡级代表
梁凤丽	女	汉	1988年01月	本科	中共党员	波密县玉普乡乡党委委员组宣委员	乡级代表
次仁卓嘎	女	藏	1988年06月	本科	中共党员	波密县玉普乡人大专职副主席	乡级代表
洛桑江措	男	藏	1982年06月	大专	中共党员	波密县玉普乡乡卫生院院长	乡级代表
乔德吉	女	藏	1987年10月	本科	中共党员	波密县玉普乡副乡长	乡级代表
旺杰旦增	男	藏	1990年06月	本科	中共党员	波密县玉普乡乡党委委员、人武部部长	乡级代表
欧珠多吉	男	藏	1989年09月	本科	中共党员	波密县玉普乡后勤中心主任	乡级代表
荣慧芳	女	汉	1994年10月	本科	团员	波密县玉普乡科员	乡级代表
吴宝军	男	汉	1992年03月	大专	群众	波密县玉普乡日昂寺驻寺干警	乡级代表
其　美	男	藏	1980年09月	大专	党员	波密县玉普乡中心小学副校长	乡级代表
向秋次成	男	藏	1974年12月	小学	中共党员	波密县玉普乡阿西村村委会主任	乡级代表
向秋群培	男	藏	1970年01月	小学	中共党员	波密县玉普乡阿西村村委会副主任	乡级代表
扎西卓嘎	女	藏	1980年01月	初中	中共党员	波密县玉普乡阿西村妇联主任	乡级代表

续表 12

姓名	性别	民族	出生年月	文化程度	政治面貌	职务	备注
格桑旺姆	女	藏	1980 年 09 月	小学	群众	波密县玉普乡阿西村村民	乡级代表
白玛扎西	男	藏	1969 年 09 月	小学	群众	波密县玉普乡阿西村村监会成员	乡级代表
小　利	男	藏	1968 年 06 月	小学	中共党员	波密县玉普乡达巴村村委会主任	乡级代表
卓　嘎	女	藏	1969 年 08 月	小学	中共党员	波密县玉普乡达巴村妇联主任	乡级代表
阿　白	男	藏	1970 年 12 月	小学	群众	波密县玉普乡达巴村村民	乡级代表
加　多	男	藏	1968 年 07 月	小学	中共党员	波密县玉普乡达巴村村民	乡级代表
其美欧珠	男	藏	1968 年 09 月	小学	中共党员	波密县玉普乡达巴村村委会副主任	乡级代表
多　杰	男	藏	1960 年 11 月	小学	中共党员	波密县玉普乡格巴村村民	乡级代表
卓　央	女	藏	1973 年 08 月	高中	中共党员	波密县玉普乡格巴村妇联主任	乡级代表
仁　增	男	藏	1964 年 10 月	小学	群众	波密县玉普乡格巴村村民	乡级代表
顿　珠	男	藏	1984 年 12 月	小学	群众	波密县玉普乡格巴村村民	乡级代表
红　荣	男	藏	1973 年 05 月	初中	中共党员	波密县玉普乡宗坝村村党支部书记	乡级代表
次仁央宗	女	藏	1959 年 04 月	小学	中共党员	波密县玉普乡宗坝村村民	乡级代表
格勒扎西	男	藏	1978 年 06 月	小学	中共党员	波密县玉普乡宗坝村村民	乡级代表
伍金仁增	男	藏	1986 年 11 月	初中	中共党员	波密县玉普乡宗坝村村委会副主任	乡级代表
次仁旺扎	男	藏	1983 年 11 月	初中	中共党员	波密县玉普乡向宗坝村双联户户长	乡级代表
次仁群培	男	藏	1971 年 01 月	小学	中共党员	波密县玉普乡米美村村委会主任	乡级代表
波　姆	女	藏	1969 年 07 月	小学	中共党员	波密县玉普乡米美村妇联主任	乡级代表
次仁卓嘎	女	藏	1992 年 01 月	初中	中共党员	波密县玉普乡米堆村妇联主任	乡级代表
洛桑旦巴	男	藏	1986 年 09 月	小学	中共党员	波密县玉普乡米堆村 村委会副主任	乡级代表

波密县易贡乡第九届人民代表大会代表一览表

表 13

姓名	性别	民族	出生年月	文化程度	政治面貌	职务	备注
陆文刚	男	汉族	1975年07月	大专	中共党员	乡党委书记	县、乡两级人大代表
益西江成	男	藏族	1979年01月	本科	中共党员	乡党委副书记、乡长	
杨波	男	汉族	1986年11月	本科	中共党员	乡党委委员、人大主席	
陈兰兰	女	汉族	1982年08月	本科	中共党员	乡人大专职副主席	
军琼	男	藏族	1947年04月	小学	中共党员	通加村村民	
嘎玛次仁	男	藏族	1979年07月	小学	中共党员	通加村组织委员、村委会副主任、民族宗教委员	
红圆	男	藏族	1968年11月	小学	中共党员	通加村村民	
索朗次仁	男	藏族	1967年02月	小学	中共党员	通加村党支部书记	县、乡两级人大代表
欧路	男	藏族	1970年07月	小学	中共党员	通加村党支部副书记、村委会主任	
德吉卓玛	女	藏族	1993年05月	初中	中共党员	通加村宣传委员、文教卫生委员、妇代会主任	
罗布	男	藏族	1961年07月	小学	中共党员	格通村党支部书记	
其美扎西	男	藏族	1969年06月	小学	中共党员	格通村村民	
白玛次仁	男	藏族	1983年01月	初中	中共党员	格通村组织委员、治保调解委员、团支部书记	
才旺久美	男	藏族	1969年03月	小学	中共党员	格通村党支部副书记、村委会主任	
次仁罗布	男	藏族	1975年04月	小学	中共党员	格通村村民	
卡西拉姆	女	藏族	1987年05月	初中	中共党员	格通村宣传委员、社会保障委员、妇代会主任	
布仁	男	藏族	1974年06月	小学	中共党员	江拉村治保调解委员	
格桑顿珠	男	藏族	1967年08月	小学	中共党员	江拉村双联户户长	
米米	女	藏族	1976年08月	小学	群众	江拉村村民	
阿久	男	藏族	1978年01月	小学	中共党员	江拉村村民	
白多	男	藏族	1976年12月	小学	中共党员	江拉村村务监督委员会成员委员	
党党	男	藏族	1980年03月	小学	中共党员	江拉村村民	

续表 13

姓名	性别	民族	出生年月	文化程度	政治面貌	职务	备注
阿　　杜	男	藏族	1966 年 06 月	初中	中共党员	沙玛村党支部书记	
小　　路	男	藏族	1973 年 08 月	小学	中共党员	沙玛村宣传委员、文教卫生委员、社会保障委员	
次旺欧珠	男	藏族	1981 年 07 月	小学	中共党员	沙玛村村民	
巴　　姆	女	藏族	1957 年 03 月	小学	中共党员	波密县易贡乡贡仲村文教卫生委员、妇代会主任	
白玛朗加	男	藏族	1955 年 04 月	小学	中共党员	波密县易贡乡贡仲村	
尼玛拉姆	女	藏族	1971 年 05 月	小学	群众	波密县易贡乡贡仲村	
赤列平措	男	藏族	1987 年 04 月	初中	中共党员	贡仲村宣传委员、村委会副主任、治保调解委员	
登增尼玛	男	藏族	1964 年 09 月	小学	中共党员	贡仲村村民	
扎西次仁	男	藏族	1982 年 01 月	小学	中共党员	贡仲村村民	
嘎玛占堆	男	藏族	1982 年 11 月	小学	群众	贡仲村村民	
索朗扎巴	男	藏族	1964 年 02 月	小学	中共党员	人民政府办事员、贡仲村第一书记	市、县、乡三级人大代表
宗　　珠	男	藏族	1963 年 12 月	小学	中共党员	贡仲村党支部书记、村委会主任	
次巴扎西	男	藏族	1978 年 01 月	本科	中共党员	乡中心小学校长	

波密县人民代表大会常务委员会办公室

【概况】 2019年，波密县人大常委会办公室在县委的坚强领导和县人大常委会的关心指导下，始终坚持以习近平新时代中国特色社会主义思想为指导，全面贯彻党的十九大和十九届二中、三中、四中全会精神，深入学习习近平总书记关于坚持和完善人民代表大会制度的重要思想、关于治边稳藏的重要论述，贯彻落实区党委九届五次、六次全会，市委一届七次、八次全会及县委九届三次、四次全会精神紧紧围绕波密县改革发展稳定大局和县人大常委会中心工作，团结拼搏，开拓创新，扎实工作，圆满完成各项工作任务，为县人大及其常委会依法履职和机关有序高效运转提供了良好服务保障。

【政治学习】 2019年，波密县人大常委会办公室严格执行人大机关“周五学习日”制度，狠抓机关学习教育。结合“不忘初心、牢记使命”主题教育活动，认真学习领会习近平新时代中国特色社会主义思想，深入学习贯彻党的十九大精神和十九届三中、四中全会精神，贯彻区党委第九次党代会和九届三次、四次全会精神，牢固树立“四个意识”，坚定“四个自信”，做到“两个维护”；深入开展“不忘初心、牢记使命”主题教育，认真组织办公室工作人员进行业务学习，狠抓精文简会，不断完善公文处理制度和办会流程，不断提高办文办会质量；加强党风廉政建设，组织党员干部认真学习《中国共产党廉洁自律准则》《中国共产党纪律处分条例》等党内法规条例，以及上级下发关于违纪违规的案例，不断增强机关党员干部“为民、务实、清廉”的工作意识，树立清正廉洁的良好干部形象。

【人才队伍建设】 2019年，波密县人大常委会办公室坚持以“四个机关”建设为抓手，通过开展集体学习、参加培训、知识测试等活动，营造浓烈的学习氛围，不断提高党员干部队伍政治理论素质；组织党员干部集中学习50次，参加县委理论中心组学习11次，开展《习近平谈治国理论》学习12次，锻造了一支政治、思想、理论水平过硬的干部队伍，为推进“五个波密”建设作出应有贡献。

【会务保障】 2019年，波密县人大常委会办公室在人大常委会的坚强领导下，圆满完成波密县第十二届人民代表大会第六次会议、波密县第十二届人民代表大会常务委员会常委会议共9次会议的服务保障工作；归纳整理波密县第十二届

2019年5月10日，内蒙古康巴什区人大考察组在波密县考察

人民代表大会第六次会议上代表提出的意见、建议共60件，组织召开意见、建议交办会，按法定程序向县政府交办，确保代表议案建议件件有答复、事事有落实。

【执法监督及调研】 2019年，波密县人大常委会办公室配合区、市两级人大常委会开展执法检查和专题调研活动6次，配合县人大常委会组织开展执法检查和专题调研活动11次，组织代表视察1次，有效促进相关法律法规在波密县贯彻落实。

【代表履职工作】 2019年，波密县人大常委会办公室协助波密县人大常委会深入10个乡（镇）开展区、市、县、乡（镇）四级人大代表家访活动，走访农牧民代表47人，收集意见建议16条，并在法定时间内向县政府反馈，通过家访带动培训，切实提高基层农牧民代表的履职能力和水平，使他们能更好地服务县、乡党委中心工作，巩固代表沟通联系党委、政府与广大农牧民群众的桥梁纽带作用；认真督办代表意见、建议。加强与县政府及其职能部门的联络工作，切实加大对代表意见、建议督办力度，有效解决农牧民群众关注的热点焦点问题。县十二届人大六次会议上，代表所提的60条意见建议均在法定时限内答复完毕，答复率100%，满意率较上年度有所提高。

（段炎）

【领导名录】

人大常委会办公室主任

巴珍（女，藏族，5月离任）

李雪鹏（女，5月任职）

人大常委会办公室副主任

索朗多吉（藏族）

波密县人大财政经济委员会

【概况】 2019年，波密县人大财政经济委员会在县人大常委会的指导下，坚持以习近平新时代中国特色社会主义思想为指导，紧紧围绕波密县经济发展战略，把人民群众最关心的热点、难点问题作为监督工作的出发点和落脚点，关注民生、反映民意，不断总结经验，拓展财经监督的领域和范围，加强对计划、预（决）算等审查工作，稳步提升人大财经干部的业务素质与能力，积极配合和参与自治区人大、市人大常委会交办的工作。

【机构改革】 2019年1月至6月机构名称为波密县人大财经农牧城建环保委员会，6月13日后机构名称改为波密县人大财政经济委员会。

【职能监督】 2019年，波密县人大财政经济委员会在人大常委会的正确领导下，充分发挥监督职能，不断完善审查监督机制，凸显专委会监督审查职能，依法开展各项工作，有效地防范和化解财政运行风险。

在波密县十二届人大六次会议召开前，依法审查国民经济和社会发展计划、财政预算报告草案，及时向人民代表大会主席团提交审查结果报告；会上听取和审议波密县人民政府工作报告；审查波密县2018年国民经济和社会发展计划执行情况与2019年国民经济和社会发展计划草案的报告，批准波密县2019年国民经济和社会发展计划；审查波密县2018年财政预算执行情况及2019年财政预算草案的报告，批准2019年财政预算。

【自身建设】 2019年，波密县人大财政经济委员会不断加

2019年10月9日，波密县委常委、人大常委会主任马海蕴调研“三农”工作（在多吉乡调研蔬菜大棚种植项目）

强自身建设。突出政治引领。坚持将政治学习作为抓好财经监督工作的首要前提，牢记“业务之中有政治”，积极参加人大机关党支部组织的每周五集中学习会议，持续深化新时代党对经济工作规律性的认识、理解和把握，在政治学习中把准监督方向、站稳监督立场、校准监督坐标。认真抓好《中华人民共和国监督法》《中华人民共和国预算法》等相关法律法规的自学，不断增强法治意识和依法办事水平。参加林芝市人大财经委举办的“林芝市人大财经暨农环业务监督培训班”和“西藏人大环资干部培训班”，进一步提高业务能力水平。

（黄进茂）

【领导名录】

波密县人大财经农牧城建环保委员会主任委员

次仁片多（女，藏族）

波密县人大财经委员会主任委员

次仁片多（女，藏族，6月任职）

波密县人大教育科技文化卫生委员会

【概况】 2019年，波密县人大教育科技文化卫生委员会在县人大及其常委会的领导下，以中共十九大和十九届二中、三中、四中全会精神，十三届全国人大一次会议精神和习近平新时代中国特色社会主义思想为指导，不忘初心、牢记使命，以助推县委决策部署深度落实为重点，以加快“五个波密”建设为目标，以推进民主法治建设、维护人民群众根本利益为主线，严格依法履职，

2019 年 11 月 12 日，波密县人大常委会副主任普琼（左一）在玉许乡查看三岩搬迁建设情况

积极主动作为，开拓创新，扎实工作。

【机构改革】 2019 年 6 月 13 日经波密县委批准设立波密县人大教育科技文化卫生委员会。

【执法监督及调研】 2019 年，波密县人大教育科技文化卫生委员会开展了校园及周边环境卫生综合治理和医疗保障工作情况的调研。

【自身建设】 2019 年，波密县人大教育科技文化卫生委员会严格执行人大机关“周五学习日”制度，认真学习领会习近平新时代中国特色社会主义思想，学习中共十九大精神和十九届二中、三中、四中全会精神，贯彻区党委第九次党代会和九届三次、四次全会精神，牢固树立“四个意识”，坚定“四个自信”，做到“两个维护”。

（肖林辰）

【领导名录】

主任委员人选

田伦华（4 月任职）

波密县人大社会建设委员会

【概况】 2019 年，波密县人大社会建设委员会在县人大及其常委会的领导下，坚持以习近平新时代中国特色社会主义思想为指导，深入学习贯彻党的十九大和十九届二中、三中、四中全会精神，聚焦社会领域民生实事，积极履职、主动作为、开拓创新，扎实工作。

【机构改革】 2019 年 6 月 13 日经波密县委批准设立波密县人大社会建设委员会。

（段炎）

波密县人民政府

【概况】 2019年，波密县人民政府团结带领全县各族人民，在以习近平同志为核心的党中央亲切关怀、自治区党委、政府的坚强领导和市委、市政府及县委直接领导下，高举习近平新时代中国特色社会主义思想伟大旗帜，全面贯彻落实党中央、国务院和自治区党委、政府及市委、市政府的各项决策部署，坚持稳中求进、进中求好、补齐短板工作总基调，按照县委九届四次全会和县委经济工作会议部署要求，以处理好“十三对关系”为根本方法，牢牢抓好发展稳定生态三件大事，坚决打赢三大攻坚战，完成2019年经济社会发展主要目标任务，决胜全面建成小康社会取得重大进展，谱写波密改革发展稳定新篇章。

【机构改革】 全面深化机构改革，顺利完成27个县政府职能部门挂牌工作，组建成立波密县城市管理和综合执法局、行政审批和便民服务局、信访局、医疗保障局等部门，圆满完成机构改革工作任务。按照机构改革实际，报批审定各部门职能职责3000项。

【政务公开】 坚持以“公开为常态、不公开为例外”原则，全面落实决策公开、执行公开、管理公开、服务公开、结果公开“五公开”工作机制。2019年度，在政府门户网站主动公开政府信息1700条，行政复议、行政诉讼0条，办理网民留言6件。做好政策解读和回应关切，围绕2019年经济社会发展总体要求和目标，全面公开、精准解读相关政策措施，确保政策内涵透明、信号清晰，稳定社会预期，提振市场信心。深入推进决策和执行公开，围绕2019年政府工作任务，加大稳增长、促改革、调结构、惠民生、防风险、保稳定系列政策措施的执行和落实情况公开力度。

【应急管理】 2019年，波密县人民政府坚持以人为本、生命至上的思想，牢固树立安全发展理念，坚持常态减灾和非常态救灾相统一，全面提升波密县应急管理水平和防灾减灾救灾能力，防范化解重特大安全风险。围绕机构改革要求，3月份组建县应急管理局承担波密县应急管理和安全生产监管职责，建成全域覆盖、资源整合、上下联动、运行高效的基

2019年9月3日，召开脱贫攻坚指挥部巩固脱贫攻坚成果工作座谈会

层网格化工作体系，全力构建符合波密县实际的应急管理体系。2019年，组织开展各类应急演练158次；开展各类检查整治行动126次，排查各类安全隐患357处，整改357处，整改率100%。2019年，波密县各领域未发生安全生产事故，人员零伤亡、经济财产零损失，安全生产形势保持平稳。

【政府职能转变】 坚持在党的统一领导下、在法治轨道上开展工作，深化“放管服”改革，承接上级部门权力下放衔接具体事宜，深入巩固以县各职能部门为保障、以乡镇便民服务中心为主体、以村居便民服务代办点为延伸的“三级便民”服务成果，完善构建服务网络，着力解决群众“最后一公里”问题，实现政府服务功能全面下沉；波密县“互联网+政务”服务办事大厅已全面建成并投入使用，深入推进商事制度改革，进一步清理取消工商登记前置审批事项，全面推进企业“先证后照”“多证合一”“证照分离”“双告知”登记制度改革，大力缩减和减压项目前置审批事项，从根本上实现企业“宽进”，推动大众创业、万众创新，放宽注册资本登记条件，完善年报公示制度，有效激发市场活力。波密县食品生产企业4家，办理食品生产许可证4家，获证率100%；食品经营户1097家，办理食品经营许可证1089家，获证率99.27%；农产品经营户170家；土特产经营户27家；小食品店、小作坊37家。

【脱贫攻坚】 认真做好中央脱贫攻坚专项巡视反馈意见的整改工作，制定整改措施110条，已全部完成整改。制定印

2019年8月2日，波密县委副书记、县长边巴（右三）和县委副书记、常务副县长全保卫（右五）在松宗镇调研藏猪养殖工作

发《波密县脱贫攻坚巩固提升实施方案》，进一步明确产业、就业、医疗、教育等9个方面重点任务，确保已脱贫群众持续增收。持续落实教育帮扶、医疗救助、产业扶持、政策兜底等各项惠农政策，严格执行“四个不摘”政策，力保在全面建成小康社会路上，一个都不能少。波密县无返贫、错退及新增贫困人口，所有建档立卡贫困户已全部实现脱贫。圆满完成波密县第一批7户56人的三岩搬迁入住工作。

【招商引资】 2019年，波密县人民政府完善细化招商引资政策措施，持续优化招商引资环境。围绕强链、补链，加强重点领域招商，全面提升项目落地率，持续做好天宇圆梦苑、野生光核桃、松赞林卡酒店、王朝大酒店等19个落地项目跟踪服务工作。2019年，招商引资到位资金5.6亿元。

【生态环保】 2019年，波密县人民政府牢固树立“绿水青山就是金山银山”的新发展理念，抓实抓好发展稳定生态三件大事，正确处理保护生态和富民利民的关系，深入推进生态红线划定工作，积极开展污染防治及第二次全国污染源普查工作，加大环境监管力度，稳步提高县域环境质量。2019年，完成植树造林133.33公顷、森林抚育1333.33公顷、国土绿化242亩，依法查处涉林案件16起，查处率100%。编制完成《波密县全面加强生态环境保护坚决打好污染防治攻坚战实施方案》，深入推进河湖“清四乱”专项行动，主要江河湖泊水质达到或优于Ⅲ类标准，水源地水质达标率100%。空气质量达标天数比例100%。全面推行河长制、湖长制、林长制，落实生态岗位6963个，河湖长248名。

【平安创建】 深推扫黑除恶，社会生态得到有效净化。深入开展扫黑除恶打非治乱专项斗争；制定《波密县扫黑除恶打非治乱专项斗争整改任务分解表》《波密县关于集中开展行业乱象整治工作的实施方案》，建立健全《波密县扫黑除恶专项斗争联席会议制度》，大力宣传扫黑除恶专项知识和相关法律法规。开展集中宣传1070场次，覆盖人数3.9万人次，发放宣传单7.1万份，张贴宣传通告8500份，悬挂横幅2070条；充分发挥基层党组织、网格民警等桥梁纽带作用，全方位、全领域开展涉黑涉恶线索摸排搜集工作。累计排查928次、摸排出专项斗争线索37条，其中立案办理20起、正在处理1起，行政拘留6人、行政罚款1人。教育管理并举，确保宗教领域绝对稳定。制定印发《关于加强和改进新形势下宗教工作实施意见》，进一步明确了各级党委、政府和涉宗职能部门工作职能，为依法依规加强宗教工作提供根本遵循；进一步加大“遵行四条标准 争做先进僧尼”“四讲四爱”等教育实践活动宣讲力度，教育引导寺庙僧人爱国爱教、潜心修行、遵规守法。开展学习教育100场次，受教育僧人800人次，推荐选拔僧人前往区、市培训30人次。

【项目建设】 2019年，波密县人民政府保持专注发展、转型发展战略定位，坚定不移落实稳增长政策措施，抓实“十三五”规划中期调整，扎实推进项目建设，协调做好易贡湖生态修复与综合整治、川藏铁路、滇藏铁路、夏曲电站等重大项目工程跟踪服务，开复工项目167项，完成国家重点项目投资7.93亿元。加强项目储备谋划，扎实做好“十四五”规划编制，涉及民生、基础设施、特色产业、生态环境、基层政权等方面，总投资426.38亿元的350个项目盘子已上报。

【产业发展】 紧扣林芝市“一带四基地”产业发展布局，深入推进“两产业一平台”发展战略，构建“2+3+1”产业发展格局，产业链条有效延伸，产业富民效益有力彰显。制定《2019年茶叶种植实施方案》，全面落实茶叶种植地块工作，完成茶树种植140公顷，建立乌龙茶苗繁育基地并成功申报国家有机产品认证。统筹各类资金8391.79万元，建设藏猪核心保种场1个，标准化规模养殖场3个，全市单体规模最大标准化藏猪养殖场——多吉乡木古村藏猪养殖基地正式投用，波密县藏猪产业扎实推进。西藏绿康园生态农业开发有限公司和广州天丰园农牧科技有限公司2家企业成功落户波密。

【援藏工作】 2019年，逐步完善以广州市第一人民医院为主导，其他三级医院为辅的柔性帮扶机制，年度接受援藏医生16人，接诊门诊患者2735人次。“广州波密·区乡对接”教育帮扶模式全部完成，签订帮扶协议12份，年度邀请广州教育系统124名专家教授进行帮扶指导，邀请广州大学18名优秀大学生开展支教活动。第八批和第九批援藏轮换交接圆满完成，成功开展“区乡对接项目擂台大比武”活动，10个乡（镇）“区乡对接”帮扶框架全部形成，乡镇基础设施建设、产业发展、干部能力提升等受援工作稳步推进。协调广州市各级党政考察团、驻穗机构及企业进藏考察交流、对接帮扶28次，完成干部交流430人次。

【乡村振兴】 2019年，波密县人民政府稳步推进全国农村人居环境整治三年行动示范县建设，投入2000万元，持续推进15个示范村建设工作。围绕“拆违拆旧、垃圾治理、人畜分区、绿色篱笆、百花庭院”五大行动，实施人居环境整治工作，波密县拆除非法标牌200块，拆除破旧、临时搭建、不符合村庄规划等建筑200处，拆违5万米，整治围墙7万米，村公共区域种花、种草5万平方米，播撒草种1000公斤，播撒格桑花等花种200公斤，移栽花苗4.5万株。成功申报国家级电子商务进农村综合示范县。松宗镇、倾多镇、古乡新型城镇化建设全部竣工，完成棚户区改造1199户，新建输配水管网21.9公里，消火栓154座，“厕所革命”深入实施，57座厕所建成投用。

【就业创业】 不断健全完善社会保障体系，坚持“广覆盖、多层次、保基本、可持续”方针，加强政策宣传，就业创业工作稳步推进。2019年，波密县高校毕业生已就业191人，就业率91.4%，建档立卡贫困户应届高校毕业生就业22人，就业率100%；实现城镇新增就业521人，农牧民劳动转移就业4817人、8994人次，贫困人口实现转移就业361人。

【教育工作】 2019年，教育支出1.05亿，同比增加1217万元，增长13.08%。师资力量持续强化。按照“走出去，请进来”的方式开展教育培训工作，组织选派优秀骨干教师94人次参加各级培训，累计邀请广州大学86名专家教授来波密进行帮扶指导，受益教师270人。教学水平不断提高。组织开展波密县片区语文、数学主题教研活动，加强校际教研交流，促进教师的专业发展，提升校本教研水平，为波密县教育教学水平提升奠定坚实基础。波密县各级各类学校共有43所，在校学生5499人。中学学生1353人，毛入学率105.94%；小学学生2912人，毛入学率108.95%；在园幼儿1234人，学前三年毛入园率86.13%。

【旅游文化】 2019年，接待游客177万人次，旅游收入14.3亿元，同比分别增长36.91%、33.11%。巴卡村入选第一批全国乡村旅游重点村名录，扎木中心县委红楼成功获批全区首个AAAA级红色旅游景区，米堆冰川景区成功创AAAA级旅游景区，波隅旅游开发有限公司有效运营，为波密旅游宣传服务开启新的通道；建成以县综合文体活动中心为主阵地的县乡村三级公共文化服务体系，做好县域内设施空间免费开放工作，满足波密县干部群众文化需求；组派精干力量挖掘红色文化，弘扬波密红楼精神，全面助推红色旅游发展步伐；文旅大融合、旅游富民、旅游惠民、旅游兴民效应不断凸显。

【社会保障】 社会救助力度显著增强。为波密县61户159人城镇低保户发放低保金127.96万元；为79户255人农村低保户发放低保金111.04万元；为204名特困老人兑现供养金180.95万元，波密县共有孤儿79名，其中65名在林芝市儿童福利院集中供养，并享受每月每人1000元生活补助。残疾人保障持续巩固。波密县共有持证残疾人1446人；残疾人数据动态更新调查1493人，发放残疾人辅助器具112件（个）；经筛查有46名0-14岁残疾儿童，37人符合康复救助，已上报市残联并计划于2020年开展康复治疗，向自治区康复中心成功转介5人；完成残疾儿童康复3名，发放资金3.72万元；完成2019年波密县1242名残疾人两项补贴申请、审核和发放信息变更工作，发放两项补贴资金121.56万元；为8名残疾学生发放2018—2019学年残疾人助学补贴7.3万元，为4名残疾人发放创业扶持资金8万元；为96名残疾人发放机动车燃油补贴资金3.647万元，残疾人无障碍改造20人，兑现资金7万元。医疗保障优质提升。波密县农牧民参保25170人，参保率98.5%，县财政代缴1679人，参保率100%；新型合作医疗大病统筹资金下拨1404.76万元，农牧民住院核销2108人，报销补偿金额1023.63万元，其中精准扶贫254人，核销金额180.30万元；特殊门诊申请22人，核销2人，核销金额0.12万元；大病统筹保险上报11人，补偿金额16.63万元；医疗救助214人，救助金额155.01万元，其中建档立卡户109人，救助资金38.78万元；大病救助6人，救助资金40.35万元。

【执政能力建设】 波密县人民政府党组以理论中心组学习会、政府党组会和党支部学习会为契机，深入学习中央、国务院和区市党委、政府及县委一系列文件会议精神和重要指示、批示精神，累计学习文件60份，并充分利用“学习强国”APP、“公益健步行”APP、“两微一平台”等网络媒体和电视、书籍、报刊、文件等传统媒体开展个人自学，达到查漏补缺、巩固提升的良好效果，进一步强化理论武装头脑的能力；同时，坚持以党的政治建设为统领，以坚定理想信念宗旨为根基，以调动党员干部积极性、主动性、创造性为着力点，全面推进执政能力建设。

【党建工作】 波密县人民政府党组以“不忘初心、牢记使命”主题教育为契机，创新制定《“守初心、担使命、找差距、抓落实”成效考评方案》，内容共计10条，考评对象为波密县人民政府县处级领导干部，考评围绕分管领域目标任务、党风廉政建设等工作，以自评、分管工作年终考评和民主测评相结合的方式评出优、良、中、差四个等次，考评结果在年终政府民主生活会上予以公开，进一步强化政府县处级领导理论学习成效，切实把党的创新理论成果转化为推动波密经济社会发展的强大动力，真正落实“找差距、抓落实”总要求，全力助推“两产业一平台”发展战略和“五个波密”建设。

【廉洁建设】 政府班子成员经常性对分管领域党风廉政建设工作进行调研督导，并提出建设性意见建议；对分管领域任免职干部进行任前廉政谈话，各单位每季度均积极主动向政府党组班子成员汇报党风廉政建设工作开展情况；以各种学习会为契机，深入学习党风廉政建设相关文件20份；同时，以“不忘初心、牢记使命”主题教育为契机开展交流研讨，设置研讨专题12个，其中涉及党风廉政建设专题8个；政府党组班子成员均作交流发言，观看《榜样四》等红色影片、参观红楼及重温入党誓词，进一步筑牢拒腐防变意识。波密县人民政府党组强化政治建设，严守政治纪律和政治规矩，不断厚植“四个意识”、坚定“四个自信”，坚决做到“两个维护”，以风清气正的干事创业氛围高站位、高标准、高质量推动落实政府各项工作。

（王雷）

【领导名录】
县委副书记、县长
　　边巴（藏族）
县委副书记、常务副县长
　　李伟成（援藏，7月离任）
　　钟泳薪（援藏，7月任职）
县委副书记、常务副县长
　　全保卫
县委常委、副县长
　　沈光银（侗族）
政府副县长
　　索朗平措（藏族）
政府副县长
　　阿朗（藏族，5月离任）
政府副县长
　　马远（4月离任）
政府副县长
　　白玛旺扎（门巴族）
政府副县长
　　姜治强
政府副县长
　　达娃卓嘎（女，藏族）
政府副县长
　　张豪杰（藏族，8月任职）
政府副县长
　　梁亚文（3月任职）
政府副县长
　　王勇（11月任副县长人选）

波密县人民政府办公室

【概况】 波密县人民政府办公室始终坚持以习近平新时代中国特色社会主义思想为指导，围绕县委、县政府中心工作，扎实推进“三办、三服务”工作，圆满完成机构改革、后勤保障、协调服务、巡察整改、督察督办、精文减会、主题教育、干部驻村等各项工作；以“七一”“十一”等重大节日为契机，持续强化党的建设，以党建引领助推政府办各项工作再上新台阶；2019年度，波密县政府办守初心、担使命，负重前行、砥砺奋进，为县委、县政府科学有效决策提供了坚实支撑。

【机构改革】 严格执行《波密县机构改革方案》，将县政府办公室的应急管理各项职责整合，组建县应急管理局；将县司法局和县政府法制办公室的职责整合，重新组建县司法局，不再保留县政府法制办公室；将综合执法局的各项职责整合，组建县城市管理和综合执法局，不再保留县综合执法局；组建县信访局，作为县政府工作部门单独设立；县政府办公室加挂县外事办公室牌子，不再保留县外事侨务办公室。将波密县人民政府办公室（法制办公室、信访局、综合执法局）改为波密县人民政府办公室。

【文秘工作】 坚决贯彻2019年“基层减负年”相关精神，全面整治“文山会海”等突出问题，严控发文数量，严控发文质量，严格把握政治方向，建立健全发文审核程序，做到精心审稿、认真校对、严格把关、领导审发，全面维护政府权威；全面做好政府、政府县级领导和政府办相关文稿起草撰写工作，精心收集整理相关领域资料，做到认真撰写、严格审核、准确无误、语句通顺；坚决做好政务信息报送工作，向市两办信息科报送县情特色亮点信息1500条，采用率位居全市前列，政府办荣获“林芝市2019年度政务信息报送工作进步集体”称号，信息员荣获“林芝市2019年度政务信息报送工作先进个人”称号。

【会务工作】 波密县人民政府办公室严格执行基层减负、精文减会相关规定，全面精简各类会议活动，切实改进工作作风、着力提升工作效率，持续

2019年7月1日，波密县政府办党支部在红楼重温入党誓词

提高办会水平。坚持细心、耐心、专心的工作原则，接会议通知时，第一时间科学决策、安排部署，做到准备充分、分工合理、落实迅速、层层审核，确保会场整洁干净、摆放有序、精心服务、材料到位，确保政府常务会、党组会、全体会及承接上级的各类会议高质量、高标准圆满召开。

【协调服务】坚决履行“三办”“三服务”工作职责，全力做好服务群众、服务领导、服务单位各项工作，第一时间向领导汇报相关工作，统筹安排领导调研、会务、培训、活动、督导检查等各项事宜，不断同县委办、人大办、政协办保持密切交流，坚决贯彻落实各项决策部署；积极做好来访群众接待工作，主动询问需办理事项，第一时间为群众协调处理各项事宜并给予答复，同时，积极为驻村点群众解决所想、所急、所需、所盼；统筹做好服务各单位工作，积极协调解决需办理事项，强化部门间协调沟通，形成工作合力，保障政府工作高质量、高标准推进。

【后勤保障】 严格执行《波密县机关后勤规范接待管理办法》《波密县机关后勤中心服务制度》，坚决做好公车规范使用工作，全面做好后勤接待服务工作，严控接待标准、提高服务质量；严控“三公”经费管理使用，坚持勤俭节约的工作原则，实现“三公”经费逐年递减的工作目标；严格执行财经制度，全面健全完善后勤报账流程和行为规范；规范县机关食堂运营管理，全力服务好各级工作组，同时，为县域内干部提供便捷就餐服务。

【党建工作】 波密县人民政府办公室始终坚持以习近平新时代中国特色社会主义思想为指导，坚持以党的建设统领各项业务工作，认真开展周学习和月“主题党日”活动；以“不忘初心、牢记使命”主题教育为契机，全体党员干部不断“守初心、担使命，找差距、抓落实”，密切联系驻村点干部群众，累计前往调研10次，开展集中慰问3次，解决实际困难10件，帮助协调解决村级所需资金34万元；主动配合九届县委第六轮巡察组常规巡察政府党支部工作，全盘接受所反馈问题，认真落实整改工作，有力助推政府办党建和“三办”“三服务”工作再上新台阶。

（王雷）

【领导名录】

波密县人民政府办公室（法制办公室、信访局、综合执法局）主任（局长）

白玛四朗（藏族，5月离任信访局局长）

波密县人民政府办公室（法制办公室、信访局、综合执法局）副主任（副局长）

王学位（4月离任）

波密县人民政府办公室副主任

王雷（5月任职）

波密县人民政府办公室副主任

刘仁宗（5月任职）

波密县人民政府办公室（法制办公室、信访局、综合执法局）主任科员

李雪鹏（女，5月离任）

机关后勤服务中心主任

四郎曲珠（藏族）

中国人民政治协商会议波密县委员会

【概况】 中国人民政治协商会议波密县委员会成立于1984年10月，本届为政协第九届波密县委员会。常委会下设综合办公室、提案委员会、经济资源环境社会教科文卫委员会、文史民族宗教法制委员会。

【机构改革】 根据《中共中央关于深化党和国家机构改革的决定》《关于地方机构改革有关问题的指导意见》《关于西藏自治区市县机构改革的总体意见》和《波密县机构改革方案》，按照《中国人民政治协商会议章程》，波密县政协成立3个专门委员会，即提案委员会、经济资源环境社会教科文卫委员会、文史民族宗教法制委员会。

【政协会议】 九届四次会议。2019年2月23日至26日，政协第九届波密县委员会第四次会议在波密县召开。会议应到委员84人，实到委员70人。会议审议通过政协第九届波密县委员会第四次会议议程；听取和审议政协第九届波密县委员会常务委员会工作报告；听取和审议政协第九届波密县委员会常务委员会关于政协第九届波密县委员会第三次会议以来提案工作情况的报告；列席第十二届波密县人民代表大会第六次会议，听取并讨论“一府两院”工作报告及其他有关报告；书面学习中央、自治区、市相关会议精神；审议通过政协第九届波密县委员会第四次会议关于常务委员会工作报告的决议；审议通过政协第九届波密县委员会第四次会议关于政协第九届波密县委员会第三次会议以来提案工作情况报告的决议；审议通过政协第九届波密县委员会提案委员会关于政协第九届波密县委员会第四次会议提案审查情况的报告；审议通过政协第九届波密县委员会第四次会议政治决议；其他事项。

【政协常务委员会会议】 九届八次常委会议。2019年2月22日，召开中国人民政治协商会议第九届波密县委员会常务委员会第八次会议，审议通过政协第九届波密县委员会常务委员会第八次会议议程（草案）；审议通过关于召开政协第九届波密县委员会第四次会议的决定（草案）；审议通过政协第九届波密县委员会第四次会议议程（草案）和日程、秘书长和副秘书长名单（草案）；审议通政协第九届波密县委员会第四次会议提案审查委员会名单（草案）；审议通过政协第九届波密县委员会第四次会议关于委员提出提案截止日期的决定（草案）；审议通过政协第九届波密县委员会第四次会议委员分组和召集人名单（草案）；审议通过政协第九届波密县委员会第四次会议列席人员名单（草案）；审议通过政协第九届波密县委员会常务委员会工作报告（征求意见稿）和报告人名单；审议通过政协第九届波密县委员会常务委员会关于政协九届三次会议以来提案工作情况的报告（征求意见稿）和报告人名单。

九届九次常委会议。2019年2月25日，召开中国人民政治协商会议第九届波密县委员会常务委员会第九次会议审议通过政协第九届波密县委员会常务委员会第九次会议议程（草案）；审议通过政协第九届波密县委员会常务委员会工作报告的决议（草案）；审议通过政协第九届波密县委员会关于政协九届三次会议以来提案工作情况报告的决议（草案）；审议通过政协第九届波密县委员会提案审查委员会关于政协九届四次会议期间提案审查情况的报告（草案）；审议通过政协第九届波密县委员会第四次会议政治决议（草案）。

九届十次常委会议。2019年4月18日，召开中国人民政治协商会议第九届波密县委员会常务委员会第十次会议会议听取政协综合专委会对格桑尼玛委员违法事实的通报；听取政协综合专委会对格桑尼玛委员违法事实核查的通报；讨论通过第九届波密县政协委员会十次常委会对格桑尼玛委员的处分决定（草案）；学习新修订的政协章程第三章、第五章。

九届十一次常委会议。2019年7月4日，召开中国人民政治协商会议第九届波密县委员会常务委员会第十一次会议会议由县政协主席巴桑主持，县委常委、统战部部长加布，县政协副主席布穷穷、侯国聪等政协常委参加会议，县委组织部副部长、机构编制委员会办公室主任唐家祥应邀参加会议，县政协办公室主任人选次仁加措列席会议。会议审议通过有关人事事项；审议通过《政协第九届波密县委员会常务委员联系委员工作制度》（草案）；审议通过《政协第九届波密县委员会党员委员联系党外委员工作制度》（草案）；传达学习中共中央办公厅印发《关于加强新时代人民政协党的建设工作的若干意见》。

【主席会议】 九届十一次主席会议。2019年2月22日，波密县政协召开九届十一次主席会议，会议由县政协主席巴桑主持，参会的有县政协副主席布穷穷、侯国聪、冯兰兰。会议审议通过关于召开政协第九届波密县委员会常务委员会第八次会议的决定（草案）；审议通过关于召开中国人民政治协商会议第九届波密县委员会第四次会议的决定（草案）；审议通过政协第九届波密县委员会第四次会议议程（草案）；审议通过政协第九届波密县委员会第四次会议日程（草案）；审议通过政协第九届波密县委员会第四次会议秘书长和副秘书长名单（草案）；审议通过政协第九届波密县委员会第四次会议委员分组名单和召集人名单（草案）；审议通过政协第九届波密县委员会第四次会议提案审查委员会名单（草案）；审议通过政协第九届波密县委员会第四次会议委员提出提案截止时间的决定（草案）；审议通过政协第九届波密县委员会第四次会议列席人员名单（草案）；审议通过政协第九届波密县委员会常务委员会工作报告（征求意见稿）和报告人建议名单（草案）；审议通过政协第九届波密县委

2019年5月24日，波密县政协召开党组理论学习中心组学习会

员会常务委员会关于政协九届三次会议以来提案工作情况的报告（征求意见稿）和报告人建议名单（草案）。

九届十二次主席会议。2019年5月8日，波密县政协召开九届十二次主席会议，会议由县政协主席巴桑主持，县政协副主席布穷穷、达妥·罗桑益西、侯国聪出席会议，县政协办公室主任人选次仁加措列席会议。会议审议通过主席团成员分工，政协办公室、政协各专委会职责及其成员分工（草案），审议通过了《关于调整充实政协波密县委员会党组成员的建议（草案）》，协商讨论了2019年区外、区内、县内考察调研事宜和购买政协办公室及各专委会办公室办公设备事宜。

九届十三次主席会议。2019年11月8日，波密县政协召开九届十三次主席会议，会议由县政协主席巴桑主持，县政协在家主席会成员参加会议，不在家的主席会成员以电话征求意见的方式参加协商讨论，县政协办公室主任、各专委会主任列席会议。会议协商审议通过《关于组织部分区市县三级政协委员赴广西南宁、北海进行考察学习培训的请示》《关于购买政协各专委会办公用品的请示》，研究部署了委员履职量化考核、委员家访、优秀委员表彰等近期工作。

【政协提案工作】 2019年波密县政协九届四次会议期间共收到委员提案67件，经提案委员会审查，不予立案2件，作废2件，合并12件，立案51件。

【政协反映社情民意工作】 搭建基层委员服务站平台，畅通工作渠道。在各乡（镇）配备1名政协联络员，负责组织政协委员们不定期参加乡（镇）、村组织的民情征集、走访调研等活动，广泛收集和反映人民群众亟需解决的各类生产生活问题。征集社情民意。每年“两会”和闭会期间，根据县委、县政府中心工作及人民群众普遍关注的热点难点问题，拟定若干征集要点，请广大政协委员深入实际调研，及时反映真实客观、论述充分、建议可行的社情民意信息。在调研、视察和政协提案中收集社情民意。注重发挥社情民意快速、直接的特点，对于在调研、视察或提案办理中发现的社情，我们通过提案转社情民意、建议转社情民意等方式直接向上级反映。2019年，县政协共报送30条社情民意。

【考察学习】 2019年5月16日，组织波密县部分政协委员和个别乡镇、单位负责人赴昌都以乡村振兴战略实施、城市建设规划管理、宗教事务管理等内容为主题开展为期5天的考察学习。2019年11月28日至30日，组织波密县部分政协委员赴广西南宁市青秀区以全域旅游、特色产业发展等内容为主题开展为期3天的考察学习培训。

【提案答复工作】 2019年年底，波密县政协九届四次会议期间提案已办理答复完毕，办理答复率100%。政协委员所提提案已解决完成20条，占比39.2%；列入计划逐步解决的22条，占比43.14%；无法解决向委员说明情况的4条，占比7.8%。

【党建工作】 县政协党组集中开展“不忘初心、牢记使命”主题教育，紧紧围绕主题教育“守初心、担使命、找差距、抓落实”的总要求，全面落实“学习教育、调查研究、检视问题、整改落实”四项措施，组织党组成员专题学习相关文献和系列重要讲话，按规定动作狠抓学习，并选好“自选动作”突出主题，达到了理论学习有收获、思想政治受洗礼、干事创业敢担当、为民服务解难题、清正廉洁作表率的目的。12 月 6 日，组织召开县政协党组“不忘初心、牢记使命”主题教育专题民主生活会。学习习近平新时代中国特色社会主义思想、党章党规、法纪条规 30 次，撰写专题学习笔记和学习心得 10 篇；积极组织党员干部参加县委举办的主题党日活动 36 人次；邀请波密县原政协副主席、退休老干部白玛多吉给党员委员讲党课，并集中党员委员在红楼接受红色革命教育、重温入党誓词，进一步激发党员委员的责任和使命，提高履职尽责科学化水平。

【廉洁建设】 坚持“标本兼治、综合治理、惩防并举、注重预防”的方针，主席与副主席、副主席与办公室各成员之间签订《党风廉政建设责任书》《党员廉政建设承诺书》，保证党风廉政建设活动的有效开展。

（杨成洪）

【领导名录】

主　席

巴桑（门巴族）

副主席

布穷穷（藏族）

达妥·罗桑益西（藏族）

侯国聪

冯兰兰（女，藏族）

中国人民政治协商会议波密县委员会办公室

【理论学习】 波密县政协办公室坚持把政治理论学习摆在突出位置，结合“不忘初心，牢记使命”主题教育，以“三会一课”、周五学习例会、“组织生活会”、“党员活动日”等学习研讨制度为载体，将集中学习和个人自学、线上与线下学习、专题学习与研讨交流结合起来，组织党员干部、党员委员深入研读《习近平关于“不忘初心、牢记使命”重要论述选编》《习近平新时代中国特色社会主义思想三十讲》等必读书目，深入学习习近平新时代中国特色社会主义思想、党章党规、法纪条规及区、市各级领导重要讲话精神和重要文件精神共 16 次，专题研讨 20 次，撰写学习心得 40 篇，让党员干部思想政治深受洗礼，进一步筑牢信仰之基、补足精神之钙、把稳思想之舵，不负“培根铸魂”的使命担当。

【组织建设】 波密县政协办公室党支部在波密县委的正确领导和波密县政协党组的精心指导下，始终坚持以加强党的执政能力和先进性建设为目

2019 年 7 月 1 日，波密县政协机关党支部全体在家党员、党员委员代表重温入党誓词

标，全面加强党建工作。按照县直机关工委加强支部建设的要求，政协办公室党支部于5月8日召开党员大会对原政协办公室党支部进行改选，选举产生新支部委员会委员，12月5日，经县直机关工委同意，中共波密县政协委员会办公室支部委员会更名为“中共波密县政协委员会机关支部委员会”。积极推进基层党组织标准化建设，组织开展主题党日活动11次、为民办实事解难事活动2次、红色教育活动4次，积极推进政协履职制度化建设，制定完善政协党组成员联系界别、党员委员联系党外委员、宗教界委员制度，政协党组走访看望委员制度、接待和处理委员来信来访制度，加强和改进调查研究工作制度等，确保政协组织履行职能的经常性、广泛性、规范性。

【主要工作】 波密县政协办公室在县政协党组的领导和县政协3个专委会的协助下，突出办公室“三服务”职能作用，狠抓作风建设和素质提升，全力协助县政协主席会和常务委员会较好地完成了政协年度工作。认真完成1次全体会议、3次常委会议和2次主席会议筹备工作；协助主席会成员深入基层督导调研28次，协同县政协综合专委会完成专题调研1次、考察学习2次、开展委员培训1次、开展委员家访1次；在县委、县政府的关心支持下，对“政协委员之家”活动场所进行改造，对政协党建室进行了标准化建设，为进一步开展政协党建工作打下了坚实的基础；完成县委、县政府、县政协领导交办的其他工作。

【领导名录】

主　任

次仁加措（7月任职）

副主任

德吉央宗（女，藏族）

陈颖（女，7月任职）

中国人民政治协商会议波密县委员会提案委员会

【概况】 波密县政协提案委员会设立于2019年6月13日，属正科级单位。

【机构改革】 根据《中共中央关于深化党和国家机构改革的决定》《关于地方机构改革有关问题的指导意见》《关于西藏自治区市县机构改革的总体意见》和《波密县机构改革方案》，按照《中国人民政治协商会议章程》，设立波密县政协提案委员会。

【主要职责】 负责政协委员提案的征集、初审等工作。起草报请波密县政协全体会议审议的提案工作情况的报告以及相应决议草案、提案审查情况报告。负责召开提案交办会，督促提案办理；负责政协委员提案培训工作；承担提案委员会所联系的界别委员的视察、调研等活动的组织协调工作。

【提案工作】 2019年波密县政协九届四次会议期间共收到委员提案67件，经提案委员会审查，不予立案2件，作废2件，合并12件，立案51件，所有提案已办理答复完毕，有效解决了一批人民群众关心的热点、难点问题。九届四次会议闭幕后，及时筹备与县人大、政府联合召开的提案交办会，对提案答复模式、办理程序、办理时限等提出明确要求，积极主动联系承办单位，了解和掌握提案办理情况，共同分析探索提案办理有效途径和方法。2019年11月1日，县政协提案委员会主任带领由相关承办单位负责人、政协委员和工作人员组成的重点提案督办小组，就《加快波密县公共厕所建设，改善城市卫生环境》《建议加大施工单位的环境监督和管理力度，保护好波密环境》《解决中学热水供应问题》等重点提案进行现场督办。

【委员工作】 波密县政协综合专委会在县政协党组的精心指导下，组织广大政协委员开展专题调研1次、考察学习2次、开展委员培训2次、开展委员家访1次，全面推动委员为波密改革发展稳定履职尽责，贡献力量；制定《委员履职激励考核管理办法》，建立委员履职档案，对委员参加政协会议、撰写提案、上报社情民意等实行分项统计并建档，全面考核委员履职能力和政治表现；动员广大委员在扶贫活动中树立致富典型，发挥带动作用，帮助解决实际困难。5名政协委员在“百企帮百村”精准扶贫行动中，共帮扶困难群众29户114人，帮扶困难学生20名，帮扶受灾群众1户，捐资捐物共计7.35万元。

【领导名录】

主任

雷淑娟（女，5月任职）

副主任

杨成洪

中国人民政治协商会议波密县委员会经济资源环境社会教科文卫委员会

【概况】 波密县政协经济资源环境社会教科文卫委员会设立于2019年6月13日，属正科级单位。

2019年12月9日，波密县政协党员委员以普通党员身份参会，在家县政协党组成员以普通党员身份参会

【机构改革】 根据《中共中央关于深化党和国家机构改革的决定》《关于地方机构改革有关问题的指导意见》《关于西藏自治区市县机构改革的总体意见》和《波密县机构改革方案》，按照《中国人民政治协商会议章程》，设立波密县政协经济资源环境社会教科文卫委员会。

【主要职责】 负责组织学习宣传党和国家以及自治区、林芝市在经济、人口、资源、环境、社会、教育、科技、文化艺术、卫生、体育、农业农村方面的方针政策和法律法规，就经济、人口、资源、社会、教育、科技、文化艺术、卫生、体育、“三农”问题开展调查研究，提出意见、建议和提案，团结和联系界别委员反映社情民意，组织协调界别委员的视察、调研等活动。

【专委会工作】 2019年11月，组织界别委员通过实地查看、翻阅资料、召开座谈会的方式，围绕“控辍保学”这一波密县重点工作，深入波密县

2019年9月11日，昌都市卡若区政协考察组前往倾多镇巴康村林下资源种植基地

倾多、玉许、玉普等乡镇开展调查研究，全面把握了波密县“控辍保学”工作情况，向县委、县政府报送调研报告1篇。

【来访接待】 接待广东佛山市政协、青海省政协、青海省玉树州政协、山南市琼结县政协、昌都市卡若区政协、那曲市比如县政协等区内外政协来访交流。

【领导名录】

主　任

义盾（藏族，5月任职）

中国人民政治协商会议波密县委员会文史民族宗教法制委员会

【概况】 波密县政协文史民族宗教法制委员会设立于2019年6月13日，属正科级单位。

【机构改革】 根据《中共中央关于深化党和国家机构改革的决定》《关于地方机构改革有关问题的指导意见》《关于西藏自治区市县机构改革的总体意见》和《波密县机构改革方案》，按照《中国人民政治协商会议章程》，设立波密县政协文史民族宗教法制委员会。

【主要职责】 负责组织学习宣传党和国家以及自治区、林芝市在文史、民族、统战、宗教、法制、外事方面的方针政策和法律法规，就文史、民族、统战、宗教、法制、外事方面的问题开展调查研究，提出意见、建议和提案，团结和联系界别委员反映社情民意，组织协调界别委员的视察、调研等活动。承担波密文史资料征集、编纂工作。

【专委会工作】 文史资料编撰收集工作 有序推进《西藏年鉴》（波密篇）等文史资料编撰工作，全力配合市政协圆满完成了《林芝区域文化丛书》的编撰、出版、发行任务。

2019年5月27日至31日，组织部分政协委员、个别乡镇党委书记、县直机关单位负责人组成的考察组前往昌都市日通藏药厂、茶马广场、强巴林寺管委会，卡若区如意乡、卡若镇，察雅县吉塘镇围绕在乡村振兴战略实施、城市建设规划管理、民族团结进步创建及宗教事务管理等经济社会发展开展为期5天的考察学习活动，向县委、县政府报送考察学习报告1篇。

【领导名录】

主任

扎西多吉（藏族，5月任职）

副主任

黄润红（女，5月任职）

2019年波密县区市县三级政协委员名单

表14

姓名	性别	民族	单位及职务	备注
巴　桑	男	门巴	政协主席	
加　布	男	藏	县委常委、统战部部长	市、县两级政协委员
布穷穷	男	藏	政协副主席	
达妥·罗桑益西	男	藏	政协副主席	区、市、县三级委员
侯国聪	男	汉	政协副主席	
冯兰兰	女	藏	政协副主席	
次仁加措	男	藏	政协办主任	
黄　勇	男	汉	统计局局长	
郝建伟	男	汉	推广站站长	市、县两级政协委员
多　吉	男	藏	退休干部	
雷淑娟	女	汉	县政协提案委员会	
曲　珍	女	藏	县妇联一级主任科员	
白玛次仁	男	藏	易贡铁山建筑有限公司经理	
扎西多吉	男	藏	雪成燃气公司经理	
白玛四朗	男	藏	政府办主任	
方金娥	女	汉	统计局主任科员	
尼玛拉姆	女	藏	卫键位副主任	
陈银平	男	汉	统战部副部长、民宗局局长	
德　青	女	藏	文广局干部	
顿珠次仁	男	藏	民政局社会救助站站长	
德　吉	女	藏	县中学教师	
次旺曲珍	女	藏	县小学教师	
次仁卓玛	女	藏	县卫生服务中心药房主任	

续表 14

姓名	性别	民族	单位及职务	备注
达娃卓玛	女	藏	国和联营公司出纳	
尼玛扎西	男	藏	县邮政局局长	
李　　红	女	汉	县审计局干部	
扎西多吉	男	藏	县政协文史民族宗教法制委员会主任	
嘎玛加央	男	藏	农行营业股股长	
米玛次仁	男	藏	县科技局负责人	
德吉央宗	女	门巴	疾病预防控制中心医士	
央　　珍	女	门巴	县小学副校长	
马阿卜都	男	回	天马大酒店经理	
央　　金	女	藏	县文广局公益性岗位	
边坝次仁	男	藏	森工兴林木业有限公司经理	市、县两级政协委员
索朗益西	男	藏	多吉乡达大村村民	
桑杰扎西	男	藏	多吉乡帕雄村村民	
益西旺久	男	藏	多吉乡通层村村民	
索朗旺堆	男	藏	多吉乡德吉村村民	
次旺卓嘎	女	藏	多吉乡达大村村民	
次旦卓玛	女	藏	多吉乡卫生院医生	
尼玛江村	男	藏	多吉乡曲宗寺民管会副主任	
格　　桑	女	藏	扎木镇扎木村村民	
索朗次仁	男	藏	扎木镇桑登村村民	
米玛旺堆	男	藏	扎木镇岗巴村村民	市、县两级政协委员
曲　　林	男	藏	扎木镇巴琼村村民	
次仁多吉	男	藏	扎木镇桑登村村民	
索朗顿珠	男	藏	扎木镇卡达村副主任	
其美次仁	男	藏	扎木镇多东寺僧人	

续表 14

姓名	性别	民族	单位及职务	备注
贡桑罗布	男	藏	扎木镇多东寺僧人	
珠嘎玛	男	藏	倾多镇党委委员	
央庆索朗	男	藏	倾多镇康达村村民	
索朗巴姆	女	藏	倾多镇栋曲村村民	
久　美	男	藏	倾多镇达龙村村民	
索朗次仁	男	藏	倾多镇栋曲村村民	
次旺加措	男	藏	康玉乡达曲村村民	
格　南	男	藏	康玉乡通堆村村民	
曲　措	女	藏	康玉乡乌那村村民	
宗　珠	男	藏	易贡乡贡仲村主任	
西　洛	男	藏	易贡乡江拉村村民	
巴桑拉姆	女	藏	易贡乡贡仲村村民	
普　布	男	藏	易贡乡通加村村民	
尼玛桑杰	男	藏	倾多镇普龙寺寺管会主任	
卓　玛	女	藏	玉普乡格巴村村民	
贡　布	男	藏	玉普乡米美村村民	
阿　珠	男	藏	玉普乡米美村村民	
才顿珠	男	藏	古乡松绕村支部书记	
扎西多吉	男	藏	古乡古村村民	
扎西平措	男	藏	古乡嘎朗村村民	
普布卓玛	女	藏	古乡雪瓦卡村村民	
次巴扎西	男	藏	松宗镇栋亚村村民	
多吉占堆	男	藏	松宗镇岗巴村支部书记	
洛　桑	男	藏	松宗镇德巴村支部书记兼村委会主任	
卓　嘎	女	藏	松宗镇纳玉村村民	

续表 14

姓名	性别	民族	单位及职务	备注
斯朗巴吉	男	藏	玉许乡沙仁村村民	
多　杰	男	藏	玉许乡玉沙村村民	
索朗次旺	男	藏	玉许乡海定村村民	
次仁拉珍	女	藏	玉许乡林琼村村民	
次仁旺堆	男	藏	玉许乡则普村村民	
彭　措	男	藏	八盖乡日卡村支部书记	
顿珠次仁	男	藏	八盖乡卧普村村民	
尼　夏	男	藏	八盖乡龙普村村民	
索朗顿珠	男	藏	八盖乡巴瑞村村民	
罗布顿珠	男	藏	玉许乡玉仁寺民管会主任	
义　盾	男	藏	县政协经济资源环境社会科教文卫委员会主任	
索朗尼玛	男	门巴	古乡巴卡村村民	市级政协委员
巴　永	女	藏	松宗格尼村民	市级政协委员
大嘎玛	男	藏	倾多普龙寺僧人	市级政协委员
李清平	女	汉	县工商局主任科员	市级政协委员
牛穷穷	男	藏	扎木镇通木村	自治区级政协委员

中共波密县纪律检查委员会（波密县监察委员会）

【概况】 2019年，县纪委（监察委员会）核定编制17名，其中行政编制14名，事业编制3名，内设机构5个，分为综合室、党风政风监督室、审查调查室、案件审理室、监督检查室；下设纪检监察信息中心1个事业单位。

【监察体制改革】 制定《波密县关于监察工作向基层延伸改革试点的实施方案》，启动监察体制改革向基层延伸工作，10个乡镇完成派出监察室挂牌，各派出监察室主任和监察员同步完成任命，通过明确职责权限，实现对所辖10个乡镇监察机构、监察人员、监察职能“三到位”。制定出台《县纪委监委班子成员对口联系乡镇纪委的工作机制》，班子成员每季度深入乡镇纪委“手把手”传授工作经验，指导问题线索受理、处置方法、调查措施的使用、及文书模板制作和依法开展监察工作等方面的内容，确保乡镇纪检监察工作规范化法治化。

【县纪委九届四次全会】 2019年4月9日，中国共产党波密县第九届纪律检查委员会第四次全体会议召开，县委书记朱正辉出席会议并讲话。会议由中共波密县第九届纪律检查委员会常务委员会主持，县四大班子在家县级领导，九届县纪委委员，各乡（镇）党委书记、纪委书记，县（中、区、市）直单位主要负责人及纪委全体干部参加会议。会议审议通过了县委常委、纪委书记、监委主任王芳作的题为《做实两个维护 深化标本兼治 推动新时代波密纪检监察工作高质量发展》的工作报告，会议对2018年波密县党风廉政建设和反腐败工作进行了总结，对2019年工作进行安排部署。

【案件查处】 2019年，县纪委监委聚焦问题线索反映集中、群众反映强烈、现在重要岗位且可能还要提拔使用的重点对象。共处置问题线索53件，了结24件，立案15件20人。警示谈话2人、批评教育3人、约谈20人、诫勉谈话8人、给予党纪政务处分19人，下达监察建议书8份，追缴违纪资金和挽回经济损失11万元。

【脱贫攻坚】 开展“四对一”帮扶工作。县纪检监委机关党支部对古乡嘎朗村3户建档立卡户进行“四对一”帮扶，慰问品价值共计1800元。5名科级以上干部共对玉普乡12户、古乡2户、倾多镇2户建档立卡户每户慰问500元现金，共

2019年4月19日，波密县纪检监察机关党支部组织党员干部参观扎木中心县委红楼

发放慰问金8000元。深入了解帮扶对象需求，制定帮扶计划，明确帮扶目标和任务，确保“四对一”帮扶工作的连续性和实效性。持续深化扶贫领域专项治理。出台《波密县脱贫攻坚指挥部各成员单位向县纪委监委移送扶贫领域腐败和作风问题线索暂行办法》等4项制度，召开专项治理工作推进会2次，对10个乡镇纪委书记进行约谈，倒逼责任落实，助推扶贫领域监督执纪问责工作到位。

【党风政风监督】　深化落实中央“八项规定”精神。盯紧违规吃喝等老问题，深挖细查隐形变异等新问题，严肃整治领导干部利用名贵特产类特殊资源谋取私利问题，开展各项监督检查108次，受理巡察移交违反中央八项规定精神问题线索2件。各单位、各乡镇围绕中央“八项规定”精神具体界定的9种类型46项问题开展自查自纠工作，发现问题5个，提出整改措施6条，追缴违规发放的岗位津贴补贴2.06万元。印发《关于开展形式主义、官僚主义问题自查工作的通知》《关于认真落实基层减负有关举措的通知》，制定监督“基层减负年”工作部署落实措施，对易贡乡等5家单位在集中整治工作的慢作为情况进行通报。积极整治“景观亮化工程”过度化等“政绩工程”“面子工程”，对波密县103个项目建设、运行情况进行监督检查3次，督促相关部门及时出台《波密县市政亮化工程运行管理方案》，杜绝资源浪费问题出现。严肃查处涉黑涉恶腐败及“保护伞”。把惩治“蝇贪”与扫黑除恶打非治乱专项斗争结合起来，针对中央扫黑除恶第13督导组反馈的五大类9个问题，制定15条整改措施，印发《波密县纪委监委在扫黑除恶打非治乱专项斗争中强化监督执纪问责的实施方案》《波密县纪检监察机关与波密县政法机关建立扫黑除恶打非治乱案件和线索快速移送处置机制的实施方案》，聚焦涉黑涉恶突出问题，对波密县重点项目、行业和领域开展扫黑除恶打非治乱专项监督检查3次，对县扫黑办和成员单位办理的32条问题线索和县纪委监委办理的5起问题线索，进行全面筛查、分析研判，深挖涉黑涉恶腐败问题背后的“保护伞”“关系网”。

【“不忘初心、牢记使命”主题教育】　坚持“学、研、查、改”贯通推进，深入学习《习近平关于“不忘初心、牢记使命”重要论述选编》《习近平新时代中国特色社会主义思想学习纲要》等理论文章，共开展集体学习10次、专题研讨5次、支部书记讲党课1次、党员干部重温入党誓词1次、警示教育1次，完成为民办好实事1件。县纪委监委主要领导带牵头开展工作调研，对照清单，检视发现问题10个，并全部整改完成。立足“不忘初心、牢记使命”专项整治工作小组职责，召开2次工作协调会和推进会，各单位对照“不忘初心、牢记使命”主题教育要求共梳理问题314个，其中县纪委监委牵头整治4项任务，共梳理汇总问题95条，制定整改措施136条完成整改93个，完成率97.9%。

【党风廉政宣传教育】　围绕“不忘初心，牢记使命”主题教育，发展积极健康党内政治文化。把全面从严治党要求落实到波密县各级党组织。共组织各级党组织开展各类专题党课56次，党员干部学习习近平新时代中国特色社会主义思

2019 年 3 月 8 日，波密县纪委监委召开扶贫领域腐败和作风问题专项治理工作例会

想、中共十九大精神和党纪法规 3552 人次，转发典型案例通报 28 起，开展廉政提醒谈话 52 次 1142 人，党纪法规知识测试 1277 名党员干部，发放勤廉监督卡 300 张，组织观看《决不饶恕》警示教育片 12 场，受教育党员干部 991 人次。

【纪检监察干部队伍建设】 坚持固本强基，落实全员培训要求，大力开展纪法培训、技能培训、安全培训，进一步提升纪检监察干部能力素质，派出 33 人次参加上级纪检监察机关培训、跟班和挂职锻炼，组织纪检监察干部观看中纪委光盘讲义 308 人次，开展纪检监察应知应会知识测试 2 次。持续深化“三转”，坚持以案代训、以战促建，加大对乡镇纪委工作的指导力度，抽调 4 名乡镇纪委书记到县纪委“跟案学习”，全面提高乡（镇）纪检监察干部理论水平和业务素质。

（石俊）

【领导名录】

县委副书记、纪委书记、监委主任

王芳（女，12 月任县委副书记）

县纪委副书记、监委副主任

大巴桑（藏族）

县纪委副书记、监委副主任

兰　建

县监委委员

陈秀珍（女，藏族）

县纪委常委、监委委员

赵明军

县纪委常委、审查调查室主任

巴姆（女，藏族，4 月任审查调查室主任）

县纪委监委监督检查室主任

白玛群措（女，藏族，4 月任职）

县纪委监委党风政风监督室主任

次仁卓嘎（女，藏族，4 月任职）

县纪委监委综合室主任

杨希承（藏族，4 月任职）

县纪委监委案件审理室主任

兰国斌（4 月任职）

中共波密县委组织部(公务员局、老干部局)

【概况】 波密县委组织部（公务员局、老干部局）是波密县正科行政机关，核定编制5个，实有人数10人。

【思想政治教育】 扎实开展学习教育培训工作，依托学习强国、西藏党员教育等平台，结合“不忘初心、牢记使命”主题教育，紧跟区党委、市委步调，采取召开理论中心组学习会、班子成员带头讲党课、深入基层宣讲等方式，深入学习贯彻党的十九大精神，各级党组织累计开展和 十九届二中、三中、四中全会各类学习230场（次）、受训党员干部人数达1.2万人次；组织党员干部、学生群众到扎木中心县委红楼、革命烈士陵园等地接受党性锻炼100批次，锻炼学员6000人次。确定“奏响主旋律、讴歌新时代”“讲好波密故事、传承红色基因”“做合格党员、当先锋模范”“建设五个波密、我在行动”4个实践载体，让红色成为主题教育鲜明底色，持续引领波密县党员干部追寻闪光足迹、赓续红色基因，接力奋斗追梦。开展慰问老党员、帮扶贫困群众、政策宣讲及环境整治等活动120次，参与人数6500人次。

【加强领导班子和干部队伍建设】 认真贯彻习近平新时代中国特色社会主义思想关于“建设高素质专业化干部队伍”重要指示精神，严格按照《党政领导干部选拔任用工作条例》要求，扎实开展干部选任、班子建设、人才培育、干部监督工作。以党政机构改革工作为契机，选任、调整科级干部158人，根据监察机构改革要求，配备县监察委员会派出乡镇监察室主任9人。2019年，波密县科级干部共计488人，其中女性干部167人，占34.2%，同比增长0.6个%；新录用公务员31人，其中乡（镇）公务员9人，县直单位公务员14人（含参公10人），内地专招大学生8人。坚持正确的选人用人导向。注重在反分裂斗争一线、驻村驻寺工作、艰苦边远地区、矛盾复杂地方、急难险重任务中培养干部、锻炼干部、发现干部、使用干部，避免干部在“温室中”成长。共提拔调整科级干部181人，其中提任45人，进一步使用16人（乡镇干部5人，在维稳、扶贫一线领域工作17人，有驻村驻寺经历的39人，“90”后干部14人），任职定级5人，交流调整115名；根据《中华人民共和国公务员法》职务职级并行制度，对波密县非领导职务干部进行了职级套转，并完成77人首次职级晋升。提升干部教育培训质量。积极开展各级干部轮训工作，针对乡镇干部业务培训需求多样化的实际，制定波密县《“组团式”送教下乡实施意见》，根据乡镇业务培训需求，组织县委、发改委、林草局、生态环境局等单位业务骨干赴各乡镇开展“送教下乡”1次，培训覆盖9个乡镇160人次。

【人才工作】 完善基层干部人才管理制度。根据区市相关规定，重新制定完善《波密县干部人才调动办法》，进一步严格干部调动及抽借调程序，强化乡镇党委、组织人事部门把关作用及统筹安排作用，防止基层干部流出过快及调整方向非其适宜领域的问题。健全《波密县人才数据库》意见，建立财务、项目、工程、医疗卫生及文秘等人才数据库，有计划性地将各方面人才流向专业岗位。结合《干部考核工作条例》，起草《波密县干部日常考核办法》，明确干部队伍日常考核途径、评定办法及结果应用等重点内容。狠抓专招大学生教育管理。按照“挂职锻炼、岗位交流、实践助推”理念，共安排专招生到市直单位跟班学习 27 人次，到县直单位跟班学习 18 人。轮岗交流 6 人，其中交流到其他县区 3 人，交流入波密县 1 人，县内交流 2 人。晋升四级主任科员 13 人，转正定级四级主任科员 2 人。组织开展以专招大学生为主的青年人才论坛 1 次，参加论坛 80 人次，收集整理意见建议 30 条。

【干部监督工作】 严格落实干部监督制度。坚持党管干部原则，在干部选拔任用工作中突出政治纪律和政治规矩，严格落实干部选拔任用四项监督和“凡提四必”制度，进一步加强了同纪委监委、政法、巡察、审计、信访等部门的沟通联系，切实管好关键人，管住关键事，着力构筑敢管敢严、长管长严的监督机制。结合波密县《关于进一步健全完善经常性谈心谈话制度的实施意见》规定，定期与各单位主官、领导班子成员谈心谈话，组织部部长、副部长与各乡镇、各单位领导班子成员开展常规性谈心谈话 150 人次，深入各单位、各乡镇、各寺管会调研 1 次，约谈提醒干部 5 人。

【干部档案管理工作】 严格干部人事档案管理工作纪律学习贯彻新《干部人事档案工作条例》认真履行干部人事档案管理部门十项职责，健全完善档案查（借）阅制度、收集制度、鉴别归档制度、转递制度、检查核对制度、保管保密制度、管理人员制度、送交档案材料归档制度等八项制度建设，确保干部人事档案规范转递和合理利用。2019 年，接收档案 92 册，转递档案 48 册；提供利用 427 人次；核查干部档案信息 1256 人次，制作干部档案任前审核表和任免审批表 500 份；对干部人事档案认真进行查漏补缺，按照《干部人事档案材料收集归档规定》，严格审查鉴别收集到的每一份材料的真实性、完备性，确保形成的干部档案信息真实、完整、可靠。2019 年，共接收缺失材料 2069 份，完成 216 名干部人事档案初审工作。

【基层党建工作】 波密县共有党的基层组织 213 个，其中：乡（镇）党委 10 个，农牧区党总支 7 个，党支部 196 个；另设党组 25 个、机关党（工）委 2 个部门党委 3 个共有党员 4463 名，其中：农牧民党员 3243 名，女性党员 1301 名，少数民族党员 3945 名。波密县共有村（居）“两委”班子成员 441 名，村监会班子成员 255 人，均为中共党员。共选派第一书记 85 名、驻村工作队成员 230 名，聘用乡村振兴（社区工作）专干 85 名。

坚持政治铸心，着力提升基层党组织和党员政治定力。以开展党员政治教育培训为抓手，把严守反分裂斗争纪律作为红线底线，深入开展共产党员信仰宗教问题整治工作，完成波密县 4463 名党员教育全覆盖，红色党性锻炼 100 批次，开展党员不信仰宗教宣誓活动 400 场（次），签订政治承诺书 4000 份，共 2571 名党员户清理拆除了佛龛、经堂等与宗教有关的物件。引导群众淡化宗教消极影响，清洁墙面岩面 200 处，迁移公路延边玛尼堆 90 堆，结合重点工作和年度任务，组织群众开展文体活动 120 场次。

扎实开展“不忘初心、牢记使命”主题教育。以学习贯彻习近平新时代中国特色社会思想为主线，认真贯彻“守初心、担使命，找差距、抓落实”总要求，围绕学习教育、调查研究、检视问题、整改落实4项重点措施，对标成立县委“不忘初心、牢记使命”主题教育领导小组和4个巡回指导组。各县级领导班子和班子成员率先垂范开展集中学习研讨，主动深入一线调查研究，对标对表找差距抓整改。各级基层党组织紧密结合行业实际和党员特点，创新方式方法，按照“十个一”活动要求，扎实开展主题教育。依托丰富的红色资源，弘扬红楼精神，抓好红心党建，确定了“奏响主旋律、讴歌新时代”“讲好波密故事、传承红色基因”“做合格党员、当先锋模范”“建设五个波密、我在行动”4个实践载体，让红色成为主题教育鲜明底色，持续引领波密县党员干部追寻闪光足迹、赓续红色基因，接力奋斗追梦。

坚持固本强基，着力推进基层党组织全面进步。坚持把“双覆盖”工作摆在突出重要的位置，按照“务实、管用、有效”原则，着眼“党的基层组织应建尽建、党的工作有效覆盖”目标，筹划设立文化和旅游局等17个党组，结合工作实际成立审计局、城投公司等党支部8个，建立驻村点、巡察组、虫草采挖点等临时党支部50个。抓细抓实软弱涣散党组织整顿工作，县委书记亲自挂帅，成立软弱涣散基层党组织整顿工作领导小组，采取“方案＋清单”“结对帮扶＋指导员”“一村一策”方式，精准整顿10个村级软弱涣散党组织和5个机关企事业单位软弱涣散党组织。波密县15个软弱涣散基层党组织全面实现晋位升级。

强化队伍建设，锻造素质过硬班子队伍。扎实开展村（居）组织换届“回头看”和村干部联审工作，调整履职不到位、不胜任工作的村干部7名。充实基层力量，招聘乡村振兴专干85名。大力实施村干部文化素质提升工程，投入经费30万元，培训村（居）党员干部730人次，选派到区内外培训58人。积极推行部队军官到村帮扶帮建工作，为易贡乡通加、古乡巴卡等6村配备党建指导员。抓好党员队伍建设，严把发展党员“入口关”和“程序关”，发展党员82名，清退不合符入党程序及违法违纪党员17名。

强化基础保障，增强基层组织工作效能。按照“三化”“四性”和“八个阵地”建设要求，建设完成35个村级组织活动场所标准化建设任

2019年7月19日，波密县委组织部积极开展“不忘初心 牢记使命”主题教育政治承诺活动

务，打造“一站式”便民服务平台，累计投资1.5亿元，全面完成85个村（居）活动场所标准化建设。持续加大基层党建保障资金，提高基层党建专项经费预算，全额落实每个乡（镇）20万元、每个村（居）10万元，第一书记1.5万元的党建工作经费。累计投向基层党建各项经费6000万元。

强化党建统领，拓宽“党建+”工作格局。坚持以党建为统领，研究制定《波密县关于抓党建促脱贫攻坚引领乡村振兴的实施方案》，深化拓展“支部+协会+农户”“支部+基地+党员+农户”“公司+基地+农户”等模式，争取各级各类扶持资金1372万元，以单建、联建、入股等方式，新建村集体14个，共有村集体经济112个，覆盖85个村居，村级组织“造血”功能和服务能力得到有力提升。如扎木镇立足自身资源优势条件，探索发展覆盖全镇10个村的镇域经济灵芝菌种植基地；倾多镇发挥致富技术能人作用，探索发展覆盖6个村的村级联建灵芝菌产业园。

创建党建品牌，激发党建工作新活力。立足红色历史厚重、红色遗迹众多、红色文化丰富这一实际，将红色资源优势转化为开展党建活动的优势，举起“红心党建”特色旗，理出“红色318”基层党建工作思路。依托“县城一座红楼、乡镇一条红廊、村居一面红墙、追溯一段红史、选树一颗红星、开展一项红行”的六个一，立体打造红色宣教阵地，系统提升红色服务质量。建成党性教育基地5处，乡（镇）党建长廊7处，村居红墙50面，并在通麦、玉普等地树立5组大型党建宣传标牌，基本形成“点有特色，线成体系，面显品牌”的基层党建格局。以党员为骨干组建“先锋服务队”，开展各类红色服务行动200次，惠及群众3000人。结合“学习强国”创新开展“不忘初心 牢记使命 重走长征路公益健步行”线下活动圆满成功，2019年5月以来，西藏广播电视台、西藏日报等媒体对“红心党建”作采访报道，市委组织部进行两次专题拍摄，均被学习强国平台作为主题教育典型转载，“党建领航·先锋林芝·红色波密”得到彰显，逐步形成了党务干部有态度、党建工作有看点、基层治理有抓手的良好态势。

【机构编制管理】 理顺机构职能，深化党政机构改革。波密县党政机构由32个调整为37个，其中，纪检监察机关1个，县委工作机关由9个调整为10个（撤销老干部局，增设国家安全委员会办公室、机要局），政府工作部门由23个调整为27个（撤销民宗局、环保局、旅游局，增设退役军人事务局、审计局、扶贫开发办公室、医疗保障局、信访局、行政审批和便民服务局、城市管理和综合执法局）。完成21家单位挂牌、39名一般干部人员转隶、42家单位“三定”规定制定印发。将涉及改革相关政策文件汇编成册，编制《波密县党政机构改革资料汇编》。根据党政机构改革，及时针对单位新设立、撤销、名称更改情况，办理统一社会信用代码证书8个、撤销4个、更换13个。结合机构改革成果督查及落实《中国共产党机构编制工作条例》开展调研1次。

严格编制管理，确保实名制动态更新。严格贯彻执行《中国共产党机构编制条例》，严肃机构编制纪律。在机构编制管理工作中，结合财政供养人员只减不增的要求，强化对波密县机关事业单位机构编制管理，严把编制关和进人关。波密县共核定编制1654名。

严把审核关口，扎实完成事业单位法人年度报告公示。严格执行《事业单位登记管理暂行条例实施细则》和《事业单位法人年度报告公示办法（试行）》有关规定，坚持高标准、严把关、重实效的原则，确保公示报告资料的真实齐全。圆满完成2018年度事业单位法人年度报告公示工作。共计公示26个事业单位，事业单位年度报告申报率和公示率均100%。

提前着手谋划，稳慎推进事业单位分类改革。按照减少层次、整合队伍、提高效率的原则，提前谋划、积极组织县直单位进行全面系统梳理职责，在各相关单位上报拟设立事业单位请示的基础上，初拟《波密县党政机构改革涉及事业单位调整的实施方案》、《波密县涉及事业改革单位一览表》等，为事业单位分类改革奠定了良好的基础。

【老干部工作】 2019年波密县共有离退休老干部、职工共有447名，其中老干部269名（含代管1人、聘用干部17人）、工人178名（含代管2人）。设有八一、扎木、桑登、大桥4个离退休党支部和拉萨、成都2个联络点。共有党员221名，享受厅局级待遇2人，县处级待遇27人，享受副高及以上职称10人。老干部活动中心2处，波密县城老干部活动中心面积80平方米，可供30人参加；八一老干部活动中心面积140平方米，可供40人参加。

积极发挥老干部社会作用。组织各类座谈会9次，听取老干部对经济社会发展稳定的意见建议，建立波密县（离）退休干部职工意见建议台账，归纳意见建议18条，并将纳入台账中的意见建议归纳分类后分发各职能部门进行办理；组织老干部顾问团共15人赴易贡小学、玉普米堆、古乡古村村级组织场所标准化建设、索通村养蜂基地、松宗栋亚村天麻种植基地等为期2天参观考察，组织波密县城11名离退休老干部前往扎木中心县委红楼开展“不忘初心使命，传承红色基因”为主题的红色教育实践活动，缅怀革命先烈，重温入党誓词，接受红色再教育。给退休党支部成员发放学习资料《“不忘初心，牢记使命”主题教育应知应会手册》20册，激励老干部们“离岗不离党，退休不退志”。组织县城离退休党支部召开“不忘初心、牢记使命”主题教育学习会，发放和邮寄学习计划、方案、小册子等学习资料30册；加大离退休人员走访力度，坚持日常慰问、节日走访慰问相结合，先后深入走访慰问离退休老干部447人次，实现走访慰问全覆盖，发放慰问品、慰问金44.7万元，报销生病住院退休干部职工交通补助4.6万元，惠及退休干部职工17人；兑现离退休干部护工费21万元；给波密县离退休党支部班子成员发放工作补贴共5.28万元；发放“三老”人员生活补贴129.1万元；3月份，慰问安置在乡镇的老干部2名，身患重病老干部6名；“七一”建党日慰问退休干部职工党员2名，慰问资金3600元；10月份，将市委组织部汇来2000元慰问金及时发放给4名困难老党员，做好患病老干部家访工作，并及时做好家访台账。在老干部活动室组织活动30次。向上级申请帮扶特困离退休老干部8人、帮扶特困离退休老干部遗属1人、共兑现特困帮扶资金7.1万元。

加强思想政治建设。带领各离退休党支部认真开展各类学习，通过发放资料、辅导报告、党课交流、通报文件会议精神等形式，每月集中组织各支部深入学习近平新时代中国特色社会主义思想和党的十九大精神、新党章及习近平总书记系列重要讲话，“不忘初心、牢记使命”主题教育学习，组织学习42次，发放学习资料720份，参加离退休干部职工1200人次。

加强组织建设。明确细化县委老干部局和原单位的服务管理职责，构建定期议事汇报长效机制和服务管理机制。配齐配强4个离退休支部班子，严肃政治生活，每个离退休支部坚持每月主题党员活动，执行“三会一课”制度，定期召开党员大会。组织老干部开展各类宣讲活动4次、参与离退休人员8人、受教人群600人次。

（才增卓玛）

【领导名录】

县委常委、组织部长、党校校长

张斌

常务副部长

尼玛次仁（藏族）

副部长（编办主任）

唐家祥

波密县创先争优强基础惠民生活动领导小组办公室

【概况】 波密县共下派驻村（居）工作队56个（其中13个连片驻村工作队），驻村（居）工作队员224名（其中41个县直单位选派95人，10个乡镇选派129人）。组织开展驻村干部岗前培训1次、连片试点驻村工作队学习交流会1次以及送教下乡1次，深入驻村工作队督导调研90次，收集并解决工作队生活和工作上的困难80条，对驻村工作开展不力及违反驻村工作纪律的工作队进行通报3起，督促驻村工作队落实整改措施100条。

【学习宣传贯彻党的十九大精神】 各驻村（居）工作队充分利用村村通小喇叭、宣传栏、LED电子显示屏、横幅、标语等载体，对中共十九大精神再深入学习进行大力宣传，为“不忘初心、牢记使命”主题教育营造浓厚氛围；创新方式方法，广泛开展集中宣讲、入户宣讲、座谈会、专题学习讨论会、“十九大精神进万家”、知识竞赛、“理论+文艺”等活动，利用微信群、QQ群等网络媒介不定时发送宣讲内容、信息等，切实让中共十九大精神根植在波密县农牧民群众心中。举行集中宣讲会1500场，召开专题讲座250场次，覆盖农牧民党员及农牧民群众7.63人次。

【助力打赢脱贫攻坚战】 各驻村（居）工作队深入群众家中开展惠民政策宣传讲解，多次组织农牧民群众学习掌握各项惠民政策，坚持开展“志智双扶”工作，引导他们摒弃“等靠要”的消极思想，树立勤劳致富观念；积极组织开展客房服务员培训班、挖掘机培训班、藏餐厨帅培训班、中式烹饪班、波棱瓜种植技术培训班，提高村民脱贫攻坚能力。各驻村工作队向群众宣传精准扶贫政策736场次，受教育群众3.72万人次，印发扶贫宣传材料5.47万份；协助村“两委”制定年度脱贫计划153个；帮助包户帮扶群众77人通过实体项目实现稳定增收；组织开展贫困群众技能培训77次，帮助贫困群众转移就业407人，增加现金收入105504元；协助村“两委”制定扶贫资金和项目公示制度98个；扶持建

2019年9月9日，波密县强基办开展送“理论”、送“政策”下乡宣教活动

设19个村集体经济项目，投入强基惠民工作经费579.4万元和市专项扶持资金150万元；驻村工作队员包户帮扶贫困户972户3778人，帮助贫困群众研究制定帮扶措施409条，梳理群众生产生活方面问题存在的困难520个，收集整理群众意见和建议643条，帮助解决问题和困难439个。

【推进乡村振兴战略】 各驻村（居）工作队积极谋划，帮助村“两委”班子理清发展思路，制定完善符合村情实际的发展规划；经常组织党员群众开展卫生清洁活动、植树种草活动，对沿村道路、村委会院子和文体活动场所等进行打扫清理，着力解决村庄卫生环境脏乱差问题，切实改善村容村貌，建设生态宜居乡村；通过召开会议、入户走访等方式广泛宣传“绿水青山就是金山银山”，引导群众树立爱护环境的意识，让广大农牧民群众学习并理解环境保护的相关政策。共帮助村（居）理清发展思路546条，帮助制定完善村（居）发展规划223项，协助开展植树种草、整治脏乱差、建设美丽乡村活动1200次，参与群众4.2万人次。

【强基础惠民生】 各驻村（居）工作队协助村“两委”严格落实“三会一课”“四议两公开”等制度，深入推进村（居）党支部党内组织生活开展，持续提升村（居）党组织组织力；充分利用村（居）会议、开办夜校等方式，加强村干部文化素质提升工程和国家通用语言学习，让村（居）干部能够掌握简单的证明开具、台账填写、电脑简单的操作等基础业务知识；协助各单位开展了消防知识、生态岗位职责、党务知识、农业种植实用技术、四讲四爱乡级宣讲员、“双联户”户长业务知识、村务监督委员会财务知识等各类培训班（会），累计培训8千人次；切实抓好“两降一升”及包虫病防治工作，积极配合村“两委”班子、村医，就孕产妇住院分娩进行入户调查，建立工作台账，详细统计每户孕产妇及婴儿健康状况、住院分娩补贴政策落实情况等。协助开展各类集体活动1500次，组织村干部集中开展普通话学习930次；为民办实事解难事1389件，投入资金126.64万元；走访慰问贫困户和困难群众3860人次，发放慰问金和慰问品共计96.48万元。

【加强基层精神文明建设】 各驻村（居）工作队积极引导农牧民群众转变思想观念，淡化宗教消极影响，主动拆除玛尼石堆、擦擦房等，并集中清理违规搭建建筑和破旧经幡；把感党恩教育贯穿驻村工作全过程，利用走村入户、节日慰问、集体活动等时机，将有理有据、饱含深度的理论阐释和浅显易懂、贴切生活的实际事例有机结合起来，通过开展“新旧对比感党恩”等活动持续宣讲，让精神文明建设在基层凝心聚力，遍地生花；在“3·28”百万农奴解放纪念日、“七一”、新中国成立70周年大庆等重大节假日期间积极组织开展重温入党誓词、红歌比赛等各项文体活动，以群众喜闻乐见的方式欢度节日，进一步增强农牧民群众的幸福感和获得感。各驻村工作队向农牧民群众开展精神文明建设相关专题讲座271场次，受教育群众1.53万人次，发放宣传资料6568份；针对陈规陋习行为开展教育活动375场次，受教育群众4.38万人次；开展普法宣传教育332场次，受教育群众1.82万人次。

【决胜全面建成小康社会】 各驻村（居）工作队积极主动作为，切实为各村解决实际困难，改善村民生产生活条件。针对各村基础设施建设，针对用水、用电等切实关系村民生产生活条件的事宜，及时组织村民查找问题所在，清理维护各项基础设施，并积极上报新建基础设施建设；坚持“创新理念、创新作为、积极作为、主动作为”的发展理念，充分发挥驻村工作队参谋助手和指导帮助作用，会同村“两委”班子，结合驻村点实际需求，充分研究讨论并科学申报村集体经济和实体产业项目，为决胜全面建成小康社会提供坚强支柱。

（宋国辉）

“不忘初心、牢记使命”主题教育

【概况】 按照党中央统一部署和区党委、市委工作要求，波密县深入贯彻落实习近平总书记关于“不忘初心、牢记使命”主题教育的重要论述，准确把握“守初心、担使命，找差距、抓落实”的总要求，严格落实学习教育、调查研究、检视问题、整改落实4项重点措施，依托红色资源创新实践载体，扎实开展“不忘初心、牢记使命”主题教育。

【组织领导】 将组织开展主题教育作为一项重大政治任务，摆在改革发展稳定的全局中思考谋划，列入重要议事日程，精心组织、周密部署，高位推动工作扎实开展。9月12日，以县委理论学习中心组学习会的形式，启动全县第二批“不忘初心、牢记使命”主题教育，结合实际制定下发《波密县关于开展“不忘初心、牢记使命”主题教育的实施方案》，成立以县委书记朱正辉任组长的县委“不忘初心、牢记使命”主题教育领导小组，对全县主题教育负总责，下设办公室在县委组织部，具体负责日常工作。县人大、政府、政协党组和各乡镇党委、县直各行业系统党工委分别成立本领域本部门主题教育领导小组，组建工作专班，为全县主题教育开展提供组织保证。按照区党委和市委的相关要求，县委成立4个巡回指导组，各巡回指导组到所指导乡镇、县直单位、村居、寺庙、学校开展工作3次。同时，先后2次召开巡回指导组工作会议，多次集中座谈交流，明确工作职责、压实工作责任，推动工作开展。各乡镇党委和县直各行业系统党工委参照成立指导小组，加强对本领域部门开展主题教育的督促指导。

【学习教育】 全县各级党员干部自觉对照主题教育学习重

2019 年 9 月 12 日，波密县委书记朱正辉（前排右一）与扎木镇达兴村工作队谈心谈话

点内容，按照个人自学与集中学习研讨相结合的方式，原原本本学、联系实际学、笃信笃行学，进一步坚定感党恩、听党话、跟党走的思想自觉和行动自觉。关键少数带头学。县委常委班子召开 5 次常委会、8 次理论学习中心组学习会，集中传达学习主题教育相关会议精神和工作要求，邀请市委党校教师专题授课、退休老干部谈初心使命，围绕 14 个研讨专题进行集中学习研讨 9 次，累计发言 50 人次；党的十九届四中全会召开后，县委及时作出安排，3 次开展专题学习和集中研讨，为全县各级基层党组织和广大党员干部作出示范、树好标杆。普通党员深入学。各级党组织依托“三会一课”“主题党日”等，围绕学习重点内容制定学习计划，组织党员干部深研细读党的十九届四中全会精神，认真学习领会习近平总书记关于“不忘初心、牢记使命”主题教育和治边稳藏重要论述，全县各级党组织累计开展集中学习608次，专题研讨交流 346 次。拓展方式延伸学。以县城一座红楼、乡镇一条红廊、村居一面红墙串连起了全县 20 处红色资源，策划出了贯穿国道 318 线波密段的红色教育线路，打造出“全区具有知名度、全市具有影响力”的党性教育基地。组织开展祭拜川藏线上十英雄、徒步通麦飞石崖路段、参观 318 国道“红墙”活动，对 310 名党组织书记和党员干部进行集中轮训。开展“不忘初心、牢记使命”主题教育专题党课暨庆祝新中国成立 70 周年文艺宣讲会，教育引导党员干部守初心担使命。

【调查研究】突出问题导向，着眼全县维护稳定、精准扶贫、产业发展、基层党建等重点工作，以务实戒虚、深挖细查的态度，扑下身子搞调研，全面了解民情、真正掌握实情，为整改提供精准靶向。深入调查研究。县委常委班子成员围绕十个方面调研专题，主动到挂点乡镇、村居、寺庙和结对帮扶贫困户家中，到情况复杂、问题集中的地方走访调研，倾听群众意见建议，找准问题症结，研究提出解决问题和改进工作的办法措施。其他县级干部和县直各单位部门主要负责同志，聚焦分管领域存在的突出问题、群众反映强烈的热点难点问题以及党的建设面临的紧迫问题，深入一线开展调研，累计走访调研单位、产业项目建设点 178 个，切实把情况摸透、把问题找准、把矛盾搞清。注重成果转化。调研结束后，各县级党员领导干部结合调查研究情况和工作实际，认真梳理调研情况，形成高质量的调研报告 24 份。11 月 12 日，召开县委常委班子调研成果交流会，常委班子成员之间相互交流情况，分析研究问题，拿出解决问题的实招、硬招，切实把调研成果转化为工作成果、制度成果、理论成果。同时，坚持把讲好专题党课作为深化调研成果的有效抓手，县委书记朱正辉2次讲主题教育专题党课，示范带动各级党组织书记给所在支部或分管部门党员讲专题党课87次。解决群众难题。

制定下发《关于在“不忘初心、牢记使命”主题教育中开展“为民服务解难事”工作的通知》，各单位部门重点围绕教育、医疗、就业等群众最关心最现实的操心事、烦心事、揪心事，累计为群众办实事好事211件。广大党员干部发挥先锋模范作用，开展318国道保洁行动、助力脱贫攻坚、送医送药等志愿服务130次，惠及群众3千人次。

【检视问题】 对照习近平总书记提出的“四个对照”“四个找一找”要求，对照区党委、市委列出的问题清单，县委常委班子在抓好整改落实的基础上，在跟学阶段和边查边学边改时共查摆问题42条，并及时制定整改问题清单，压实整改责任，明确整改措施和努力方向。主题教育中，全县各级党组织精准聚焦思想、政治、作风、能力、廉政等方面，累计检视具体问题882条。在县委常委班子主题教育专题民主生活会上，朱正辉书记代表县委常委班子聚焦五个具体目标，深入查摆问题，认真对照检查，主动接受批评，共检视5个方面17条问题。各级党委（党组）对标召开专题民主生活会，班子普遍检视问题15条，班子成员自我批评10条，批评同志平均2条。

【整改落实】 针对查摆出的问题，县委常委班子成员和其他县级领导干部主动认领，积极履行整改责任，确保问题真查实改，常委班子查摆出的42条问题已整改完成，涉及民生领域的问题均采取督办的方式持续推动整改落实。各级党组织检视出的882条具体问题，已整改完成，并制定专题民主生活会整改方案，确保问题整改常抓不懈，整改落实取得实效。在专项整改工作方面，共梳理问题314条，制定整改措施410条，已整治完成310条，剩余的4条漠视侵害群众利益问题均逐项细化完善整改措施，需长期整改。同时，及时把整治“景观亮化工程”过度化等“政绩工程”“面子工程”问题纳入专项整治范围，对103个项目进行自查核实，未发现相应问题。

【活动载体】 坚持把红色作为主题教育鲜明底色，扎实开展“不忘初心、牢记使命 重走长征路（线上）公益健步行”活动，广大党员干部自觉按照线上学习、线下健身和公益扶贫的要求，积极参与“新中国成立70周年、西藏民主改革60周年知识测试闯关”活动，深刻领会红军长征的历史背景和重大意义，深刻认识红色政权来之不易，进一步筑牢信仰之基、补足精神之钙、把稳思想之舵。活动开展以来，参与人数1200人，累计慰问帮扶贫困群众138人，捐款捐物2.5万元。10月24日，举办“不忘初心、牢记使命”主题教育诗歌朗诵会暨会师晚会，党员干部朗诵毛泽东诗词，讲述主题教育感悟，进一步坚守初心使命。依托扎木中心县委红楼这一红色教育点，组织党员干部集中开展“‘不忘初心、牢记使命’波密干部职工展风采”活动，集体唱红歌、表初心，亮出了新时代波密党员干部的精气神。主题教育期间，全县党员干部在红楼开展集中教育50批次，主动受教育党员达

1200 人次，红色学习已蔚然成风，红色感悟已凸显效果。

【宣传宣讲】 充分利用县电视台、“两微一端”等平台，刊播主题教育相关藏汉双语等图文、音视频稿件 280 条，播发主题教育各类新闻稿件 60 篇，组建主题教育宣讲队 10 个，开展入村宣讲 164 次，受教育党员群众 7500 人次。用活红色资源，创新实践载体，涌现出典型经验做法，被西藏新闻联播、林芝新闻和学习强国—西藏学习平台、人民网、中国西藏新闻网、西藏日报等多家主流媒体采编报道，营造了良好舆论氛围。扎木镇达兴村党员群众认真学习贯彻党的十九届四中全会精神，在 2019 年 10 月 15 日，中央电视台《新闻联播》“不忘初心、牢记使命”主题教育进行时播出。

（武义）

【领导名录】

主任（县委常委、组织部部长、党校校长）

张斌

副主任（县委组织部常务副部长）

尼玛次仁

成员（松宗镇党委委员、组织宣传委员）

武义

成员（县政协办副主任）

陈颖

成员（团县委副书记）

钟文娟

成员(市场监督管理局副局长)

王身利

成员（县委办四级主任科员）

王永奎

成员（易贡乡一级科员）

潘威威

成员（林业和草原局一级科员）

蔡林雁

2019 年 6 月 28 日，波密县举办“不忘初心、牢记使命——波密县庆祝建党 98 周年”歌咏比赛

中共波密县委宣传部

【概况】 中共波密县委宣传部于1951年6月成立，是西藏自治区财政全额拨款、国库集中支付的正科级预算单位。是县委主管意识形态方面工作的综合职能部门。2019年，县委宣传部设有综合办公室、精神文明建设指导委员会办公室、文学艺术界联合会办公室、“四讲四爱”群众教育实践活动办公室，核定行政编制4个，实有工作人员10名。县委宣传部下辖1个参公单位和3个事业单位，县文化市场综合执法大队（参公单位），县互联网信息办公室，县互联网评论中心，县广播电视局。

【机构改革】 2019年3月28日，根据《中共波密县委员会宣传部职能配置和人员编制规定》中共波密县委员会宣传部加挂县新闻出版局、县广播电视局、县政府新闻办公室牌子。县委网络安全和信息化委员会办公室设在县委宣传部，对外保留县互联网信息办公室牌子，接受县委网络安全和信息化委员会的直接领导，承担具体工作。

【舆论宣传】 主动适应新媒体环境，联合县网安对波密县各大门户网站、微博、微信公众号等开展登记备案工作，建强网络、新媒体、微新闻等平台，推动党的理论创新成果、优秀传统文化和各种“精神食粮”上网上线。时刻关注人民网、新华网、西藏新闻网等网站新闻、网站评论、论坛类信息，掌握与波密相关社会动态，及时准确回应社会热点问题，疏导情绪，纠正偏差，打好主动仗。严格信息审核报送制度，做好每日新闻上传工作，以充实丰富网站内容、拓展网站功能，打造对外宣传交流平台，建立起一个内容丰富、功能全面的服务型政府新闻网。2019年，波密县政府网站发稿1150篇、信息公开30条、网站访问量11170人次、网站浏览量18144人次、浏览13800人次。网信波密发布稿件800篇、浏览112849人次、浏览53415人数，稿件被新华网采用20篇，《西藏日报》采用100篇，林芝网采用60篇。9月17日，县网信办响应首届国家安全宣传周有关活动，联合公安、司法、三大运营商等20余家单位在波茂广场集中开展“网络安全为人民，网络安全靠人民”为主题的国家网络安全宣传周活动。通过向过往群众发放宣传单、摆放宣传展板、设立咨询台、悬挂横幅、公益短片展映等多种形式，围绕网络攻击、电子政务等重点领域，针对电信诈骗、网上谣言等关系公众切身利益的网络安全风险，开展网

2019年9月13日，波密县委常委、宣传部部长屈永辉（左二）慰问扎木镇困难党员

络安全专题宣传活动，普及实用的网络安全知识，发放《个人信息安全》《移动终端安全》等网络安全宣传资料600份，发放手提袋100个，现场咨询300人次。

【意识形态】 2019年，县委宣传部严格落实意识形态工作责任制，牢牢把好前进的“方向盘”“导航仪”，用习近平新时代中国特色社会主义思想统一思想、凝聚共识，把坚定“四个自信”作为建设社会主义意识形态的关键，贯彻落实总书记“治国必治边、治边先稳藏”的重要思想，以“加强民族团结 建设美丽西藏”为工作总目标，严守政治纪律和政治规矩，严守组织纪律和宣传纪律，坚决维护党中央权威，始终站稳政治立场、保持政治定力、把准政治方向，确保在“举什么旗、走什么路”这一根本问题上绝不含糊、绝无偏差，确保波密县干部群众在思想上政治上行动上同以习近平同志为核心的党中央保持高度一致。制定《波密县党委（党组、党支部）落实意识形态工作责任制实施方案》《波密县意识形态工作例会制度》《波密县意识形态阵地建设管理制度》《波密县2017-2019年意识形态领域工作规划》，确定由县委书记为第一责任人，县委副书记分管，宣传部长具体负责抓落实的意识形态工作责任制。与10个乡（镇）、县直各部门签订《波密县2019年意识形态工作目标责任书》，完善知责明责的“责任链”，形成横向到边、纵向到底的责任链条，层层传导责任压力，形成一级抓一级、层层抓落实的工作格局。完善考核督查制度，将意识形态工作纳入九届县委巡察工作范围，拟定工作方案，定期开展督查，将督查结果作为年终考核的重要内容。加强意识形态教育工作，将意识形态工作纳入理论中心组学习计划，邀请广州市委党校、广州市行政学院、哲学与文化教研部副教授为干部职工作《牢牢掌握党对意识形态工作领导权》专题讲座。正确把握意识形态舆论导向，做大做强正面宣传。在政府新闻网、微信公众号上刊载中共十九大精神及各级重要会议精神，实时掌握热点新闻，关注社会动态，做好舆情监测，发现不实信息，第一时间确认事件的真相，及时发布信息澄清事实，防止谣言的进一步传播，确保在应对重大突发事件及社会热点事件时不失声、不缺位。

【理论武装】 严格按照上级部门要求，增强理论学习力度，加强对波密县各级党委（党组）理论学习的指导。制定《中共波密县委理论学习中心组2019年度学习安排意见》，严格考勤制度，通过组织学习全国宣传思想工作会议、庆祝西藏民主改革60周年专题报道，创新学习形式，通过集中学习、交流发言、相互探讨、观看教育影视资料等形式提高学习成效。2019年，共组织召开县委理论中心组集中学习17次，传达学习重要文件精神60份；邀请区内外老师授课4次。观看教育影视资料1次。乡（镇）、县（中、区、市）直各单位参会人数1000人次，发放理论学习中心组学习资料500份。结合“不忘初心、牢记使命“主题教育，借助县委红心党建品牌创建，在波密县范围内开展传承弘扬“老西藏精神”“两路精神”“红楼精神”学习教育，通过集中宣讲、专题研讨、找准差距、践行落实等形式，进一步统一思想，催生发展动力。

【引导宣传】 桃花节期间，波密县委宣传部在网站、微信、微博上提前预热活动内容，在波密县政府新闻网和“网信波密”微信公众号等网络媒体开设桃花节文化旅游节专栏，充分利用多种资源大力宣传波密桃花节，推进全域旅游，提高波密旅游的知名度和美誉度。其间，各类媒体发稿21篇，新华网现场全程直播报道《中国最大桃花谷迎春绽放》“2019年林芝桃花节波密分会场开幕式”，访问量2.8万人次。松宗镇赛马节期间，通过开展马术表演、人力赛跑、抱石头、拔河比赛等各具特色的文娱节目推进“四讲四爱”群众教育实践活动。

【群众思想教育】 始终把“四讲四爱”群众教育实践活动作为当前宣传工作的主要任务来抓，在思想上始终与区党委、市委、县委保持高度一致，在行动上紧跟上级步伐。加强组织领导，调整充实县“四讲四爱”群众教育实践活动领导小组，制定宣讲、新闻宣传、督导工作方案，确保“四讲四爱”群众教育实践活动扎实推进。以庆祝新中国成立70周年、西藏民主改革60周年为契机，紧密结合“不忘初心、牢记使命”主题教育和“红心党建”“脱贫攻坚”“乡村振兴”等重点工作，立足实际，丰富宣讲内容，将官方语言转换为群众的语言，使“四讲四爱”宣讲更易接受、更易理解。通过“四讲四爱+”的宣讲模式，贯彻落实“宣讲+实践”工作，助推“四讲四爱”群众教育实践活动深入人心，以活动的良好成效推动县域经济社会各项工作全面协同发展。围绕“3·28百万农奴解放纪念日”“七一”“十一”等重要节点，通过开展座谈会、重温入党誓词、演讲比赛、征文比赛、图片展览、文艺会演、观看红色电影、缅怀先烈、升国旗、集中收看庆祝中华人民共和国成立70周年大会、观看阅兵式等活动形式，让“四讲四爱”家喻户晓、入脑入心，潜移默化地影响群众生活、思想。2019年，共开展宣讲2034场次，受众15.6万人次，开展实践活动1181场次，受众12万人次，发放宣传资料3230本，宣传单1万张，宣传品1.2万件，制作宣传栏130个，悬挂“四讲四爱”标语340条，制作318国道沿线宣传标语14条，在电视台播出新闻173条，在“网信波密”、人民网等媒体上累计推送“四讲四爱”专题报道285篇，其中，推送“我和我的祖国”微视频点击量1300次。大力挖掘推送先进典型事迹、先进典型人物等，确保“四讲四爱”随处可见、家喻户晓。共上报典型材料18篇，其中，推送的《玉普乡：国道318线首面“红墙”提振时代精神》《玉许乡产业致富带头人旺姆：产业促发展，勤劳带致富》等典型，引起群众热烈反响。

【精神文明建设】 县文明办着眼于凝聚群众、引导群众、以文化人、成风化俗，从整体上统筹推进“学习实践科学理论、宣传宣讲党的方针政策、培育践行主流价值、丰富活跃文化生活、持续深入移风易俗”五项工作，全面推进波密县新时代文明实践中心建设。成立了以县委书记为主任、各单位负责人为成员的新时代文明实践中心工作领导小组，负责波密县文明实践各项工作的统筹协调和组织实施，指导乡（镇）、村（居）开展文明实践

2019 年 4 月 30 日，波密县完全小学“四讲四爱”藏文书法学生作品展示

活动。制订下发《波密县建设新时代文明实践中心工作实施方案》，成立波密县新时代文明实践中心、10 个乡（镇）新时代文明实践所、85 个行政村（居）新时代文明实践站。新时代文明实践中心（所、站）通过开展丰富多彩的活动满足农牧民精神文化生活需要，不断提高农牧区群众的思想觉悟、道德水准、文明素养和法制观念，培育和践行社会主义核心价值观。2019 年，成立波密县新时代文明实践志愿服务协会，协会包括波密县 10 个乡镇、39 家单位组成的志愿服务队，完成志愿者注册 735 人，通过集中开展志愿服务组织、志愿者网上注册工作，着力壮大志愿服务队伍，促进工作规范化、制度化、科学化，进一步提高波密县干部群众服务意识。组织开展爱国主义教育实践活动。在“3·28 百万农奴解放纪念日”开展“升国旗、唱国歌”和参观扎木县委中心红楼活动，纪念西藏民主改革 60 周年，不忘初心，砥砺奋进。在清明节期间，举办清明节祭奠革命先烈扫墓活动，缅怀革命先烈丰功伟绩，弘扬中华民族传统文化。为隆重纪念中华人民共和国成立 70 周年，县委宣传部组织波密县干部升国旗，观看庆祝活动，举办波密县“不忘初心 牢记使命”主题教育专题党课暨庆祝中华人民共和国成立 70 周年文艺宣讲会，提高广大干部群众爱国意识，弘扬优秀传统文化思想，增强民族认同感和自豪感，积极配合市文明办做好第七届全国道德模范人选和第四届林芝市践行社会主义价值观“最美人物”“文明村镇”“文明家庭”“文明单位”评选表彰活动，选树典型，表彰先进，不断推动社会主义核心价值观落地生根，为建设“五个波密”提供道德支撑。

【接待采访】 2019 年，宣传部依托本土特色文化、独特的风景环境、丰富的旅游资源和优质的林下资源，积极与新华社、西藏电视台等区内外媒体沟通联系，大力宣传报道波密县政治、经济、社会、文化等各方面发展的巨大变化和各项事业取得的辉煌成就。2019年接待区内外媒体采访团40次。3月20日，接待人民日报、新华社、中央广播电视总台等17家中央媒体采访团来波密县采访红色旅游资源和社会变化；3月31日，2019年林芝市桃花节波密分会场在波密桃花谷精彩开幕，县委宣传部提前对接新华网等区内外媒体，采取多形式进行宣传，大力宣传波密桃花节活动，不断推进全域旅游，提高波密旅游的知名度和美誉度。接待《尼洋河畔的故事》《美丽中国·自然》等各类视频拍摄组6次，协助河南广播电视台拍摄36集电视剧《雪线》，积极协助西藏电视台、林芝市电视台来波密县开展各项宣传报道采访工作。通过宣传报道，不断提升波密县在全区乃至全国知名度，以“藏王故里、冰川之乡、桃花世界”的美誉，吸引区内外游客来波密旅游消费，推动波密县各项事业快速发展。

【文化事业】 坚持以习近平总书记关于文化工作系列重要讲话为指导，团结凝聚广大文艺文化工作者，依托波密悠久的历史资源和丰富的文化底蕴，紧紧围绕中共十九大精神，把握改革开放40周年、西藏民主改革60周年、中华人民共和国成立70周年等重要时间节点，组织文艺家和文学爱好者开展采风创作活动，引导文艺家从社会生活、当代英雄模范人物中挖掘题材，创作出一批弘扬主旋律、传播正能量、讴歌真善美，反映经济社会发展进步、歌颂民族团结的文艺作品。开展“伟大历程 辉煌成就—庆祝中华人民共和国成立70周年”图片展、“大美波密 辉煌成就—波密县庆祝中华人民共和国成立70周年”记忆图片展活动，以毛泽东、邓小平、江泽民、胡锦涛、习近平五位同志为主线，展示中国共产党人团结带领全国各族人民经过艰难曲折的探索成功开辟了中国特色社会主义道路，取得了举世瞩目的伟大成就，使中国大踏步走上了新时代，国家面貌发生前所未有的变化，中国人民迎来了从站起来、富起来到强起来伟大飞跃的光明前景，展示了一个充满生机、充满希望屹立于东方之巅的新中国。

【文化执法】 加强文化市场日常监管。坚持以“长效管理为主，专项行动为辅”，发挥日常检查在管理工作中的巨大作用。检查各类经营场所240家次，共出动检查535人次，发放打击非法出版物等宣传资料100份。参加“预防青少年犯罪”办公室组织的整治校园周边出版印刷市场的专项行动1次，安全生产大检查行动2次，加大对印刷复制生产企业的源头治理。联合县“扫黄打非”办公室、文化局等相关部门开展“净网”“清源”“固边”“护苗”“秋风”活动。在春节等节假日期间开展文化市场安全生产监督检查暨“扫黄打非”联合行动专项检查10次，出动执法人员90人次，集中开展对图书、音像制品市场等的执法工作，通过现场检查教辅材料、音像制品等出版物的经营情况，及时发现并处理违法违规的出版销售企业。严厉打击出版物批销企业销售侵权盗版的行为，共查缴盗用二维码等非法出版物56册。坚持“谁主管、谁负责”“谁检查、谁负责”的原则，明确安全管理是第一要务，按照

“全覆盖、零容忍、严执法、重实效”要求，将歌舞娱乐场所、上网服务营业场所、营业性演出场所分包到每个执法队员，实行定点分包管理，以“严细实”的工作作风，层层落实安全隐患大排查大整治责任制，防止“走过场”，确保整治实效。通过走访文化经营场所，督促指导各场所结合实际，张贴安全生产挂图，未成年人禁入标语，引导从业者进一步提高安全防范意识和能力，积极参加宣传咨询活动，发放相关资料和温馨提示200份，营造浓厚安全文化氛围。

【广播电影电视】 从建设“五个波密”出发，围绕服务县委、县政府中心工作大局，开创以宣传报道中共十九大精神和中央、自治区、林芝市重大方针政策，重要文件精神为内容的《拉措课堂》《扫黑除恶应知应会知识点》和以展现新中国成立70周年以来波密县群众积极向上的精神面貌的《我的幸福生活》三个栏目，大力宣传波密在县委、县政府的坚强领导下蓬勃发展的现状，弘扬波密县精准扶贫工作中的先进典型，展现基层群众的幸福感和获得感。紧紧围绕县委政府中心工作大局，积极配合波密县各条战线工作，服务基层，关注民生，2019年共报道新闻390条，其中时政新闻160条，社会新闻230条，上传市台187条，采纳率48.13%。全力推进广播电视“户户通”工程建设，安排专人安装调试和工程维护，波密县共有“户户通”9176户，已实现全覆盖。电视台把“安全优质，万无一失”作为广播电视安全播出的目标和标准，严格执行各项安全播出规章制度，安排专人24小时值班，实现安全播出无事故。

以庆祝中华人民共和国成立70周年、西藏民主改革60周年为契机，在波密县范围内广泛开展文艺电影下乡活动，组织播放《红星照耀中国》

2019年4月15日，波密县委宣传部联合多家单位在波密县政府大院门口开展普法宣传活动

《建国大业》《建党伟业》《情归周恩来》《雪山泪》《脱贫路上的好书记》等爱国主义教育题材电影136场次，观影3917人次。国庆期间，县直各单位、部队组织本单位成员在波韵影院观看《我和我的祖国》《中国机长》等优秀影片9场次，420人次观影。

【民族团结】 始终把宣传教育活动作为民族团结进步事业的基础性工作，始终坚持民族团结宣传和教育两条“腿”走路，做到与时代同频共振，牢牢坚持正面宣传鼓劲为主，画好宣传与教育的“同心圆”。在“民族团结宣传月”集中宣传日活动中，组织波密县30家单位650名干部群众参与活动，发放宣传资料500份。联合统战、民宗等部门协调组织开展民族团结系列专题学习会、座谈会50场次，发放宣传资料1000份，受教群众3000人。在波密县范围内开展民族团结进步创建“七进活动”10次，发放民族团结进步宣传册300本。将民族团结工作与“四讲四爱”群众教育实践活动相结合，深入挖掘民族团结先进个人和典型事迹，营造民族团结氛围。

【基层宣传思想工作示范点创建】 自治区爱国主义教育示范点（红楼）建设。以“铭记红色历史，弘扬红楼精神”为主题，寻访关键人物，收集资料，宣传六十年前扎木保卫战风云激荡的历史，大力弘扬红楼精神，提高干部群众的爱国主义情操和民族团结意识，为波密的长治久安和长足发展提供强大精神动力，激发各族干部群众爱党爱国、牢记使命、干事创业的热情。接待区内外工作组200批次，1800人次；组织农牧民、干部群众参观红楼500场次，4000人次。

乡村宣传思想示范点（扎木镇达兴村）建设。以开展“四讲四爱”群众教育实践为载体，以党建促脱贫为契机，扎实开展新形势下群众宣传思想教育工作，组织第八批驻村工作队、村干部、村级宣讲员成立宣讲组，针对群众不同的文化程度和年龄，开展内容丰富、形式多样的宣传活动，营造正确的舆论导向，加强网络舆论传播管理，积极引导群众接受高尚的道德品质。利用村级组织活动场所，组织群众开展民主改革60周年、新中国成立70周年纪念活动，同时，结合“五下乡”活动，组织开展文艺表演、专题讲座、政策宣讲、普法宣传、谈心谈话、观看影片等贴近群众、贴近实际的文化活动，促使群众提高自身素质，进一步转变思想观念。完成人居环境整治先行示范点建设，常态化开展“美丽乡村清洁行动”，优化环境，将整治“脏、乱、差”、提升村容村貌转化为群众自觉遵守履行村规民约的实践行动。

【融媒体中心建设】 扎实抓好县级融媒体中心建设，更好引导群众、服务群众，是贯彻落实习近平总书记在全国宣传思想工作会议上发表重要讲话精神的生动实践。波密县作为林芝市第 批县级融媒体中心建设示范县，县委宣传部把县级融媒体中心建设作为落实党的意识形态工作责任制的重要内容。5月29日至6月2日，县委常委、宣传部部长及宣传部干部参加自治区组织的县级融媒体平台建设专题培训班及县级融媒体中心建设标准宣传贯彻会，认真学习区内外融媒体建设先进经验。及时将波密县级融媒体中心建设情况及存在的困难和下一步工作打算向县委、县政府主要领导进行汇报，从政策、资金、人才等方面争取县委、县政府的支持，为波密县建设融媒体中心，推动媒体转型升级提供组织保障。

（朱迎迎）

【领导名录】

县委常委、宣传部部长

屈永辉

宣传部常务副部长

巴珍（女，藏族，5月任职）

米玛（藏族，5月离任）

宣传部副部长

汤红丽（女）

文化执法大队大队长

尼玛措（女，藏族）

网评中心主任

左齐玉（女，藏族）

波密县互联网信息办公室

【概况】 2012年12月，波密县委宣传部加挂互联网信息办公室牌子，撤销县网络文化建设和管理协调领导小组办公室。2014年12月，成立互联网评论中心，为县委宣传部（网信办）管理的副科级事业单位，经费来源为全额拨款。

【网络建设工作】 波密县共有网站1个（波密县政府新闻网），微信公众号34个，微博4个，云MAS业务平台2个，入驻今日头条1个，各单位微信公众号和微博等均已在网信办备案保存，政府新闻网站由西藏传媒集团负责营运管理，网信办负责信息报送。

【网站运行工作】 波密县政府网站发稿量1150条，互联网信息办公室加强发布信息的审核把关，确保所发信息的真实性、明确性；及时公开波密县相关政务信息，建立政府公信力。结合波密县实际，联合西藏传媒建立相关专题，突出报道波密县经济文化建设所取得的成绩，提升网站形象和点击率，促进世界各地人士了解波密、认识波密，提高波密的影响力；将门户网站建设和内容保障工作纳入年终成绩考核，调动波密县各单位力量建设波密政府门户网站。积极开展网上政务服务，“让权利在阳光下运行”，充分运用政府门户网站等信息载体，依法、全面、准确、及时、主动公开政务政府信息，2019年主动公开政府信息35条。

【通信设施建设工作】 波密县10个乡镇85个村居移动宽带覆盖率81%，四代通信乡镇全覆盖、行政村覆盖率78%，重点景区覆盖率100%。电信宽带覆盖率100%、四代通信乡镇全覆盖、行政村覆盖率99%、国道沿线100%覆盖、景区98%覆盖。联通宽带用户1362户、国道沿线100%覆盖、四代通信覆盖率97%。

【网络安全自查工作】 切实抓好内网、外网和应用软件管理，确保“涉密计算机不上网，上网计算机不涉密”，严格按照保密要求处理光盘、硬盘、移动硬盘等管理、维修和销毁工作，制定完善《计算机和网络安全管理规定》《存储介质管理制度》《涉密信息网络管理规则》《保密制度》《波密县计算机信息系统安全管理制度》《波密县政府网络安全管理协议》《关于网站信息审核安全保密的具体措施》等制度。重点抓好“三大安全”排查，即加强对硬件安全的管理，包括防尘、防潮、防雷、防火、防盗、和电源连接等；加强网络安全管理，计算机实行分网管理，严格区分内网和外网，合理布线，优化网络结构；加强密码管理、IP管理、互联网行为管理等；加强计算机应用安全管理，包括邮件系统、资源库管理、软件管理等。定期组织工作人员学习有关网络知识，提高计算机使用水平，确保网络安全，做到依法管网、依法办网、依法上网。将网络意识形态责任制等内容纳入波密县委理论学习中心组学习计划，不断提高广大网民思想觉悟和自身素质。加强对波密县政务网络管理，维护网络信息安全，向网吧等互联网经营场所发布通知要求，引导网民网言网语的规范使用，积极构建一个和谐文明的网络舆论环境。

【舆情监管工作】 关注人民网、新华网、西藏新闻网等网站的新闻、网站评论、论坛类的信息，掌握实时热点新闻，关注与波密县相关的社会动态；深入百度贴吧、天涯社区、猫扑等贴吧社区，查看与波密县相关的发帖信息，对部分可能引起舆论热点的帖子进行持续关注；浏览新浪微博、腾讯微博等与波密相关的微博信息，搜索与波密县相关的关键词。针对谣言等不实信息，第一时间确认事件的真相，并利用官方网站、微博等发布真实信息，防止谣言的进一步传播，在处理完相关舆情之后，继续跟进事态发展，加强正面引导，营造和谐健康的舆论环境。

在元旦、春节、“3·14”“3·28百万农奴解放纪念日”、清明节、桃花节期间，提前启动舆情应急处理方案，防范可能出现的舆情事件；同时落实节日期间24小时值班制度，保证设备的正常运行和正常监测。

按照市网信办工作提示，加强对网络媒体互动环节的管理，认真完成舆情演练任务，更好的应对各种突发舆情事件。

【网评工作】 积极完善网评工作职责，建立QQ群、微信群，加强与网评员的沟通，正确引导波密县网评员进行网上新闻监看和舆情研判，积极利用新闻跟帖、论坛发帖、博客等方式进行网上正面宣传和舆论引导；加强网上正面宣传，扩大话语权，用贴近实际、贴近生活、贴近群众的语言引导网络舆论，及时澄清事实、批驳谣言，为广大市民和网友答疑解惑，妥善处理应对各种舆情。

【宣传引导】 按照“外宣工作就是提升影响力，影响力就是生产力”这一对外宣传总目标，坚持在策划、调度、整合上下功夫。积极配合新华网西藏频道、央视新闻频道、中国国际电视台等区内外媒体设立波密外宣专题报道页面，不断对外宣传波密风光、民俗、社会活动。以桃花节、民俗文化节、雅江节、藏王故里文化节等地方特色节庆为契机，以网络、新闻媒体为平台，将波密历史文化、民俗文化展现世人。

（柴政委）

【领导名录】

中心主任

左齐玉（女，藏族）

中共波密县委统战部（县民宗局）

【概况】 波密县委统战部为正科级行政机关，其中副处级干部1名，正科级干部4名，副科级干部1名，科级以下干部9名。

【机构改革】 按照机构改革总体部署和要求，结合单位工作和职能，撤销宗教工作领导小组办公室及核定编制5名，将宗教工作划转至县民族宗教事务局。根据“三定”方案，将县民族宗教事务局原工作人员转隶至县委统战部，将原县旅游局侨务工作划转至县委统战部，县委统战部、县民族宗教事务局实行合署办公，核定领导职数5名（副县级1名，科级4名）。

【统战工作会议】 由县委常委、统战部部长加布主持召开统战工作会议，进一步学习《中国共产党统一战线工作条例》，明确思路和总体工作任务。会议要求，统战工作要始终坚持党的领导，以习近平新时代中国特色社会主义思想为指导，争取人心、凝聚力量、夯实基础，团结带领党外人士、非公经济人士、新兴阶层人士、宗教界人士、爱国藏胞等，围绕社会建设、国家建设，立足行业、岗位贡献积极力量。

【经济统战工作】 波密县实有各类市场主体3249户，注册资本（金）34.3亿元元，从业人员10258名，其中：企业365户，注册资本（金）276256万元，从业人数2245人，个体工商户2745户，注册资本（金）54595.16万元，从业人数6283名，农民专业合作社139户，出资总额9289.91万元，成员人数1730名，积极引导、组织非公企业履行社会责任，广泛参与波密县精准扶贫工作，组织动员20家会员企业参与“百企帮百村”精准扶贫工作，结对帮扶8个乡镇27个行政村84户贫困户，投入资金24.35万元，为巩固波密县2019年脱贫成果做出了积极的贡献。

【理论调研】 按照脱贫攻坚和“不忘初心、牢记使命”主题教育相关工作要求，县委统战部围绕脱贫攻坚工作政策落实情况、群众生产生活情况、宗教领域参与情况、宗教界人士发挥积极作用情况、群众急需解决的实际困难和问题等先后深入部分乡镇、村（居）、寺庙开展调研，根据调研了解的情况，及时梳理汇总，分析存在的问题，有针对性提出意见建议，形成脱贫攻坚、主题教育书面专题调研报告2篇。

2019年11月15日，波密县组织统战（民宗）干部参观红楼，进行爱国主义教育

【民族团结】 以巩固“全国民族团结进步创建示范县”成果为抓手，大力开展民族团结进步宣传工作，引导各族群众树牢“三个离不开”思想，增强“五个认同”。抓好宣传工作。以第二十九个“民族团结进步”宣传月为抓手，通过下乡入村、走村入户、集中组织等形式，大力宣传党的民族政策，引导各族群众铸牢中华民族共同体意识，切实树牢“三个离不开”思想。开展集中宣讲30场次，张贴横幅标语30幅，发放学习资料2300份，宣传袋1500个、纸杯3千个，受教育群众9千人次。认真开展在加强民族团结创建中涌现的模范集体、模范个人评选工作，推荐自治区模范集体1个、模范个人1名，推荐市级模范集体2个、模范个人2名、示范点1个。在县委、县政府高度重视和关心下，落实资金13万元，对县级13个模范集体、15名模范个人进行表彰。

【党外人士队伍建设】 进一步完善党外干部后备人才库，为203名党外干部、教师、医生建立党外知识分子信息库。加强党外代表人士的培养教育，认真落实党外人士生活补助，鼓励参政议政，发挥积极作用，为波密县建设贡献新的更大力量。

2020年1月7日，波密县召开2019年度民族团结进步表彰大会

【宗教工作基本情况】 现有登记在册宗教活动场所19处（座、点），其中寺庙14座、日追2处、拉康3处，按教派分：格鲁派活动场所4座、宁玛派活动场所12座、噶举派活动场所3座。

【宗教事务管理】 按照《宗教事务条例》，依法管理宗教事务，积极引导宗教与社会主义社会相适应。以“四讲四爱”“遵行四条标准、争做先进僧尼”等为抓手，深入学习宣传党的路线方针政策、法律法规，强化感恩教育、爱国主义教育、法治教育，引导僧人树立正确的人生观、价值观、民族观，增强“四个意识”、坚定“四个自信”、做到“两个维护”。2019年，共开展学习教育100场次，受教育僧人800人次，推荐选拔僧人前往区、市培训30人次。深入开展“六个一”活动，以开展“三大节日”慰问、扶贫帮困、帮助寺庙办实事等形式，把党的关怀和温暖送达每一名寺庙僧人手中；落实寺庙僧人医疗保险、养老保险制度，实现全覆盖；争取4万元免费巡诊资金，组织开展免费巡诊活动，建立僧人健康档案。2019年，开展慰问10次，落实慰问资金10万元。以“九有”“九+六”工程为抓手，大力加强寺庙基础设施建设。2019年，争取资金60万元，用于新建倾多寺健身房，丰富僧人体育文化生活。争取资金6万元，用于改善成色寺饮水条件。

【思想政治建设】坚持以“不忘初心、牢记使命”主题教育、“两学一做”学习教育常态化制度化等为抓手，通过支部学习、专项学习、培训、参观、重温入党誓词等形式，扎实开展党员思想教育、党性教育、政治教育、政治纪律教育，进一步坚定理想信念，提升政治站位，以开展党员活动日、观看红色电影、座谈交流、参观红楼等为载体，不断丰富党员文化生活。组织干部学习《中国共产党纪律处分条例》《中国共产党廉洁自律准则》以及区、市、县一系列关于廉洁自律的规定，纪检部门通报的典型案例，教育和引导党员干部树牢共产主义信念，切实提高广大党员干部责任意识和纪律意识，促使全体党员干部自觉做到廉洁自律，强化自我约束和管理，管好身边人和事，始终保证在党纪党规范围内工作生活。

【评选表彰】 积极开展和谐模范寺庙暨爱国守法先进僧尼评选表彰活动，根据“遵行四条标准、争做先进僧尼”教育实践活动总体部署要求和活动开展实际，推荐区、市、县和谐模范寺庙和爱国守法先进僧尼，推荐自治区级先进寺管干部1名，推荐市级模范寺庙3座、优秀僧人22名、优秀组织单位3处、先进寺管干部5名。于8月、11月召开波密县“遵行四条标准、争做先进僧尼”教育实践活动表彰大会，共表彰模范寺庙10座、优秀僧人109名、优秀组织单位9处、先进寺管干部10名，落实奖励资金17万元。

【宗教政策法规宣传】 根据工作计划，以集中组织、重点解读、个别辅导等形式，深入村（居）、寺庙、学校、企业开展党的宗教工作基本方针政策和法规知识学习宣讲，严格落实党员不信仰宗教要求，扎实做好信教群众和宗教界人士教育引导工作，把思想统一到党中央决策部署上来，树牢法纪观念，增强行动自觉，树立正确的宗教观，把思想转变到改善生产生活条件上来，开展政策宣讲40场次，受教育群众5千人次，发放宣传资料1千份。

【平安创建】 严格落实值班带班制度，持续强化督导检查，确保宗教领域“三无”“三不出”“三稳定”，有力促进宗教和睦、佛事和顺、寺庙和谐，在重大节日和重要时段召开维稳工作部署会，适时调整维稳工作重点，细化完善方案预案。组织召开维稳专项部署会议8次。按照“属地管理、分级负责”和“谁主管、谁负责”的原则，细化分解任务，明确岗位责任，确保各项工作没有漏洞；充分发挥寺庙“网格化”即“寺僧联帮联保”小组作用，由组长组织僧人开展看家护院、群防群治、纠纷调解、法治学习等工作。2019年，开展各类隐患排查3次，集中排查3次，排查300人次。

（丁国涛）

【领导名录】

县委常委、统战部部长

加布（藏族）

县委统战部常务副部长

普布罗布（藏族，5月任职）

县民宗局局长

田治国（藏族，4月离任）

县委统战部副部长、民宗局局长

陈银平（汉族，5月任职）

县委统战部副部长、宗教办主任

罗布次仁（藏族，4月离任）

中共波密县委巡察工作领导小组办公室

【概况】 县委巡察机构于2017年7月正式成立，2019年县委巡察工作办公室更名为县委巡察工作领导小组办公室，同时增加1名编制，核定行政编制7名，实有在职巡察干部8名，其中巡察办4名，巡察一组、二组各2名。

【平安创建】 按照县委维稳工作相关要求，落实维稳工作责任制，建立健全巡察机构综治维稳领导小组，设立领导小组办公室，办公室主要领导负总责、亲自抓维稳工作，及时研究部署，制定重要节点维稳工作预案，严格按照维稳等级要求做好值班带班工作。

【组织建设】 成立巡察办党支部。根据《中国共产党章程》及县机关工委相关要求，巡察机构于5月16日成立波密县委巡察工作领导小组办公室党支部，制定党支部七项组织生活制度。做好思想教育工作。巡察办党支部始终把学习贯彻习近平新时代中国特色社会主义思想作为首要政治任务，认真落实主题教育要求，坚持和完善集体学习制度，将专题学习、专题研讨、专题讲座、专题党课等规定动作的内容纳入巡察办支部“三会一课”学习内容和周五支部例会学习内容，组织全体巡察干部反复研读中共十九大报告和党章，深入学习《习近平关于“不忘初心、牢记使命”重要论述选编》《习近平新时代中国特色社会主义思想学习纲要》等理论文章，将习近平新时代中国特色社会主义思想作为做好新时代巡察工作的行动指南，紧紧围绕推进国家治理体系和治理能力现代化进行专题研讨，坚持“学、研、查、改”贯通推进。2019年机关党支部共开展集体学习25次，“不忘初心、牢记使命”专题学习3次、专题交流发言3次，党组书记讲专题党课2次，党员干部重温入党誓词1次、观看警示片10次，为民办实事1件，班子查摆问题28个，制定整改措施29条。通过活动引导巡察机构干部在学懂弄通做实上下功夫，努力做到学思用贯通、知信行统一，加强干部队伍建设。巡察办及时向组织申请增调3名优秀干部到巡察机构工作，补充巡察干部队伍力量。班子主要领导不定期对班子成员及全体干部开展谈心谈话活动，掌握干部思想动态，按照“十二字干部标准”、民族地区“三个特别好干部要求”向组织积极推荐本单位优秀巡察干部，2019年提拔使用干部1人次，提拔调动干部1人次。做好群团工

2019年8月14日，波密县委召开第五轮巡察工作书记专题会，县委书记朱正辉（右排中）出席会议并作讲话

作。按照县总工会要求，选举产生巡察工作领导小组办公室工会委员会，负责工会组织活动和工会会费收缴等工作。

【党风廉政建设】 巡察机构始终把党风廉政建设工作摆在巡察工作的重要位置来抓。单位主要领导坚决把主体责任扛在肩上，带头落实“第一责任人”责任，对重要工作亲自部署、重要问题亲自过问，重要环节亲自协调，重要案件亲自督办，班子其他成员认真履行“一岗双责”，履行好本职岗位管理职责，对分管领域党风廉政建设负责，对形式主义、官僚主义问题进行认真自查，制定措施及时整改。向分管领导汇报班子党风廉政建设工作情况，向组织报告个人有关事项，认真填写廉政报告，坚持学习“两准则”“四条例”党章党规等规章制度，提高党员干部自我净化、自我革新、自我完善、自我提高能力。

【保密工作】 巡察机构认真贯彻落实组织学习《中华人民共和国保守国家秘密保密法》《中华人民共和国保守国家窃密法实施条例》，传达贯彻上级保密工作会议精神，对涉密人员进行经常性保密教育，丰富保密知识、提高保密工作意识。

【巡察工作】 严格对标对表，不断深化政治巡察。严格对标对表中央、区党委、市委巡视巡察工作要求，把监督检查学习习近平新时代中国特色社会主义思想和中共十九大精神，贯彻落实“两个维护”情况摆在首要位置，将“政治”贯穿巡察始终，将党组织落实主体责任和干部反映强烈、社会关注度高的问题作为监督重点，把扫黑除恶、减税降费、落实机构改革纪律、开展“不忘初心、牢记使命”主题教育情况和领导干部利用名贵特产特殊资源谋取私利、党员信仰宗教、寺庙管理委员会“教育、管理、服务”履职情况和脱贫扶贫等民生领域腐败问题等，纳入每年巡察监督内容，督促被巡察党组织把中央的路线、方针、政策落到实处。2019年，开展两轮巡察，第一轮巡察发现并反馈问题163条，整改完成131条，反馈提出意见建议60条，向县纪检监察机关移交问题线索及事项5件。结合实际，制定巡察工作计划。结合机构改革工作实际，县委巡察办重新梳理巡察对象，分年度编制巡察工作计划，巡察向村（居）延伸计划，明确巡察工作时间表、路线图、任务书，确保巡察工作心中有数、有的放矢，一届任期内巡察全覆盖。确保强化成果运用，做好巡察“后半篇文章”。严格按照巡察工作程序，及时召开会议听取巡察情况报告，研判问题线索，向被巡察单位和纪检监察机关等相关职能部门，反馈、移交巡察情况。联合县纪委监委、县委组织部对被巡察单位的整改情况进行督导检察，推动巡察反馈问题整改落实到位。2019年共召开巡察工作领导小组会4次，书记专题会2次，在县委常委会上通报巡察情况2次，电话督促整改15次对部分被巡察单位进行实地督查。坚持严管厚爱，切实强化队伍建设。按照县委巡察组长库、人才库管理办法，进一步充实完善巡察，积极征求巡察组的意见建议，结合几轮巡察抽调人员的实际特长，对10名组长库和30名党建、财务、意识形态、工程项目等专业特长的干部人才库进行更新，进一步突出巡察政治标准；坚持“打铁必须自身硬”要求，运用

《巡视利剑》《决不饶恕》《人民的名义》等警示教育片，提高巡察干部模范遵守法律意识，严守政治纪律、组织纪律、廉洁纪律、群众纪律、工作纪律、生活纪律的自觉性，提升巡察干部队伍整体素质；坚持“支部建在组上”，巡察期间建立巡察组临时党支部，加强巡察干部教育引导和监督管理，发挥党组织战斗堡垒作用；坚持集中培训与干学一体相结合，强化业务培训指导，组长亲自教、熟手传帮带，提高巡察干部专业能力。2019年共参加区级培训2期2人次，市级培训2期12人次，县委巡察机构组织开展培训4期98人次，派出巡察干部参加上级巡察工作2人次。探索激励约束机制。每轮巡察结束后，县委巡察办结合巡察工作成效，对参加巡察人员个人表现情况进行鉴定评价，并经巡察办主要负责人和组长签字盖章后移交组织人事部门存档，作为干部评优评先重要依据。

（索朗）

【领导名录】

县委巡察办主任

李静（女）

县委巡察办副主任

索朗（藏族）

县委巡察办副主任

邬志强（5月任职）

县委巡察一组组长

向巴拥宗（女，藏族）

县委巡察一组副组长

蒋亚男（女）

县委巡察二组组长

张太荣

县委巡察二组副组长

嘎玛措姆（女，藏族，12月离任

波密县委党校

【概况】 波密县委党校设立于2017年7月，核定事业编制3名，核定科级领导职数3名，其中正科2名，副科级1名。由县委组织部长兼任党校校长，配有常务副校长1名，副校长1名，教职人员5名。

【开展培训情况】 全年完成各类培训工作7期，培训对象主要是：乡科级党员领导干部、常务工作者、村（居）党组织书记、第一书记、村（居）委会主任、村务监督委员会主任。

【建设内容和推进情况】 党校项目于2017年9月30日正式动工开建，项目总造价2500万元，包含新建综合楼建筑面积3635.8平方米，宿舍2996.2平方米，值班室58.3平方米，食堂619.84平方米及附属工程。11月竣工并通过验收。

（代文学）

【领导名录】

县委常委、组织部部长、党校校长

张斌

县委党校常务副校长

2019年5月12日，波密县开展党员政治教育培训

党伟

县委党校副校长

代文学（4月任职）

中共波密县直属机关工作委员会

【概况】县直机关工委是波密县正科行政机关，核定行政编制4名，实有工作人员7名。在县委的坚强领导和市直机关工委的有力指导下，围绕波密县“318”基层党建工作思路，以提升基层党组织组织力为目标，以基层党组织标准化建设为抓手，狠抓党的思想建设、组织建设、队伍建设，不断增强机关党组织的组织力，全面提升围绕中心、服务大局的能力水平。

【机构改革工作】根据对涉及机构撤销、合并、新建的单位，及时进行优化调整，其中变更党支部名称9个，新设党支部10个，撤销党支部4个。帮助波密县各单位理清党组（党委、工委）、党支部隶属关系和职责权限，引导各党组织切实履行抓党建工作主体责任，把机关党的建设纳入重要议事日程，着重推进机关党组织标准化建设，逐步提升党组织组织力，开创了机关党建工作新局面。稳步做好软弱涣散党组织排查整治工作，根据基层党组织分类定级结果，结合平时掌握情况确定扶贫办、水利局、卫生服务中心、环保局、国合联营公司共5个党支部为软弱涣散机关党支部。制定软弱涣散党组织整改方案，区分情况列出具体问题10条，细化整改措施40条。

【教育培训工作】以“不忘初心、牢记使命”主题教育为契机，巩固有“两学一做”学习教育活动等载体学习成效基础上，扎实开展党支部“十个一”活动，机关各级党员干部自觉对照主题教育学习重点内容，按照个人自学与集中学习研讨相结合的方式，原原本本学、联系实际学、笃信笃行学，进一步坚定感党恩、听党话、跟党走的思想自觉和行动自觉。各级党员干部主动把学习先辈先进、传承红色基因作为重要引领，把学习贯彻新思想作为首要政治任务，作为支部党内政治生活的第一议题，第一时间传达学习党中央、区党委、市委及县委关于主题教育相关会议精神和工作要求，邀请党务骨干专题授课、谈初心使命，围绕15个专题集中开展研讨，有效促进思想升华。各级党组织依托“三会一课”“主题党日”，累计开展集中学习300次，专题研讨交流160场。组织开展祭拜川藏线上十英雄、徒步通麦飞石崖路段、参观318国道“红墙”活动，对310名党组织书记和党员干部进行集中轮训，教育引导党员坚定政治信仰，增强“四个意识”，坚定“四个自信”，做到“两个坚决维护”，补足广大党员干部理论之钙、筑牢信念之墙。

【基层党组织建设工作】制定完善《波密县2019年度机关党建工作要点》，严格按照市委组织部关于基层党组织组织力提升年的部署和县委工作安排，进一步完善“书记抓 抓书记”“党建第一责任人”机制，按照服务承诺制、首问责任制等机制要求，引导波密县各机关党支部班子成员和机关党员立足岗位、履行职责、发挥作用。盘活“党员干部进村入户、结对认亲交朋友”“四对一”结对帮扶、“在职党员到社区报到服务”等攻势，建立完善机关党员直接联系服务群众长效机制，按照定期走访、入户座谈、电话询问等方式，波密县各机关党支部、党员结对认亲实现全覆盖。

【党建工作】 建立健全党支部按期换届提醒督促机制，根据党组织隶属关系和干部管理权限，对任期届满的党支部提前6个月以通知的形式提醒做好换届准备。从严把关选好配强支部书记，配备专职党务工作者。对照新时代机关党组织标准化建设和区党委“五型”党组织创建要求，申请机关党建经费20万元，采取支部申请、工委审核、组织评议结合形式，先后打造5个党建活动场所示范点，活动场所严格落实“九有”建设标准，有标识、有党旗、有领袖像、有电教设备（电视、电脑）、有书报学习材料、有宣传栏、有上墙制度、有办公桌椅、有党建专柜，按照一室多用原则，把活动场所打造为党员学习、支部活动、党性比拼、业务交流的桥梁，充分发挥示范辐带机关党建标准化建设。

【党员管理发展工作】 认真贯彻落实关于开展党员组织关系集中排查工作有关规定，引导各单位党组织切实履行主体责任，将排查党员组织关系作为推动党的先进性和纯洁性的重要途径，指导50余个党支部开展组织关系排查工作，并对10名组织关系存在问题的党员进行整改落实，其中对3名发展程序不合规、长期不缴纳党费的党员作出清退处理，从源头上治理党员组织关系“空挂”“失联”等现象，解决“口袋党员”“隐身党员”等问题。严格按照《中国共产党发展党员工作细则》（2014年版）发展党员5阶段25个步骤的规定，根据年初波密县发展党员规划，做好机关党支部发展党员工作，吸收预备党员23名，转正42名。

（白玛占堆）

【领导名录】

书 记

索朗罗布（藏族）

副书记

索朗玉珍（女，藏族，4月任职）

高寒（4月任职）

二级主任科员

饶蓉（女，4月任职）

中共波密县委国家安全委员会办公室

【概况】 中共波密县委员会国家安全委员会办公室于2019年4月成立，系中共波密县委员会国家安全委员会的办事机构，为正科级，承担波密县委国安委日常工作。县委国安委设立县维护国家安全工作指挥部，与县委国安办实行两块牌子、一套人马，在县委和县委国安委领导下承担统一指挥波密县维护国家安全和社会稳定的职责。

【国家安全保障能力建设】 强化经费保障，落实国家安全委员会办公经费2.3万元，充实国安办干部3名，为工作推动提供必要保障。

【国家安全宣传教育】 坚持把国家安全宣传教育纳入“七五”普法、综治宣传等普法宣传活动，纳入教育、宗教领域专项法制教育，纳入各级各部门日常学习内容中，切实发挥线上线下、纸质电子、影像音频等宣传渠道，采取悬挂横幅、发放宣传资料、粘贴宣传标语、电视台滚动播放宣传

2019年9月10日,波密县委常委、政法委书记、公安局局长阿旺朗加(右一)督导小学维稳工作

音频、政府网站推送宣传影像、发放宣传品等方式，大力普及宪法、国家安全法、反间谍法、反恐怖主义法、网络安全法等法律法规，宣传国家安全工作的大政方针、重大决策部署，加强对国家安全的形势宣传、政策宣传、成就宣传，持续开展反分裂、反渗透、反泄密、反间谍、反破坏等专项宣传教育，营造全社会共同维护国家安全的良好氛围。

【风险防范评估管控】 严格按照坚持把风险评估作为推进跨越式发展和长治久安，解决和应对波密社会存在的主要矛盾和特殊矛盾，处理改革发展稳定的关系，正确处理广大人民根本利益，源头治理、动态管理、应急处置的主要措施，为建设“五个波密”提供有力支撑。重大项目方面。先后对松宗镇岗巴村发展牦牛养殖项目、八盖乡朗村自然村村道升级项目、康玉乡乌那村村道升级项目、康玉乡宗热蔬菜温室项目、波密县全民健身步道建设项目等13个项目进行了复核评估，切实将矛盾隐患消除在了萌芽状态。重要活动方面。对波密县庆祝新中国成立70周年文艺演出、倾多镇普龙寺正常佛事活动、波密县中小学生波卓波央比赛活动等进行复核评估，切实将风险隐患拒之在安全之外，有效促进社会局势稳定。

（代舒云）

【领导名录】

县委国安办副主任

刘俊（4月任职）

群众团体

波密县总工会

共青团波密县委员会

波密县妇女联合会

波密县工商业联合会

波密县文学艺术界联合会

波密县残疾人联合会

2020 BOMI YEARBOOK

波密县总工会

【概况】 波密县总工会核定编制2名，实有工作人员9名，全县共组建基层工会组织72个，会员3071名（农民工会员1340人），包括县直机关单位工会41个1280人，乡镇工会10个会员832人（其中乡镇机关470人、农牧民工362人），企业工会5个146人，非公企业组织16个813人（均属农牧民工）。2019年度共有1755人缴纳会费，包括公益性岗位143人、辅警85人、协警16人。

【机构改革】 波密县总工会与妇联已分署办公，完成机构改革。各基层工会组织结合工会法人资格登记和会员实名制统计工作，召开会员大会，选举产生基层工会委员会、工会经审委员会和女职工委员会，2019年完成53个基层工会组织法人资格登记工作，完成率74%。

【困难职工帮扶】 波密县在档困难职工8户（其中国家级3户，地市级5户），波密县总工会认真摸底调查、建档，为3名困难职工家庭申报金秋助学帮扶。发放生活救助金1万元。

【维护职工权益】 波密县1462名会员采购米面油、养生壶和旅行水壶等生活用品作为节日慰问品，总价值104.76万元。组织和协助相关单位在重要节点对环卫工人、企业职工、困难职工、劳动模范、公安干警、寺管会干部和优秀教师等一线职工开展“五送”活动，共发放慰问金、慰问品20.35万元。波密县共有各级劳动模范和先进工作者10人，申报自治区级劳动模范1人。协助县人社局举办“春风行动”招聘会，活动中110人达成就业意向。县总工会结合“七五”普法和安全生产月、女职工维权周、节能减排等法制宣传活动契机，积极组织和参与法制宣传活动14次，发放《中华人民共和国工会法》《中华人民共和国劳动法》《中华人民共和国法律援助条例》《进城务工指南》等宣传资料1550份。

【设施建设】 波密县已有8个乡镇工会委员会完成“八有”工会标准化建设，并被自治区总工会授牌。在波密县扎木镇建设职工之家，购买价值20万元的健身器材、观影设备、图书等设施设备。

【重要活动】 县总工会组织基层工会主席、企业职工代表和党代表召开座谈会2次，畅谈新旧社会对比，开展反对

2019年7月1日，波密县总工会组织企业职工、党员代表和中铁一院职工、党员代表召开座谈会

2019年9月25日，波密县总工会组织开展以"不忘初心跟党走 职工有为新时代"为主题的"安康杯"知识竞赛

分裂、西藏精神、"两路"精神、"红楼"精神教育活动，组织波密县职工代表参与林芝市总工会组织开展的"不忘初心跟党走、职工有为新时代"学习强国知识竞赛中获"优秀奖。联合县应急管理局组织全县企事业单位62名参赛选手围绕学习强国、党章、工会法、劳动法、安全生产等相关知识开展"安康杯"知识竞赛。组织全体职工在波密县扎木中学操场举行了以"咱们工人有力量"为主题的庆"五一"拔河比赛。组织干部职工集中观看《我的喜马拉雅》《绝不饶恕》《孔繁森》《焦裕禄》等爱国影片。县工妇委党支部、团县委党支部、工商联党支部联合组织开展"不忘初心、牢记使命"爱国主义及廉政教育活动，集中参观县委中心红楼和县检察院廉政教育基地，进一步坚定理想信念，筑牢拒腐防变思想防线。工妇委党支部前往驻村点开展送医送药送温暖活动，为驻村点群众免费诊病，发放价值5000元的常规药品，为28名1—3年级学生送去了书包、彩笔等价值6000元的慰问品。县总工会组织波密县机关、企事业单位20名（包括带队和工作人员）优秀干部职工赴中华总工会厦门安养中心开展短期疗休养工作。县总工会组织5个国有（集体）企业20名女职工在县人民医院完成"两癌"筛查。

（韩春霞）

【领导名录】

主　席

毛卫林（藏族）

副主席

次仁拉姆（女，藏族，5月任职）

共青团波密县委员会

【概况】 团县委在县委、县政府和上级团委的正确领导和大力支持下，坚持以习近平新时代中国特色社会主义思想为指导，深入学习贯彻落实中共十九大、团十八大、习近平总书记系列讲话精神，紧紧围绕县委、县政府中心工作及上级团委的工作部署，立足共青团基本职能，坚持"强三性、去四化"，扎实开展团的各项工作，在组织青年、引导青年、服务青年等工作方面取得明显成效。

【机构改革】 团县委深刻学习领会《共青团中央改革方案》《共青团西藏自治区委员会改革方案》《共青团林芝市委员会改革方案》精神，准确把握改革实质，凝聚改革共识，营造支持改革的浓厚氛围，及时对中央、自治区、市《关于加强和改进党的群团工作的实施意见》精神及群团改革会议精神进行传达学习，在充分调查研究的基础上，广泛听取党政领导、团干部和团员青年的意见建议，根据《共青团波密县委改革方案》文件精神，积极推进波密县共青团机构改革工作。

【青少年思想引导】 团县委积极组织各级基层团组织、青少年深入学习宣传党的十九大精神、习近平总书记关于青年的讲话、习近平总书记系列讲话精神和团西藏十大精神，通过宣讲、主题团课、团建活动、集中学习、自主学习等形式组织青年、团员积极学习交流，学习人数1500人，覆盖多个领域的团组织。引导各基层团支部书记要时常面对面开展团员青年思想政治工作，带领青年听党话、跟党走。为新时代波密县共青团事业发展和青年健康成长提供思想武器和行动指南。

【青年就业创业】 为深入推进“大众创业、万众创新”，鼓励和引导广大青年增强创业意识、投身创业实践，团县委大力鼓励符合参赛条件的农牧民青年参与林芝市创新创业大赛，在波密县青年创业领域筛选出古乡巴卡村糌粑加工厂和康玉乡叶古措建筑责任有限公司、倾多镇如纳村聂赤产品开发有限公司等项目参加比赛，增强了波密县农牧民青年参与创业的积极性和主动性。

【预青工作】 团县委以三月综治宣传月、“6·5”环境宣传日、“6·26”禁毒日、“9·16”平安西藏宣传日为契机，在人口稠密地点设立宣传点，宣传和发放藏汉双语的《中华人民共和国未成年人保护法》《中华人民共和国义务教育法》《中华人民共和国婚姻法》《中华人民共和国预防青少年犯罪法》《中华人民共和国预防未成年人犯罪法》。共计开展6次法制宣传活动，发放1500份宣传资料。通过广泛宣传，努力营造出人人知法、懂法、

2019年4月30日，共青团波密县委员会组织县中学学生于县委大院红楼开展纪念五四运动100周年“追寻红色足迹 坚定理想信念”活动

用法的良好法治氛围，助推“依法治县”工作开展。

【青年文明号】 加强对青年文明号的管理和考核工作。共青团波密县委员会对县税务局、移动公司、电信公司等青年文明号单位进行实地考察，对其工作开展情况进行深入了解，对工作开展中存在的问题提出意见。

【非公建团】 为大力加强波密县非公企业团建工作，共青团波密县委员会采取一名专职团干部定向联系一个非公企业，通过与非公有制经济组织负责人定期恳谈，征求他们的意见和建议，2019年积极推进非公企业藏王大酒店非公建团工作。

【志愿者工作】 为波密县争取3名大学生西部计划志愿者，团县委对其培训后，按个人专长、专业分配至不同服务单位，并与服务单位签订协议，实行共同管理制度，3名志愿者在各服务单位的工作开展均受到服务单位一致好评。规范和完善志愿者注册、申报和管理工作，积极传承发扬“奉献、友爱、互助、进步”的青年志愿者精神。

（任若飞）

【领导名录】

书　记

达珍（女，藏族）

副书记

钟文娟（女）

波密县妇女联合会

【概况】 根据《中共波密县委办公室关于印发〈波密县妇女联合会职能配置和人员编制规定〉的通知》内容，波密县妇联为正科级群团工作部门。

【帮扶活动】 “两节”期间，下乡走访慰问贫困、单亲、大病、残疾、孤寡老人妇女及留守儿童33名，发放慰问金16500元；“六一”期间，开展“巾帼关爱温暖童心”扶贫助学活动，为27名儿童送去1.5万元慰问金及学习用品；端午节慰问敬老院老人80人，送去价值600元的慰问品；“七一”走访慰问巾帼老党员5名，发放慰问品及慰问金2500元；“八一”慰问随军军嫂4名，送去价值1300元的慰问品；主题党日慰问驻村点困难学生26名，送去价值5000元学习用品。

【维护妇女儿童合法权益】 4月，举办妇女信访代理员培训班，30名妇女信访员参训。组建35支巾帼志愿者特色服务队，开展巾帼法制宣传活动活动3次，发放宣传资料100份。10月，开通“12338”妇

2019年9月23日，林芝市妇联党组副书记、主席晓红（右一）一行深入康玉乡开展慰问贫困学生活动

女儿童维权热线，畅通妇女维权通道。以“三八”法制宣传、综治宣传、“扫黑除恶”等法制宣传为契机，开展宣传15次，发放宣传资料1100份。接待妇女群众来访5起，通过耐心说教、积极协调、转办相关部门等办法，做到事事有答复，件件有落实。

【推进妇联改革】 全面完成“会改联”工作，85个村妇代会全部改建为妇联，选举村级妇联主席85人，执委555人。波密县10个乡（镇）妇联全部完成区域化建设，选举产生乡（镇）妇联主席10人、执委156人。12月，举办乡（镇）、村（居）妇联主席培训班，85名乡（镇）、村（居）妇联主席参训。

【宣传教育】 4月，在“波密县妇联”微信公众号上开通波密县“妇女之声”栏目，设置法制、政策、维权、健康知识宣传等专栏，以藏汉双语播音的新方式、新途径为广大妇女提供所需的知识。2019年，发布12期，收听5000人次。开展十九大精神、“四讲四爱”宣讲、爱国主义教育活动6场，受教育妇女500人；“巾帼心向党”诗歌朗诵、知识竞赛3场次，受众妇女150人。

【妇女儿童关爱行动】 到易贡乡、康玉乡、古乡开展送医送药送健康活动3次，举办女性健康知识、艾滋病健康知识讲座，发放2万元妇女儿童常规药品，宣传资料400份；慰问患病妇女2人，送去慰问金1000元。争取到2018年“贫困母亲两癌救助”中央专项彩票公益金5万元并发放到5名“两癌”贫困母亲的手中。

【妇女儿童之家建设】 在扎木镇岗村投入资金3万元建设妇女儿童之家示范点，在古乡古村、嘎朗村投入2万元建设妇女之家示范点，真正把“妇女儿童之家”打造成“坚强阵地”和“温暖之家”。

（周波）

2019年3月8日，波密县妇女联合会庆“三八”“巾帼心向党”诗歌朗诵比赛暨表彰大会，波密县人民政府副县长达娃卓嘎（右一）为获奖人员颁奖

【领导名录】

主　席

达珍（女，藏族）

副主席

杨丽（女，4月任职）

波密县工商业联合会

【概况】 2019年，波密县工商业联合会（以下简称县工商联）核定编制3名，实有工作人员5人。

【非公有制经济基本情况】 2019年，波密县实有各类市场主体3249户，注册资本（金）343041.73万元，从业人员10258人，同比分别增长23.77%、45.68%、27.12%。其中：企业365户，注册资本（金）276256万元，从业人数2245人，个体工商户2745户，注册资本（金）54595.16万元，从业人数6283人，农民专业合作社139户，出资总额9289.91万元，成员人数1730人，非公经济人士中担任自治区政协委员1人，市政协委员3人，县级人大代表5人，县级政协委员7人。

【强化队伍理想信念教育】 波密县工商联党支部高度重视班子队伍理想信念教育，结合工作实际，有效制定活动方案与学习计划，开展好一系列工作：支部以落实“三会一课”制度为契机，积极开展集中学习、个人自学及讨论交流等多种活动，深入学习领会习近平新时代中国特色社会主义思想和中共十九大精神，以及《中国共产党章程》“两准则”“四条例”等，积极引导干部坚定政治立场，树立廉洁奉公观念，进一步筑牢党员干部拒腐防变的思想防线；支部坚持以榜样的正能量激励干部有所作为。2019年，支部带领全体干部学习《时代楷模卓嘎、央宗姐妹的先进事迹》、张富清先进事迹，并观看《榜样4》专题节目，更加坚定了班子队伍干事创新的信心与决心；支部组织干部前往县廉政警示教育基地开展廉政教育活动，系统了解中共十八大以来中央、区、市、县查处的违纪违法典型案例，引导班子队伍统一思想，转变作风，树立正确的价值观。

2019年11月1日，林芝市工商联党组书记余水（右四）一行到波密县对民营企业进行调研工作。波密县政协副主席侯国聪（右三）陪同

【落实非公经济“两个健康”工作】 2019年，波密县工商联组织非公经济人士认真学习《习近平总书记在民营企业座谈会上重要讲话精神》及中共十九大精神，提高波密县非公经济人士的政治自觉和和思想自觉；组织非公经济党员开展庆祝“3·28百万农奴解放纪念日活动”庆祝西藏民主改革60周年纪念活动、庆祝建党98周年暨“七一”表彰大会等集体活动，进一步增强非公经济党组织的凝聚力和向心力；设立波密县非公经济维权举报电话（0894-5665832），并在县商务局、发改委（工信局）

设立举报箱，为有效维护非公有企业和民间投资的合法权益提供平台。

【基层党建工作】 2019年，波密县工商联党支部结合“两学一做”“四讲四爱”活动和“学习强国”平台学习，强化党员干部学习；认真落实“三会一课”等党支部组织生活制度，带领全体党员重温入党誓词、学新党章等；确定每月24日至30日为党员固定活动日时间，做到一月一主题、月月有活动，积极开展环境卫生整治、社区服务交心谈心等活动；利用“不忘初心、牢记使命”主题教育的契机，班子领导带头进行自查，以实际行动践行“守初心、担使命、找差距、抓落实”的总要求，召开4次研讨会及1次专题组织生活会，推动主题教育向纵深发展。

【非公经济人士参政议政】 2019年，波密县非公经济人士中县级的人大代表5人，政协委员7人，参加县“两会”。以强烈的责任感和使命感，认真履行代表和委员的各项职责和义务，按时参加讨论并积极建言献策，就围绕波密县的招商引资，优化营商环境、融资贷款，环境整治及政府扶持非公经济专项资金等方面提出建议和意见。波密县非公经济人大代表提交议案5件，政协委员提交提案7件。

2019年10月15日，波密县工商业联合会组织藏立景观主题酒店管理有限公司、西藏林芝易贡铁山建筑有限公司等非公企业负责人前往波密县倾多镇扎西村、叶巴村开展“百企帮百村”助力脱贫攻坚帮扶活动

【助力脱贫攻坚】 2019年，县工商联积极引导、组织非公企业履行社会责任，共组织动员20家会员企业参与到“百企帮百村”精准扶贫工作中，结对帮扶8个乡镇27个行政村84户贫困户，投入资金24.35万元。

【非公企业反馈社会】 波密县工商联组织会员企业积极开展“金秋助学”公益活动，为金榜题名的学子进行爱心捐赠共计27人，资金17800元；波密县非公企业共提供就业岗位110个，带动贫困人口脱贫致富。

【强基础惠民生】 2019年，县工商联主席曲珍4次带领干部深入连片驻村点所在地扎木镇扎木村看望慰问驻村工作队，详细了解驻村干部的生活和驻村工作开展情况，送去价值2300元的慰问金及生活物资；走访慰问“四对一”结对帮扶户5家，详细了解帮扶对象的家庭基本情况、身体情况、收入来源、致贫原因等，并鼓励困难群众树立战胜困难的勇气和信心，努力改善生活条件。为困难户送去了2500元慰问金且与他们建立长期帮扶关系。

【落实“法律进民营企业”工作】 6月，工商联邀请县人社局、司法局、公安局、市场监督管理局、税务局、法院，在藏王大酒店开展“法律进民营企业”宣传教育活动。各单位围绕《中华人民共和国劳动法》《中华人民共和国食品安全法》“扫黑除恶、打非治乱”专项斗争，政策及税收优惠政策等内容，向会员企业作详细讲解，现场发放各类宣传资料140份；9月，工商联联合县司法局、普法办开展“法律进民营企业法治培训班”宣讲活动。波密县法律援助中心援藏律师傅德辉向与会企业负责人就民营企业在经营过程中出现的职务侵占、虚开增值税发票、劳务用工合同拟定等问题进行详细解读和剖析，对参会人员提出的法律问题进行解答。

（杨红）

【领导名录】

主　席

曲珍（女，藏族，12月离任）

副主席

尼玛卓玛（女，藏族，5月任职）

副主席

吴瑞（5月任职，12月离任）

兼职副主席

白玛四朗（藏族）

次仁多吉（藏族）

白玛次仁（藏族）

布阿娘（藏族）

波密县文学艺术界联合会

【概况】 波密县文学艺术联合会于2011年8月成立，是团结波密县广大文艺工作者和爱好者的人民团体。波密县文联以活跃民间文学艺术，繁荣波密文化为宗旨。2019年，文联下设作家协会、书画协会、摄影协会、影视协会、舞蹈协会、民间艺术协会，共有会员120人。2019年，摄影协会4名会员获批西藏自治区摄影家协会会员。

【文艺创作】 2019年，波密县文联以文化传承发展为核心，紧紧围绕中共十九大精神，把握改革开放40周年、西藏民主改革60周年、中华人民共和国成立70周年等时间节点，组织文艺家和文学爱好者开展采风创作活动，引导文艺家从社会生活、当代英雄模范人物中挖掘题材，创作出一批弘扬主旋律、传播正能量、讴歌真善美，反映经济社会发展进步、歌颂民族团结的文艺作品。2019年，舞蹈协会创作《洗衣歌》《前进吧，雪域将士》、红楼舞台剧等作品，大力弘扬红色精神，构建红色波密。11月，摄影协会开展秋季采风活动，拍摄作品200幅；书画协会组织青少年开展“梦想之行·共绘美丽波密”秋季户外写生活动，创作书画作品120幅。作家协会参与《冰川脚下的藏王故里—波密》波密文化书籍的校稿工作。影视协会通过举办“影视评论”活动，不断拓展会员视野，提升会员摄影手法和思辨能力，制作宣传片6部，网络安全和消防安全公益性广告4部，脱贫攻坚政策解读3篇，活动实况录像3部。

【文艺文学作品获奖情况】 2019年2月，摄影协会主席阿旺仁青的摄影作品《僜人》入选并参展首届藏羌彝走廊影像艺术展；4月，摄影作品《草湖绿带》入选中国西南六省区市第十二届摄影联展；摄影作品在百花奖第五届全国书画摄影大赛中荣获鼓励奖；5月，摄影作品《湖光山色》入选中国西藏举办的“2019中美西部风景摄影展”；8月，摄影作品《山寺桃花》在中国绿色时报社第二届“森林四季”全国自然摄影大赛·春季赛中荣获金奖；摄影作品《民族大联欢》在西藏自治区民族事务委员会和自治区文联举办的“中华民族一家亲·同心共筑中国梦”活动中荣获优秀奖；10月，摄影作品《桃花节上的盛会》《冰川下的桃花》《珠峰余晖》《俯瞰鸟岛》入展由西藏自治区人民政府、中国文联主办，中共西藏自治区委员会宣传部、西藏自治区文学艺术界联合会、拉萨市人民政府承办，中国摄影家协会支持的“庆祝新中国成立70周年—西藏珠穆朗玛摄影大展”；摄影作品《深秋》入展由四川省民族文化影像艺术协会、波士顿华人摄影协会主办的“首届跨越太平洋—中国西部&美国西部风光摄影展”。摄影协会央青占堆作品《幸福的晚年》在波密县“不忘初心、牢记使命”重走长征路（线上）公益健步性照片和微视频征集活动中荣获二等奖。

2019年1月，波密县书画协会主席益西桑布作品入选由西藏自治区文学艺术界联合会、中国书法家协会主办的“守护神圣国土 建设幸福家园—纪念西藏民主改革60周年西藏书法晋京赛”，在中国文艺家之家展览馆展出；4月，书画作品在林芝市第十七届桃花旅游节“人间净地·醉美林芝”网络书画作品征集展活动中荣获成年组美术二等奖和成年组藏文三等奖；10月，书画作品在“林芝岁月”成就图片展和“览边疆好风景、与祖国共奋进”—庆祝新中国成立70周年暨2019西藏林芝雅鲁藏布生态文化旅游节书画展中荣获优秀奖；同月，书画作品在西藏自治区教育厅、西藏自治区书法家协会主办的“加强民族团结 建设美丽西藏—庆祝新中国成立70周年、纪念西藏民主改革60周年西藏自治区首届师生书画大赛”中荣获一等奖；11月，书法作品在林芝市第三届“智慧笔尖”书法比赛中，荣获粗仁体类一等奖。

【交流合作】 波密县舞蹈协会和民间艺术协会先后前往林芝市、朗县、工布江达县、米林县、参加2019年林芝市桃花文化旅游节主会场演出以及各县区分会场演出；波密县民间艺术协会参加林芝市“庆祝建党70周年暨雅鲁藏布生态文化旅游节晚会”编排工作；12月，民间艺术协会赴广州天河区参加以“天河波密手拉手，共筑民族同心圆”为主题的广州天河民族大舞台暨西藏波密专场推介活动。2019年1月，书画协会受邀参加中共林芝市委宣传部、市文联主办，林芝市书画协会、市群艺馆承办的“赞辉煌 送万福 进万家”书法惠民活动；元旦、春节，书画协会受邀参加中国书联、中国书协举办的“同心同书·祖国新春好”书法文化惠民暨“送万福进万家”志愿服务公益活动，送出春联2000幅。12月，波密县书画协会受邀参加广州国际艺术博览会举办的“第24届秋季广州国际艺术博览会”。

【文艺惠民活动】 2019年，影视协会以庆祝中华人民共和国成立70周年、西藏民主改革60周年为契机，开展文艺电影下乡活动，组织播放《红星照耀中国》《建国大业》《建党伟业》《情归周恩来》《雪山泪》《脱贫路上的好书记》等爱国主义教育题材电影，放映影片136场次，观影3917人次。波密县民间艺术协会组织开展群众文化广场活动180场次，参与群众1.8万人次。累计派出艺术文艺骨干20人，深入8乡镇，30个村

(居)，6所学校，开展波卓波央、锅庄、广场舞等教学80场次，教授群众、学生1000人次。书画协会以培养青少年文艺兴趣、丰富青少年艺术修养为目标，在学校开办藏文书法兴趣班、美术兴趣小组，积极发挥文艺服务基层、服务群众的积极作用。“三大节日”期间，文联各协会深入各乡(镇)、村(居)开展文艺下乡活动，摄影协会为群众拍摄全家福照片300幅；书画协会开展送春联活动；民间艺术协会为群众送去丰富多彩的歌舞表演。

(朱迎迎)

【领导名录】

主 席

屈永辉

副主席

米玛(藏族，兼秘书长)

卓玛央金(女，藏族)

阿旺仁青(藏族)

摄影协会主席

阿旺仁青(藏族)

作家协会主席

张庆冲

书画协会主席

益西桑布(藏族)

影视协会主席

次点扎西(藏族)

舞蹈协会主席

德青(女，藏族)

民间艺术协会主席

索朗旺久(藏族)

波密县残疾人联合会

【概况】 波密县残疾人联合会核定行政编制1名，实有行政编制2人，公益性岗位1名，临时工1名。县残联共有2间办公室、1间会议室、2间康复室、3间辅助器具仓库。波密县新办证1000人，变更5人，残损换新2人，挂失2人，死亡注销47人，有持证残疾人1446人，其中肢体残疾839人，听力残疾257人，视力残疾161人，言语残疾56人，精神残疾54人，智力残疾28人，多重残疾51人；0—15岁残疾儿童少年70人，女性残疾人689人，一、二级重度残疾人414人。

【残疾人康复】 提升残疾人康复服务覆盖率。通过多种方式推动残疾人辅具适配服务全面覆盖，共发放辅助器具251件，其中普通轮椅35辆、坐便轮椅21辆、手摇三轮车1辆、拐杖97支、助听器26台、坐便器40台、助行器7台、褥疮垫3套、拐垫21个，惠及波密县177名残疾人；开展脑瘫患儿康复训练3人，转介至自治区康复中心康复训练5人，安装假肢5人。提升村级残疾人康复服务能力。为充分发挥家庭医生签约服务助推残疾人精准康复服务作用，举办为期5天的残疾人家庭医生培训班，围绕残疾预防、残疾人康复、残疾人政策三个方面，采取集中培训、现场演示和相互实操的方式，通过政策现场解读、理论知识讲授、实践案例教学进行授课，波密县的91名残疾人家庭医生(村医)顺利结业。自治区残疾人康复服务中心到波密开展康复筛查活动。为8个乡镇120名残疾人现场康复咨询，现场适配基本型辅助器具45件，包括数字助听

2019年4月13日，波密县残疾人联合会党组书记、理事长扎西次仁(右一)调研残疾人自主创业工作

2019年3月14日，林芝市民政局党组成员、副调研员杨康（左二）和波密县人民政府副县长姜治强（左一）出席残疾人两项补贴信息录入培训班

器5台，耳背式助听器14台，坐便轮椅4辆，充气式防褥疮垫3套，各式拐杖17支，坐便器2台；登记预约矫形器和假肢等特殊辅助器具制作和安装适配14人，包括6名残疾儿童。四是为残疾儿童康复救助需求摸底调查。波密县初步统计残疾儿童康复需求38人，其中0–14岁肢体矫治手术18人，0–14岁人工耳蜗手术6人，0–8岁视力功能恢复手术3人，0–8岁言语功能恢复手术2人，其他肢体、言语、智力康复训练9人。

【残疾人教育】 坚持“两个重点”，即在义务教育阶段立足实际推进融合教育，在中高等教育阶段实施助学行动励残疾人学生成长成才。县残联会同县教体局联合印发《波密县残疾儿童融入性教育项目实施方案》，向教育局拨付6.5万元资金用于以落实残疾学生“一人一案”、改进随班就读教学模式、保障送教上门教学质量等各项工作。县残联向5名残疾大（专）学生、4名残疾高中生和3名残疾人低保家庭大学生、6名残疾人低保家庭高中生发放2018年至2019年学年残疾人助学补贴7.3万元。4名残疾人学生和7名残疾人低保家庭学生申领2019年至2020年学年助学补贴。

【残疾人数据动态更新】2019年，举办波密县残疾人基本服务状况和需求信息数据动态更新暨民政（残联）业务培训班，印发《波密县2019年残疾人基本服务状况和需求信息数据动态更新工作实施方案》与各乡（镇）签订《2019年度波密县残疾人基本服务状况和需求信息数据动态更新工作目标责任书》，建立岗位责任制，根据波密县工作实际，县残联制作《残疾人登记表（波密县补表）》，统计学生上学情况、培训就业需求、辅助器具需求等具体内容。残疾人数据动态更新调查范围涵盖波密县10个乡镇及易贡茶场，共85个村（社）区，共调查残疾人1493人，社区登记表87份和残疾人登记表1424份。

【残疾人就业创业】 坚持“分散和集中”双模式并举促进残疾人创业就业。广泛扶持，营造创业积极氛围。波密县5名残疾人创业者通过市残联创业扶持审核，获得“大众创业、万众创新”10万元，扶持项目涉及糌粑加工，汽车维修，家庭旅馆，百货零售等。突出重点，强化典型引领作用。波密县倾多镇残疾人德吉以桃花坞客栈为立足地，开展餐饮住宿和土特产品销售，实现利用通过网络平台销售土特产品的残疾人电子商务模式，雇佣带动2名残疾人就业，作为残疾人创业先进典型，获得扶持资金8万元。

【残疾人就业保障金】 认真贯彻落实《中共西藏林芝市地委组织部等七部门关于促进全地区残疾人按比例就业的实施意见》，通过征缴残疾人就业保障金进一步明确安置残疾人就业的责任。全年波密县按比例安置残疾人就业44人；

加强残疾人就业保障金征收工作，提高就业保障金应征尽征率，对波密县107家机关事业单位及国有企业开展审核征缴工作，共征收残疾人就业保障金105.72万元。

【基层残联组织建设】 波密县建成全区首个村（社区）残疾人协会全覆盖县。波密县共成立64个村（社区）残协，其中45个单独村（社区）残协，19个联合村（社区）残协；共选举任命村（社区）残协主席64名，选举聘任村（社区）残协专职委员76名。

【残疾人文化宣传】 助残日，开展“自强脱贫、助残共享”主题活动。县政府印发《波密县第二十九次全国助残日活动实施方案》的通知，成立活动领导小组，政府副县长姜治强任组长，县委常委、政府副县长沈光银出席启动仪式，为残疾人发放图书，鼓励残疾人走出家门，参与活动，融入社会。会同县卫健委、教体局、文旅局等14个县残工委成员单位开展“全国助残日”宣传服务一条街活动。易贡茶场和10个乡（镇）走村入户、深入田间地头，集中座谈宣讲，开展助残慰问和政策宣传活动。购买藏汉双语《中国共产党》《习近平谈治国理政》等书籍280册，制作“中央、自治区领导关于残疾人事业论述”“按比例安排残疾人就业制度介绍”和助残惠残政策介绍3个宣传展板，公示2014年至2016年271万元残疾人就业保障金的征缴情况，制作600份波密县残疾人政策宣传折页。组织40名残疾人走进波密县委红楼，重温革命历史；观看爱国主义红色电影《红河谷》；向重度残疾人、建档立卡残疾人和散居特困残疾人送去515个电热水壶；县委常委、政府副县长沈光银和县气象局、消防大队、森警中队，分别捐赠1000元、1400元、1350元和1758.5元的助残资金。

【残疾人社会保障】 波密县初步建成以基本保险缴费补贴为基础，以残疾人“两项”补贴为主干，以低保救助和特困救助为补充的残疾人社会保障体系。将家庭收入低于城乡最低保障标准的68名残疾人纳入低保和符合特困供养救助标准的112名残疾人纳入特困；按照应补尽补、全面覆盖、政策衔接的原则，全面落实残疾人“两项补贴”制度，共为1240名困难残疾人发放生活补贴148.8万元，为393名重度残疾人发放护理补贴94.32万元。波密县持证残疾人100元的最低标准养老保险费均由人社部门代缴，共惠及675人；波密县所有农村残疾人20元的农牧民合作医疗个人缴费均由县政府代缴，共惠及1225人。贫困残疾人家庭无障碍改造补贴20人7万元；残疾人机动轮椅车燃油补贴96人3.648万元；脑瘫、肢体残疾儿童康复训练补贴3人3.72万元。

（刘鑫）

【领导名录】

理事长

次仁央宗（女，藏族）

2019年5月19日，波密县委常委、政府副县长沈光银（前排中）出席波密县第二十九次全国助残日活动启动仪式暨文化进残疾人家庭图书发放仪式

援藏工作

广州市援藏波密工作组

广州市援藏波密工作组

【概况】 2019年6月29日至7月1日，第八批援藏工作队波密工作组和第九批援藏工作队波密工作组完成人员轮换、资料交接工作。第八批、第九批援藏工作组按照广东省委、省政府“民生援藏为龙头，智力和产业援藏为两翼”的援藏工作要求和“两主四协助”援藏工作思路，立足波密实际，从民生改善、脱贫攻坚、基础教育、医疗卫生等工作短板发力，扎实开展各项援藏工作，助力“五个波密”稳步推进。

【项目监管】 按照《广东省“十三五”对口支援西藏林芝经济社会发展规划》和《波密县政府投资项目管理办法》严格项目管理。援藏“十三五”规划共安排波密规划内资金21057万元，完成2016年至2019年度投资计划，完成投资17047万元。规划外自筹自支广州市本级财政投资2000万元，规划内、外项目全部建设完成投入使用。完成2019年度统筹规划内投资3668万元及2019年度规划外自筹自支广州市本级财政投资500万元。共建设援建项目2大类9项，其中农牧区基础设施项目5个，分别为波密县小康村和波密县县城沿江路北面、扎木路民俗化和基础设施改造工程；社会事业项目4个，为波密县医疗急救体系建设项目、波密县八盖乡、康玉乡卫生院建设项目、波密县医疗远程会诊系统建设项目和波密县中小学及幼儿园视频监控系统建设项目。

【民生改善】 教育方面。协助丰富教学形式。积极协调广州大学党委副书记张强和广州大学附属中学校长邓云洲在波密县中学开展首届数学文化节，县中学1300名学生和90名教师参与。积极促进开展“易美课堂”广州·波密“互联网＋美育”展示交流活动。积极搭建新型教学平台。协调广州市教育局向波密县教育局

2019年7月1日，波密县欢送第八批援藏工作组暨迎接第九批援藏工作组

捐赠120万元，用于学生澡堂维修、教育教学设施改善和波密县中学录播平台建设；广州星海智慧家庭系统集成有限公司向波密县教育局捐赠价值50万元的智慧课堂软硬件设备。持续强化师资力量。协调落实广州大学第四期、第五期波密支教生18人赴波密开展支教工作。协调广州对口帮扶西藏波密小学教师培训班在波密县小学开班，由广州市教师培训学院7名资深教师通过讲座、示范课等方式，累计向波密县11所小学98名教师讲授示范课17节。医疗方面。加强医护人员双向交流交往。3月，由广州市第一人民医院胃肠疝和腹壁外科医生钟俊斌、心内科医生李维杰、泌尿外科医生谢程国、麻醉科医生卢呈祥、护理部杨英组成的第六批援藏医疗队到波密开展为期一年的医疗援助工作。医疗队以提升本地医务人员业务能力为抓手，积极开展心电图、关节置换专项护理、PICC等专项培训，培训本地医生328人次，医疗门诊3274人次，开展手术22人次。协调落实广州市中医院启动对口援建波密县藏医院工作，签订对口帮扶协议，落实派驻援藏医生。加强医护人员双向交流交往，协助推进波密县人民医院“二级甲等”医院创建工作，组织波密县人民医院各科室骨干人员赴广州市参观培训学习，并协调广州市卫健委组织有关专家来波密县人民医院指导“创二甲”工作。积极开展支医助医活动。第六批援藏医疗队安排10名医生开展针对性援助工作，累计开展免费下乡义诊活动9次，免费为群众送去药物20种，价值1万元，诊治群众1000人；协调北京力生心血管健康基金会向波密县卫健委捐赠药品价值40万元。

【对接帮扶】 积极协调广州市番禺区就提升波密县消防救援队伍应对全灾种救援能力进行培训，协调“深圳公益救援

2019年10月11日，广东悠游道为多吉乡、康玉乡小学捐款

队”为波密消防救援队配置30万元山岳救援装备。协调广州市增城区人大常委会赴波密县开展对口支援帮扶康玉乡工作，广州东承集团向康玉乡捐赠23万元扶贫发展资金。协调番禺区人大常委会、番禺区石壁街支持20万元用于改善沙玛村27户90人的饮用水，项目已完工，并投入使用。协调落实广州10个区对口帮扶波密10个乡镇，落实帮扶资金1200万元，支持波密各乡镇改善群众和干部生活工作条件、完善基础设施建设、发展“造血”产业、改善医疗教育水平、提升党建能力。协调广州市检察院对口帮扶波密县检察院、广州市旅游局对口帮扶波密文旅局，落实帮扶资金75万元。协调广州市旅游局支持推动波密县旅游产业发展，协助波密推动米堆景区和革命红楼创A工作，11月扎木中心县委红楼被评为全区首个红色旅游类国家AAAA级旅游景区、米堆冰川被评为国家AAAA级旅游景区。

【拓展交流渠道】　充分利用广东东西部扶贫协作产品交易市场，协助波密县参加2019广东21世纪海上丝绸之路国际博览会、第27届广州博览会。第27届广州博览会92个国家和地区、60个省或城市代表团参展，波密县首次实现“一展”“一会”在广州会合，展示易贡茶叶、波密天麻、藏核松茸、青稞酒等。

【党的建设】　为确保广州援藏工作高标准、高质量推进，援藏工作组始终把思想建设摆在首位，充分利用波密本地红色资源，开展“不忘初心、牢记使命”重走长征路（线上）公益健步行活动。协同波密县委谋划扎木镇达兴村党员群众集中学习党的十九届四中全会精神，并在中央电视台《新闻联播》“不忘初心、牢记使命”主题教育专题进行播出。组织工作组全体党员参观波密“扎木中心县委红楼”、武警交通某部军史馆。积极探索工作模式，开展了六期“高原会客厅”交流会，邀请波密党政领导、企业家代表、种植专业户共同座谈，交流发展思路。依托318国道旅游景观大道，打造林芝东大门“大爱318·波密正芳华”党建文旅品牌。

（吴万祥）

【领导名录】

县委常务副书记，广东省第八批援藏工作队波密工作组组长

李锋（7月离任）

县委常务副书记，广东省第九批援藏工作队波密工作组组长

邹勇刚（7月任职）

县委副书记、常务副县长、广东省第八批援藏工作队波密工作组副组长

李伟成（7月离任）

县委副书记、常务副县长、广东省第九批援藏工作队波密工作组副组长

钟泳薪（7月任职）

县发改委副主任，广东省第八批援藏工作队波密工作组成员

付新河（7月离任）

县发改委副主任，广东省第九批援藏工作队波密工作组成员

庄斌（7月任职）

扎木镇党委副书记、常务副镇长，广东省第八批援藏工作队波密工作组成员

朱思敏（7月离任）

县卫健委副主任，广东省第九批援藏工作队波密工作组成员

陈恩宽（7月任职）

县教育局副局长，广东省第八批援藏工作队波密工作组成员

林先东（7月离任）

县教育局副局长，广东省第九批援藏工作队波密工作组成员

麦剑文（7月任职）

县住建局副局长，广东省第八批援藏工作队波密工作组成员

杨帆（7月离任）

县住建局副局长，广东省第九批援藏工作队波密工作组成员

姚灵林（8月任职）

县农业农村局副局长，广东省第八批援藏工作队波密工作组成员

周泉鹤（7月离任）

县农业农村局副局长，广东省第九批援藏工作队波密工作组成员

丘永光（7月任职）

军事

波密县人民武装部

78536 部队

武警第二机动总队某支队

77550 部队

武警林芝支队执勤一大队

波密县人民武装部

【概况】 2019年，深入学习贯彻习近平新时代中国特色社会主义思想和习近平强军思想，着力举旗铸魂、聚力备战转型、强力正规严矩、奋力开新图强，思想政治、干部队伍、军事训练和国防动员等各项工作有效落实，全面建设迈上新台阶。

【思想政治建设】 深入学习宣传贯彻中共十九大精神，深刻学习领会习近平系列重要讲话精神，扎实开展“传承红色基因、担当强军重任活动”和“不忘初心、牢记使命”主题教育，加强“强信念、明是非，守法纪、树形象”党纪教育，加强专武干部和民兵思想政治教育，以“易贡将军楼”“扎木中心县委红楼”等红色资源为载体，配合开展全民国防教育。

【党委班子和干部队伍建设】 认真贯彻《党委工作条列》，按照“十六字”原则，加强民主集中制建设，加强党委班子能力建设和先进性建设，配齐缺编干部，干部队伍得到加强。开展干部事业心责任感教育、宗旨教育和政治纪律、组织纪律、人事纪律教育，大力加强党风廉政建设，班子建设不断提升巩固。

【战备训练工作和遂行非作战任务能力】 坚决贯彻习近平强军思想，狠抓战备制度落实，扎实开展战备工作，不断提高战备水平。组织15名基干民兵，参加军分区举办的群众性练兵比武活动，取得个人单科第一名1人、第二名1人、第三名3人的成绩。

【兵员征集和国防动员】 2019年，按照林芝市人民政府、林芝军分区征兵命令，高标准完成新兵征兵任务，年满18周岁男性公民，兵役登记率100%，未出现退兵情况，未发现任何征兵“微腐败”问题，实现了部队、家庭、社会反映良好。

【官兵政治教育】 2019年，认真学习贯彻《习近平关于“不忘初心、牢记使命”重要论述选编》《习近平新时代中国特色社会主义思想学习纲要》《习近平强军思想学习纲要》《军委主席负责制学习读本》等著作，坚决落实党对军队绝对领导的根本原则和制度，坚决贯彻执行军委主席负责制，进一步增强官兵“四个意识”、坚定“四个自信”、做到“两个维护”。

【民兵政治教育】 始终把思想政治建设作为民兵建设的首要任务，结合民兵整组抓好民兵基层党组织建设；开展主题教

2019年12月18日，波密县召开“精武民兵”群众性练兵比武活动表彰奖励大会

育、形势战备教育、国防教育和法纪教育等活动，宣讲习近平关于国防和军队建设的重要论述，党的民族宗教政策、民兵的性质宗旨及光荣传统，持续用党的最新理论统一民兵思想，坚定政治信仰，强化政治自觉，筑牢政治根基。

【国防教育】 根据县委、县政府统一安排部署，及时成立国防教育领导小组，按照职能分工，以专武干部、民兵、学生为重点对象，利用民兵整组、征兵宣传、学生军训等时机，加强对《中华人民共和国国防法》《中华人民共和国兵役法》《中华人民共和国国防动员法》，以及党的路线、方针、政策和习主席重要讲话精神等的宣传力度；发扬老西藏精神、墨脱精神等优良传统，人武系统和驻地群众国防意识不断增强，不断巩固护党拥军爱民的良好局面。

【部队安全稳定】 常态开展官兵安全常识教育，提高安全意识；抓好等重点课目安全风险评估，训练安全得到保证；严格落实安全形势分析，查找不足，制定措施，及时堵塞安全漏洞；严格组织安全除患排查，不断巩固安全发展基础，实现“四个秩序”正规，健康向上发展。

【后装保障工作】 始终强化“为战”服务意识，坚持科学管理，严格落实财经法制制度，坚持按标准制度办事、按规定程序办事；狠抓经费物资管理，严格执行2019年度经费预算，科学调剂官兵伙食，添置部分文体活动设施，营造拴心留人的环境，圆满完成各项保障任务。

【扶贫助学活动】 开展帮扶脱贫活动，针对多吉乡小学存在的课桌板凳损坏、学校电线老化、饭堂热水管道损坏、教学教具缺失等困难，投入10万元对多吉乡小学进行扶贫帮困，为打赢脱贫攻坚战添砖加瓦。

【学雷锋、送温暖活动】 利用3月5日学雷锋日为契机，组织人武部干部、职工到民政局敬老院开展义务劳动和慰问活动，进一步密切军地关系，加深军民团结。

（尹勇）

78536部队

【概况】 2019年，以习近平新时代中国特色社会主义思想和习近平强军思想为指导，紧紧围绕党在新形势下的强军目标，举旗铸魂固根本，忠诚使命谋打赢，深化内涵强保障，以上率下严作风，从严治军保稳定，圆满完成了以练兵备战为中心的各项任务，部队全面建设呈现稳步推进、高效发展的良好态势。

【思想政治建设】 深入学习贯彻习近平新时代中国特色社会主义思想特别是习近平强军思想，统筹抓好“不忘初心、牢记使命”主题教育，按照“大课”加“辅课”的方式，严密组织各专题教育。统筹抓好理想信念、党史军史、形势政策等各项教育，不断激发官兵矢志强军豪情。

【部队建设与管理】 坚持依法治军、从严治军，常态开展条令条例学习活动、安全重难点问题专项整治和百日安全竞赛，确保官兵思想安全防线时刻绷紧。从严落实“月上一课、周看一片”法治教育，官

2019 年 7 月 1 日，波密县中国人民解放军驻地部队与波密县公安局开展共建活动

兵安全防范意识不断增强。狠抓部队安全管控，定期研形势、常态抓督查、实名发通报，部队始终保持安全稳定良好态势。

【备战训练】　坚决贯彻习近平主席“能打仗、打胜仗”指示要求，深入开展“和平积弊大起底大扫除”活动，拉单列表清除官兵思想深处“和平兵”“太平官”思想。立足自身抓好驾驶员、炊事员等专业人才培养，为圆满完成各项任务提供坚强保证。

【应急保障】　针对泥石流、雪崩等自然灾害，常态化抓好临时供应站开设训练，做好应急保障准备。

武警第二机动总队某支队

【概况】　2018 年 1 月 1 日，按照整编命令，以原交通二、四支队和交通一总队机关一部调整整编组建而成，主要负责道路养护畅通，以及重特大自然灾害、事故灾难专业抢险救援等任务。

【思想引领】　坚持思想引领教育先行，深入学习习近平新时代中国特色社会主义思想和习近平强军思想，按照“三个纳入、一个突出”总体思路，结合“不忘初心、牢记使命”主题教育，建立“每日自学、每周领学、每月研学、常态督学”的抓学机制，推进“双百”微课备课试讲，用好用活“书记讲堂”“五微活动”“红肩章”宣讲队、学习强国、军职在线等载体平台。以“传承红色基因、担当强军重任”主题教育为主线，统筹推进“牢记训词、践行使命”专题教育和形势政策、职责使命、优良传统等经常性教育。在抓好“大课辅导、小课串讲”的基础上，抓实“五个载体”和经常性教育“十二讲”等配套活动，不断提升教育的时代性感召力。常态落实“三互”“双四一”“三知一送”，制定防治措施，扎实开展思想隐患大排查、“涉网行为大家谈”活动和“四反”专题教育，邀请专家授课辅导，进一步筑牢官兵思想防线。以新时代“卫士风采”群众性文化活动为牵引，大力倡导“不畏艰难险阻、不怕流血牺牲、建功雪域天路、锻造交通劲旅”的支队战斗精神，常态组织“五红”活动，打造特色“一队一品”，使官兵在激励引导、感染熏陶中赓续传统、提纯思想、熔铸担当。加强对外宣传报道，在央视、《解放军报》《武警报》新华社等媒体刊发新闻 200 篇，有力展示了部队形象、激励了官兵斗志。

【练兵备战】 以“四个立起来”为指向，聚焦主责主业，始终把备战打仗作为一切工作的重心，持续锤炼部队核心胜战能力。深入分析研究新使命新任务，做足做实行动准备。立足应对重大自然灾害条件下行动保障等困难复杂局面，实地调研，科学预判任务类型、客观评估作战能力、前瞻预备装备兵力，确保紧要关头“用而有备、临阵不慌”。坚持抓机关带部队、抓教头强队伍，组织基础体能及参谋业务培训，利用集训轮训、外送培训、比武竞赛等载体，培养人才；立足养护保通任务平台常态开展岗位练兵，分5批次组织交通分队前出“两线”驻点及专业训练场驻训，开展推、挖、装、运、吊及桥梁架设、隧道抢通等专业科目训练，修订预案，落实配装，强化指挥流程训练，始终保持良好战备状态。4月墨脱县发生6.3级地震，支队迅速启动应急响应机制，派出先遣组实地勘察灾情，及时做好人员抽组、装备检修、物资装载、临战训练等任务准备，有效检验了应急战备水平。

【抢险保通】 紧盯养护保通这个常态任务，突出抓好病害预防处置、交通安全设施维护、路容路貌治理和大中修工程实施，全力保障战略要道、生命通道安全畅通。积极推进自动化公路养护管理系统论证，创新改装边沟开挖异形挖斗、边坡补料传输装置、涵洞清理钻头、轻便式钢架桥辅助运输车等设备50台（套），有效提升了养护工作效率。累计巡察道路14万公里，修补破损路面8万平方、边坡上料68万立方米、维护交通安全设施7000块、整治安全隐患157处，道路通行质量明显改善；清理塌方、泥石流、积雪90万立方米，维护桥涵3400座（次）、安防设施1万处（次）、建设标规路840公里，圆满完成道路抢险保通任务177次，解救疏散受困群众3.6万人、车辆1.3万台。

2019年5月28日，波密县武警第二机动总队政治工作部主任王耀斌（中）到支队定点帮扶村古乡巴卡村检查指导帮扶工作

【部队管理】 持续开展“条令年”活动，坚持党委作表率、机关当样板，常态抓好集合站队、歌声呼号、军容着装、礼节礼貌、操课办公等日常规范，分类组织正规化建设试点、推广工作，全面规范基层“四个秩序”。积极发挥“三委联动，纪委监督”工作机制，压实安全责任，加大督导检查力度，确保基层不因散远而失管失控。坚持以“八个规范”为抓手，深入分析季节性、阶段性安全形势，突出抓好“百日安全”和“治违法、严纪律”专项整顿活动，强化源头防范、风险评估和隐患排查治理，拉单列表、挂账销

号，形成有效“闭合回路”。

【后勤保障】坚持以保中心、保一线、保基层为重点，努力提高综合保障效能。坚持任务牵引，加快推进“一组五队”编携配装落实，调整优化编组配置，强化后勤专业兵“一专多能、一兵多用”训练，培训专业人才283人，制定完善财经、车辆、装备、给养、油料、就医等方面管理规范，集中组织人员进行业务培训，推动后装保障规范化运行。坚持把服务基层、服务官兵体现在保障工作全过程全方位，高度关注高原官兵住宿、吃水、用电、吸氧、取暖、如厕等实际困难，投入917万元，有序推进“10件实事”落实，完成“五难”问题治理项目15个，尽力改善官兵工作生活条件。主动与三省驻地11家军地医院建立官兵就医绿色通道，足量配齐常用及高原特需药品，依托医院流动体检车为全线官兵健康体检，提升官兵的幸福感、获得感。

【精准扶贫】主动参与打赢高原边疆、民族地区脱贫攻坚战。探索运用“筑路架桥、帮困助学、送医巡诊、支部共建”四位一体扶贫模式，精准帮扶波密县古乡巴卡村、阿里孔繁森小学和古乡武警爱民小学，辐射帮助沿线村镇、学校，多措并举、多点开花助力边疆地区脱贫奔小康。2019年，投入80万元，为巴卡村整修道路、巡诊送药，为武警爱民小学捐赠电教设备、文体用品、御寒校服，组织孔繁森小学10名孤儿赴京参观见学，资助叶城柯克亚乡、古乡巴卡村9名贫困大学生完成学业，被武警部队推荐参评“全国脱贫攻坚组织创新奖”。

（张龙）

2019年8月1日，波密县武警第二机动总队某支部帮助古乡松绕村开辟应急道路后与村民合影留念

77550部队

【概况】2019年，77550部队始终贯穿“不忘初心，牢记使命”主题，多措并举开展各类活动，着力提高军事技能，强化责任，砥砺使命，为建设一支“听党指挥、能打胜仗、作风优良”的人民军队而不懈奋斗。

【军事训练】召开2019年开训动员大会。对匍匐拳、格斗术、盾棍术、队列等课目进行演示比拼，2月组织开展营门防卫演练。提高了官兵的处突能力和安全意识。3月组织官兵对战场救护、战地野炊等课目进行演练。5月开展三月份量化考核。本着着力提高官兵各项素质的原则，组织官兵对五公里、政治理论等科目进行考核。12月，军区年终军事训练考核组一行到77550部队开展军事训练考核工作。

2019 年 5 月 27 日，波密县人大常委会主任马海蕴（后排中）出席武警第二机动总队某支队在古乡武警爱民小学举行的捐赠仪式

【政治生活】 为切实做好 2019 年度报考军队院校士兵选拔工作，3 月组织学员文化摸底考试。为进一步加强党员人才队伍建设，7 月开展 2019 年度入党积极分子培训工作。严格依据党员发展流程，进行动员、授课、教育、学习等工作。制定详细的学习计划，从入党积极分子的德、才、思、修以及党性等方面进行详细的考察，扎实打牢了党员队伍的新生力量基础。7 月开展新党员入党仪式，进行新党员宣誓活动，重温入伍初心，坚定了广大党员听党话、跟党走的政治信念。10 月组织开展“当传人、讲担当、抓实战、练打赢”为主题的知识竞赛。

【军民一体】 春节前，波密县县委书记朱正辉一行莅临 77550 部队进行节日慰问。2019 年，77550 部队 5 次前往敬老院开展帮扶活动，大力开展义务送诊、脱贫致富、养殖培训等活动，全力配合打赢脱贫攻坚战。

（赵玉强）

武警林芝支队执勤一大队

【概况】 武警林芝支队执勤一大队党委在支队党委的正确领导下，以改革强军为牵引，紧紧围绕新形势下的强军目标，突出学习贯彻习近平政治建军、改革强军、依法治军三大战略思想和“四个扎实”要求，着力强化政治建设、提高打仗能力、依法从严治军、打牢基础、完善基础设施，按照“听党指挥、能打胜仗、作风优良”的要求，着眼“两个走在前列”要求，认真分析中队建设形势，统一思想，提高认识，狠抓以提升执勤处突能力为中心的各项任务，圆满完成城市武装巡逻、武装追捕抓捕等任务。

【思想政治建设】 武警林芝支队执勤一大队党委始终着眼提高自身能力素质、务实工作作风，建设根据年度学习计划，以学习习近平主席系列讲话精神为主，扎实开展“不忘初心、牢记使命主题教育”学习教育活动。深入学习党的十九大和十九届一中、二中、三中、四中全会精神，以《党支部工作条例》为抓手，突出组织生活和党课教育时间开展集中学习，党员每月撰写一篇思想汇报、每季度进行一次总结剖析。始终坚持一家人思想干工作，一条船的意识担风险，生活中相互关心、工作中相互配合、事业上相互支持，做到分工不分家，进一步纯正内部风气、提升工作效率。

【扶助群众】 结合大队实际积极开展先进警营文化活动，组织所属中队官兵积极参加县委政府举办的文化活动，使自编自排的节目在反映部队官兵生活的基础上，进一步拉近人民群众与人民子弟兵的情亲，同时也展示出武警官兵威武之师的一面。让官兵在有限的空间里，最大限度的汲取精神营养，打造符合新时代气息的警营，锻造新一代高素质的革命军人。

【军事训练】 武警林芝支队执勤一大队狠抓军事训练、勤务管控和战备工作，牢固树立“训练有为、训练有功、训练有位”的鲜明导向，以岗位练兵活动为契机，突出抓好各项军事科目训练。加大勤务管控，结合工作实际，重点加大单兵处置突发事件的能力；全力做好战备执勤工作，及时修订各类方案预案并加大了针对性的演练，使全体官兵牢固树立“危险就在身边、战斗随时打响”的忧患意识和使命意识。

【部队管理】 大队党委和各中队党支部严格落实条令条例和各项法规制度，从严管控部队，始终坚持依法从严治军，以战斗力为标准，以纪律建设为核心，以人员管理为重点，以保家卫国为己任。建立了良好的内外关系，各项秩序正规，官兵组织纪律性强，作风优良，装备器材完好率较高。官兵都能遵纪守法，确保了执勤、训练、战备等各项任务的圆满完成部队内部始终保持了高度稳定和集中统一。

【精细化管理】 始终坚持标准意识，部队正规化建设水平显著提升。在日常训练中以正“三象”，为抓手狠抓官兵形象气质，以扬“三声”治“三乱”“纠治官兵日常养成”，正规生活制度。结合官兵思想特点，大队注重抓住形势政策、家庭情况婚姻变化、利益前途和季节变化等时机进行安全分析，做到防患于未然。结合安全隐患大排查和百日安全竞赛活动，按照“三有三责”要求查找安全隐患，进一步营造一个和谐安全健康的内部氛围。

2019 年 2 月 12 日，在波密县城，联合公安部门开展军警联动行动

【后勤保障】 坚持把保中心与保生活作为工作的重点，着力加强后勤规范化建设，不断提高后勤综合保障能力。坚持规范管理，落实各项制度规定，制定后勤应急预案，确保后勤保障快速到位；在人员的培训上，坚持“引进来、走出去”的路子，进一步提升后勤保障人员的技能。

（张盟）

应急管理

波密县应急管理局

波密县消防救援大队

波密县森林消防中队

2020 BOMI YEARBOOK

波密县应急管理局

【概况】 2019年，波密县应急管理局在市委、市政府及县委、县政府的正确领导下，在市应急管理局的指导和各级有关部门的大力支持下，坚持以防为主、防抗救结合，坚持常态减灾和非常态救灾相统一，努力实现从注重灾后救助向注重灾前预防转变，从应对单一灾种向综合减灾转变，从减少灾害损失向减轻灾害风险转变，提高县应急管理水平和防灾减灾救灾能力，防范化解重特大安全风险。牢固树立安全发展理念，坚持以人为本，生命至上，把确保人民群众生命安全放在首位，加强应急预案演练，增强全民防灾减灾意识，普及公众知识，提升自救互救技能，坚决遏制重特大安全事故，切实减少人员伤亡和财产损失。

【机构体制改革】 波密县应急局组建于2019年3月，为县人民政府工作部门，正科级建制。承担波密县应急管理和安全生产监管的职能职责，负责指导协调消防救援大队、森林消防中队，承担地质灾害防治、水旱灾害防治、森林草原防灭火、抗震救灾、民政救灾减灾等职能职责。波密县应急管理局行政编制4名，科级领导职数4名。现有人员10名。

【应急体系建设】 2019年，波密县应急管理局从强化预案管理、应急演练、应急值守等方面入手，全力构建应急管理体系。强化预案管理。坚持预防为主、关口前移原则，强化了危险化学品等企业应急救援能力建设，督导8家重点企业完成生产安全事故应急救援预案备案，强化应急演练。1月，组织消防技能集中培训，对各乡（镇）消防骨干、村居义务消防队进行火灾扑灭现场教学培训，投入资金6万余元。“119·消防宣传日”组织开展综合性消防演练，2019年组织各类演练6次，消防救援大队组织开展熟悉演练92次，实战演练60次，7家危化品企业严格落实企业主体责任，按照至少一季度举行一次应急演练的要求开展应急演练工作，进一步提升了应急处突指挥能力、协调配合能力和快速反应能力。强化应急值守。在落实重要时段全员在岗应急值守制度和24小时领导带班制度的基础上，构建重点部门协调联动预警研判机制，对县城内4家加油站派驻安全监管员，及时完善加油站安全监督制度。网格化防灾减灾体系。完善更

2019年5月14日，波密县应急管理局组织召开国务院安委会2018年度省级政府安全生产和消防工作现场考核巡查工作座谈会，县委副书记、县长边巴（前排右三），县委常委、副县长沈光银（前排左三）出席会议并发言

新了波密县防震减灾宏观观测员、助理员、灾情速报员人员信息、发挥网格化管理优势，建成全域覆盖、资源整合、上下联动、运行高效的基层网格化工作体系，筑牢基层减灾防灾第一防线。

【应急救援队伍建设】 开展应急救援力量调查摸底，全面掌握波密县应急力量构成和现状，共有2支救援队伍分别是波密县消防救援大队、波密县森防中队，实际队员75人，车辆22台，装备20类。

【安全事故及责任查处】 2019年，波密县未发生生产安全事故，无人员伤亡，无经济财产损失，波密县安全生产形势保持平稳。

【重点行业领域安全专项整治】 2019年，以专项整治为抓手，开展重点行业领域安全生产专项排查整治工作。道路交通方面。开展道路交通专项检查40次，排查一般安全隐患60处，完成整改60处，整改率100%。开展专项整治行动13次，检查过往“两客一危”车辆2000辆，更新登记造册14辆，10辆危化品运输车辆，4辆客运车辆。开展道路交通安全宣传22次，发放宣传资料15000份，发放安全提示卡7000张，提醒过往司乘人员5000人。危化品监管方面。开展危化品领域安全专项检查36次，检查生产经营单位123家，排查一般安全隐患146处，完成整改146处，整改率100%，责令停业整改1家。建筑施工安全方面。开展建筑施工专项检查检查6次，抽查93次，排查一般安全隐患73处，完成整改73处，下发责令限期整改指令通知书73份，罚款1.3万元。开展旅游安全隐患检查12次，检查旅游景区、酒店46家，排查一般安全隐患36处，完成整改36处，整改率100%。校园安全方面。开展校园安全大检查19次，发现问题42处，整改42处，整改率100%。

【全力抓好安全生产工作】 2019年，波密县委、县政府把安全生产工作作为维护社会稳定、保障和改善民生的重要抓手，纳入年度重点工作进行部署安排。召开5次县委常委会议，2次政府党组会议，4次安全生产季度会议深入学习贯彻落实习近平总书记关于安全生产和应急管理的重要论述，分析研判波密县安全生产形势，研究部署波密县各阶段安全生产工作。10个乡（镇）都已成立安全生产委员会工作领导小组，由乡（镇）长担任安委会主任，建立安全生产台

2019年10月9日，波密县应急管理局党支部对倾多镇德吉村5户贫困户开展“四对一”帮扶活动

账，与各乡（镇）、各成员单位签订安全生产目标管理责任书50份，确保各项工作任务担子上肩、责任到人。广泛宣传，提高全民安全意识。开展“5·12”防灾减灾知识集中宣传咨询、“安全生产月、安全生产波密行”，“119”消防宣传日，安全生产法宣传周等活动，发放安全生产知识宣传材料5100份，出动消防车5辆，制作宣传展板16块，悬挂横幅10幅，受教育群众1200人。

【国务院安全生产督导考核】2019年5月，国务院安委会2018年度省级政府安全生产和消防工作现场考核巡查组莅临波密县检查指导工作，考核巡查组反馈2项具体问题，针对反馈问题，波密县逐条逐项建立整改清单，明确责任单位、责任人、整改标准、工作措施和完成时限，对整改效果进行全面核查，确保问题隐患按期整改到位，并及时将整改落实情况报送至林芝市安全生产委员会办公室。

【党建工作】坚持党要管党，全面从严治党，坚持思想建党，理论强党，以政治建设为中心，坚持“两个责任”“一岗双责”，强化党建目标责任制，全面将党的建设引向深入。强化政治教育和意识形态引领，继续深化“两学一做”“四讲四爱”主题教育，结合“不忘初心、牢记使命”主题教育，将“学习教育、调查研究、检视问题、整改落实”贯彻主题教育全过程，开展以党章党规及《习近平关于“不忘初心、牢记使命”重要论述摘编》为重要内容的集中学习和自学活动，充分运用“学习强国APP”等重要媒体丰富自学内容，全面打造思想政治过硬的基层党支部，让政治教育更加深入人心。严格政治生活，坚决执行“三会一课”“谈心谈话”等制度，累计开展集中学习40次，组织生活会1次，民主生活会1次，党员主题活动10次，谈心谈话19人次，书记讲党课4次；密切干群血肉联系，积极开展慰问驻村干部活动，为驻村工作队送去1000元慰问金及价值400元的慰问品；开展“党员领导干部结对认亲交朋友”活动，为5个家庭困难户送去慰问金2000元及价值1400元的慰问品；结合“不忘初心、牢记使命”主题教育，积极开展志愿服务解民难活动，为德吉村村民旺修实施医疗救助，捐献救助资金1000元。

（闫旭超、张鑫）

【领导名录】

安全生产监督管理局局长

陈东（3月离任）

安全生产监督管理局副局长

德庆（女，藏族，3月离任）

应急管理局局长

陈东（3月任职）

应急管理局副局长

德庆（女，藏族，3月任职）

波密县消防救援大队

【概况】波密县消防救援大队有指挥员6人，消防员27人。有执勤车辆6辆（1辆F150猛禽抢险救援车；2辆水罐消防车，2辆水罐泡沫车，1辆抢险救援车，总载水量19吨，总载泡沫4吨），行政车1辆，生活保障车1辆，各类装备器材1141件（套）。

【思想政治建设】波密县消防救援大队以习近平总书记训词精神为指导，不断增强“四个意识”，坚定“四个自信”做到“两个维护”。严格按照新出台的政治工作和党建工作新条例、新规范要求，严格落实“三重一大”事项上报审核机制，坚持党支部议事决策原则，不断强化党组织建设。严格按照林芝市消防救援支队2019年工作要点的通知要求，坚持每周1次政治学习，常态化开展思想教育引导，确保指导员思想正派、政治合格。大力开展“学训词、铸忠诚、创新业、立新功”主题教育，通过开展重温党章、重温入党入队誓词、观看红色电影、阅读红色书籍等方式，推动训词精神进思想、进决策、进工作。深入开展交心谈心工作。2019年，始终坚持常态化交心谈心工作，紧跟队员思想状况，按照“五个必谈”要求，开展一对一、面对面谈心，及时发现问题并采取有效措施解决，确保指导员思想健康、队伍安全稳定。

【应急救援】 严格按照“两严两准”要求，坚持纪律部队建设标准，从严抓落实，严格执行新颁布的消防队伍条令，落实一日生活制度，坚持每月召开队伍安全形势分析会，重点突出抓好“人、车、酒”及“八小时”外管理，确保队伍持续安全稳定。坚持支部议训抓训，严格要求，周密部署，做到从干部到队员自上而下全员参与练兵活动，坚持每月一考核一总结，实时跟进练兵工作的开展情况，对标训练标准，找出“困难科目”及“困难人员”，不断优化训练方法，确保训练有效。对县城69个市政消火栓进行全面排查与登记，及时更新辖区水源手册，对辖区重点单位修订和完善重点单位灭火应急预案47份，有效夯实了战训基础。严格按照《林芝市消防支队2019年全员岗位大练兵实施方案》的要求，每周开展熟悉演练，共开展社会单位六熟悉70家（次）、实战演练62家（次）。

【火灾防控】 以春夏火灾防控为抓手，开展各项专项整治行动，确保辖区火灾形势稳定。组织召开2019年度消防工作会议和“防风险保平安迎大庆”消防安全执法检查专项行动动员部署会，全面总结消防工作薄弱环节，县党政主要领导、分管领导亲自参与研究部署消防工作，有效推动了消防主体责任制落实。开展文物古建筑专项检查工作。先后深入辖区11座寺庙开展消防安全专项检查工作，开展多部门联合检查9次，督促整改火灾隐患40处，扎实推进春夏火灾防控工作，强力整治火灾隐患。大队依托春夏火灾防控系列工作扎实开展易燃易爆、电气火灾、“九小场所”等领域的火灾隐患专项治理，开展消防安全“零点夜查”行动38次，开展联合检查40次，联

2019年12月22日，波密县消防救援大队扑救一起火灾

合执法形成常态。大队共检查单位784家，发现火灾隐患477处，督促整改火灾隐患471处，下发责令改正通知书298份，行政处罚决定书8份，临时查封决定书1份，责令“三停”单位1家，罚款6.7万元，确保了辖区的消防安全稳定。积极开展消防知识宣传、消防安全培训工作48次，共发放宣传资料5千份，宣传张贴海报、宣传横幅300条。切实增强了辖区人民群众的消防安全意识，确保辖区火灾形势的持续平稳。

【后勤保障】 2019年争取业务经费60万元，积极同第八批援藏工作队进行沟通协调，争取援藏资金20万元用于购买山岳救援装备器材。新建队站已完成路面硬化、室内部分装修、红门书吧、供暖工程，后期开展队站窗户玻璃安装、红门影院建设等。

2019年，共出警3次，其中灭火救援1次，抢险救援2次，各类勤务工作23次，出动警力150人次，出动车辆31台次

（张珩）

波密县森林消防中队

【概况】 波密县森林消防中队主要担负波密县、墨脱县“一主两辅”应急救援任务，圆满完成20次灭火作战任务。被武警总部、森林指挥部评为“先进基层党组织”；2019年被总队表彰为“基层建设先进中队”；2019年，被森林消防局评为“基层建设标兵中队”，荣立集体“三等功”，党支部被总队评为“先进基层党组织”。

【思想政治建设】 波密县森林消防中队紧盯转制改革特殊政治要求，结合工作实际，灵活运用（“三互”“双四一”）等载体，做好解难题、统思想、树信心教育，积极探索“队伍、社会、家庭”三位一体管理模式，确保指战员思想安全稳定，认真开展“学训词、铸忠诚、创新业、立新功”主题教育，引导指战员持续“补钙”“提神”。积极推动“学习强国”入网学习，让“学习强国”成为制度。

【森林防火灭火】 定期进行战备教育。组织指战员学习战备规定并加强战备管理，树牢指战员“箭在弦上、引而待发”的临战观念。管好战备物资和装备。驾驶员每天对车辆进行启动，每周进行维修保养和50千米驾驶训练，不定时检查给养保质期，及时更换和补充战备给养食品，严格落实战备制度。中队结合人员调整和防区气候条件，每月组织召开专题会议，对防火形势详细的分析研究。定期对森林灭火、地震、山岳、水域等作战方案进行修订完善，每周不少于一次战备演练和装备维修保养，共开展防火宣传8次，驻地受教育人数3500人。对波密县重点林区进行林下可燃物清理，形成林区火灾有效阻隔带。

【队伍建设与管理】 抓管理防失控。结合每月按纲建队形式分析，认真研究队员现实思想；抓排查堵漏洞。研究制定安全工作大检查活动实施方案，细化问题分工，制作《安全工作大检查活动工作账单》，坚持每周五进行安全隐患排查，在消防员队伍建设方面，利用队务会、交班会等时机，对班长骨干进行教育帮带，坚持做到依法管理、文明

2019年12月31日，波密县副县长王勇（前排左三）出席波密县森林消防中队挂牌仪式

管理，发挥模范带头作用。

【党建工作】 通过召开支委会、消防员大会等形式，认真传达学习三级党委扩大会议精神，全面分析森林消防中队建设形势，广泛听取指战员意见，制定《按纲建队计划》。重学习强素质。以学习贯彻习近平总书记关于应急管理重要论述为重点，抓好上级党委扩大会议精神的学习贯彻，通过“不忘初心、牢记使命”主题教育，提高了支部“一班人”的理性思维能力和政治能力，确保各级党委首长的决策指示得到落实。健组织强助手。加强对两大群众组织的指导和培训，定期要求两大群众组织的带头人学习业务知识，调动他们参与中队建设的积极性。2019年发展党员7名。

【提高应急救援能力】 坚持支部议训。每月召开议训会议，分析训练中存在的问题和矛盾，着力解决制约训练的“瓶颈”问题，注重从干部、消防士入手，进一步加大训练力度，确保中队训练的整体发展。严格按纲施训。认真学习研究新大纲内容，明确教练员分工，建立个人训练档案，结合总队难点科目，重点抓好绳索救援技术、卫生与救护、破拆、顶撑等新科目训练。突出氛围营造。以“冬季大练兵”和新大纲训练为载体，坚持每周开展会操、每月开展考核，开设训练 “龙虎榜”，大力宣扬训练标兵和优秀教员典型，对训练突出、参加各类比武取得优异成绩的个人优先考虑入党、留队、培训，营造“训练有为、训练有乐、训练有功”的浓厚氛围。

【后勤保障】 严格落实各项制度。全面提高后勤保障能力。在经费管理使用上始终坚持支部当家理财，确保经费开支科学合理；伙食管理上严格“五项制度”落实，保证指战员吃得健康、吃得满意；加强后勤队伍建设。把训练素质好、服务意识强、群众普遍认可的消防员补充到后勤战线，从源头上选准配强，从方法上搞好帮带。加强对后勤人员的教育管理，采取补课跟队的形式，督促后勤人员与执勤哨兵一道补上教育课，确保思想上不滑坡。加强卫生防病工作。定期对营区进行消毒，每季度购置常用药品。

（刘根森）

法治

中共波密县委政法委（综治办）

波密县公安局

波密县人民检察院

波密县人民法院

波密县司法局

玉普一级公安检查站

波密监狱

波密县信访局

中共波密县委政法委（综治办）

【概况】 2019年，波密县委政法委始终坚持以习近平新时代中国特色社会主义思想为指引，贯彻落实新时代政法工作思想，聚焦主责、围绕中心、强化担当、实化措施，深入推进社会矛盾化解、社会治理创新和过硬政法队伍建设，全面提高了政法综治工作能力和水平，确保了波密县政治安全和社会稳定。

【机构改革】 中共波密县委员会政法委员会是县委领导政法工作的职能部门，为正科级。撤销综治办，将职责划转至政法委；增加防范和处理邪教工作职责。

【队伍建设】 2019年，波密县政法各部门不断加强队伍建设，采取以会代训方式，重点将新时代政法综治维稳理论、业务、实践技能、方法措施等内容，作为波密县政法干部能力提升“充电餐”，累计开展“政治建警”专题讲座20场次、1500人次，法治培训20场（次）、500人次；县级综治业务及“网格警务”专题集中培训1场次、40人次；各乡（镇）分区组织专项培训10场次、730人次。搭建自选活动载体，举办第三届“长安杯”运动会，为波密县各单位、驻地部队，提供“体育竞技＋强身健体＋学习交流”平台。

【法治建设】 切实发挥各行业部门联动优势，组建专班，完善机制，设立举报箱，充分发挥8个便民警务站、10个公安派出所、968个网格、各路面执勤点和144个视频监控等基层“护城河”“过滤网”作用，累计核查各类入藏人员13.249万人次，劝返无证人员18人，抓获公安部网上在逃人员14名，查获吸毒及运毒人员9起11人，扣留移交临控人员24名；教育引导安置帮教刑满释放人员、社区矫正人员、刑事重点人员。

【扫黑除恶】 2019年，累计开展扫黑除恶打非治乱行业领域乱象及线索排查928次，在县城内设置举报箱5个、乡村设置95个，实地专项线索核查8次，收集扫黑除恶专项斗争线索37条；破获恶势力犯罪团伙1起，逮捕3人，判刑3人，办理行政案件10起，行政拘留并罚款40人；移交纪检部门问题线索3件，立案1件、了结2件、党纪处罚2人、诫勉谈话1人、下发检察建议书2份、监察建议书2份、警示谈话2人。组建软弱涣散基层党组织整改专班，建立问题台账10个，制定整改措施44条，全部整改完成，调整村“两委”班子1名，制作下发85套“三会一课”藏汉教育视频，集中培训43名软弱涣散村班子成员。同时，成立中央第13督导组反馈问题整改及乱象整治专班，下设整改专项小组9个，逐项对整改内容定期销号；充实县扫黑办工作专班13人，结合第三波次线索摸排、“打财”“断血”专项斗争，逐项梳理、一案一档、一线一档，高标准做实中央扫黑除恶“回头看”督导检查工作。

【社会治安综合治理】 2019年，兑现双联户奖励资金48.87万元；组织开展矛盾纠纷排查1900次，排查纠纷48起，化解48起；开展各类安全隐患排查525次，发现隐患97处，整改97处；组织开展弱势群体帮扶慰问65次、204人；累计评选出县级平安乡（镇）10个、平安单位58

家、平安学校14所、平安村（居）85个、平安寺庙18座、医院13所，创建率均100%；评选平安家庭8210户，创评率为94.53%；创建市级平安乡（镇）8个、村（居）45个、单位22家、寺庙6座、校园5所、医院4家、家庭46户，2019年未发生危安案件、无群体性事件、无命案。

【普法宣传教育】 抓住综治宣传月、“4·15国家安全日”、宣传周等契机，宣讲深化平安创建、综治专项业务、“先进双联户”创建评选、反邪教及扫黑除恶专项斗争等应知应会内容，波密县累计集中宣传1070场次、覆盖3.9万余人次；发放宣传单及手册8.1万份、张贴宣传通告8500份、悬挂横幅2070条；各店铺、宾馆等累计粘贴各类横幅650条，各类车辆粘贴宣传标语100条。

【公正廉洁执法】 以维护社会公平正义为主线，深入践行党的群众路线，以化解涉法涉诉信访积案为抓手，深入推进执法监督长效机制建设，为服务波密率先发展、实现波密县新跨越，创造良好的法治环境，保障了执法公正廉洁。加强新形势下对涉法涉诉信访工作的指导，促进政法部门公正执法，探讨建立处理涉法涉诉信访问题经常性工作机制，制定了波密县政法委员会涉法涉诉信访工作联席会议制度。整合人大、纪检、信访办案力量，加大联合办案力度，推进涉法涉诉信访积案化解，进一步密切党群、干群关系，构建和谐波，建立了涉法涉诉信访工作督察员制度。

2019年，波密县基层政法专干业务暨“三化”工作培训班，开展政法工作业务培训，提高专干业务能力

【平安创建】 优化整合基层维稳力量，创建基层平安守护队，切实发挥平安守护队“四大员”（政策宣讲员、民意收集员、矛盾化解员、平安维护员）优势，累计发放各类维稳台账500本、维稳巡逻装备100套、巡逻4290次。切实发挥网格民警统领抓总优势，重点将包村干部、综治专干、村“两委”班子、第一书记、驻村工作队、驻寺干部、“双联户”户长、综治协管员、“两会一队”、四护队、党员等基层政法力量有机整合、发挥效能，累计制作台账40份、手册1000份，为民办事解忧340次、受益人员450人次。

【党建工作】 党支部聚焦年度党建工作目标任务，履职扛责、担当作为、精准施策。以“不忘初心、牢记使命”主题教育为契机，着力找准“学习+”融合平台，将采取唱红歌、参观县委中心红楼、集中研讨、便民服务、重温入党誓词等方式，立足政法党支部实际，细化学习计划1份，将习近平新时代中国特色社会主义思想、总书记治边稳藏重要论述和新时代政法思想作为政法支部补齐理论短板“充电餐”，累计组织各类学习12场次，支部书记讲党课1次，受教育人员100人次。总结和推广党建“121”工作思路，创新在虫草采集最前沿、帐篷点设置临时党支部，悬挂党旗、制作支部标识，将设卡党员民警推选为支部书记，累计建立虫草采集点临时党支部6个、推选支部书记6名、完善各类机制3项；组织临时党支部成员巡逻50次、300人次；组建党员应急处突力量150人；排查安全隐患3处、整改3处；矛盾纠纷1起、化解1起，服务农牧民群众120人次。

（吴光岩）

【领导名录】

县委常委、政法委书记、公安局局长

阿旺朗加（藏族）

政法委常务副书记

拉桑（藏族）

综治办主任

扎西多吉（藏族，4月离职）

政法委副书记

李荣金（瑶族，4月任职）

波密县公安局

【概况】 2019年，波密县公安局在县委、政府和市公安局党委的正确领导下，深入贯彻落实全区公安局（处）长会议和全市公安工作会议精神，对标公安厅党委和市局党委目标要求，坚持稳中求进工作总基调，紧扣“防风险、保平安、护发展”主线，全面推进波密县各项公安工作和队伍建设，全力维护社会政治大局稳定，有力保障了安全的政治环境、稳定的社会环境、公正的法治环境、优质的服务环境。

【公安队伍建设】 2019年，波密县公安局按照市局党委“全面加强政治建警、锻造过硬公安队伍”专项教育整顿活动部署要求，在波密县公安局范围深入开展专项教育整顿活动，按照阶段性工作安排，扎实开展了大学习、大培训、大教育、大讨论、大揭批、大调研活动，按照第三阶段部署要求，组织波密县公安局各部门和全体民辅警以自查自纠、部门普查、多方协查、召开专题民主生活会和组织生活会等形式，对标4个方面、23个问题深入开展问题查摆，高标准聚焦问题，高层次剖析问题、高质量整改问题；坚持把“全面加强政治建警、锻造过硬公安队伍”专项教育整顿第三阶段任务与全市公安机关纪律作风教育整顿活动有机结合，围绕纪律作风教育整顿8个方面问题，再次组织各级各部门、广大民辅警把在专项教育整顿活动中未涉及的问题一一找出，逐一进行点评，找准问题根源，对照落实整改，认真开展整改“回头看”，确保整改工作取得实效，通过专项教育整顿活动和纪律作风教育整顿活动的深入开展，全警能力素质明显提升、工作作风明显好转、违纪违法明显下降、政治生态明显改善。

【扫黑除恶】 2019年，波密县公安局党委亲抓部署、全面保障，坚持“高标准、严要求、快节奏、求实效”工作原则，多次组织召开专项斗争工作部署会、推进会、联席会，推动波密县公安局扫黑除恶打非治乱专项斗争不断向纵深发展。领导高度重视，反应行动迅速。工作中，专项斗争工作领导小组严格对照中央和区党委、政府扫黑除恶专项斗争工作要求，拟定2019年扫黑除恶专项斗争工作目标，充实专项专班警力，指导各乡（镇）派出所成立工作机构，制定下发《波密县扫黑除恶打非治乱专项斗争实施方案》，建立健全线索排查、信息报送、案件分流、案件会商等工作制度，主要领导组织召开扫黑除恶打非治乱专项斗争工作会议15次，保证了专项斗争有效实施和有序推进。协调检察院、法院、司法局等单位对执法办案民警进行业务培训，大力提升了基层办案民警执法办案能力和水平。广泛开展宣传，营造打击声势。把扫黑除恶专项斗争宣传融入业务工作，在新闻媒体刊发、在乡村社区、集贸市场、寺庙、重点场所大力张贴《关于开展扫黑除恶专项斗争的通知》《关于依法严厉打击黑恶势力违法犯罪的通告》《线索举报通告》《奖励制度》等，在人流密集区、重点领域、重点行业开展资料、图文、标语等宣传，新设举报箱38个，印发各类通告3200份，创新制作《波密县扫黑除恶打非治乱奖励藏汉双语公告》，面向波密县张贴、发放奖励机制3000份；波密县新增横幅标语1000条，喷漆标语125条，制作LED显示屏宣传标语57条，召开村“两委”班子成员座谈摸排会8次，组织扫黑除恶打非治乱专项斗争集中宣讲100次。紧密结合波密县开展的“网格警务”工作，逐户宣讲和走访摸排，面对面宣传，引导群众积极举报犯罪线索，发放宣传材料1万份。把握工作重点，出手重拳打击。针对扫黑除恶打击重点工作要求，波密县公检法、信访部门对的治安案件、职务犯罪案件、轻微刑事案件、经济纠纷案件、信访案件进行了全面排查梳理，其他扫黑除恶工作成员单位结合各自职责重点加强对旅游景区、油煤气区、车站、建筑工地、运输物流、农贸市场、学校医院等重点领域的摸排；基层各单位在摸排时坚持源头治理，对黑恶犯罪容易滋生的村组社区、商场市场、景区等重点区域开展了专项斗争宣传和重点整治，对摸排出的涉黑涉恶犯罪，采取高压态势，出手重拳，严厉打击，维护了社会的稳定和群众的权益。

2019年9月27日，波密县县委书记朱正辉（中）深入便民警务站检查指导工作

【执法规范化建设】 2019年，波密县公安局始终坚持以制度促规范、以管理促规范、以信息化促规范，不断提高执法质量、执法公信力和执法满意度。结合年初制定的学习方案，以集中学习和各部门自学形式深入开展了法律和业务学习，使广大民警法律知识和业务水平不断提升；组织各部门执法办案民警开展业务培训，组织执法办案部门民警每年在

特警大队集中开展一次“轮值轮训、战训合一”培训，增强培训实效，提高民警职业和法律素养；深化执法资格考试，积极组织民警参加基本级和高级执法资格考试，基本级考试合格率65%，高级未参考。

【社会治安治理】 2019年，波密县公安局坚持以打开路、打整结合、打防并举同时发力，对各类违法犯罪活动严查猛打，对各类治安隐患实施强力清查整治。深入开展“枪爆”专项及危险物品收缴工作。开展涉枪涉爆摸排、宣传和打击工作，走村入户鼓励群众主动上缴涉枪涉爆物品。深入开展“扫黄打非”专项行动。共出动警力200人次，车辆60台次。深入开展“三电”专项工作。共投入警力150人次，车辆53台次，检查废旧金属收购站83次，检查“三电”部门18次。深入开展集中打击食药环犯罪“昆仑”行动。重点对县城内超市、商店、农贸市场、诊所、药房、化妆品店等进行“地毯式”排查，波密县未发生食药环领域违法案件。深入开展“护校安园”专项行动。共出动警力267人次，车辆63台次，深入各学校开展安全隐患排查95次，发现各类安全隐患66处，当场整改隐患36处，限期整改隐患30处；深入14所学校开展法制宣传教育活动，开展法制讲座19次，悬挂横幅8条，发放宣传单1000份，未发生涉校案（事）件。加强出租房屋、流动人口管理。共检查出租房屋850间，排查外来人员4500人，发现居住证过期34人，督促未办理居住证85人；共受理居住证1274张，办理居住登记卡4562张。加强特种行业、娱乐场所管理。共检查特种行业、娱乐场所240家次，当场整改隐患72处，限期责令整改31处。加强了散装油料清查整治力度。共检查辖区个体户400家，施工工地15家，排查整改安全隐患13处。加强寄递物流业管理。共出动警力110人次，开展日常检查40次，发现各类隐患8处，当场整改隐患3处，责令限期整改5处。加强消防隐患排查整治。结合辖区实际，制定隐患排查整治方案，共出动警力250人次，车辆55台次，发现火灾隐患80处，督促整改火灾隐患80处，当场整改隐患46处，下发责令改正通知书34份。加强民爆物品安全监管。

【重大案件侦破】 2019年，按照上级公安机关统一安排部署，坚持“既要重视大案，又要重视小案”精神，针对“盗抢骗”违法犯罪突出实际，开展打击“盗抢骗”专项行动，立破“盗抢骗”案件3起。深入开展“三打击一整治”专项行动。破获盗窃案件3起，抓获犯罪嫌疑人3人，成功止付2起电信网络诈骗，涉及金额6100元。深入开展刑侦缉毒和“春铲秋禁”工作。共破获运输毒品案2起，抓获犯罪嫌疑人6人，铲除罂粟550株。集中返还涉案账款脏物。1月1日上午，在多东寺举行寺庙盗窃案返赃仪式，将2016年“11·25”寺庙盗窃案追回的价值31.7万元的文物返还8月16日上午，在公安局举行电信诈骗案返脏仪式，将2014年“12·23”电信诈骗案涉案资金48.61万元返还受害人。

【户政管理】 坚持把服务发展理念融入户政管理工作，争创群众满意窗口、争创优质服务品牌，户政大厅根据实际情况，延长工作时间，实行电话咨询、预约服务，精简办事流程，提升办事效率，努力做到一次审批、一次办结、让群众只跑一次，共签发居民身份证3635张。强化“三岩”搬迁群众服务管理。组织治安大队、户籍室深入6个安置点主动落实搬迁人员对接工作，完成搬迁群众的信息核对和一户一册建档工作。

【道路交通管理】 2019年，波密县公安局以“降事故、保安全、保畅通”“构建和谐交通、创建平安辖区”为目标，始终保持“严管、严查、严防”工作态势，强力推进道路交通安全管理。完善城市交通违法常态治理机制。持续开展公路交通秩序专项整治，共查处违法行为500起。持续深入开展农村重点车辆专项治理，共开展农村交通整治和劝导活动140次，出动900人次，劝导2500人次。集中开展夜查专项行动，共开展夜查行动17次，出动警力300人，警车60台次，查处违法行为300起。加大辖区摩托车无牌无证乱象治理，完成正式手续登记注册摩托车244台，发放临时通行证373个。完善道路交通管控网。建立四级网格长制度、重点公路三、二、一级等级响应制度、联勤联席会议制度、“交警+”联勤联动机制，强化运输企业安全联合监管。针对运营车辆开展专项整治8次，检查过往车辆500辆，现场教育整顿35起；加强道路交通隐患排查。对辖区内所有道路进行全面、彻底排查，对能立即整改的隐患进行立即整改，将不能立即整改的7处交通安全隐患函告安委会相关成员单位进行整改。深入开展宣传警示曝光行动。

【平安创建】 2019年，波密县公安局紧紧围绕维护“三节两会”、三月重要期、桃花节、雅鲁藏布文化旅游节、新中国成立70周年大庆等节点社会稳定工作主线，多点发力、连续奋战，全力以赴做好维护稳定各项工作，成功实现了“三无”“三不出”“三稳定”工作目标。

【党建工作】 2019年，公安局党委在做实各项党建工作的基础上，不断拓宽党建思路、创新工作形式、丰富日常内容，积极开展“以党建创新为引领，落实‘一亮、两岗、一融合’工作举措，进一步发挥基层党组织战斗堡垒作用”为主题的基层党建活动，充分激发了全体党员民警的工作热情与活力，创新在虫草采集点设置临时党支部，累计建立虫草采集点临时党支部9个、推选支部书记9名、完善各类机制3项。采取多种形式营造浓厚的学习宣传氛围，及时向波密县公安局各党支部发放《习近平关于“不忘初心、牢记使命”重要论述摘编》、“不忘初心、牢记使命”主题教育应知应会书籍、“不忘初心、牢记使命”优秀共产党员先进事迹选编、《党内重要法规制度汇编》，党委及支部领导班子带头、全体党员按照学习要求，把必学文件和书目以及“学习强国”推送内容真正学深悟透、入脑入心。落实主题党制度，丰富“十个一”活动内容，结合新中国成立70周年大庆活动和“践行新使命，忠诚保大庆”活动，采取丰富多样的形式，突出“不忘初心、牢记使命”教育主题。开展各类宣传活动10次，组织进行宣讲2次，组织开展体育赛事3次，慰问服务敬老院孤寡老人2次，参与“不忘初心、牢记使命”主题教育歌咏比赛2次，参与波密县升国旗仪式2次，前往县委红楼、扎木大站接受党性教育3次，参与“不忘初心、牢记使命”主题教育演讲2次，开展党纪法规知识测试1次，开展党支部书记培训1次，开展送证上门便民服务2次，组织志愿服务2次，为民解忧10次，组织廉政参观1次，组织开展纪念烈士活动1次，党委书记讲党课（参与）2次，参与“不忘初心、牢记使命”主题教育内容方面演讲2次，开展“歌声颂祖国”活动1次，开展向祖国表白及签名祝福活动1次，开展重温入党誓词活动2次。

（袁霄龙）

【领导名录】

县委常委、政法委书记、公安局党委书记、局长、督察长

阿旺朗加（藏族）

公安局党委副书记、政委

刘斌（10月离任）

党委委员、副局长

向巴（藏族）

晋美（藏族）

马辉

党委委员、玉普一级公安检查站站长

宋燕平

党委委员、警务保障室主任

李仕强

特警大队大队长

江永加措（藏族）

法制室（督查大队）主任

白玛单增（藏族）

刑事侦查大队大队长

扎巴（藏族）

出入境管理大队大队长

王珂（女）

看守所所长

何伟

交警大队大队长

多吉次仁（藏族）

网安大队教导员

曲央（藏族）

扎木镇党委委员、县城派出所所长

永彩（藏族）

县城派出所副所长

雍伟

松宗镇党委委员、派出所所长

普布泽仁（藏族，10月）

松宗镇派出所副所长

陈鹏

易贡乡派出所副所长

张杨波

次旺欧珠（藏族）

玉普乡党委委员、派出所所长

巴桑罗布（藏族）

玉普乡派出所副所长

唐华

玉普一级公安检查站副站长

拉巴次仁（藏族）

玉普一级公安检查站副站长

刘金明

玉许乡派出所副所长

格桑旦增（藏族）

古乡乡党委委员、古乡派出所所长

黄炳勇

倾多镇派出所副所长

阿旺吉扎（藏族）

倾多镇派出所副所长

晋美（藏族）

康玉乡派出所副所长

其布（藏族）

八盖乡党委委员、派出所所长

张辉

八盖乡派出所副所长

吾坚仁增（藏族）

广场便民警务站站长

洛桑赤列（藏族）

广场便民警务副站长

多杰旺堆（藏族）

广场便民警务副站长

黄波

老油库便民警务站站长

桑旦加措（藏族）

老油库便民警务站副站长

张辉

老油库便民警务站副站长

嘎玛顿珠（藏族）

梅州路便民警务站副站长

泽旺扎西（藏族）

梅州路便民警务站副站长

王涛

城西便民警务站 站长

昂旺罗卜（藏族）

城西便民警务站副站长

巴桑（藏族）
城西便民警务站副站长
贡确次仁（藏族）
德庆路便民警务站副站长
夏程程
扎墨路便民警务站副站长
益西拉姆（女，藏族）
扎墨路便民警务站副站长
巴桑旺堆（藏族）
通麦便民警务站副站长
路琦（壮族）
易贡茶场便民警务站站长
索朗嘎珠（藏族）
易贡茶场便民警务站副站长
李科
多东寺警务室主任
徐龙
倾多寺警务室主任
米玛坚增（藏族）

波密县人民检察院

【概况】 2019年，波密县人民检察院在县委及上级检察机关的坚强领导下，在波密县人大及其常委会的有力监督、政府的大力支持和政协的民主监督下，深入学习贯彻习近平总书记关于治边稳藏和政法工作的重要论述，在全面坚持“一个引领、两个紧扣、三个围绕”的西藏检察工作总体思路中，体现“讲政治、顾大局、谋发展、重自强”的总体要求，持续推进新时代波密检察工作转型创新发展在“稳进、落实、提升”中取得新进展，为中华人民共和国成立70周年献礼。

具有法律职业资格的干警15人，其中区检院直接任命2人，参加国家司法考试取得法律职业资格的13人，其中取得A证3人，C证6人，C证（特殊管理）3人，C证（定向特殊管理）1人，均为本科及以上学历。不具有法律从业资格的干警12人，其中司法警察3人，工勤人员1人。波密县人民检察院内设科、室、局共10个，并设有党组，党支部，检察委员会，组织机构健全。

【机构改革】 波密县人民检察院以开展案件评查活动为契机，严格落实司法办案责任制，按照“谁办案谁负责、谁决定谁负责”的要求，责任到人；建立检察官司法档案，进一步完善检察官业绩评价体系、完善办案质量评价机制等措施；加强监督制约，保证检察官依法公正行使检察权。入额院领导带头直接承办具体案件，检察长带头办理了强某等3人涉恶案件等重大疑难复杂案件。8名员额检察官平均办案6.8件，入额院领导平均办案14.3件。

【队伍建设】 2019年，波密县人民检察院把党建与检察工作有机结合，坚持以党的建设

2019年7月2日，波密县人民检察院党支部开展“安心务工·有检同行”党员服务活动

带队伍建设，以队伍建设促工作，充分发挥党组织战斗堡垒作用。坚持每月一次中心组理论学习与专题研讨，坚持党组工作例会制度，坚持落实“三会一课”制度、开展党支部书记专题讲党课活动，学习新《中华人民共和国》做新时代合格党员。党组织带头参加组织生活会和民主评议党员活动、带头推进“两学一做”学习教育常态化制度化，确保有效发挥榜样引领作用。

【诉讼监督】 2019年，共立案公益诉讼案件19件，办理诉前程序案件16件，提起诉讼1件，其中涉及生态环境和资源保护16件，食品药品安全领域3件。共督促清理各类垃圾、固体废物60吨，恢复被破坏的滩涂地2000平方米，补植复绿4亩，种植树木270棵，待补植树木140棵（已收缴补种款项，待2020年春天补种）；督促整改3家经营不规范的商店和10家网络餐饮服务提供者，没收等价值6000元的货品，销毁1.3吨。

2019年，波密县人民检察院秉持“持续跟进监督”理念，按照高检院“回头看”专项活动要求，对公益诉讼检察工作开展以来办理的22件行政诉前程序案件进行逐一排查，对行政机关整改不到位、反弹回潮等问题，及时跟进监督，确保公共利益得到充分保护。

【案件审查】 2019年，波密县人民检察院共受理审查逮捕案件15件20人，受理审查起诉案件16件28人，上年度积案5件15人，向人民法院提起公诉17件35人，作出不起诉决定1件3人，移送上级院3件5人，在办理案件过程中，波密县人民检察院认真实施修改后的刑诉法和检察院组织法，实行“捕诉合一”的办案机制，实现案件“快捕快诉”与“慎捕慎诉”“效”与“质”的双重提高。

【扫黑除恶】 波密县人民检察院深刻领会开展扫黑除恶专项斗争的重大意义，把思想与行动统一到中央决策部署上来，通过党组会、部署推进会议、专题学习会等，多层级、多渠道加强对专项斗争的组织领导、力量调配、检务保障。波密县人民检察院成立了由检察长任组长的扫黑除恶打非治乱专项斗争工作领导小组，按照上级“十必查”和“一案三查”工作机制，共查阅公安治安大队及各乡（镇）派出所2018年至2019年办理的治安案件46件83人，倒查2016年至2019年波密县人民检察院办理的162件刑事案件，摸排黑恶势力犯罪案件线索11件，提前介入涉恶案件1件、暴力犯罪案件3件。成立了以检察长为主办检察官的办案团队，依法批捕涉恶犯罪1件3人、起诉1件3人。

【值班备勤】 波密县人民检察院深入贯彻中央和区党委关于做好维护国家安全工作决策部署，坚决“以防患于未然为原则做工作，以防出大事打基础做准备”，坚持问题导向，底线思维，坚持抓重点、补短板，强弱项，切实做好突出事件处置。2019年，党组研究决定了维稳工作纪律、事项和制定出台的各项工作制度、规定、机制，波密县人民检察院干警严格执行党组决定，做好值班备勤工作。

【党建工作】 高度重视，提高党建工作政治站位。有加强党组自身建设的例会制度。坚持每月一次中心组理论学习与专题研讨，坚持党组工作例会制度，加强思想交流与工作协调，坚持带头落实“三会一课”、带头参加组织生活会和民主评议党员活动、带头推进“两学一做”学习教育常态化制度化，确保有效发挥榜样引领作用。为确保党中央关于司法体制改革的重大决策部署在落实时不打折扣、不搞变通、不拖拉，在做好思想调研、政策宣讲、教育引导等工作的同时建章立制，建立并完善了员额检察官遴选办法、人员分类管理措施、检察官权力清单、案件承办和办案质量评价机制、绩效考核机制等工作制度。为解决党建阵地不达标的问题，积极向县委组织部争取了5万元，新建一个党员活动室。

狠抓落实，强化党员的教育管理。以建立党员活动室为抓手，采取个人自学、辅导讲座、听专题党课、观看《建党伟业》、重温入党誓词、和党旗合影等教育方式，到三个驻村点开展“四个一”结对帮扶工作，进一步提高了教育的吸引力和实效性。波密县人民检察院为每名党员配备了一本专用学习笔记，在参加党员活动和集中学习、自学上级文件时，如实、及时记录学习情况。坚持开展谈话提醒工作，坚持定期召开党风廉政工作联席会议，坚持每年举办《党风廉政建设责任书》签订仪式，并对新进人员、入额检察官进行集体廉政谈话，对上下班考勤、会场秩序、警车使用、公车使用、经费使用、出入境等情况进行经常性检查或突击检查，切实强化全体党员的政治定力、纪律定力、道德定力和抵腐定力。

统筹结合，将党建工作融入检察工作。波密县人民检察院定期分析业务建设、队伍建设、党风廉政建设等方面好的做法和经验，挖掘出党员在其中发挥的作用，特别是党建作动力、业务上台阶的经验做法，编辑成《党建工作简报》，供全体党员学习、借鉴。设立“晚间检察课堂”交流平台。每周二、四晚上利用2个小时时间，由院党组成员、党员干警带头上台授课，波密县人民检察院上下形成了“比学赶帮超”的共同学习氛围。打造“安心务工、有检同行”品牌。充分发挥党员干警的先锋模范作用，通过深入企业、建设工地等广泛宣传保障农民工合法权益的法律法规，实地走访公司财会人员、项目经理、开发商、建设方等了解掌握工资发放情况，联合法院到人社局了解农民工维权案件办理情况，并现场成功调解一起工伤纠纷案件，进一步展现波密检察好形象。

（朱小聪）

【领导名录】

党组书记、检察长

胡波

党组副书记、副检察长

扎西平措（藏族）

党组成员、副检察长

周荣波

党组成员、检委会专职委员、公诉科科长

拉巴顿珠（藏族）

侦查监督科科长

裴璐（女）

林业检察科科长

龙浩瀚

派驻检察室主任

次仁占堆（藏族）

司法警察大队大队长

普次仁（藏族）

波密县人民法院

【概况】 2019年，波密县人民法院（以下简称县人民法院）在县委坚强领导、人大有力监督、政府大力支持、政协民主监督、上级法院正确指导和社会各界关心帮助下，高举中国特色社会主义伟大旗帜，以马克思列宁主义、毛泽东思想、邓小平理论、“三个代表”重要思想、科学发展观、习近平新时代中国特色社会主义思想为指导，深入贯彻中共十九大及十九届二中、三中、四中全会精神，认真贯彻落实习近平新时代中国特色社会主义思想和中央第六次西藏工作座谈会精神、特别是“治国必治边、治边先稳藏”的重要战略思想，紧紧围绕习近平总书记提出的“坚持司法为民公正司法，努力让人民群众在每一个司法案件中感受到公平正义”这一目标，忠实履行宪法和法律赋予的职责，2019 年，县人民法院有 10 个内设机构和 4 个派出法庭，内设机构均为副科级建制。

【案件受理】 2019 年，受理各类案件 205 件（其中旧存 12 件、新收 193 件，包括司法救助案件 3 件），审执结 181 件，综合结案率 88.29%，法定审限内结案率 100%。

【刑事审判】 坚持惩罚犯罪与保障人权并重，充分发挥刑事审判职能，严格落实疑罪从无、非法证据排除等法律原则和制度，坚持罪刑法定和罪、责、刑相适应，认真落实宽严相济刑事政策，充分保护刑事被害人及其家属合法权益。2019 年，共受理各类刑事案件 21 件 47 人，审结 20 件 41 人，未结 1 件 6 人，刑事案件结案率 95.24%，法定审限内结案率 100%，作出有罪判决 41 人。扎实开展扫黑除恶打非治乱专项斗争工作，共对 195 件刑事、民事、执行案件进行了排查，未发现涉黑涉恶涉保护伞线索，受理涉恶案件 1 件 3 人，作出有罪判决 3 人。

【民事审判】 坚持服务民生与化解矛盾并重，着眼于构建和谐社会、坚持“调解优先、调判结合、案结事了”的原则，共受理各类民商事案件 151 件，结案 129 件，未结 22 件，诉讼标的额 3193 万元，结案标的额 2005 万元。民事案件结案率 85.43%，法定审限内结案率 100%。

【执行工作】 加大执行力度，创新执行理念，规范执行工作，积极化解民间纠纷，积极创新举措，破解“执行难”问题。在执行过程中，注重取得政府及相关部门的支持和配合，形成统一部署、协同作战的格局。全力做好委托案件的执行工作。执行局充分利用人民法院执行指挥平台和数字法院执行办案系统办理委托执行案件，及时、精

2019 年 12 月 4 日，波密县人民法院组织干警开展“国家宪法日法治宣传”活动

准地完成了案件的委托事项。引入财产保全、执行悬赏和执行救助保险机制。与中国人民财产保险股份有限公司林芝分公司签订《战略合作协议》，实现了保全申请与财产查控系统的有机衔接，5日内启动执行保全程序。2019年，根据当事人的申请启动财产保全程序，共办理保全案件5件。加强执行宣传。充分利用集中法制宣传和驻村工作队对执行相关法律知识进行宣传，增强了波密县干部群众对“老赖”的认识，逐步形成抵制“老赖”的社会氛围。2019年，共受理执行案件30件，执结29件，未结1件。案件申请标的总金额613万元，实际到位金额607万元。执结率96.67%,法定审限内结案率100%。共受理司法救助案件3件，结案3件。共受理执行委托案件16件，协助其他法院押解12人次，布控2人。

【立案信访】 加强立案登记制，做到有案必立、有诉必理。注重矛盾纠纷源头治理，强化诉前调解和立案调解工作，把一部分案件化解在诉前和立案阶段，减轻当事人的诉累。认真做好信访工作，积极化解各类矛盾，有效化解信访难题。积极推进跨域立案工作，充分发挥诉讼服务中心窗口作用，妥善解决各种社会矛盾，为群众提供诉讼绿色通道。共登记立案193件，立案阶段调解41件，撤诉9件。

【警务保障】有序推进司法警务工作，司法警察大队严格按照上级法院的要求认真贯彻执行有关规定，强化警务管理，以服务审判为中心，充分发挥司法警察在法院庭审保障、安保、综治维稳和协助执行等方面的积极作用，做到严肃执法、热情服务，保障审判工作顺利有序进行。2019年，司法警察大队共押解被告人41人次，参与值庭88人次，协助办理执行案件30件，协助其他法院押解12人次。

【司法公开】 加强审判流程公开、裁判文书公开、执行信息公开和庭审公开。充分发挥裁判文书公开平台的功能，传递法治正能量，促进法官提高自身业务素质和司法水平，树立法律权威。2019年，共对符合公开条件的118篇裁判文书和信息在中国裁判文书网进行公开。继续完善人民陪审员选任、培训、考核、参审等工作，充分发挥人民陪审员职能作用。2019年，人民陪审员共参审案件36件，增强了司法透明度，促进了司法民主。

【司法救助】 积极落实国家司法救助制度，对确有困难的农牧民贫困户、低保户、失业人员等弱势群体缓减免征收诉讼费用，让经济确有困难的当事人真正得到实惠。2019年，共为困难当事人缓减免交诉讼费387.5元。同时加大执行救助力度，对执行标的未到位和无可供执行财产、被执行人下落不明等难以执行的案件以及申请执行人生活确有困难的，依法给予一定的执行救助，以解决申请执行人的实际困难，切实保障困难当事人的基本生活需求。2019年，对符合条件的3名申请人发放执行救助资金7.7万元。

【法治宣传】 充分利用各种平台，加大法治宣传力度，通过波密县人民法院官方微信公众平台，推送一些法院动态、法律常识。积极参加各类宣传日活动，开展集中法治宣传。充分利用车载流动法庭、乡镇人民法庭深入开展以案普法等普法宣传工作。对川藏铁路、川藏高等级公路等即将实施的重大项目在施工前进行普法宣传工作。充分利用这些措施强化宣传广度和深度，积极落实“谁执法谁普法”的宣传责任，潜移默化地提高广大干部群众的法律素养。

【队伍建设】 始终认真抓好队伍建设，认真贯彻中共十九大及十九届三中、四中全会精神和十九届中央纪委三次全会精神，严格执行中央八项规定及其实施细则。把政治建设置于队伍建设的首位，加强队伍管理，不断提高干警工作能力、改进工作作风，全面提升法院队伍素质和形象。严格落实各项学习制度，组织召开党组理论中心组学习会、党支部学习会等，通过集体学习与个人自学相结合的方式加大对党的大政方针和新出台的法律法规、司法解释等的学习力度，营造浓厚的学习氛围，确保干警政治合格、业务过硬。扎实开展党建工作，以“三会一课”制度为抓手，充分利用“不忘初心、牢记使命”主题教育、主题党日活动、学习强国平台，党组书记和党支部书记讲党、课等形式开创党建工作新局面。

【各类活动】 按照上级相关部门的要求，积极开展“创先争优强基础、惠民生”“两学一做”学习教育常态化、扫黑除恶打非治乱专项斗争、党员政治教育、第二十四个党风廉政建设宣传教育月、“全面加强政治建警、打造过硬政法队伍”专项教育整顿、“不忘初心，牢记使命”主题教育等系列活动，不断提升法院队伍素质，推动各项活动与业务工作的融合。

【教育培训】 坚持以提升队伍素质为核心，积极落实上级法院及有关部门部署的各类培训。2019 年，共组织干警参加各类培训 12 次 17 人，全面提升了法院干警的政治素质、业务素质和职业道德素质。

【基础建设】 按照“十三五”项目规划，完成总投资 306 万元的诉讼服务中心改扩建项目。加快推进两个“一站式”诉讼服务中心信息化平台建设，积极推进诉讼服务事项跨区办理、跨层级联动办理，按要求采购跨域立案信息化设备，进一步完善办公设备和业务装备。

【信息化建设】 积极推进信息化建设，配合上级法院完成各类视频会议的联调工作，着力提升信息化水平，助推法院各项工作提质增效。2019 年，利用科技法庭开庭 50 次，通过视频会议系统远程开庭 1 次，借用中院科技法庭开庭 7 次，节约了办案成本，优化了司法资源配置。

【司法改革】 积极推进司法体制配套改革工作，认真落实司法责任制。推行院、庭长直接办案制，充分发挥领导干部办案经验丰富的优势，带动波密县人民法院专业化水平的提高。2019 年，院庭长作为承办法官主审办案 124 件、立案审批 193 件。

（郭春梅）

【领导名录】

党组书记、院长

旺堆次仁（藏族）

党组成员、副院长

边巴次仁（藏族）

田峰

党组成员、审判监督庭庭长

泽嘎拉姆（女，藏族）

党组成员、司法警察大队大队长

尼玛曲珍（女，藏族，4月任司法警察大队大队长）

党组成员、执行局局长

尼玛曲珍（女，藏族，4月离任执行局局长）

司法警察大队大队长

贡布扎西（藏族，4月离任）

刑事审判庭（少年审判法庭）庭长

赵兴佳（白族）

民事审判一庭庭长

余玲玲（女）

波密县司法局

【概况】 2019年，波密县司法局认真贯彻落实中共十九大、十九届四中全会精神，在县委、政府的坚强领导下，在林芝市司法局、波密县政法委的业务指导下，紧紧围绕波密县工作大局、以依法治国与依法治藏理念统领司法行政工作，把维护社会稳定与发展作为第一要务，贯彻落实“七五”普法规划，对人民调解组织进行业务指导，稳步开展法律援助工作，开展社区矫正和安置帮教工作的规范化与制度化建设。

【法治宣传教育】 在林芝市普法依法治理科及县委、县政府指导下，认真贯彻落实十九大会议精神，积极落实新时代推进全面依法治国的新要求，遵循“七五”普法规划，开展系列法制宣传教育活动，深入学习宣传《中国人民共和国宪法》。在波密县范围内组织开展宪法线上统一考试活动。通过集中学习会，法治宣传讲座，编印、发放法治宣传手册的形式，深入学习、宣传宪法和中国特色社会主义法律体系。以宪法读本发放为契机，开展“发放宪法读本，助力宪法宣传”活动，共计发放《中华人民共和国宪法》读本280本。

以主题法治宣传活动为契机，组织开展法治宣传活动。以综治宣传月为主题，深入9个乡（镇），开展法治宣传活动。以“三八·妇女节”法治宣传为主题，开展深化辖区妇女法治意识和维权理念的法治宣传活动。以“学雷锋日”和综治宣传月为主题，开展法律知识有奖问答法治宣传活动。以“4·15”全民国家安全教育日、“全国助残日”“6·5”世界环境日、世界旅游日、世界禁毒日、“9·16平安西藏宣传日”“网络安全宣传周”“12·4国家宪法日”等法治宣传活动为主题，开展有奖问答、法律咨询、通过法治宣传资料和主题宣传日纪念小礼品等方式开展的法治宣传活动。以“法律进寺庙”和“一寺一匾”等活动为主题，开展法律进寺庙活动，开展在编宗教教职人员法律知识考试，

2019年3月15日，波密县司法局工作人员对社区矫正对象进行谈话教育，了解其近期思想动态

发放悬挂林芝市司法局、林芝市普法办联合制作的法制宣传教育牌匾10副。以林芝市第十七届桃花旅游文化节波密分会场活动为主题，在波密县倾多镇桃花沟开展“法律进景区”法治宣传活动。充分发挥援藏律师的普法作用，3月，邀请援藏律师深入波密县中学开展以“法律进校园”为主题的2019年春季开学法治教育第一课活动。7月，深入县中学和县小学开展2019年秋季开学法治教育第一课活动。以“法律进民营企业”为主题，深入波密藏王酒店开展法治宣传活动。9月，邀请援藏律师在波密县教育局三楼组织开展民营企业法治培训班，波密县20家民营企业中高层管理人员参加培训。为全力做好承接昌都“三岩”片区异地扶贫搬迁工作，7月赴三岩搬迁安置点玉普乡宗坝村开展“三岩”搬迁点主题法治宣传活动。宣传扫黑除恶打非治乱专项斗争法律知识和相关政策。为进一步增强波密县干部职工对扫黑除恶打非治乱专项斗争应知应会知识的理解和认识，在波密县范围内开展扫黑除恶打非治乱专项斗争线上统一考试。印制藏汉双语《扫黑除恶共参与 法治宣传在行动》宣传单2000份，印制《扫黑除恶打非治乱专项斗争宣传读本》1000份，利用各种主题普法宣传活动的开展，发放到农牧民群众、学校学生、寺庙僧尼等受教育群众中。在安置帮教人员和社区矫正对象中开展扫黑除恶打非治乱专项斗争宣传教育，通过走访谈话、发放宣传资料，签定不参与黑恶势力承诺书，线索排查举报，让重点人员管理群体成为扫黑除恶打非治乱专项斗争积极分子。

【社区矫正】 严格社区矫正对象日常管理。工作人员按时走访社区矫正对象了其思想状况、生产生活情况，及时掌握隐患苗头，排积疏淤开展教育引导工作，做到对辖区内社区矫正对象底子清、情况明；社矫人员开展定期思想汇报、接受学习教育、参加公益劳动等，严格执行人员外出报告及请销假制度，防止脱管、漏管。积极开展社区矫正困难对象帮扶慰问。2019年，波密县司法局，对辖区内10户社区矫正困难对象进行慰问帮扶活动，累计发放慰问物资价值5000元。

【人民调解】 为完善人民调解制度，规范人民调解活动，在调整充实村级、专业调委员会的基础上，进一步规范人民调解场所标准化建设，新制作村级人民调解委员会标识牌28个，严格按照《中华人民共和国人民调解法》相关规定，进一步加强调委会人员法治宣传、业务指导等工作。截至2019年，波密县各级、各行业专业人民调解委员会共受理矛盾纠纷52起，调处45起，调处率86.5%。

【法律援助】 2019年，波密县司法局法律援助中心始终坚持执政为民、服务百姓工作理念，以解民忧、消民惑、办实事的服务意识，积极有序开展法律援助工作。积极推进公共法律服务中心建设。5月波密县公共法律服务中心装饰工程项目正式启动，装饰面积174平方米，总投资68万元，为援藏投资。积极开展法律援助工作。2019年，波密县司法局法律援助中心共受理法律援助案件27件，办结17件，代写法律文书167份，解答咨询人员法律问题400人次。

【安置帮教】 按照“帮教社会化、就业市场化、管理信息化”的要求，实行“三级三类”帮教管理模式开展日常工作，落实机构设置，调整充实波密县刑满释放解除矫正人员安置帮教工作领导小组，指导波密县10个乡（镇），84个村（居）成立领导小组，形成了横向贯通、纵向联合的三级安置帮教网络，落实了专兼职，释放解除矫正人员安置帮教工作衔接登记制度。建立安置帮教人员档案，登记并下发给各乡镇，联系村（居）、派出所等部门，建立帮教小组，协调解决帮教安置工作中遇到的问题。落实集中排查、走访制度。联合乡镇派出所干警、乡（镇）司法助理员全方位开展安置帮教人员大排查大走访活动，客观真实了解了安置帮教人员的生活现状和思想动态。以走访为契机，结合扫黑除恶打非治乱专项斗争工作的开展，宣传扫黑除恶打非治乱政策法规和涉黑涉恶线索摸排。真情召唤，贴心帮教，扶持刑释解教人员就业安置。认真贯彻落实人社部门等十三部门关于安置帮教人员救助管理的意见，坚持以就业防脱管这一工作主线，积极为刑满释放人员自食其力创造有利条件安帮困难对象帮扶慰问。对辖区内9户安置帮教困难对象进行慰问帮扶活动，累计发放慰问物资价值4000元，以实际行动教育安置帮教人员惠从何来。

【平安创建】 严格落实维稳各项工作要求，坚持统一领导，分级负责，整体作战、统筹推进、突出重点。在春节、藏历新年、期间，制订司法局维护社会稳定工作方案及维稳应急预案，成立以党支部书记、局长为组长的维稳应急处突领导小组，严格落实24小时值班制度，对社区矫正对象、安置帮教人员，实行不定期实地走访，确保节日期间的社会安全与稳定。

【党建工作】 按照中央和区党委、市委、县委部署要求，以组织生活会为基本形式，积极开展“不忘初心、牢记使命”

2019年3月15日，波密县司法局组织社区矫正对象开展环境卫生义务打扫活动

主题学习教育。成立由党组书记、局长为组长的领导小组并设立“不忘初心、牢记使命”主题教育活动办公室，确保“不忘初心、牢记使命”学习教育活动保质保量完成。组织党员干部每月开展4次“不忘初心、牢记使命”主题学习教育活动，与每位党员干部签订《党员干部不信仰宗教承诺书》，保持共产党员的纯洁性。

认真学习习近平总书记重要讲话精神，贯彻落实“不忘初心、牢记使命”主题教育会议精神，采取集体讨论、自主学习、在线学习、观看新闻报道等方式，开展领导班子讲党课3次，召开领导小组会4次，开展集中学习教育25次、专题研讨1次，观看主旋律电影1次。

严肃党内政治生活，认真落实以“三会一课”为主要内容的组织生活制度，每月召开党员大会，每季度召开支部委员会，认真贯彻民主集中制，健全谈心谈话全覆盖。落实“三重一大”集体决策制度。共召开办公会3次，全体人员会8次，领导班子严格执行“三重一大”集体决策制度要求，在涉及重大决策、重要人事任免、重大项目安排和大额度资金使用事项上，坚决执行人事纪律、财经纪律，坚持落实会前充分酝酿沟通，领导班子集体研究，“一把手”末位表态和票决制度，加强干部队伍建设。完成机构改革人员编制调整，把优秀干部选拔到最合适的岗位上来。

建立科学有效权力运行和监督机制，保持惩治腐败高压态势。加强意识形态领域的阵地管理。从严落实各项任务。深化廉政风险防控管理，规范权力运行。领导班子严格按照民主集中制、“三重一大”集体决策制度要求，认真实行节日廉政提醒制度，着力完善不敢腐、不能腐、不想腐的体制机制。

（张长春）

【领导名录】

党组书记、局长

义盾（藏族，5月离任）

普琼（藏族，5月任职）

党组成员、副局长

央青（女，藏族，6月离任）

刘君勇（5月任职）

党组成员、法律援助中心主任

罗布德旦（女，门巴族）

玉普一级公安检查站

【概况】 2019年，玉普一级公安检查站以习近平“治国必治边、治边先稳藏”重要指示精神为指导，以维护社会安宁为己任，在上级公安机关的领导指导下，圆满完成各时期、节点安保任务。

【基础建设】 2019年，玉普一级公安检查站在林芝市委、市政府和县委、县政府的关心支持下，基础建设方面得到进一步发展。总投资720万元改扩建项目，修建住宿楼及灯光篮球场等系列生活配套设施，极大的改善了当前住宿办公一体的生活方式，丰富了休息时间的文化娱乐活动。

【道路交通管理】 根据车流量、人流量实时情况，引导滞留车辆双车道通行，并使用手持和立式身份证核查仪进行身份核实，对车辆、物品进行快检，力求以最快的速度让待检旅客通行。根据不同季节辖区道路实际情况，印制温馨提示卡，提示过往旅客前方路况、留心事故易发多发地段、速度限制及报警电话等，提高广大过往旅客安全行车意识，减少道路交通事故发生。

【执法检查】 2019年，玉普一级公安检查站累计检查人员152.64万人次，车辆62.78万台次，物品446.97万件，抓获公安部在逃人员14人，临控32人，查处冒用他人身份证人员339人，外籍冒用他人身份证进藏人员3人，查获成品油350升，收缴管制刀具1843把，易燃易爆物322瓶，化学危害品15升，处理违法违章车辆159台，对网上登记在册的涉毒人员及可疑人员尿液检测155人次。

【便民服务】 2019年，玉普一级公安检查站大力开展便民服务工作，开展结对认亲帮扶工作，为过往司乘人员提供开水、药品、旅游咨询、救助，救助交通事故受伤人员7人，参与道路抢险疏通30次。

【党建工作】 2019年，玉普一级公安检查站民辅警在公安局党委和检查站党支部的坚强领导下，组织开展“不忘初心、牢记使命”“四对一”帮扶活动等系列主题教育活动，所属党支部也进一步加强与昌都市八宿县然乌一级公安检查站，然乌派出所的联系，做到情报信息互通，工作上团结协作，互相帮助，互相支持。在特殊岗位上，结合自身工作实际，内强素质，外树形象，做到文明、规范执法，热情服务。

（刘金明）

【领导名录】

站长

宋燕平

副站长

刘金明

副站长

拉巴次仁（藏族）

波密监狱

【概况】 2019年，波密监狱始终坚持以习近平新时代中国特色社会主义思想为指导，围绕党中央、自治区的各项决策部署，坚持以政治改造为统领、以精细化管理为主线，协同推进“五大改造”、坚守安全底线、践行改造宗旨，以“管理改造提升年”为重点，波密监狱上下齐心协力，实现了“四无”和“三不出”目标，发挥了监狱工作在维护国家安全和社会稳定中的积极作用。

【机构改革】 根据司法部出台监狱布局调整的指示性文件，波密监狱按照司法厅和监狱管理局的安排部署，积极推进波密监狱布局调整工作，将“十四五”规划意见《西藏波密监狱迁建项目》完成上报，迁建选址的前期工作已完成，成立土地问题整顿工作专班，依法依规开展波密监狱国有土地的保护工作。严格落实请示报告制度，按照司法厅局的有关要求，加快推动波密监狱布局调整，规划好波密监狱的未来发展蓝图。

【思想政治教育】 按照自治区党委政法委对“全面加强政治建警，打造过硬政法队伍”专项教育整顿活动的统一部署和何文浩常委莅临波密监狱调研督导的重要指示精神，波密监狱把专项教育整顿贯穿民警队伍教育管理的全过程，坚定信仰信念，充分发挥主观能动性，为党和人民履行好职责使命。组织开展升国旗、唱红歌比赛、参观波密县红色遗迹、观看《周恩来回延安》纪录片、组织民警职工运动会等一系列活动，深化思想政治教育。深入一线调研30条相关问题，形成调研报告5份、党委班子成员带头讲党课5次，从2019年开展为期3个月的纪律作风整顿活动，进一步整风肃纪，从严管理队伍，规范干部作风行为。

【狱政管理】（一）**全力保障监管秩序**。进一步夯实监狱大门的管控工作；强化双警应急处突工作，合理统筹监区值班警力，严格落实生产和消防安全各项制度；深化精细化管理，认真落实罪犯“三大现场”民警直接管理和定置管理制度；做好卫生防疫工作，做好罪犯就餐、生活卫生供应等各项工作管理；创新工作方式方法，切实做好物品“零带入”的探索实践工作；（二）**全面促进公平正义**。依法依规按程序办理减刑假释暂予监外执行、离监探亲等案件，确保刑罚执行，确保刑罚执行经得起法律和人民的检验。积极贯彻响应刑罚执行一体化。

【生活卫生】 建立健全并严格落实罪犯伙食管理制度、72小时食品留样制度、伙房工作管理细则、仓库物品管理等制度。坚持“日检查、周考核、月评比”制度，加大监区内务环境卫生检查力度。加强狱内超市管理，满足罪犯的购物基本需求。强化医疗卫生工作，保障罪犯生命安全与身体健康。做好罪犯个人物品入库登记工作，加强罪犯个人物品管理，定期清查违禁、违规品情况和库存食品变质情况。

【教育改造】 增强中华民族自豪感，激励罪犯以实际行动爱国守法，遵规守纪。创办监区红色小报。以时事政治、党对西藏的特殊优惠政策、罪犯安置帮教政策等内容对罪犯开展政治教育，全面发动罪犯知党恩、感党恩、跟党走。组织监区红色考试。将改造任务与反分裂、维护稳定工作紧密结合，发挥好维护社会稳定作用。制作亲情帮教专题微视频《来自家乡的问候》，激发全体罪犯的悔罪赎罪意识和感恩之情，让罪犯充满改造信心和力量。创新手段，推广身心健康手语操。提高罪犯的心理自助能力，舒缓改造压力。巩固成效，稳步推进基础教育。定期开展法制、道德、传统文化等专项教育，不断提高罪犯的守法意识，培养正确的道德观、文化观。推广“蝶梦文化”之——心路历程，展示改造风采，强化改造成果。开展专题文化教育，淬炼升华罪犯心灵。以“礼、孝、仁、耻”充实监区文化建设，使“蝶梦文化”内涵不断充实。强化罪犯扫盲教育、文化教育。单科课时量每周不少于4课时。鼓励引导罪犯积极参加高等教育自学考试，2019年共有服刑罪犯83人报名参加，其中专科

2019年9月19日，司法部预防犯罪研究所副处长张志明（左二）率领督导检查组，对波密监狱进行夜间突击检查

72 人、本科 11 人。

【习艺劳动】 力求劳动改造扶志扶技。根据罪犯的刑期、培训意愿以及监狱场所安全实际以及就业市场需求，与林芝市人社部门和新曙光职业技能培训学校联系，采取联合办班的形式，努力创新罪犯职业技术教育形式，让罪犯掌握一定劳动技能，提高罪犯回归社会后的生存能力，为罪犯就业搭建的平台。

【平安创建】 波密监狱深入贯彻落实习近平总书记治边稳藏重要战略思想和加强民族团结、建设美丽西藏的重要指示精神，认真贯彻执行区党委、司法厅党委、监狱管理局党委关于维护稳定整体工作部署，积极教育引导民警职工树立政治意识、大局意识和维稳意识，坚持把安全稳定作为波密监狱首要政治任务和政治责任。时刻绷紧维护稳定这根弦，保持高度警觉，坚决克服松懈麻痹思想和厌战情绪，以坚定的思想自觉和行动自觉，做好各项工作。进一步深化应急处突协调机制，强化联防联控，对监管场所外围定时开展安全巡逻，构建信息共享、共同防范的安全维稳体系。

【党建工作】 持续规范支部党建工作标准。从组织设置、党内组织生活、党务工作公开、党员教育管理、党建特色工作、党建制度建设、简报信息报送、联述联评联考、“三带一促”建设、服务型党组织建设、文件归档、党风廉政建设共 12 个方面对支部党建工作标准进行规范，党建工作台帐全面细致、内容丰富、条目清晰，进一步加强了各支部党建工作标准化建设。不断加强支部党员活动室标准化建设。进一步改善党员活动条件，加强基层组织建设，夯实基层党组织的战斗堡垒作用，开展支部党员活动室标准化建设，以“不忘初心、牢记使命”主题教育、“两学一做”学习教育常态化制度化、支部简介、党员承诺践诺和支部工作方法、目标、剪影等为主要内容的党建宣传栏。

（唐弘、李全振）

【领导名录】

党委书记、政委

任辉

党委副书记、监狱长

斯朗扎西（藏族）

党委委员、副监狱长

扎西尼玛（藏族）

党委委员、副监狱长

杨华忠（藏族）

党委委员、副监狱长

索朗旺堆（藏族）

波密县信访局

【概况】 信访局为波密县政府办下属机构，波密县无单独人员编制，局长由政府办主任白玛四朗兼任，副局长由政府办副主任王学位兼任。

【机构改革】 5 月，波密县信访局单独挂牌成立，行政编制 3 名。

【来信来访】 2019 年共受理各类信访案件 36 批（件）83 人次，妥善化解 35 批（件）82 人次，其中：信访领域“双拖欠”案件共 29 批（件）76 人次，成功化解 29 批（件）76 人次，涉及资金达 969.3 万元。

【信访工作监督检查】 2019 年 1 月 29 日至 2 月 1 日，由政府副县长、信访召集人索朗平措携信访、政法、公安、人社、交通、安监、住建、水利、消防等相关单位组成联合

2019 年 8 月 27 日，波密县委副书记罗松（中）召开重点信访人员管控工作紧急会议

工作组，深入 8 个乡镇进行督导检查信访和矛盾纠纷排查化解工作开展情况。7 月 15 日至 7 月 17 日，波密县信访局联合县人社局、住建局、发改委、水利局、应急管理局等相关单位到项目施工现场进行矛盾纠纷排查和安全隐患等检查督导工作。

【业务培训】 2019 年 8 月 9 日下午，组织 10 个乡（镇）信访干事在波密县信访局办公室进行网上信访信息录入系统操作培训。主要针对案件受理、登记、办结、录入答复意见书，以及转办、交办和复查复核等信访案件的办理程序和操作流程进行系统的培训。

【信访工作会议】 2019 年共召开 2 次信访联席会议。2 月 19 日组织波密县信访联席会议成员单位在波密县教育局三楼会议室召开信访联席会议，总结 2018 年信访工作暨 2019 年信访工作安排部署。7 月 10 日，组织波密县信访联席会议成员单位在波密县指挥中心召开信访联席会议，就对 2019 年上半年信访工作开展情况进行总结，安排部署下一阶段信访工作，分析当前信访形势。

【信访法规宣传教育】 2019 年，开展信访法治宣传活动 3 次。共发放《信访条例》等宣传资料 2000 份，参与群众 2500 人次，现场法律咨询 25 人次。1 月 29 日和 7 月 17 日组织相关部门到各乡镇和县域施工领域宣传《信访条例》及相关法律法规，发放宣传资料 1000 份，受教群众 1500 人次。

【党建工作】 2019 年 7 月 5 日，正式成立波密县信访局党支部，党员人数 3 名，2019 年 7 月 12 日召开信访局支部党员大会，推选信访局党支部书记，制订支部学习计划，开展支部书记讲党课和结对认亲帮扶活动，并积极参加其他各项活动。

（贡布）

【领导名录】

局 长

白玛四朗（藏族，5月离任）

江村（藏族，5月任职）

副局长

王学位（4月离任）

贡布（藏族，5月任职）

经济管理

波密县发展和改革委员会

波密县自然资源局

波密县统计局

波密县市场监督管理局

波密县商务局

波密县卷烟配送中心

2020 BOMI YEARBOOK

波密县发展和改革委员会

【概况】 波密县发展和改革委员会为正科级行政单位，与经济和信息化局、粮食和物资储备局合署办公，下设项目评审中心1个副科级单位，管理县粮油加工厂。共有在编干部职工10名，公益性岗位2名。共有党员15名，办公楼1栋，修建于2009年，总建筑面积874平方米；公务用车1辆，购置于2013年。

【机构改革】 根据《西藏自治区委员会、西藏自治区人民政府关于西藏自治区机构改革的实施意见》和关于做好全区深化党政机构改革有关事项的通知，研究制定《波密县发展和改革委员会挂牌仪式方案》，2019年3月21日，波密县发展和改革委员会（经济和信息化局、粮食和物资储备局）正式揭牌。

【全县经济状况】 2019年，波密县实现地区生产总值27.4亿元，同比增长8.2%；固定资产投资完成13.12亿元，同比下降64.8%；公共财政预算收入5585万元，同比下降19.96%；完成社会消费品零售总额2.9亿元，同比增长10.7%；农村居民人均可支配收入1.85万元，同比增长12.8%；城镇居民人均可支配收入33041元，同比增长11.3%；旅游业发展迅猛，全年累计接待游客177.4万人次，旅游相关收入14.5亿元，分别同比增长34.02%和37.42%。

【项目建设】 2019年，始终把项目带动作为经济增长的重大举措，2019年，开工建设国家投资重点项目120项，总投资17.42亿元，完成投资7.93亿元。其中续建项目59项，总投资14.12亿元，全年完成投资5.74亿元，新开工项目61项，总投资3.3亿元，完成投资2.19亿元，包括高标准农田建设、乡镇卫生院改扩建、区域救灾物资储备库、村级组织活动场所标准化建设等项目。

【项目管理工作】 2019年，在依照法律、法规的前提下，从波密县经济发展大局出发，积极做好项目节能登记、可研、初设审批等前期工作，共审批项目可行性研究报告59项，审批实施方案38项，审批项目初步设计及概算75项，有效推动重点项目的实施。

【项目监督工作】 切实落实项目建设责任制、法人责任制、招投标制、工程监理制、合同管理制等相关制度。坚持执行重点项目月报制度，

2019年3月21日，波密县发展和改革委员会（经济和信息化局、粮食和物资储备局）举行揭牌仪式。波密县政府副县长阿朗（前排右二）出席了揭牌仪式

各责任单位每月报送项目建设进展情况。加强项目监督稽察，健全资金使用、管理、监督办法，深入开展“双拖欠”工作，切实维护农民工合法权益。加强工程领域安全生产管理，通过抓安全生产来促生产，保证重点项目建设的顺利实施。

2019年5月15日，波密县发展和改革委员会对村级组织活动场所标准化建设项目进行竣工验收

【项目储备谋划工作】 扎实推进波密县“十四五”规划编制工作，整理形成包含项目350项，总投资426亿元的“波密县‘十四五’重点项目建设需求表”。包含民生类项目33项，计划总投资8.93亿元；基础设施类项目219项，计划总投资251.98亿元；特色产业类项目20项，计划总投资4.07亿元；生态环境类项目44项，计划总投资158.46亿元；基层政权类项目34项，计划总投资2.95亿元。

【物价工作】 在元旦、春节、藏历新年、劳动节、国庆节等节假日加强经常性市场巡查，发放物价行为提醒告诫书500份，进一步加强对粮食、肉类、食用油、蔬菜等食品的市场价格进行监测、分析、上报。联合市监、商务等部门加强对成品油市场的价格检查，要求各加油站遵守国家规定的价格政策，明码标价。认真做好被盗、侵占、扣押涉案物品的勘验、市场调查以及价格认证工作，开展物价鉴定4次，鉴定标的价值5.42万元。

【经信工作】 2019年，围绕推进供给侧改革为主线，主动靠前服务，促进工业经济健康运行。加强波密县工业企业监测，统计上报《民族手工业企业基本情况季度报表》《监测企业季度统计表》《工业行业落后产能调查统计表》等常规报表。推进电子政务工程，完成43个单位、10个乡（镇）的电子政务外网硬件设施安装、验收工作，申报7个县级单位及10个乡（镇）的“点到面”电子政务外网安装需求。申报2019年自治区中小企业发展专项资金项目，储备扶持企业13家，拟申报扶持资金6645万元。统计上报《波密县农牧民食用碘盐配送计划统计表》，完成10个乡（镇）14.6万公斤碘盐的配送任务，惠及农牧民群众2.7万人，配送率100%。牵头开展拖欠民营企业中小企业账款排查清理工作，排查22个项目单位及5个国有企业，涉及拖欠民营企业账款1项，涉及金额192.39万元，并制定了清偿措施。

【粮食工作】 开展2019年政策性粮食库存数量和质量大清查工作，波密县粮食和物资储备局库存粮食数量相符、质量合格，无挤占挪用情况，符合安全储粮需求。严格执行粮食储备最低最高储备制度并执行轮换模式，严格按照“一符四无”要求进行管理，做到质量完好，数量真实，管理到位，政府需要时调得出，用得上。加快“放心粮油”工程实施，累计完成粮油销售51.67万公斤，实现销售收入323.11万元。放心粮油进学校协议签订率100%，为波密县中小学配送粮油11.69万公斤。加强行政执法，加大对粮食市场的监督检查力度，开展粮油市场执法检查，波密县粮油市场总体情况较好，粮油库存充裕、价格平稳、品种丰富、管理规范。开展以“科技人才共支撑，兴粮兴储保安全”为主题的粮食科技周宣传活动，营造了爱粮节粮、膳食平衡、保障粮食安全的良好氛围。

【脱贫攻坚工作】 2019年，建设昌都三岩片区易地扶贫搬迁安置点17个，其中总投资2663万元的第一、二批14个村（玉许乡热西村、亚塔村、倾多镇朱西村、热西村、多吉乡达大村、毛江村、松宗镇多格村、易贡乡江拉村、格通村、贡仲村、沙玛村、通加村、扎木镇岗巴村、古乡嘎朗村）三岩片区易地扶贫搬迁安置点项目，已完成房屋建设；总投资526万元的第三批3个村（玉普乡阿西村、松宗镇多格村、扎木镇达兴村）安置点建设项目稳步推进。计划安置93户457人。根据县“四对一”结对帮扶工作安排，共结对帮扶贫困户6户。根据建档立卡户的实际情况，对贫困户进行了走访慰问，“量身”制定帮扶计划和措施。针对中央脱贫攻坚专项巡视发现问题，波密县发改委始终把讲政治贯穿整改工作全过程，坚持问题导向、立行立改，全部按期整改完成。

【党建工作】 波密县发展和改革委员会党支部在上级党委的统一部署下，在全体党员的共同努力下，坚持学习贯彻十九大精神，抓实党建工作。坚持党建责任制度，按照责任分工，细化基层党建责任，根据工作需要举行支部会议，对党建工作中出现的新情况和新问题进行分析，保证党建工作有序开展。坚持例会制度，坚持党支部议事制度，党建工作目标任务和措施由党支部集体讨论决定。积极开展“两学一做”学习教育、“不忘初心、牢记使命”主题教育，通过回顾党的历史、观看爱国影片、开展志愿服务等形式，开展集中学习7次，研讨会7次，重温入党誓词1次，其他活动8次。推进党风廉政，加强对干部廉洁意识教育，充分利用民主生活会、党员学习会等，对重点岗位、重点人员有针对

2019年5月16日，自治区、林芝市粮食清查组对波密县的储备粮进行全面清查

性地开展党风廉政教育，不断强化全体机关工作人员廉政意识。推进作风建设，改进工作方法，实行“一站式”服务、行政审批限时办结制等方法为群众办实事、办好事。扎实做好驻村工作，紧紧围绕七项工作任务，坚持摸实情、出实招、办实事、求实效，紧紧依靠村两委班子成员和广大党员群众扎实开展各项工作。

（吴欢）

【领导名录】

主任

李彦龙

副主任

付新河（援藏，7月离任）

庄斌（援藏，7月任职）

朱果夫（2月离任）

李兴泽

波密县自然资源局

【概况】 波密县自然资源局共有工作人员18人，内设机构3个，包括不动产登记中心、土地储备中心、土地执法大队。

【机构改革】 3月，波密县自然资源局完成揭牌仪式，由波密县国土资源局更名为波密县自然资源局，为更好开展波密县自然资源工作，经县委、组织部同意，新任命3位副局长管理日常工作。

【职能转变】 2019年机构改革后，波密县自然资源局在原有职能不变的情况下，增加了对县城、农村规划的管理工作。

【自然资源概况】 波密县水土资源十分丰富，除降水量和地下水外，主要河流年均流量31.5亿平方米，可开发装机总容量77万千瓦，多分布于峡谷，已开发利用4100千瓦。有草场面积3384平方公里，占总面积的20.14%，其中可利用草场2944平方公里，占87%。另外，裸岩、石砾占3550平方公里，其他占35.6平方公里；矿产资源有砂金、铁矿、水晶矿、石灰岩、石膏等40余种；野生动物80余种，其中被国家列为重点保护动物的有20种；植物资源共400种。中草药材资源如：天麻、虫草、贝母、知母、党参、茯苓、大黄已部分开发利用。各种树木80种。草地植物200种，经济林木主要有核桃、花椒、苹果、沙棘、葡萄、水蜜桃、漆树、毛树、毛桃等。

【自然资源开发利用】 始终坚持以合理、科学的理念开发利用自然资源，切实提高波密县经济收入，扎实推进易贡国家地质公园项目，在保护自然

2019年8月14日，国家自然资源督查成都局副巡视员孟轩（右二）到波密县自然资源局检查督导工作。县委副书记、常务副县长全保卫（右一）陪同

资源的前提下，带动波密县经济发展，始终牢记“绿水青山就是金山银山”的发展理念。

【执法管理】 加强动态巡查，及时发现和有效制止违法行为。共开展自然资源执法动态巡查500人次，坚决制止违法用地行为。以“两违”清理为契机，加大违法案件查处力度。共查处违法用地78宗，收缴罚款53.6万元。根据自治区自然资源厅关于开展清理整治城乡违法用地、违法建设文件精神，波密县自然资源局制定工作方案，成立工作领导小组，全面开展清理整治工作，于2019年10月20日对扎木镇岗村的违法建筑进行拆除，共计拆除违法建筑4宗，面积2307.33平方米。“两违”清理工作取得一定成效。

【自然灾害防治和治理】 3月24日至4月2日，波密县自然资源局聘请第三方勘测单位，历时10天，完成波密县10个乡（镇）地质灾害隐患的现场排查、核查工作；共核查地灾隐患点246处，现场调查雪崩点4处，最终确认地灾隐患点246处，其中滑坡2处、崩塌30处、泥石流179处、不稳定斜坡35处；波密县1∶50000地质灾害详细调查工作已圆满完成，待自治区自然资源厅公布最终成果后便纳入实施。

2019年11月20日，波密县县委书记朱正辉（右二），县委常委、组织部部长、党校校长张斌（左一）到波密县自然资源局检查督导工作

波密县自然资源局充分利用国土宣传日及各类活动为锲机，大力宣传地质灾害的防灾、减灾和避险知识，进一步提高群众自我规避风险能力。深入乡（镇），村居和学校宣传地质灾害防范工作，累计宣传54次，开展应急演练1次，发放宣传画册1530册，受教育人数9500人次。

【确权登记】 农村宅基地确权登记办证5197宗，已全部发证完毕；农村集体土地确权946宗，发证3宗；林地确权40宗，发证40宗。

【不动产登记】 2019年，波密县自然资源局不动产登记受理业务包括首次登记、转移登记、抵押登记、变更登记、查封登记在内共计991宗，截至年底，已全部办证、发证完毕。

【耕地保护】 波密县自然资源局已完成永久基本农田建设工作，协同相关单位和第三方开展验收，并将相关材料上报自治区自然资源厅、市自然资源局存档备案。为科学划定波密县永久基本农田，确保基本农田数量和质量；波密县耕地保有量不低于5252公顷，基本农田保有量不低于4465公顷，严格执行耕地“占一补一”政策，严格落实“先补后占”制度，建立规范完善的占补平衡台账，切实做到农田保护“五不准”。利用6·25土地日、世界地球日契机，集中力量宣传，共开展宣传活动14次，接受群众咨询近3500人次，发送自然资源管理法律法规资料4510份，悬挂宣传横幅、张贴标语10条。

【党建工作】 波密县自然资源局不动产中心工作人员按照局党支部要求，积极开展“党建+最后一公里”党员干部进村居，贴心服务争先锋活动，深入10个乡（镇），85个村（居），将宅基地产权证书发放到每一户家中，努力塑造党员良好形象，始终牢记一名党员就是一面先锋旗帜，一个党支部就是一座战斗堡垒。

（吴卓）

【领导名录】

局长

普布（藏族）

副局长

起京（彝族）

杨楠（女）

王松泽

执法大队副大队长

达瓦次仁（藏族）

波密县统计局

【概况】 2019年，波密县统计局坚持一手抓稳定，一手抓统计，紧紧围绕区、市、县经济工作会议总体要求和部署，顺利完成年初确定的发展目标，全县经济继续保持平稳较快的发展势头。波密县统计局共有10名干部，其中，3名事业编属于波密县社会经济调查队。

【主要经济指标完成情况】 2019年，生产总值完成27.4亿元，可比增长8.2%；全社会固定资产投资完成13.12亿元，同比下降64.8%；民间投资完成4.8亿元，同比下降47%；社会消费品零售总额完成2.9亿元，同比增长10.7%；财政收入完成5585万元，同比下降19.96%；农村经济总收入7.76亿元，同比增长12%；农村居民人均可支配收入1.85万元，同比增长12.8%；城镇居民人均可支配收入3.3万元，同比增长11.3%；农林牧渔业增加值为2.71亿元，同比增长5.9%；粮油总产量2.18万吨，同比增长3.06%。

【农林牧渔业】 2019年，农林牧渔业总产值完成3.06亿元，增长5.2%。其中，农业产值1.81亿元，增长7.4%；林业产值548.99万元，下降2.55%；牧业产值1.1亿元，增长2.56%；渔业产值1.93万元，增长28.67%；农林牧渔服务业产值908.75万元，

2019年10月28日，波密县统计局开展人口抽样调查问卷调查工作

增长 5.89%。农作物播种面积 4967.43 公顷，同比增长 93.41 公顷。其中，粮食作物播种面积 4291.33 公顷，同比增加 92.2 公顷；油料种植面积 531 公顷，同比增加 31 公顷；蔬菜种植面积 129.3 公顷，同比减少 1.02 公顷。全年粮食总产量 2.03 万吨，增长 2.84%。其中，青稞 8963.98 吨，增长 36.22%；小麦 1.02 万吨，减少 9.24%；油料 1513 吨，增长 6.18%；蔬菜 3070 吨，减少 0.92%。肉类总产量 2113.34 吨，减少 8.44%。其中，牛肉产量 1234.24 吨，减少 7.93%；羊肉产量 0.35 吨，减少 97.4%；猪肉产量 877.56 吨，减少 7.9%。奶类产量 4307.7 吨，减少 1.01%；禽蛋产量 10.73 吨，减少 8.68%。

【统计工作】 波密县已完成“全国第四次经济普查”工作，波密县共清查个体户 2019 家，普查单位和企业 609 家，其中抽查个体户 203 家，于 6 月全部完成所有普查单位的录入和上报；扎实开展各项常规性统计调查和专项调查，上报普查、调查、工业、农业、服务业、投资等各类月报、季报表 40 份。

2019 年 12 月 4 日，波密县统计局开展统计法律法规宣讲活动

【法治建设】 2019 年，利用年报会、日常业务培训会、统计工作会等大力宣传统计法。结合日常工作，有针对性进行统计执法检查，运用法律武器维护统计权威、规范基层统计行为。共集中宣传法律法规 5 次，发放统计法律法规 60 份，教育引导广大企业依法维权，自觉履行义务，进一步增强宪法意识和法治观念，严格依法上报统计报表，以达到提高统计数据质量的目的，不断提高企业法律意识和管理水平。

【统计培训】 通过对各乡（镇）开展统计业务培训以及参加市统计局举办的 2019 年统计系统干部跟班学习，使统计人员尽快熟练掌握统计的标准分类和统计调查方法，熟悉统计调查指标的口径范围和计算方法，全面提高统计人员业务素质，确保高质量完成统计工作任务。组织企业、事业单位和基层乡（镇）统计人员参加业务培训 2 次，90 人参加。

【党风廉政建设与队伍建设】 2019 年，牢牢把握党的政治建设这个根本性建设，全面加强党支部和干部队伍的政治建设。制定完善年度学习计划，把集中学习和自我学习有机相结合，以开展第二批“不忘初心、牢记使命”主题教育为契机，扎实推进“两学一做”学习教育常态化制度化工作。学习贯彻习近平新时代中国特色社会主义思想和中共十九大精神，始终把政治建设摆在首位，不断探索和完善党建工作长效机制，不断增强党员干部队伍的工作合力。共召开党员大会2次，支部书记讲党课1次，主题教育活动8次，主题党日活动3次。通过开展“党员干部进村入户、结对帮扶交朋友”活动，主动了解帮扶对象生产生活和存在的实际困难，送去慰问金2000元，慰问品价值1000元。

抓好学习型机关建设。结合工作实际，充分利用每周五开展自学和集中学习，坚持理论学习和业务工作两手抓，努力实现统计人员从单纯的专业人才向高素质的复合型综合人才的转变，波密县统计局参加区内外各类培训、跟班学习等20人次。

（嘎玛罗追）

【领导名录】

局长

黄勇

副局长

央吉卓嘎（女，藏族）

王林

波密县市场监督管理局

【概况】 2019年，波密县市场监督管理局深入贯彻机构改革精神，全面推进市场机制体制改革，整合原工商局、食药局机构、人员、职能和划转发改委、商务局等部门职能，组建波密县市场监督管理局，为正科级政府工作部门，行政领导职数4名。3月20日，波密县市场监管局正式挂牌成立。市场监管局实有干部21名。

【市场主体登记注册工作】全面推行“证照分离”“多证合一”“一照一码”制度性改革，优化商事注册登记和行政审批，压缩办事时限和审批程序，降低市场准入门槛，全面落实“最多跑一次”改革，实现群众办事“一窗、一门、一网”便捷服务。2019年，波密县注册实有市场主体3249户，注册资本（金）34.3亿元，其中：企业365户，农民专业合作社139户，个体2745户。运用“林芝市智慧食安”系统办理食品经营许可，实现程序简化，办事时限压缩“一站式”办证服务。2019年，办理食品经营许可证1097张。

【食品安全监管】 充分发挥食安办“牵头抓总”作用，召开餐厨垃圾处理暨食安委联席会议，研究讨论餐厨垃圾处理事宜，明确职责分工，推动工作下沉上肩。累计出动执法人员100人次，检查食品生产经营单位300家次，没收不合格食品43公斤，不合格猪肉1000公斤，货值3.68万元，协调第三方公司开展县城、乡镇餐饮企业餐厨垃圾收运，2019年3月21日至4月15日，累计收运餐厨垃圾124.07吨；落实防控目标管理，与各

2019年11月20日，波密县委常委、人大常委会主任马海蕴（左二）在波密县市场监管局检查指导工作

餐饮企业单位签订《废弃油脂承诺书》《“非洲猪瘟”防控承诺书》各700份，发放《波密县餐厨垃圾处理台账》700册；开展“非洲猪瘟”防控检查，重点对菜市场肉摊、超市、餐饮店开展猪肉及制品日常检查，并配合县防疫指挥部实施检查“日报告”制度，累计出动执法人员126人次，检查食品经营单位430家次，处理不合格猪肉150公斤，货值5400元；开展校园及周边食品安全专项整治，以春、秋开学季为契机，联合教育局等部门对食品生产经营单位持证、食品原料采购索证索票、餐具消毒、个人卫生、油烟污染防治等方面，先后深入校园及周边开展食品安全整治，严厉打击“五毛钱”、过期等食品，累计出动执法人员63人次，执法车辆12台次；结合“不忘初心、牢记使命”主题教育，9月11日，召开整治食品安全问题联合行动碰头会，安排部署阶段性整治工作，重点整治食品生产经营环节违法违规行为、保健食品行业乱象、校园食品安全问题及农产品质量安全问题等四个方面的问题。累计出动63人次，执法车辆6台次，检查食品生产经营小作坊126家次，没收不合格食品1050公斤，货值6000元，立案1起，罚款7000元；坚持食品安全痕迹化管理，以《食品生产经营日常监督检查要点表》《食品生产经营日常监督检查结果记录表》及食品安全风险分级检查要求为纲领，全面排查食品安全风险，提增检查频次，强化措施落实和风险跟踪，消除食品安全隐患。针对食品安全存在的薄弱环节，围绕资质证照、索证索票、进货查验等方面对食品批发市场、超市、学校周边、集贸市场、食杂店经营的肉制品、冷冻肉、米面制品、儿童食品、豆制品、调料品等进行检查；落实食品生产许可制度，重点检查生产企业、加工小作坊布局、持证、流程、个人及环境卫生等进行全面检查，坚持量化动态管理，量化评定率85%。开展重大活动餐饮服务食品安全保障，强化对餐饮单位巡查力度，做到监管不留死角，开展重大活动保障13次，出动执法人员40人次，车辆20台次；持续开展食品监督抽检，对学校食品、菜市场、商超、生产企业、小作坊等范围区域的农产品、肉类、果蔬、面制品等进行抽检，累计抽样176批次，合格率100%，圆满完成市局创建食品安全示范城市任务；推进食品安全示范引领作用，配合市局开展“餐饮服务食品安全示范店”创建工作，择优推荐岷山山峡酒店、伊清阁作为示范点，以点带面，辐射带动，实现食品安全质量总体提升。2019年，累计出动执法人员438人次，出动执法车辆53台次，检查食品生产经营户856家次，下达限期责令整改7份。

【药械化监管】 强化辖区内药械化企业个体日常监管，督促市场主体履行《中华人民共和国药品管理法》《医疗器械监督管理条例》《化妆品监督管理条例》等法律法规，加强对供应商资质审查、索证索票、进货查验、仓储陈列等方面的排查，强化监督频次，有效消除安全隐患；深化药品、医疗器械索证索票资质审查机制，全面对县医院、诊所药械供应商资质合法性进行审查，防止“挂靠走票”的行为和假劣药械流入到医疗终端，确保广大群众用药用械安全；开展药品、医疗器械、化妆品不良反应事件监测，收集药品不良反应39例；开展药械化专项整治，累计出动执法人员124人次，出动执法车辆12台次，下达责令整改5份，没收标签过期中药饮片8袋，过期化妆品8种，货值2500元；组织涉药单位培训，以西藏自治区“市场监管+大讲堂”讲课培训契机，组织药品医疗器械从业人员开展新修订《中华人民共和国药品管理法》、新颁布《中华人民共和国疫苗管理法》业务培训，受训人数27人次。

【公平竞争执法】 围绕企业个体和消费者反映强烈问题，开展对菜市场、旅游景点等情况复杂领域线索摸排和“铁拳”行动，集中整治市场混淆、虚假宣传等不正当竞争问题；坚持“有黑扫黑有恶除恶有乱治乱”原则，充分发挥职能作用，通过日常监管和专项检查深挖问题根源，维护群众正当权益，2019年，累计参加集中宣传活动21场次，悬挂宣传条幅18幅，设立举报箱2个，建立扫黑除恶打非治乱举报箱开启登记台账和线索排查处理台账各1本，累计发放宣传资料4470份，受教育群众6000人；开展米堆冰川等旅游景点土特产整治，严查以次充好，以假充真违法行为，累计出动执法人员21人次，下达责令整改3份，协调处理土特产举报3起；强化商标广告监督，开展“红牛”“天力乐虎”侵权假冒、“墨脱石锅”商标、广告违法发布等专项治理，累计出动执法人员10次，执法车辆4台次，检查38户。

【打传规直工作】 通过检查与宣教方式，组织成员单位设置宣传点，深入偏远农牧区开展宣传教育，强化广大农牧民对传销、直销违法行为和危害性的认识，严查直销企业，规范直销行为；建立涉传人员登记管控台账，强化与辖区派出所的协作配合，加强同乡（镇）和驻村工作队的联系，及时了解掌握涉传人员动态；深入开展“无传销”示范创建，以点带面，全面推进。创建无传销示范点1个，无传销乡镇4个，无传销社区1个，无传销校园3个，签订无传销责任书11份。

【知识产权工作】 2019年，波密县成功注册商标216枚，包括自治区著名商标“波密天麻”“雪域茶谷”，自治区地理标志证明商标“波密天麻”“波密鲜松茸”“波密干松茸”“波密青稞”“波密菜籽油”，林芝市知名商标“森工”，商标注册件数位居林芝市前三，建立商标一标一档216户。积极推荐“波密天麻”参选中国驰名商标，完成“波密天麻”商标续展工作。

【价格监管】 通过外围调查、实地走访、座谈等方式摸底调查辖区内小微企业，抽查不落实停征、免征收费政策等乱收费问题线索，确保改革红利切实落实到群众中；开展转供电环节电价重点治理，严肃查处转供电单位不按规定退还多收电费、不执行政府定价以及在电费中违规加收其他费用的行为，经整治，已执行中部电网电价标准，居民生活用电标准为0.49元/千瓦时；加强节假日等重要时段市场价格监管，强化春节、中秋节、70周年大庆等重要节点菜、肉、奶等重要农副产品和旅游、餐饮、住宿等服务价格的监管。累计出动执法人员76人次，执法车辆38台次，检查企业个体150家次。

【产品质量监管】 强化产品监督检查，重点开展儿童和学生用品、“白色污染”、能效水效标识、日用品、一次性使用卫生用品、废铅蓄电池污染、境外卫生等专项治理，配合市局开展医疗器械、加油机、燃气压力表等民生领域计量器具检定，检定医疗器具41件次，重大设备32件次，加油计量器具36件次，开展燃气站、加油站计量器具执法检查，累计出动执法人员58人次，执法车辆29台次，检查企业个体71家次。

【特种设备监管】 坚持风险隐患“零容忍”，盯紧盯牢特种设备安全，做到排查风险精准覆盖，问题整改有效落实，全面检查特种设备“三落实、两有证、一检验、一预案”情况，配合第三方完成36台电梯，4台起重机定期检测和安达、雪成加气站鉴定评审工作，累计出动执法人员18人次，执法车辆9台次，有效防范特种设备安全事件的发生。

【市场案件稽查】 强化案件线索摸排，做到案件有法可依，有法可循，形成法制威慑。累计办结案9起，案值8.12万元，没收违法所得8812元，罚款7.29万元，罚没款8.17万元。其中，无照经营案2起，案值4.5万元，没收违法所得0.2万元，罚款1.8万元，罚没款2万元；食品不合格案2起，没收违法所得6768元，罚款4.7万元，罚没款5.38万元；产品质量案件3起，案值8630元，没收违法所得44元，罚款0.34万元，罚没款0.34万元；个体工商户超范围经营案件1起，案值1万元，罚款0.15万元；不正当竞争案件1起，案值1.56万元，罚款1万元。

【消费维权】 充分发挥“12315”消费维权点的作用，接到电话投诉举报9起，成功调解9起，调解率100%，为消费者挽回经济损失1.97万元；积极宣传《中华人民共和国消费者权益保护法》《网络购买商品七日无理由退货暂行办法》等法律法规，累计发放宣传材料300份，咨询人数180人次；依托“3·15”消费者权益保护日，集中销毁不合格产品600千克，货值4.19万元。

【宣传培训工作】 坚持“谁执法、谁普法”原则，加大宣讲力度。以“质量月”“食品安全周”“安全用药月”“综治宣传月”及“3·15”消费者权益日、扫黑除恶打非治乱专项斗争等宣传活动为契机，重点宣传市场监管各类法律法规及扫黑除恶打非治乱政策知识，累计发放各类宣传资料6000份，受教育群众8000人，悬挂宣传横幅16条，开展“七进”宣传活动4场次，现场发放各类宣传资料600份。

【创新工作】 推进“放心肉菜市场及超市”创建，投资31

2019年6月26日，波密县市场监管局局长次仁罗杰与村两委班子及驻村工作队开展座谈

万元完成菜市场、嘉瑞超市快检室建设和设备采购，投入60万元委托第三方提供快检服务。累计快检食用农产品5969批次，不合格食用农产品12批次，下架销毁问题食品1150公斤，货值3200元；推进“明厨亮灶”工程，投入16.92万元对19家餐饮单位的操作间、凉菜间等重点场所安装电子监控，并纳入“明厨亮灶”电子平台监管，已有42家餐饮单位（企业）实现电子监管；推动食品安全责任保险机制，强化事后风险管理，与波密县人民财产保险公司联合开展食品安全责任保险推介，2家餐饮企业投保，投保总额7000元；推动企业标准化建设，坚持供给侧改革，将质量优化，提档升级放在首位，协同第三方认证机构开展“ISO22000食品安全管理体系认证”“有机产品、有机转换产品认证”等。完成“ISO22000”认证1家，“有机产品认证”2家，“IS9001质量管理体系认证”1家；创新年报申报工作。为提升年报申报率，在县城内设立年报代办点11个，在注册登记窗口设立年报咨询台提供咨询服务。推行“驻村＋年报”机制，加强驻村年报联络员培训，落实“点对点”年报申报，提高市场主体的年报申报率。通过新闻媒体大屏幕以及商户LED滚动播放进行年报申报工作宣传；强化企业信用信息平台运用，全面落实“双随机、一公开”监管，完善部门协作和信息共享机制，推动跨部门联合检查制度化常态化。完成自治区“双随机”任务311件，完成率100%，推行“企业经营异常名录”和“重大违法企业名单”机制，强化年报申报，清理“僵尸企业”，年报率97.83%；加强事中事后监管。联系波密县司法局专职法律顾问，强化行政执法监督，进一步提高执法办案能力和水平。

【党建工作】 以政治建设为中心，坚持“两个责任”“一岗双责”，强化党建目标责任制。强化政治教育和意识形态引领，继续深化“两学一做”主题教育常态化制度化、“四讲四爱”主题教育实践，结合“不忘初心、牢记使命”主题教育，将“学习教育、调查研究、检视问题、整改落实”贯彻主题教育全过程，开展以党章党规及《习近平关于“不忘初心、牢记使命”重要论述摘编》为重要内容的集中学习和自学活动，充分运用“学习强国APP”等媒体丰富自学内容，全面打造思想政治过硬的基层党支部，让政治教育更加深入人心。严格政治生活，坚决执行“三会一课”“谈心谈话”等制度，累计开展集中学习26次，组织生活会1次，党员主题活动日10次，谈心谈话31人次，书记讲党课4次；密切干群血肉联系，开展驻村及退休干部慰问活动，为退休干部送去600元慰问金，为驻村工作队送去价值2000元的慰问金及慰问品，开展“党员领导干部结对认亲交朋友”活动，为8个家庭困难户送去慰问金4000元。

（房多方）

【领导名录】

书记

旦增尼玛（藏族，3月任职）

局长

次仁罗杰（藏族，3月任职）

副局长

陈俊（黎族，3月任职）

泽央卓玛（女，藏族，3月任职）

王身利（3月任职）

波密县商务局

【概况】 2019年，波密县商务局在县委、县政府的正确领导下及在区、市商务主管部门的精心指导下，以“五个波密”建设为目标，牢固树立创新、协调、绿色、开放、共享的发展理念，抢抓“一带一路”、孟中印缅经济走廊和环喜马拉雅经济合作带建设的发展机遇，积极推动商务领域和招商引资工作不断发展，进一步吸引外来资本在波密投资，推动波密县社会经济实现跨越式发展；全面落实社会治安综合治理领导责任制和目标管理责任制，深入开展创建平安单位活动。2019年，商务局共有行政编制3名，实有工作人员8名，驾驶员1名。

【机构改革】 根据自治区下发《关于建议规范明确市（地）商务局职责的函》的文件要求，充分明确全区、地、县商务工作的职责内容及编制情况，波密县商务局根据实际情况进行全面分工，以下为商务局职责划分情况：综合办公室；招商引资工作；市场体系工作；商贸服务工作；供销合作社；外贸服务；网络信息。

【市场运行调节】 2019年，波密县建立市场监测样本企业5家，其中生活必需品监测及应急商品数据库系统2家，重点流通监测3家，另建设有内贸样本企业2家。各监测样本企业都能积极配合，按时上报各种监测信息，完成各项监测任务。利用元旦、春节、藏历新年、“五一”“十一”等节假点，动员波密县各超市、品牌店、电器店、家具店等开展促销活动。生活必需品市场价格平稳，物资齐全，满足不同消费层次的需要，市场运行情况良好。

【市场秩序建设】 2019年，波密县商务局配合县应急管理局、消防救援大队和公安局等部门对商务领域相关企业进行安全生产检查20次，出动人数50人次。波密县商务局成立了安全生产领导小组，通过强化监管和严格执法，确保商务领域市场秩序平稳。

【市场经营管理】 2019年，波密县商务局对154家万村千乡进行梳理，其中二级配送中心（县级店）1个，商贸中心1个，乡级店1个，村级店151个，实现了建设范围全覆盖。同时对已建农家店进行回头复查核对，通过复查，波密县各乡（镇）的农家店存活情况120家，存活率77.92%。

【招商引资】 2019年，波密县商务局严格按照自治区“一产上水平，二产抓重点，三产大发展”经济发展战略，紧紧围绕波密县“两产业一平台”和“五个波密”建设总体目标，聚焦工作重点，拓宽招商渠道，改善投资环境，大力推进波密县招商引资工作。积极主动出击，夯实基础工作。来波密县咨询、洽谈项目的客商25批次，与其中7家公司成功达成初步协议，其中天宇圆梦苑建设项目、野生光核桃项目等五个项目现已落地动工。加大项目宣传。为提高招商项目的知晓率，充分利用政府门户网站广泛发布招商信息，同时以上门招商、参加重大招商活动为契机，大力开展项目宣传推介。完善相关制度。建立领导联系项目制度，明确联系项目的牵头县领导；建立招商月报制度，对招商引资工作实行月报实时监测；2019年完成4.8亿元，完成年度计划（3.5亿）的134%。续建项目6个，完成投资0.7亿元；新建项目14个，完成投资4.1亿元。

【电子商务】 严格按照电子商务进农村项目“一个中心、五个体系”的建设标准，项目工作有序推进。电子商务公共服务中心选点在波隅旅游服务大厅一楼，作为O2O体验区、摄影区、培训和运营中心。三级服务站点建设分三期完成，第一期站点建设主要围绕波密县主要交通干线，以G318线路开展站点建设和规划，第二期主要按照乡（镇）覆盖的重点原则，选取站点建设规划，第三期结合前期站点的规划内容，按照重点区域覆盖的方式开展站点的建设规划。完成扎木镇、松宗、倾多、康玉等10个乡（镇）一期电商培训，合计42人；完成培训方案3篇，组织项目组3名成员赴内地（成都、浙江）参加为期10天的电商培训，并在电商示范县考察调研。完成5辆物流车辆、2辆叉车的采购工作，满足基本物流流通需求。对接供应商30家，包括土鸡蛋、蜂蜜、松茸、灵芝等农特产品；藏刀、锁具、编织包、藤编筐等手工传承产品。制作西藏首家农村电商动漫教学视频6集，并在创业林芝、林创电商、波密旅发委、波密电视台、微林芝等平台播放，公众号单次阅读量3000+人次，总阅读量20000人次，关注量2800人次，转发量1600+人次。

【特种行业监管】 二手车流通监管。2019年，波密县商务局登记备案的二手车经营网点1家，从业人员2人，年营业收入40万元，回收二手车100辆。

【综合执法】 2019年，波密县商务局执法范围涵盖商贸流通业、成品油市场、家电维修服务业、洗染业、再生资源行业、零售商促销业等8个领域，出动执法人员127人次，发放宣传资料3000份。

【成品油市场管理】 2019年波密县从事成品油销售企业共5家，波密县商务局督促指导企业严格落实《中华人民共和国安全生产法》《危险化学品安全管理条例》和《地区加油（气）站消防安全管理标准》等法律法规。认真执行审核开票及油站值守工作。波密县各成品油加油站秩序良好，并能严格按照机动车实名制加油和《零散成品油销售管理办法》进行加油，还与应急管理局、消防救援大队和公安局等部门联合开展成品油市场清理整治检查工作。

【社会消费品】 2019年，实现社会消费品2.9亿元，同比增长10.7%。其中按所在地

2019年12月2日，波密县商务局携手林芝创新产业开发管理有限公司波密分公司总经理久美多杰（左三）开展以“冬日暖心见真情、扶贫扶智奔小康”为主题的电商扶贫冬日送温暖慰问活动

分：城镇社会消费品2.17亿元，同比增长10.3%；乡村社会消费品共计7217万元，同比增长12.2%。按行业分：餐饮收入社会消费品共计8068万元，同比增长11.9%；商品零售社会消费品2.09亿元，同比增长10.3%。

【党建工作】 2019年，在县委政府的正确领导下，在县党建办、机关工委的精心指导下，在全体党员干部的大力支持和积极配合下，波密县商务局深入学习贯彻中共十九大和十九届二中、三中、四中全会精神，认真学习贯彻习近平总书记系列重要讲话精神，紧紧围绕市委“135”党建工作思路和县委“红色318”基层党建思路及“基层党组织组织力提升年”部署要求，抓基层打基础，抓亮点促发展，全力抓好基层党建工作。共组织集中学习19次，参加人数120人次。

（张小雷）

【领导名录】

局长

金珠（藏族）

副局长

格桑（女，藏族，5月任职）

蒋长春（5月任职）

波密县卷烟配送中心

【概况】 波密县卷烟营销网点于2006年7月成立，辐射扎木镇、松宗镇、倾多镇、多吉乡、康玉乡、玉普乡、玉许乡、古乡、易贡乡及通麦小集镇，覆盖率90.9%。波密县网点共有职工5名，其中在编人员3名。从波密县当地招聘编外人员2名。

【安全生产工作】 时刻绷紧安全稳定这根弦，扎实做好安全维稳各项工作，确保社会大局和谐稳定。严格执行值班带班制度。负责人带班、网点成员轮流值班，24小时执勤，明确责任，全力做好安全稳定工作。严格落实安全生产工作要求。2019年共组织开展各类安全学习及安全大排查6次，定期对办公楼、仓库及食堂等安全重点部位进行安全隐患排查。严格执行车辆管理制度。配送车辆每日检查登记，节假日严格执行“三交一封”，确保波密县网点安全维稳工作落到实处。

【卷烟经营情况】 2019年销售卷烟8350万支（1670箱），同比减少9.36%；销售额7169万元，同比增加1.2%；单箱均价4.3万元，同比增加1.16%。波密县有效零售客户150户，其中县城零售客户80户，乡（镇）零售客户70户。网上订货户数98户，占比65.33%，县城网订比率80%，

2019年10月28日，波密县网点召开零售户自律互助小组座谈会

跨行结算业务已开通3户，全县电子结算业务实现全覆盖，成立7个零售户自律互助小组，全面覆盖县城、乡（镇）客户。

【专卖监督管理】 2019年，林芝市局（公司）专卖监督管理科深入波密县3个镇7个乡1个小集镇开展县乡卷烟市场专项治理，共查处波密县涉烟违法案件3起，查出涉案卷烟6.42万支，案值12.77万元，上缴罚没款1274.79元。

【党建工作】 波密县网点现有1名党员，按照林芝市烟草专卖局党组要求，该党员组织关系转入中共扎木镇委员会，在扎木镇委员会参加学习6次，参观“扎木中心县委红楼”1次，参加集体劳动1次；网点开展职工集中学习理论和业务学习42次，交流发言6次，开展“不忘初心、牢记使命”主题教育专题集中学习9次。

（张红霞）

【领导名录】

网点负责人

张红霞（女）

主要经济企业

波密县城市投资有限责任公司

波密县波隅旅游开发有限公司

西藏林芝市波密县藏核农业科技有限公司

西藏林芝市波密县顺达成品油销售有限公司

中国石油波密加油站

波密县实惠成品油销售有限公司

2020 BOMI YEARBOOK

波密县城市投资有限责任公司

【概况】 波密县城市投资有限责任公司由波密县人民政府授权国有资产监督管理委员会成立，是一家注册资金2500万元的国有独资企业。2019年，波密城市投资有限责任公司，实现收入250.09万元，上缴税金14.6万元，资产总额1.06亿元。公司现有干部职工18名，公司下设综合部、财务部、业务部、物业部4个部门。公司主要经营土地开发管理、矿产资源管理、砂石资源管理房屋租赁、物业管理、同时承建城市基础设施建设及旅游资源市场开发、垃圾和污水处理。

【业务工作】 规范商品房管理。依据《中华人民共和国城市房地产管理法》《城市房地产开发经营管理条例》，规范管理波密县城市投资有限责任公司名下347间商品房。切实提高认识，加快发展商品房租赁市场。开发藏立景观酒店、林下产品一条街。引进藏立景观酒店管理公司合作开发藏立景观酒店该企业新增投资4000万元，新增商户50家，新增长期就业岗位100个，临时就业岗位50个，成功盘活国有闲置资源。引进盛景百汇商贸公司合作开发林下产品一条街，新增商户23户，新增就业岗位60个，临时就业岗位40个。并购波密县国合联营公司。2019年2月，波密县国合联营公司与波密县城市投资有限责任公司双方共同组成资产清查小组对波密县国合联营公司进行清产核资专项审计，经双方确认账务无误后进行实物移交，县国资委进行监督。资产移交后，一并承担波密县国合联营公司债务，根据清资核产专项审计报告显示，波密县国合联营公司账面负债总额为803.11万元，波密县城市投资有限责任公司将列入开支预算，计划利用3至5年时间内部消化解决。

波密县国合联营公司实有职工35人，在编在职28人，临时工7人。对达到退休年龄，符合退休政策的员工，拟进行劝退处理；其余在编职工拟全部转岗安置至波密县城市投资有限责任公司；临时工，将按照合同期限继续执行，合同结束后结合公司需求实行分流处理。

【队伍建设】 坚持以“内强素质，外树形象”为目标，以思想建设为准绳，倾力打造团结务实、高效协作、纪律严明、行事果断、服务有力的坚强集体。加强成员之间的沟

2019年7月25日，波密县县委书记朱正辉（右二）对波密县城市投资有限责任公司负责办理的砂石矿建设项目进行调研

2019 年 8 月 2 日，波密县城市投资有限责任公司开展保密知识测试活动

通，常交心、纳群言，工作上支持，生活上关心，形成团结互助，精诚协作，同心谋事的良好风气。抓好公司作风建设，树立“优质服务、廉洁高效”的良好形象。

【项目建设】 波密县办公商业综合体（一期），总投资489 万元，新建办公业务用房1155.44 平方米，绿化 489.5 平方米，硬化 189.7 平方米等其他附属工程。

【安全生产】 严格执行各项安全生产规章制度，按照管理制度和操作规范加强管理，有效杜绝违章违规作业。坚持安全第一、预防为主的方针，制定安全检查制度，每月进行一次安全生产大检查，对检查的结果进行汇总分析，制定整改措施。

【党建工作】 波密县城市投资有限责任公司党支部始终发挥“基层党支部战斗堡垒”的作用，重视党费收缴，做好民主评议工作，全面加强党支部的凝聚力和战斗力。共有正式党员 14 名，积极分子 1 名。选举产生波密县城市投资有限责任公司党支部委员会，其中党支部书记 1 名，副书记 1 名，委员 3 名。

（扎巴）

【领导名录】

董事长

李彦龙

国资委主任

王景亮

总经理

张鑫

副总经理

王胜坤

蒋文昆

刘友志（藏族）

扎西旺秋（藏族）

波密县波隅旅游开发有限公司

【概况】 2017 年 3 月 31 日，波密县波隅旅游开发有限公司注册成立，以旅游项目开发与管理、景区资源开发为主营，大力发展旅游产业。下辖波密县游客服务中心、波密县部分涉旅企业、波密县各旅游景区景点。积极挖掘、整理、整合全县旅游资源，进行全域旅游策划与规划，保障景区开发权、经营权和所有权归政府所有。波密县波隅旅游开发有限公司通过对景区资源管控、开发经营、与其他旅行社合作等方式，完善景区开发和资源壮大，带动波密旅游产业快速发展。波密县波隅旅游开发有限公司通过公开选聘，招聘出纳 1 名、文秘 1 名。公司在人事管理方面，以制度约束人，以绩效激励人，以达到发展企业、壮大企业的目标。

【基础设施建设】 波密县游客服务中心（二期）于3月20日正式投入使用。拥有客房32间，降低了运营成本，增强了游客服务中心的接待能力，更好的宣传了波密县旅游资源，为波密县波隅旅游开发有限公司今后更好地发展奠定了基础。

【业务工作】 2019年，波密县波隅旅游开发有限公司旗下游客服务中心累计接待游客3120人次，收入66万元；岗云杉林景区累计接待游客4920人/次，收入11.26万元；追讨2018年米堆冰川景区、嘎朗湖景区政府及农牧民分红款251.74万元（汇至财政局），追讨2016年至2018年10个连锁驿站租金68.4万元，收到帐篷营地、易贡藏刀展销馆等租金22万元。

波密县波隅旅游开发有限公司委托西藏腾羚商标公司代为注册帕隆藏布、千年云杉王、千年桃树王等8个区域性品牌名称共计15件商标，其中2件商标已通过审核并发放证书，引进新能源共享汽车2辆作为景区直通车试点，解决了游客出行不便的问题，波密县波隅旅游开发有限公司牵头举办波密县“大龙杯”民间美食大赛，挖掘波密县经典传统美食30道，达到了传承弘扬波密县美食文化的目的，促进了全县美食文化交流，波密县波隅旅游开发有限公司为岗云杉林景区购买保险，先后6次对游客服务中心、岗云杉林景区、米堆冰川景区进行安全生产检查并对隐患问题进行整改，进一步确保景区游客安全，落实景区安全生产工作。

【投资融资】 波密县波隅旅游开发有限公司2019年共接待有意到波密投资的客商10批，进一步推介了波密的旅游资源。通过积极与客商对接，成功引进投资5亿元的松宗镇度假小镇开发项目。通过公开发布招商信息，成功招租一家企业租赁角达村旅游商铺6间，年租金5.04万元，其中3.53万元用于角达村旅游产业扶贫资金。成功与7家旅行社签订了《岗云杉林景区合作协议》，进一步宣传了岗云杉林景区旅游资源。

【推进双创项目建设】 按照县委、县政府相关安排部署，波密县波隅旅游开发有限公司挂牌成立双创中心，建立健全双创中心各项规章制度，吸引林芝创新产业开发管理有限公司波密分公司和波密县梦创客广告传媒有限公司、中青城投西藏分公司、西藏旅投林芝分公司7家企业进驻，累计解决40名大学生创业、就业岗位，

2019年10月9日，波密县县委书记朱正辉（右二）到波密县波隅旅游开发有限公司公司指导党建工作

发放薪酬30万元。

【安全生产】 波密县波隅旅游开发有限公司安全生产领导小组组织召开安全生产教育工作会，学习安全生产规范、安全生产操作流程；组织安全大检查，主要检查酒店工程建筑物、酒店设施、启闭设备、供电线路等设施；治安稳定，防火、防盗、防毒、防爆等工作是否落实情况。实现安全生产“零事故”，确保了公司安全生产、安全管理、安全工作。

【党建工作】 波密县波隅旅游开发有限公司学习国有企业的新时代任务，开展“重温入党誓词”活动，举办建国70周年庆祝活动，开展结对帮扶户、困难党员走访慰问活动2次，开展以“不忘初心，牢记使命”为主题的党课学习4次，组织专题教育、交流研讨等活动3次，观看《建党伟业》《建国大业》《老英雄张富清同志先进事迹》等影片，活动开展热烈有序。通过主题教育学习，干部职工增强了担当意识，促进了波密县波隅旅游开发有限公司各项工作有效开展。

（王文娟）

【领导名录】
总经理
卢俊香（女）
副总经理
姚建（女）
央青占堆（藏族）

西藏林芝市波密县藏核农业科技有限公司

【概况】 西藏林芝市波密县藏核农业科技有限公司是林芝圣茸农业科技股份有限公司的全资子公司，座落在波密县产业园区内，主要从事松茸和核桃的深加工，松茸和核桃产品的研发、生产、销售。主要产品为冻干松茸、冻干天麻、冻干苹果、烘干松茸、烘干天麻、胶装核桃油等。计划投资规模1.2亿元，已投资3000万元。占地面积1.62万平方米，建筑面积2万平方米。公司共有员工10人，机动临时人员30人，其中部分人员为建档立卡贫困户。

西藏林芝市波密县藏核农业科技有限公司拥有一支高学历、高素质的人才队伍，员工40%本科及以上学历。与广东省及云南省高校建立合作，依托高校资源建立一支以研究生和博士生为主的高科技研发队伍，依靠技术求发展，为国内外客户提供满意的健康产品。与国内外客户建立合作，依靠波密当地的资源优势，波密县的农副土特产品推向全国，走向世界。

【工作开展】 2019年，投入资金3000万元，一期松茸加工厂建筑面积1817.21平方米，按照食品车间要求进行建筑，包括拣选去皮间、切片间、内包装间、外包装间、烘干间、冻干间、试验室、包材库、成品库、冷冻库等。冷库面积658.9平方米，−18℃低温冷冻库6间，0℃至5℃高温保鲜库1间，−33℃速冻库1间，可存储100吨松茸等林下产品。办理了ISO9001质量管理体系认证、ISO22000食品安全管理体系认证，鲜松茸有机认证、松茸干片有机认证、HACCP认证、EC834欧盟有机认证。含有松茸和青杠菌的发酵型调味料的制备方法申请了国家发明专利。

（栾丕誉）

【领导名录】
董事长
孙国伟
总经理
栾丕誉（10月离任）
付金山（10月任职）

西藏林芝市波密县顺达成品油销售有限公司

【概况】 西藏林芝市波密县顺达成品油销售有限公司成立于2009年，注册资本200万元，占地面积2853平方米，有加油机4台，储油罐5个，房屋建筑面积900平方米，房屋12间，加油站工作人员7人，管理人员2人，后勤服务人员1人，加油员4人。

【石油销售】 西藏林芝市波密县顺达成品油销售有限公司营业额同比下降40%，上半年销售成品油292吨。

【油量储备】 西藏林芝市波密县顺达成品油销售有限公司完成对加油站的改建工作，改建后的油罐每个为50立方米的双层罐，共计5个油罐，总储油量250吨。

【队伍建设】 西藏林芝市波密县顺达成品油销售有限公司定期组织员工学习培训、消防演练、应急演练，保障发生事故能第一时间控制现场并把损失降到最低。

【平安创建】 紧密配合县政府等各部门的工作要求，制定应急预案，力争西藏林芝市波密县顺达成品油销售有限公司不出现任何安全事故和安全隐患。

【安全生产】 为严格贯彻执行国家及地方政府有关安全生产，职业安全健康和危险品运输方面的法律法规要求，行业标准和企业的规章制度，牢固树立安全第一，预防为主。综合治理的思想，确保员工的人身安全， 西藏林芝市波密县顺达成品油销售有限公司建立健全 安全生产责任体系。

【党建工作】 西藏林芝市波密县顺达成品油销售有限公司积极开展“四对一”结对帮扶贫困户，送温暖送慰问品及慰问金共计1000元。

（孙庆亮）

【领导名录】

经理

孙庆亮

站长

张超峰

孙同

2019年10月17日，在玉许乡扎西岗村给贫困户嘎玛扎堆家送粮油物品及现金500元

中国石油波密加油站

【概况】 波密加油站始建于2003年，2010年进行了改造，属于国企上市公司。位于扎木西路，占地面积2800平方米。站内配有高清监控16个，设有汽、柴加油机各4台。30立方米卧式双层罐8座，为履行好国有企业的三大责任，中国石油波密加油站于2018年在波密县县城以西两公里处新建

波密2号加油站并已运营。波密2号加油站占地面积3600平方米，站内配有高清监控17个，设有汽、柴加油机4台12把加油枪，50立方米卧室双层罐4座。两座加油站均符合国家环保要求的二次油气回收并通过油气回收检测。

【油品销售及队伍建设】 2019年，中国石油波密两站油品销售共计1.7万吨。波密站罐容量150立方米，波密2号站罐容量150立方米。两站共有员工19人，其中站经理1人、副经理1人（党员）、综合管理员5人、加油员12人。

【安全生产】 严格按照要求，加大加油实名登记，坚持员工不脱枪加油。制订员工安全培训计划和应急演练计划，坚持每月开展应急演练和安全培训，提高员工安全意识和自我保护能力。加大每日班组的安全及防火巡查，杜绝违规作业，严格实行24小时带班值班制度。

（格桑多吉）

【领导名录】

经理

格桑多吉（藏族）

波密县实惠成品油销售有限公司

【概况】 波密县实惠成品油销售有限公司成立于2002年5月20日，属个人投资企业，注册资金280万元，占地面积1200平方米。实有加油机4台，40立方米地埋卧式双层油罐4座，属二级加油站。加油站现有工作人员5人，管理员2人。

【销售】 本站主要从事成品油零售，主要经营汽油、柴油。2019年，销售金额1100万元，上缴税金28万元，年利润80万元。销售汽油650吨，销售柴油700吨，经营期间油品质量未出现任何问题。

【储备】 本站有4个地埋卧式双层油罐，柴油罐2个容量70立方米，汽油罐2个容量80立方米。

【升级管理】 为确保加油站安全和稳定。对加油站实行升级管理，为确保成品油市场安全销售，根据西藏自治区、林芝市零散成品油管理办法的有关规定，购买散装油必须由所在乡镇及派出所或县公安局、商务局、出具零散成品油加油证明。车辆加油必须持有三证即身份证、驾驶证、行驶证，进行实名登记后方可加油。加油员持证上岗5人，参加安全资格证培训4人，定期培训，做到安全生产无事故。

【安全生产】 2019年，公司严格执行各项安全生产规章制度和安全操作规范，按照管理制度和操作规范加强管理，有效杜绝违章违规作业。配备电脑监控设备，实行24小时监控，严格落实危险源监控责任，掌握动态情况。

（贾伯清）

【领导名录】

经理

贾伯清

财政·审计·税收

波密县财政局

波密县审计局

国家税务总局波密县税务局

2020 BOMI YEARBOOK

波密县财政局

【概况】 2019年，波密县财政局在县委、县人民政府的正确领导下，在自治区财政厅和林芝市财政局的精心指导下，以落实习近平新时代中国特色社会主义思想为指导，全面推进财税体制改革，切实履行财政监督职能，落实稳增长、调结构、促改革、惠民生、保稳定、防风险等政策措施，严格控制一般性支出，扎实推进经济社会发展，不断提高人民群众物质文化生活水平。波密县财政局为正科级行政单位，行政编制4人，会计核算中心参公编制6人。波密县财政局下设会计核算中心、农财股、行政事业财务股、基建股、机关财务股、检法司财务股、综合股、办公室8个股室和政府采购办。

【财政预算执行情况】 2019年，波密县财政总财力为11.06亿元，比年初预算增加5.19亿元，增长88.49%。财政一般预算收入完成5585万元，比上年减少1393万元，根据《中华人民共和国预算法》规定，超收部分调入预算稳定调节基金中。2019年，一般预算支出完成10.71亿元，比上年减少7482.73万元，下降6.53%，结转下年使用2612.93万元，补充预算稳定调节基金838.33万元。政府性基金收入完成4698.17万元（含政府性基金补助收入1163.58万元），政府性基金支出完成3997.83万元，收支相抵，年终结余700.34万元，结转下年使用。

【财政收支运行分析】 *收支方面*。2019年，波密县财政总财力11.06亿元，其中：财政一般公共预算收入完成5585万元，比上年减少1393万元，下降19.96%。增值税返还收入完成758万元、所得税返还收入完成75万元、一般性转移支付收入完成5.44亿元、专项转移支付收入完成4.82亿元、调入预算稳定调节基金1570万元。县政府一般债务收入共计6000万元，其中：2016年收到政府一般债券转贷收入2000万元，偿还期限10年，利率2.48%，主要用于人居环境整治；2017年收到政府一般债券转贷收入2000万元，偿还期限10年，利率3.81%，主要用于新型城镇化建设；2019年收到政府一般债券转贷收入2000万元，偿还期限2年，利率2.95%，主要用于农业生产发展和农村基础设施建设。波密县政府一般债务收入偿还金额6000万元，偿还额为0；地方政府性基金收入3534.59万元，其中从土地出让金中计提的国有土地收益基金438.08万元，计提的农业土地开发资金

2019年10月23日，召开波密县国库集中支付系统暨扶贫动态监控系统培训会

2019年10月6日，波密县财政局干部看望慰问多吉乡木古村贫困户

30.84万元，剩余土地出让金3065.67万元；政府性基金补助收入1163.58万元。

支出方面。一般公共服务支出1.79亿元，同比减少418万元，下降2.3%。公共安全支出7821万元，同比增加1252万元，增长19.06%。教育支出1.53亿元，同比增加1169万元，增长8.28%。科学技术支出104万元，同比增加3万元，增长2.97%。文化旅游体育与传媒支出5714万元，同比增加3840万元，增长204.91%。社会保障和就业支出7861万元，同比减少391万元，下降4.74%。卫生健康支出9189万元，同比减少73万元，下降0.79%。节能环保支出4667万元，同比减少2854万元，下降37.95%。城乡社区支出1705万元，同比减少4513万元，下降72.58%。农林水支出2.67亿元，同比减少1157万元，下降4.15%。交通运输支出224万元，同比减少96万元，下降30%。资源勘探信息等支出468万元，同比增加371万元，增长382.47%。商业服务业等支出5万元，同比减少2184万元，下降99.77%。自然资源海洋气象等支出4454万元，同比增加3578万元，增长408.45%。住房保障支出2754万元，同比减少5365万元，下降66.08%。粮油物资储备支出31万元，同比减少7万元，下降18.42%。灾害防治及应急管理支出1465万元，其他支出649万元，同比减少2236万元，下降77.5%。债务付息支出133万元。

债券资金使用情况。波密县扎木镇康木村、倾多镇德吉村、松宗镇角通村、德巴村、多吉乡扩拉村扶贫项目，已全部安排使用。古乡基础设施建设项目、波密县全域旅游形象宣传片制作、乡镇供排水及县级基础设施建设，已全部安排使用。2019年新增政府一般债券转贷款安排用于以下几个方面：多吉乡、八盖乡供排水项目1036.19万元；桃花沟基础设施建设资金738.72万元；剩余资金225.09万元用于产业扶持资金。

【“三公”经费的管理和使用情况】 根据相关规定，波密县及时调整充实“三公”经费工作领导小组，全面规范“三公”经费支出，重点压缩公务接待支出。专题分析“三公”经费管理中存在的突出问题，建立长效机制，按照自治区有关规定，逐年缩减年度预算。严格遵循先有预算、后有支出的原则。不存在虚假列支、转移支出以及挤占、挪用或者套取资金违规开支“三公”经费的问题。

2019年，波密县“三公”经费支出756.27万元，其中：因公出国（境）费用0元，公务用车购置及运行维护费年初预算 660.03 万元，实际完成 572.65 万元（公务用车运行维护费 572.65 万元）；公务接待费年初预算 321.89 万元，实际完成 183.62 万元，同比下降 26%。波密县“三公”经费总体支出同比下降 24%。

【强农惠农资金落实情况】 2019 年，村干部兑现 555.16 万元，补助标准：村党支部书记兼村委会主任（一肩挑）为 1.98 万元 / 年；村党支部书记、村委会主任为 1.97 万元 / 年；其他村干部为 9876 元 / 年。村务监督工资兑现 127.96 万元，村级党组织保障经费，2019 年兑现 1700 万元，补助标准：2 万元 / 年 / 行政村。五保户供养：2019 年兑现 213.26 万元，补助标准，农村 6675 元 / 年 / 人，城镇集中供养 1.25 万元 / 年 / 人。2019 年，兑现村干部考核奖励资金 749.69 万元。农村救助体系。农村最低生活保障。2019 年兑现 128.29 万元，补助标准 4450 元 / 年补差。城镇最低生活保障。2019 年兑现 110.73 万元，补助标准人均 800 元 / 月补差。

【推进各项财政改革】 按照建立和完善公共财政体系的总体要求，严格预算制约，建立预算编制与预算执行、预算监督相互制约机制；完善政府采购章程，规范政府采购行为，加大监管力度。全面落实公车管理制度，细化公务接待标准，制定符合波密县实际的制度章程，有效降低行政成本，提高资金使用效率，提升行政水平。加强“收支两条线”管理，对行政事业性收费进行清理收缴。扩大财政监督影响力，开展行政事业单位财务大检查，会计基础知识培训与宣讲，引导部分干部职工考取会计从业资格证书，填补财政人员空缺。严肃财经纪律，规范财经秩序，提高财政服务水平。

【强化财政监督】 加强对波密县基建项目的工程预、决算审查管理，细化流程，严格控制项目成本。从源头上监管资金，跟踪落实每一个项目，确保财政资金发挥最大效益。按照《中华人民共和国预算法》有关规定，为保障各类经费正常运行，加快资金使用进度，督促各乡镇人民政府、县直各单位加快资金使用进度，专款专用，不得违规突击使用资金。规范行政事业单位国有资产处置行为，维护国有资产的安全和完整，保障国家所有者权益，实现国有资产有序流转，防止国有资产流失，根据《波密县行政事业单位国有资产处置管理办法》，所有处置收入上缴国库。

【优化财政干部队伍】 规范波密县财政局干部队伍廉洁自律行为，建成为民、务实、清廉的阳光型财政，切实提升财政干部履职能力。按照财政局内部控制制度，每周安排不少于 15 小时的时间进行业务自学，组织新老干部“一对一”传帮带，不断提高财政干部的业务水平。波密县财政局开展廉政教育专题讨论 7 次，观看廉政警示教育片 7 部，着实增强了党员干部的廉洁自律意识。

【开展基层财务培训】 为规范波密县各乡（镇）人民政府、各单位（部门）和村（居）财务管理工作，结合县情及财政政策落实状况，以提高基层财务人员的工作水平和业务能力为目标，推进波密县“城乡财政一体化”建设，严格落实“村财乡管、乡财县管”财务体制，以会计基础和会计职业道德为准绳，创新培

2019 年 3 月 12 日，波密县财政局督查驻村工作

训模式。进一步细化各财务人员分片包乡（镇）落实责任人，定期组织各分管乡（镇）财务人员下乡宣传教育。

【财政存量资金清理】 根据《中华人民共和国预算法》相关规定，对 2017 年以前县财政及部门结余结转资金进行清理，共盘活存量资金 2884.03 万元。通过清理使用，让沉淀下来的财政资金发挥最大效益。

【国有资产清查工作】 根据西藏自治区财政厅关于全区行政事业单位国有资产清查工作的部署安排，开展国有资产清查工作。波密县行政事业单位资产总 13.82 亿元（流动资产 7.81 亿元、固定资产 5.8 亿元、在建工程 1984.93 万元、无形资产 121.09 万元），其中：房屋及建筑物类 4.2 亿元，占行政事业单位固定资产总额的 72.46%；交通运输工具 5825.58 万元，占行政事业单位固定资产总额的 10.05%；设备及其他固定资产类 1.01 亿元，占行政事业单位的固定资产总额 17.49%。

【往来账清理】 按照 2019 年财政工作安排，清理各单位（部门）、个人借款及相关事项，着手理清资金去向，确保财政资金安全。

【精准扶贫】 为全面贯彻中央和自治区扶贫开发工作会议精神，贯彻“精准扶贫 精准脱贫”目标要求，切实做好波密县脱贫攻坚各项工作，2019 年累计到位扶贫资金 1.43 亿元。2019 年，波密县财政局党支部书记、局长次仁卓嘎先后 3 次带队前往松宗镇岗巴村，登门拜访“四对一”帮扶脱贫对象。

【维护祖国统一、促进民族团结】 波密县财政紧紧围绕“理财是成绩，维护稳定更是政绩”的工作目标。严格重大节假日值班带班制度，积极落实周末干部巡查制度。严格人员出入登记，确保县财政局大事不出、中事不出、小事不出。2019 年，波密县财政局干部职工逐一签订了综治工作目标责任书，做到了一级抓一级，层层抓落实。积极配合波密县综治委、司法局进行普法宣讲工作，面向社会发放支农惠农政策宣传手册 2000 份。

【强基惠民驻村工作】 波密县财政局高度重视强基础惠民生活动开展，选派第一支部书记和驻村队员赶赴多吉乡木古村，与农牧民群众同吃、同住、同学习、同劳动，根据木古村实际，积极争取惠民项目，较好的改善了木古村农牧民群众生产生活水平，为木古村经济快速发展奠定了基础。

【支部党建工作】 2019年，波密县财政局党支部建设工作紧贴年度工作计划，坚持围绕中心、服务大局，扎实推进以严明党的纪律、切实转变作风、完善惩防体系为重点的反腐倡廉建设，确保财政工作清正、财政干部清廉、财政作风清明。2019年，财政局党支部党员干部集中学习31次，参加县级培训5次，逐步增强了党员的学习自觉性、党性修养和理论水平。立足财政工作实际，科学地把责任分解到每一个岗位，落实到每一个工作人员，一级抓一级、层层抓落实。波密县财政局共有党员14名。

【党风廉政建设和反腐败斗争工作】 2019年，波密县财政局根据自治区、林芝市、波密县纪检监察工作会议精神，结合财政工作，成立财政局党风廉政建设领导小组，党支部书记担任组长是第一责任人，党支部副书记作为副组长具体抓全局廉政建设工作，各分管领导作为领导组成员是直接责任人。召开专题廉政工作会议传达自治区、林芝市、波密县纪检工作会议精神，安排布置2019年党风廉政建设和反腐败工作。按照《波密县财政局反腐倡廉活动实施方案》，明确了在落实党风廉政建设责任制工作中所承担的任务，有效地增强了每位班子成员的廉洁自律意识和责任感。坚决杜绝“吃、拿、卡、要”等现象，真正做到讲原则、守纪律、做表率，展示了财政干部优良的工作作风。

【积极推动内部思想建设】 2019年，波密县财政局以创建先进党支部为目标，全面提升党员干部思想理论水平。上报方案，调整充实波密县党支部成员，主动发挥宣传委员政治传导作用，丰富支部精神文明和政策理解能力。做到“五个有”，即有方案、有计划、有考勤、有会议记录、有心得体会。党支部开展中共十九大精神和习近平总书记系列重要讲话精神学习宣讲，内容涵括财经法规及业务知识集中讨论学习。

【安全生产工作】 2019年，波密县财政局根据县安全生产监督管理委员会的工作部署，为增强局内部各股室及国资委监管的国有企业安全生产工作，确保安全生产。财政局（国资委）及时调整充实安全生产领导小组，各股室逐一排查，先后6次到国有企业，排查安全生产隐患，防范安全事故发生。督促国有企业调整部署，完善安全生产体制机制建设，搞好宣传工作，确保年度工作任务顺利完成。

【普法教育与保密工作】 2019年，波密县财政局认真贯彻落实国家“七五”普法活动，深入开展法制宣传教育，提高干部职工的法律意识和法律素质。根据财政工作实际，结合波密县保密办工作要求，及时调整充实保密领导小组，扎紧制度漏洞，完善体制机制建设，与每一位干部职工签订《保密责任书》，做到责任落实到人，提高干部职工保密意识。

（文靖）

【领导名录】

局党支部书记、局长

次仁卓嘎（女，藏族）

局党支部副书记、副局长、国资委主任

王景亮

局党支部组织委员、副局长

樊尚泽

波密县审计局

【概况】 波密县审计局是县政府工作部门，为正科级单位。贯彻落实党中央、区党委、市委和县委关于审计工作的方针政策和决策部署，在履行职责过程中坚持和加强党对审计工作的集中统一领导。履行维护波密县财政经济秩序、保障经济健康发展、推进廉政建设的综合性经济监督职能。

【机构改革】 根据关于西藏自治区机构改革的实施意见和关于做好全区深化党政机构改革有关事项的通知精神，按照波密县机构改革方案。2019 年 5 月，组建波密县审计局。

【队伍建设】 优化配置干部队伍，充分激发人才活力，结合干部自身优点，根据岗位职责分工选优配强干部，强化学习教育培训，提升干部理论素养。深入学习贯彻党的十九大精神，学思践悟，切实把党的十九大精神作出的新部署、新要求、新思想和新观点，转化为谋划审计工作的正确思路、转化为抓好机关党建的具体举措、转化为推动审计工作的强大动力；注重作风建设，弘扬艰苦奋斗求真务实之风，踏踏实实为人民服务；加强廉政建设，按照《党章》和《中国共产党纪律处分条例》规定，严格执行领导干部个人重大事项报告、述职述廉等制度，注重家风建设；提高审计干部的业务能力和综合素质，沟通协调上级审计部门参加各类审计业务培训和理论知识培训，派遣 3 名干部前往南京审计大学干部学院培训学习；利用周五学习会集中学习和自学《中华人民共和国审计法》《财政违法行为处罚处分条例》《审计相关制度》及《波密县审计局行政权力和责任清单》。

2019 年 3 月 21 日，波密县审计局举行揭牌仪式

【主要工作开展】 根据林芝市审计局关于清理拖欠民营企业中小企业账款的通知精神，对各乡（镇）、各单位上报关于进一步做好清理拖欠民营企业、中小企业账款的情况进行深入解。发现农牧局2016年实施的易贡生态修复（中低产林改造）精准扶贫项目，已拨付该项目总投资的85%，待财政评审后根据评审批复再拨付剩余资金。卫生局2017年新修易贡乡卫生院项目拖欠项目尾款，该项目于2018年4月开工建设，2018年12月完工，已拨付该项目合同价的85%，待财政评审后根据评审批复再拨付剩余资金。住房和城乡建设局2012年第二批干部职工周转房建设项目于2013年12月已通过验收竣工并交付使用，由于县级配套资金未到位，拖欠工程款119.27万元。

【党建工作】 2019年，波密县审计局党支部围绕党建工作中心，紧扣“全面从严治党”这一主线，狠抓党的思想建设、组织建设和作风建设，创新工作方式方法，严格落实组织生活会，采取党支部书记带头学、党员集中学、党员自主学习相结合的形式，学习中共党的十九大、十九届三中全会精神，累计组织开展学习12次，强化《中国共产党章程》和党纪、法律法规以及党的优良传统学习教育工作力度，保障党员学习参与全覆盖，对照标准、查漏补缺，进一步完善党员干部学习制度，深化“书记抓、抓书记”、党建工作机制，落实党建工作责任追究制、党建年度目标，切实提高组织凝聚力；坚持“两手抓、两手硬”工作方针，确保党建工作与业务工作协调发展。

（索朗次旦）

【领导名录】

副局长

胡金玲（女，5月任职，12月离任）

国家税务总局波密县税务局

【概况】 国家税务总局波密县税务局坐落于波密县扎木镇扎木路15号，成立于1994年，负责全县企事业单位和个体工商户的税收征管工作，2007年经批准设立党支部，2016年成立党组，2018年10月成立党委。波密县税务局现有13名干部，其中党员7名，入党积极分子4名。

2019年，波密县税务局在林芝市税务局和波密县委、县政府的正确领导下，深入学习贯彻中共十九大和十九届二中、三中、四中全会精神、习近平新时代中国特色社会主义思想，认真贯彻落实中央、自治区、林芝市税务工作会议精神，加强党对税收工作的领导，大力组织税费收入，突出减税降费工作。2019年，共组织各项税收收入4905万元，社保费1.13亿元。

【队伍建设】 持续开展好思想政治教育，加强年轻干部培养，坚持严管厚爱，加强后备干部及年轻干部培养锻炼。突出学习不放松，加强业务学习，开展税务干部培训和业务知识竞赛活动，着力打造高素质专业化税务干部队伍。注重干部意识形态建设，强化党员干部思想教育，经常性开展谈心谈话，切实强化组织学习，结合单位实际，有效发挥妇委会作用，组织开展“三八”妇女节等活动，有效激发青年干

2019 年 3 月 15 日，波密县税务局在“学雷锋法制宣传日”活动中进行税法宣传，提供涉税咨询服务

部活力。

【税费征管】 成立减税降费工作领导小组，强化跟踪督导，开展减税降费自查自纠工作 6 次，向县委、县政府汇报 8 次，开展县长税课 3 次。2019 年共计减税 799.24 万元，涉及 2756 户次纳税人，小微普惠性减免退库金额为 1.57 万元，共涉及 28 户次纳税人，运用短信平台发送城镇居民养老保险缴纳提醒 2 次，圆满完成 2019 年，度机关事业单位社会保险费申报征收入库工作，累计征收各项社保费 1.13 亿元，2019 年度城乡居民养老保险 130.61 万元。强化一般纳税人认定与管理工作，强化增值税发票管理，大力推行增值税发票管理新系统，累计推行 652 户。将波密县所有机关事业单位全部纳入个人所得税管理。开展“僵尸企业”集中清理工作，累计注销 78 户农牧民专业合作社。

【纳税服务】 波密县税务局严格落实办税服务制度，深化“放管服”改革，推进“便民办税春风行动”，不断推进“互联网 + 税务”，提高网上办税终端使用率，简化办税流程，落实“一次不用跑、最多跑一次”，提高纳税人满意度，营造良好的税收营商环境。全面落实纳税服务规范，不断优化办税服务的建设和管理，构建线上、线下为一体的宣传、咨询、辅导模式，线上通过微信等媒介推送减税降费政策，借助税企 QQ 群、税企微信群、电话等辅导纳税人办税，解答涉税咨询，完善应急快速响应机制，确保减税降费政策实打实落地，线下打造办税服务厅宣传“前沿阵地”，设置“党员先锋模范岗”“减税降费专窗”，开展“减税降费大辅导”“减税降费走进桃花节”及“一对一”辅导等活动，抓住减税降费关键节点、税收宣传月与法制宣传日等，派发宣传资料 400 份，采取上门辅导与纳税人专场培训相结合，开展培训 4 次，走访辖区内经营纳税人 6 户，累计培训人数200人次，发放调查问卷30份，促进了征纳和谐，切实增强纳税人参与感、获得感及幸福感。

【税务稽查】 成品油、建安、建材、商贸等行业开展专项检查，累计推送各类风险防控90户次，查补入库各类税款92.36万元。强化一般纳税人认定与管理工作，加强税收监控，强化增值税发票管理，大力推行增值税发票管理新系统，累计推行升级版纳税人652户，有效实现“以票控税”。

【网上办税】 深入推广电子税务局、税库银扣款缴税、自然人税收扣缴客户端等，实现部分业务“指间办理”，开展电子税务局端、自然人扣缴客户端集中培训4场，培训100余人次，累计注册电子税务局275户，签订税库银三方协议纳税人112户。

【党建工作】 以政治建设为统领，持续打造中国红、税务蓝、波密绿“三原色”党建品牌，制定波密县税务局全面从严治党工作要点与学习计划，制定“不忘初心、牢记使命”主题教育实施方案，建立学习档案，创新学习方式方法，组织开展参观波密红楼、廉政教育基地、收看阅兵仪式、敬老院献爱心、升国旗唱国歌、重温入党誓词、送税法进企业和“三八”妇女节等活动。坚持集中学、专题学与自学相结合，集中学习及自学50次，党支部书记参加市局举办的党支部书记培训1次，党支部书记讲党课1次，党委成员讲党课3次，主题党日活动12次，针对11项主题教育专项整治问题开展集中研讨9次，“不忘初心、牢记使命”主题教育研讨和“对照党章、党规找差距”专题研讨2次，召开纳税人座谈会2次、干部职工座谈会1次，走访企业征求意见建议11条。

（周娜）

【领导名录】

局长

周可（6月离任）

2019年4月23日，波密县税务局在波密县桃花节会场宣传减税降费工作

马杨曼（女，回族，9月任职）

副局长

扎西（藏族，4月离任）

马杨曼（女，回族，4月任职）

马杨曼（女，回族，9月离任）

纪检组长

马杨曼（女，回族，4月离任）

普布加措（藏族，4月任职）

普布加措（藏族，9月离任）

陈思伶（女，9月任职）

社会事业

波密县民政局

波密县扶贫开发办公室

波密县人力资源和社会保障局

波密县行政审批和便民服务局

波密县退役军人事务局

波密县卫生健康委员会

波密县医疗保障局

波密县人民医院

波密县藏医院

波密县文化和旅游局（文物局）

波密县中波转播台

波密县教育局

波密县中学

波密县完全小学

波密县中心幼儿园

波密县第二幼儿园

波密县气象局

波密县民政局

【概况】 波密县民政局深入学习贯彻中共十九大及十九届二中、三中、四中全会精神，以习近平新时代中国特色社会主义思想为指导，积极践行“民政为民、民政爱民”工作理念，创新工作方式，服务民生工作，努力开启新时代民政事业发展的新局面。有正式编制19人，行政编制10名，事业编制9名，下设波密县社会福利院、波密县城乡居民家庭经济状况核对中心。

【机构改革】 按照机构改革的内容和要求，波密县民政局机构改革后不再保留救灾救济、老年人工作、退役军人工作、医疗救助工作职能，保留社会救助、基层政权和社区工作、社会福利、地名、勘界、民间组织等工作。

【社会救助】 坚持“托底线、救急难、可持续、促公平”的原则，在波密县城乡居民家庭经济状况核对中心和10乡（镇）均设立“社会救助受理窗口”，对因意外事件，家庭成员突发重大疾病等原因，导致基本生活暂时出现严重困难的家庭实行依法救助。临时救助共35户40人次，兑现救助金39.88万元。成立低保专项整治工作领导小组，研究部署低保对象整治工作，对波密县低保对象实行“拉网式”普查，做到“应保尽保、应退尽退”。对不符合标准的31户76人予以清退，新增3户7人。城镇低保户61户191人，累计发放低保金127.96万元；农村低保户79户255人，累计发放低保金111.04万元。

【社会福利】 推进农村留守儿童、困境儿童关爱保护工作。落实留守儿童保护机制，强化留守儿童信息系统管理，有困境儿童36名，与其家庭签订了监护责任书。孤儿79名，其中65名在林芝市儿童福利院集中供养，生活标准为每人每月1000元，由林芝市民政局统一发放。高龄津（补）贴覆盖80周岁及以上老年人，80周岁至89周岁高龄老人218人，90周岁至99

2019年9月24日，波密县民政局组织特困老人进行白内障筛查

周岁高龄老人29人，发放高龄津（补）贴7.93万元。共救助流浪乞讨人员53人，资金支出0.81万元。认贯彻落实国务院《特困供养工作条例》，波密县共有特困老人204人，其中农村特困187人（集中供养74人），兑现供养金180.95万元，城镇特困17人，兑现供养金21.41万元，其中特困新增9人，不符合特困条件取消10人。“大爱波密”慈善微平台总投资58.5万元（广东援建），主要用于慈善宣传和慈善捐助等工作。教育系统拨付助学金9.25万元，按照困难高中生1500元/人、大学生2000元/人的助学标准实行救助。

【社会事务】 依照《中华人民共和国婚姻法》《婚姻登记管理工作条例》严格程序，手续齐全，优化服务，不断提高与规范婚姻登记管理工作。办理结婚登记162对，离婚登记16对，补领登记40对，登记合格率100%。

【救灾救济】 2019年，开展救灾救济共计4个乡（镇）5个村，救助198人，波密县民政局启动冬春救助工作机制，组织工作人员深入受灾乡

2019年5月29日，波密县政府副县长姜治强（二排左五）、波密县民政局局长次旦卓玛（二排左一）、波密县残联理事长次仁央宗（二排右一）一行赴林芝市儿童福利院看望慰问波密县在这里生活求学的孩子们

（镇）的各村做好基础数据翔实。口粮救助198人共发放资金17.99万元、衣被救助6.23万元、取暖救助5.7万元。

【双拥工作】 三大节日期间，慰问驻地部队，慰问烈军属、在乡退伍军人。3月9日，波密县部队官兵到敬老院开展“学雷锋，做好事”活动，为老人义诊、理发、打扫卫生、搬柴火。

【抚恤工作】 为波密县机关工作人员牺牲病故遗属59人发放补助金26.84万元，其中农村33人，每人每年2000元，发放补助金6.6万元。城镇26人，每人每年6900元，共计20.24万元。

【医疗救助】 城乡医疗救助累计135人次，资金支出86.42万元，其中大病救助6人次，资金支出40.72万元，精准扶贫户医疗救助100人次，支出资金10.47万元。

【行政区划】 波密县行政区域代码540424000，县人民政府驻地在扎木镇扎木中路15号，波密县辖3个镇、7个乡，分别为扎木镇、倾多镇、松宗镇、易贡乡、玉普乡、康玉乡、多吉乡、玉许乡、八盖乡和古乡。共有84个行政村，1个居委会。

【党建工作】 波密县民政局党支部召开支部委员会12次、党员大会3次、讲党课4次。

通过支部集中学习和个人学习相结合的方式，对《中华人民共和国章程》《习近平谈治国理政》《中华人民共和国监察法》《习近平新时代中国特色社会主义思想十三讲》等进行学习。严格按照党费收缴管理制度的有关规定，共收缴党费2076元。组织签订2019年度党风廉政建设目标责任书1份和承诺书1份。每月集中一天开展党员活动，让党员干部走进基层，走进老人，牢记民政工作使命，忠诚担当，不忘初心，继续前行。民政局党支部组织开展“走访慰问困难户，点滴真情暖人心”“党心暖民心，满意在民政”“我为党歌唱，心向党宣誓”“守初心，重担当，组织党员干部观看影片《孔繁森》”“四讲四爱教育活动暨庆中秋话团圆”等党员活动，提升了民政局党支部的凝聚力、组织力和战斗力。

【“不忘初心、牢记使命”主题教育】 波密县民政局认真贯彻守初心、担使命，找差距、抓落实的总要求，突出抓好“学习教育、调查研究、检视问题、整改落实”四个环节，既抓好规定动作落实，又创新开展自选动作，确保达到了理论学习有收获、思想政治受洗礼、干事创业敢担当、为民服务解难题、清正廉洁作表率的目标。坚持把学习教育贯穿始终，党员干部思想政治水平进一步提高。坚持把调查研究贯彻始终，党员干部干事创业敢担当意识进一步提高。始终把检视问题贯彻始终，树立问题导向，做到求真务实、深接地气。对照市委主题教育中需要解决的6个大类16项28个问题检视情况梳理的问题6条，调查研究发现的问题1条，对照党章找差距检视的问题7条，其他途径检视问题共计7条。制定整改措施21条，立行整改17条，限期整改4条。坚持把整改落实贯彻始终，坚持即查即改，做到勇于斗争、全面整改。

【扫黑除恶】 召开扫黑除恶打非治乱专项斗争再安排再部署会议，调整充实波密县民政局扫黑除恶打非治乱专项斗争工作领导小组，讨论研究了工作实施方案，大大确保了此项工作部署到位、措施到位、责任到位。悬挂横幅40条，发放相关资料2000份，集中学习21次，教育群众及干部1000人次，线索摸排10次。对85个村（居）“两委”班子干部及村（居）务监督委员会改选人员进行审核。参加改选人员共7名，未发现违纪违规、涉黑涉恶等现象。

【项目工作】 2019年，波密县民政局项目共6个：波密县烈士陵园改造项目、康玉乡救灾物资储备库、八盖乡救灾物资储备库、波密县区域性救灾物资储备库、老年人日间照料中心、流浪未成年人救助保护中心。康玉乡救灾物资储备库、八盖乡救灾物资储备库项目建设完成。

（陈鹏）

【领导名录】

局长

次旦卓玛（女，藏族）

副局长

万永刚

江红霞（女，藏族，5月离任）

梅贞平（5月任职）

郝文靖（女，5月任职）

社会福利院院长

边巴卓玛（女，藏族）

居民家庭经济状况核对中心（社会救助站）主任（站长）

顿珠次仁（藏族）

波密县扶贫开发办公室

【概况】 2019年，波密县扶贫开发办公室在县委、政府的正确领导下，按照区、市扶贫办的工作部署，紧抓“四个不摘”，围绕“两不愁、三保障”工作任务，不断夯实工作举措，稳步推进脱贫攻坚巩固提升工作。

【机构改革】 2019年，根据《波密县机构改革方案》，波密县扶贫开发办公室由正科级参公单位调整为正科级行政单位，将农业开发办公室划转至县农业农村局，不再承担农业综合开发职能。机关编制人员5名，实有工作人员6人。

【扶贫资金投入与使用】 2019年，波密县财政涉农资金统筹整合共1.43亿元，其中，产业类项目6581.11万元，基础设施类项目2634.74万元，生态保护、补助类项目2150.05万元，三岩搬迁类项目2906.83万元，其他类项目56.99万元。使用1.4亿元，支出率98%。

【扶贫宣传】 制定《波密县脱贫攻坚宣讲工作方案》，将“四讲四爱”与“感觉恩”教育相结合，通过新旧西藏对比图片展、观看纪录片等，激发群众内生动力，坚定群众听党话、跟党走的信心和决心。波密电视台每天轮番播报精准扶贫标语20次。新闻专题播报70条，波密扶贫典型视频播放20次，加播精准扶贫政策知识解读20期，集中报道各乡（镇）推进会10次。波密县“四讲四爱+”宣讲队开展扶贫类相关宣讲场次400次，受教群众6万余人次。组建微信宣讲群127个，推送扶贫信息80次。在“波密政府网”“网信波密”、微信公众号累计推送100次。

【扶贫工作培训】 2019年，波密县脱贫攻坚转移就业组制定《2019年波密县贫困人口培训计划》，全年开展农作物栽培、装挖机、客房服务等培训22期，培训176人。

【产业扶贫】 2019年，波密县共实施扶贫产业项目15个，资金6581.11万元，主要涉及养牛、藏香猪养殖、羊肚菌种植、茶叶种植、旅游开发等项目。

【教育扶贫】 2019年，波密县制定《波密县建档立卡贫困家庭子女接受高等教育实施免费教育补助政策管理办法》为119名区内外建档立卡大学生兑现自治区级资金51.7万元；为84名区外建档立卡大学生兑现市级资金11.23万元；为84名区外建档立卡大学生兑现

2019年10月11日，波密县委副书记、县长边巴（前排中）到康玉乡调研扶贫产业

2019年9月11日，波密县创先争优强基础惠民生活动领导小组办公室在松宗镇开展扶贫政策理论知识宣教活动

县级资金7.49万元。

【驻村扶贫】 2019年，波密县共有联合驻村点56个（其中13个集中连片驻村工作队），派驻工作队员224人，扶持建设项目19个，涉及资金729.4万元，各驻村工作队脱贫攻坚工作稳步推进，各项决策部署落实到位。

【社会扶贫】 2019年，波密县继续深化"四对一"结对帮扶，采取县级干部每人包3户，科级干部每人包1至1.5户，驻村工作队、党支部各包1户的帮扶机制，将所有党支部、驻村工作队、科级以上干部全部纳入帮扶队伍，实现建档立卡户全覆盖。

【医疗扶贫】 2019年，波密县继续深化"大病集中救治一批，慢病签约服务一批，重病兜底保障一批"的工作思路，将所有贫困户贫困人口纳入基本医疗保险、大病保险、医疗救助。认真执行贫困户先诊疗后付费的医疗制度，实行即时结算模式，形成畅通的利民、便民救治绿色通道。

【党建工作】 深入贯彻落实习近平新时代中国特色社会主义思想和中共十九大精神。全面围绕市委"135"党建工作思路和波密县"红色党建"思路认真开展各项工作，班子较好履行"传、帮、带"作用，共计开展专题研讨、集中学习党课、主题党日等活动62次。

（王冰冰）

【领导名录】

主任

江村（藏族，5月离任）

白玛泽成（藏族，5月任职）

副主任

刘晓玲（女，11月离任）

何彬（5月任职）

波密县人力资源和社会保障局

【概况】 2019年，波密县人力资源和社会保障局在县委、县政府的正确领导下，在区、市人社部门的大力支持和悉心指导下，全面贯彻落实中共十九大及十九届二中、三中、四中全会精神，紧扣服务主题、切实改善民生、全力服务大局，各方面工作取得明显成效。

【机构改革】 根据中央、自治区、林芝市关于机构改革总要求，人社局将公务员综合管理职责划入波密县县公务员局，将城镇职工和城镇居民基本医疗保险、生育保险职责划入波密县县医疗保障局，将转业军人（官）安置职责划入波密县县退役军人事务局，将社会保险费征缴职责划入波密县县税务局。

2019年9月，经县委、县政府批准，波密县人力资源和社会保障局加挂县劳动保障监察大队牌子，核定机关行政编制3名。

【就业创业】 2019年，农牧民劳动转移就业5003人、9120人次，贫困人口实现转移就业361人。城镇新增就业529人，累计开发就业岗位225个，开展职业介绍177人，城镇登记失业率0.7%。高校毕业生就业人数208人，就业率99.5%，建档立卡贫困户应届高校毕业生就业22人，就业率100%。

农牧民转移就业。2019年10月，波密县劳务派遣公司完成工商登记，注册资金300万，由波密县波隅公司负责运行和管理，列入波密县国企管理范畴。

高校毕业生就业。多渠道开展政策宣传。开展专场政策宣讲会4次，走村入户2次，微信发布各类政策信息500条，LED显示屏滚动播放政策信息500次。创建就业创业典型。波密籍高校毕业生索郎、斯朗巴勇赴广东就业事迹被林芝市高校中心列为典型事迹，并通过电视台、广场显示屏、微信公众号等多种方式和渠道大力宣传其典型事迹。全面落实高校毕业生“一对一”帮扶工作。对接服务责任人加强与用工单位和高校毕业生的“双向”沟通，主动帮助服务对象推荐合适岗位，加快了波密籍高校毕业生就业进度，波密县高校毕业生就业率90%。波密县双创中心稳步运行。该中心于2019年建立，建筑面积1000余平方米，已有4家企业入驻，其中2家为高校毕业生自主创业企业。衔接就业援藏服务。充分利用广州对口援助波密的优势，开展广东省事业单位招聘专场政策宣讲会，积极鼓励高校毕业生“走出去”就业。2019年，广东省提供事业单位入编就业岗位100个，波密县37名高校毕业生报考，4名通过招考被录用为广东省事业单位工作人员。

兑现高校毕业生和建档立卡贫困户就业奖励资金。2019年11月，向在市场就业的高校毕业生和建档立卡贫困户兑现就业奖励资金35.6万元，其中高校毕业生23人兑现资金26.75万元，建档立卡贫困户8人兑现资金8.85万元。

【技能培训】 结合波密县实际制定了《波密县2019年至2020年农牧民培训和转移就业行动方案》，明确2019年至2020年农牧民培训和转移就业工作目标及要求。根据市场用工需求及农牧民就业意愿，开展挖掘机、机动车驾驶、藏餐烹饪等职业技能培训18期，培训人数1055人（其中贫困人口138人），使用就业资金334万元。

【人才队伍建设】 抓好专业技术人员职称晋升工作。共聘任教育系统初级职称60人，农牧系统初级职称19人，文化系统初级职称6人，通过“双定”政策聘任初级职称4人。充实全县事业人才队伍。2019年共分配事业工作人员50人，其中大专学历20人，本科学历29人，硕士研究生以上学历1人；教育系统分配

2019 年 5 月 9 日，波密县人力资源和社会保障局在林芝市人社局业务技能练兵比武活动中荣获一等奖

教师 13 人，其中大专学历 10 人，本科学历 3 人。

【工资待遇水平】 积极落实调资政策。享受 5 年晋级 2 年晋档考核工资 749 人，调整机关事业职务工资 64 人，调整事业人员职称工资 6 人，调整政法机关工作津贴 7 人，调整护师津贴 14 人，调整纪检干事津贴 15 人，调整岗位津贴 31 人，停发工资 2 人，调整五年浮动工资 82 人，调整新生报到工资 53 人，调整调动人员工资 6 人，调整部队转业新生工资 3 人，调整 2019 年度援藏干部工资 7 人，调整机关事业单位工作人员基本工资标准 1344 人，调整机关事业单位工作人员基本工资标准（2018 年 7 月至 2019 年 5 月增资部分）共 1354 人，调整事业编制转参照公务员工资 50 人。

【人事制度改革】 根据自治区人事厅《关于西藏自治区事业单位岗位设置管理实施意见的通知》（藏政办发〔2008〕64 号）《关于进一步推进事业单位岗位设置管理实施工作的通知》（藏人社厅发〔2013〕181 号）《林芝地区行署办公室关于转发地区事业单位岗位设置管理实施意见的通知》（林行办发〔2011〕10 号）要求，结合波密实际，制定《波密县加快推进事业单位岗位设置管理实施方案》。

根据《波密县加快推进事业单位岗位设置管理实施方案》，完成教育、卫生、农牧、文化、乡（镇）及部分县直事业单位岗位设置管理工作。事业单位共设置岗位 921 个，其中教育 516 个、卫生 168 个、农牧 106 个、文化 55 个、机关后勤服务中心 65 个、县社会福利院 3 个、县社会经济调查队 3 个、县退役军人服务中心 2 个、县不动产登记中心 3 个。

波密县事业单位岗位设置情况统计表

表 15　　单位：个

序号	单位或系统	岗位总量	各单位情况		岗位性质情况		
			县直单位	乡镇	专技岗位	管理岗位	工勤岗位
1	教育	516	270	246	503	12	1
2	卫生	168	68	100	148	20	0
3	农牧	106	13	93	94	12	0
4	文化	55	5	50	44	11	0
5	机关后勤服务中心	65	14	51	22	43	0
6	县社会福利院	3	3	0	1	2	0
7	县社会经济调查队	3	3	0	1	2	0
8	县退役军人服务中心	2	2	0	1	1	0
9	县不动产登记中心	3	3	0	2	1	0
总体		921	381	540	816	104	1

【劳动关系】 始终以保障农民工的权益为落脚点和出发点，积极落实建筑领域民工工资保证金制度，充分发挥劳动联席机制，稳步促进波密县社会和谐。严格执行建筑领域民工工资保证金制度。共征缴保证金946.32万元，按照程序对完工企业公示3个月且无民工上访的退还保证金，共计退还1380.59万元。开展劳动用工专项检查。开展5次用人单位遵守劳动用工和社会保险法律法规情况的专项检查和18次日常巡查，检查用工企业432家，其中建筑业191家、餐饮业147家、宾馆87家，涉及劳动用工人数1.2万人。督查农民工签订劳动合同280份。加强劳动纠纷调处两手抓。2019年，共受理各类劳动争议投诉案件93起，为劳动者追回劳动报酬1190.24万元。积极发挥劳动联席机制。深入开展联席成员单位执法行动，共计开展执法活动6次。推行农民工工资银行代发制度。在建工程项目到银行建立农民工工资专用账户，通过农民工工资专用账户直接向农民工代发工资。

【社会保障】 2019年，波密县机关事业单位养老保险参保人数1945人，完成目标任务101.6%，征缴金额6291.3万元，完成目标任务98.3%（由于机关事业单位养老保险单位配套部分缴费比例由20%降至16%，该险种征缴金额无法完成目标任务）；企业职工养老保险参保人数484人，完成目标任务108.2%，征缴基金750.6万元，完成目标任务102.7%；工伤保险参保人数3181人，完成目标任务100.6%，征缴金额113.48万

2019 年 7 月 1 日，波密县人力资源和社会保障局开展退休工人党员庆七一茶话会和慰问困难党员活动

元，完成目标任务的 100.3%；城乡居民养老保险参保人数 1.14 万人，完成目标任务 100%，征缴金额 134 万元，完成目标任务 103.1%；失业保险参保人数 1538 人，完成目标任务 125.3%，征缴金额 145.3 万元，完成目标任务 116.2%；城镇职工医疗保险参保人数 1953 人，征缴金额 2099 万元；生育保险参保人数 2230 人，征缴金额 161.51 万元；激活社保卡 2.7 万张。

机关事业单位养老保险（职业年金）重新核定工作如期完成。对 70 家机关事业单位及 1966 名干部职工养老保险（职业年金）进行重新核定。2019 年 7 月，完成 2014 年至 2018 年干部职工机关事业单位养老保险（职业年金）基数核算工作及在职干部基金申报汇总工作。社会保险基金安全运行。社保基金实行"钱账分离、管用分开、公章和私章分管"的管理办法，严格规范社会保险基金的管理与运行，杜绝出现套取或挪用现象。严格实行征收社会保险费单独核算机制，分类管理，专款专用，防止出现社会保险基金之间相互串用问题。工伤认定、工伤预防工作取得良好成效。开展工伤保险现场宣传 3 次，发放宣传单 500 份。开展工伤笔录调查 3 次，帮助 5 名职工申报工伤保险待遇。鼓励国企吸纳高校毕业生，积极落实"进二退一"政策，吸纳高校毕业生 9 人，按程序申批退休 3 人。社保待遇按规定发放。为 2118 名城乡居民兑现养老保险待遇资金 378.34 万元；为 8 名已逝干部职工发放抚恤金 156.2 万元，丧葬费 8.09 万元。

【党建工作】 坚持以"党建+"为工作载体，深入推进"不忘初心、牢记使命"主题教育开展，坚持以"提升效率，服务发展"为主线，紧密结合中心工作，把"党建+"活动与中心工作融为一体，开展集中学习 35 次（其中"不忘初心、牢记使命"专题学习 8 次），专题研讨 3 次。积极探索党建引领农民工权益保障工作，将党建融入劳动监察工作，让务工群众感受党和政府的关怀，打造"农民工之家"，搭建政府和农民工沟通的平台，"农民工之家"覆盖农民工劳动维权、劳动争议调解、劳动人事争议仲裁各个环节。

（罗兴）

【领导名录】

局长

田治国（藏族，5 月任职）

副局长

夏东升（11 月离任）

索朗央宗（女，藏族）

波密县行政审批和便民服务局

【概况】 波密县行政审批和便民服务局于2019年7月成立，坐落于波密县扎木路15号。波密县行政审批和便民服务局是县人民政府工作部门，为正科级单位，核定机关行政编制3名，其中科级领导职数3名。2019年，共有工作人员7名。

【机构改革】 波密县行政审批和便民服务局主要职责有：贯彻落实行政审批相关决定、政策法规，推进落实“放管服”，优化政务环境；推进“互联网+政务服务工作”，推进行政审批、政务服务体系建设管理工作；建立健全行政审批事项清单目录管理监督实施，建立和完善行政审批和政务服务工作机制；拟定公共资源交易管理办法和制度，并综合监管县政府授权或委托的涉及公共资源交易工作；政务服务中心窗口工作人员管理、培训及考核工作；政务服务中心窗口的行政审批活动和公共资源等事项的投诉举报的承办、转办、督办，配合查处违法违规违纪问题。

【行政审批服务体系建设】 为进一步推进政务服务体系建设，波密县投资50万元建设波密县政务服务大厅于2018年12月竣工并投入使用建设面积468.5平方米，设有便民服务窗口14个，结合波密县实际情况，制定《县直单位进驻波密县政务服务中心的工作方案》。组织波密县民政局、人力资源和社会保障局、市场监管管理局、自然资源局、卫生健康委员会、医疗保障局等7家单位抽派骨干力量入驻大厅开展工作；水利、气象、发改等19家单位设立2个综合窗口，通过综合受理、分类代办的形式开展工作，确保我县行政审批单位和公共服务单位达到“应进必进”的要求。

【行政审批制度改革】 波密县以制度建设规范行政行为，以行为规范促进行政审批制度改革。结合“文山会海、不作为慢作为”作风建设，进一步制定完善管理制度，强化责任意识，提高工作效率，以“四个意识”为标杆，以党章党纪党规为尺子，强化责任追究、限时整改等机制，确保行政权力规范运行。切实加大政务信息公开力度，对依法应当主动公开的信息，及时、准确、全面地向社会公开，接受社会监督。切实体现“有权必有责，用权受监督”。进一步加强信用监管，波密县联合相关部门实行“黑名单”失信惩戒机制。建设企业信息库，依托自治区政务信息系统整合共享平台，推进线上线下一体化监管。

2019年11月1日，波密县行政审批和便民服务局试运行

【“放管服”工作改革】 波密县深入贯彻落实国务院、自治区关于推进简政放权放管结合优化服务改革的相关部署要求，深入推进事权划分和职权清理。以法律、法规、规章和“三定”规定，以及党中央、国务院和自治区规范性文件为依据，推进行政权力清单清理工作，梳理各类行政权力事项660项，对职权总数、职权依据进行调整。组织职权单位开展电子政务外网权责事项录入工作，录入835项（包括权力事项660项，公共事项175项），不断优化服务效能，提升政务服务水平。

【行政审批服务工作】 贯彻落实自治区印发的《政务服务“好差评”制度工作方案》，将“互联网+政务服务”工作纳入部门年终考评内容，制定《波密县政务服务大厅窗口人员绩效考核办法》，针对“互联网+政务服务”工作中群众反馈办事开具证明材料较多的问题，结合“不忘初心、牢记使命”主题教育，波密县行政审批和便民服务局牵头，组织乡（镇）梳理排查，与相关单位沟通协调，将群众办事证明材料由94种精简为52种，精简率44.7%。与波密县驾考中心协调完成科目一、科目四考试相关工作，科目一至科目四考试均可在县内完成。波密县公安局根据上级公安机关户籍业务权限下放的相关要求，将出生上户，死亡注销，参军服兵役注销，人像采集，非主项变更、更换，补办户口本，分户、立户、入户、重登误登删除等业务下放至各乡（镇）派出所。

【营商环境建设工作】 波密县积极落实中小微企业、西部大开发、“大众创业、万众创新”等各项税收优惠政策，对国务院7项减税政策进行重点部署和跟进落实，减税力度突出表现在放宽小型微利企业标准加大企业所得税优惠力度、降低增值税税率等方面，惠及大部分行业和纳税人，进一步激发波密县经济发展活力。

深入贯彻落实习近平总书记关于清欠工作的重要指示批示精神，贯彻落实10月21日召开的国家、自治区、林芝市“进一步做好清理拖欠民营企业中小企业账款工作电视电话会议”精神，对涉及项目建设的22个单位、5个国有企业拖欠民营企业中小企业账款情况进行梳理排查，经排查无拖欠民营企业中小企业账款，不断提高政府的公信力。

【行政审批政务服务体系信息化建设】 不断强化信息化建设工作，积极拓宽、深化信息服务方式，通过推进“互联网+政务服务”工作提升政务服务体系信息化建设。启动电子政务外网（一期）工程、电子政务外网（二期）工程、波密县电子政务大厅建设工程。涉及37个部门、10个乡（镇），开展线上线下业务办理培训4次。成立“互联网+政务服务”工作领导小组。按照自治区的网上办理深度的具体标准，围绕受理条件、申请材料、办理流程等要素，精细化编制办事指南。发布依申请六类政务服务事项实施清单660项，办理深度二级100.00%、三级96.97%、四级33.03%；发布公共服务事项实施清单190项，办理深度二级100.00%、三级94.74%、四级38.95%。依托西藏政务服务平台对办件类型、法定办结时限等9项内容进行具体梳理，确保达到依据清晰、时限明确、地址及电话真实有效；采用多种形式宣传引导群众和企业注册使用西藏政务服务平台。西藏政务服务平台有注册用户2.79万个，办件总量1.1万个，采集电子证照1.02万个，签发9860个。

【党建工作】 2019年5月，申请成立波密县行政审批和便民服务局党支部。完善党建工作制度，规范党内组织生活，增强党内生活的严肃性，扎实推进党支部规范化建设。认真开展“三会一课”、组织生活会、党费收缴、谈心谈话、民主评议党员等工作，组织集中学习10次，专题研讨5次，党支部书记上党课1次，党员谈心谈话1次，收缴党费374.2元，民主评议党员4名，优秀1名，合格3名。坚决落实党风廉政建设责任，严格实行“一岗双责”制度，将党风廉政建设责任落实到人到事。波密县行政审批和便民服务局组织观看教育警示片1次、学习反面案例、违纪违法案件5次，提高党员干部守纪律、讲规矩意识。

【“不忘初心、牢记使命”主题教育】 2019年9月20日，波密县行政审批和便民服务局组织召开第二批主题教育动员会，对主题教育工作进行安排部署。通过个人自学和集体学习、专题研讨的方式学习十九大精神、党章党规，《习近平关于“不忘初心、牢记使命”重要论述选编》《习近平新时代中国特色社会主义思想学习纲要》。推动理论学习有进步有领悟，增强守初心担使命的思想自觉和行动自觉。利用波密县红色教育基地开展“学好一本书”“做好一次交流发言”“重温一次入党誓词”“讲好一次专题党课”活动，传承红色基因。通过主题教育活动开展组织党员干部观看专题影片3次，参观红色教育基地，重温入党誓词1次。在主题教育专项整治中对照市委6个大类16项28条问题共查找出3类3条问题，制定整改措施3条，并完成问题整改；对照县委11项专项整治工作自查问题清单共梳理问题9类26条，其中共性问题25条，个性问题1条，已全部整改完成。

（张芸）

【领导名录】

局长

蔡林（5月任职）

副局长

边巴卓玛（女，藏族，5月任职）

波密县退役军人事务局

【概况】 波密县退役军人事务局始终坚持以习近平新时代中国特色社会主义思想为指

2019年3月21日，波密县委常委、政府副县长沈光银（右）为波密县退役军人事务局揭牌

导，落实习近平总书记关于退役军人工作重要论述和重要批示指示精神，围绕“组建退役军人管理保障机构，维护军人军属合法权益，让军人成为社会尊崇的职业”的工作目标开展各项工作。

【机构建设】 波密县退役军人事务局于2019年3月21日挂牌成立，为正科级行政单位，核定编制共3人。下辖退役军人服务中心，于2019年5月28日挂牌成立，为副科级建制，核定2名事业编制，其中领导职数1名。设立乡（镇）服务站10个、村级服务站84个，主要承担退役军人就业创业扶持、优抚帮扶、走访慰问、信访接待、权益保障等工作。

【党建工作】 波密县退役军人事务局党支部于2019年5月14日成立，于2019年5月17日召开党员大会，选举米玛为党支部书记；2019年9月25日设立波密县退役军人事务局党组，米玛为党组书记，次仁旺姆、张鑫、江红霞、李国连为党组成员。

【双拥工作】 以“八一”建

2019年8月1日，波密县政府副县长姜治强（中）为退役军人及优抚对象悬挂光荣牌

军节为契机，组织慰问驻地部队16个，送去慰问品价值6万元；为波密县发生灾害（古乡索通村村道毁坏），进行现场抢修的官兵送去慰问品价值6000元；在波密广场组织为2019年夏季应征入伍青年举行欢送仪式，入伍新兵及家属，活动共800人参加；召开践行“不忘初心、牢记使命”波密县2019年“全国创建双拥模范城（县）”动员部署暨工作协调会议，双拥领导小组成员参加；2019年4月30日，召开波密县退役军人及其他优抚对象家庭悬挂光荣牌动员部署会，共为退役军人及优抚对象悬挂“光荣之家”光荣牌500块。

【优抚保障工作】 2019年对波密县退役军人和优抚对象信息采集进行第二次核实，享受定期抚恤补助重点优抚对象共50人；为农村籍60周岁以上退役士兵发放生活补助金8.56万元，为2014年10月至2018年12月农村户籍60周岁以上退役军人补发生活补助资金4.08万元，为2018年退役士兵发放优待金及自主就业一次性经济补助金49.78万元，为重点优抚对象（三属、伤残）发放抚恤金37.51万元，共计99.93万元；积极开展退役军人领域矛盾排查工作，对提出诉求及咨询的退役军人军属进行思想疏导、政策解释，未出现群体上访、越级上访事件；积极宣传退役军人就业创业政策，统计在乡退役军人就业创业意愿，协调相关部门，鼓励退役军人参加技能培训。

【烈士褒扬祭扫工作】 波密县有扎木烈士陵园、松宗烈士陵园、通麦“十勇士”纪念碑、通麦自治区高法疗养基地旁散葬1座。

为弘扬烈士精神，缅怀烈士功绩，进一步深化爱国主义教育，清明节和烈士公祭日，在波密县烈士陵园和通麦十英雄纪念碑举行集中祭扫和公祭活动，波密县委、人大、政府、政协四大班子主要领导、各部门主要负责人，烈士遗属、退役军人部分代表，中小学生代表、农牧民群众代表等，共3000人参加祭扫祭奠活动。

（次仁旺姆）

【领导名录】

局长

米玛（藏族，5月任职）

副局长

次仁旺姆（女，藏族，5月任职）

张鑫（8月任职）

波密县卫生健康委员会

【概况】 波密县卫生健康工作在县委、县政府的坚强领导下，在上级业务部门的亲切关怀下，统筹兼顾，突出重点，狠抓落实，各项工作取得较大发展。波密县卫生健康委员会实有工作人员13人，其中公务员5人，援藏干部1人，参公4人，工人2名，公益性1人。

【机构改革】 波密县卫生健康委员会，原名波密县卫生和计划生育委员会，3月21日，波密县卫生健康委员会正式挂牌成立。加强预防控制重大疾病工作，积极应对人口老龄化，推进卫生健康公共资源向基层延伸、向农牧区覆盖、向艰苦边远地区和生活困难群众倾斜，推进卫生健康基本公共服务均等化、普惠化、便捷化；注重藏西医并重，加强藏医药传承创新和藏医医疗服务的监督管理；深化医药卫生体制改革，加大公立医院改革力度，推进管办分离，提供主体多元化、方式多样化的卫生健康公共服务。原下设事业单位合作医疗管理办公室职责全部移交波密县医疗保障局。

【基本公共卫生服务】 2019年，以乡（镇）卫生院为主体，开展城乡居民健康体检及健康档案管理工作，包括健康教育，预防接种，0岁至6岁儿童、孕产妇健康管理、老年人健康管理、高血压患者、II型糖尿病患者、结核病患者及重性精神病患者健康管理及卫生监督协管等服务工作，全面推进家庭医生签约工作。

【疾病预防控制】 全面落实免疫规划工作，继续巩固和提高儿童基础免疫接种率，确保波密县计划免疫工作率95%。开展5岁以下儿童乙肝、甲肝疫苗查漏补种工作，接种率100%。实施儿童入托、入学查验预防接种证工作。做好结核病、艾滋病、精神病、鼠疫防治、地方病等防治工作。开展各类宣讲34次，开展培训18次，发放健康教育宣传资料2万张，制作宣传横幅、展板21份。加大饮用水监测力度。开展枯水期水质采样、送样工作。采集水样66份，其中出厂水24份、末梢水42份。形成县、乡（镇）、村三级防治网，发现麻风病人114例，全面加强麻风病防治宣传工作，增强防患意识。

【医疗组团式援藏】 波密县逐步完善以广州市第一人民医院为主导，其他三级医院为辅的柔性帮扶机制。选派医疗援藏专家6人，援藏医疗队接诊

2019 年 3 月 21 日，波密县政府副县长达娃卓嘎（二排中）出席波密县卫生健康委员会揭牌仪式

门诊患者 7805 人，住院患者 1758 人，麻醉手术 225 例，门诊手术 1022 例，抢救及转运危重症患者 365 人次，开展新项目、新技术 25 个。组织临床业务技能培训 6129 人次。手术示教 100 次。积极协调广州市第一人民医院派出专家到波密开展先心病筛查及培训工作。选派医护人员送 8 名先心病儿童在广州市第一人民医院免费完成手术治疗。完成 761 万元急救体系建设，配备 32 层螺旋 CT 机、呼吸机等医疗设备，组织人员进行急救技能培训。完成 260 万元的远程会诊系统建设，以波密县人民医院为核心，上接广州市第一人民医院，覆盖 10 个乡（镇）卫生院，远程会诊共 700 人次。

【医疗卫生服务体系建设】 加强项目投资力度，全面提升医疗服务能力。总投资 1418 万元的波密县县级区域医疗中心及妇幼保健院建设项目，10 月完工。总投资 300 万元的古乡、多吉乡和玉普乡卫生院建设项目通过验收。县医院自筹资金 233.79 万元购买高清腹腔镜、低温等离子灭菌柜及口腔科牙科综合治疗椅等医疗设备，继续深化公立医院改革，全面落实三级医师查房、疑难病症讨论、处方点评等制度，检查病历 191 次，三级医师查房 62 次，疑难病理讨论 36 次。以县医院为主体的医共体建设全面推开，与藏医院、普济医院、乡（镇）卫生院等 12 家医院签订医共体合作协议，拟定远程会诊、分级诊疗、双向转诊、免费进修、适宜技术推广等系列医疗资源共享举措。

【包虫病及“三病”综合防治工作】 波密县召开包虫病及“三病”部署、推进会 18 次，开展联合督导检查 22 次，及时研究解决包虫病及“三病”综合防治工作中存在的困难和问题，把宣传培训工作作为包虫病及“三病”综合防治的主要手段，开展宣讲培训 3 次。积极发挥电视、政府网站、微信微博、LED 显示屏等现行主流媒介作用，进一步加大包虫病及“三病”综合防治工作力度。开展宣传教育活动 15 场次，发放宣传资料 8740 份，悬挂横幅 36 条、制作宣传展板 12 块、发送短信 3 万条，受教育群众 3.5 万人。波密县包虫病确诊 95 例，完成手术治疗 37 人、服药治疗 29 人、术后服药 30 人，全部患者实行建档全程跟踪管理。完成重点人群结核病、肝炎、风湿病（骨关节疾病）筛查任务，共筛查 1.01 万人，胸片 634 人。首针乙肝疫苗接种 223 人，接种率 95.3%，孕产妇筛查 491 人，乙肝阳性人数 25 人，查漏补种乙肝 85 人、甲肝 81

人，接种率100%。着力推进家犬登记管理及抓捕工作。波密县公安部门出动警力200人次、警车50台次，开展宣传活动15次，发放宣传资料600份，抓捕流浪犬3380只，登记家养犬只2771只，系统录入2752只，系统录入率99.3%。办理犬证2752张，登记管理2752条。强化防控结合，做好牲畜投药、犬粪监测工作。发放犬只驱虫药品2066瓶，犬只驱虫3.8万只/次，犬粪无害化处理3.01万份。

【惠民政策落实】 波密县"一孩、双女"困难户家庭313户，新增30户，退出44户，预算补助资金30.05万元；特殊子女"特别扶助"家庭37户，新增4户，退出7户，其中子女死亡33户，预算补助资金17.82万元，子女伤残4户，预算补助资金1.68万元。

【藏医药事业】 开展的藏医特色外治理疗项目14项。藏医院2019年门诊人数9628人，住院人数295人，门诊收入96.03万元，住院收入79.86万元。11个乡（镇）卫生院（含茶场卫生院）均建立独立的藏医馆，可开展藏医诊疗服务，每个卫生院有藏药160种。加强藏医药适宜技术推广，开展藏医药浴诊疗，药浴323人次。

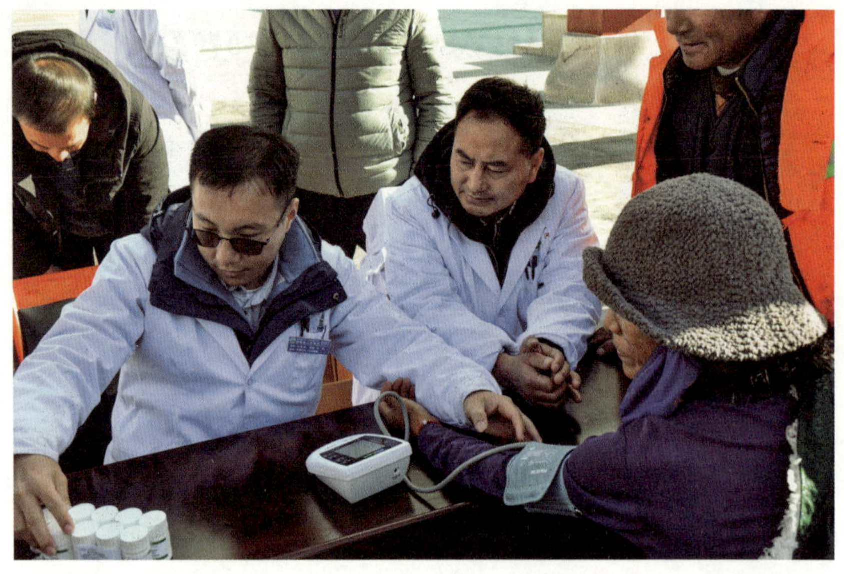

2019年11月25日，波密县援藏医疗队在波茂广场开展义诊活动

【妇幼保健和计生工作】 全面加强妇幼计生及流动人口相关法律法规知识的宣传力度，对各乡（镇）卫生院计生妇幼专干进行培训指导2次，开展宣传活动7次，发放宣传资料1365份，发放计生药品药具1230盒。完成免费出生缺陷检查168对，孕前检查108对。已婚育龄夫妇免费享有基本项目的计划生育技术服务落实率100%。办理准生证74人，计生各类办证率100%。活产数325人，其中住院分娩313人，住院分娩率96.31%，无孕产妇死亡。住院分娩补助报销171人，报销资金23.94万元。孕龄妇女"两癌"检查2842人。母婴"三病"项目完成285人，任务完成率151%。发放营养包1706人次。

【健康扶贫工作】 波密县完成医疗救助906人，市级以上救助425人，县级医疗机构救助158人，乡（镇）卫生院救助317人，通过社会慈善救助重特大病人6人，跟踪随访6.2万人次。依据《林芝市建档立卡绿色通道协议实施意见》要求，积极与林芝市人民医院及波密县各级医疗机构签订建档立卡贫困群众就医"绿色通道协议"，实行"先诊疗、后付费"就医模式。继续推进"三个一批"救治工作，大病集中救治69人；慢性病签约服务管理3778人，对4名重病患者通过慈善基金会救助，前往北京完成治疗。有效防止“因病致贫、因病返贫”情况发生，建立健全健康扶贫准入机制。

【卫生监督工作】　加强卫生监督执法，有效规范公共场所服务秩序，共有公共场所278家，持有卫生许可证278家，持证率100%。对所有公共场所负责人进行培训，发放培训资料115份，出动现场监督检查36次。

【党建工作】　按照创建学习型党组织要求，制定理论学习计划，严格履行“三会一课”制度组织党员学习32次。通过个人自学、领导上党课、撰写心得体会、讨论交流等形式，进一步增强了学习效果。建立党建工作责任制，全面落实党员领导干部“一岗双责”制度，全面落实党建促业务工作，加强经常性的党务管理工作。做好党员发展、党费收缴和流动党员管理等工作。开展警示教育活动，组织观看《巡视利剑》4次，组织党员学习《中国共产党党员领导干部廉洁从政若干准则》，健全党内组织生活制度，开展谈心活动，广泛征求意见。从群众关注的热点和难点问题入手，开展调研工作，组织党员为基层为群众办实事、好事。严格按照“十个一”的工作部署，扎实推进“不忘初心、牢记使命”主题教育，深入开展“四帮一”结对帮扶工作。

（侯玉辉）

【领导名录】

主任

张斌

副主任

李健（5月离任）

尼玛拉姆（女，藏族）

陈恩宽（援藏，7月任职）

合管办主任

车南拉加（藏族）

波密县医疗保障局

【概况】　波密县医疗保障局在县委、县政府的坚强领导下，在上级业务部门的关心指导下，发扬勇于担当、真抓实干的精神，努力建成公平、可持续的医疗保障体系，全力提高医疗保障工作水平。波密县医疗保障局实有工作人员4名。

【机构改革】　根据波密县医疗保障局于2019年3月21日正式挂牌成立。核定行政编制3名；核定科级领导职数3名。设立农牧区大病统筹核销、农牧区大病保险、城乡医疗救助、城镇职工和城乡居民基本医疗保险、城镇职工生育保

2019年3月21日，波密县政府副县长达娃卓嘎（右）出席县医保局挂牌仪式

险、特殊门诊等便民服务窗口。

【医保扶贫人群】 波密县建档立卡972户，3778人重度残疾人员431人（其中农村378人、城镇53人）；特困供养人员168人（其中农村151人、城镇17人，集中供养60人、分散供养108人）；最低生活保障对象426人（其中农村267人、城镇159人）；孤儿79人。

【医保惠民政策】 自治区财政为波密县农牧民缴纳大病统筹基本医疗保险，波密县农牧民大病统筹基本医疗保险参保率100%。2019年参加农牧区大病统筹个人缴费标准为20元，农牧民参保2.52万人，参保率98.5%，波密县财政代缴1679人，参保率100%。

实行医保扶贫对象住院患者"两提高"政策。医保扶贫对象住院基本医保报销比例提高5%、医疗救助比例提高5%，救助封顶线2019年9月由6万元提高到每人每年30万元。

医保扶贫对象在县域内定点医疗机构住院治疗的，实行"先诊疗、后付费"结算；波密县外定点医疗机构（林芝市人民医院）住院患者出院后实行"一站式"结算；2019年由于扶贫政策调整，由患者垫资然后到波密县医疗保障局审核即时结算和医疗救助。

2019年10月9日，波密县医疗保障局联合波密县卫健委对村卫生室开展监督指导

【医疗保障核销】 2019年，新型合作医疗大病统筹资金下拨1404.76万元，年人均555元，农牧民住院核销2108人，报销补偿金额1023.63万元，其中精准扶贫254人，核销金额180.28万元；特殊门诊申请22人，核销2人，核销金额1156元；大病统筹保险上报11人，补偿金额16.63万元；7月2日，波密县民政局交接结转城乡医疗救助资金487.8万元，8月15日上级下拨100万元，医疗救助214人，救助金额155.01万元，其中建档立卡户109人，救助资金38.78万元；大病救助6人，救助资金40.36万元。

【医保基金监管】 波密县医疗保障局承担着农牧区大病统筹、城镇职工基本医疗保险、生育保险、城乡居民基本医疗保险、医疗救助的收支结余核算工作。把统筹基金支出的合理性、合法性确定为基金监控重点。加强票据核实工作，有效地防止基金的流失，最大程度上为广大参保人员管好"救命钱"。将基金及时核销到参保患者的手中，解决参保人员的实际困难、享受福利待遇，是医保政策优越性的最终体现。

【扫黑除恶打击欺诈骗保】 按照市医疗保障局的统一部署

和县扫黑办要求，开展以“打击欺诈骗保，维护基金安全”为主题的宣传活动。成立扫黑除恶打非治乱专项斗争工作领导小组，下设扫黑除恶办公室。召开扫黑除恶打非治乱专项斗争工作专题会3次，组织干部职工进行集体宣誓并签订承诺书。通过悬挂专项整治标语、制定专题展板等形式掀起“扫黑除恶”舆论宣传氛围；发放宣传单2千份、通过下乡调研等形式宣传扫黑除恶打非治乱医保领域知识5次、受教育1225人次，向前来办理业务的群众、结对帮扶户350人次宣传打击黑恶势力的有关法律常识，鼓励他们遵守法律法规，积极踊跃揭发举报“欺保骗保”涉黑涉恶势力违法线索，引导他们敢于同黑恶势力作斗争。对定点医药机构实行协议管理。签订医疗保险服务协议单位7家，将医保基金管控工作与扫黑除恶工作紧密结合，累计出动工作人员50人次，深入公立医院、民营医院、乡（镇）卫生院、村卫生室、个体诊所、定点零售药店了解运行情况及医保基金使用情况，增强了医保基金使用的法律意识，医保环境愈加“风清气正”。

（白珍）

【领导名录】

副局长

白珍（女，藏族，5月任职）

波密县人民医院

【概况】 波密县人民医院是一所二级乙等综合性医院，占地面积2万平方米，业务用房9千平方米。分设临床、行政、职能、后勤等31个部门。编制病床45张，开放病床45张。开设病区3个，开放床位100张，配备双层螺旋CT、数字化射线机（DR）、全自动生化仪、腹腔镜、心电图、彩超、胃镜等设备。

【机构改革】 坚持以人为本，坚持公益性原则，实行管办分开、医药分开，建立与全县经济发展水平相协调、与城乡居民医疗卫生需求相适应的公立医院运行机制。推行全员聘用制、院长任期目标责任制，实行院长负责制。建立单位自主用人与个人自主择岗相结合的聘用制度，在编制和岗位设置范围内公开招聘、平等竞争、择优聘用。按照工作量、社会效益、经济效益和德、能、勤、绩等考核结果，发放绩效工资。严格执行药品网上公开采购和药品零差率销售制度。按照县人事劳动和社会保障局、机编办规定对医院人员进行核岗、定编，加强人力资源管理。确保公立医疗机构改革深入推进。

2019年7月9日，波密县政府副县长达娃卓嘎（左四）出席波密县人民医院二级甲等医院动员大会

【人才培养】 坚持“送出去、请进来”的人才培养办法，邀请援藏医生出诊查房、疑难病历讨论及业务知识讲座，带动提高波密县人民医院医疗技术水平。组织临床业务学习、技能培训1500人次，住院及门急诊手术示教带教100人次。选派5名临床医务人员分2批前往广州市第一人民医院进修学习。

【医疗业务】 2019年，门诊急诊2.37万人次，出院620人次，手术45例，放射检查6268人次，B超检查5732人次，心电检查901人次，医学检验1.43万人次。夏季征兵体检46人次，下乡义诊6次，“先心病”筛查158人，“两癌”筛查432人次。平均病床使用率64.4%，病床周转率27.08%。住院治愈率、好转率、未愈率、死亡率分别为42.72%，56.54%，0.52%，0.20%。

【护理工作】 本着“一切以病人为中心”的服务宗旨，按照二级甲等医院标准要求，“深入开展优质护理服务”抓好护理质量与持续改进，结合医院总体工作目标，围绕“质量、安全、服务、管理”开展各项工作。

做好院科两级护理质量控制。定期对全院护理质量进行检查与分析；规范护理文件书写，加强护理法律意识；定期召开护士长例会，落实保证护理安全核心制度及各种护理操作规范、流程、疾病常规；不定期的进行护理安全隐患排查。加强护士在职教育，提高护理人员的综合素质。制定新入职护士规范化培训方案、操作标准，制作培训清单，发放新入职护士规范化培训手册；安排护士长同援藏老师对每名护士进行操作技术短期培训并考核；选派护理骨干到广州医院参观学习。深化优质护理，提高服务质量。合理配备护理人员，在原有19名护理人员的基础上新增护士10名，提高护士应急能力和急救技能水平；注重服务细节，提高病人、医生、护士对优质护理服务的满意度。

【交流合作】 2019年9月17日广东共青团“健康直通车”大义诊活动专家组一行到波密县人民医院，开展为期一天的义诊活动。义诊团队免费为波密县居民进行常见病、慢性病的咨询、初筛、诊断，并进行一般治疗、医学常识和健康知识的普及和教育，健康咨询及指导350人。

9月18日至9月25日，县人民医院选派7名工作人员前往广州市第一人民医院和广州市红十字会医院进行短期交流培训学习。

【医疗设施设备投入】 国家和地方财政投入1418万元，新建1200平米县级区域医疗中心及妇幼保健站。自筹资金233.79万元购买医疗设备：其中投入185万元采购高清腹腔镜、投入33.79万元采购低温等离子灭菌柜、投入10万元采购口腔科牙科综合治疗椅、投入5万元为胃镜室采购幽门螺旋杆菌检测仪。

【对口帮扶】 围绕医院建设县级区域医疗中心和争创二甲医院的目标，广州市第一人民医院医院派出5名协创等级医院专家，开展为期一个月的帮扶工作，协助梳理条款，查找问题，制定工作方案。协助开展先天性心脏病、骨科疾病的筛查、救助，救治一批贫困重疾患者。援藏医疗队深入机关事业单位、农村、山区开展义

2019年10月25日，波密县委常务副书记邹勇刚（中）陪同广州市协作办副主任张中剑（右二）和广州市委党校常务副校长孟源北（左二）调研波密县人民医院

诊、健康宣教，解决边远乡村病痛，普及健康知识。

【突发急救工作】 加强急救人员能力培养，组织急救学习培训和演练，使急救人员业务水平不断提高。进一步修改完善应急预案和相关制度，组织急救人员反复进行桌面推演，增强预案的实用性和可操作性。应对各种突发事件的反应能力。2019年，共接到急救电话84次，急救派车76次，救治病人74人。

【医疗服务】 在广州援藏医疗队的大力配合下，每月定期抽查科室运行病历和终末病历156份，开展三级医师大查房62场，住院病历检查35人次，疑难病例讨论36次。每月组织抽查门诊处方、住院医嘱，加强围产期、手术期加大对特殊抗菌药物、重大手术临床应用与审批督查力度，全年开展重大手术审批56例。组织开展业务能力及法律法规学习培训6次，不断强化传染病防控，对重点科室进行定期监测，监测手术切口40例；环境采样146份，合格139份，合格率94.88%。逐步完善消毒供应，加强医疗物品灭菌程序规范。

【传染病防治工作】 2019年报告传染病54例，乙肝19例，水痘16例，其他感染性腹泻9例，细菌性痢疾6例，手足口病3例，梅毒1例。

【医院建设】 2019年全面启动二级甲等医院创建工作。按照西藏自治区《医院评价标准实施细则》中各项目标任务，制定任务分解目录，共开展创甲工作推进会议4次，召开专项汇报会议27次，开展各类专项培训130次，组织各职能科室修订编印《医疗卫生相关法律法规手册》《医疗质量安全管理手册》《医院感染管理手册》《应急预案手册》《应知应会》《医院工作制度与人员岗位职责》等手册。建立和完善了医院管理的规章制度、职责，修订了医院管理和持续改进实施办法、管理工作流程、各项操作规程及保证措施，做到规范化、标准化、制度化、科学化。改造手术室、增设重症医学科、中医理疗科、儿科、急诊科、病理科等科室，建设职工食堂、洗衣房、供氧中心、应急发电机组等后勤保障设施，更新医院信息化系统，完善院内环境及病房条件，加强医院临床科室专业发展及医院文化建设。建立完善持续改进的长效机制，不断提高医疗服务质量和管理水平。

【党建工作】 加强党的理论知识学习，制定学习计划，收集整理学习资料。积极开展免费送医送药活动，3月20日为波密县一线值班民警、消防人员、武警执勤人员免费义诊，3月28日深入敬老院为孤寡老人免费检查身体和发放药品。积极开展“四对一”帮扶工作，助力波密县脱贫攻坚。加强疾病预防知识宣传，提高自我健康保护意识。观看红色电影和纪录片，自查党员不信仰宗教，树立牢固的马克思列宁主义。

（刘玉龙）

【领导名录】

院长

尼玛扎西（藏族）

副院长

张顺德

索那旺堆（藏族）

波密县藏医院

【概况】 波密县藏医院于2016年5月成立为全额拨款的正科级事业单位，正式在编人员11人，公益岗位4人，聘用人员4人，设有综合门诊、药房、收费室、住院部、理疗室、牵引室、外治室、药浴室、名老藏医传承工作室、会议室、藏药材展览室等科室。

2019年3月11日，国家投资修建的名老藏医传承工作室投入使用

【民族医院的建设】 为彰显民族医院文化特色。投资163万元对国家投资的综合门诊大楼进行民族医院文化特色和特色科室建设。重点建设具有民族文化气息的藏医院。重点打造药浴室和理疗室特色科室建设。

【医疗情况】 为方便广大患者就医，解决看病难看病贵的问题，实行藏西医联合治疗，提高了治愈率和好转率，但一些慢性病康复治疗，还是坚持“能藏不西，先藏后西”的原则。建立名老藏医传承工作室，门诊人数9628人次，住院患者295（药浴患者104人次）人次。2019年，门诊收入96.03万元，其中医疗收入6.32万元、药品收入89.71万元。住院收入79.86万元，其中医疗收入49.23万元、药品收入30.62万元。总收入175.89万元。理疗外治4254人次。0岁至6岁儿童及65岁以上老年人藏医体检合计780人次。组织医院职工上山采挖五味甘露药浴药品3500公斤。

【精准扶贫】 为切实帮扶偏远乡（镇）尽快提升服务能力。联合波密县卫生健康委员会、波密县卫生服务中心、波密县疾控中心，开展“组团式”医疗队定期下乡帮扶乡（镇）卫生院，开展坐诊，疑难病例讨论、科室管理、启用已配置的医疗设备，主动下乡巡诊等举措。并选派一名工作人员采取定期轮换方式进驻康玉乡，切实推动健康扶贫攻坚工作取得实质进展。

【三级医院对口帮扶】 根据关于加强三级中医院对口帮扶贫困县县级中医院工作要求。2019年12月4日至12月5日，由广州市中医药副院长蔡迎峰带队的一行5人对波密县藏医院开展工作调研，商讨对口帮扶形式并签订了对口帮扶贫困县县级中医药协议。

（梁玖灿）

【领导名录】

院长

梁玖灿

副院长

格日才旦（藏族）

波密县文化和旅游局（文物局）

【概况】 2019年，在县委、县政府的正确领导下，在林芝市文化局、林芝市旅游发展局的指导和帮助下，波密县文旅局始终高举习近平新时代中国特色社会主义思想伟大旗帜，持续学习贯彻中共十九大精神，深入贯彻落实习近平总书记“不忘初心、牢记使命”主题教育工作，以“旅游强县、文化活县”战略为根本遵循，创新思路，提升服务质量，按照工作部署，推进文化旅游产业繁荣发展。

【机构改革】 波密县文化和旅游局（文物局），2019年4月成立，将新闻出版、广播电视、电影管理工作等职责划入中共波密县委宣传部，保留了群众文化、文物、非遗工作职责。将原波密县旅发委工作职责划入波密县文化和旅游局。为波密县人民政府工作部门，正科级建制。有正式干部职工20名，其中党员18名，公益性岗位5名、三支一扶2名，外聘人员1人。

【队伍建设】 加强人才队伍建设，强化培训、提升整体素质和水平。2019年，组织干部职工、从业人员参加培训6次，11人次。组织开展旅游技能培训、红色文化进基层等活动4次，通过培训，全面提升人才队伍整体水平。波密县共有文化和旅游工作者1000名。

【公共文化】 建成以波密县综合文体活动中心为主阵地，辐射带动10个乡（镇）文化站，85个村（居）文化室，85个农家书屋，19个寺庙书屋，17个信息资源共享点，形成网格化的三级公共文化服务体系阵地。做好图书馆、文化站设施空间免费开放，活动场地无偿提供，保证图书阅览、信息资源共享阅览、满足群众文化需求。整合现有图书，音像档案、数字资源，做好文化拓展服务。邀请专业编导前往各乡（镇）采风，依据波密本地舞蹈特色对广场舞进行重新

2019年3月20日，波密县文化和旅游局举行挂牌仪式。县委常委、副县长沈光银（前排右六）出席揭牌仪式

编排，安排人员教授新编排的广场舞，据统计，平均每晚参加广场活动的人数达700人次。波密县民间艺术团累计派出文艺骨干20人，深入10个乡（镇），85个村（居），教授波卓等民族舞蹈80场次。组织开展各类文化活动180场次，参加群众3万人次。组织开展“县文化交流”演出活动，赴林芝市、朗县、工布江达县、米林县参加演出，累计出演45场次。以3·28、元旦、春节、藏历新年等节日为契机开展“文化八进”“七一”红歌合唱比赛、“喜迎建国七十周年”等文艺活动。

【非物质文化遗产】 2019年，申报3项波密县第六批县级非遗项目并通过公示；申报推荐易贡藏刀制作技艺列入第一批自治区传统工艺振兴、国家级非物质文化遗产代表性项目，并申报推荐传承人西洛为“2019中国非遗年度人物”。积极宣传发放非遗知识手册及西巴斗熊模具、波卓波央光碟等200件，组织非遗传承人参加各类展示活动，扩大波密非遗项目影响力。组织开展少儿波卓波央比赛、定期开展非遗进校园等文化活动，积极做好非遗传承弘扬工作。成功申报完成第四批自治区级非遗代表性项目代表性传承人2人。

【文物事业】 2019年，开展石刻文物挖掘发现工作。联合日喀则石刻文物专家调查组对波密县7个乡（镇），103个点的1.5万多件具有文物价值和研究价值的石刻文物进行了测量、记录、传拓、影像收集等数据采集工作。新发现26处石刻文物点，其中古乡索通村羌那自然村岩画最为典型。

对波密县易贡乡通加村的石棺墓进行了考古发掘，对川藏铁路线波密段工程建设项目区域内的地面、地下文物进行为期4天的考古调研、勘探及文物评估等工作。

【文化产业和旅游产业发展】 2019年，紧紧围绕“两产业一平台”发展战略、“一轴三线”旅游发展思路和“全域旅游示范区”创建工作，以“旅游强县、文化活县”战略为根本遵循，立足岗位责任目标，进一步深化体制机制改革，完善文化旅游基础设施建设，壮大文化旅游产业发展规模，推进文旅融合发展，促进行业转型升级，全县文化旅游业呈现出加速发展的良好态势。共接待游客177.43万人次，旅游相关收入14.5亿元，同比分别增长34.02%和37.42%。米堆冰川景区共接待游客11.38万人次，门票收入426.28万元；嘎朗湖景区共接待游客2885人次，门票收入12.25万元；岗云杉林景区共接待游客4332人次，门票收入10.52万元。家庭旅馆共接待游客24.07万人次，收入3641.45万元。

【综合执法】 2019年，波密县共有歌舞娱乐场所10家，网吧（网咖）3家，从业人员99人，注册资本1399万元。开展文化市场监督检查16次，检查场所140家次，其中歌舞娱乐场所104家次、网吧36家次；开展文化市场法律法规宣传4次，发放宣传资料450份。开展旅游市场综合执法检查33次，联合执法检查12次，出动检查人员123人次，出动车辆40台次，检查各类旅游企业79家次（其中检查景区（点）20家次、宾馆酒店50家次、星级家庭旅馆7家）。排除旅游安全隐患78处，整改78处，隐患整改率100%。接到旅游咨询电话259次，旅游投诉6起、无效投诉

2019 年 12 月 22 日，在成都举办“不忘初心、牢记使命”西藏波密县答谢老同志及后代联欢晚会

2 起，办结率 100/%，游客满意度 100%。

【对外交流和宣传推广】 2019 年利用微博、微信、抖音、网站等新兴媒体，创新营销手段，共计发布微信内容 124 期，阅读量 18.33 万次，分享人数 1.94 万，点赞量 1793 次。发布微博条数 679 条，阅读数 141.3 万人次，转发数 2952 人次。2019 年 9 月，开通波密县文化和旅游局抖音号，发布动态 7 条，关注 30 人，粉丝 3045 人，获赞 1 万次。

参加“林芝市第十七届桃花旅游文化节暨林芝旅游推介会”旅游推介活动，在北京、成都、西安、深圳四地推介波密桃花，发放宣传资料 1500 册，回答旅游咨询 300 人次；参加“林芝市雅鲁藏布生态文化旅游节巡回推介”活动，先后在太原、济南、天津推介波密红色文化及波密秋色等波密特色文化旅游资源。发放宣传资料 1000 册，回答旅游咨询 400 人次。利用 G318 秋季行活动，组织召开波密旅游资源推介会，并在通麦大桥处设立了网红打卡站牌，该活动通过发布微信公众号、抖音视频等方式，吸引 1 万人次关注波密旅游资源。

2019 年 12 月，前往成都市、广州市开展 3 场推介活动。积极打造具有波密特色的文化旅游节庆活动。成功举办林芝市第十七届桃花旅游文化节波密分会场活动、松宗赛马暨民俗文化艺术节、倾多镇桃花谷首届民俗文化旅游节等节庆活动，其中以“到红色波密，赏冰川桃花”为主题的 2019 年林芝市第十七届桃花旅游文化节波密分会场活动，参加此次活动 2 万人，31 家企业和合作社参加农牧产品展销，49 家餐饮企业参与小吃美食展销，销售额 4 万元，活动开幕式上举行招商引资签约仪式，共与 4 家企业签订总投资 12.15 亿元的投资合同。

2019 年，波密县全域旅游形象宣传片拍摄工作完成。总投资 205 万元，全部资金由县财政支出，于 2018 年 3 月开拍，2019 年 4 月完成拍摄制作并验收合格。宣传片时长 8 分钟，春夏精剪版、秋冬精剪版各 1 部（每部约 4 分钟）。

制作文创文旅产品，丰富文旅宣传资料。向县委、县政府争取文创资金 30 万元，根据“旅游 + 非遗”旅游发展思路，开发独具波密特色产品 20 种，投入生产 10 种。

【安全生产】 制定《2019 年旅游行业安全生产工作计划》及《波密县旅游行业三月及桃花节期间暨安全生产联合督促检查工作方案》《波密县旅发

委“五一”及旅游旺季期间安全生产检查方案》《波密县文旅局2019年春运工作实施方案》等方案，并签订《2019年波密县旅游行业安全生产责任书》及扫黑除恶打非治乱专项斗争的承诺书100份。

组织开展消防安全知识培训及演练活动3次，参加人数105人。积极开展参与“全民国家安全教育日”“联合开展全国防灾减灾”及“5·19全国旅游日”等宣传活动，免费发放旅游安全材料1500份，旅游安全标示标牌册子700份，景区景点宣传册700份。

【脱贫攻坚】 积极申报乡村旅游示范村建设项目、波密县易地扶贫搬迁点文化旅游提升项目，通过基础设施的建设。

建成波密县岗旅游示范村、朱西村美丽家园示范村、朗秋村美丽家园示范村、波密县角达村旅游示范村。波密县倾多镇古通村旅游示范建设项目已开工建设。通过完善游客接待中心、标识标牌、停车场、游步道等配套设施建设，为当地老百姓增设销售商铺、牵马服务等旅游项目并提供保洁员岗位等一系列措施，真正做到把游客吸引到家门口，在家门口做生意。

积极鼓励农牧民群众开设家庭旅馆、藏家乐，强化家庭旅馆规范化管理，定期开展检查，不断提升波密县家庭旅馆的服务水平。有家庭旅馆230家，其中星级家庭旅馆145家，农牧民参与旅游从业人数814人。

【党建工作】 深入开展“不忘初心、牢记使命”主题教育，推动“两学一做”学习教育常态化、制度化，坚持“三会一课”制度。每周组织党员进行集中学习讨论，开展各类学习活动38次，通过“中国共产党员”“西藏先锋”“西藏党员教育”“学习强国”APP，引导党员干部自主学习；结合专题学习，每季度组织党员开展1次党课教育。开展文旅业务知识学习、法律学习利用互助学习、藏语角等方式抓好双语学习。

按照林芝市“135”党建发展思路，围绕抓党建促发展工作目标，制定《文化和旅游局红心党建工作方案》，共安排党员干部开展区内外红色采风活动10次，采访知情人150人，收集文字资料2万字，录制采访视频7000分钟，寻找红色旧址20个，规划波密红色旅游路线3条，开展红色党课10次。为波密县红色旅游的发展提供了内生动力。

（王乐乐）

2019年1月17日，在玉许乡开展“五下乡活动”

【领导名录】

局长

卓玛央金（女，藏族）

副局长

次仁德吉（女，藏族）

刘星源

玄桂青（女）

波密县中波转播台

【概况】 2019年，波密县中波转播台秉承“主动作为，争创一流”的台训，力行“规范、严谨、超越”的理念，坚持以“将党和国家的声音传入千家万户”为宗旨，以“三满播出”为生命线，以人才培养为发展目标，持之以恒，锐意进取，在安播、安保、人才培养、台站管理与建设方面取得良好发展。波密县中波转播台始建于2005年，隶属于西藏自治区广播电视局，占地面积1万平方米。主要承担中央一套、中央二套、中央十一套（中央藏语）、西藏汉语、西藏藏语共5套广播节目的安全播出工作和全台的维稳工作。全天播音109小时25分，覆盖波密县及周边乡（镇）2.4万人，丰富了居民文化生活。

【思想政治建设】 开展“不忘初心、牢记使命”主题教育，将党章习近平新时代社会主义思想、党的十九大精神、中国共产党纪律处分条例、自治区第九次党代会、党史等作为重点内容学习，开展政治学习32次。

【设备升级改造】 2019年，对原有监控设备进行了再次改造升级，加装8部摄像头，共计32处摄像头，扩大内存，提高视频资料调阅和存储安全可靠性，延长视频资料存储时间。对机房控制桌系统进行再次改造，将手动切换音频处理系统升级为自动切换音频处理系统。将三部发电机组升级改造为远程电脑终端控制。

【基础设施建设】 2019年9月，波密县中波转播台基础设施建设项目完成终验并投入使用，该项目分为两个部分，总投资200万元，120万元用于维稳安保值班用房建设项目，将原门卫室改扩建为建筑面积214.63平方米的两层建筑，作为维稳安保控制中心。投资80万元用于中波广播转播发射的智能化系统平台的建设，实现人机分离，提高安全播出值班工作效率。

【业务工作】 波密县中波转播台共有干部职工17人，其中行政部门3人，值机员14人。由于工作的特殊性需全天24小时值守，无论节假日还是双休日都必须确保正常播音。为确保各频率的发射机正常工作，干部职工根据检修计划定期对发射机、发电机、电源等安全播出环节进行检修及隐患排查。

【党建工作】 波密县中波转播台始终把党建工作和提高干部职工的思想政治素养作为首要建设目标。2019年，波密县中

2019年9月20日，自治区广播电视局党组成员、副局长明珍（右排中）主持召开波密中波转播台基础设施建设项目竣工验收会

波转播台党支部发展预备党员1人，积极分子3人，党员干部占干部职工比例70%。

（王军强）

【领导名录】

台长

千尹超

副台长

王军强

机房主任

刘丽（女）

波密县教育局

【概况】 2019年，在波密县委、县政府的坚强领导和市教育局的精心指导下，波密县教育局高举习近平新时代中国特色社会主义思想伟大旗帜，深入贯彻落实中共十九大、十九届二中、三中、四中全会精神，学习全国教育大会和全区、全市教育工作会精神，牢牢把握教育中心工作，主动融入波密县经济社会发展大局，求真务实、攻坚克难、改革创新，波密教育改革发展呈现新气象。

【机构改革】 2019年3月21日，波密县教育体育局分设为波密县教育局、波密县体育局，波密县体育局属波密县教育局下设单位，与波密县教育局合署办公。

【义务教育】 2019年，波密县共有学校43所，在校学生共5499人。其中，初级中学1所，在校生1353人，入学率100%；县级小学1所、乡（镇）小学10所，在校生2912人，入学率100%；县城双语幼儿园2所、乡（镇）双语幼儿园9所、村级双语幼儿园20所，在园幼儿1234人，学前毛入园率83.54%。学校共有教职工575人，其中在职531人，离退休44人；学校临时聘用人员128人。专任教师中高级职称35人，中级职称134人，初级职称及以下374人；专任教师中本科及以上学历337名，专科学历194名，学历合格率100%。

【教育信息化建设】 2019年，在"首届'101教育PPT杯'西藏中小学教师课件制作大赛"中，波密县共有11件作品获奖。其中初中组8件作品获奖，二等奖和三等奖各1个，优秀奖6个，获奖数量列林芝市第一；小学组获得三等奖1个，优秀奖2个。组织开展中小学幼儿园在校生基本情况数据库录入工作培训，共培训14人；波密县教育局信息化培训，共培训26人；波密县学校学籍管理员培训，共培训22人次；送培到校共培训古乡中心小学、玉许乡第二小学两校教师33人；县级"一对一"远程技术培训3次。组织教师学习《中华人民共和国网络安全法》。举办网上阅卷培训，共培训28人。11月7日至9日，协助林芝市电化教育馆在波密县举办了"2019

2019年3月21日，波密县教育局、波密县体育局挂牌成立

表 16 **2019 年波密县中小学校（幼儿园）基本情况统计表** 单位：人

学校 \ 合计	中学在校生				小学在校生							幼儿人数	教师人数
	合计	一年级	二年级	三年级	合计	一年级	二年级	三年级	四年级	五年级	六年级		
合计	1353	474	483	427	2874	536	519	442	507	423	447	1101	531
县中学	1353	474	483	427	—	—	—	—	—	—	—	—	135
县完全小学	1099	—	—	—	—	195	215	185	195	142	167	—	95
易贡乡中心小学	219	—	—	—	—	48	36	37	37	27	34	—	24
古乡中心小学	61	—	—	—	—	10	14	14	0	12	11	—	21
八盖乡中心小学	83	—	—	—	—	22	14	7	10	6	24	—	18
倾多镇中心小学	357	—	—	—	—	73	42	54	66	69	53	—	33
玉许乡中心小学	209	—	—	—	—	36	43	32	36	24	38	—	24
玉许乡第二小学	258	—	—	—	—	29	55	39	59	48	28	—	24
松宗镇中心小学	120	—	—	—	—	18	22	18	24	17	21	—	19
玉普乡中心小学	141	—	—	—	—	35	24	18	20	25	19	—	24
多吉乡中心小学	210	—	—	—	—	27	36	29	46	37	35	—	24
康玉乡中心小学	117	—	—	—	—	43	18	9	14	16	17	—	21
县中心幼儿园	—	—	—	—	—	—	—	—	—	—	—	273	25
县第二幼儿园	—	—	—	—	—	—	—	—	—	—	—	231	24
八盖乡小学附设双语幼儿园	—	—	—	—	—	—	—	—	—	—	—	35	1
玉许乡小学附设双语幼儿园	—	—	—	—	—	—	—	—	—	—	—	87	2
多吉乡小学附设双语幼儿园	—	—	—	—	—	—	—	—	—	—	—	10	1
倾多镇小学附设双语幼儿园	—	—	—	—	—	—	—	—	—	—	—	53	1
松宗镇小学附设双语幼儿园	—	—	—	—	—	—	—	—	—	—	—	46	1
八盖乡塔鲁村双语幼儿园	—	—	—	—	—	—	—	—	—	—	—	18	1
倾多镇栋曲村双语幼儿园	—	—	—	—	—	—	—	—	—	—	—	25	1
松宗镇多格村双语幼儿园	—	—	—	—	—	—	—	—	—	—	—	6	1
扎木镇岗村双语幼儿园	—	—	—	—	—	—	—	—	—	—	—	8	1
倾多镇康达村双语幼儿园	—	—	—	—	—	—	—	—	—	—	—	31	1
玉普乡小学附设双语幼儿园	—	—	—	—	—	—	—	—	—	—	—	31	1

续表 16　单位：人

学校＼合计	中学在校生 合计	一年级	二年级	三年级	小学在校生 合计	一年级	二年级	三年级	四年级	五年级	六年级	幼儿人数	教师人数
扎木镇东绕村双语幼儿园	—	—	—	—	—	—	—	—	—	—	—	48	1
康玉乡乌那村双语幼儿园	—	—	—	—	—	—	—	—	—	—	—	16	1
多吉乡通参村双语幼儿园	—	—	—	—	—	—	—	—	—	—	—	9	1
古乡嘎朗村双语幼儿园	—	—	—	—	—	—	—	—	—	—	—	10	1
玉许乡林琼村双语幼儿园	—	—	—	—	—	—	—	—	—	—	—	29	1
易贡茶场双语幼儿园	—	—	—	—	—	—	—	—	—	—	—	11	1
玉普乡宗坝村双语幼儿园	—	—	—	—	—	—	—	—	—	—	—	17	1
易贡乡江拉村双语幼儿园	—	—	—	—	—	—	—	—	—	—	—	25	1
易贡乡小学附设双语幼儿园	—	—	—	—	—	—	—	—	—	—	—	31	3
多吉乡木古村双语幼儿园	—	—	—	—	—	—	—	—	—	—	—	22	1
古乡小学附设双语幼儿园	—	—	—	—	—	—	—	—	—	—	—	10	1
康玉乡小学附设双语幼儿园	—	—	—	—	—	—	—	—	—	—	—	19	1

年林芝市教育信息化送培下乡活动”培训，波密县共60人参加培训。在杨彩霞老师努力下，松宗镇小学参与了“互加计划”；古乡小学通过与武警四支队联谊，获捐液晶触控一体机6台；波密县在教育信息化项目共投入资金957.46万元。具体项目有：投入130万元，在波密县中学建成LED大屏1个，云机房（含语音教学平台）1个，在波密县完小建成LED大屏1个，65寸液晶一体机1台。广东援藏工作组投入716万元，在波密县中学与各乡（镇）小学建成校内监控系统，实现学校室外与围墙监控全覆盖。波密县教育局投入41.6万元，用于波密县城域网的网络租用费用。投入5万元用于视频会议室搬迁。投入1.86万元用于松宗小学和玉普小学两校计算机教室稳压电源更换。投入60万元用于阅卷系统建设。波密县已完成珠峰旗云主平台教师注册、安全维稳平台帐号激活，珠峰旗云教学资源配置到班三项工作。波密县中学数字化校园开工建设。“双师课堂”设备，于11月完工，NoBook虚拟实验室建成，林芝市教育云平台升级。“校园监控接入城域网”项目开工。

【教育队伍建设】 2019年，选派教师参加国培134人次，邀请专家主持培训102人次，外出跟岗5人次，县级培训

134人次，师德师风、国家通用语言文字、教材网络培训等2140人次。按照“控制总量、盘活存量、优化结构、增减平衡”的思路，调整32名教师工作岗位，对新调入和新分配的18名教师进行重新分配；完成14名教师副高职称、10名教师中级职称和30名教师初级职称的推荐和评审工作。根据与广州大学“五年支教”协议，2019年引进广州大学2批次支教老师10名开展支教活动。召开庆祝全国第34个教师节大会，对在教育工作中表现突出的4个优秀集体、3个尊师重教家庭和45名优秀个人进行表彰，表彰资金3.9万元。继续实行教师交流轮岗制度，选拔23名优秀教师开展了新一轮的校际轮岗交流，充分激发新老教师“传帮带”机制，老教师累计上示范课23节，讨论帮助新教师解决问题30条。刚性执行《波密县教师调动管理办法（试行）》，研究报请6名符合调出县外条件的教师外调，外调教师占上年分配教师的33.3%，师资外流现象得到合理控制。

【教育设施建设】 为持续巩固义务教育均衡发展成果，不断改善和提高波密县教育系统整体面貌，2019年，县教育体育局积极申报并实施建设项目7个，总投资2013万元。项目建成投入使用，师生教学和生活条件得到进一步改善和提高，18所村级幼儿园通水通电项目，解决了村级幼儿园用水用电难的问题。

【教育经费投入】 2019年，波密县投入财政收入的20%用于支持教育事业发展，资金共计1395.6万元，同比增长11.2%，主要用于教师人员经费缺口、教育系统临时工工资缺口、改善波密县各学校办学条件等。

【教育援藏】 2019年，广州市教育团队在波密培训教师260人次，波密县教育部门干部到广州跟岗培训38人，广州大学派出23名优秀大学生充实波密县师资队伍，援助169万元物资及资金支持波密县教育事业发展，到波密县开展调研19次。2019年，波密县完全小学音乐之家建设完成，“广州波密·区乡对接”教育帮扶模式商洽完成搭建，波密县中学国防班成立。

【招生考试】 2019年，波密县小考考点设在波密县完全小学，共有425人参加考试，其中藏族考生408人，汉族考生17人，参考率98.6%；考点共设18个考场及1个备用考场，考务室1间，医务室1间，监考员休息室1间；监考教师共60人，考务人员14人；考试共有汉语文、数学、藏语文、小学综合4个科目。2019年，波密县中考共设考场16个，参考人数427人，缺考0人，实考400人；此次考试安排考务人员20人，监考教师39人。

【教育教学质量】 2019年，波密县初中升学率、小学升学率均100%。参加中考人数389人，录取292人，录取率75.06%，小学毕业生人数443人，报考内地西藏初中班招生统一考试人数为425人，报考率95.94%，26人上线考入内地西藏初中班。执行《波密县教育教学质量监测“红线”制度（试行）》，9月24日组织召开波密县教研工作暨教学质量分析会，对照林芝市大数据作系统分析，部署2020年中小考备考和教学常规管理工作。

【素质教育】 2019年，召开素质教育专项部署会议2次，组织乡（镇）小学主要负责人观摩县中学和县完全小学素质教育工作1次；设立大型标识牌8座、设置宣传牌40个，在学校内外设置宣传栏11个、悬挂横幅11条、LED显示屏滚动播放46次，依托手机短信、家长微信群宣传1万次，商请电视平台播放2次，组织素质教育大规模专项督导2次、随机督导10次，累计出动人员130人次，反馈问题5类18项108点，检查学校率100%，学校整改率100%；监督执行《波密县教师批改作业制度》《波密县教师备课制度》等规章制度600人次，表彰5名优秀教研工作者、1名教研工作贡献者。

【教师教学技能大练兵活动】 2019年，制定教师教学技能大练兵活动有关方案17类，印发相关资料630份。充分借助“交流论坛”和“片区教研”契机，开展交流讨论128次，提炼经验做法8条。以“一线督导、全面督导、重点督导、一督到底”的工作方式，深入学校开展专项检查13次，梳理各类问题6条，整改6条，整改率100%。通过教师教学技能大练兵活动，产生自治区级三等奖1名、市级一等奖1名、市级二等奖3名、市级三等奖4名，在微课制作大赛环节产生市级一等奖1名、市级二等奖2名、市级三等奖6名；2名教师获自治区级教学能手称号，106名教师获县级教学能手称号。

【“一师一优课、一课一名师”活动】 2019年，组织336名教师注册“一师一优课、一课一名师”活动，251人晒课，涉及评选出县级优课35节，市级优课20节，省级优课4节。

【党建工作】 2019年，结合“不忘初心、牢记使命”主题教育，加强党员党性锻炼，推进基层党组织标准化建设，通过筑牢“四个阵地”促进整改。与学校签订党建责任状、责任书42份，建立党建度督查制度，印发《波密县教育部门党风廉政建设主体责任清单》，层层压实党建责任。牢牢把握党对意识形态工作的绝对领导，深入学习习近平在全国思想政治教师座谈会上的讲话精神，把思想政治工作贯穿教育教学全过程，严格落实“三会一课”制度，以波密县“红心党建”为依托，开展“4+N”主题党日活动156场次，广泛开展“三联三进一交友”活动，引导党员教师立足本职岗位，充分发挥党员在“三增强、五护航”活动中先锋作用。2019年，波密县教育部门党员、干部联系学校28个，联系学生结对帮扶489人次，深入学校、班级、学生宿舍、学生食堂6.86万人次，随班听课7584节，为学生上党课18节，为师生解决实际困难和问题32件，落实帮扶资金8.67万元。大力推进“党建+”模式，开展“党建+教研帮扶”“党建+素质教育”活动，结合“四讲四爱”群众教育实践活动，组织219名党员教师带领学生开展社会主义核心价值观入脑入心、“小手拉大手”、科技文化节、校园课本剧大赛等活动；开展“党建+师德师风建设”活动，结合师德师风“三学三评两提升”主题教育活动，树立先进典型14名。对表现突出的6名优秀教师、2名师德标兵、4优秀班主任、2名最美乡村教师、3个基层党组织、3名党务工作者和10名优秀党员教师进行了表彰。

【德育工作】 2019年，组织开展“3·28百万农奴解放纪念日”朗诵比赛、红歌比赛、新旧西藏对比图片展等活动14场次，“四讲四爱”群众教育实践活动，宣讲342场次、受众8.88万人次，组织实践活动307场次、受众7.29万人次。“五四”青年节，发展新团员474名；“六一”儿童节，发展新少先队员536名。

【教育精准扶贫】 3月，制定《波密县控辍保学工作实施方案》，配合林芝市特殊学校工作人员，对县域内残疾儿童进行全面摸排，共计走访56户，为送教上门、特殊教育学校入学工作的开展打下了坚实基础。7月，为119名区内外建档立卡大学生兑现自治区级资金51.7万元；为84名区外建档立卡大学生兑现市级资金11.23万元，县级资金7.49万元。

【“控辍保学”】 建立校、班、家庭三级控辍网络，层层签定责任书，实行电子学籍管理。建立“波密县0岁至23周岁人口受教育情况数据库”，每半年更新一次，动态掌握学生入学、上学情况，制定《波密县建档立卡贫困家庭子女接受高等教育实施免费教育补助政策实施细则》，做到每一户贫困家庭子女未因贫辍学，每一笔贫困学生资助金均发放到需要的学生手中。

【教育“三包”】 2019年，波密县享受“三包”及营养餐补助和学前教育补助金的学生4810人，其中中学生1304名，小学生2579名，享受学前教育补助金927人。根据相关规定，将“三包”及营养餐补助和学前教育补助金年生均标准于2019年秋季学期调整为学前教育阶段3120元，义务教育阶段3620元。落实“三包”伙食费1348.33万元，装备费172.46万元，作业本及其他学习用品费47.04万元，营养改善资金320.64万元。

2019年3月21日，波密县教育局党委支部重温入党誓词

【学校安全管理】 2019年，组织召开安全维稳工作会议2次，与中小学、幼儿园签订《2019年波密县教育部门稳定安全目标责任书》14份。制定并下发《2019年波密县教育部门维护社会安全稳定工作方案》《波密县教育部门校园内保安保工作方案》等相关制度，加大安全保卫工作的人力物力投入，中小学幼儿园共计配备保安服28套，警棍28支，防割手套56副，双股钢叉28支。2019年，投资716万的监控工程投入使用，安装摄像头800个，基本实现各学校校内及周边监控无死角、全覆盖。清除学校周边

200 米以内的零售摊点和“三无产品”，确保校园 200 以内无“网吧”、游戏厅等娱乐场所，出动专项检查组 10 轮 15 组 90 人次。聘请法制副校长 19 名，开展“三官讲法”进校园活动，2019 年，累计开展“三官讲法”进校园 16 场次，覆盖率 100%。认真组织师生进行各类应急安全演练，2019 年开展各类演练合计 50 场次。

【体育工作】 按照《国家学生体质健康标准》实施中小学学生体质监测工作，认真开展“中小学生每天一小时体育锻炼”活动，精心组织中小学春季和冬季运动会。为 85 个村（居）都安装健身运动器材，在村级文化室建有标准篮球场，注重社会体育指导员的培养，积极按时参加各级社会体育指导员的培训，进一步完善社会体育指导员技术等级制度，做好社会体育指导员和培训和管理工作。投资 500 万元建设波密县健身步道，项目前置手续已经完备。使用地方彩票公益金在倾多镇小学、波密县完小以及波密县中学学校建设五人制笼式足球场，项目总投资 90 万元。

（王静）

【领导名录】

局长

王作谦

副局长

张亮

白玛桑吉（女，藏族）

林先东（援藏，7 月任职）

麦剑文（援藏，7 月任职）

波密县中学

【概况】 2019 年，波密县中学齐心协力，开拓创新，积极谋求学校发展，从规范学校管理、完善装备设施、加强师资培训、打造学校特色、提升校园文化等方面入手，努力改善办学条件，提升办学水平。

【教学工作】 2019 年，波密县中学为抓好新教师队伍建设，狠抓教学常规管理，通过周值班组、校级领导、教务处三位一体督促课堂教学，积极打造“高效课堂”；积极开展学习新课标活动，督促教师研读新课标，学习新课标，以研促教，以学促教；积极开展学科组内听评课活动、同课异构、读书沙龙等活动，丰富教研活动形式，拓展教师专业技能和丰富教师知识储备；定期召开家长会，通过电话联系、家访、微信、QQ 群、学校老师送家长会下乡等形式，加强家校联系，形成家校合力，助力教育。

【师资队伍建设】 2019 年，波密县中学积极开展“以老带新，以新促老，共同提高”

2019 年 11 月 14 日，波密县中学波卓波央社团荣获波密县第五届波卓波央比赛二等奖

的师徒结对活动，为提升教师素质搭建平台；波密县中学开展首届“波中好老师”颁奖仪式，并为5名优秀教师代表颁奖，派出校领导、学科优秀带头人去往米林县中学、八一中学、工布江达县中学学习取经，并做返岗交流汇报，促进教师专业能力进一步提升。

【对口支援】 2019年3月，波密县中学首届数学文化节“春风十里，数学为伴”隆重举行。以专题讲座、示范课、科组建设交流、数学手抄报及征文、“快乐大本营”、数学嘉年华等形式让学生体验数学之智，数学之美。

2019年5月，波密县中学作为第二届“易美课堂”广州－林芝·波密“互联网＋美育”会场之一，首次开展了手机直播授课活动。波密县中学的音乐课例《堆谐—达瓦寻奴》，将较高的信息技术与音乐教学相融合。

2019年10月，波密县中学第二届数学文化节以“快乐数学，智慧飞扬”为主题，秉承“趣味与文化结合”的宗旨，力求通过形式多样的活动，最大限度地调动同学们的参与深度与广度，让数学变得更好玩。

2019年10月1日，波密县中学集中观看中华人民共和国成立70周年国庆阅兵大典

2019年10月，波密县中学举办“铸民族之魂，展民族之风”首届藏汉语言文化节以网络直播示范课、汉语大世界、汉语讲藏族民间故事、嘉年华等形式开展，让孩子们感受中华传统文化的丰富底蕴和独特魅力。

【特色工作】 波密县中学依托波密青少年课外活动中心，开设第二课堂，拓展学生兴趣。波密县中学舞蹈队和“波卓波央”队参加了2019年波密县桃花节开幕式。“波卓波央”舞蹈队在波密县第五届中小学波卓波央比赛中荣获第二名。波密县中学继续开设国防班，增强学生的国防意识，强化学生的爱国主义、集体主义和革命英雄主义观念。

【校园文化建设】 2019年，波密县中学通过建设文化长廊、张贴鼓励性标语、加设省身石碑等，营造良好的学习氛围和求知氛围；波密县中学开展庆祝新中国成立70周年系列活动，以红歌唱响祖国、国旗飘扬在心中、巧手绘心意—黑板报、手抄报、庆盛世华诞主题班会等活动，深种爱国之心，报国之志；举行第三届雄鹰杯足球联赛，举行第三届校园十大歌手活动，为庆祝“五四”运动100周年，波密县中学学生参观爱国主义教育基地—扎木中心县委红楼、重温入团仪式、观看“五四”运动100周年大会直播，增强了爱国情感和革命情感，举办第

35届校运会暨校园文化艺术节，同学们凝聚青春力量，展现青春活力，放飞青春梦想，积极弘扬五四精神，争当少年先锋。

【党建工作】 2019年，波密县中学党支部积极开展“做合格党员、当先锋模范”主题教育活动、党风廉政建设宣传教育活动、“不忘初心、牢记使命”主题教育活动和建党98周年系列活动，不断加强政治学习，加强党员队伍建设，抓好“党建+教育”工作，党建系列活动取得了丰硕的成果，进一步提升波密县中学党员的思想认识，明确了新时期怎样培养人、为谁培养人、培养什么样的人。

（范梅）

【领导名录】

校长

扎西多吉（藏族）

副校长

索朗旺堆（藏族）

洪长风

黎世川

波密县完全小学

【概况】 波密县完全小学属于六年义务教育的公办寄宿制小学，共有26个教学班，在校学生1062人，其中农牧学生895人，住校学生321人，城镇学生167人，享受“三包”政策的学生870人（包括农牧民子女、城镇低保、养护段工人子女）；学校以“为学校的可持续发展奠定基础，为学生的终身幸福奠定基础”为办学理念，以“全面贯彻党的教育方针、政策，让孩子快乐成长，办人民满意的教育”为办学宗旨，大力推进素质教育，努力建设一所团结、勤奋、文明、创新的和谐校园。

【教师队伍】 波密县完全小学有教职工96人，专任教师95人，职工1人；教师职称结构中，高级教师9人，一级教师55人，二级教师24人，三级教师0人，员级教师7人，高级技工1人；教师学历情况为大学本科60人，大专35人，中专1人，学历合格率100%。

【教学教研】 在各级领导的关心下，学校各教研组每周开展丰富多彩的教研活动，在学校教务处制定的“培优补差”方案下，让学校优秀的数学教师利用下午放学后的空档，对学生进行无偿补课，在学校师生的不懈努力下，学生们的知识储量有明显的提升。

【党建工作】 2019年，波密县完全小学党支部有党员45名，入党积极分子1名，支部委员会设有党支部书记、支部副书记、支部组织委员、支部宣传委员、支部纪检委员各1人，共5人。发挥党员先锋模范作用，抓党建促教学教研，以丰富的党建活动为载体，抓好德育和思想政治工作，开展“3·28”校园歌手大赛、诗歌诵读比赛、重温誓词、知识竞赛、主题班会、爱国主义影片进校园、“我身边的美德少年”评选活动、党员教师资助贫困学生、保护母亲河行动等。

【德育工作】 2019年，县完小开展“中华民族传统文化”“特色乡土文化”“民族文化”三大板块特色校园文化建设和班级文化建设，大力弘扬中华民族传统美德，教育引导学生坚定“小雷锋永远跟党走”的信念，践行社会主义核心价值观的“六爱、五感恩”主题活动。开展“寻找雷锋足迹，弘扬雷锋精神”“学雷锋系列活动”“缅怀革命先烈，争当四好少年”清明节祭扫烈士墓活动、参观扎木中心县委红楼及“四讲四爱”手抄报作品展活动。以“做一个有道德的人”主题实践活动为主线，组织学生参加“波卓波央”比赛、“红歌合唱”比赛，加强对学生进行爱国主义、集体主义、社会主义思想教育和道德规范教育，让学生在丰富多彩的德育活动中愉快地接受教育，形成良好品德。

【教师队伍】 2019年，波密县完全小学师资队伍比较稳定、整体素质有所提高。建立青年教师、骨干教师、新教师成长档案，以老带新，结对互助；认真组织校本培训和校本教研，举办波密县完全小学教师素质提升暨教师技能竞赛，提升教师理论水平、专业素质和道德水平。做好教学工作计划，开展教科研，抓好常规工作开展。

【平安校园】 2019年，波密县完全小学结合本校实际，对校园内外安全进行排查隐患，加强对校园周边的整治力度。开展安全疏散演练，以提高师生们的安全意识和警惕意识。贯彻落实《中国教育与改革发展纲要》《中华人民共和国义务教育法》《中华人民共和国教师法》《中华人民共和国禁毒法》《中华人民共和国未成年人保护法》等法律、法规的宣讲与学习，加强师生的法纪教育。

【毕业班工作】 2019年，波密县完全小学西藏班成绩优异，公共录取西藏初中班23人。

【交流合作】 2019年，波密县完全小学乔次仁老师、达娃益西老师到林芝市二小进行交流学习，林芝市二小明珠老师到波密县完全小学交流学习；广州大学共有13人到波密县完全小学支教。

【后勤管理】 2019年，波密县完全小学后勤加强对学生的养成教育，做到学生宿舍卫生管理科学化、常态化，努力为学生打造舒适之家；食堂管理制度明确化、竞争化，现食品卫生等级提升为A级。

（谭显涛）

【领导名录】

校长

白玛拉珍（女，门巴族）

副校长

嘎玛罗布（藏族）

央珍（女，门巴族）

波密县中心幼儿园

【概况】 波密县中心幼儿园位于波密县县城中心波茂广场东北侧，前身为波密县完全小学幼儿园，创建于1996年9月。后广东省揭阳市援藏投资250万元于2005年9月建成并投入使用。占地面积3500平方米，建筑面积3560平方米，新教学楼于2019年8月交付使用，户外活动场地2140平方米，园内设有小班、中班、大班3个年级，共9个班，有幼儿320人，现有教职工46人，专任教师24人，带班教师 26 人（含聘用），保育员 10 人，厨房后勤 7 人，教师大专学历以上合格率 100%。

【党建工作】 波密县中心幼儿园党支部充分发挥党支部的堡垒作用和党员的先锋模范作用，与每位党员签订了党员目标责任书，保证党建工作责任制落到实处。

开展职工思想、法制、诚信、文明礼仪教育，构建和谐幼儿园。坚持教职工理论学习制度，每月至少组织学习两次，提高了职工的道德修养水平和法律意识。

【教育教学】 根据《幼儿园教育指导纲要》及《指南》要求，波密县中心幼儿园教师根据不同年龄段幼儿接受的能力，在课堂上充分调动孩子的积极性，并能关注到每一位幼儿，注重他们的个体差异，打造教育特色，让孩子在玩中学、做中学、学中玩，在游戏中锻炼他们的动手能力、合作技巧，创新能力，注重他们的兴趣培养，个性张扬。

【德育工作】 对青年教师进行社会主义荣辱观、敬业、爱业、乐业的思想熏陶，组织教师参加政治学习，学习习近平总书记在系列做有理想信念、有道德情操、有扎实学识、有仁爱之心的“四有”好老师。以主题活动为载体，丰富幼儿德育活动的内涵。

2019 年 12 月 1 日，波密县中心幼儿园在县完全小学运动场上开展“四讲四爱”群众教育实践活动暨冬季亲子运动会

【教师队伍建设】 建设一支高素质的师资队伍是实施素质教育的重要保证，波密县中心幼儿园根据现代教育发展对教师的要求，培养事业心强，有竞争意识，一专多能的适应现代化教育需要的教师。

【校园文化建设】 根据办园理念及幼儿、家长、社会的需求，确定波密县中心幼儿园的创建目标为：让孩子在快乐中成长。力求把波密县中心幼儿园建设成为幼儿喜爱、家长放心、社会满意的幼儿园。

【后勤工作】 2019 年，后勤工作紧紧围绕幼儿园园务工作重点，继续加强保健、食堂、保育、安全等方面的科学管理，在不断完善和规范中，积极提升后勤服务质量，加强后勤人员的培训，规范操作流程。细化安全管理机制，确保师生的安全。注重安全教育，营造平安环境。优化幼儿园环境，重视学校卫生，成立了安全领导小组，并与教师、幼儿家长签订安全责任书，增强责任感，食堂卫生安全常抓不懈，严把食品入口关和 48 小

2019 年 5 月 30 日，波密县中心幼儿园举办“童心飞扬，快乐成长”庆“六一”文艺汇演

时食品留样制度；规范保健管理，提升保育质量。科学合理地制定食谱，抓好膳食管理。加强财务管理，严格按照收费标准进行收费，并在网站、公示栏等及时发布幼儿园收费标准，做到公开、公示。

（方晓勇）

【领导名录】

园 长

索朗央宗（7 月离任）

扎西拉珍（8 月任职）

副园长

樊燕青（4 月任职）

方晓勇（11 月任职）

波密县第二幼儿园

【概况】 波密县第二幼儿园坐落于林芝市波密县扎木镇桑登村，成立于 2017 年 3 月，占地面积 4223 平方米，建筑面积 3101 平方米，园内设有小班、中班、大班三个年级，共 6 个班，有幼儿 222 人。有教职工 37 人，专任教师 26 人，保育员 5 人，厨房后勤 5 人，教师大专学历及以上，学历合格率 100%。

【党建工作】 2019 年，波密县第二幼儿园认真学习宣传贯彻党的十九大、十九届二中、三中、四中全会精神，组织形式多样的学习宣传活动，重在领会和把握全会对于深化教育领域综合改革等要求和举措，紧密联系幼儿园日常工作，把思想认识和实际行动统一到中央要求上来，坚持领导班子带头学、党员教师积极学、教职员工主动学的原则认真学习理论、专业知识。认真学习贯彻中央八项规定，厉行勤俭节约、反对铺张浪费，严格落实领导干部廉洁自律规定，“三重一大”集体决策机制。

强化廉政风险防控，进一步贯彻落实党风廉政建设责任制、切实推进党务公开、园务公开工作。

【教育教学】 波密县第二幼儿园以《幼儿园教育指导纲要（试行）》《3 岁至 6 岁儿童学习与发展指南》精神为教育教学改革的重要依据，着重提升县第二幼儿园的保教质量，根据幼儿发展的实际需要，以促进幼儿身心健康发展为动力，结合教育教学主题、季节、节日等，将教学内容渗透在环境中，让环境成为教学的手段之一，充分发挥环境的隐形教育功能。在环境创设方面凸显特色和出色，努力使幼儿园成为孩子们游戏的花园、生活的家园、学习的乐园。

【德育工作】 构建良好德育环境，塑造德育品质。环境对于幼儿的成长与发展有着重要的影响。教师要构建良好的道德环境，合理地渗透德育知识与内容，凸显榜样作用，合理地塑造幼儿的道德行为，真正地做到以身作则，提升幼儿的道德修养。

通过循循善诱的方式可以让幼儿在无形之中养成正确的道德规范，综合学生的实际状况以及日常生活，引导学生在日常生活中养成良好的习惯，在游戏活动中，幼儿有着强大的学习能力，在这种环境中，幼儿可以积极主动地接受各种知识内容。教师通过观察幼儿的实际状况，组织开展一些具有针对性的教育活动，让幼儿在游戏中不断成长。

组织开展家长开放日等专题活动，鼓励幼儿与家长共同参与，鼓励幼儿勇于表达自己的想法与观点，让幼儿为家长做一些力所能及的事情，进而为幼儿的成长构建良好的生活环境，在无形之中塑造幼儿的品质。

【教师队伍建设】 始终把德育工作摆在第一位，坚持高标准、严要求，抓好师德教育工作，做到以德治校。从党员抓起，要求每个党员从严要求自己。开展骨干教师和学科带头人以老带新活动，提高教学质量。深入开展园本培训，提升教师的业务能力，让教师更快更好地适应环境。

【校园文化建设】 波密县第二幼儿园秉承“尊重孩子的天性、激发孩子的灵性、塑造孩子的个性、玩中学、学中玩”的办园宗旨。坚持以“健康、快乐、自信、感恩”为培养目标，培养幼儿操作、探究、合作、自信的性格品质，让每个孩子在这里都拥有幸福童年、美好未来。

【后勤工作】 全面检查学校办公设施和教学设施，保证教学工作正常开展。加强校园建设，美化校园环境，营造舒适、轻松的学习环境。食堂每天做好餐用具的消毒，食物的验收，幼儿的用餐留样，并做好登记。做好来访者的登记与询问。管理好花木、草坪。加强幼儿园的卫生环境管理。保证整洁干净，窗明几净，室内外无纸屑、无痰迹、无杂物，

2019年12月6日，波密县第二幼儿园开展“弘扬传统节日文化，丰富校园文化生活”之迎新年活动

各种用具摆放整齐，保洁区无杂草。

（王瑞华）

【领导名录】

园长

扎西拉珍（女，藏族，8月离任）

索朗央宗（女，藏族，8月任职）

副园长

巴桑曲杰（藏族）

扎西措姆（女，藏族）

波密县气象局

【概况】 波密县气象局机构性质为公益性事业单位，级别设置为正科，设有气象台、综合管理科、防灾减灾科，实有工作人员6名。

【基本气候概况】 气温：2019年，波密县年平均气温10℃，年平均最高气温13.5℃，年平均最低气温-4.1℃，年内最高气温31.1℃，出现在8月27日，年内最低气温-10.7℃，出现在12月29日。

降水：2019年波密县年总降水量683.9毫米，通麦、易贡一带降水量在1094毫米至1406毫米之间，波密县东北部降水较少，在323毫米至527毫米之间。

2019年8月20日，康玉乡自动气象站建成

日照：2019年波密县日照时数1205小时，与历年年平均值相比，偏少188小时。

主要气候事件及其影响

无霜期。2019年无霜期195天。

高温。2019年8月，波密县月平均气温18.3℃，突破了有气象资料以来的历史同期极值（17℃）。

雨季开始期。2019年3月16日波密县进入雨季，较历年提前12天。

强降水过程集中在7月中旬。7月11日、12日波密县出现33毫米的大雨；7月7日通麦出现52毫米的特大暴雨，突破了有历史资料以来的日最大降水量极值；7月8日、11日米堆分别出现了29毫米和35毫米的大暴雨。

2月和3月，波密大部雨雪天气频繁，高海拔路段出现中到大雪，2月25日波密县大部出现了小到中雪，高海拔山区出现大到暴雪，嘎隆拉山沿线出现积雪结冰现象，致使波密至墨脱沿线道路无法通行。7月7日晚，波密县至八一方向318国道4048+500米排龙段发生泥石流，车辆无法通行。

【气象服务】 制作发布元旦专题预报1期；春运专题预报41期；“3·28”百万农奴解放纪念日及桃花节开幕式专题预报1期；春节、藏历新年专题预报1期；清明节专题预报1期；地震专题预报1期；“五一”专题预报1期；中秋节专题1期；国庆节专题1期；强降水蓝色预警信号5期；天气实况消息58期；旬预报36期；决策天气预报36期；手机短信预报、交通预报、乡（镇）预报、微信公众号各365期；天气消息、手机短信29期；一周趋势预报52期；周末预报52期；重要天气报16期；累计发布手机预报预警信息18.31万条。为防灾减灾救灾和经济社会良好发展提供气象服务保障。

以“三农”专项建设为抓手，深入推进“六个一”标准化建设，不断强化“县、乡、村”三级应急响应联动机制、全面提升了全县防御气象灾害的能力和水平”。将易贡油菜、茶叶种植、草莓基地、花卉园、羊肚菌种植、天麻、土豆种植等新型农业经营主体纳入直通式气象服务，为实施乡村振兴战略提供气象保障服务。

完成康玉乡、八盖乡两个偏远自动气象站建设并投入业务运行，实现全县所有乡镇自动气象站全覆盖，解决气象监测预警“最后一公里”问题，有效助力乡村振兴和扶贫攻坚，促进气象保障服务工作，康玉乡自动气象站建设等7条工作信息刊登在中国气象报和中国气象网站等媒体。

助推川藏、滇藏铁路建设，提供6期气象资料，为国家重点大型项目建设提供全方位的气象服务保障。

开展了12期灾害调查、存档、上报工作，为受灾的农

2019年4月4日，对通麦小集镇自动气象站设备进行维护

牧民群众出具了8份保险理赔气象证明。

“三农”项目，采购一台无人机，为进一步开展好气象服务工作奠定了良好的科技基础。

【基础业务】 2019年，波密县气象局多次组织了业务学习，重点学习自动站维修维护和业务软件操作维护，选派4人次到区内外参加学习培训。

6月15日，开展地面气象观测自动化改革试运行。9月15日，完成试运行中期评估工作，11月完成试运行总结评估工作。

与铁塔公司达成战略合作协议，将19个自动站的维护维修工作交由铁塔公司完成。

【防灾减灾】 遇有灾害性、关键性、转折性天气系统时主动加强同林芝市气象局气象台的预报会商，及时向县委、县政府汇报预报结论。同时通过手机短信，微信和显示屏发布气象信息，第一时间通过电话通知灾害落区乡（镇）的主要领导、气象协理员、乡（镇）信息服务站负责人和气象信息员，落实预警和防御机制。有效地利用“县、乡、村”三级预警信息传播机制进行预警信息传播，为主动防御气象灾害和应急救援提供了高效优质的气象保障，降低了气象灾害风险和灾害损失，保障了农牧民群众的生命财产安全。

【气象科普宣传】 在“3·23”世界气象日、“5·12”防灾减灾日、法制宣传月等时间节点组织了3次气象法律法规、气象灾害防御知识、气象科普宣传，发放藏汉双语的气象灾害防御手册1万余份，有效的提高了全县防御气象灾害的能力和水平。

11月12日，开展年度气象信息员培训，10个乡（镇）60名气象信息员参加培训。县政府副县长姜治强到指导并全程参与学习。培训内容涵盖气象信息员职责、气象灾害及防御、气象灾情上报、气象与农业生产、气象灾害保险理赔等专业内容，对提高信息员气象防灾减灾意识，强化工作责任，规范和加强气象信息工作将发挥积极作用，为基层气象防灾减灾、乡村振兴夯实气象兼职人才基础。

【党建】 严格按照区局、市局和县委、县政府的部署要求认真开展“不忘初心、牢记使命”主题教育活动，严格按照市局方案要求，制定主题教育学习计划，定期组织干部职工深入开展学习和研讨；组织开展观国庆阅兵、升国旗、波密历史图片展等系列教育活动；组织干部职工到花卉、天麻、果蔬等种植基地，开展零距离“直通式”气象为农上门服务，以实际行动践行气象人的初心使命，上报主题教育活动信息和周报，组织集体学习和自学18次，编辑印发《波密气象局“不忘初心、牢记使命”主题教育专题简报》18期。

严格执行“三重一大”决策制度，充分发扬党内民主，杜绝拍脑门和一言堂，确保单位各项工作合理、合规、合法开展。

严格贯彻“三会一课”制度，按照《新形势下党内生活若干准则》的要求开展学习教育活动，确保学习教育和工作实践，落地生根，开花结果。

【安全生产】 制定维稳方案应急预案，严格执行24小时值班带班制度和零报告制度，克服人手不足的困难，认真完成了单位和油库的维稳任务。

定期对油机发电、供电线路进行了检查和维护，确保单位用电安全。

严格公车管理，制定了公车管理制度，杜绝了公车私用，定期对公车进行检修、保养，确保行车安全。

加强了对干部职工的安全教育和管理，确保了人员安全。

（张红）

【领导名录】

局长

李波

农牧林水电

波密县农业农村局

波密县林业和草原局

波密县水利局

波密县供电有限公司

中国大唐集团西藏波堆水电站

波密县自来水有限公司

波密县农业农村局

【概况】 在波密县委、县政府的坚强领导下，在上级业务部门的精心指导下，深入贯彻落实中央、自治区和林芝市关于农业农村工作各项部署要求，紧扣林芝市“一带四基地”和波密县“两产业一平台”发展战略，立足“抓特色、建基地、扩规模、强产业、促服务、创品牌”的发展思路，大力发展茶叶、藏猪、天麻、灵芝菌和羊肚菌等“2+3+1”农牧特色产业，抓好农业农村各项工作。

【机构改革】 波密县农业农村局为原科学技术局、乡村产业发展局和农业农村局改设，于2019年3月20日正式成立，下辖推广站、兽防站和草原监理站（参公单位）3个，为全额拨款事业单位，在编干部职工41人。

【党建工作】 波密县农业农村局党支部深入贯彻落实习近平新时代中国特色社会主义思想和中共十九大精神，全面落实新时代党的建设总要求和新时代党的组织路线。扎实推进支部党的建设及党风廉政建设和反腐败工作，积极开展“不忘初心、牢记使命”主题教育，组织党员干部学习研讨8次、集中学习10次、开展专题调研3次、交心谈心25人次、讨论发言48人次；开展党建和党风廉政建设调研工作各1次，召开专题研究党建工作会议4次；开展意识形态工作分析研判2次；深入学习贯彻《中共中央关于加强党的政治建设的意见》，将党员大会与主题党日融合开展15次，书记讲党课6次，干部集中学习23次；开展农牧业技术宣传4次；圆满完成2019年党建责任目标。

2019年2月1日，波密县农业农村局局长拥青卓嘎带队前往退休老干部家中进行慰问

【农业生产】 扎实抓好春秋两季农业生产，组织调运种子、化肥等农用物资，做好农技基层服务和耕地质量提升工程，落实粮食安全生产责任制。落实农作物种植面积5500公顷，其中，青稞1400公顷，小麦3300公顷，油菜500公顷，玉米166.67公顷，蔬菜86.67公顷。经理论测产，2019年，粮油总产量2.12万吨，其中青稞产量0.59万吨、小麦产量1.29万吨、油菜产量0.11万吨、玉米产量0.13万吨，粮油总产量较2018年增长2.5%。

【畜牧业】 扎实推进畜牧业生产，加强春秋两季重大动物疫病防控。各类牲畜禽总存栏数10.62万头（只、羽、匹），牲畜出栏数2.52万头（只、羽、匹）、出栏率25%，奶产量0.4万吨、禽蛋产量0.8吨。春秋两季累计免疫接种牲畜20.7万头（只、羽），其中牛12.4万头、猪7.73万头、禽类0.57万羽，免疫接种率98%。疫苗种类主要有O型—亚洲I型口蹄疫双价灭活疫苗、牛口蹄疫—A型—亚洲I型口蹄疫三价灭活疫苗、猪口蹄疫O型双组灭活苗、禽流感等。

【非洲猪瘟防控工作】 2019年3月21日，波密县易贡乡贡仲村出现疑似非洲猪瘟动物疫情，波密县委、县政府高度重视，立即向林芝市重大动物疫病防控指挥部报告了情况，县委书记朱正辉，县委副书记、县长边巴组织召开会议，研究部署动物疫情防控工作，启动较大动物疫情（Ⅲ）应急响应，成立了由县委副书记、县长边巴任总指挥长，县委副书记、常务副县长全保卫，县政府副县长索朗平措任副总指挥长的波密县应急处理现场指挥部，下设指挥组、材料信息组、封锁住、扑杀组、消毒住、无害化处置组、流行病学调查组、排查采样组、应急物资组和后勤保障组10个工作小组。县委书记朱正辉坐镇指挥部统筹指挥全局；县委副书记、县长边巴第一时间赶赴现场，指挥部署易贡乡贡仲村动物疫情防控处置工作；全保卫副总指挥长具体抓指挥部安排部署索朗平措副总指挥长会同县政协主席巴桑、副主席冯兰兰蹲点贡仲村，组织落实动物疫情防控处置措施。自治区、林芝市对波密县易贡乡贡仲村发生的动物疫情高度重视，3月21日，自治区农业农村厅副厅长肖长伟、市政府副市长扎西达杰赶赴波密县，亲临现场督导工作；自治区动物检疫所副所长洛松西绕、市农业农村局调研员嘎路现场蹲点督导，严格按照程序对贡仲村生（藏）猪采取扑杀、消毒、填埋和无害化处理等应急处理措施。3月24日，易贡乡贡仲村共扑杀生（藏）猪518头，对死亡的21头生（藏）猪进行无害化处理，共无害化处理539头，易贡乡贡仲村动物疫情得到有效控制。为坚持不懈抓好常态化动物疫情防控，波密县扎实落实非瘟防控29项措施。在318沿线和各乡（镇）新建完善永久性消毒池11个、建立临时消毒站（点）15个，开展全方位、无死角疫病排查防控工作。成立联合督导工作组，对9个乡（镇）、26个行政村、5个乡（镇）学校、2所幼儿园、3个小集镇、县菜市场、屠宰场和部分县城饭店的动物疫病防控工作开展情况进行督导检查。建成非洲猪瘟PCR快检实验室，累计接检屠宰场生猪全血样品106

2019年3月21日，波密县委书记朱正辉（中），县委副书记、县长边巴（右五）组织召开非洲猪瘟疫情防控处置工作会议

份，采集检测群众藏猪组织12份，确保市场鲜肉供应。根据《林芝市非洲猪瘟全覆盖排查和监测专项行动方案》要求，建立动物疫情高风险区、低风险区、受威胁区，加强对环境样品采集工作，累计采集1000份送检林芝市有关部门。累计开展现场宣讲培训20次，培训200人次，印发宣传单等宣传资料5000份。2019年5月28日，波密县人民政府发布解除易贡乡贡仲村非洲猪瘟疫区封锁令。

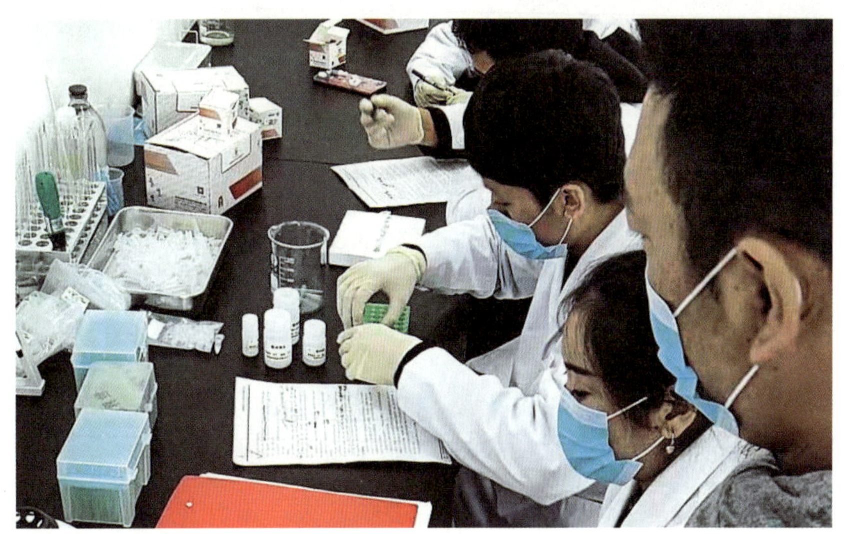

2019年10月28日，波密县兽防站组织官方兽医对上市生猪血样进行非洲猪瘟病毒检测

【农产品质量安全监管】 认真贯彻落实自治区、市、县关于农产品质量安全的部署要求，针对农产品生产环节，强化农业投入品监管，建立健全农产品质量安全监管机制。抓好种子、农药、肥料等农资打假专项整治行动，累计出动执法人员34人次，检查农资门市14家次，发放农资宣传资料420份。抓好农药残留专项整治行动，共抽检蔬菜9批次，103个样品，合格率100%。抓好兽用抗菌添加剂专项整治行动，以治理“瘦肉精”为重点，共检查生产经营企业22家次，出动执法人员50人次，共计检疫动物产品43.5万公斤，其中：禽类产品3.9万公斤、猪肉产品39.6万公斤。抓好屠宰检疫专项整治行动，共检疫生猪432头、肉牛728头、禽类2.28万羽，并出具动物检疫合格证明。

【农牧特色产业】 紧密围绕波密“两产业一平台”发展战略，深入挖掘特色优势，稳步推进“2+3+1”特色农牧业发展。投资3588.41万元建设林芝市单体规模最大的多吉乡木古村藏猪养殖建设项目，投资2840万元建设松宗镇角达村标准化养殖场建设项目，通过建立木古村藏猪养殖基地等4个养殖基地，成功引进西藏绿康园生态农业开发有限公司和广州天丰园农牧科技有限公司2家企业落户波密；以企业为支点，带动扎木镇等8个乡（镇）农牧民群众参与藏猪养殖，带动群众脱贫增收，实现群众增收260万元；鼓励群众发展玉米、牧草等青饲料种植，在带动创收的同时，保障养殖饲料供应。波密县完成茶树种植140公顷；推动农村劳动力转移，促民增收1000万元，其中：建档立卡户均增收7000元；培养长期技工，促民增收157.7万元，其中：京藏茶叶公司兑现群众工资48万元，金茶树茶叶有限公司兑现群众工资29万元，黑金茶叶专业合作社兑现群众工资80.7万元；鼓励群众流转土地种植茶叶，实现耕地亩均增收600元（其他土地200元），年流转费增收123.56万元；对接央视《新闻直播间》报道波密县茶园观光与赏桃花相结合的茶旅融合发展模式。积极开展收购箭麻、培育箭麻、授粉、摘果、拌种等麻种繁育工作，累计为倾多镇栋曲村、扎木镇巴琼村群众提供麻种2500公斤，密环菌2.5万瓶，结合县委、县政府建设6.67公顷商品天麻种植基地部署要求，完成400平方米麻种培育种植温棚建设，完成天麻推广种植1.1万平方米，产量达2.2万公斤，产值220万元。完成灵芝菌种植面积2.23公顷，产量0.65万公斤，促民增收130万元。完成羊肚菌种植面积3.17公顷，产量0.7万公斤，促民增收112万元。兼顾发展犏奶牛养殖、易贡辣椒和易贡油菜等其他产业，培育多元化产业，提升产业储备。完成“易贡辣椒”种植面积33.33公顷，产量7.5万公斤，产值180万元；完成易贡油菜种植面积166.67公顷，产量47.5万公斤，产值330万元。

【项目建设】 实施波密县优质蔬菜生产机基地、波密县天麻育种及推广种植等8个项目，其中续建项目2个，新建项目6个，项目总投资8656.8万元；扶持易贡乡新世纪农技服务专业合作社，完成倾多镇和玉许乡共计333.33公顷农田的深松作业任务。

【惠农资金落实】 累计电子屏滚动显示惠农政策25条，发放各类宣传手册180份，宣传资料1000份，出动宣传车辆8台次，走村入户宣传政策100人次。累计兑现各类惠农资金2369.3万元。其中：农补奖资金671.8万元，农机购置补贴897.5万元，保险理赔资金800万元。

【农补奖工作】 认真贯彻落实农牧民补助奖励政策足额兑现补助资金，确保实现群众增收。农补奖政策涉及10个乡（镇）84个行政村4630户，其中：纯牧户村2个（康玉乡拉瓦西村和八盖乡龙普村），完成牲畜存栏清点20.53万个绵羊单位，同比减少0.43万个绵羊单位，出栏2.52亿头（只、匹），核算补奖资金671.8万元，2个纯牧户村实施封顶保底政策32户223人。农补奖工作于2019年12月顺利通过自治区验收。

【农村产权制度改革暨清产核资工作】 深入开展农村产权制度改革，扎实做好清产核资工作。成立农村产权制度改革县级领导小组1个，乡（镇）领导小组10个；成立清产核资县级领导小组1个，乡（镇）领导小组10个，成立村工作小组84个；累计召开专题会议或培训次数11期，培训人数105人，发放宣传资料4000份，学习手册200份；清产核资工作于2019年11月4日顺利通过自治区验收，共清查84个村、3个村民小组，资产总计1.02亿元（经营性资产总计3125.03万元，非经营性资产总计7031.5万元），集体土地总面积1.18万公顷（其中农用地1.1万公顷）。

【粮食生产功能区划定工作】 波密县粮食生产功能区划定工作于2018年8月开始，于2019年10月19日顺利通过自治区验收。大力宣传粮食生产功能区政策累计发放宣传单150份，张贴宣传标语200张，制作宣传牌4个。波密县粮食生产功能区划定工作经过两轮公示。波密县最终划定粮食生产功能区面积3613.33公顷，其中：小麦2406.67公顷、青稞1206.67公顷，涉及3个乡（镇）36个行政村。

【农作物良种发展】 按照“优质、高产、生态、安全”原则，走精细化道路，发展农作物良种供应产业，全面提升农业经济效益。推广“冬青18”“喜拉22”青稞良种202.67公顷。销售冬播良种14.51万公斤，累计增收87.05万元。加大科技技术培训力度，围绕波密县特色产业种植技术、嫁接技术、兽防技能、农业技术和农补奖政策等方面，开展集中培训和技术人员下乡培训10次，培训科技特派员和农牧民群众1000人次，发放各类宣传资料2000份。

（吴洪、朱明月）

【领导名录】

局长

拥青卓嘎（女，藏族）

副局长

周泉鹤（7月离任）

丘永光（7月任职）

副局长、乡村产业发展局局长

文桥（4月任职）

兽防站站长

白玛玉珍（女，藏族）

兽防站副站长

伦珠（藏族）

农技推广服务站副站长

白玛旺扎（藏族）

达瓦扎西（藏族）

草原监理站副站长

央青（女，藏族）

波密县林业和草原局

【概况】 2019年，波密县林业和草原局在县委、县政府的坚强领导下，在上级业务部门的大力支持下，牢牢把握“发展现代林业、建设生态文明、突出科学发展”主题，以“重点区域造林、生态安全屏障”等国家重点项目为依托，扎实开展各项林草工作，努力开创波密县林草工作新局面。

【机构改革】 波密县林业和草原局（自然保护区管理局）为正科级单位，内设林草局、森林公安局、森防指挥部办公室、大峡谷自然保护区管理局、嘎朗国家湿地公园管理局、林业工作站6个部门。其中设有13个股、站、室共有干部职工64人，其中干部29人，工人1人，公益性岗位12人，协警6人，临时性工人12人，参公4人。

2019年，为适应社会经济发展的需要，按照党中央和区党委、政府深化机构改革的总体要求，原波密县林业局更名为波密县林业和草原局，于2019年3月20日，正式挂牌成立。新组建的林业和草原局，在原有林业工作的基础上，将原国土局和农牧局部分职责正式划转为林草局职责。

【林草资源概况】 2019年，波密县国土总面积167.6万

2019年3月20日，波密县林业和草原局举行挂牌仪式，政府副县长白玛旺扎（左一）出席挂牌仪式

公顷。其中，林地面积63.03万公顷，占国土总面积的37.61%；非林地面积104.57万公顷，占62.39%。森林覆盖率34.30%，林地绿化率36.97%。活立木总蓄积量1.21亿立方米，草原总面积31万公顷，占国土总面积的18.49%；可利用草原面积29.44万公顷，占国土总面积的17.57%。

【造林绿化】 2019年，波密县完成植树造林23.33公顷。补植补造67.33公顷，共计补植云杉1100株，高杉松800株，光核桃4000株。完成总投资200万元的2018年森林抚育项目1333.33公顷，该项目2018年年底设计，2019年5月评审。2019年7月，在5个乡（镇）7个行政村及易贡茶场共19个小班开展了疏伐割灌抚育工作，2019年10月15日全部完成并通过县级验收。

【林业重点工程】 2019年波密县林业和草原局有续建项目3个。即318国道补植复绿景观工程，总投资600万元，于10月完成并通过验收；波密县生态苗木繁育基地建设项目，总投资500万元，2019年建设完成并完成验收工作；2015年嘎朗国家湿地公园湿地保护与恢复项目，项目总投资2345万元。完成总投资200万元的2018年森林抚育项目。完成总投资144.5万元的2019年草原防火基础设施建设项目的初步设计编制工作。完成波密县森林火灾高危区（高风险区）综合治理项目的可研和初步设计编制工作。完成总投资1000万元波密县经济林木建设项目初步设计编制工作，完成总投资100万元西藏嘎朗国家湿地公园湿地保护与恢复项目建设工作。

2019年7月22日，召开波密县生态保护相关法律法规培训会

【生态效益补偿金】 兑现2019年1月至12月生态效益补偿金2453.3万元。

【林业执法】 波密县林业和草原局开展保护森林资源严打专项整治活动，受理16起林业行政案件共处罚13人，罚款33.78万元，没收木材3.48立方米，补种树木4767株，行政案件查处率100%，签订林区施工项目合同9份，承诺书9份，办理入林2千份。登记建档涉林重点行业家具店13家，森工企业1家，土特产专卖店22家，对县城内的重点行业家具店13家，森工企业1家，土特产专卖店22家进行了3次彻底的清查。

【护林防火】 加强入山管理，充分发挥专业管护队、护林员的前哨作用，在重要地段、入山路口派专人看守，严格执行森林防火各项制度。严格执行

24小时值班制度。全面检查各乡（镇）森防工作开展情况30次，严格值班巡逻制度和林火统计报告制度。加强重点森林防火期日常管理工作，实行森防日报、月报制度，对318国道沿线、重点沟口进行巡逻，排查安全隐患，共出动人员400人次，车辆250台次。开展区域执法行动，加强火灾隐患排查。开展联动执法检查，深入20个重点沟口、林区进行火灾隐患排查。通过召开群众大会、张贴宣传标语、散发传单、设立大小防火宣传牌等形式，大量宣传生态保护常识，共开展宣传活动20场次，出动人员100人次，发放宣传单2万份。

【自然保护区、湿地公园保护】 聘用40个湿地监测员，开展保护区日常管护，不定期开展保护区日常巡护，出动人员450人次，监管153次；制定《波密县林草局自然保护区管护工作总体实施方案》《波密县林草局关于自然保护区管理2019年工作计划》；建立湿地监测员巡护日志，逐步实现保护区规范化管理。为落实自然保护区“一区一法”要求，波密县林业和草原局拟定《波密嘎朗国家湿地公园管理办法》并报请人大审议。

【野生动物保护】 波密县森林公安局、野生动物保护办向社会公布了举报电话，加大对破坏野生动植物资源违法犯罪案件的查处力度，不定期对菜市、餐馆饭店、土特产店进行清理检查。野生动物肇事损失补偿资金统计工作，移交至中国人民财产保险股份有限公司办理。

【林区安全管理】 严格林区施工管理。对于国家、区内重点工程建设项目，凡在林区施工的，必须逐级上报，经批准，缴纳保证金、签订责任书、办理入林证后，方可进入林区施工。加大林地使用情况核查。对波密县林地使用情况进行跟踪检查，实行全过程监管。开展清山、查山、夜间巡逻，定期、不定期开展木材经营加工专项整治活动，依法严厉打击无证经营、证照不齐、非法经营、超核准范围经营等违法犯罪行为，并严格执行木材凭证运输制度，检查木材经营加工场所6次，督查木材检查站工作50次。

【国土绿化、病虫害防治、集体林权制度改革、创森工作】 2019年，完成总投资80万元的国土绿化建设项目16.15公顷，共发放苗木6524株。组织20人次、出动车辆5台次对病虫害高发区、危险区开展排查防治；组织工作人员对容易发生病虫害林区喷洒药水，共计喷洒药物21箱，喷洒面积100公顷。2019年，对涉及林改的1个乡（镇）3个行政村的3块宗地（总面积14.07公顷）进行了公示，3个宗地的22项权属来源资料已完善。2019年，编制《波密县创建国家森林城市工作实施方案》，各项创森工作稳步推进中。

【精准扶贫】 根据波密县脱贫攻坚专项巡视整改工作台账的通知要求，把脱贫攻坚整改工作列入重要议事日常，召开专题会议研究部署脱贫攻坚整改工作，确保脱贫攻坚巡视整改工作落到实处。严格按照自治区规定的生态补偿脱贫岗位政策规定和低收入群众认定标准精准遴选2019年生态补偿脱贫岗位人员，确定岗位数

2019 年 4 月 26 日，波密县林业和草原局、波密县应急管理局共同清理林下可燃物

量。对生态岗位福利化问题普遍存在进行整改。共查处不符合政策要求人员 213 人，并退出岗位。各乡（镇）完成对生态补偿脱贫岗位人员的宣传培训工作，培训 100 场次。3 月 5 日至 6 日，对 10 个乡（镇）的岗位人员履职情况进行大检查，对检查中暴露的问题进行整改。安排落实 2019 年生态补偿脱贫岗位。2019 年上半年，上级下达岗位指标 6983 个，生态补偿脱贫组核实了不符合政策要求人员并清退 20 个，最终岗位落实 6963 个，兑现资金 1218.53 万元。2019 年下半年，对低收入农牧民群众中家庭成员年人均可支配收入在 5451 元以上、6000 元以下的家庭根据家庭总人数设置限制性条件（4 人及以下的家庭安排 1 个岗位，5 人及以上安排 2 个岗位），实际落实岗位 5741 个，兑现资金共计 1004.68 万元。

【森林公安】 2019 年，按照上级部门的安排部署，波密县森林公安局组织开展以打击破坏林（草）地和野生动物资源违法犯罪活动为主要内容的“春雷”“绿盾”及林草严打专项行动等系列行动，有效保护了波密县林草资源安全。

【党建工作】 波密县林业和草原局班子成员完成了个人述职述廉报告，客观总结 2019 年党风廉政建设和工作开展情况；完成全部党员的党费收缴工作；组织召开“不忘初心、牢记使命”专题民主生活会组织生活会。党组成员、支部党员参会提出批评与自我批评；执行学习制度，每周五开展集中学习，学习政治理论和各项规章政策、文件会议精神。

【加强党风廉政建设】 落实党风廉政主体责任和纪检监督责任，实行“一岗双责”、纪检委员加强监督、党员干部人人参与；切实执行民主集中制，对“三重一大”一律经党支部会议民主决策；班子成员带头执行中央“八项规定”、自治区“约法十章”。严格遵守财务管理制度，自觉纠正和抵制“四风”，严格执行公务接待、办公用房及车辆使用等有关规定。

【全面加强思想政治教育】 认真传达学习习近平总书记关于开展“不忘初心、牢记使命”主题教育重要指示，扎实推进“两学一做”学习教育常态化制度化；认真贯彻民主集中制，不断完善党内监督，以“四讲四爱”学习活动为契机，严格上下班考勤制度，制定学习制度，通过学习会教育干部职工、党员调整状态，转作风、提效能，激发干部职工的工作积极性和创造性。

（陈盛）

【领导名录】

局长

柳军力（藏族）

副局长

朱广（5月离任）

扎西达瓦（藏族，5月任职）

尼玛次仁（藏族，5月任职）

森林公安局政委

柳军力（藏族）

森林公安局副局长

达娃扎西（藏族）

波密县水利局

【概况】 2019年，在县委、县政府的坚强领导下，在上级主管部门的大力支持下，全面落实中共十九大、十九届二中、三中、四中全会精神，牢牢把握“水利工程补短板、水利行业强监管”的工作总基调，坚持治水新思路，水利工作取得阶段性进展。

【机构改革】 2019年3月完成机构改革，实现职能转变。波密县水利局为正科级行政机关，行政编制4名，科级领导职数4名，内设机构1个（水利服务站），为副科级事业单位，编制3名。

【水资源管理】 持续推动河长制工作开展，调整充实了县、乡（镇）、村三级河（湖）长，确立了26名县级河（湖）长，79名乡级河湖长，143名村级河（湖）长，更新河长公示牌124块。编制完成波密县18条县级主要河流“一河一策”实施方案；编制完成《波密县河道采砂规划》，加强河道管理和保护；开展河湖“清四乱”专项行动6次，促进全县水环境质量持续好转，流域内水生态系统走向良性循环。

【水利规划】 完成波密县帕隆藏布重点河段治理工程、波密县波堆藏布重点河段治理工程的相关前置手续；波密县曲宗藏布流域德吉、毛江、岗巴段河道治理工程、八盖藏布重点河段治理工程前置手续。

【水利工程建设与管理】 共实施水利项目32项，计划总投资6340.94万元，完成投资5362.29万元，完成率84.57%。其中：饮水项目9项，总投资2164.48万元，完成投资1878.28万元，完成饮水项目投资总额的86.78%；灌溉项目1项，总投资1000万元，完成投资500万元，完成灌溉项目投资总额的50%；山洪治理非工程措施项目1项，

2019年5月30日，波密县人大常委会副主任普琼（左二）及其相关工作人员前往玉普乡莫汝弄巴开展河长巡河工作

总投资128.87万元，完成投资128.87万元，完成投资总额100%；物质储备库1项，本年度总投资390万元，完成投资390万元，完成投资总额100%。

【防汛抗旱】 调整充实波密县防汛抗旱指挥部人员，明确各成员单位防汛职能，全面落实防汛工作责任制。开展防汛备汛检查，采购25万元防汛物资，汛前、汛中、汛后开展水利工程安全大检查，严格落实24小时值班制度、领导带班制度、重要事情报告制度和汛期安全日报告制度。提升应急救援能力，组织倾多镇、多吉乡、古乡、玉许乡开展山洪灾害防御预案演练，提升防汛抢险应急处理工作的总体水平，为应对山洪灾害防御抢险救灾积累实战经验。

【水利扶贫】 投资1907.06万元，解决10个乡（镇）67个行政村，共2097户1.14万人（含精准扶贫人口385户1574人）的饮水安全问题；投资134.76万元，解决康玉乡通堆村、玉普乡米麦村、米堆村和宗坝村155户589人的冬季吃水困难问题；投资181.72万元，解决2018年昌都“三岩搬迁”共19户174人（含精准扶贫人口19户174人）的饮水安全问题；投资1590.7万元，解决10个乡（镇）58个行政村，共2046户11075人（含精准扶贫人口366户1400人）的饮水困难问题。投资670.23万元，对康玉乡电站进行维修、玉普乡格巴村、松宗镇岗巴村农网进行改造，解决1079户5059人（含精准扶贫人口103户395人）用电问题。投资68万，解决玉许乡白玉村61户388人（含精准扶贫人口20户90人）的灌溉需求问题。

2019年9月20日，波密县水利局召开“不忘初心、牢记使命”主题教育动员部署会

【党建工作】 坚持把管党治党与水利业务工作一同谋划、一同部署，着力强化从严治党主体责任；加强学习，用理论知识武装头脑；认真贯彻民主集中制，加强党组织和党员队伍建设，发展党员1名，坚持“三会一课”制度和党务公开制度，开展“不忘初心、牢记使命”主题教育专题民主生活会及“不忘初心、牢记使命”主题教育专题组织生活会，召开党员大会6次，党支部书记讲党课4次。在“三重一大”事项的研究决定中，严格遵守议事规则，实行“末位表态”制度。开展党风廉政教育23次，其中观看廉政教育警示片3次，学习文件20次。签订廉政协议书39份违规事件。

【机关工作】 严格按照县委统一部署安排，按照“办好自己的事，看好自己的门，管好自己的人”的原则，认真抓好信访工作；坚持安全与质量、效率并重的原则，严格落实安全生产相关制度和规定；结合专业普法、法制宣传日及平时执法工作，加强相关行业专业法律法规的宣传教育工作，加强机关内部安全保卫管理；深入实施水利人才战略，加大干部教育培训工作。共有11人参加业务培训20次。

（王涵）

【领导名录】

局长

尼玛顿珠（藏族）

副局长

张昱文（女）

侯建（女）

水利服务站站长

李建军

波密县供电有限公司

【概况】 2019年，波密县供电有限公司在县委、县政府和国网林芝供电公司党委的正确领导下，以习近平新时代中国特色社会主义思想为指导，深入学习贯彻各项重大决策部署；以强化“三基”为前提，强化执行为保障；以农电上划为主线，努力践行“人民电业为人民”的宗旨，坚持问题导向和目标管控，提升专业化管理水平。

【生产经营指标】 2019年，公司实现供电量4048.13万千瓦时（同比增加27.73%），售电量3189.74万千瓦时（同比增长51.58%）。发电量1095.25万千瓦时，同比下降10.38%。综合线损率23.22%，供电可靠率96%，年度电费回收率99.49%，全年总收入2521.40万元。

【安全生产管理】 完善安全生产管理，落实安全生产责任制。2019年，累计进行安全督查10次，共查处违章3次，考核金额1200元。严格执行两票制度，杜绝无票工作、操作。严格执行现场勘察制度和班前班后会制度，制订现场安全措施，明确注意事项。全年共使用工作票7张，操作票44张，合格率100%。共组织8次安全培训，安全学习12次，学习安全简报11次，组织安规考试12次，合格率100%。

【运维检修管理】 2019年1月23日，波密县电网与500千伏波密变电站主网形成联络，波密县电网结束孤网运行的历史，通上大电网。实施大修、技改7项，修订完善安全

2019年12月21日，波密县供电有限公司党支部、公司工会、公司团委举办以“安全在我心中”为主题的演讲比赛

预案7个，整治频繁调整线路5条，消除安全隐患38处。严格停电计划管理，深化安全风险预警，强化作业现场管控，加大安全性评价问题整改力度，提高应急处置能力。启动“保障大电网安全专项行动”，完善电网设备标识牌，持续做好人畜触电防治工作，加大输电线路、变电站特巡力度，开展火灾隐患、防范山火专项整治。落实春检、秋检要求，全面做好迎峰度夏、迎峰度冬工作。自筹资金87万余元，补充防汛物资，提高水电站防洪度汛能力。完成三大节日、2019年波密县桃花节主会场、中华人民共和国成立70周年等重大保电工作。完成《波密县供电有限公司“十四五”电网规划报告》；实施“三区三州”项目改造，开工建设林芝通麦110千伏输变电工程、波密县易贡35千伏输变电工程、波密县八盖35千伏输变电工程、波密县易贡乡10千伏及以下配电工程、波密县10千伏及以下中低压配电工程（2019-2020年）和林芝市异地扶贫搬迁10千伏及以下中低压配电工程等6个工程。

【营销服务管理】 2019年，坚持“人民电业为人民”的企业宗旨，业扩报装、抄表收费、计量管理、急修服务、用户工程全面向国网标准靠拢。夯实营销基础，优化整合业务流程，提高报装效率，改进抄核收方式，加强营业数据质量。平稳实现营销系统上线运行，完成农业银行代扣电费协议，严格业扩审批会签和停电计划审批。落实“一口对外、首问负责、一次性告知、限时办结”的工作要求，规范投诉受理，建立运检投诉、服务投诉通报机制。加强营销人员培训。加强设备管理、生产运维、应急值班，保证2台车辆随时投入急修工作，提高电压合格率和供电可靠性。

【内部管控】 2019年，在国网林芝供电公司的大力支持下，通过年度经费预控计划、办公用品实施计划、设备维护检修计划和车辆定点、定时维护等措施有效减少重复开销。根据《中华人民共和国劳动合同法》规定，完成9人工资调整审批。组织职工定期体检，按期发放冬季取暖补助和年休假补助。

【上级检查指导】 2019年5月29日，林芝市发改委、环保局、水利局相关部门领导莅临波密县供电有限公司检查指导工作。要求波密县供电有限公司抓好安全责任落实，加强机房运行值班，供电线路特训等，做好隐患排查，设备调试维护，加强抢险队伍建设，配备必要设施设备，开展应急演练完善生态流量监控，更加有效可控的做好生态环境工作。

（罗荣毅、仁增群措）

【领导名录】

董事长

刘明辉

经理、书记

刘明辉

副经理

次仁平措（藏族）

次松（藏族）

巴桑扎西（藏族，工会主席）

中国大唐集团西藏波堆水电站

【概况】 波堆水电站工程是西藏自治区“十二五”期间无电地区电力建设重点项目，也是西藏无电地区首个采用国家与中央企业共同投资援藏建设试点项目，是中国大唐电力援藏第一个项目。

中国大唐电力援藏项目波堆水电站位于西藏林芝地区波密县境内，坝址位于通多村上游1.0千米左右的峡谷出口处，距波密县45千米。波堆水电站是波得藏布流域梯级

中国大唐集团西藏波堆水电站全景图

开发的第三级电站，坝址控制流域面积2453平方千米，年平均流量132立方米/秒；拦河大坝为碾压式沥青混凝土心墙土坝，坝顶高程EL2793.15米，最大坝高44.65米；水库正常蓄水位2788.00米，死水位2784米，水库总库容1087.52万立方米，调节库容226万立方米，回水长度5.75千米；电站装机为9600千瓦（3×3200千瓦），年利用小时6994时，是以水力发电为任务的单目标水电工程。电站总投资5.97亿元。

【组织机构】 大唐西藏波堆水电开发有限公司于2012年7月注册成立，设立综合管理部、工程建设部、安全环保部三个部门；公司员工28人，其中22人从西藏院校和本地居民招聘入职。

【安全生产】 2019年，波堆水电站未发生轻伤及以上人身伤亡事故，未发生设备事故及涉网事故，完成安全生产任务指标，全年完成发电量6738万千瓦时，连续安全运行1643天。

【工作亮点和经验】 积极贯彻落实西藏自治区各级党委、政府的各项要求，圆满完成春节、藏历新年、“两会”、波密县桃花节等各项保电任务，电站充分利用水库日调节功能，优化水库调度管理，科学分解电量计划。采取日常培训、以修促训、以演练代训、驻站运行培训和外出专业培训等多种方式开展员工培训工作。

【支部工作】 积极贯彻落实中共十九大精神，推进“两学一做”学习教育常态化，密切联系群众，启动安全生产班组文化建设认真开展“三会一课”，深入学习贯彻习近平总书记重

2019年10月28日，中国大唐集团西藏波堆水电站党支部开展党员志愿活动

要讲话精神、党内文件和法律法规，发展预备党员1名，递交入党申请书同志2名。积极开展与电站所在村的共建，组织捐款帮扶困难群众2户，严格执行八项规定精神、集团公司28条规定和大唐西藏公司32条措施，开展廉政谈话，无违规违纪事件发生。

（彭仲元）

【领导名录】

总经理

安钢

波堆水电站站长

周胜耕

波堆水电站副站长

石乐刚（彝族）

彭仲元

波密县自来水有限公司

【概况】 2019年，在县委、县政府及主管部门的正确领导下，在上级部门的大力支持下，全面落实中共十九大、十九届三中全会精神和县委、县政府工作部署，紧紧围绕供水服务这个中心工作，抓重点求突破，抓实干，不断创创新，各项工作取得显著成果。波密县自来水有限公司成立于2014年3月26日，是国有独资企业，经营范围包括自来水供应、自来水管道维修、维护；水暖配件销售。有14名职工。

【生产经营】 2019年，波密县自来水有限公司总收入175.1万元，税费支出6303.66元，其他支出159.37万元，圆满完成各项任务。

【完善制度加强管理】 以波密县自来水有限公司章程和作风建设为指导，补充完善波密县自来水有限公司的各项规章制度，强化上班制度和工作态度。波密县自来水有限公司认真贯彻落实上级有关文件精神，把创建活动纳入到日常服务工作中，通过波密县自来水有限公司各项制度的落实，员工服务态度，工作质量有根本的改变，为用户解决一些问题及突发事件，受到到用户的肯定。

【安全生产】 根据区、市、县各项工作安排，制定值班制度，加强供水生产地和水源地治安巡查，定期分析排查薄弱环节和事故隐患点，严格落实安全生产相关制度和规定，严格执行责任制。积极开展政治业务、安全法律法规学习，组织职工学习《中华人民共和国安全生产法》等相关法律知识，同时通过微信平台宣传安全生产和业务知识。确保安全、优质、正常、有效供水。

【发展规划】 完成波密县城安装用水计量设施的方案编制。申报林芝市水务集团托管波密县自来水有限公司。

【狠抓队伍建设】 波密县自来水有限公司不断提高干部职工队伍素质是做好供水工作的根本保证，牢牢抓住队伍建设不放松，始终把提高干部职工的素质教育放在首位。

（次旺尼玛）

【领导名录】

总经理

次仁巴登（藏族）

副经理

安定（女，藏族）

波密县自来水有限公司全貌

城市建设·环保

波密县住房和城乡建设局

林芝市生态环境局波密县分局

波密县城市管理和综合执法局

波密县住房和城乡建设局

【概况】 波密县住房和城乡建设局是县人民政府职能部门，为正科级。波密县住房和城乡建设局机关行政编制4名，科级领导职数4名。参公单位1个即工程质量监督检查站，核定参公编制人数6名，实有参公人员6名。工人1名，公益性岗位1名。

【机构改革】 波密县住房和城乡建设局于2019年3月28日挂牌成立，为正科级政府职能部门，核定编制4名，下设参公单位工程质量监督检查站，核定编制6名。

【城乡建设规划】 2019年，不断加快波密县城镇化建设步伐，以城乡总体规划为依据，全面统筹开展城乡一体化建设，以“东进、西延、南拓、北优”为宏观发展策略，重点突出国道318线通麦特色小镇，玉普冰川小镇、松宗温泉小镇、古乡康养小镇建设步伐，形成“一核四心”发展战略，实现城区空间跨越式发展。在推进“一核四心”发展战略中，实施波密县城污水处理及收集系统，进入试运行阶段，加快推进波密县松宗镇污水处理及收集系统工程和波密县通麦集镇污水处理及收集系统，谋划波密县古乡污水处理及收集系统、波密县玉普乡米堆冰川污水处理及收集系统。

【房地产开发经营】 波密县房地产开发经营公司共4家。分别为：波密县王朝大酒店有限公司开发项目波密县王朝大酒店一期；西藏纵横生态旅游实业有限公司开发项目波密纵横风情商业街；波密县藏地文化艺术传播有限公司开发项目波密桃花里小镇；墨脱县丽影实业有限公司开发项目天宇圆梦苑一期。2019年，波密县《房屋转移登记备案》共计794套。

【保障性住房建设】 2019年波密县直干部职工住房共计734套（包括周转房、公租房、廉租房），县城公有房入住率98%，与承租人签订租赁合同。制定印发《波密县干部职工周转房管理办法（试行）》。继续推进波密县2018年度县直公租房建设项目，拟建设县城公租房150套及附属，总投资2672万元，已建成42套。2019年，落实城镇低收入家庭住房租赁补贴相关政策，为波密县城镇低收入家庭32户47人，发放租赁补贴资金14.38万元。

2019年11月27日，波密县委常委、政府副县长沈光银（左一）检查督导波密县县城景观桥施工进展情况

【住房公积金管理】 2019年，机构改革职能增加住房公积金监督管理工作，8月与波密县财政局完成交接住房公积金管理业务工作。2019年办理住房公积金管理业务606件，办理缴存1977.47万，办理提取业务204份，共计1856.28万元。

【建筑市场管理】 2019年，严格督促各建设单位认真执行法定基本建设程序，严格把关施工许可证、竣工验收备案工作，确保工程项目审批和建设合法合规，监管房屋市政领域在建项目76个。切实加强从业人员管理，加大对农牧民施工企业培训力度，确保施工现场管理人员及特种作业人员持证上岗。严格落实勘察、设计、施工和监理及中介机构单位责任。定期开展砂石垄断、强买强卖等行业乱象专项整治。积极筹备建筑业施工企业不良行为记分标准工作，强化对施工企业的监督管理。推进银行代发和实名制登记管理制度。在办理施工许可证手续时，需提供银行民工工资专用账户相关凭证及民工工资保证金缴存证明等相关材料。

2019年4月1日，林芝市城市投资有限公司总经理刘世军（左三）检查2018年城市风貌改造项目

【工程质量和安全生产监督】 2019年，为贯彻落实上级关于工程质量和安全生产工作，组织召开学习贯彻落实安全生产、工程质量相关精神会议10次。制定年度计划，例行执法检查100次，下发整改通知书72份，行政处罚6次。开展燃气站安全生产检查24次，下发整改通知书12份。

【抗震防灾工作】 为有效提高波密县城市综合抗震防灾能力，最大限度保障农牧民群众生命财产安全，切实加强波密县人防工程行政审批工作，结合波密县实情，完成波密县中心城区抗震防灾专项规划。

【乡村振兴】 大力实施乡村振兴战略，按照产业兴旺、生态宜居、乡风文明、治理有效、生活富裕的总要求，实施波密县玉普乡米堆村传统村落保护改造项目、波密县八盖乡日卡村传统村落保护改造项目、波密县县城、国道318沿线及乡村重要节点环境提升工程项目等有效改善波密县城乡居民居住环境，提升农牧民生活质量。

【脱贫攻坚】 为打赢脱贫攻坚战，做好“两不愁、三保障”住房安全保障工作，开展“四类重点对象”农村危房排查工作，对1718户“四类重点对象”房屋全面进行排查鉴定，不存在危房。

【党建工作】 2019年，波密县住房和城乡建设局成立党建工作领导小组，紧紧围绕创建学习型党组织活动的目标要求，强化措施，精心组织，全面加强党员干部队伍素质教育，扎实开展党组织建设工作。举办“两学一做”学习教育、宣传“四讲四爱”、住建领域法律法规等活动11次积极开展“不忘初心、牢记使命”主题教育。成立党风廉政工作领导小组，制订方案、计划，制定党建工作责任制，签订责任书。进一步规范和创新工作方式方法，改进工作作风，全面提升住建部门的服务水平。

（鲁成林）

【领导名录】

局长

白玛泽成（藏族，4月离任）

克珠（藏族，4月任职）

副局长

马富杰

姚灵林（援藏，7月任职）

旺青格堆（藏族，4月任职）

林芝市生态环境局波密县分局

【概况】 2019年，在林芝市生态环境局的正确领导下，在县委、县政府的关心支持下，林芝市生态环境局波密县分局以习近平新时代中国特色社会主义思想为指导，坚持以习近平生态文明思想为引领，紧紧围绕区、市、县党委、政府关于生态文明建设和生态环境保护工作的决策部署，以“不忘初心、牢记使命”主题教育为主线，以打好污染防治攻坚战为核心，树牢“绿水青山就是金山银山”的新发展理念，坚持生态优先、绿色发展，正确处理保护生态和富民利民的关系。统筹山水林田湖草，大力实施生态保护建设，加大环境监管力度，稳步提高县域环境质量。

【机构改革】 林芝市生态环境波密县分局，于2019年3月20日经林芝市委批准设立，属林芝市生态环境局派出机构，正科级行政部门，共有行政编制3个。下属事业单位环境监察大队、监测站2个，环境监察大队编制4人，监测站编制2人。行政权力与职责事项共76项。其中行政许可类2项、行政处罚类55项、行政强制类3项、行政征收类1项、行政检查类5项、其他类10项。

【生态环境保护与建设】 通过召开专题会议、推进会议、问题专项整改会议等分析研判形势，2019年，波密县委、县

2019年3月20日，波密县政府副县长白玛旺扎（后排右三）参加林芝市生态环境局波密县分局挂牌仪式

政府学习研究生态环境保护工作 31 次。

切实将生态环境保护工作纳入各部门权责清单。不断夯实生态环境保护“党政同责、一岗双责”责任。波密县人民政府依法向人大常委会报告生态环境状况和环境保护目标完成情况。

以“波密县环境日”“6·5”世界环境日为契机，充分整合广播电视、微信公众号、网络短信等新型媒介和宣传展板、宣传册等传统媒介，全面加强生态环境宣传教育，共编发环保短信 1500 条，发放环保宣传资料 5000 份，累计滚动播放环保宣传标语 70 次。

投入资金 126.98 万元为城管大队配备垃圾压缩车、挂钩式垃圾转运车、垃圾箱体等环卫设备，已投入运行。划定生态保护红线面积 7722.93 平方公里，占波密县国土面积 46.1%，其中，禁止开发区等各类保护地面积 1368.17 平方公里，占波密县国土面积比例 8.16%，生态环境功能重要区 / 生态环境敏感区面积为 6354.76 平方公里，占波密县总面积比例 37.94%。

【生态环境污染防治】 坚决打好污染防治攻坚战，制定下发《波密县重污染天气应急预案》，与各乡（镇）签订《波密县“十三五”大气污染防治目标责任书》，划定禁止销售使用高污染燃料禁燃区域。在农牧区实施秸秆禁烧，农作物秸秆综合利用率 95%。在县城实施餐饮油烟治理，县城 300 平方米以上 15 家餐饮企业和 12 家烧烤店均已安装油烟净化装置。建筑领域在办理施工许可证时要求施工单位制订扬尘治理方案和安全文明施工方案，完成 2019 年度施工扬尘考核工作。紧盯“两客一危一货”等八类重点车辆逾期未报废突出问题，完成申请注销车辆 44 辆，查获逾期未年检 94 辆。

以《波密县水污染防治行动计划工作方案》为准绳，完成卓龙沟饮用水水源地保护区环境保护专项行动 3 项环境问题排查整改。完成 34 个排污口摸底调查工作，无纳污坑塘。

积极开展土壤污染状况详查点位核实工作，共划定详查单位 9 个 4748.737 公顷。核实农用地详查点位 53 个。配合生态环境厅监测采样点 36 个，完成倾多镇、多吉乡农产品基地土壤核查。组织农牧民自制农家肥 2.25 万吨，农药使用量减少 27%，化肥施用量与上年持平。

不断巩固干道沿线和重点景区环境卫生成效。与各乡（镇）签订《318 国道、重点景区环境整治工作目标责任书》。全县共出动人员 3000 人次，250 车次，清理卫生死角 50 处，清理非正规垃圾堆放点 2 个，清理经幡 10 吨，清理垃圾 50 吨。完成全国第二次污染源普查工作。

【生态环境监测】 2019 年，波密县制定《波密县 2019 年环境质量监测方案》报市生态环境保护局审批、备案。委托

2019 年 5 月 18 日，西藏以勒科技有限公司监测卓龙沟饮用水水源地

西藏以勒科技有限公司每季度对县城空气质量监测一次，监测结果均达到《环境空气质量标准》Ⅱ级标准；每月对饮用水环境质量、地表水环境质量进行监测，监测结果帕隆藏布上游500米，下游1000米2个断面水质均达到《地表水环境质量标准》中Ⅲ类以上水质标准，卓龙沟饮用水水源地水质均达到《地表水环境质量标准》中Ⅲ类以上水质标准。积极探索试行易贡乡贡仲村土壤环境质量监测试点工作。

2019年8月15日，昌都市运输集团有限责任公司为县生态环境分局赠送“热情服务、廉明高效”锦旗

【环保督察】　中央环保督察组转办的7个案件、自治区环保督察组转办的2个案件均已办结。中央第六环境保护督察组反馈意见，涉及波密县的25个大项整改任务、77个小项整改措施，已完成整改措施66项。自治区第六环境保护督察组反馈意见，涉及波密县的4个问题、12项整改措施，全部完成整改。

切实做好迎接第二轮中央生态环境保护督察，对照《中央生态环境保护督察组调阅资料清单》完成分类梳理汇总存档工作。

【执法与管理】　严格落实建设项目环境影响评价和“三同时”制度，把好建设项目准入关，严格落实“一票否决制”，未引进“十五小”“新六小”项目和“三高”企业，按照《建设项目环境影响登记表备案管理办法》，指导各业主单位登录西藏自治区环境保护厅官网注册填报网上登记表备案项目124个。

按照“一企一档”对辖区内的重大建设项目、垃圾填埋场、污水处理厂、屠宰场、饮用水水源地、旅游景区进行环境监管。执行环境执法“双随机、一公开”制度，累计出动120人次，检查企业60家次，制作现场现场勘查笔录60份，发出限期整改文书54份。加强辐射安全监管。累计出动10人次监管涉源单位4家次，填写核技术利用现场监督文书2份，发出限期整改文书2份。

持续推进“绿盾2018”自然保护区专项行动项目整改工作，完成8个项目整改销号。深入开展“绿盾2019”自然保护区专项行动，S303省道临建设施问题严格按照时限推进整改。

【特色工作】　开展重点建设项目监管执法现场教学。结合S303易贡茶场至八盖乡改扩建项目监察执法，就项目建设单位建设项目环境影响评价和“三同时”落实情况、施工现场监管内容和监管方法开展现场执法教学交流，不断规范环境监察执法行为，提高干部依法行政能力。

联合林芝军区驻地部队开展县城树林散落废旧轮胎清理回收工作，出动20人清理轮胎400个，清理出的废旧轮胎主要用于部队靶场护坡和汽车训练场。

【脱贫攻坚】 以“生态扶贫”为主线，充分发挥行业扶贫职责，抓好扶贫项目环评审批服务。充分利用生态补偿岗位，服务脱贫攻坚，落实环境保洁员、农村饮用水源地保护员、环境监督员等生态岗位425个。持续开展“四对一”结对帮扶，联系慰问贫困户5户。

【党建工作】 在波密县直属机关工委的指导下，林芝市生态环境局波密县分局党支部以政治建设为统领。

始终坚持党建与生态环境保护工作“两手抓”“两手硬”。研究制定党建工作责任清单，按照支部书记抓总、支委班子抓落实的原则，进一步明确履行全面从严治党的主体责任和“一岗双责”，持续推进“两学一做”学习教育常态化制度化，扎实开展“不忘初心、牢记使命”主题教育，组织开展十九届四中全会精神专题学习。注重强化廉政警示教育，通过组织党员干部现场观摩警示教育基地、观看警示教育片、集体学习典型案例通报等多种形式，不断筑牢拒腐防变思想防线。

认真落实“三会一课”、组织生活会、民主评议党员、主题党日等制度，结合“三会一课”和党员谈心谈话，定期开展支部党员干部思想动态分析。坚决贯彻落实民主集中制原则，“三重一大”事项均经局支部会议集体讨论决定，保证决策科学民主和结果公正合理。

认真贯彻落实中央八项规定及其实施细则和区党委实施办法，持续用力正风肃纪。顺利完成党支部和支委会改选工作，完成支部党员组织关系摸排清查和党员不信仰宗教摸排工作。组织召开党员大会4次，支部委员会11次，组织生活会和“不忘初心、牢记使命”专题生活会各1次，开展支部书记讲党课3次，支部理论学习19次，民主评议党员1次。培养发展入党积极分子1名。

（闫趁心）

【领导名录】

局长

扎西达瓦（藏族，9月任职）

副局长

张洪涛

张鑫（8月离任）

波密县城市管理和综合执法局

【概况】 2019年，波密县城市管理和综合执法局在县委、县政府的正确领导和关心支持下，全面贯彻落实中共十九大及十九届三中、四中全会和习近平总书记系列重要讲话精神，严格履行市容和环境卫生管理的工作职责，始终坚持队伍建设与城市管理同步发展，城市管理总体水平大幅度提升，市容环境状况明显改善。

【机构改革】 2019年3月21日，波密县城管监察大队正式

2019年3月21日，波密县政府副县长梁亚文（中）参加城市管理和综合执法局挂牌仪式

挂牌成立为波密县城市管理和综合执法局，有执法人员 18 人，环卫工人 75 人；主要工作职责是对市政环境卫生进行治理（垃圾清理、垃圾运输、垃圾填埋）。开展城市市容执法管理。对市政工程设施进行管理。办公地点城管办公楼。

2019 年 4 月 30 日，波密县城市管理和综合执法局在宣传部广场组织召开扩大市政辖区启动仪式

【扩大管理辖区】 2019 年 4 月 30 日，波密县城市管理和综合执法局正式启动市政管理辖区拓展工作，将扎木镇桑登村、巴琼村纳入市政管辖范围，拓展面积 3 平方公里，部署 22 名环卫保洁人员、垃圾收运压缩车 1 台、垃圾箱体面包车 1 台、垃圾收运摆臂车 1 台、通过垃圾清运和规范管理，不断提高广大人民群众的幸福指数。

【违章建筑拆除】 为进一步落实市政辖区内违章建筑治理工作，波密县城市管理和综合执法局利用日常执法巡逻以及开通举报热线的形式，不断提升违章建筑管控力度。共查处汗蒸时代、生产营门前、巴琼村等 3 处违章建筑，拆除面积 600 平方米。

【治理渣土车辆】 为解决辖区建筑垃圾乱拉乱倒和渣土车车辆抛撒遗漏等问题，波密县城市管理和综合执法局创新工作方法，采取突击检查的方式，不断加大查处力度。在辖区各重要路段和部位安置警示广告牌，组织执法人员向过往渣土车辆司机提醒严覆盖、慢车速。

【建设项目管理】 为切实规范城区建筑工地施工秩序，波密城市管理和综合执法局严格按照城区建筑工地施工现场规范化标准、国家卫生城市标准和上级部门的要求，对存在问题的建筑工地严格按照执法程序，进行依法查处，并对建设方和施工方提出整改要求，督促其进行整改。为了有效遏制辖区村（居）民乱搭乱建行为，不断加大执法查处力度，实行一日三巡和节日轮班作业的模式，不留执法空挡和检查死角。推行分片包干责任制，将责任落实到具体责任人，充分发挥每个队员主观能动性。

【细化市容管理】 严格按照县委、县政府的要求，采取徒步巡查纠违与集中查处的方法进行管理。认真落实路段包干责任制，组织人员对辖区的沿街门店和单位进行广泛宣传，逐户检查和增补门前“四包”责任牌，落实门前“四包”责任：对城区主次街道乱摆摊设点、非法占道、非法悬挂张贴、乱扔垃圾等破坏城市形象行为进行巡逻执法，共拆除不

2019年6月24日，波密县委书记朱正辉（中）到城市管理和综合执法局调研，并参观新办公楼

规范广告牌107个、横幅51条、制止非法占道经营85起，治理乱摆摊设点120次，收缴大小物品104件，对35人违章经营现象进行处罚；对9家乱倒垃圾现象进行处罚。对出租车司机，违章停车、在人行道违章生火等违法现象进行严厉打击，通过执法整治，城市形象得到有效提升。

【牲畜管控】 启动《禁止家畜家禽入城》正式实施管理工作，2019年，共开展捕捉行动86次，出动捕捉人员580人次，车辆160台次，共捕捉犏牛54头，猪143头，马12匹，将捕捉的全部牲畜进行备案存档，并将牲畜运输至适合的位置全部放生。经评估《禁止家畜家禽入城》管理工作达到98%的管控。

【垃圾填埋管理】 为进一步做好县城生活垃圾清运工作，城市管理和综合执法局将保洁区域分为四大块，对每块卫生区域安排相应人数的环保人员和区域卫生监管人员，每个月环卫人员对不同的卫生区域进行相互交换一次，并落实卫生区域责任承包制度，建立每月评星制度，并落实奖惩制度，从而形成了一套完整的网格化管理，确保责任区市容整洁，保持良好的环境卫生。县城日产生垃圾量22吨，全年共计清运处理垃圾7920吨，处理率100%。

【党建工作】 2019年6月15日，经县委组织部批准，正式成立波密县城市管理和综合执法局支部委员会，支部书记由刘仕林担任，组织委员为洛桑江村，纪检委员为尹少飞，宣传委员为张庆。自支部成立之日起，城市管理和综合执法局严格按照基层党建相关工作要求履行职责。

（张庆）

【领导名录】

局长

刘仕林

副局长

尹少飞

洛桑江村（藏族）

交通·通信

波密县交通运输局

扎墨公路养护管理段

林芝公路分局扎木机械化养护队

中国电信集团公司波密县电信局

中国移动通信集团西藏有限公司林芝波密县分公司

中国联合网络通信有限公司波密县营业部

2020 BOMI YEARBOOK

波密县交通运输局

【概况】 波密县交通运输局是正科级行政机关，内设道路运输管理所（海事局，副科级），实有工作人员8人。波密县公路通车总里程1093公里。其中，国道241公里，省道340公里，县道140公里，乡道21公里，村道316公里，专用公路35公里，油路（硬化）路面乡道21公里、村道186公里。共有桥梁98座（不含通往牧场桥），乡（镇）通畅率90%，行政村通畅率87%。

【交通项目后续建设情况】 2019年，续建项目3个，累计完成总投资5.42亿元，完成率67%。

波密县松宗镇栋曲村至朗秋冰川景区公路新建工程总投资7018万元，累积完成总投资5679万元，占总投资81%。

波密县康玉乡通堆村至宗热村道硬化总投资3560万元，累积完成3548万元，占总投资99.6%。

省道S303线波密县易贡茶场至八盖乡公路总投资6.94亿元，累计完成总投资4.49亿元，占总投资64.7%。

【2019年新建项目建设情况】 波密县交通运输局新建项目1个：波密县25条农村公路安防设施建设项目总投资1093万元，6月完工并投入使用。

【道路运输管理】 为切实落实自治区、市人民政府关于全区乡（镇）、建制村通客运任务相关要求和部署，波密县客运有限责任公司于2015年成立，隶属国资委下设独资企业，2019年正式挂牌运营，共有员工10名，负责经营县际班线和农村客运班线。

县际班线客运于2019年开通运营，投入1000万元购买运营客车36台，日均发车12班次，日均输送旅客70余名。波密县客运站于2019年11月开工建设，完成200万元。占总投资的14%。

2019年，开通波密县城至多吉乡1条农村班线客运，投放1台17座客车，日均发车1班次（往返），日均可运载10—15人，车价为15元/人，方便沿线农牧民群众出行。

【农村公路养护工作】 加强农村公路养护与管理，进一步改善交通出行环境，制定农村公路管理养护计划，建立健全各项养护管理规章制度，与10个乡（镇）242名养护人员签订《波密县2019年养护管理目标责任书》和《农村公路养护协议书》。定期组织养护人员开展业务技能培训，提高养护人员的职业技能水平，

2019年4月8日，波密县交通运输局道路运输管理所与养护工作人员签订养护协议书

2019 年 7 月 15 日，波密县委副书记、常务副县长全保卫（左二）前往古乡查看松绕村水毁道路灾害情况

加大农村公路巡查力度，保证辖区内公路安全畅通。按照上级部门文件精神，开展“千灯万带”安防设施排查工作，加大标志标牌、安防设施安装力度，共处置坑槽 2000 米，清理边沟 4.31 万米，清扫路面 9.55 万米，疏通涵洞 50 道，清理塌方 6500 立方米，安装标志标牌 58 块、减速带 2 处。投入养护资金 25 万元。

【路政管理工作】 波密县交通运输局努力提高管理水平和执法水平，以保护路产、维护路权为第一要务，以保障公路安全畅通为中心、提升执法队伍素质为根本，加强路产路权巡查力度，加强超限运输车辆的监管力度，制定和完善《路政管理制度》《路政巡查制度》《路政人员工作职责》等制度规范，明确路政人员各自的岗位职责，做到责任到人。执法人员坚持每周上路巡查，认真填写农村公路巡查日记。全年共出动车辆 50 次，人员 120 人次，处理乱堆乱放、乱挖乱弃 10 处，教育 15 人。积极参加 3 月综治宣传月、6 月份综治宣传周、“9·6”平安宣传日等宣传活动，开展普法宣传下乡活动，以藏汉双语的形式向农牧民群众宣传和普及公路相关知识和法律法规，引导群众自觉学法、懂法、守法，共同保护波密县公路安全畅通，共发放宣传材料 500 份。

【交通安全生产工作】 以中共十九大及习近平关于安全生产工作系列重要讲话为指导，牢固树立科学发展、安全发展理念，坚守红线意识和底线意识，制定保障措施，明确层级责任，加强对重点交通领域，重点企业的督促检查，消除监管盲区、堵塞管理漏洞，确保安全责任和各项保障措施落实到位，预防和遏制安全事故的发生，日常组织开展农村道路交通安全集中整治，对辖区内的道路施工项目的项目部、施工队的工棚等人员密集场所进行安全隐患排查整治行动，累计出动执法车辆 80 次、人员 150 人次，安全生产大排查 16 次，为波密县营造良好的交通环境。

【党建工作】 深入学习贯彻习近平新时代中国特色社会主义思想和党的十九大精神，始终坚持把学习贯穿于党建工作的全过程，把落实、坚定理想信念作为提高干部素质第一位的任务，引导党员干部增强辨别能力、政治定力、实践能力，进一步内化、深化、强化理想信念，组织党员开展政治、业务理论学习，通过观看录像、听报告、座谈会撰写心得体会、知识测试等方式，系统学习党的十九大报告、党章党规及习近平谈治国理政等内容，累计组织集中学习21次，专题研讨4次，党支部书记上党课1次。坚持把主题教育与中心工作相结合，认真贯彻“两手抓、两促进”的要求，通过党建主题教育，进一步激励广大干部提振精神、转变作风，推进改革发展的责任意识，始终坚持长效管理，确保守好初心、担好使命。

【党风廉政建设】 认真落实党风廉政建设责任制，班子成员自觉履行“一岗双责”，扛起分管领域的从严治党责任。坚持党政齐抓共管、各负其责、全员积极参与的领导体制和工作机制，签订《党风廉政建设责任书》，制定2019年党风廉政建设工作计划，明确党风廉政建设和反腐败工作的具体措施和要求，进一步细化工作责任，推动从严治党责任落地生根，并认真组织学习贯彻中共十九大以来中央、区、市委关于反腐倡廉和转变作风一系列全新理念、新思路和新部署，学习党中央《中国共产党党员领导干部廉洁从政若干准则》和《中国共产党纪律处分条例》等系列会议精神和文件规定10次，观看警示教育片、违规典型案例视频2次，使每一位党员干部提高防腐能力，慎重对待手中权力。

【平安创建】 始终把信访维稳工作提到讲政治、讲大局的高度，关心群众疾苦、为民排忧解难的高度，加强领导，健全组织，完善各项制度，努力化解各种矛盾纠纷，保持交通安全稳定。认真办理人大、政协建议和提案，办结率100%。

（邓曾曲珍）

【领导名录】

局长

次仁加措（藏族，5月离任）

扎西达瓦（藏族，5月任职，12月离任）

副局长

邹蓝（女）

西热江措（藏族，5月任职）

扎墨公路养护管理段

【概况】 2019年，扎墨公路养护管理段公路养管工作在上级部门的正确领导、大力支持下，以习近平新时代中国特色社会主义思想为指导，以公路养护为中心，以规范化管理为手段，以“养好公路、保障畅通”为宗旨，扎实工作。管养路段为S303线K0—K22四级油路。

【小修、日常保养】 完成小修、日常保养工作量：备路面料1140立方米；路肩培土480立方米；整修路肩4100平方米；整理边坡1450平方米；清理边沟5.25万米；清除杂草4400平方米；清扫路面4.82万平方米；疏通泄水孔68个；清理小型泥石流、碎落物234立方米；更换波形护栏336米；清洗标志牌136块；粉刷防撞墙及警示桩22平方米；粉刷交通安全设施30块；更换水龙头20个；打扫院内卫生2250平方米；修补浆砌边沟20米；新修边沟盖板143.36米；修补坑槽34平方米；安装里程碑22块。

【桥涵养护】 为建立健全公路桥涵应急机制，提高扎墨公路养护管理段公路桥涵通行能力，制定《桥梁养护管理制度》，安排工区（道班）对桥梁进行经常巡查养护，累计疏通涵洞58道/20次；清扫桥面1480米/5座；疏通泄水孔

68 个；新修（通易 1 号桥）防撞墙 23 米；新增（通易 2 号、3 号、4 号桥）伸缩缝 22.5 米、养护伸缩缝 45 米，养护股对桥涵进行经常性检查。

出勤率 91.8%、出工率 88.67%、好路率 64.7%，综合值 81.7，同比增长 6.9%。

【抢险保通】 扎墨公路养护管理段管辖的 S303 线（原 S305）雨季多，持续时间长。为切实做好公路灾毁抢险保通工作，确保扎墨公路养护管理段管养 S 303 线 K 868.195-889.961 路段公路的安全畅通，结合扎墨公路养护管理段实际，成立应急抢险保通队伍，具体包括抢险指挥组 3 人，处置组 7 人，后勤保障组 3 人，信息报送组 3 人，综合协调组 3 人，全面保障公路畅通。

储备抢险应急物资柴油 4000 公升、汽油 1000 公升、修路工具、钢丝绳 20 米、编织袋 100 条、尼龙绳 50 米、铁丝 2 圈、铁锹 15 把、铅丝笼 10 困、保通机械 4 台。

2019 年在 S303 线 K883+130 处抢险 1 次，方量 875 立方米，共投入装载机 3 台，挖掘机 2 台，人员 9 人。

2019 年 7 月 4 日，签订各项安全生产责任书

【应急演练培训】 为进一步提高公路防汛保畅应急能力和实战水平，确保辖区公路安全通行。开展公路防汛抢险保通应急演练活动。举办防汛演练，进一步提高汛期公路应急保畅能力。通过公路水毁抢险保通应急处置演练，提高扎墨公路养护管理段应急保障小组在公路灾害发生后的处置程序、协调联运机制、应急反应等能力，积累应对公路突发事件的实战经验，为公路突发事件应急救援打下了基础。

【安全生产工作】 通过安全检查提高安全生产，开展消防安全专项行动检查、公路桥梁、涵洞、临水临崖路段、易发事故路段、公路防护设施隐患检查。加大安全生产隐患排查治理力度，保持安全生产形势持续稳定，发现波形护栏损坏 28 处，挡墙损坏 1 处，零星塌方及落石 4 处，路边倾倒垃圾 1 处，共计 34 处，整改率 100%，有效消除了各种安全隐患。机料股组织机械操作培训，机械操作安全规程培训，演练机械故障排查、处理。针对扎墨公路养护管理段安全生产工作存在问题，召开安全生产工作会议；根据上级下发的关于安全生产文件组织召开安全生产学习会，部署安全生产相关工作；组织开展法治宣传教育活动，共计悬挂横幅 8 幅，张贴宣传报 20 份，发放宣传单 89 份、宣传册 110 册，组织开展“五法”普法知识竞赛活动，29 名职工参与考试，合格率 97%，优秀率

20%；同股室、工区、机械操作手签订安全生产责任书，强化管理共计投入安全生产经费4万元。

【平安创建】 综治维稳工作做到“五有”，有领导小组、有工作预案、有制度、有督导检查、有总结。认真开展“扫黑除恶打非治乱”专项活动，深入管养路段进行摸排阻扰养护生产、项目施工、路政执法等违法线索；严格落实24小时值班制度，加大矛盾纠纷排查力度，将安全隐患、矛盾纠纷隐患扼杀予萌芽状态，确保综治工作落到实处。

【路政工作】 2019年，开展两次路政法律宣传活动，共计发放宣传单96份，宣传海报40份，悬挂宣传横幅10条。5月25日联合扎木机械化养护队在墨脱公路进行超限超载及爱路护路宣传，共出动11人，车辆3台，悬挂横幅6条，发放宣传册65份，宣传单60份，现场提供咨询8人次。

加大日常巡查，特别是对危险路段、重点路段的巡查力度。确保公路的安全、畅通、完整。2019年10月办理明洞临时许可1件。

【党的建设】 严格按照党章规定发展党员1名入党积极分子，1名积极分子转预备党员。

加强对党员干部的日常教育和管理，加强学习。2019年组织各项理论考试4次，按照“三会一课”和主题党日制度，开展学习活动，2019年共开展2次主题党日活动，4次党课学习，专题会议2次，学习会15次。

2019年4月18日，开展祭奠革命英烈活动

深入开展“不忘初心、牢记使命”主题教育活动。党支部围绕“守初心、担使命”主题制定活动方案，通过集中学习、集中讨论、试卷问答、日常践行等形式，加强对党员干部的学习培训。召开“不忘初心、牢记使命”主题组织生活会，党员自评、收集群众意见，并进行了整改。

严格执行民主集中制和“三重一大”议事规则。领导班子召开各项专题会议，研究制定实施方案，成立领导小组，召开专项经费使用会、设备购置会议、工程会议等对各项经费使用进行了规范。

【廉政建设】 加强组织，全面落实党风廉政建设责任制。进一步明确支部负责人是党风廉政建设第一责任人职责，对党风廉政建设负总责。严格执行民主集中制，对于重大事项，均由集体讨论决定；定期召开班子组织生活会，开展批评与自我批评。建立领导干部廉政档案，严肃领导干部廉政情况年度考核纪律。

定期召开学习会，系统

学习《党的十九大报告辅导读本》《中国共产党章程》《西藏自治区共产党员必记必守的党章党规》，组织观看廉政警示教育片，开展“向英烈致敬”主题党日活动，引导广大党员干部筑牢拒腐防变思想道德防线，努力营造风清气正的良好环境。

（邓丽佳）

【领导名录】

书记

旺杰（藏族）

段长

益西旦增（藏族）

副段长

佐落（藏族）

覃淋

林芝公路分局扎木机械化养护队

【概况】 林芝公路分局扎木机械化养护队下设4个股室（生产股、政工股、财务股、机料股）1个行政办公室、1个路政所、3个工区，现有职工66人，一线补员87人，共计153人。主要负责管养国道219线背崩乡解放大桥至墨脱县，即K6058+312-K6086+802里程28.49公里，国道219线达木乡岔路口至下布龙村，即K6116+706-K6155+060里程38.34公里；省道303线康玉乡德那村钢架桥至松宗镇（接318线），即K634+K602-K756+158，里程112.556公里，四级路面；省道204线曲那玛村至卡达桥西桥头，即K400+294-K454+158，里程53.854公里，四级路面。总共管养里程349.547公里。

【日常养护工作】 2019年，共计清扫路面13.06万平方米、整理路肩37.3平方米、整理边坡860平方米、清理边沟569米、清理泄水孔10个、清理杂草、杂物2.37万平方米、清理白色垃圾2169.9千克、培土加固路肩288立方米、疏通涵洞33道、清理养护桥梁伸缩缝30米、修补沥青路面坑槽33.95平方米、沥青路面灌缝1.65万米、处理路基沉陷218平方米、更换边沟盖板30块、清理零星塌方225立方米、新修混凝土下挡墙64.88立方米、新修浆砌片石上挡墙629.71立方米、修复浆砌片石下挡墙4.8立方米、新修混凝土边沟52.52立方米、新修浆砌片石边沟494.95立方米、修复浆砌片石边沟51.15立方米、修补路缘石20块、处理桥涵跳车455.26平方米、新修导流堤63.67立方米、新修防撞墙217.3延米、修复警示墩6.24立方米、修复涵洞台帽0.72立方米、桥栏杆刷漆388.8平方米、警示墩刷漆239.19平方米、涵洞台帽刷漆165.72平方米、更换波形护栏76米、更换波形护栏端头4处、新增波形护栏880米、更换标志牌43套、新增标志牌86套。

【大干一百天工作】 2019年，共计投入2840个工日，投入机械284个台班、清扫路面22.48万平方米、回收白色垃圾5296千克、整理边坡34.23万平方米、清理边坡杂草杂物7.02万平方米、清理边坡碎石2220立方米、整理路肩5570平方米、清理边沟6920米、培土加固路肩23立方米、清理碎落台5480平方米、清理泄水孔38个、疏通涵洞88道、清理零星塌方205立方米、清理河道

2019年4月22日，林芝公路分局扎木机械化养护队开展“大干一百天”活动

（河床）7247.4立方米、新修导流堤263.67立方米、新建下挡墙100.81立方米、修复警示墩32.4立方米、处理路基沉陷2411.88平方米、处理桥涵跳车53.53平方米、修补沥青路面坑槽130.94平方米、维修水泥混凝土路面坑洞50.63平方米、新建边沟87.97立方米、修复桥栏杆6米、更换标志牌63套、更换波形护栏44米、原公里桩刷漆21.84平方米/24块。

【抢险保通】 2019年，严格按照《林芝公路分局2019年公路抢险保通应急预案》，结合实际制定相应预案，及时关注林芝市《气象服务信息》，加强公路巡查，共清理路面积雪2.57万立方米，清理塌方1869立方米。3月，G559线扎墨公路14+000、K17+000、K18+000、K23+000等处发生雪崩灾害、导致70余人、25辆车被困，派出210挖掘机1台、装载机2台、人员10人担任抢险先锋。牢固树立“未雨绸缪”思想，高度重视应急物资储备，钢架桥、铅丝网、铁丝、融雪剂、帐篷等抢险物资储备到位。

【路政执法】 2019年林芝公路分局扎木机械化养护队每周五下午组织路政执法人员开展路政管理法律法规学习活动；开展路政执法人员路政法律法规考试活动；开展两期共计8天的路政执法人员培训军训活动。严格按照《中华人民共和国公路法》《公路安全保护条例》等法律法规办理5起公路路政许可手续，与相关业主单位签订协议书，颁发许可证，组织路政执法人员严格按照巡查制度，确保每月不少于20天，重点突出对省道204线（卡达桥－曲那玛村）、省道303线（松宗镇－多吉乡岔路口）施工路段、上坡急弯路段、公路桥涵的巡查，路政上路巡查600人次，出动车辆300台次。组织路政执法人员围绕“规范执法、服务为民”活动主题，开展“路政宣传月”“5·26我爱路”主题宣传日、超限超载等路政法律法规宣传活动。共计出动路政执法人员20次、出动车辆17台次，累计发放路政宣传资料1000份、设立宣传展板6块、悬挂宣传横幅22条、接受群众咨询30次、张贴宣传标语8处。组织路政执法人员开展了路域环境专项整治工作，共计出动路政执法人员30次，出动车辆10台次、装载机1.56台班，将倾斜10块公路标志牌恢复原状，拆除废旧非公路标志牌50块，将5块可再利用的非公路标志标牌更换版面粘贴路政宣传标语、治理“乱堆乱放”“乱搭乱建”五处。深入开展公路用地确权工作。2019年3月联合波密县交通运输局历时7天完成省道303线、204线公路用地及公路建筑控制区内的非公路附属设施统计工作，并登记造册移交相关单位进行备份。波密县交通运输局一同向波密县人民政府提交了《关于确定省道303线、省道204线公路用地及划定公路建筑控制区的请示》；2019年9月，公路用地确权工作顺利完成。联合波密县公安、交警，在国道559线开展为期16天的临时超限超载治理工作，共计登记过往车辆152次，签订《个人运输承诺书》37份。

组织干部职工开展“五法”学习活动，共计14次；组织路政执法人员开展“法律进企业”“法律进乡村”“法律进单位”“法律进机关”等活动；开展“12·4国家宪法日”宣传活动和宪法学习活动；开展“七五”普法宣传教育活动。累计发放宣传资料900份，制作和发放宪法宣传手册150份、解答群众疑惑20次，悬挂横幅14条，张贴海报20张。

【安全生产】 2019年，采购养护作业区标志标牌、爆闪灯、路锥、反光背心、红绿旗等物资。高度重视安全生产教育常态化建设，开展隐患排查治理工作；开展宣传教育及培训工作，通过微信公众号发布及转载安全生产类文章，按照《公路养护安全作业规程》（JTGH30-2015）组织职工学习《安全生产法》，共计开展公路隐患排查12次，整改隐患492处，悬挂横幅8条、发放安全生产宣传单150份、展板20块、设置咨询台1处。

【队伍建设】 2019年，开展“五一劳动节党员做先锋”义务劳动、“缅怀革命先烈弘扬传统文化”扫墓活动、“绿

2019年4月12日，林芝公路分局扎木机械化养护队路政人员正向驾驶人员进行普法宣传

水青山就是金山银山”植树活动、“十一”国庆活动、“不忘初心、牢记使命”等九次主题党日活动。组织职工参加林芝公路分局举办的“庆五一、迎五四”职工运动会，并斩获“团体二等奖”荣誉称号。

（普布琼达）

【领导名录】

党支部书记、副队长

加措（藏族）

党支部副书记、队长

汤刚旦

2019 年 5 月 29 日，中国电信集团公司波密县电信局培训实名制和网络信息安全法

中国电信集团公司波密县电信局

【概况】 中国电信集团公司波密县电信局属于中国电信集团有限公司西藏分公司下属县级电信局，下辖 10 个乡（镇）电信所，主要经营固化业务（座机、宽带）及 3G、4G 移动业务等基础电信业务、系统集成信息化业务、天通一号卫星电话业务等。有 6 名合同制员工和 30 名合作方员工。

【业务发展情况】 2019 年，宽带用户 6000 户，移动用户 8000 户，年收入 1400 万元。完成投资 800 万元主要用于电信普遍服务项目、4G 基站建设、全光网宽带建设、国防通讯建设等。2019 年，承接波密县公安局智能交通综合项目和宽带下村等项目建设。

【通信服务与市场监管】 2019 年未发生重大或越级通信服务投诉，在自治区通管局和市通管局监管下，中国电信集团公司波密县电信局严格按照相关要求组织合法经营，坚决不打价格战，未发生违规经营现象。

【安全生产与党建工作】 2019 年未发生重大施工安全事故和重大通信安全事故。按照分公司党建工作要求，成立波密县电信局党支部，共有 3 名党员，组织各类活动、重大会议精神学习等 12 场次，积极参与波密县委组织部、分公司组织的各类党建活动，发展 1 名入党积极分子。

（沈跃刚）

【领导名录】

局长

沈跃刚

中国移动通信集团西藏有限公司林芝波密县分公司

【概况】 2019年，中国移动通信集团西藏有限公司林芝波密县分公司在各级领导和社会各界的大力支持下，以自身网络优势致力于业务发展，以综合信息化优势致力于行业应用。对内坚持求真务实，强化经营管理；对外加强多方合作，拓展市场空间。

【业务发展用户规模宽带业务】 2019年，移动用户1.36万户，运营收入1789万元，集团信息化收入50万元，无线上网收入1325万元，家宽规模用户4098户，4G客户渗透率为68.6%，市场份额48.7%。

【网络服务】 2019年，中国移动通信集团西藏有限公司林芝波密分公司不断提升网络支撑能力，持续开展4G网络精准建设，开展行政村覆盖专项行动，打造高价值区域千兆宽带接入能力，巩固网络领先优势。强化网络运维，开展室分整治工程、家宽品质提升工程、强化政企售后支撑能力，实现服务、质量双提升。宽带覆盖率81%。

【项目建设】 2019年，中国移动通信集团西藏有限公司林芝波密分公司新增2G基站4个，4G基站38个，4G信号覆盖率90%，新建宽带预覆盖资源4000余端口，实现81%行政村通宽带、4G网络覆盖。

【市场监管】 中国移动通信集团西藏有限公司林芝波密分公司坚持“以人民为中心”的发展思想，构筑全方位、全过程、全员的“三全”服务体系，着力为社会提供综合、便利、特色通信服务，强化服务形象，落实投诉服务工作，明确职责、优化流程，提升服务水平，切实做好客户服务工作，实行24小时服务，

2019年6月1日，中国移动通信集团西藏有限公司林芝波密分公司在波密县文化广场开展六一儿童节送福利活动

加强客户咨询及投诉处理。2019年，投诉回复率和处理率100%，树立通讯行业文明窗口新形象。

【安全生产】 4月、12月邀请波密县消防大队组织开展灭火设备使用教学、火场逃生演练，9月建立微型消防站，并指定负责人。节假日、重大活动等时间节点，定期对基站、油机房、营业厅、职工住宿楼、食堂、办公楼等区域进行安全大检查，共计开展9次大检查，发现隐患13处，已全部整改完成。

【党建工作】 中国移动通信集团西藏有限公司林芝波密分公司正式党员2名、预备党员1名、团员6名、群众2名。2019年，以习近平新时代中国特色社会主义思想和中共十九大及十九届二中、三中、四中全会精神和中央经济工作精神为指引，认真贯彻落实党建工作总体要求，深入开展“不忘初心、牢记使命”主题教育，组织学习党风廉政建设反腐败工作体系、共产党党间职责条例等20次；开展嵌入式廉洁风险与谈心谈话5次，月度党建知识测试，平均成绩95分；开展募捐、植树、扫雪、扫街等志愿活动5次。

（罗桑普尺）

【领导名录】

总经理

杨建军（藏族）

中国联合网络通信有限公司波密县营业部

【概况】 2019年，中国联合网络通信有限公司波密县营业部在市公司领导的关心支持下，按照市公司统一部署，紧紧围绕公司经营思路，严格落实公司战略措施，坚定不移的执行“聚焦战略”，以“聚重点、建能力、促发展”为总体要求，以“三个一切”为出发点，在确保各项经营指标顺利完成的同时，实现营业部在新阶段的跨步发展。

【市场经营】 2019年，在市公司的领导下，深入推进营销模式转型，坚持“聚焦、创新、合作”战略，加快推进全面数字化转型。提高全要素生产率，努力提高数据、技术要素比重，加快资源协同和整合。顺应消费代际更迭、消费行为变迁和营销方式演进升级趋势，推陈出新，加快提升线上能力及转化和运营，加快推进公众业务线上线下一体化运营模式转型。强化渠道，实现多触点业务发展，结合2I2C业务发展形势制定专项工作方案，展开线下推广部署。

【网络维护】 中国联合网络通信有限公司波密县营业部始终坚持以网络建设为优先的原则，4G网络已覆盖波密县城区和各个乡（镇）区域，其中包括重点乡村。“宽带提速降费”工程全面提升100M、200M、300M新增端口速率，为用户提供优质的服务打下坚实的基础。

【提升服务】 2019年，中国联合网络通信有限公司波密县营业部开展让用户清晰消费的“四清”活动：账单清晰，查询清晰、话费清晰、余额清晰。创新推出延伸服务业务，包括服务经理QQ群、短信客服、联通手机俱乐部讲堂等新型服务形式，为消费者排忧解难。

在传统的业务受理、咨询、投诉等人工热线服务和自助查缴费等电子服务的基础上，中国联合网络通信有限公司波密县营业部为3G\4GVIP

客户配备专属服务经理，提供一对一专属服务，为用户提供智能手机辅导，数据应用辅导精耕自有服务平台和3G\4G网络销售前沿阵地，包括网上营业厅www.10010.com、手机营业厅wap.10010.com，推出选靓号、自助缴费、自助查询、业务办理、网上商城等电子服务新举措，不断增强用户使用电子渠道和选购联通通信产品的便利性。

【安全生产】 强化安全管理，加大监督检查力度，增强消防意识、交通安全意识、安全生产意识。定期召开安全例会，在重点活动前、重大节假日前召开安全生产动员会，提高员工的安全生产意识，与市公司签订“安全生产责任书”。定期开展安全大检查，发现安全问题，责令整改，进行复查，2019年无安全生产事故发生。

（补卫刚）

【领导名录】

经理

补卫刚

金融・保险

中国农业银行股份有限公司波密县支行

中国邮政集团公司林芝市波密县分公司

中国银行股份有限公司波密县支行

中国人民财产保险股份有限公司林芝分公司波密县营销服务部

中国农业银行股份有限公司波密县支行

【概况】 中国农业银行股份有限公司波密县支行辖内直属营业部1个，营业所9个。2019年，共有在职员工67人。基层党委1个，基层党支部5个，现有正式党员37名。

【业务发展指标】 各项存款额22.43亿元，其中个人存款6.34亿元，对公存款16.09亿元，各项贷款余额13亿万元，其中：个人贷款余额5.49亿元，法人贷款余额7.52亿元，ETC总下单1238户，掌上银行村挂牌43个，完成私人银行有效客户1户。各项业务收入1.03亿元，其中中间业务收入273万元；各项业务支出为4936万元，实现净利润5322万元。

【风险管理】 为切实加强各项业务规范化管理，加大内部控制力度，有效防范和化解经营风险，结合实际，修定印发《尽职监督检查》方案；制定出台了《员工违规行为积分管理办法》，强化合规管理，充分运用“三线一网格”管理模式，把“三线一网格”作为推进全面从严治党、从严治行和推动“两个责任”落实的有效途径。

2019年5月13日，中国农业银行股份有限公司波密县支行开展脱贫攻坚政策集中学习

认真做好各项内控管理工作，集中精力、突出重点开展各类检查，对发现问题进行梳理和整改，并对责任人进行了移送和问责。加强营业网点检查力度。开展各业务条线的自律监督检查，有效促进各项业务规范化发展。对每个网点的条线检查及员工行为排查10次。持续开展金融从业人员涉黑涉恶行为排查，加强员工的监测力度消除隐患，切实做好维稳安保工作。认真执行领导带班及值班制度，开展重要节点安全专项大检查，扎实做好维稳各项安保工作，加强对安保人员的思想教育和技术培训力度，开展消防安全知识、预案培训和演练2次，安排各营业所自行组织培训2次。

【企业文化建设】 持续加强网点服务，树立口碑效应。出台《员工违规积分管理办法》，对不符合规范服务要求的进行连续积分制，进行绩效考核；实行柜员双向交流工作，有效提升了员工整体综合业务素质，提高了窗口服务水平。2019年5月，被西藏银行业协会评为“第五批良好银行机构”。优化软服务，打造优质服务。通过优化擦亮窗口，配备便民服务设施，设立党员示范岗，统一着装、亮证上岗等措施，时刻做到“把方便留给客户”。针对空白金融网点和偏远农牧区，加大流动服务工作力度，通过“背包下乡”“3+2+N”流动服务模式等形式把金融服务送到农牧民群众家门口，累计开展流动服务300次。“金融服务”进机关活动延伸至乡（镇），加大对金融产品、金融政策的宣传力度，围绕不同类别、岗位员工能力的不同需求，定期进行员工业务技能的培训和再培训，让每位员工都成为业务的多面手。营业所均配备跑步机、自行车等健身器材，建立职工活动室，五小建设功能在最基层得到了充分运用；积极开展两节慰问、看望生病员工等活动，使基层员工感受到家的温暖。

【特色工作】 服务基层，助力乡村振兴战略。充分利用具有西藏农行特色的钻、金、银、铜“四卡”小额信贷产品，累计发放“四卡”5012张，发证面97.99%，使用率91.08%。农牧户到户贷款3.79亿元，认真落实中央、自治区扶贫工作会议及人民银行有关文件精神，累计发放精准扶贫贷款证717张，累计发放精准扶贫贷款1978万元，受益农户408户。大力推广“金穗惠农通”工程，共设立“三农”金融服务点104个，完成所有机具智能化改造，累计交易3.22万笔，交易金额7442万元，支付服务点劳务补助及通讯费22万元，积极拓宽农牧区电子化服务功能。9个乡（镇）网点实现电子化联网服务；古乡等4个乡（镇）布放自助设备6台，进一步延伸农业银行服务三农的半径。

【党建工作】 按照林芝分行党委组织部党建工作要求，每月开展党委中心理论组学习、机关党支部和营业室党支部党员集中学习，党委班子成员以普通党员身份参加支部集中学习，党委班子成员参加支部2019年度基层党组织生活会并开展民主评议党员工作。参加党建网上交流活动，“两学一做”学习教育等知识测试，共开展学习17次。按照“主题党日”教育活动要求，开展重温入党誓词、观看影片《全面从严治党在西藏》和廉政教育宣传片《赌徒的自由》《悔·悟》《榜样4》，以及观后心得交流等主题党日活动，组织党员参加扫墓活动，进一步坚定理想信念，扎实开展“学习原著、分享心得、指导实践”活动。着力加强作风建设，不断提升服务质量，充分发挥党员先锋模范带头作用，敢于担当，勇于创新，扎实工作，上报副科级以上干部心得体会3篇、择优上报普通党员心得体会1篇，按期圆满完成各项任务。参加林芝分行

2019年8月1日，中国农业银行股份有限公司波密县支行进部队开展慰问活动

副科级干部廉政演讲比赛，并获得三等奖。

（刘帅）

【领导名录】

党委书记、行长

桑杰（藏族）

纪委书记

巴宗（女，藏族）

副行长

刘康

中国邮政集团公司林芝市波密县分公司

【概况】 中国邮政集团公司林芝市波密县分公司隶属林芝市邮政分公司，2019年，中国邮政集团公司林芝市波密县分公司以习近平新时代中国特色社会主义思想为指导，认真落实习近平总书记对邮政业重要指示精神，按照中国邮政集团有限公司总体部署，认真学习贯彻林芝市分公司2019年工作会议精神要求，以“突出发展重点，聚焦金融抓旺季，融合联动促发展，实现一核超越，两翼齐飞，体质增效，进位争先”为工作方针，各项工作取得较好的发展。2019年，从业员工人数11名，合同工5名，劳务派遣工6名，乡邮员24名。

2019年2月5日，波密县委副书记、县长边巴（左二）春节慰问中国邮政集团公司林芝市波密县分公司工作人员

【业务指标】 2019年，预算295万，实际完成业务收入336万元，同比增长31.99%，其中邮务类业务收入68.9万元，代理金融类业务收入171万元，速递物流类业务收入38.3万元。

【党建】 中国邮政集团公司林芝市波密县分公司秉承“围绕中心抓党建、抓好党建促发展”的原则，不断创新党建工作新载体，创造性地开展党建工作，被中国邮政集团公司西藏自治区分公司评为2019年度“先进基层党组织”。

中国邮政集团公司林芝市波密县分公司有在职党员4人。每周组织集中学习，组织党员自查自纠，边学边改，突出问题导向，着力解决邮政经营发展中的问题、企业精细化管理中的问题，做到以学促改。

【邮务类】 按照全国邮政管理工作会议总体部署，坚持“打通上下游、拓展产业链、画大同心圆、构建生态圈”的工作思路，牢记人民邮政为人民的宗旨，“以普遍服务为基础，切实做好服务与发展两不误”的理念，密切与中共波密县委宣传部、波密县公安局、波密县文化和旅游局、波密县商务局、波密县教育局、波密县扶贫开发办公室等单位沟通，达成制作宣传资料及宣传手册，办公用品销售与配送，报刊杂志订阅，扶贫农产品代销等工作。充实公益性文化服务设施。积极配合中共波密县委宣传部做好党报党刊收订工作，配合波密县教育局做好秋季教辅图书配送工作，报刊

2019 年 7 月 23 日，中国邮政集团公司林芝市波密县分公司到古乡开展金融知识宣传和邮政业务流动服务

收订完成流转额 97.5 万元。

【代理金融】 中国邮政集团公司林芝市波密县分公司以“思想观念创新、经营机制创新、发展道路创新”为指引，以“深入推进网点销售化转型”为契机，以“加强合规经营，有效防范风险”为前提，以“做大存款余额、狠抓理财类业务、加大 POS 机布放”为主线，以“网点转型、结构调整、培训支撑、考核引导”为手段，积极转变经营观念和营销方式，全面提升经营能力和服务水平，为切实做好邮政金融普惠服务，中国邮政集团公司林芝市波密县分公司组建外拓营销团队，对县城商户，农牧民家庭，部队，寺庙进行走访，把握各大节日和人流密集时间段，主动向客户推荐及介绍普惠金融服务，对县城附近的村庄进行金融知识宣讲活动，现场为村民办理发卡业务。

【寄递业务】 2019 年，共收寄标准特快 4194 件，实现业务收入 15 万元；收寄快递包裹 1.64 万件，实现收入 46 万元。妥投标准快递 5.35 万件，快递包裹 19.43 万件，普通包裹 6.43 万件，挂信 8.13 万件，挂刷 7.11 万件。

【安全生产】 中国邮政集团公司林芝市波密县分公司把人员安全、机要安全、储汇资金安全、消防安全、车辆安全、寄递渠道安全等工作作为重点，勤检查，详记录，多询问，严格按章办事，认真做好交接班手续，加强夜间值班制度，提高全体职工风险防范意识，加强运钞押运邮件配送等安全。对投递驾驶员、乡邮驾驶员进行安全教育，定期检查车辆，认真开展《道路交通安全专项检查》活动，确保各项工作可持续发展。

（扎西）

【领导名录】

局长兼总经理

尼玛扎西（藏族）

副总经理

王美赞（5 月离任）

中国银行股份有限公司波密县支行

【概况】 中国银行股份有限公司波密县支行成立于 2018 年 11 月，以“服务波密经济，服务波密人民，服务中小企业、普惠金融轻型网点”为市场定位，发展成为一家综合性、多功能、全方位、有独特竞争优势的国有股份制商业银行分支机构。2019 年，有员工 6 人，中共党员 3 名，积极分子 1 名。

【业务工作】 中国银行股份有限公司波密县支行存款余额 1.05 亿元，其中公司存款 1072 万元，个人存款 9383 万元。贷款（中银 E 贷）余额

2003.59 万元。

【风险管理】 2019 年，坚持以习近平新时代中国特色社会主义思想为指导，深入贯彻落实西藏分行“建设新时代西藏一流银行”战略目标，深刻把握“十三五”发展机遇，坚持以分行“一二三四五”发展思路为指导，充分发扬“两种意识”的奋斗精神，齐心协力，真抓实干，深入推进员工关爱文化建设，不断强化风险管控和内控合规文化建设，全力推进业务持续健康发展。

【企业文化建设】 贯彻落实总分行部署，在员工关爱文化上新作为。积极主动对接分行综合管理部等部门，提交签报解决中国银行股份有限公司波密县支行职工周转房租赁及家具配置问题，有效解决员工的后顾之忧；组织开展“青年成长沟通会”，听取员工的意见建议和改进措施，打通党委与员工的最后一步路。

持续做好疫情期间优良金融服务，履行国有商业银行职责。2019 年，中国银行股份有限公司波密县支行以强化工作举措和压实防疫防控主体责任为主要抓手，积极响应总分行关于严格落实安全生产、积极做好优良金融服务、切实维护好当地农牧民群众生命财产安全等号召，保证金融服务不断线、不脱节。

【特色工作】 持续拓宽电子业务覆盖，提升服务水平。在营业大厅投放两台智能柜台，有效缓解客户排队等候时间，实现客户快捷自助办理业务。积极融入金融工作为民谋利建设行动，积极参与社保卡的发放工作，开展反假币、零钞兑换、反诈骗、金融知识宣传各 1 次；全力拓展移动便民示范工程建设，积极投身特约商户拓展及维护行动；开展“八一”拥军慰问活动。

为巩固波密县金融精准扶贫创建成果，充分发挥金融在脱贫攻坚战、千方百计保全脱贫攻坚成果坚决防止返贫工作中的重要作用，切实做实金融精准扶贫工作，帮助偏远乡村群众做好农牧民信息采集、社保卡两端激活及具体使用等工作，解决农牧民群众消费类贷款融资方面的困难及各种类相关贷款的政策解释，对羊肚菌种植项目进行后期销售宣传，确保项目在推广落实落地落细的最终一公里不断心、不断网。

【运营管理】 持续强化稳存增存力度，做优存贷款质量。加强分层营销力度，充分依托特色产品优势，着力争揽财政性存款为重点，采取有力措施提高支行同类存款同业占比水平。成功营销广东省第九批援藏工作队波密县工作组、波密县医疗保障局、波密县城市投资有限责任公司等。

通过积极主动营销，慰问属地武警某部队、陆军某部队，实现退役军人费用成功落

2019 年 11 月 25 日，中国银行股份有限公司波密县支行为农牧民群众集中办理社保卡激活业务

地，沉淀资金2000万元。通过为该支队积极拓展短信通知、网上银行、信用卡等方式不断巩固和深化与全行的业务合作伙伴关系；有效对接波密县医疗保障局等机构改革客户，抓住机遇拓展波密县行政事业类客户。

【党建工作】 持续强化党建水平，实现党建与业务融合。紧密围绕分行党务工作计划，扎实开展党建工作。学习总行关于推进中国银行新时代全面从严治党的若干意见、学习关于加强当前工作，坚决完成总行任务的决定、学习关于新形势下党内政治生活的若干准则；扎实开展“不忘初心、牢记使命”主题教育；深入推进电信网络诈骗宣传活动，开展金融知识进校园、进社区、进农牧区等活动，有效提升客户群体的金融知识普及率。

持续加强警示教育，将合规文化引向深入。全面加强纪律建设、案例警示教育，始终把纪律挺在前面，从严监督执纪，用好“四种形态”，规范经营活动；为强化对反洗钱工作重要性的认识，中国银行股份有限公司波密县支行组织员工学习行内反洗钱制度，将反洗钱业务培训作为一项重要培训内容，向员工传达人民银行下发的关于反洗钱工作的通知文件。以员工异常行为专项排查和案例警示教育年活动为切入点，强化案例警示作用，继续深化以警示教育为重点的员工思想教育活动。

（张永县）

【领导名录】

行长

吴莉（女，4月离任）

孙娜（女，4月任职）

副行长

仁增多吉（藏族）

中国人民财产保险股份有限公司林芝分公司波密县营销服务部

【概况】 中国人民财产保险股份有限公司林芝分公司波密县营销服务部成立于2015年1月30日，现有有15人。网点办公室设有经理、出单中心、农险部、业管部、综合部。在10个乡（镇）各安排一名负责人，经理负责整个网点的事务；出单员主要负责出单事项；农险部主要负责所有农牧保险以及国家政策性保险的受理；业务员主要负责日常业务开展；综合部主要负责各项事务。

【关注政府重点工作】 积极与政府职能部门沟通协调，深入乡（镇）做好涉农保险、商业农房保险、人身意外伤害保险的赔付和宣传指导工作，努力巩固在涉农保险业务中的优势和主导地位；积极承担国有企业的社会责任，投身金融扶贫工作，承保“林芝市波密县户籍人员及援藏、调藏干部等人员”意外伤害保险项目，开发“防脱贫返贫农牧民保险”项目，拓宽保源，支持脱贫任务的完成。

【加快车险业务发展】 按照“增量份额必须保持第一”的要求，重点关注车险业务的问题发展，从完善服务平台，改善理赔服务、加强送修管理、狠抓交强险竞回业务、加强专业化团队建设等方面着手，全面改善车险服务，不断提高续保过程管理水平，力争弥补私家车承保的短板。

（何海艳）

【领导名录】

经理

何海艳

农险负责人

白玛占堆（藏族）

乡（镇）概况

扎木镇

倾多镇

松宗镇

古乡

玉许乡

八盖乡

多吉乡

康玉乡

玉普乡

易贡乡

扎木镇

【概况】 扎木镇位于波密县政府驻地，是波密县政治、经济、文化中心，G318沿线，地理位置优越，交通便利。平均海拔2720米，总面积9.46万公顷，草场面积1.14万公顷，森林覆盖面积74.25公顷，耕地面积511.07公顷。扎木镇林下资源丰富，是波密天麻、灵芝、松茸、羊肚菌等林下资源的主产区；旅游资源，有嘎瓦龙风景区、卓龙风景区、岗云杉林、多东寺等以及丰富的民俗文化资源。所辖11个村（居）被列为自治区级生态村（居）。

扎木镇下辖1个居委会、10个行政村。10个行政村703户2825人，居委会2996户6010人。在编干部职工54人，其中行政编28人，事业编24人，工人2人。另有公益性岗位5人，临时工2人，乡村振兴专干10人。下辖13个党支部，其中机关党支部1个，村（居）党支部11个，寺管会党支部1个，临时党支部6个。党员536人，其中农牧民党员479人。

【经济建设】 2019年，扎实推进“两产业一平台”建设，大力发展村集体经济，扎木镇经济社会呈现稳中有进的良好态势，成立岗巴村连心采摘园、岗巴村游客服务中心、东若村生态采摘园、娘那村蔬菜瓜果种植大棚、巴琼村和卡达村藏鸡养殖项目、桑登村采摘园。成都天绿菌业有限公司达成合作协议并签约，于2019年9月成立波密县高原特色化种植园，顺利完成高原羊肚菌种植。筹备扎木镇供销服务站，主要用于特色农副产品、土特产销售，进一步扩大农牧民群众增收渠道。

2019年，扎木镇农牧民群众经济收入主要来源农牧业，采集虫草、松茸等菌类也是群众一大收入来源。全镇农作物播种面积550.93公顷，牲畜存栏5296头（匹、头、只）。2019年，扎木镇经济总收入1.6亿元，同比增长12.3%；农牧民人均纯收入2.66万元，同比增长8.4%；现金收入1.91万元，同比增长10.7%。

【城乡建设】 扎木镇11个村（居）水、电、讯、邮、广播电视、路通达率100%，道路均实现硬化。扎木镇康木村观景台建设项目于2019年12月验收完成，桑登滨江路片区、巴琼片区、扎木片区棚户区改造项目，辐射11个行政村（居），改善了老百姓的生活居住环境。2019年，乡村振兴战略在扎木镇岗巴村实施，村道得到加宽，交通死角得以整治，保证了

2019年9月20日，波密县委常委、纪委书记、监委主任王芳（前排右四）参加扎木镇监察室成立挂牌仪式

当地村民和游客的交通安全、提升了生产生活环境。

【基层党建】 推进基层党建责任落实。扎木镇党委制定《扎木镇2019年度基层党建目标责任书》；各村（居）结合实际制定《村（居）党支部书记抓基层党建责任清单》，建立健全扎木镇党委书记负总责、各党组织书记为第一责任人的责任体系，形成一级抓一级、层层抓落实的基层党建工作格局。

认真开展“不忘初心、牢记使命”主题教育，严格落实“三会一课”“党员固定活动日”制度，采取集中学和自学相结合的方式，认真组织党员干部参加各类政治教育培训。

制定《扎木镇2019年基层党建工作督导检查清单》，扎木镇党委领导班子成员每人至少建立两个党建联系点，结合“四必须”经验做法，逐步形成“走村（居）不漏户、户户见干部”的长效机制。结合村（居）党组织书记抓基层党建责任清单，按月开展督查工作，形成常态化督查机制。

严格按照党员发展程序，扎木镇13名预备党员转正式党员，9名入党积极分子转预备党员，新增8名入党积极分子，有村级后备干部35名。

扎木镇对11个村（居）开展分类定级工作，确定优秀党支部4个，良好党支部6个，康木村党支部为后进党支部。针对康木村实际，建立健全软弱涣散整治方案和存在问题台账，对存在问题进行研判分析，逐一整治。康木村软弱涣散整治工作已验收完毕，验收结果为合格。

【党风廉政】 强化组织领导压实主体责任。制定《扎木镇2019年党委落实党风廉政建设主体责任清单》，扎木镇党委书记约谈领导班子成员，切实增强抓党风廉政建设积极性和责任意识。

紧盯扶贫项目、扶贫资金、扶贫干部等环节，对扎木镇10个行政村开展扶贫领域专项监督检查28次，发现2起扶贫领域相关问题线索，追缴违纪资金1.75万元；紧盯涉黑涉恶腐败和“保护伞”问题，完善问题线索台账，积极开展宣传教育，对11个村（居）干部和驻村工作队进行专项谈话15次，下村督导45次。紧盯不作为慢作为、文山会海等形式主义、官僚主义突出问题，召开推进会1次、专题生活会1次；紧盯子女升学等节点，结合干部利用名贵土特产类特殊资源谋取私利专项治理工作，对54名干部进行廉政谈话。

通过微信、学习强国等平台分享廉政聚焦和工作动态，利用例会传达学习上级关于

2019年8月6日，扎木镇人民政府与成都天绿菌业有限公司签订合作协议发展羊肚菌种植业

党风廉政建设相关文件精神、各类违规违纪典型案例通报，以正反面教育，筑牢拒腐防腐思想防线，切实改进工作作风，营造崇廉尚洁氛围。共开展各类党风廉政学习宣传教育43场次。

【基层团组织】 扎木镇党委认真学习贯彻落实中央党的群团工作会议精神，结合工作实际制定工作计划，加强党建带团建工作；以“五四”青年节、“六一”国际儿童节、“七一”中国共产党建党节、“十一”国庆节等节点开展升国旗、唱国歌、普法宣传、重温入团誓词、拍摄微视频等形式活动，将基层团组织建设工作引向深入。

【脱贫攻坚】 扎木镇根据“扶贫先扶志”的工作思路，深入各村，通过宣讲、发放手册、悬挂横幅持续开展精准扶贫精准脱贫的相关政策宣传。宣讲40次，发放手册300册，悬挂横幅60条，受教育群众2000人。实行“四对一”对口帮扶措施，实现结对帮扶贫困群众全覆盖。共开展慰问活动17次，共走访慰问建档立卡贫困户17户，共落实帮扶资金0.85万元。桃花沟桑伦藏香有限公司资助娘那村、通木村3名孤儿学生共计1500元。积极争取驻地部队帮扶资金8.2万元，用于发展村集体经济和入户产业项目，以及资助贫困户大学生等。发放2019年生态就业岗位资金239.5万元扎木镇助学扶持贫困家庭大学生36名。为建档立卡大学生兑现学费和路费4.76万元。

【产业扶贫】 2019年，扎木镇入户扶贫产业项目和“4+1”产业项目已全部完成，产生效益43.5万元。岗巴村连心采摘园（生态旅游设施建设项目），产生效益5万元；岗巴村游客服务中心，投入资金15万元，完工并投入使用。东若村生态采摘园，产生经济效益23万元，带动全村55户252人，户均增收0.59万元，其中带动6户26人建档立卡贫困户户均增收7241元，2户5人无劳力建档立卡户增收3000元。娘那村蔬菜瓜果种植大棚，产生效益6万元。巴琼村、卡达村藏鸡养殖项目，投入资金50万元，建设地点位于康木村，新建鸡舍一座120平方米，员工住房78平方米，场地平整0.73公顷，新建浸塑围栏100米，及其附属配套设施。完成基础设施建设，第一批购置鸡苗1000只进行养殖。桑登村采摘园，建设地点位于扎木镇山海创意产业园，建设高能温室大棚2座，占地面积2000平方米，投入资金50万元，完成建设。

【培训就业】 扎木镇协助波密县人力资源和社会保障局组织建档立卡户开展汽车驾驶技术、挖掘机驾驶技术、家政服务、农牧业种植技术等培训4次，8人次；组织非建档立卡户驾校技术培训10人、挖掘机培训4人，农牧民转移就业录入系统。扎木镇、各村委会开展生态就业岗位职责培训30次，培训人员1000人次。应往届高校毕业生就业一对一服务11人、已就业7名毕业生、系统信息稳岗录入工作全部完成。

【环境保护】 扎木镇积极开展“环境优美乡镇”和“生态村”创建活动，11个村（居）被评为自治区级生态村，岗巴村荣获国家级生态文明村，自治区级生态镇已获批准。与各村（居）签订环境保护目标责任书，建立健全相关机制和

2019年9月25日，扎木镇开展“不忘初心七十载、牢记使命铸辉煌”系列活动庆祝新中国成立七十周年

领导机构，开展各类宣传教育活动，集中整治脏乱差。组织开展义务植树活动1次，参与人员40人。制订《扎木镇城乡环境综合治理工作实施方案》，发放《环境保护宣传册》500份，张贴环境保护标语10幅，组织开展消防器材使用相关知识培训和环保教育宣传会3次，集中整治脏乱差20处，整治砂石厂9家、拆除经幡10处，不断推进社会主义新农村建设与生态型旅游城镇建设工作。

【社会保障】 完善低保档案工作。农村低保对象16户56人，发放农村低保金15.78万元；共有特困户10户10人，发放特困资金7.25万元。医疗救助申报11户60人，享受临时救助3户3人，救助金额6000元。落实困境儿童和孤儿基本生活保障制度、做好困境儿童、孤儿摸底救助工作。开展城乡养老金资格认证246人，其中新增19人，认证率100%。收缴养老保险1113人，共12.68万元，对辖区内137名残疾人进行动态更新系统信息录入工作，申报9名创业残疾人创业扶持，获批2名创业残疾人创业资金。

【平安创建】 不断增强平安队伍建设，制定《扎木镇2019年普法宣传方案》，制定扎木镇安全生产目标管理责任书，建立镇、村、联户三级安全防控网络，制定每月定期召开安全工作例会，每季度开展一次以上安全大检查，完善工作流程和管理制度，共有群防群治队伍、人防大队和联防队各12个210人，治保委员会、调解委员会各12个63人，平安守护队14个168人，村级综治协管员11个，森防突击队11支333人，乡级应急救援队28支231人，治安防控点4个；举办法律集中宣传教育活动4次，发放宣传资料500份，张贴横幅80幅；开展安全生产大检查20次，安全生产专项行动20次，排查各类安全隐患30处，整改30处，未出现重特大安全生产事故。

【司法工作】 扎木镇狠抓司法行政工作规范化建设，建立社区矫正工作谈话走访制度等18项制度，建立社区矫正工作“24本台账”。制定“七五”普法工作计划和法制宣传教育制度，认真开展法制宣传教育活动，引导农牧民群众自觉遵守法律法规。定期排查，促进调解工作。

【保密工作】 2019年，扎木镇严格落实保密工作领导机制，健全保密工作责任制，加强计算机、存储介质管理，加强机要秘书管理，涉密人员签订《保密承诺书》，建立健全涉密载体销毁、维修（报废）、借阅等方法流程，建立涉密人员管理台账。组织学习《涉密人员保密管理指南》，落实每季度小结、每半年保密自查的相关要求，2019年扎木镇未发生泄密事件。

【扫黑除恶】 2019年，扎木镇党委制定《扎木镇2019年扫黑除恶打非治乱专项斗争宣传方案》，利用宣传栏、海报、横幅等方式多渠道、全方位开展宣传；召开党委会研究分析反馈问题，研究整改措施，确保扫黑除恶打非治乱专项斗争工作有序、高效开展。共召开宣传会议60场次，入户宣传820次，悬挂横幅126条，张贴公告45份，发放宣传资料1000份，受教育群众1.18万人次；开展涉黑涉恶腐败问题大摸排59次，未发现涉黑涉恶情况；召开动员部署会1次，工作交流会1次，工作推进会1次，签订断勾连承诺书60份，出台整改方案1份，宣传方案1份，研究出台问题线索处理意见1条。

【强基惠民】 严格贯彻落实驻村“一主一辅”制度，发挥“三帮一带”作用，切实增强基层党组织服务发展、服务群众能力。帮助村级组织健全村完善规民约203条，协助村组开展各类活动29次。宣讲习近平新时代中国特色社会主义思想和中共十九大精神85场次，受教育群众2750人次；举办专题讲座20次，发放宣传材料1805份。督促指导各驻村（居）工作队严格落实脱贫攻坚主体责任；积极开展入户调研工作，坚持抓产业发展促进贫困群众增收致富；成立17个村集体经济，成功带动75户贫困户287人增收致富；扎实推进驻村工作队“包户帮扶”和党员干部“四对一结对帮扶”工作。协助推进“厕所革命”，抓好“两升一降”和包虫病防治等工作，针对农牧民群众中存在的不良习惯和陈规陋习行为，开展教育活动83场次、受教群众8300人次，帮助改变陈规陋习、克服不良习性1300人。

【食品药品安全】 配备食药干事，各村（居）配备食药协管员；完善食品药品安全应急管理预案，不定期开展食品药品大检查。共组织培训、宣讲会议20场次；对各生产销售企业专项调查15次，收缴过期食品和“五毛食品”8箱，张贴、发放宣传材料200份；对不合格和证件不齐全的生产销售企业进行限期整改，促使其守法经营。

【宣传教育】 扎木镇深入开展“不忘初心、牢记使命”主题教育、“四讲四爱”群众实践教育、“两学一做”学习教育。开展各类宣讲523场次，受教人数1.61万人；悬挂横幅31条，LED显示屏12块；微信公众号、微信群发布“四讲四爱”群众教育实践活动相关内容400篇，走村入户田间地

2019年6月16日，波密县委副书记、县长边巴（左四）在扎木镇督导检查“扫黑除恶、打非治乱”专项斗争工作

头宣讲26场次，组织集中宣讲52场次，覆盖面98%；为不断丰富农牧民群众精神文化生活，举办“3·28”百万农牧解放日、“唱红歌忆党史、颂党恩跟党走”七一唱红歌活动“不忘初心七十载、牢记使命铸辉煌”庆祝新中国成立70周年系列活动、“我和我的祖国”微拍活动等10场，知识竞赛2次。

【人大工作】 统筹建立“人大代表之家”活动室，制定《扎木镇人大主席团成员联系人大代表、人大代表联系选民的实施方案》《扎木镇人大关于争当“五星”人大代表活动评比办法》，规范完善上墙制度和“人大代表之家”八薄一册台账。扎木镇充分发挥代表广泛联系群众的桥梁纽带作用，推行人大代表当好“四讲四爱”宣讲员、监督员、联络员、代言员，切实为群众服务。积极推行争当“五星”人大代表活动，2019年，获得“五星”代表共7名。共组织宣讲10场次，联系群众300人。

【信访工作】 扎木镇坚持把处理信访案件与依法监督有机结合，把接待来信来访作为联系群众的重要渠道，建立镇、村、联户三级安全防控网络，对矛盾纠纷及时发现、及时调处化解。共接待来信来访6次，办理6次，办结率100%；开展矛盾纠纷排查115次，调处化解矛盾纠纷8件，调处成功8件，调处率100%。

【教育工作】 2019年，扎木镇认真贯彻落实教育工作领导责任制，成立以镇长为组长，分管教育工作领导为副组长的领导小组，层层签订教育工作目标责任书，完善“控辍保学”责任追究制，“控辍保学”奖惩制度和“一把手”亲自抓教育制度，为建档立卡大学生兑现学费和路费等4.76万元，保持小学、初中入学率100%，巩固率100%。

【人民武装】 2019年，扎木镇党委、政府把人民武装工作纳入整治责任，建立健全相关制度，明确职责分工，配齐基层武装专职干部，认真贯彻落实中央关于武装力量建设方针政策，坚决把思想政治建设放在民兵预备役建设的首位来抓，集中训练或日常巡逻时开展国防宣传教育，顺利完成征兵工作和民兵教育的整组、训练、执勤和训练等工作。严格按照党管武装的要求，完成对扎木镇武装力量的检查考核。

（王慧）

【领导名录】

党委书记、一级主任科员

杨帆（12月任一级主任科员）

党委副书记、镇长、一级主任

科员

大次仁(藏族，12月任一级主任科员)

党委委员、人大主席

拉巴次仁(藏族)

党委副书记、常务副镇长

朱思敏(援藏，7月离任)

党委副书记

王烈川(5月任职)

党委委员

永彩(藏族)

人大专职副主席

白玛四郎(藏族，5月任职)

党委委员、副镇长

扎西卓玛(女，僜人，12月离任)

党委委员、人武部长、统战委员

贡秋次成(藏族，12月离任)

党委委员、人武部长

扎西卓玛(女，僜人，12月任职)

党委委员、纪委书记

仁增曲珍(女，藏族)

党委委员、副镇长

徐靖

党委委员、政法委员

梅贞平(5月离任)

党委委员、组织委员、宣传委员

永青卓嘎(女，藏族)

倾多镇

【概况】 倾多镇，位于西藏自治区波密县西北36公里处，辖区面积1756平方公里，其中耕地面积1180公顷、林地面积1.49万公顷、草地面积4.64万公顷。镇政府所在地海拔2780米。区内景点有桃花谷、朱西冰川等，是第一代藏王聂赤赞普出生地，享有“藏王故里，桃花世界”美誉。

倾多镇下辖13个行政村，30个自然村。有基层党支部17个，党员487名，其中农牧民党员429名，双联户99个、团员117人、建档立卡户178户793人。大学生219人、中学生422人、小学生457人。宗教活动场所2个，倾多镇共有953户4723人，劳动力2057人，群众经济收入主要来源农牧业，林下资源也是群众一大收入来源。

【经济建设】 2019年，农村经济总收入1.14亿元，同比增长12%；农牧民人均纯收入1.99万元，同比增长15.9%，现金收入1.39万元，同比增长28.7%。粮食产量11.5万公斤，其中：青稞产量2.5万公斤，小麦产量7万公斤，油菜产量1.05万公斤，其他作物产量0.95万公斤；牲畜存栏6731头(匹、只)，其中：存栏牛6257头，存栏马381匹，其他存栏牲畜93头(匹、只)。

倾多镇以优势资源为依托，大力助推民宿、藏纸等产业发展。争取300万元用于古通村民宿项目建设；376.6万元用于倾多镇藏王桃源酒店项目建设；争取援藏项目资金300万元，用于桃花沟游客服务中心项目建设。

投资216万元用于发展倾多镇梅朵缘藏家民宿项目，投资75.8万元用于发展倾多镇县级非遗传统手工藏纸项目，投资90万元用于发展倾多镇巴康村良种繁育基地糌粑面粉加工厂项目。

落实惠民政策，提升幸福指数。共组织宣讲惠民政策70次，群众知晓率90%，成立专项工作组对13个行政村惠民政策落实情况进行全面自查，整改问题4项。兑现惠民资金859万元，兑现率100%。

规范林下资源采集，设卡拦截外来人员非法采集虫草、松茸等林下资源，现场处置违法行为，解决矛盾纠纷，有效维护和规范采集秩序。2019

年，虫草采挖30公斤，参与人数300人，收入46万元，松茸采集48吨，参与人数1000人，收入1152万元。

【特色产业】 倾多镇按照因地制宜、协同发展的原则，先后整合“4+1”扶贫产业资金、中央扶持资金及县扶贫专项资金共计250万元，合作社投资150万元，总计投资400万元，于2019建成倾多镇联村共建产业示范园区，种植灵芝菌，覆盖巴康、德吉、达龙、栋曲、古通、热西6个行政村。园区建成18座温室大棚，面积5000平方米，2019年，倾多镇联村共建产业园共计生产灵芝菌（干货）1000公斤、总产值110万元。累计带动1900人次增收38万元，累计培养灵芝菌种植能手8人，完成巴康村、达龙村、德吉村2019年度分红10万元。

2019年1月17日，倾多镇栋曲村举行“8·3”泥石流灾后安置搬迁仪式

【基层党建】 倾多镇党委以习近平新时代中国特色社会主义思想为统领，结合“不忘初心、牢记使命”主题教育，以提升基层党组织组织力为抓手，以红心党建“四个一”举措为步骤，全力推进倾多镇基层党建工作。

抓理论学习常态化，组织召开镇党委理论学习中心组学习12次，党委班子会议8次、支部研讨会12次，开展“三会一课”18次、主题党日活动10次、民主生活会1次、组织生活会1次、谈心谈话26次、民主评议党员1次，集中学习50次，围绕“三化”“四性”“八个阵地”要求，完成扎西村、康达村、达龙村村级组织活动场所升级改造，如纳村、热西村、古通村、朱西村、栋曲村、顶仲村、曲西村村级组织活动场所重建及巴康村、叶巴村、朱西村、德吉村村级组织活动场所改扩建工作。通过开展基层党组织分类定级评定工作，确定德吉村党支部为软弱涣散基层党组织，提出整改意见建议12条，开展村干部业务能力培训2次，学习中共十九大精神4次，组织村班子成员开展文化素质提升工程20次，完善各类规章制度30项，并将德吉村纳入倾多镇联村共建产业示范园区灵芝菌种植项目，2019年分红3.3万元，帮助德吉村党支部实现晋位升级。

落实“三帮一带”，建立后备干部人才库，培养后备干部104人。新发展积极分子8名，批准转为中共预备党员21名，同意接收正式党员13名，2019年，评选1名县级优秀党务工作者、2名县级优秀党员、1个县级优秀基层党组织，表彰15名镇级优秀党务工作者、16名镇级优秀党员、3个镇级优秀党组织。

抓红心党建特色化，倾多镇党委开展红心党建座谈会8次，成立红心党建专项领导小组，辖区内原西藏波密工委

2019 年 4 月 4 日，倾多镇举办庆祝民主改革 60 周年暨桃花谷首届民俗文化旅游节活动

驻倾多办公旧址、波密县第一所小学旧址、朗秋农场、西藏波密监狱、波密县第一个农村基层党支部等红色历史资源，打造红色走廊 1 个，村级红墙 1 面。通过召开推进会，结合“不忘初心、牢记使命”主题教育总体要求，制定倾多镇红心党建“四个一”方案，充分发挥党建引领作用，传承红色基因，助推波密红色党建工程，推动基层党建工作横向延伸，纵向发展。

【党风廉政】 强化责任，推动党风廉政建设。组织召开党风廉政建设和反腐败工作部署会议 1 次，制定工作实施方案，督导检查提出整改意见建议 4 条，与 17 个党支部签订《党风廉政责任书》，调研党风廉政和反腐败工作 2 次，研究解决部分党员干部宗旨意识淡化、纪律观念淡薄等问题 6 次，听取工作汇报 2 次，与班子成员进行廉政谈话 2 次。

开展专项督查 20 次，扶贫领域走访 12 次，梳理发现问题线索 4 起，了结 1 起。对干部工作纪律进行重点督查，制定台账，发布节前文件 6 期，微信推送廉政信息 24 条，督查 20 次，强化日常监督和管理。

组织学习上级党风廉政和反腐败工作会议精神 20 次，组织 17 个党支部班子成员、镇党员干部 80 人前往西藏波密监狱接受“不忘初心、牢记使命”党风廉政警示教育；组织观看廉政纪录片 6 次，开展学习 23 次，专题讨论交流 14 次，支部书记带头讲党课 13 次，撰写心得体会 130 篇，组织知识测试 1 次。

【脱贫攻坚】 以“扶贫 +”形式开展集中宣讲 8 场次，入户宣讲 4000 人次；以“互动 + 竞猜”模式组织集中学习扶贫政策知识，累计组织扶贫领域政策集中学习 40 次。走村入户对建档立卡户、临界贫困户、一般户进行排查，覆盖 13 个行政村，953 户 4723 人，针对发现的问题逐项分析解决；加大动态调整工作力度，通过覆盖式排查，新识别边缘户 1

户4人；采集建档立卡大学生信息20人。

倾多镇联村共建产业示范园区2019年总产值110万元，雇佣建档立卡户群众1900人次，带动增收38万元。全年扶贫产业项目利润14.69万元，分红284人，人均517.6元，带动建档立卡就业人数124人，就业人均增收1185.4元。

2019年，倾多镇及镇直各单位涉及的28户建档立卡户已全部开展帮扶，帮扶资金1.4万元。针对在扶贫领域发现的问题，逐项逐条分析，建立整改台账，制定整改措施，明确责任人，确保整改工作见实效。

【科教文卫】 **科技事业**。配合县级部门组织开展挖掘机培训34人次，驾驶员培训6人次。充分发挥26名科技特派员作用，组织开展农技培训25次，使农牧民群众掌握科学种植技术，农田、果树收益率均有所增高。巴康村藏王桃源良种繁育农牧民专业合作社采用机械化生产方式，种植冬青稞74.4公顷，产量44.64万公斤，收入267.84万元。

教育事业。召开教育工作会议3次，落实教育优先发展原则。与13个行政村签定《控辍保学责任书》，联合镇中心小学对15名超龄儿童及青少年开设基础文化班，积极开展创建平安校园工作，着力营造有利于教育事业发展的内外环境。

文化事业。充分发挥镇文化服务中心作用，配备文化干事2名，重要节点组织开展文娱活动18次，4月举办倾多镇桃花谷首届民俗文化旅游节，吸引农牧民群众及四海赏花游客1万人次，丰富群众生活之余带动旅游服务业增收。

卫生事业。倾多卫生院藏医、西医接诊量8003人次，住院157人次，农村新型合作医疗制度参保率、报销率100%，新建适龄儿童免费接种疫苗接种卡68人次，接种1325人次，九大常规疫苗接种率95%；对流动人口进行免疫强化接种264人次。13个行政村均设有村级卫生室，每村各配有2名村医，协助镇卫生院开办健康讲座30次。

【社会保障】 2019年1月17日，举行栋曲村“8·3”泥石流灾后安置搬迁仪式，按时完成巴康村、热西村、朱西村搬迁点安置工作，共接收搬迁群众9户72人；采集4000名农牧民群众社保信息，发放社保卡3000张；农牧民转移就业80人。兑现城乡最低生活保障金16户77人，11.9万元；兑现特困人员保障金29人，7.24万元；对3户困难家庭进行医疗救助，解决资金3.77万元；兑现残疾人员补贴207人，18.42万元；慰问退役军人，6200元，向1名烈属发放慰问金1000元；摸排精准康复需求81条，发放辅助器具83件，使群众生产生活得到有力保障。

【生态环保】 改善人居环境，守护美丽家园。充分发挥生态岗位作用，出动4160人次打扫村居卫生，改变人居环境“脏、乱、差”现象；大力推进乡村振兴战略，开展棚户区改造工作，改造102户，投入资金345.4万元。

加大宣传力度，建设和谐村居。开展宣传宣讲130次，张贴宣传标语260份，喷刷宣传标语17处，潜移默化解放农牧民群众思想，积极倡导健康文明的生产生活方式。

保护生态环境，打造乡村新面貌。成立环保工作领导小组，制定2项工作机制，完善4套工作方案，开展学习活动16次，完成年度专项排查整治活动27次，关停砂石场15个，拆除砂石采挖设备7台，平整河道面积1万平方米；关停砖厂4个，拆除打砖机4台；收回乱圈乱占的集体土地20公顷，化解土地纠纷5起；在辖区内摆放40个垃圾桶，定期运往县城集中处理。

【安全生产】 加强森林防火工作。成立森林防火工作领导小组，逐级签订责任书，召开专题会议5次，成立突发性森林火灾义务扑救队，实行日报告制度，全天候监控林区动向，严格落实安全生产监管措施。与13个行政村、中心小学、30家商铺签订《2019年安全生产目标责任书》，开展检查15次，排查隐患5起，整改率100%。对民房易燃物品存放、电路老化等方面开展检查24次，组织专人对消防器材使用进行培训学习2次，组织消防演练50次。推进道路交通安全工作，严肃查处各类道路交通安全隐患行为。

强化食品药品安全管理。选配镇、村级食品药品安全协管员，建强食品药品安全队伍，召开食药安全会议12次，张贴标语100张，横幅9条，分发宣传资料500份，开展检查18次，没收过期食品、三无产品5箱。

【人民武装】 2019年，登记在册退役军人，登记民兵，其中普通民兵，基干民兵，完成民兵政治考核工作，开展民兵组织整顿工作，并进行民兵信息采集录入。

【强基惠民】 深入学习宣传贯彻中共十九大精神。全年组织宣讲248场次，受教育群众3220人，举办专题讲座61场次，发放宣传资料5633份，设立专题宣传栏33期。帮助困难群众研究制定帮扶措施46条，梳理群众生产生活方面存在的困难和问题153个，收集整理群众意见和建议116条，解决困难和问题102个。组织4160人次参与环境治理，531人次参与义务植树造林。为改善扎西村农牧民人居环境，驻扎西村工作队向县司法局（派驻单位）筹资4.37万元为31户建档立卡户安装热水器。协助村“两委”做好重点领域人员管控53人次，入户宣讲100次，积极化解和妥善处理各类社会矛盾14人次，排查调处矛盾纠纷12起。组织党员开展“不忘初心、牢记使命”主题教育自选活动15次，参与党员689人，发放学习资料1200份，讲党课13次，查摆解决问题40个；发放“两学一做”学习教育宣传资料1000份，组织学习127次。慰问五保户、贫困户和困难群众141人次，发放慰问金和慰问品价值5.1万元；慰问“三老”人员8次，发放慰问金和慰问品价值1.74万元。工作队协助开展文体活动30次，宣讲包虫病、“两降一升”、防电信诈骗等工作103次，覆盖群众7450人次；大力宣传“七五”普法工作和扫黑除恶打非治乱等专项活动52场次，受教育群众4285人次。鼓励年轻人外出务工，帮助拓宽农牧民群众就业渠道，提高群众收入水平，通过实地考察调研，结合村情，积极申报各类产业项目，致力农村小康建设。

【群众思想教育】 倾多镇党委始终坚持党管意识形态不动摇，组织开展“四讲四爱”群众教育实践活动宣讲120次，受众5000人次，悬挂横幅13条，张贴标语65条，制作宣传栏13个，微信推送“四讲四爱”宣传知识200条；向群众宣传中共十九大和十九届二中、三中、四中全会精神及习

2019 年 6 月 27 日，倾多镇举行庆祝建党 98 周年暨“七一”表彰仪式

近平总书记系列重要讲话精神 100 场次，入户宣传 196 次，参与群众 2000 人次；宣传上级各项强农惠农政策 110 场次，参与群众 2500 人次。为确保昌都“三岩”片区群众搬得进、住得下，加大“三岩”各项工作宣传力度，开展政策宣传 60 次，帮助搬迁群众尽快融入新集体，适应新环境。

【“不忘初心、牢记使命”主题教育】 倾多镇积极召开动员部署会议，成立领导小组，制定实施方案，开展 7 次集体学习，交流研讨 8 个专题，召开找差距专题会 1 次，17 个党支部党员共检视问题 59 个，立行立改 19 个、限期整改 40 个，完成办实事好事 3 件，以实际行动推进主题教育向纵深发展。

组织党员干部原原本本通读《习近平关于“不忘初心、牢记使命”论述摘编》，由镇党委副书记米海成结合个人学习体会和工作实际，讲授专题党课，并做交流发言；组织党员干部 80 人前往西藏波密监狱接受“不忘初心、牢记使命”党风廉政警示教育；开展党员志愿活动，以实际行动践行初心和使命；召开专题组织生活会，开展民主评议党员，积极检视问题，做好整改落实工作。

（杜梅）

【领导名录】

党委书记

拉巴（藏族）

党委副书记、镇长

米海成

党委副书记、人大主席

索朗仁青（藏族，5 月离任）

镇党委委员、人大主席

洛桑（藏族，5 月任职）

党委副书记

王烈川（5 月离任）

党委委员、纪委书记

杨波（5 月离任）

方宪（5 月任职）

党委委员、组织宣传委员

郝文靖（女，5 月离任）

镇党委委员、副镇长

央宗（女，藏族，12 月离任）

副镇长

更宗（女，藏族）

后勤服务中心主任

索朗普赤（女，藏族）

松宗镇

【概况】 松宗镇位于波密县东南部，镇政府所在地距县城42公里，平均海拔3100米，属高原温带湿润季风气候。林地面积3.22万平方公里，草场面积0.9万公顷，耕地面积467.03公顷。有9个行政村20个自然村，农牧民465户2084人，其中劳动力811人。共10个党支部，党员382名，其中农牧民党员335名。“三老”人员25人（老党员24人、老干部1人）。

【经济建设】 2019年生产总值7055.52万元，同比增长13%，其中人均收入2.04万元，同比增长11%，现金收入1.47万元，同比增长16%。2019年，栋曲村仿野生天麻种植基地，收益10万元；岗巴土豆种植基地收获土豆1万公斤，效益1.45万元；栋亚村藏鸡养殖合作社，出售藏鸡蛋3.5万枚，藏鸡420只，新孵化小鸡200只，种鸡200只，收益17.8万元，辐射带动17户贫困户；栋亚村种植羊肚菌和蔬菜获利2万元。

2019年，松宗镇依托便利的交通及优越的自然条件，大力宣传生态旅游，发展乡村旅游，加强对国道沿线村庄的环境整治管理工作；充分利用林芝市举办的“桃花节”及松宗镇的“赛马节”活动开展文化旅游积极组织群众参与旅游经营活动；以乡村旅游、生态旅游为发展方向，以松宗镇本地特色产品为依托，竭力打造松茸、天麻等特色产品品牌，丰富旅游产品供给，推动旅游消费，带动旅游扶贫。

【城乡建设】 2019年，顺利完成小集镇路面整修硬化铺油、人行道铺装、美化亮化路灯、街面商铺统一美化改造，朗秋冰川景区道路项目完成总工程量的80%，污水处理厂正在建设当中，有效解决生产发展用水难题。

2019年11月26日完成2户18人的昌都三岩片区易地扶贫搬迁入住工作，同步推动

2019年4月13日，举办松宗镇赛马节文艺表演

落实配套设施建设，为顺利实现搬迁群众搬得出、稳得住、能致富奠定了良好基础。

协助村“两委”班子制定、完善《松宗镇乡村振兴项目建设预算表》，推进乡村振兴战略。松宗镇乡村振兴战略示范点栋曲村已完成建设；2019年，新增格尼村，共维修旧围墙1400米，新建围墙60米，修整草地5千平方米，庭院绿化2千平米，自建35间卫生厕所，拆除乱搭乱建89处。

【项目建设】 投资20万元新建多格村3个共计912平米的温室大棚用于产业发展，招商引资5900万元发展角达村藏猪产业。

【基层党建】 2019年，制定并发放《松宗镇2019年党建工作实施方案》《松宗镇2019年党建工作计划》，与各党支部书记签订《松宗镇2019年基层党建工作目标责任书》，按照标准化建设要求，进一步规范村级便民服务室、综合会议室、党员活动室、农家书屋、村干部办公室等场所的设置，规范“三会一课”“主题党日”“四议两公开”“三务公开”和村干部量化考核、坐班制度等方面的资料台账，健全各村村规民约等各项制度。为每村配备一名“党建+”和农村工作指导员，构建党员联系点，定期检查村“两委”工作开展情况。2019年，成功召开九届四次党代会，各班子成员逐一向代表进行了述职，并听取和收集了代表们的意见和建议；2019年，松宗镇党委对各党支部开展基层党组织整顿工作，并完成了多格村软弱涣散党组织的整改。

共举办党员政治教育培训4期，积极组织党员干部清理废旧经幡，教育引导党员在脱贫攻坚工作、产业发展、乡村振兴等工作中发挥模范带头作用，例如角达村党员积极投身藏猪养殖建设；格尼村党员投工投劳，无偿让地扩宽村道等，助力乡村振兴；栋曲村充分发挥“三带”思路，仿野生天麻基地效益明显。

【脱贫攻坚】 2019年，脱贫8户20人，贫困发生率降到0%。松宗镇脱贫攻坚领导小组对各建档立卡户及边缘户进行动态管理、动态监测，时时了解各村各户基本动态，对返贫人员及时监测，及时汇报，及时处理。

【科教文卫】 **教育体育**。松宗镇中心小学在职专任教师20人，有学生184人，“三包”生184人。根据《松宗镇控辍保学实施方案》，分别与各学生家长签订“控辍保学”目标责任书，确保适龄儿童的入学率、巩固率，实现所有适龄儿童全部入学；中心小学以不断提高教学质量为宗旨，制定和完善了《学校管理制度》《班级管理制度》《学校多层阶的主要工作职责》等制度，突出抓好校园安全和学生安全管理工作，以创建“平安校园”活动为主题开展安全隐患检查与排查6次，积极推进平安校园、文明校园创建工作。

科技工作。松宗镇立足提高农牧民科技知识，积极开展农牧业科技知识宣传、指导工作，开展农业种植、农业机械、化肥、农药的正确使用以及种植养殖专项培训、藏餐中餐等培训，对科技特派员的培训800人次，充分发挥科技特派员的作用，使松宗镇科技工作稳步提升。

文化工作。以社会主义新农村文化建设为契机，召开了松宗镇宣传思想文化工作专题会议，安排部署2019年工作重点，设立专项资金，指定2名文化干事负责松宗镇宣传思想文化工作。2019年在松宗镇文化服务中心举办5场大型文体活动，开放各村（寺庙）农家书屋，“户户通”全覆盖，积极开展“扫黄打非”，发掘民间艺术资源等工作。松宗镇9个村均组建有农牧民文艺演出队。角达村2019年新建文化广场并投入使用。

医疗卫生。松宗镇卫生院全面落实基本药物制度，积极推进农牧区医疗卫生制度改革，2019年农牧民合作医疗参保2084人，参保率100%，认真开展免疫规划单疫苗接种和疫苗查漏补种工作，免疫规划接种率100%。完成免费健康体检95%。婴儿出生13人，产妇住院分娩率100%，“两降一升”工作取得了良好成效。9个行政村卫生室实现全覆盖并配备配齐2名村医和日常药品，有效缓解了群众在村一级“看病难”的问题。

【社会保障】 积极开展就业再就业工作，加大培训力度，班子成员一对一帮扶未就业大学生，做好日常宣传创业就业政策，及时推荐就业岗位等工作，未就业大学生11人中9人已完成就业；完成农牧民转移就业355人，736人次。

全面做好松宗镇城乡居民社会养老保险工作，2019年松宗镇768人参保，总缴费8.32万元。

【生态环保】 成立松宗镇环境监管网格化领导小组，制定《松宗镇农村人居环境建设工作实施方案》《松宗镇城乡环境综合治理工作实施方案》，与各村签了《松宗镇环境卫生综合整治目标责任书》，着重加强对小学和国道沿线村庄的环境整治、管理工作，制定印发《松宗镇治理校园周边环境的实施意见》，组织干部在节假日清理小集镇垃圾。针对各环保督察反馈的问题，松宗镇认真对照梳理，并对存在问题进行逐一整改。累计开展环境卫生清洁174次，参与人次2708人次，治理死角36处。严把项目准入关，杜绝“三高”企业项目进入松宗镇，在项目建设前严格履行相关手续。

为确保人民群众饮水安全，确保饮用水水源水质达标，松宗镇定期组织人员到各水源地查看水源供水情况。宗镇8个水源地，建立了水源地清单，并配备水源地保护员和水资源管护员，签订《饮用水源地保护目标责任书》《水资源保护目标责任书》。

严格落实“河长制”工作。将每月的7日、17日、27日定为河长巡河日，每月组织群众开展一次“清河、护岸、净水、保水”为主要内容的清河专项行动。结合“村庄清洁行动”，共清理河道50公里，大小建筑垃圾百余堆。

【安全生产】 为规范松宗镇市场管理机制，加强食品、药品安全管理，松宗镇成立领导小组，半年召开一次专题会议，制定工作方案、应急预案等。与小集镇各商铺、松宗镇中心小学签订《食品、药品安全管理责任书》，充分发挥食药信息员作用，定期不定期对松宗镇中心小学、小集镇商店、餐饮等行业进行检查，开展检查15次，没收并处理过期商品12种，价值1200元，要求卫生不达标的饭馆限期整改。

森林防火。认真开展森林防火工作，指定专人分管森防工作，建立完善《松宗镇森林防火制度》《松宗镇森林防火工作应急预案》《松宗镇2019

年度森林火灾扑火预案》等，与入林作业施工队签订《松宗镇各施工单位森林防火责任书》，严格管理野外用火。成立松宗镇森防突击队，加强对森林防火突击队的理论培训和救火演练。

应急管理工作。为加强松宗镇防灾抗灾救灾能力，松宗镇专门成立应急领导小组，制定应急方案、预案，加强理论学习，提高干部群众的防灾抗灾意识和自救能力，及时上报灾情信息，2019年，松宗镇组织干部、群众开展防山洪灾害演练1次，在松宗镇中心小学进行2场地震逃生演练。

【人民武装】 2019年，松宗镇认真学习上级有关人武工作精神指示，在征兵期间指派专人深入各村宣传征兵相关政策法规，2019年松宗镇有3名青年应征入伍。根据实际情况，搞好民兵整组工作，认真做好调查、摸底、登记、核对、统计工作。

【强基惠民工作】 2019年，松宗镇加强组织领导，成立强基惠民领导小组，召开部署会议。通过班子成员包片、一般干部包村、交流学习观摩、实地验收销号等形式的整顿，顺利完成软弱涣散党组织整顿升级工作，10月顺利通过县乡两级验收；推动人财物向基层倾斜，镇一级选派7名村第一书记、5名驻村工作队长、17名驻村工作队员到村任职，共兑现153.2万元的村“两委”班子、村务监督委员会主任、成员报酬待遇，落实各村10万元党建专项经费并整合资金32.8万元发展村级集体经济；整合驻村经费75万完成9个村级活动场所标准化建设，并解决40万元完成9个村级活动场所改造提升工作。

2019年9月20日，松宗镇召开“不忘初心、牢记使命”主题教育学习会

【“不忘初心、牢记使命”主题教育】 学习领会习近平总书记在“不忘初心、牢记使命”主题教育工作会上讲话精神和中央和国家机关党的建设工作会议精神等内容，积极开展“不忘初心、牢记使命”主题教育活动，各驻村工作队积极制定宣传学习计划。纳玉村通过开展知识竞赛、栋曲村举办文化节等活动，充分调动全村党员群众学习热潮。

【领导名录】

党委书记

　　吉美才邓（藏族）

党委副书记、镇长

　　牛海燕（女）

党委委员、人大主席

　　达嘎巴珠（藏族，5月离任）

党委委员、人大主席

　　罗布次仁（藏族，5月任职）

党委委员、派出所所长

　　普布泽仁（藏族，9月9日离任）

党委副书记

松杰（女、藏族）

党委委员、人武部长

丹增赤来（藏族）

党委委员、纪委书记

次仁拉宗（女，藏族）

党委委员、统战委员

顿庆旺堆（藏族）

党委委员、副镇长

白玛措姆（女，藏族）

党委委员、组织委员、宣传委员

武义

副镇长

次仁卓玛（女，藏族）

古乡

【概况】 古乡距离县城30公里，总面积890平方公里，乡政府所在地海拔2600米。全乡共辖6个村，有农牧民306户1406人。拥有嘎朗湖景区、古乡湖景区、岗云杉林景区等自然景观和嘎朗王朝等民俗文化资源。林地面积3.77万公顷，草地面积1万公顷，耕地面积323.6公顷，牲畜共1246头（匹、只）。乡党委共辖有2个党总支、9个党支部，党员278名，其中农民党员245名。有三老人员13人，有寺庙1座，僧人9名，驻寺干部3名。

【经济建设】 2019年，农村经济总收入4592.5万元，同比增长13%；农牧民人均纯收入2.25万元，同比增长12%。

招商引资1.2亿元建设松赞林卡酒店完成工程量的95%，2019年10月试运营，接待游客1200人次。家庭旅馆酒店48家，接待床位1400张，参与旅游业群众220人，2019年接待游客12.6万人次，创收1700万元。

引进波密京藏雪域茶叶有限公司、西藏金茶树茶叶有限公司在古乡种植茶叶1600亩，形成企业+支部+特色农牧业的发展机制，带动群众增收200万元。在古村蔬菜基地开展无公害蔬菜种植，主要供应途友庄园、松赞酒店等；嘎朗村种植0.27公顷木梨、雪桃，流转土地14.33公顷，建立育苗基地，培育苗木6.8万株。雪瓦卡进一步扩大七叶一枝花种植面积，种植0.53公顷，带动群众增收16万元。

【城乡建设】 2019年，古乡实施了松绕村、嘎朗村、巴卡村、雪瓦卡村，村级文化活动场所标准化建设项目。建设完成索通村乔那桥、修建松绕村应急抢险便民通道，解决村民安全出行问题。

为古村更换变压器1台，解决村文化室周边家庭旅馆、农牧民群众用电难的问题；配合县国电公司完成了索通乔那、井崩、典三个自然村通电勘察设计前期工作。雪瓦卡、索通典自然村农田灌溉项目申报完成。

巴卡村有2户三岩搬迁户顺利搬迁入住，嘎朗村“三岩”搬迁户安置点建设项目顺利实施，古村、巴卡村搬迁群众产业配套项目温室、牛棚建设完成，果树种植项目顺利推进；雪瓦卡村、松绕村、索通村安置选点工作已经完成。

【项目建设】 2019年，为巴卡村、松绕村争取投入资金各50万元，实施水磨糌粑加工、蜜蜂养殖项目，2019年6个村集体经济年收入120万元。

【基层党建】按照市委“135”基层党建思路和波密“红色318”基层党建工作的部署要求，结合“不忘初心、牢记使命”“两学一做”学习教育常态化制度化，完善乡村组织制度30项，推动乡党委班子会、理论中心组学习、“三会一课”、集中学习会、主题党日

2019 年 5 月 18 日，联合驻村工作队与雪瓦卡村“两委”积极配合京藏雪域茶叶公司开展茶叶种植，大力发展茶产业

等政治生活的规范化，贯彻落实“三重一大”制度，主持召开乡党委班子会 12 次，结合政治教育开展党员骨干培训 3 次，对第一支部书记、村“两委”开展经常性培训。制定乡党委 36 项、乡机关支部 10 项、村党支部 14 项的党建“任务清单”，逐项确定具体落实措施。

2019 年，共建设完成村级组织标准化活动场所 4 个，其中新建村级组织标准化活动场所 1 座，提升改造 3 座，全部投入使用。

制定乡党委 51 项、纪委 12 项、各支部 13 项的任务清单，乡党委班子会议上 8 次安排党风廉政建设工作，召开班子会和部署会部署党风廉政建设工作。规范干部调整推荐，选好用好干部。采取每季度定期检查与日常督导检查的方式，对乡机关干部、驻村工作队、驻寺干部、第一支部书记、大学生村官、村班子成员及农牧民党员执行“六大纪律”情况开展检查 10 次。按照上级党委、纪委要求，深入开展不作为慢作为、文山会海等形式主义、官僚主义突出问题的集中整治，“五观”不正确、违反反分裂斗争纪律问题整治，利用虫草名贵特产特殊资源以权谋私搞利益输送问题的整治，漠视侵害群众利益问题整治等工作认真查摆归纳整理出四大类、24 项研究制定整改措施，建立整改台账，逐条完成整改。认真开展第 24 个党风廉政教育宣传月活动，向党员干部印发“六大纪律”负面清单，乡党委书记向干部职工上了廉政党课。按照党风廉政建设的任务清单，建立每季度定期督查与日常不定期检查的工作机制，建立检查和整改台账，认真推进整改。将三资管理公车管理纳入督促检查的重点。

【脱贫攻坚】 严格按照建档立卡贫困户退出程序审批，3 户、14 人建档立卡贫困人口全部实现脱贫。制定一户一帮扶措施方案，确保所有建档立卡户的劳力实现稳定就业或有增收致富的产业。扶贫重点整改问题索通村养羊基地变更为养猪项目的整改工作顺利完成，并与养殖户签订养殖协议。扶贫产业项目共分红 9.49 万元，覆盖古乡 59 户贫困户。

【民生工作】 **科技工作**。积极引导农牧民群众参与挖掘机、驾驶、果树种植、茶叶种植、泥瓦工等技术培训，培训农牧民 2000 人次，进一步提高群众的科技增收意识。

教育体育。2019 年，古乡武警爱民小学在职专任教师 15 人，共有学生 73 人（不含幼儿园 42 人），“三包”生 73 人。小学适龄儿童入学率、巩固率 100%；初中适龄入学率 100%，巩固率 99%。

医疗卫生。健全基层医疗卫生服务体系，举办8期培训班，培训人数120人次；开展2次疫苗查漏补种工作，确保疫苗接种100%，安排组织乡卫生院下村巡诊5次，投资100万元的卫生院住院楼建成并投入使用。

文化工作。召开古乡宣传思想文化工作专题会议，安排部署工作重点，加强对文化服务站及村文化室管理，制定完善图书借阅制度。充分挖掘民俗文化资源，加大波卓和波央的扶持力度，6个村均组建有农牧民文艺演出队，在新时代文明实践所举行文体活动5场次，各村农牧民演出队开展各类文体活动20次，开放乡、村（寺庙）农家书屋，“户户通”全覆盖，积极开展“扫黄打非”，发掘民间艺术资源等工作。2019年，嘎朗村新建了文化广场（小舞台），投入使用，丰富了群众的业余生活。

【社会保障】 2019年，古乡积极开展就业工作，加大培训力度。组织农牧民群众参加挖机培训、生态种养殖培训、服务行业培训等，提高农牧民群众的生产技能，同时联系镇致富带头人解决部分贫困户的就业问题。积极引导农牧民群众富余劳动力转移，共转移劳动力272人、521人次，实现收入1200万元，实现往届、应届大学生就业15人。

2019年，541人参保城乡居民养老保险，缴费5.87万元。

为加强食品、药品安全管理，古乡成立领导小组，召开一次专题会议，制定工作方案、应急预案等。与辖区各商铺、古乡武警爱民小学签订《食品、药品安全管理责任书》，定期不定期对古乡武警爱民小学、辖区商店、酒店餐饮等行业进行检查，开展检查12次，没收过期商品统一销毁处理。

为加强防灾抗灾救灾能力，古乡成立应急领导小组，制定应急方案、预案，组织乡、村干部、群众在开展防山洪灾害演练1次，消防演练1次，防暴恐演练1次。

【生态文明】 古乡6个村均为自治区级生态村，其中巴卡村入选“全国乡村旅游重点村”，古乡获得自治区及文明村镇荣誉。每周五定期组织群众开展环境治理；每个村安排保洁员，负责村容、村貌的日常清理；古乡配备2辆环保垃圾转运车，负责6个村的生活垃圾转运和处理；加大旅游景点的环境治理，安排湿地监管员，并与景点景区负责人签订目标责任书。林业管护队人员实行24小时巡防。与各村签订责任书，有效遏止乱砍滥伐现象，保护了森林资源和生态

2019年4月20日，古乡人民政府联合古乡辖区各驻村工作队为古乡270户农牧民群众发放25吨化肥，帮助古乡群众解决193.33公顷耕地的春耕春播的困难

2019 年 6 月 28 日，古乡开展庆祝“七一”建党节活动

资源。索通村阿博多吉获得“关注森林活动 20 周年突出贡献个人”荣誉称号。

【平安创建】　认真贯彻区、市、县三级党委、政府关于维护稳定的部署要求，在“三大节日”全国“两会”、国庆 70 周年等节点，安排带班领导和干部 24 小时值班，实行警民联防，加大对辖区内的重点目标、重点部位和重点人员的管控；强化驻寺工作制度，组织开展“两活动一条列”30 场次。根据中央 13 督导组反馈的问题，对乱挖沙取土、交通运输领域非法营运、私搭乱建、乱圈乱围等方面进行整治。整治乱点 8 个，纠正群众不良行为、不良习惯 16 次。

【安全生产】　古乡地处 318 国道沿线，2019 年，联合派出所在 318 国道急转弯及交通事故多发地段悬挂彩旗 30 处，调整充实森防领导小组，制定完善森林火情应急预案。乡与村、村与户、村与护林员层层签定《森林防火目标责任书》，签定率 100%。与境内各施工单位签订《安全生产目标责任书》，实行安全生产责任追究制，乡综治办人员和派出所干警，定期、不定期对各施工单位、行政村进行安全大排查。调整充实消防领导小组，制定完善《消防安全应急预案》。与村、商户、施工单位分别签订《消防安全目标责任书》，签订率 100%。及时调整充实防灾减灾领导小组，完善应急预案，储备防灾救灾物资，加强日常巡逻与值班，畅通信息渠道，确保灾险情能够及时上传下达。

【“不忘初心、牢记使命”工作】　围绕 8 个专题，共开展专题学习研讨 7 次。围绕群众反映的热点难点问题进行调研，为民办实事 9 件。乡党委班子共查摆出 10 个方面、27 个问题，已完成整改落实。村级围绕“十个一”活动要求，结合“四讲四爱”等活动，深入开展主题教育活动，广泛深入开展十九届四中全会精神。学习不断增强党性、提升党组织和党员意识、发扬斗争精神、提升组织力。

【宣传思想建设工作】 牢牢把握意识形态的主导权，在乡党委班子会议上2次研究意识形态工作，开展乡党委理论中心组专题学习15次。以学习强国平台为抓手，推进学习型党组织建设，积极开展正面舆论宣传引导，加强网络安全教育引导工作，深入推进“四讲四爱”主题教育实践活动。召开2次乡党委班子会议研究部署。通过书记带头宣讲、乡宣讲团巡回宣讲、村宣讲队集中或入户宣讲等方式，共开展“四讲四爱”集中宣讲166次，参与群众1.2万人次，深入田间地头、施工现场宣讲33次。制作大型宣传栏3个，LED滚动播放3200次，开展“3·28百万农奴解放日”活动、庆祝“七一”活动、“八一”建军节活动、庆祝中华人民共和国成立70周年活动、美丽村庄清洁活动等115场次，参与群众6210人次。

【强基惠民工作】 古乡聚焦干部驻村“七项重点任务”，通过“五个精准”深入推进活动。深入分析各村党建、产业、脱贫、维稳等方面重点难点，选派3个工作队（一个联合工作队）、13名驻村干部。结合古乡实际，将“七项重点任务”分解细化为39项任务清单，工作队进行签字背书，形成强基惠民“五个一”工作机制。围绕驻村“七项重点任务”39项责任清单、人员在岗情况、资料归档情况、驻村生活环境卫生等每月督导一次、每季度考核一次、每季度交流一次；将驻村工作纳入党委班子重要事项，每季度研究一次；建立健全机制，精准干部考核管理。制定《古乡驻村工作队员轮休、请假登记表》《古乡各驻村工作队队员临时外出请假登记表》《古乡驻村干部请假审批表》，严格请销假制度，严把经费出口，精准统筹资金使用。整合强基惠民工作经费50万元，在巴卡村发展村集体经济，实现古乡村集体经济全覆盖。

【保密工作】 认真贯彻落实保密工作领导机制，成立保密领导小组，召开保密工作专题会议2次，签订《保密承诺书》，组织干部学习保密守则和保密制度，对保密人员进行业务培训。加强计算机、存储介质保密管理，全面禁止使用U盘，消除泄密隐患，确保保密设施、设备到位，责任到人。

（李斌）

【领导名录】

乡党委书记

张旋坤

乡党委副书记、乡长

旦增（藏族）

乡党委委员、人大主席

西洛（女，藏族）

乡党委副书记

吉尼玛（藏族）

乡党委委员、古乡派出所所长

黄炳勇

乡党委委员、副乡长

次仁拉姆（女，藏族，5月离任）

白珍（女，藏族，12月离任）

刘君勇（4月离任）

乡党委委员、统战委员

樊西豫（女，藏族）

乡党委委员、政法委员、人武部部长

伍金次仁（藏族）

乡党委委员、纪委书记

常利伟（女，6月离任）

乡党委委员、组织宣传委员

王国栋

农牧综合服务中心主任

伟色（藏族）

玉许乡

【概况】 玉许乡位于波密县西北部，有则普冰川、冰碛丘陵等自然景观。乡政府所在地海拔3000米，距县城74公里，玉许乡总面积2600平方公里，辖14个行政村，32个自然村。2019年，玉许乡有农牧民1135户6158人，总耕地面积1073.99公顷，粮食播种面积930.6公顷，草场面积8.17万公顷。境内野生动物，有80种。有树种28科、64属、174种，药材植物200种。

【经济建设】 2019年，乡经济总收入1.33亿元，同比增长5.6%，人均纯收入1.74万元，同比增长4.45%，粮油总产量6283.63吨，同比增长6.8%，牲畜总头数18861头（匹/只）。

玉许乡立足生态旅游活乡，以桃花沟、许木鱼庄、则普冰川、冰碛丘陵等为品牌，不断提高旅游知名度，共张贴宣传图画、标语800张（条）、发放旅游宣传资料2000份。积极组织群众参与旅游经营，共有家庭旅馆57家，同比增长5.26%；实现旅游相关收入70万元，同比增长16.7%。

依托玉许乡特色优势进行养殖基地建设。投资9.9万元的玉沙村灵芝菌种植项目于4月成立，生产灵芝菌100公斤，产值7万元，村集体累计分红0.8万元，带动农牧民群众92人次增收1.66万元；整合20公顷土地建设藏猪养殖基地；亚它村果树种植项目完成2公顷土地整合，种植果树1200棵；白玉村蔬菜大棚项目为80户群众节约家庭开支1.6万元；投资200万元的棠木村藏香猪扩繁养殖基地，饲养藏香猪3000头；依托“联村共建、抱团发展”工作思路，创新“一领一带一辐射”工作理念，总投资275万元打造玉许乡村集体经济产业示范园，实现14个行政村收益全覆盖。

积极打造特色藏药材种植加工集散基地。种植灵芝菌800平方米，种植波棱瓜20公顷，建立藏药材种植合作社2家，采取“合作社+农户+基地”发展模式，有力促进了农业增效、群众增收。

【城乡建设】 2019年，投资280万元完成则普村、海定村、林琼村、普热村、麦差村人饮提升工程；投资79万元，建设达拉村拦河坝；投资20万元对普热村掌雄沟牧场道路进行维修；投资60万元完成玉沙村、扎西岗村、麦差村道路防护栏建设；投资500万元建设玉许乡第二小学学生及教职工四层宿舍楼；投资30万元完成乡卫生院、派出所职工宿舍楼水电改造；投资16万元改造玉沙村用电线路；每年投资经费15万元用于垃圾填埋场维护，投资6万元用于偏远村庄及学校垃圾清理工作；投资300万元对林琼村、沙仁村、达拉村133.33公顷土地进行客土改良。

【基层党建】 2019年，玉许乡党委下设党支部18个，其中村级党支部14个，机关、事业党支部2个，党员580名（其中农牧民党员541人）；团支部15个，团员105名。

开展“不忘初心、牢记使命”党员干部自查3次，以党建带动经济发展、平安创建、乡村建设、志愿服务等，通过“党建+”充分发挥党员先锋模范作用。打造以“红色领航工程”为主题的党建工作新模式，切实提升基层党组织的组织力。重点突出“两中心一基地建设”。打造新时代文化艺术活动中心，不断丰富广大干部群众的文化生活。

切实做好软弱涣散整改，加强基层阵地组织建设。成立软弱涣散基层党组织整顿工作领导小组，指导热西村召开专题组织生活会，因村制宜找准各村的发展路子，建立“一村一品牌”的党建抓手。加强村党支部能力提升，让村级党组织，成为带领群众脱贫致富的主心骨、领路人。

围绕“红心党建·美丽乡村·情怀玉许”这一主题，结合“不忘初心、牢记使命”主题教育、“四讲四爱”群众教育实践活动、脱贫攻坚、乡村振兴、产业发展等工作，打造玉许乡“红心党建”系列主题党日品牌，开展“主题党日＋”活动，突出政治功能，不断增强政治性、时代性、战斗性。

强化“联村党建”，带动乡村振兴。按照“党建引领、优势互补、资源共享、联动合作、抱团发展、大村带小村、强村带弱村”的“联村党建”工作新格局，联起乡村振兴合力，走出抓基层党建促经济发展保和谐稳定，提升基层治理水平的新路子。

玉许乡整合资源，将玉许乡治安联防队、玉许乡义务消防队、玉许乡森防突击队、玉许乡生态文明服务队“四队合一”，成立15支150人的玉许乡共产党员服务队。开展“治安联防”“生态保护”“志愿服务”等活动150次。

始终紧紧围绕学习贯彻习近平新时代中国特色社会主义思想和中共十九大精神，结合“四讲四爱”群众教育实践活动、“不忘初心、牢记使命”主题教育活动等，建设完善乡、村两级宣讲工作队伍15支，宣讲员130人。

扎实开展“不忘初心、牢记使命”主题教育。成立玉许乡“不忘初心、牢记使命”主题教育工作领导小组及专项整治工作领导小组，紧紧围绕“不忘初心、牢记使命”的总体要求，围绕学习贯彻习近平新时代中国特色社会主义思

2019年3月28日，玉许乡开展纪念西藏民主改革60周年活动，波密县政府副县长姜治强（前排左七）出席活动

2019年10月18日，在玉许乡“不忘初心跟党走、牢记使命促脱贫、脱贫攻坚感党恩”主题党日活动上，进行村集体经济签约仪式

想，坚持自学为主，辅以党委理论学习中心组学习、举办读书班、开展专题研讨等多种学习方式抓好理论学习，深入开展调研，把“守初心、担使命、找差距、抓落实”贯穿始终、一体推进，着眼于查找和解决实际问题以为民谋利的实效取信于民。

落实党风廉政建设“两个责任”。成立落实党风廉政建设责任制工作领导小组，健全工作机制，严格执行“领导干部有关事项报告制度”和“党政正职五个不直接分管”制度，建立“正职监管、副职分管、集体领导、民主决策”的工作机制。强化督查考核，将落实党风廉政建设责任制纳入到班子和干部的绩效考核之中，坚持经常性检查与重点督查相结合，确保各项工作落到实处。

积极构建“党建+”新模式，形成思路明确、措施具体、执行顺畅、保障有力的基层党建科学化运行体系。通过树立系统思维，把党建工作融入基层经济社会发展、社会稳定等各方面，探索党建工作与中心工作融合的新模式，构建以党建为引领、统筹推进各项工作的新机制，进一步增强党建工作实效，推进重点工作部署落实。

【脱贫攻坚】 2019年，玉许乡做到认识再提升、责任再强化、措施再精准、工作再落实，以全新状态、更高的要求、更实的作风，做好精准扶贫工作，确保打赢脱贫攻坚战。玉许乡建档立卡贫困户221户854人已实现脱贫。

【科教文卫】 玉许乡每个村1名科技服务员，每个村1名农牧民科技人员，每户1名科技明白人，村村都有致富带头人。开展各类农牧民技能培训200人次。

始终坚持教育优先发展战略，把推进义务教育均衡发展作为全年重点工作之一，认真落实教育工作领导责任制，制定《玉许乡义务教育“控辍保学”工作实施方案》；建立网格化“控辍保学”机制、开设基础文化班等措施，玉许乡有2所小学，13个教学班，400名在校生，小学适龄儿童入学率100％、巩固率100％。完善各学校教学设施，为学校安装热水器及浴霸等设施，为玉许乡第二小学争取资金500万元建设1950平方米的四层教学楼；为62名2019年新录取大学生及3名内地班小学生家长及2所先进教育单位表彰，充分调动了各家长和学生的积极性，推动玉许教育事业不断发展。

2019年，玉许乡不断健全医疗卫生服务体系，开展乡卫生院、村卫生室医务人员轮训28人次；完成农牧民健康体检5千人次。制定和完善《玉许乡突发公共卫生事件应急预案》，认真开展免疫规划单苗接种和疫苗查漏补种工作，免疫规划接种率100%。与黄埔区卫健委积极联系，争取资金50万元提升医疗基础设施及设备，其中25万元用于卫生院病房装修改造及配备医疗设备，25万元用于购置救护车并配备基本车载装备。

在14个村、3个寺庙建立农家书屋、寺庙书屋，配备图书管理员17名，玉许乡新时代文明书画室也建设完毕。大力弘扬传统民族文化，以“玉许文化”为品牌，开展“干部文化、群众文化、党建文化、廉政文化”等建设，成立乡文艺演出队1个，村文艺演出队14个，开展文艺演出18场，不断丰富广大农牧民群众的文化生活。

2019年，玉许乡组织农牧民参加农作物种植、药材种植、农用器械维修、挖掘机驾驶、汉藏烹饪等技能培训14场次，培训人员1100人次，帮助农牧民参与工程建设，引导和扶持农牧民开展特色种植（灵芝菌、波棱瓜）增加收入，共转移劳动力2千人。广泛开展新型农村社会养老保险政策宣传工作，《新农保宣传册》及新农保宣传画发放率100%。认真落实党的惠农优惠政策，维护群众根本利益，落实党的支农惠农政策，完善补贴办法，健全补贴制度。

【生态环保】 玉许乡继续加强环保基础建设，促进城乡统筹发展。稳步推进社会主义新农村建设，优化人居环境整治，认真落实乡、村、户三级工作责任制，签订人居环境整治目标责任书14份。深入开展环境卫生综合整治工作，14个村均设立了垃圾填埋场和垃圾桶，共有垃圾填埋场14个，垃圾桶130个；配备中型垃圾箱8个，麦差村大型垃圾填埋场已投入使用；在小集镇安排了2人负责卫生清扫工作。加强基本农田保护工作力度，签订《玉许乡基本农田保护责任书》14份。

【安全生产】 2019年，玉许乡政府狠抓监管主体责任和安全生产主体责任落实。调整和完善乡、村安全生产工作和食药安全工作机制共24项，建立食药安全办公室，配备安全生产干事、食药安全干事各15名，签订安全目标管理与食药安全管理责任书28份。认真落实森防目标管理责任制，签订森林防火目标责任书14份，健全森防制度4项，各村均配备水壶、水枪等灭火设备。严格领导带班森防巡逻值班制度，加强指标控制，与各村、商户、施工单位签订安全生产责任书50份，发放各类安全生产工作宣传单（册）2千份，召开安全生产工作宣传会议20次，扎实做好汛期重点行业专项整治工作，排查地质灾害80次，排查道路交通安全30次，建筑工地领域排除40次，食品安全排查50次，排查消防安全领域安全隐患50次，及时落实汛期重点行业专项安全隐患整改30次，保障了玉许乡汛期重点行业安全。安排沿路巡逻检查200次，排查各类车辆300台次，发放交通安全宣传单（册）500份。

【干部队伍建设】 注重党员日常管理工作，增强党内知识学习及技能培训，结合党员政治教育培训、“不忘初心、牢记使命”主题教育、“四讲四爱”群众教育等，开展宣讲教育10场，开展党员不信仰宗教、村居宗教及家族势力、村干部履职情况

2019 年 5 月 16 日，玉许乡召开第一次妇女代表大会暨第一届执委全体会议

等线索摸排 5 次，收集线索 3 条，对 2 名不合格村干部进行撤职处理，改选村干部 6 名；开展“不忘初心、牢记使命”党员干部自查 3 次，开展党内业务知识培训 3 次。

【强基惠民工作】 2019 年，玉许乡调整充实活动领导小组，完善工作机制。严格按照新时代驻村工作要求，坚持推进村“两委”主导、驻村工作队协助的“一主一辅”制度，召开工作指导会议 10 次，组织召开“一主一辅”工作会 2 次，要强化开展“三帮一扶”工作，扎实有序等推进“一主一辅”制度，玉许乡党委、强基惠民领导小组实地指导驻村工作队开展工作 100 次，有效地推动新时代干部驻村工作的开展。

（卢冰璇）

【领导名录】

党委书记
　　王斌
党委副书记、乡长
　　索朗次仁（藏族）
党委委员、纪委书记
　　龙珍（女，藏族）
党委委员、统战委员、人武部长
　　扎西顿珠（藏族）
党委委员、组织委员、宣传委员
　　樊银波
党委委员、副乡长
　　彭寻
乡人大专职副主席
　　张斌（3 月任职）
后勤服务中心主任
　　白玛德吉（女，藏族）
农牧综合服务中心主任
　　次旺德吉（女，藏族）

八盖乡

【概况】 八盖乡地处波密县西北部，属于藏东南温带半湿润高原季风区，森林覆盖率为 40.7%，八盖乡下辖 7 个行政村，共有农牧民 255 户 1308 人。乡政府驻地雄吉村，距波密县城 193 公里，距林芝市 236 公里，平均海拔 2882 米，区划面积 2101.8 平方公里，耕地面积 209.95 公顷，草场面积 2.81 万公顷。境内有树种 28 科、64

属、174种，药材植物200种。

【三大产业】 2019年，有粮食播种面积209.97公顷，牲畜存栏3461头(匹、只)，出栏3629头(匹、只)。八盖乡雄吉村和塔鲁村粮油加工厂建成并投入使用，实现分红。输出务工人员800人次，实现收入70万元；依托八盖乡日卡村古村落、“莲花生大师”瀑布、杜鹃花、原始森林等旅游资源，兴办家庭旅馆、藏家乐等。乡党委政府积极宣传动员，大力鼓励群众参与集体经济发展。

【经济建设】 2019年，八盖乡农村经济总收入2376.91万元，同比增长15.3%，农牧民人均纯收入1.4万元，同比增长15%，人均现金收入1.14万元，同比增长15.1%，农牧民群众经济收入水平持续稳步提升。

【城乡建设】 2019年，八盖乡围绕规划抓城乡建设，鼓励农牧民通过开商铺创富增收，并做好了相关配套服务，通过农村危房改造、庭院整治等项目建设，有效解决贫困群众住房需求。高标准打造八盖雄吉村人居环境整治示范点，以点带面推动人居环境整治。大力营造宣传氛围，悬挂横幅28条，张贴宣传标语200张。注重培育乡风民风，开展移风易俗、弘扬时代新风行动，依托夜校平台，开展农业技术、健康生活知识等内容培训讲座3场次。加强村居环境的管理，改善居住环境，提高居民的生活质量。

【项目建设】 2019年，优化项目管理、科学规划，采取多种方法推进项目建设，农家乐项目。总投资149.52万元，三层框架结构，面积536.35平方米，2019年12月4日实现第一次分红。在塔鲁村、雄吉村各投资51.12万元修建面积为353.56平方米的粮油加工厂房，已投入使用，在2019年12月4日实现第一次分红。20户建档立卡贫困户每户申请扶持资金9000元，用于购买藏香猪和修建猪圈，共计18万元；在雄吉村、日卡村、龙普村各投资21.36万元，在卧普村投资26.62万元、竹玉村投资28.71万元，修建猪圈、饲料房及配套设施。

【基础设施建设】 八盖乡通过农户自筹以及争取项目资金补助等方式，筹集建设资金，改善贫困村道路、水利、电力、文化、卫生等基础设施。S303道路改扩建项目，易贡至八盖乡段项目已完工70%，八盖乡农牧仓库、民政救灾仓库主体工程完工，提升农资和救灾物资的储备能力。

【基层组织建设】 八盖乡扎实推进基层党组织和村级活动场所标准化建设工作，完成7个行政村党支部的标准化建设工作。严格党的组织生活，加强党内监督，坚持经常性教育和集中性教育相结合，突出抓好习近平新时代中国特色社会主义思想的学习，结合“不忘初心、牢记使命”主题教育，引导基层广大党员干部进一步锤炼党性修养，健全工作运行机制，规范党务、村务、财务公开，健全完善“四议两公开”制度，切实保障群众的参与权、知情权和监督权。根据村干部年度业绩考核，兑现村干部基本报酬和业绩考核奖励资金。因地制宜，制定村集体经济发展规划，定期开展村党支部书记履职谈话活动，不定期下村进行线索摸排，找准找实存在的问题，采取有效措施进行处置。针对竹玉村软弱涣

2019 年 9 月 6 日，波密县八盖乡九届第二次人民代表大会与会人员及代表合影留念

散党组织，切实加大力度整改，制定《八盖乡软弱涣散基层党组织整顿工作实施方案》及工作台账，5 月召开选举会议，选举竹玉村村党支部副书记、村主任，补齐配强竹玉村“两委”班子，通过组织班子成员参加培训班、上夜校、“双周”集体学习等途径切实提高班子成员综合素质。并通过整改验收。

【党的建设】 2019 年，八盖乡紧紧围绕市委“135”党建工作思路和县委“红色 318”基层党建思路及“基层党组织组织力提升年”部署要求，以学习贯彻中共十九大精神为重点，结合“四讲四爱”和“不忘初心，牢记使命”主题教育扎实推进“两学一做”学习教育常态化制度化。组织干部职工学习习近平新时代中国特色社会主义思想、中共十九大和十九届二中、三中、四中全会精神，区党委、市委、县委重要会议精神等内容 50 次。安排部署党员干部用藏汉双语向农牧民群众宣讲 90 场次，举行专题讲座 4 次，发放宣传资料 1 千份，与 9 个党支部书记签订党建责任书，进一步压实党建工作责任。发展党员 3 名，发展积极分子 7 名。组织党员签订不得信仰宗教承诺书，带头清理经幡 600 条。通过张贴红色标语、制作宣传栏，组织党员参观红色基地、观看红色纪录片等活动，让红色基因在八盖乡继承和发扬。充分发挥村党支部的引领作用、第一书记的带动作用，将抓党建和脱贫攻坚有机结合，巩固脱贫成果。

【脱贫攻坚】 2018 年，八盖乡 95 户 386 人建档立卡户全部脱贫，并通过国家第三方验收，实现了“两不愁”“三保障”。为了防止返贫，乡党委、政府全力补齐脱贫攻坚短板，以产业脱贫为依托，构建脱贫长效机制。2019 年 9 月 29 日，区党委常委、区政府常务副主席罗布顿珠一行到八盖乡调研扶贫工作，提出要继续做好扶贫工作，坚持扶贫与扶智、扶贫与扶志相结合，为民干实事、为民办正事。为进一步巩固八盖乡脱贫攻坚成果，2019年通过开展餐饮、驾驶挖机和装载机技术等培训班，共计3次114人次。充分发挥党员先锋模范作用，带头学习技术、带头发展产业、带头勤劳致富，继续开展“四对一”结对帮扶活动，共开展帮扶活动16次352人。带领群众脱贫致富奔小康。

【科教文卫】 2019年，八盖乡坚持以农牧业科技普及为基础，围绕提升特色产业发展质量，组织农牧民参加各类技术培训，提高农牧民科技素质。定期不定期组织农牧综合服务中心工作人员下村开展科学知识宣传和农业种植、病虫害防治、牲畜养殖等相关科技知识普及工作，发放科技宣传册300册，下村开展科技知识宣讲20场次。

八盖乡党委、乡政府高度重视教育事业发展，加强对适龄儿童、初中生入学管理督导，对学生进行学校、家庭、政府、社会四位一体跟踪管理机制。确保全乡教育事业健康快速发展。八盖乡有在校学生77名，适龄儿童入学率100%，巩固率100%。初中在校生65名，毛入学率100%，巩固率100%。

八盖乡加强文化服务站及村文化室管理，按要求配齐文化干事，对1万册图书进行分类、制档、编号，并制定完善图书借阅制度。加强文化遗产保护力度，大力支持农牧民特色文化活动，各村组建农牧民演出队，在重大节日期间，开展文体活动20次，充分展现广大农牧民群众在党的惠民政策下,生产生活发生的巨大变化。

八盖乡卫生院有医务人员8人，具备西医和藏医药诊治能力，拥有床位8张。乡卫生院按照卫生工作要求定期安排卫生人员到各村出诊，并组织医务人员进行专业技术培训，做好卫生疾病控防治的宣传教育工作，进行疾控卫生防治疫苗接种，加大新型农村合作医疗的宣传和收缴力度，八盖乡新型农村合作医疗参合率100%，八盖乡定期组织工作人员走村入户，积极引导农牧民群众参加医务巡诊，加大妇幼保健、优生优育、卫生保健等知识的宣传力度，提高群众的健康水平。

【社会保障】 2019年，八盖乡积极组织群众参加人事招聘活动和各类技术培训，引导群众通过自身致富增收、拓宽致富渠道。进一步完善新型农村养老保险制度，巩固民生保障工作，安排包村干部深入各村进行资料收集、数据统计，并归纳整理，纳入档册。2019年，八盖乡参与养老保险正常缴费746人。

【生态环保】 2019年，八盖乡党委、政府牢固树立“绿水青山就是金山银山”的理念，认真贯彻落实中央、区党委、市、县生态环境保护重大决策部署，准确把握生态环境保护与建设新形势、新任务和新要求，按照“天蓝、水清、地绿”以及“宜居、宜业、宜游”的总体要求，深入推进环境综合整治、生态扶贫、生态文明示范村建设、推行“河长制”等，改善环境质量，为八盖乡经济社会发展提供了支撑和保障。

【安全生产】 八盖乡认真落实“党政同责、一岗双责”安全生产责任制，建立健全安全生产网络化管理责任体系，把安全生产责任分解到各个行政村，落实到户。制作永久宣传标语16幅，发放宣传资料300份。开展安全自救技能演练活动，落实节假日安全专项检查，2019年，累计排查安全隐患20处，全部整改到位。八盖乡不定期对境内各商户、工地开展安全专项检查，杜绝事故发生，保证安全生产的平稳态势。

【人民武装】 2019年，八盖乡坚持把党管武装工作作为加强党的全面建设、关心国防建设，配合波密县人民代表大会武装部做好夏秋季征兵工作，对符合征兵条件的人员进行逐一排查，思想教育，鼓励参军。支持武装工作，切实把民兵工作放在重要位置。

【干部队伍建设】 2019年，八盖乡共有干部职工32名，乡中心小学有教职工有18名；乡卫生院有医生7名；派出所干警2名，辅警2名；7个行政村村“两委”班子均配备齐全，村务监督委员会配备3名村干部，共有村干部56名。

【强基惠民工作】 2019年，驻村工作中乡党委、政府选派3名科级干部、9名乡干部入驻3个村开展工作，积极配合波密县创先争优强基础惠民生活动领导小组办公室做好相关工作的安排和落实。各驻村工作队认真落实好驻村工作七项任务，积极配合好村“两委”班子，为村理清发展思路，积极争取项目，强化基层组织，做好群众服务工作，及时为群众排忧解难。

【群众思想教育】 2019年，八盖乡群众思想教育工作以宣传贯彻落实中共十九大精神、习近平新时代中国特色社会主义思想为工作主线，围绕中心，服务大局，为推进八盖乡经济社会稳步发展提供有力的思想保证和精神动力。持续开展理论学习与宣讲，强化群众思想教育，提高群众的知晓率和自觉性。组织各驻村工作队开展“学习党的十九大精神和习近平新时代中国特色社会主义思想”的理论宣讲工作，通过开展宣讲活动，让广大党员、群众感党恩、听党话、跟党走，增强了凝聚力和战斗力。

【“不忘初心、牢记使命”主题教育】 2019年，八盖乡召开“不忘初心、牢记使命”主题教育动员部署会，成立领导小组，并制定学习计划表。根据八盖乡“不忘初心、牢记使命”主题教育实施方案，进行学习6次，参与人数65人，乡党委书记主持召开专题研讨会6次，每次安排2–3名班子成员结合实际情况作研讨发言、全体干部职工根据学习计划撰写学习笔记及撰写心得体会每人1篇，召开组织生活会1次，撰写个人对照检查材料26篇，召开民主生活会1次，撰写对照检查材料8篇。

【特色工作】 充分发挥村党支部的引领作用、第一书记的带动作用，大力培养党员致富带头人，发挥“领头雁”作用，将抓党建和脱贫攻坚有机结合。2019年，八盖乡巴瑞村村党支部书记边巴领队的运输车队实行“能人＋支部＋农户”助推脱贫攻坚的发展模式，建立健全管理制度和规章，收入1300万元，24户建档立卡户收入110万元，每户增收4.5万元。

（姜波、鲁健）

【领导名录】

党委书记、一级主任科员

尼玛次仁（藏族，12月任一级主任科员）

党委副书记、乡长

赵和林

党委委员、人大主席

扎西多吉（藏族，12月离任）

党委委员、派出所所长

张辉

党委副书记

赵一冬

党委委员、副乡长

次仁尼玛（藏族，11月离任）

党委委员、纪委书记

扎西白珍（女，藏族）

党委委员、宣传委员、统战委员

葛曙光

党委委员、组织委员

措姆（女，藏族）

副乡长

扎西旺杰（藏族）

农牧综合服务中心主任

洛松曲珍（女，藏族）

文化综合服务中心主任

张恒

多吉乡

【概况】 多吉藏语意为“金刚”。设立于1989年，位于波密县东北部，与康玉乡、松宗镇接壤，乡政府驻地德吉村，距县城66公里，总面积1384平方公里，平均海拔3600米；下辖9个行政村，641户3143人，12个党支部，371名党员。耕地面积833.33公顷，人均0.27公顷，粮食总产量2684.79吨；草场面积3.2万公顷，牲畜存栏数1.32万头（只、匹），2019年农村经济总收入7612.45万元，同比增长15.9%。农牧民人均纯收入1.82万元，同比增长14.1%；其中现金收入1.3万元，同比增长14.9%；多吉乡被自治区政府命名为“西藏自治区民间文化艺术之乡”，拥有7个自治区级非物质文化遗产项目，有2座寺庙1座拉康。

【特色农牧产业】 多吉乡始终坚持特色农牧业强乡、民俗文化兴乡战略不动摇，继续加大特色产业发展，以发展促稳定，保民生促和谐。多吉乡犏奶牛养殖规模7150头，酥油年产量6万公斤，通参村作为安格斯牛试养点，完成牦奶牛经济杂交50头目标任务，成功受精70头。在确保农作物春播面积169.67公顷的基础上，积极发展优质青稞种植，完成扩拉、通参、毛江、德吉高标准农田建设项目；通过政策宣传引导群众合法流转土地，完成波密县优质蔬菜生产基地建设项目建设。

【经济建设】 通过企业入驻，以西藏绿康源波密县多吉乡木古村藏猪养殖基地为主，带动达大村绿色蔬菜合作社、德吉村高特蔬菜种植项目、毛江村藏香猪养殖项目等，形成区域经济协同发展。西藏绿康源生态农业开发有限公司波密县多吉乡木古村藏猪养殖基地，项目总投资3588.41万元，新建3万头藏香猪猪舍，场地总面积26.67公顷，总建设面积1.5万平方米，养殖区共有24栋猪舍，4栋种猪舍，2栋配种舍，6栋分娩舍，4栋保育舍，8栋育肥舍；通过绿康园公司的循环种植技术带动德吉村7.07公顷温室有机蔬菜种植业发展，毛江村藏香猪场与达大村绿色蔬菜合作社实行股份分红制度，按照企业占股51%，合作社占股49%的比例，实现互利增收，达大村绿色蔬菜合作社，共有温室大棚41栋，占地面积3.07公顷，实际种植面积1.86公顷，年产蔬菜量19.5万公斤。

【城乡建设】 多吉乡9个行政村村级组织活动场所、基础设施配套项目建设完成，实现乡村通路、通电、通水、通电视、通邮、通电话，广东援建项目—毛江村小康示范村建设项目完成，总投资500万元。

【项目建设】 投资120万元农家乐建设项目已建设完成，年租金5万元；投资80.8万元粮油加工厂已建成，年租金1.5万元；林芝市十项民生工程项目，多吉乡高海拔供暖项目工程建设项目总投资1515.48万元，建设工期8个月，多吉乡供暖面积6317.20平方米，已通过验收。厕所革命总投资290万元，依法对厕所选址方案进行公示，广泛听取群众意见，新修建厕所10座，均已通过验收。

【基础设施建设】 人畜安全饮水工程已完成，供水普及率100%；实现农网电全覆盖；广播电视"村村通"工程覆盖率100%；实现通讯讯号全覆盖，实现乡通宽带，西巴、达大、扩拉、德吉、毛江5个村通宽带。投资720万元的52套干部职工周转房已建成入住；投资550万元的多吉乡供水工程已投入使用；8个村10条农田灌溉水渠建设项目已完工；新建毛江村、通参村幼儿园已完工。

【基层组织建设】 严格按照《西藏自治区妇联改革方案》的要求，成立改建工作领导小组，成功选举产生多吉乡第一届妇女联合会执行委员会45名，妇联主席9名，专职副主席10名、兼职副主席9名，执行委员会成员17名；10月13日，多吉乡各村圆满完成残疾人协会组建、人员推选工作。按照比例要求，通参村、德吉村选举两名专职委员，各村按照残疾人比例，各选举主席1名、专职委员1名；多吉乡成立农村集体产权制度改革工作领导小组开展农村集体产权制度改革资产清产、核资、公示工作，切实发挥群众监督作用，确保财产统计的全面性、公开性，9个村清产核资工作已全部完成。

【党的建设】 多吉乡始终围绕中共十九大精神、市委"135"工作思路和县委红心党建"318"思路，丰富多吉乡"123"特色党建思路，即"1"是深入推进"一心向党、一心为民"宗旨意识教育活动；"2"是实施标杆党组织和标兵党员"双标"创建工程；"3"是实施"三个传帮带"工程；紧扣基层党组织组织力提升年提出十项提升工程，各村第一书记3月集中开展党员队伍摸排行动，完成对333名农牧民党员约谈；创新"红心党建＋非遗传承"，结合非遗文化曲艺说白和波央，结合新中国成立70周年，西

2019年10月24日，举行木古村藏香猪养殖基地揭牌仪式，县委常委、人大常委会主任马海蕴（右二），县委副书记、常务副县长全保卫（左二）参加揭牌仪式

藏民主改革歌60周年，展现党员干部红心向党、一心为民，带领多吉干部群众奋发向上的良好精神面貌；推选标杆党组织、标兵党员实现先锋引领，模范导向，在2019年“七一”表彰大会中，授予毛江村党支部、德吉村党支部“先进基层党组织”荣誉称号、授予次央、白朗、卓玛才登3人“先进党务工作者”荣誉称号，授予德吉卓玛等12人“优秀共产党员”荣誉称号；完成帕雄村软弱涣散基层党组织整顿工作，以十项提升工程为要求，对帕雄村旧文化室进行翻新、组派村“两委”班子成员外出培训、制定村规民约，有效增强基层党组织的创造力、凝聚力和战斗力，对村两委班子进行党建业务培训，对支部党员大会、支部委员会、党课、主题党日活动、民主生活会和党员评议进行讲解，遵照“四议两公开”对村级重大事项、资金使用进行规范，让村干部逐渐学会用藏文做好会议记录，提升会议规范化水平。

【脱贫攻坚】　按照“两不愁三保障”要求，对建档立卡户“两不愁三保障”和饮水安全情况进行再核实，有效确保建档立卡户脱贫不返贫。成立“三岩”搬迁工作领导小组，成立“三岩”搬迁工作办公室，召开动员部署会议1次、推进会2次，实地勘察选址，确定毛江村布荣罗、达大村江热玛玛、扩拉村氓宗美、通参通根村格卧、通参村层西村美堆通久5个搬迁点以“四个满意”做好搬迁群众入住工作，“三岩”群众21户顺利入住。生态岗位，贫困户生态岗位186个，生态岗位补偿资金每人3500元已完成兑现。组织乡机关支部党员为德吉村、毛江村建档立卡户捐款7200元，通过广东悠游道爱心人士对波密县高海拔学校爱心捐赠，2019年共有173名爱心人士参与募捐，募集资金15万元，为650名同学赠送棉衣外套，赠送200套学习文具；深圳智利洋捐赠现金5万元，为多吉小学安装空气能热水器一套，贫困户进行免费体检，大病3人、中一类21人、二类14人、三类25人，自愿放弃治疗6人。严格按照区、市部署要求，推进农村低保与精准脱贫有效衔接，逐步实现农村低保标准与扶贫标准“两线合一”，将贫困户和贫困对象全部纳入社会保障范围，全面落实好有意愿的五保户、残疾人和孤儿100%集中供养。开展餐饮、旅游、电脑技能、挖掘机等方面技能培训6期，培训人员208人次，其中贫困群众3人次。

【科教文卫】　多吉乡有科技特派员18名、农业技术员9名。2月开展为期15天的堆肥技术培训，4月组织村民学习农牧民动物防疫知识，7月组织10名村民学习挖掘机技术，18名村民学习农机维修技术，提高了农牧民群众的科技水平。多吉乡共有中心小学1所，幼儿园1所，小学在校学生222人，幼儿园在校生20人，小学适龄儿童入学率100%，小学在校生巩固率100%，“三包”经费到位率100%。开展文明礼仪月活动2次，阅读月活动4次，着重增强学生思想道德素质、能力培养、个性发展、身体健康和心理健康。开展“3·28百万农奴解放纪念日”“七一”红歌合唱比赛、“十一”庆祝新中国成立七十周年系列活动，参与群众6500人次，推动文化工作取得巨大进展。多吉乡共有卫生院1所，医护人员4人，村卫生室9个，

2019年10月1日，多吉乡举办“盛世华章七十载激流勇进新时代”文艺演出庆祝新中国成立70周年

村医18名。有西医科药品203种、藏医科药品126种，急救车1辆，在建住院楼一栋，提供48个床位。2019年，农牧区免费医疗参保率100%、个人筹资率100%。建立健全农牧民个人健康档案。新生儿、农牧民群众免疫接种率100%；农牧民健康档案建立率100%；包虫病筛查率100%。积极宣传优生优育政策，普及健康知识，落实农牧民早产妇住院分娩医药费全免、奖励和生活救助政策，住院分娩100%。

【社会保障】 落实好猪瘟防疫工作。成立猪瘟防疫工作领导小组，组织乡干部职工、各村“两委”、驻村工作队、兽医、党员在各村路口设立防疫值班点，对来往车辆进行登记、消毒；落实食品安全管控工作，层层签订责任书，组织开展食品安全检查12次，125人次。落实好临时救助工作。为大病、突发事故群众5户申请临时救助资金5万元。

【干部队伍建设】 多吉乡有干部职工36人，党员20名，共有1所卫生院，医护人员5人，教师24人，后勤人员7人，小学在校学生224人，幼儿园在校生15人。乡派出所干警4人，四级警长3人，一级警员1人，村党支部书记与村民委员会主任9人，副书记9名，委员26名；副主任9名，委员27名；新提名进班子成员17名，拟连任29名；妇代会主任9名，进入村班子9名；团支部书记9名，进入村班子9名；“一肩挑”9名；“两委”班子成员交叉任职43名；中共党员46人；藏族46人；妇女干部9人。

【生态环保】 坚持“绿水青山就是金山银山”的发展理念，按照“打造森林城市，建设美丽林芝”的要求，实施营林造林工程。累计造林776亩，林木成活率96.6%；开展环境综合治理工作9次，开展农村集中式饮用水水源清理工作11次，开展环境卫生综合检查19次，开展卫生清洁300次，清理垃圾41吨，参与人数6538人次。举办环保综合宣讲36次，受教育群众1.2万人次，在小集镇种植街道绿化树苗85株，砂地绿化91平方米，安排村级专职环境保护督导员9名，生态岗位人员230名，垃圾车9辆，垃圾箱9个，建设垃圾填埋场9个；实施庭院造林项目，种植经济林木5590株；实施防护林体系建设项目，造林378.4公顷。

【安全生产】 切实发挥党委统领全局作用，以“党建+同促行动”“党建+同治行动”“党建+同查行动”“党建+同造行动”“党建+同享行动”，联合卫生院、派出所、学校和乡寺管会，出动巡逻车辆四辆，组成综治宣传队伍，开展巡逻、宣讲，巡逻里程309公里，阵地宣讲9场次，共2600人次接受教育，有效的扩大综治宣传工作力度，强化综治工作的覆盖面和影响面，提升广大群众对社会治安综合治理工作的知晓率、参与率及公众安全满意度。

【强基惠民工作】 各驻村工作队始终以为民办实事为抓手，广泛开展送政策、送科技、送卫生、送文化、送服务活动，积极访贫问苦送温暖，第八批驻村工作走访慰问困难群众590人次，协助做好资金项目管理工作，开设寒假补习班帮助小学、初中各阶段的学生提高学习成绩。涉农补贴内容，了解每户涉农补贴资金的兑现情况；实现安全维稳体系网格化管理，协助乡派出所按照联户为单位，对联户进行细化登记，录入系统，有效实现了网格化规范管理。

【群众思想教育】 紧扣“四讲四爱”群众教育实践活动要求，以“四讲四爱”+扫黑除恶+普法校园+医疗卫生，结合综治宣传日、送医送药下村、虫草采集期开展宣传教育，结合主题教育，通过党员带动，开展宣讲78场7800人

2019年7月1日，多吉乡举办“牢记使命、红心向党、筑梦前行”庆祝中国共产党成立98周年暨“七一”红歌合唱比赛

次，开展文艺演出活动10场次2200人次，实践活动54场次6200人。

【“不忘初心、牢记使命”主题教育】 多吉乡党委以会研学、以赛促学、以事助学、以艺富学、以案说学，全面推进主题教育工作。结合开展主题教育，带头参与专题研讨会9次，讲专题党课3次，按乡科级干部、第一书记、村党支部书记三个层次进行分类研讨，分12个专题，各专题提出2–3个问题，进行交流研讨；围绕脱贫攻坚巩固提升、扫黑除恶打非治乱专项斗争工作等开展调研活动，撰写调研报告6篇；针对村农牧民党员代表、村“两委”代表和驻村工作队、机关党支部、学校党支部举行两场竞赛，各评选出一等奖1名、二等奖2名、三等奖3名、最佳选手4名。分类实施解决群众关心的问题，改建便民服厅7个，总面积850平方米；培训西藏政务使用功能，使用软件帮助农牧民群众进行简单查询服务。挖掘在主题教育中切实践行初心使命、淡化宗教消极影响的模范党员事迹，整理汇总在主题教育中带头示范典型10人事迹。将主题教育查摆问题逐条梳理，查摆11个方面37个问题，其中专项问题10个，共性问题27个，逐项细化问题清单，制定整改措施37条，开好专题民主生活会，查摆找差距，发现不足，弥补缺点，确保民主生活会开出效果；结合纪委典型案例通报，用违纪违法行为的案例警示教育。

【特色工作】 “红心党建+非遗传承”，央宗老师以红心党建为题材，结合新中国成立70周年，西藏民主改革歌60周年，通过赞美家乡、赞美山水、赞美党和国家带来的幸福生活，通过说“白”的形式，用新旧对比形式讲述西藏“短短几十年，跨越上千年”的变化，让群众真正明白惠从何来、惠在何处。

（黄泳辉）

【领导名录】

县人大常委会副主任、多吉乡党委书记

陶长能

乡党委副书记、乡长

于云波（藏族）

乡党委委员人大主席

格顿（藏族）

乡党委委员、统战委员、人武部长

陈银

乡党委委员、纪委书记

次央（女，藏族）

乡党委委员、副乡长

次仁措姆（女，藏族）

副乡长

洛桑旺久（藏族）

人大专职副主席

旦增平措（藏族）

农牧综合服务中心主任

普尺（女，藏族）

康玉乡

【概况】 康玉乡东临昌都八宿县，北接昌都洛隆县，距县城143公里，总面积1569平方公里，平均海拔3900米，下辖5个行政村和1座苯忠拉康。共计314户1884人，党支部6个党员181人。2019年，有24户建档立卡贫困户，共计76人。初中生96名，小学生117名，幼儿园学生26人，残疾人102人，孤儿4人。耕地面积246.83公顷，总产量632.31吨；草场面积4.58万公顷，牲畜7863头；野生动物，有白唇鹿、香獐、岩羊、黑熊等；林下资源以虫草、贝母、雪莲花。

【三大产业发展】

第一产业稳步发展：2019年，耕地面积246.83公顷，主要种植小麦、青稞、豌豆以及油菜等粮食作物。2019年，有牲畜8672头，主要为牛、马、骡、猪、羊等，存栏6785头、出栏1173头。

第二产业持续发展：康玉乡有粮油加工厂5个。达曲村、通堆村、宗热村粮油加工厂2019年实现营收5万元，乌那村、拉瓦西村粮油加工厂于2019年11月承租，乌那村奶制品加工厂于2019年11月承租。

第三产业蓬勃发展：2019年，住宿及餐饮业3家，批发零售业12家，其中，康玉乡农家乐作，2019年实现营业收入3万元；通过群众集资入股成立的波密县康玉乡昂思拉农牧民商贸有限公司。

【经济建设】 2019年，康玉乡农村经济总收入4862.71万元，同比增长11.6%；人均纯收入1.77万元，同比增长14.33%；人均现金收入1.24万元，同比增长25.39%。

【项目建设】 康玉乡党委、政府牢固树立“抓项目就是抓发展”的发展理念，2019年共实施项目8个，总投资7201万元。涵盖村级基层组织建设、乡村基础设施、农村公路、环境综合治理等方面。包括总投资4300万元的德热公路项目，完成总工程量的80%；总投资2000万元的康玉乡供暖项目，2019年5月开工，11月竣工，有效解决康玉乡干部冬季办公及生活取暖问题；总投资368万元的3个村级标准化活动场所，竣工并投入使用；总投资123万元的康玉乡民政救灾仓库项目，2019年5月开工，建成并投入使用；总投资20万元的康玉乡政府大院改造项目，完成总工程量的85%；总投资195万元的康玉乡宗热村幼儿园，竣工并投入使用；总投资130万元的拉瓦西村农田灌溉水渠项目，2019年8月竣工；总投资65万元的拉瓦西村犏奶牛生态养殖基地项目，完成牛棚改造和基地改造工程。

【基层组织建设】 村“两委”建设情况。康玉乡有乌那、通堆、达曲、宗热和拉瓦西5个行政村，除通堆村“两委”班子设有1名正职5名副职外，其他村均设1名正职4名副职，建立健全村级组织机构和规章制度，明确了以党支部为核心、村妇代会、村民兵连等基层组织都要有章可循，按章办事。充分发挥基层党组织领导作用，在虫草采集点设立临时党支部，有效发挥党员干部模范带头作用。加大村“两委”班子成员教育培训工作力度，2019年，康玉乡党委举办4期村干部培训班，组织村党员干部参加市、县组织的培训班1次。

村妇代会建设情况。根据《中华全国妇女联合会章程》《妇女联合会选举工作条例》要求，康玉乡严格按照选举程序组织各村选举了参会代表和妇代会组成人员，各村均设妇联主席1名，专职副主席1名，兼职副主席1名，执委2名，并将名单及时报县妇联备案。2019年11月，波密县委组织召开波密县第八次妇女代表大会。

村民兵连建设情况。2019年，康玉乡成立一支普通民兵连，由5个行政村的村民中选出。

严把党员入口关，筑牢党组织活动阵地，2019年，康玉乡共有党员181人（含预备党员2人），其中，农牧民

2019 年 3 月 28 日，康玉乡组织开展庆祝中华人民共和国成立 70 周年暨西藏和平解放 60 周年活动

党员 163 人，经乡党委研究同意，乡直机关 2 名干部转预备党员，发展 2 名农牧民党员；2019 年，发放各类党员干部学习教材、宣传资料 1000 份，开展学习讨论 13 次，各党支部开展专题研讨 90 次，党组织书记带头讲党课、开展专题辅导 50 场次，开展以“户户悬挂国旗、党员佩戴党徽”为核心的爱国主义教育活动。2019 年共收缴党费 4441 元，按 40% 的比例上缴 1776.4 元，60% 的比例返还 2664.6 元，康玉乡党委将党员党费收缴及具体使用情况进行了公示，2019 年 12 月 7 日，康玉乡党委班子组织召开“不忘初心、牢记使命”专题民主生活会 1 次，班子成员检视问题、深刻剖析，认真开展批评与自我批评。

教育引导党员干部把“两个维护”作为最根本的政治纪律和政治规矩，切实把“讲政治”体现到谋划思路、部署任务、抓好落实中；强化党员干部思想教育，加强组织建设，加强作风建设，明确责任分工，狠抓落实之风，每周开展一次工作点评会，推动党员干部转变工作作风，切把党章党规作为党员干部学习教育的必修课，推动纪律教育全覆盖；完善《干部周例会制度》《早操制度》《干部工作点评会议制度》《工作日志制度》等，确保党员干部将规章制度入脑入心，并抓好制度的贯彻落实。

康玉乡积极配合市、县卫生部门和乡卫生院开展包虫病筛查、艾滋病预防、“三病”筛查等工作 7 次，协助乡卫生院开展建档立卡户门诊及住院报销工作 8 次，家庭医生签约率和服务率 100%；共有建档立卡适龄儿童 21 名，其中 14 人在校，6 人初中毕业，1 人因先天智力残疾无法上学，2019 年，共开展建档立卡户适龄儿童劝学工作 6 次，劝返学生 9 人次。

产业扶持。总投资 325 万元的 4 个精准扶贫产业项目，均建成并投入运营，相关利益联结机制建立并完善，产业效益正逐步显现。

总投资 100 万元的康玉乡

粮油加工厂项目，2019年11月签订承租协议并投入运营。

总投资115万的康玉乡农家乐项目，2019年8月承租，租金5万元/年，带动24户建档立卡户户均增收1041元。

总投资50万元的乌那村奶制品加工厂项目，2019年11月承租租金1万元/年。

2019年，波密县康玉乡昂思拉农牧民商贸有限公司为24户建档立卡贫困户每户分红2000元。

就业扶贫。2019年，康玉乡积极组织建档立卡贫困群众参加烹饪、汽修、机动车驾驶、电焊等技能就业培训10次；邀请专家走村入户进行农牧业生产知识培训2次，60人次参与培训，劳务输出3人次；为有劳动能力的贫困和边缘贫困群众提供生态就业岗位82个。

小额信贷。为建档立卡户代办扶贫小额贴息贷款证，共计贷款金额68万元。

社会帮扶。康玉乡为建档立卡群众办实事解难事10件，2019年，“四对一”帮扶慰问资金、物资2.5万元。

助学帮扶。2019年9月，举行《“不忘初心，牢记使命”党建促教育，共圆大学梦》的奖励资助康玉乡在校大学生活动，为康玉乡8位在校大学生送去助学金8000元。

【科教文卫】 **教育工作**。康玉乡有乡中心小学1座，共143名学生，小学适龄儿童入学率99%、巩固率98%；学校占地总面积2.5万平方米，建筑面积2035平方米。专职教师21名，临聘人员4名，2019年投资80万元修建350平方米的蔬菜大棚，改善康玉乡师生冬季伙食。进一步加强辍控保学工作，出动50人次，劝返学生160人次，有效巩固义务教育成果。

文化宣传。2019年3月28日，康玉乡开展“百万农奴解放纪念日”庆祝活动暨第四届康玉乡全民运动会。7月1日，举行“七一”建党节的系列活动，庆祝建党98周年。2019年发放100本社会主义核心价值观书籍，大力宣传爱国主义精神；进一步规范农家（寺庙）书屋建设；完善文化基础设施，文化站、村委会电视、音响等娱乐设备配备齐全，且投入使用。

医疗卫生。各行政村均配备2名村医，药品共计273种，其中藏药108种，西药165种；B超、镜检、常规检查等设备齐全。新生儿疫苗接种率100%。新生儿成活率99.8%。2019年，共接受疾病预防群众745人次，接受治疗群众300人次，转移重病患者200人次。新型农村合作医疗保险参保率100%。

【社会保障】 2019年，康玉乡医疗保险参保1690人次，

2019年12月6日，康玉乡举行乡农家乐产业扶贫项目分红仪式

投保3.38万元；为农牧民群众报销医保27.78万元，实现基本医疗保险全覆盖。2019年，共有97名残疾人，每人每月100元的生活补贴、1–2级重度残疾人每人每月200元的护理补贴全部落实到位；8月，对2户残疾人无障碍改造项目报县民政局；建立健全低保发放机制，发放率100%。

【生态环保】 坚守环保底线，加强生态环境建设，坚持“绿水青山就是金山银山，冰天雪地也是金山银山”的发展理念，切实做好生态环境的学习宣传和卫生综合整治工作。组织学习区、市、县相关文件1000人次，切实推动“争当生态战士·共建生态家园”活动；悬挂宣传横幅、张贴宣传标语、宣传画30张（条），每月开展1次卫生整治；成立环境卫生综合整治工作领导小组，进一步完善《康玉乡环境卫生整治方案》，确立每周五为康玉乡环境日，严格落实门前“三包”责任制，开展“六乱治理”，对垃圾收集站、乡村道等开展综合整治，出动500人次，车辆180台次，清理垃圾2.5吨。

【安全生产】 康玉乡全力构建“党政同责、一岗双责、齐抓共管、失职追责”的责任体系，将安全生产作为“保稳定、促发展”的头等大事来抓。累计开展各类安全隐患点专项整治和安全生产大检查15次，出动人员60人次，排查安全隐患30处，限期整改30处，整改率100%。组织召开消防安全形势评估专题会议3次，组织乡干部、派出所民警深入学校进行消防安全知识教育5次，与学校师生开展地震逃生演练1次，参与人数120人。

2019年7月，康玉乡党委书记古桑朗杰（左二）带队赴乌那村考察村级基层党组织标准化建设场所

【人民武装】 康玉乡按照新的征兵工作条例，选好预征对象，2019年，康玉乡成立了一支普通民兵连，加强理论学习和政治教育，定期开展民兵集中培训，认真做好民兵整组，进一步调整编兵布局，优化组织结构，改进编组方法，加强民兵训练，严格制定训练计划，积极组织民兵参加体能训练。

【干部队伍建设】 康玉乡人民政府实有干部职工37名，乡卫生院共有医生5人；乡派出所干警5人；乡中心小学共有干部职工22人，村干部41人，严格干部选拔任用程序，建立健全后备干部管理体系，完善各类工作机制，强化干部交流使用。

【强基惠民工作】 康玉乡党委、政府严格执行驻村工作队员外出请销假制度，组织各驻村工作队定期召开座谈会与交流会。2019年，累计收到各驻村工作队上报简报信息225期，各类实施方案5个。制定符合各村实际的三年项目规划，为民办实事经费落实50万元，积极开展送温暖、送祝福活动，累计发放慰问金达2.02万元。各驻村工作队组织农牧民群众开展红歌合唱、锅庄、拔河、田径等文体活动，“四讲四爱”群众教育实践活动真正深入人心。

【群众思想教育】 2019年，康玉乡组成“四讲四爱”宣讲团，赴各村、学校、寺庙、牧场开展“四讲四爱”巡回宣讲活动。累计开展宣讲67场次，受教育群众、学生、僧侣4146人次；组织各类活动48场次，参与群众1163人次；悬挂横幅10条，LED显示屏，滚动播放宣传，制作宣传栏8个，宣传展板2块，发放宣传手册350册，张贴宣传标语7套，自制宣传标语（单）300张，上报专题简报信息30期。

【“不忘初心、牢记使命”主题教育】 康玉乡制定“不忘初心、牢记使命”主题教育学习计划和学习方案。组织引导党员干部学习党史、新中国史、习近平新时代中国特色社会主义思想、《习近平关于“不忘初心、牢记使命”重要论述选编》通过学习，深刻认识党的执政使命和根本宗旨，从党和人民的鱼水深情中恪守人民情怀；进一步发扬革命斗争精神，勇担历史重任。

（徐翠翠）

【领导名录】

党委书记

古桑朗杰（藏族）

党委副书记、乡长

朱果夫（2月任职）

乡党委委员、人大主席

阿旺索朗（藏族）

党委副书记

刘丙康

乡党委委员、监察室主任、纪委书记

刘松松

党委委员、政法委员

央措（女，藏族）

党委委员、副乡长

罗银吉

党委委员、组织委员

索朗扎西（藏族）

副乡长

单增洛桑（藏族）

乡人大专职副主席

赤列（藏族）

农牧综合服务中心主任

格桑平措（藏族，11月任职）

玉普乡

【概况】 玉普乡位于波密县东南部，距波密县城65公里，东邻昌都市八宿县然乌镇，南接察隅县上察隅镇，西毗墨脱县格当乡，北通波密县松宗镇，国土面积约2000平方公里，耕地面积161.95公顷。下辖6个行政村，共有489户1751人。辖区内有玉普一级公安检查站、宗坝兵站、玉普派出所、玉普林业管护站、乡卫生院、玉普中心小学、玉普幼儿园、邮政所。共有7个党支部219名党员（其中设机关党支部1个、党员22名，村级党支部6个、党员197名）。2019年度，全乡农村经济总收入4245.68万元，同比增长12.1%；粮油总产量968.56吨，同比下降10.5%；农牧民人均纯收入1.94万元，同比增长13%，牲畜7235头（匹、只）。

【经济建设】 米堆冰川小集镇项目建设主体工程已完工，内部装修、配套设施建设完成80%，商户入驻率50%，吸纳20名群众就业，带动人均月增收3000元。米堆冰川景区接待游客12万人次，门票创收433.54万元。米堆村51户农户集资167.5万元与藏游集团波密分公司签订《米堆冰川观光车合作经营协议》，以占股50%的比例形成“企业+农户”合作经营观光车的模式，吸纳10名群众就业，带动人均月增收6000元。车票创收400万元。玉普乡投资3000元将玉普一级公安检查站以东200米处废置厕所进行升级改造，按“入厕一人一元”标准征集厕所保洁费，征集保洁费上缴阿西村村集体，累计创收4万元。

【项目建设】 米堆冰川成功创建国家AAAA级景区。以环境整治、品牌提升、服务质量建设等为主要抓手，积极对接相关职能部门开展联合执法行动，召开村民大会10场次、普法宣讲10场次、顺利完成19处违规私搭乱建拆除工作，顺利通过西藏旅游资源开发质量及规划评定委员会组织评定，成功入选国家AAAA级景区评定公示名单。玉普乡国道318沿线的扶贫农家乐产业于5月签订租赁合同，6月正式营业，年租金收益3万元，吸纳1名贫困户就业，辐射带动藏鸡扶贫产业项目稳步推进。格巴村粮油加工厂和“4+1”电焊加工厂投入运营。辐射带动建档立卡贫困户、边缘户就近就便就业。整合资金108万元加快推进达巴村生态风情园建设。

【基础设施建设】 为米堆村、米美村、宗坝村实施人畜安全饮水工程，共计打井5口，切实解决3个行政村农牧民群众冬季饮水难问题。实施格巴村低压线路改造，满足120户428人日常生活用电需求。协调驻地武警交通三支队某部队为格巴村平整、拓宽村道共计3公里，切实改善群众日常出行条件。

【基层组织建设】 花都区帮扶7.93万元完成达巴村村级组织活动场所改造提升，软弱涣散基层党组织整顿，建立乡机关党支部与宗坝村党支部结对帮扶机制，采取“一对一”结对帮扶模式，定人定向开展思想教育、谈心谈话6次，并坚持在产业发展、人居环境政治、为民解难事办实事中锤炼党支部成员党性，提升本领，宗坝村于9月通过县级检查验收。

【党的建设】 围绕市委“135”党建工作思路、县委“318”党建工作思路，玉普乡“136”基层党建工作思路，即“围绕1个中心任务”（将玉普打造为波密县“318”党建思路框架下的党群服务中心示范点）、“抓好军警民3支队伍”（抓好武警交通三支队、宗坝兵站建设，抓好林芝市玉普公安一级检查站、玉普派出所建设，抓好村“两委”班子、农牧民党员、“双联户”户长建设）、“1村1品牌”抓实党员干部教育管理。依托“不忘初心、牢记使命”主题教育、推动“两学一做”学习教育常态化制度化和“学习强国”APP开展党性教育，严格落实“三会一课”“四议两公开”、组织生活会等党内制度，采取“草坝会”、集中宣讲、党支部书记带头上党课等形式提升农牧民党员理论基础。筑牢党员干部拒腐防变思想防线。集中学习《新形势下党内政治生活的若干准则》《中国共产党党内监督条例》等党内法规制度，通报区内外扶贫领域、项目建设等领域反面典型案例。坚持开展机关党员干部、村“两委”班子成员谈心谈话工作和听取班子成员工作汇报，全年累计开展谈心谈话6次，举行党风廉政宣传教育月活动1次，听取班子成员和纪委汇报各4次。

【脱贫攻坚】 围绕教育扶持、医疗扶持、产业扶持、金融扶持、政策兜底五方面开展帮扶工作，助推6户未脱贫建档立卡户顺利脱贫，脱贫率100%。开展就业政策宣传6场次、受众180人次，协调组织农牧民群众技能培训25人次，完成转移就业400人，开发就业岗位2个，帮助1名贫困户转移就业、月均收入3000元。整合“四对一”帮扶力量，入户宣传138次，实现建档立卡贫困户覆盖率100%，指导1户1人实现转移就业。抓实2户29人宗坝村“三岩”易地扶贫搬迁安置任务，宗坝村“三岩”搬迁已入住完毕。

【科教文卫】 有1所小学和2所幼儿园，小学在校生146人、学前在校生80人、中学在校生63人，“三包”生226人，教育“三包”经费到位率100%。以控辍保学为重点，深入家庭走访38次，义务教育阶段适龄儿童入学率、巩固率100%；举行2019年新录取大学生表彰仪式，为新录取的20名大学生每人发放500元奖金。有卫生院1个，配有医护人员7名，共有药品185种、4间病房20个床位，1辆急救车；各村设卫生所，并配有2名村医。乡卫生院为6个行政村开展12场次送健康义诊活动，涵盖1500人次，共计发放价值3万元药品，建成远程医疗视频系统。结合春节、藏历新年及“3·28百万农奴解放纪念日”“七一”、国庆等重大节日，举办“感党恩—老党员讲述新旧社会对比”“歌唱比赛”“集体锅庄”等文艺活动5场次。阿西村结合“幸福生活不忘党的恩情”于5月举办赛马节，吸引1500人次参与；达巴村于9月结合庆祝新中国成立70周年举办第二届丰收节，吸引群众、游客800人次。

2019年7月9日，县委书记朱正辉（右一），县委副书记、常务副县长钟泳薪（右二）在米堆村调研指导米堆冰川AAAA级景区创建工作

【社会保障】 实施农村人畜安全饮水工程。整合第一书记经费8500元为宗坝村水源地破旧水管实施更换、改造和升级，整合强基惠民经费13.23万元，为阿西村购置1台联合收割机。联合乡卫生院开展包虫病防治宣讲活动20场次，开展包虫病筛查6场次，累计发放包虫病防治知识手册150份、知识问卷500份，建立狗粪深埋坑17个，每月固定清洁杀毒1次，联合宗坝兵站开展军民共建活动，免费为米堆、米美、宗坝村农牧民群众发放1千支、价值8千元的高原军用唇膏。乡财务所以联户为单位，采取进驻各村活动场所形式，为农牧民群众激活并发放社保卡1300张。

2019年8月27日，玉普乡组织乡中心小学全体教师及学生代表在玉普一级公安检查站红墙开展传承弘扬“两路精神”爱国主义教育活动

【生态环保】 召开生态环境保护专题会议2次，河长制推进工作会议1次，开展环境整治工作排查12次，推进生态环境保护和生态环境治理各项工作。以波密县三年人居环境整治工作为核心，以打造“最美景观大道波密精华段玉普段”为抓手，依托“党员固定活动日”“四讲四爱”群众教育实践活动、周五例行保洁日等活动载体，组织动员干部职工、农牧民群众、保洁员队伍对乡域河道、国道白色垃圾沿线、村道畜禽粪污等进行重点清理，累计出动3800人次清理垃圾40吨，并拍摄环境保护宣传片《守护最美景观大道》2个。开展植树造绿活动。全年累计出动400人次参1.39万栽种柳树、杨树13896株、草种40公斤，绿化国土面积3万平方米。

【安全生产】 联合乡派出所、“两站两员”等力量，加大对超载、超速、酒驾等违法行为排查力度，加强交通有关法律法规宣传力度。针对超市、家庭旅馆等人员密集地就消防设施管理、消防通道设置等进行集中检查6次，组织村“两委”班子、机关干部职工等进行消防演练2次，整合村“两委”班子、“双联户”户长、地质灾害群测群防员等力量，加大对泥石流、雪崩等自然灾害排查力度，第一时间对1起大型雪崩、2起大型泥石流进行应急抢险。强化食药安全责任制落实，同卫生院、商店、饭店签订《食品药品安全责任书》，联合乡卫生院开展食品药品安全专项检查6次，联合乡派出所对建筑工地、施工现场进行安全生产检查7次，整合乡农牧干事、村“两委”班子、驻村工作队和村兽医等，对157户481头藏猪登记造册，严格落实“一日一排查、两日一消毒”制度；修建玉普一级公安检查站“疫情消毒池”，定期更新消毒液，对过往车辆车轮进行消毒；联合玉普一级公安检查站对来源不明、无检疫证明的生猪产品实施没收、回收和无害化处理，累计排查车辆8千辆，没收并无害化处理无检疫证明的生猪产品10吨。

【人民武装】 整合村“两委”班子成员、双联户长等力量，采取调查摸排形式掌握各村民兵现状，谋划民兵连、排组建工作，于10月组织民兵前往县人民医院开展体检，组织民兵前往市、县参加民兵比武大赛。年内在6个行政村组织活动场所设置“退役军人服务站”，并向退役军人家庭颁发“光荣之家”荣誉牌。采取走村入户、召开村民大会等形式大力宣传党和国家相关法律法规，阐述兵役登记及征兵登记程序方法，累计悬挂横幅、张贴公告12条，利用手机短信，微信发送兵役和征兵相关宣传信息300条，圆满完成年度兵役登及征兵各项工作。

【干部队伍建设】 以推进“两学一做”学习教育常态化制度化和“不忘初心、牢记使命”主题教育为契机，扎实开展政治理论学习，紧扣“八型”领导班子建设目标，完善谈心谈话制度，通过日常了解、年度考核等形式，随时掌握领导班子和干部队伍建设情况及干部队伍思想动态，激发干部队伍干事创业激情，2019年开展谈心谈话6次。

【强基惠民工作】 围绕自治区驻村“七项重点任务”，调整充实强基惠民活动工作领导小组，督导检查驻村工作7次，召开驻村工作专题会议4次，对驻村工作进行安排部署。针对重点任务落实、党建规定动作开展情况开展专项检查指导12次。驻村工作队紧扣“七项重点任务”，采取入户走访、召开草坝会等形式，结合“四讲四爱”群众教育实践活动、党员固定活动日等载体，强化中共十九大、十九届四中全会精神、精准扶贫政策、惠农政策等宣讲力度，严格落实“三会一课”“四议两公开”等基本制度。充分利用“三八”妇女节、“3·28西藏百万农奴解放纪念日”等节点，深入开展爱国主义、民族团结、反分裂斗争、民族宗教政策等宣传教育活动，协助村“两委”班子开展感恩教育累计44场次，发放宣传材料700份。

【群众思想教育】 强化农家书屋管理使用。以村组织活动场所标准化建设为契机，完善村级农家书屋配套设施及图书配置，6个行政村共计配套书架30个、各类书籍8千册，建立农家书屋专人专管制度，负责图书借阅登记、图书整理等日常工作。成立“四讲四爱”群众教育实践活动领导小组，“四讲四爱”群众教育实践活动开展情况进行督导检查12次。采取“草坝会”、村民大会、入户走访等形式，宣讲惠民政策，累计开展宣讲活动200场次，农牧民群众覆盖率100%。创新多媒体宣传方式。组织拍摄《唱支山歌给党听》《四讲四爱大家唱》《我和我的祖国》《庆祝建党98周年》《庆祝新中国成立70周年》等宣传视频6个，微信公众号累计点击关注量5千人次。

【“不忘初心、牢记使命”主题教育】 成立主题教育领导小组，采取督导检查与调研指导相结合形式前往6个行政村开展主题教育指导工作30次。切实发挥驻村工作队、第一书记、村党支部书记作用，推动主题教育“十个一”专项活动深入开展。落实乡党委理论学习中心组、周二例会等学习制度，强化政治理论学习，制作《“不忘初心、牢记使命”应知应会（藏汉双语）》《党的十九届四中全会精神读本》240册。依托国道318线首面红墙和各村红色文化墙，组织机关党员干部、农牧民党员接受红色教育1500人次。结合巩固脱贫攻坚成果、推进乡村振兴战略深入实施、米堆冰川AAAA级景区创建等开展调研活动，撰写调研报告6篇。采取发放调查问卷、征求意见稿等“他人找”，对照县委“不忘初心、牢记使命”主题教育11项专项整治工作自查问题清单“自己找”，结合专题民主生活会、专题组织生活会“民主评”等形式，帮助党员干部梳理意见建议236条。对照查摆问题，逐项制定整改措施，结合“学习强国”平台，借鉴典型经验做法，并创新提出玉普乡“三级和议”矛盾纠纷化解调处机制。

【特色工作】 打造国道318线首面红墙。依托波密县委红心党建工作大框架，深入挖掘红色基因，5月投入12万元在6个行政村和玉普一级公安检查站设置7面红墙，于7月投入25万元对玉普一级公安检查站红墙进行提质扩容。共计接待各级工作组35批次、开展党员政治教育现场教学10批次，涵盖700人次、被各级官方新闻媒体报道9次、接受电视台采访4次。依托玉普一级公安检查站红墙，设置便民服务点，为过往群众提供便民服务42千人次、免费提供各类药品价值8500元。建立周五国道例行保洁制度。着力最美景观大道波密精华段玉普段打造，整合乡机关干部职工、农牧民党员群众等力量，对乡域国道318线进行地毯式白色垃圾清理。持续推动国道318线“破冰”“扫雷”行动。累计开展“扫雷”“破冰”等行动50场次，抢救受灾车辆45台、受困群众200人。

（汪宗位）

2019年7月19日，玉普乡组织机关干部职工、农牧民党员干部集中开展守护最美景观大道活动

【领导名录】

党委书记

拉巴桑珠（藏族）

党委副书记、乡长

王学位（1月任职）

乡党委委员、人大主席

次仁顿珠（藏族）

乡党委委员、监察室主任、纪委书记

郭海东

乡党委委员、宣传委员

梁凤丽（女，4月任职）

乡党委委员、人武部长

旺杰旦增（藏族）

乡人大专职副主席

次仁卓嘎（女，藏族）

乡人民政府副乡长

乔德吉（女，藏族）

易贡乡

【概况】 易贡乡位于波密县西北方向，距波密县城所在地136公里。乡总面积2800平方公里，平均海拔2100米，耕地面积511.02公顷，草场面积27560公顷，林地面积99254.9公顷。下辖5个行政村11个自然村；有7个党支部261名党员，共377户1428人；有桑林寺、成色寺两座寺庙。特色种植有辣椒、油菜等。2019年农村经济总收入5663.44万元，同比增长10.17%，农牧民人均收入2.67万元，同比增长11.67%，人均现金收入1.5万元，同比增长3.50%。2019年，易贡乡营业所贷款总余额2436万元，户数252户，其中精准扶贫贷款108万元、23户，存款额1029万元。全乡基本实现“十通”。

【三大产业】 2019年，易贡乡党委、政府高度重视“三农”工作，以增产增收为工作核心，引导农牧民群众参与市场经营，不断推广易贡藏刀、辣椒等特色产品，引导发展第三产业，优化产业发展结构。推进蜂蜜养殖项目，投入资金20万元，2019年产出蜂蜜185公斤，产值7.4万元。与西藏五丰园农牧业有限公司签约玉米收购协议，为群众解决易贡乡玉米销售渠道。做好易贡乡油菜收购工作，2019年组织收购油菜籽1.9万公斤，为易贡乡群众增收13.3万元。推进扶贫茶树补种60公顷，群众投入机械230车次，劳力6835人次，群众增加收140万元。出租易贡辣椒加工厂，辣椒加工厂9月中旬开始运营，以市场均价1.25元/公斤收购辣椒，同时推出易贡泡椒、辣椒酱等产品，丰富易贡辣椒产品种类。积极贯彻落实区、市、县非公有制经济发展各项优惠政策，大力改善基础设施，鼓励支持引导非公有制经济发展，新增非公经济3家。开展茶叶种植技术培训3次、辣椒种植培训1次、种植病虫害培训1次，共计650人次。2019年，通加村村集体购置玉米收割机1台，组织兽医做好藏猪疫情防控、日常消毒、疫苗注射、消毒卡点轮流值班等工作，有效控制猪瘟疫情。

【项目建设】 2019年，易贡乡党委、政府推进通麦小集镇特色小城棚户区130户260万元改造项目，完成改造并通过验收。做好通麦小集镇110千伏变电站项目，推进易贡乡10千伏及以下配电工程项目。做好农村道路工作，组织群众进行卫生清洁，配合推进303省道建设项目，配合做好川藏铁路林芝段、川藏高速公路等重大项目建设选址勘探等相关工作，确保项目顺利推进。有序推进土地治理工作，治理土地195.33公顷，其中客土改良175.2公顷、18.23万立方米，土地平整20.13公顷、7.77万立方米，新建机耕道2.62千米，其中贡仲村白玉片区1.82千米，格通村玛古通片区0.8千米。

【基础设施建设】 2019年，易贡乡党委、政府大力推进水利工作，易贡小集镇饮水项目投入使用，沙玛村饮水项目改造提升工作完成并投入使用，江拉村、通加村饮水项目选址等工作已完成，积极推进各村农田灌溉水渠修建工作，除贡仲村其余4个村已完成。

【基层组织建设】 2019年，易贡乡党委高度重视通加村软弱涣散基层党组织整顿事宜，针对通加村党组织存在的问题，按照“一支部一方案，一问题一对策”的要求，约谈村支部书记3次、指导党支部成员带头抓学习4次、组织村支部书记培训等，建立整顿工作台账，对照整改，通加村党支部通过验收。积极推进村级组织标准化建设，协调解决通加村、沙玛村、贡仲村文化室用地问题，通加村征收群众土地1060平方米，补偿群众资金5.55万元；沙玛村征收群众土地294平方米，补偿群众资金2.41万元。

【党的建设】 2019年，易贡乡以基层党组织组织力提升为目标，紧扣以“红色波密·红楼精神·红心党建”为主题的波密红色“318”党建工作思路，积极推广“三个传承”党建主题品牌，以易贡乡红色资源为载体，在通麦十英雄碑、通麦革命烈士纪念碑、易贡将军楼等教育基地，开展党性教育活动7次，教育党员干部250人次。深入推进抓党建促脱贫攻坚工作。做好沙玛村辣椒加工厂项目申报工作，成功申请50万扶持资金，项目建设工作已完工。

【党风廉政建设】 积极落实党风廉政建设责任制。召开专题会议明确分工，严格实行“一岗双责”制度，签订《2019年易贡乡党风廉政建设目标责任书》7份和《党员干部廉政承诺书》36份，建立健全组织生活会、谈心交心制度、学习制度、财务管理制度、车辆管理制度等5项规章制度，确保党风廉政建设常抓共管。建立廉政文化墙和廉政文化宣传栏6处，组织观看廉政教育片10场共300人次，主要领导上廉政党课6次，受众200人次；开展党性教育活动7次，教育党员干部250人次；传达违纪违法、扶贫领域腐败等方面文件学习10次。聚焦“四风”问题，开展公务用车、办公用房、赌博行为等，在日常及节假日明察暗访，突击检查20次，发现问题2个，对2名违反工作纪律的党员干部进行通报批评。完成易贡乡5个行政村农村集体资产清产核资工作，其中流动资产数72.12万元，经营性资产221.51万元，非经营性资产378.17万元，资源性资产1493.33公顷。

2019年10月20日，林芝市副市长强巴央宗（右一）赴易贡乡督导检查指导茶产业发展

【脱贫攻坚】 2019年，易贡乡建档立卡户2户9人按计划实现脱贫。易贡乡建档立卡户56户203人全部实现脱贫。针对中央第三巡视组所反馈问题梳理细化易贡乡整改任务31项，整改措施72条，已完成整改。上报扶贫整改日报25期，整改周报5期。2019年共清退生态岗位61人，兑现资金104.83万元。共为11名区

外就读大学生兑现免费教育补助资金 7.85 万元；为 4 名区内就读大学生兑现自治区免费教育补助资金 1.24 万元。扎实开展“四对一”帮扶工作，慰问帮扶对象物资约 4.24 万元。

2019 年 7 月 16 日，自治区政协副秘书长孙东（右二）赴易贡乡调研政协工作开展情况

【科教文卫】 2019 年，易贡乡有专任教师 24 人，专任教师学历合格率 100%，有教学班级 8 个，幼儿园教学班级 3 个，在校生人数 301 人，其中小学在校生 226 人，幼儿园在校生 75 人。大力推进平安校园建设，校园监控系统建设完成并投入使用，积极开展各类灾害应急演练 10 次，大力宣讲安全教育，加强传染病宣传工作 4 次；开展法制、禁毒宣传工作 6 次。积极开展结对帮扶教育工作，教师和精准扶贫户子女完成了“一对一”结对帮扶。积极传承红色基因，加强红色教育，打造红色教育品牌，依托红军小学，积极开展“巾帼英烈家书朗诵活动”“庆建国 70 周年、西藏民主改革 60 周年、六一文艺会演”等活动 10 次，积极抓好体育工作，每年学校组织 2 次校运会。

2019 年易贡乡卫生院有西医科药品 213 种、藏医科药品 136 种，接诊 7600 人次，其中包括藏医科病人 1500 人次，住院病人 51 人，藏医理疗病人 343 人次。病人治愈率 90%。做好“两降一升”工作，有孕产妇 8 人，新生儿 13 人，住院分娩率 100%，建卡率 100%，疫苗接种率 100%，儿童基础免疫接种率 100%。对农牧民妇女进行“两癌”筛查、进行疫苗接种，做好建档立卡户家庭签约寻访服务。对 6 个月至 3 岁儿童发放营养包并进行健康教育，做好 65 岁以上老年人慢病筛查且发放价值 1200 元免费药品。做好农牧民群众体检和慢性病管理治疗工作，发放价值 1.4 万元免费药品。对 343 名育龄妇女进行妇科检查及性健康教育，并对患者随访治疗及发放免费药品。开展 4 次包虫病、“三病”预防等健康知识宣传。参与通麦小集镇和乡小学食堂食品药品安全检查，对 9 名村医进行 4 次培训。

【社会保障】 2019 年易贡乡低保户 8 户 23 人，发放低保金 8.94 万元；发放五保户 9 户 9 人特困金 5.66 万元；发放 23 名寿星老人补贴共 6900 元；医疗救助 5 人次，救助金额 6.78 万元。积极引导就业，大力转移富余劳动力，大力开展就业培训，开展大学生就业宣讲、培训 3 场次，受教育群众 150 人次，完成大学生就业帮扶 5 对，解决 3 人就业。完成 628 人养老保险金 8.89 元收缴工作。

【生态环保】 严格落实中央环保问题整改要求。完成对私人违规建设砂厂、破坏森林的整改，向9个砂石场和3个砖厂下达《责令停产关闭通知书》，318国道卫生清理95次，通麦小集镇清理集中违规广告牌20个。按照《波密县第二次全国污染源普查实施方案》，积极配合做好污染调查工作，协调沟通做好生活垃圾无害化处理工作，推进生活污水处理的工作。积极开展“美丽乡村清洁”志愿活动，开展10次专项环境卫生清理工作，出动车辆35台次430人次；召开生态文明建设和环境保护工作精神学习会议8次；开展环境保护教育宣传10次，受教育群众500人；世界环境日开展“蓝天保卫战，我是行动者”活动，悬挂横幅6条，粘贴宣传标语50条，发放传单130张。召开河长制工作部署会2次、推进会4次，结合易贡乡实际制定巡河制度，县级河长巡河4次，乡级河长巡河280次，村级河长巡河400次，投入生态岗位人员320人次；出动机械5台，清理河道垃圾2吨。县级河长达娃卓嘎解决勒曲藏布清淤费用2万元。根据《波密县国土绿化工作任务分工方案》要求，与各村签订国土绿化工作目标责任书。引导群众做好薪碳采伐工作，大力开展植树造林、人工种草、植被恢复工作，完成“补植复绿”300.75公顷，群众增收180万元。

【安全生产】 2019年，易贡乡不断健全防抗救灾体系，完善易贡乡防灾减灾应急方案预案，规划应急避难场所5处，汛期及时启动应急处置预案。强化护林员管理和值班制度，完善日常巡逻和重点时间节点巡逻机制，健全巡逻台账，做好地震后灾情排查工作；做好江拉村“6·26”泥石流、贡仲村“6·28”泥石流灾情监控、群众安全转移1户及灾后清淤工作，确保群众生命财产安全。重要节日或重大活动期间，完善细化应急预案和工作方案，严格落实领导带班、24小时值班各项制度，组件7个治安联防队，成员90人，累计开展矛盾纠纷排查167次，发现矛盾纠纷7起，调处7起，调处率100%，开展巡逻1千次，参与巡逻5千人次。大力开展创建“和谐平安宣传月”“平安创建”等活动。悬挂宣传标语12条，开展各项宣传20次，受教群众加强重点人口和外来人员管理。开展8次集中清理清查突击行动，共出动警力20人次，清理清查招待所、出租屋、茶馆、娱乐场所12家，清查外来人口30人。2019年，受理各类信访案件1批件，办结1批件，办结率100%。科学部署“扫黑除恶、打非治乱”专项行动。召开专项工作部署会议7次，悬挂宣传标语32条，喷刷固定标语30条，发放扫黑除恶宣传海报300张，设置宣传栏6个，发放宣传单160张，设有举报箱12个，动员广大群众共同参与，乡政府与各村、学校、餐饮店、商店等责任单位签订《易贡乡食品安全目标责任书》19份及《非洲猪瘟防控责任承诺书》19份、《废弃油脂处理承诺书》19份，并签订《食药协管员工作目标责任书》6份，开展食药安全检查10次，对查处过期食品物品进行无害化处理。

【人民武装】 2019年，易贡乡党委，设置征兵宣传栏6处、发放标语200条，1名适龄青年入伍。积极做好退役军人工作，共登记退役士兵及其他优抚对象11人，兑现现役军人优待金和60周岁农村退役士兵生活补助资金工作，为退役军人

2019年8月2日，易贡乡开展"不忘初心、牢记使命"主题教育活动－弘扬长征精神，走好新长征路

悬挂"光荣之家"挂牌。

【干部队伍建设】 2019年，易贡乡制定《易贡乡干部人才调动办法》，做好新干部、专招生"传帮带"管理，后备干部培养工作。开展干部谈心谈话40人次，重要节庆日关怀慰问离退休老干部老党员22人次。以"两学一做"为抓手，以"四讲四爱"群众教育实践活动、"不忘初心、牢记使命"主题教育为契机，开展集中学习15次、干部轮训5次、"学习强国"知识竞赛2次、线下实践活动8次。强化对干部的政治纪律、廉政教育培训、严明党的政治纪律政治规矩；推进乡文化站、阅览室、健身房、食堂的改造升级工作。开展文体活动3次、志愿活动12次，丰富干部日常工作学习生活。强化对村干部量化考核，发挥第一书记、联合驻村工作队对村干部"传帮带"作用，干部进一步使用1人，合理安排干部借调抽调4人次，干部跟班学习2人次，干部外出学习50人次。

【强基惠民工作】 加强组织领导，及时调整充实强基惠民工作领导小组2次，完善领导干部包片包村制度，积极协助村"两委"推进各项工作。积极深入推进驻村"七项重点任务"，积极探索连片驻村经验，强化对村干部的管理与工作指导。牢抓"三帮一带""一退一进""一主一辅"制度，培养村"两委"自主性积极性、树立村"两委"威望、规范村级办事流程等，村"两委"履职尽责能力进一步提升。认真做好强基惠民工作宣传报道、舆论引导、典型宣传工作。

【"不忘初心、牢记使命"主题教育】 开展"不忘初心、牢记使命"主题教育活动暨弘扬长征精神，走好新长征路活动；对"学习强国"前10名学习标兵和"不忘初心、牢记使命”重走长征路（线上）公益健步行活动到达终点的“红军”予以表彰，召开学习先进党员焦裕禄、孔繁森、杨善洲等事迹，观看电影《焦裕禄》等5部红色纪录片，召开主题教育“守初心、担使命”专题研讨会议，让党员干部对照先进榜样及结合各自工作实际发表心得体会，易贡乡党政领导班子成员开展4次主题教育专题学习研讨会，组织党员干部参与主题教育各项学习、研讨、轮训、文艺活动等23场，参与人数610人次。

（普布卓玛）

【领导名录】

党委书记

陆文刚

党委副书记、乡长

益西江成（藏族）

党委委员、纪委书记

贾芳丽（女）

党委委员、统战委员、人武部长

西热江措（藏族，4月离任）

党委委员、宣传委员

尼玛（门巴族）

党委委员、副乡长

邬志强（4月离任）

党委委员、副乡长

旦增罗布（藏族）

党委委员、政法委员

顿珠（藏族，9月任职）

人大专职副主席

陈兰兰（女，5月任职，12月离任）

乡党委委员、人大主席

杨波（5月任职）

附 录

先进集体名录

表 17

序号	获奖单位	获奖名称	表彰时间	授予单位
1	中共波密县委员会办公室	2019 年度林芝市党委系统信息工作先进集体	2020 年 6 月	中共林芝市委办公室
2	波密县	林芝市 2019 年度工作三等奖	2019 年 12 月	中共林芝市委员会、林芝市人民政府
3	波密县人民法院刑事审判庭	2019 年度全市法院刑事审判工作先进集体	2020 年 2 月	中共林芝市中级人民法院党组
4	中国人民解放军 77550 部队 123 分队	践行强军目标标兵基层单位	2019 年 12 月	林芝军分区
5	中国人民解放军 77550 部队 122 分队四班	集体三等功	2019 年 12 月	林芝军分区
6	中国人民解放军 78536 部队	民族团结进步模范集体	2019 年 9 月	中共西藏自治区委员会、西藏自治区人民政府
7	波密监狱	西藏司法厅系统 2019 年度岗位大练兵大比武综合考评 第一名	2019 年 12 月	西藏自治区司法厅
8	波密监狱	西藏自治区司法厅系统第五届“金剑杯”足球赛 冠军	2019 年 8 月	西藏自治区司法厅
9	波密县完全小学	加强民族团结建设美丽西藏——庆祝新中国成立 70 周年、纪念西藏民主改革 60 周年西藏自治区首届师生书法大赛“优秀组织奖”	2019 年 10 月	西藏自治区教育厅 西藏自治区书法家委员会
10	波密县完全小学	荣获林芝市少先队考核工作“先进集体”	2019 年 4 月	共青团林芝市委员会 林芝市教育局 少先队林芝市工作委员会
11	波密县完全小学	全区教育系统先进集体	2019 年 9 月	西藏自治区教育厅
12	倾多镇普龙寺管委会	林芝市级平安寺庙（2019 年度）	2020 年 1 月	中共林芝市委员会、林芝市人民政府
13	倾多镇人民政府	林芝市级平安乡镇	2020 年 1 月	中共林芝市委员会、林芝市人民政府
14	倾多镇巴康村	脱贫攻坚先进集体	2019 年 6 月	中共林芝市委员会、林芝市人民政府
15	波密县第二幼儿园	林芝市教育系统“四讲四爱”群众教育实践活动先进集体	2019 年 12 月	林芝市教育局

续表 17

序号	获奖单位	获奖名称	表彰时间	授予单位
16	波密县总工会	2019年林芝市“不忘初心跟党走 职工有为新时代”学习强国知识竞赛优秀奖	2019年8月	林芝市总工会 中共林芝市直机关工作委员会 中共林芝市委员会宣传部 林芝市文化广播电视局 中共林芝市纪律检查委员会 林芝市广播电视台
17	波密县纪委监委	2018年度全区纪检监察信息工作先进集体	2019年	中共西藏自治区纪委办公厅
18	波密县纪委监委	“祖国赞 清风颂”首届林芝市县处级党员干部廉政演讲比赛优秀组织单位	2019年	中共林芝市纪律检查委员会、中共林芝市委组织部
19	波密县纪委监委	林芝市创先争优强基础惠民生工作先进集体	2019年	中共林芝市委员会、林芝市人民政府
20	波密县森林消防中队	基层建设标兵中队	2019年12月	森林消防局
21	波密县森林消防中队	集体“三等功”	2019年12月	西藏森林消防总队
22	波密县森林消防中队	“先进基层党组织”	2019年12月	西藏森林消防总队
23	波密县邮政分公司	2019年综合业务发展将	2019年12月	中国邮政集团有限公司林芝市分公司
24	波密县邮政分公司	先进基层党组织	2019年6月	中国邮政集团有限公司西藏自治区分公司党组
25	波密县	全区“先进双联户”创建活动先进县（区）	2020年1月	中共西藏自治区委员会 西藏自治区人民政府
26	波密县	林芝市2019年度平安建设（综治）工作第一名	2020年1月	中共林芝市委员会 林芝市人民政府
27	波密县	林芝市“先进双联户”创建活动先进县（区）	2020年1月	中共林芝市委员会 林芝市人民政府
28	波密县中学	第三届中小学（幼儿园）微课制作比赛中荣获优秀组织奖	2019年5月	林芝市教育局
29	波密县中学	第二届全市“119”消防	2019年11月	林芝市防火安全委员会
30	波密县财政局	林芝市级平安单位	2020年1月	中共林芝市委员会 林芝市人民政府

续表 17

序号	获奖单位	获奖名称	表彰时间	授予单位
31	第七批毛江村驻村工作队	林芝市脱贫攻坚先进集体	2019 年 6 月	中共林芝市委员会 林芝市人民政府
32	多吉乡人民政府 中共多吉乡委员会	爱路护路模范乡	2019 年 11 月	西藏自治区公路局 林芝公路分局
33	波密县古乡联合 驻村工作队	西藏自治区级先进驻村（居）工作队	2019 年 12 月	西藏自治区委员会
34	波密县古乡	西藏自治区级文明村镇	2019 年 1 月	西藏自治区精神文明建设指导委员会
35	波密县古乡巴卡村	第一批全国乡村旅游重点村	2019 年 7 月	文化旅游部网站
36	波密县教育局	先进基层党组织	2019 年 6 月	中共林芝市教育局党组
37	波密县完全小学	全区教育系统先进集体	2019 年 9 月	自治区教育厅
38	康玉乡宗热村	平安村（居）	2020 年 1 月	中共林芝市委员会 林芝市人民政府
39	波密县工商业联合会	全国民营企业调查先进集体	2019 年 11 月	国家工商联
40	波密县人力资源和社会保障局	林芝市人社系统业务技能练兵比武活动一等奖	2019 年	林芝市人力资源和社会保障局
41	波密县水利局	2018 年度全市水利系统综合目标管理考核第三名	2019 年 4 月	林芝市水利局
42	国家税务总局 波密县税务局	先进基层党组织	2019 年 7 月	中共国家税务总局 林芝市税务局委员会
43	波密县司法局	全国公共法律服务工作先进集体	2020 年 1 月	司法部
44	岗巴村 第三联户单位	先进双联户	2019 年 1 月	中共西藏自区委员会 西藏自治区民政府
45	波密县委统战部	自治区民族团结进步模范集体	2019 年 12 月	中共西藏自治区委员会 西藏自治区人民政府
46	共青团波密县委员会	林芝五四红旗团委	2019 年 5 月	共青团林芝市委员会
47	波密县卫生健康委员会	医疗卫生业务综合考评奖第二名	2019 年 12 月	林芝市人民政府
48	波密县文旅局	歌声礼赞新时代—林芝市是第四届唱响林芝歌手大赛优秀组织奖	2020 年	中共林芝市委宣传部 林芝市文化广播电视局

续表 17

序号	获奖单位	获奖名称	表彰时间	授予单位
49	波密县广播电视台	林芝市 2019 年度新闻宣传工作先进集体	2020 年 5 月	中共林芝市委宣传部
50	易贡乡人民政府	林芝五四红旗团委	2019 年 5 月	共青团林芝市委员会
51	玉普乡人民政府	自治区创先争优强基础惠民生活动优秀组织单位	2019 年 12 月	中共西藏自治区委员会、西藏自治区人民政府
52	玉许乡人民政府	自治区创先争优强基础惠民生活动优秀组织单位	2019 年 12 月	中共西藏自治区委员会 西藏自治区人民政府
53	玉许乡人民政府	林芝市 2018 年度新闻宣传工作优秀新闻组织集体	2019 年 7 月	中共林芝市委宣传部
54	中共扎木镇委员会 扎木镇人民政府	自治区创先争优强基础惠民生活动优秀组织单位	2019 年 12 月	中共西藏自治区委员会 西藏自治区人民政府
55	扎木镇人民政府	巾帼文明岗	2019 年 4 月	林芝市妇女联合会
56	波密县人民政府办公室	林芝市 2019 年度政务信息工作进步集体	2020 年 4 月	林芝市人民政府办公室
57	政协林芝市 波密县委员会	全区政协系统 2019 年度信息工作先进集体奖	2020 年 6 月	政协自治区委员会办公厅
58	波密县自然资源局	2019 年度林芝市民族团结进步模范集体	2019 年	中共林芝市委员会 林芝市人民政府
59	波密县自然资源局	2019 年度工作先进集体	2019 年	林芝市自然资源局
60	波密县委办公室	2018 年度林芝市党委系统信息工作先进集体	2019 年 5 月	中共林芝市委办公室
61	波密县委办公室	2018 年度波密县生态环境保护工作先进单位	2019 年 2 月	中共波密县委员会 波密县人民政府

先进个人名录

表 18

序号	姓名	性别	民族	籍贯	工作单位	获奖名称	表彰时间	授予单位
1	余玲玲	女	汉	四川仁寿	波密县人民法院	2018 年度全市法院办案标兵	2019 年 3 月	中共林芝市中级人民法院党组
2	赵兴佳	男	白	贵州织金	波密县人民法院	2018 年度全市法院优秀法官	2019 年 3 月	中共林芝市中级人民法院党组
3	赵兴佳	男	白	贵州织金	波密县人民法院	2018 年度全区法院办案标兵	2019 年 2 月	中共西藏自治区高级人民法院党组
4	田峰	男	汉	宁夏银川	波密县人民法院	2019 年度全市法院先进个人	2020 年 3 月	中共林芝市中级人民法院党组
5	尼玛曲珍(大)	女	藏	西藏波密县	波密县人民法院	2019 年度全市法院"基本解决执行难"工作先进个人	2020 年 3 月	中共林芝市中级人民法院党组
6	达瓦卓玛	女	藏	西藏米林	波密县人民法院	2019 年度全市法院"基本解决执行难"个人嘉奖	2020 年 3 月	中共林芝市中级人民法院党组
7	张中钊	男	汉	四川富顺	中国人民解放军77550 部队	个人三等功	2019 年 12 月	林芝军分区
8	陈真	男	汉	四川达州	中国人民解放军77550 部队	个人三等功	2019 年 12 月	林芝军分区
9	张烁	男	汉	云南昭通	中国人民解放军77550 部队	个人三等功	2019 年 12 月	林芝军分区
10	邹昌正	男	汉	四川成都	中国人民解放军77550 部队	个人三等功	2019 年 12 月	林芝军分区
11	王震	男	汉	山东枣庄	中国人民解放军77550 部队	个人三等功	2019 年 12 月	林芝军分区
12	周海峰	男	汉	安徽肥东	波密监狱	自治区级先进优秀驻村队员	2019 年 11 月	自治区强基办
13	加永元丁	男	藏	重庆梁平	波密监狱	自治区级先进优秀驻村队员	2019 年 11 月	自治区强基办
14	格堆平措	男	藏	西藏拉萨	波密监狱	那曲市级先进优秀驻村队员	2019 年 11 月	那曲市强基办
15	索朗央西	女	藏	西藏波密县	波密县完全小学	"101 教育 PPT 杯"课件大赛"优秀奖"	2019 年 5 月	西藏自治区教育厅
16	索朗央西	女	藏	西藏波密县	波密县完全小学	语文课《白桦》"一师一优课 一课一名师"市级优课	2019 年 9 月	林芝市教育局

续表 18

序号	姓名	性别	民族	籍贯	工作单位	获奖名称	表彰时间	授予单位
17	张　谋	男	汉	陕西省商洛市	波密县完全小学	科学课《根和茎》“一师一优课 一课一名师”市级优课	2019 年 9 月	林芝市教育局
18	石　勇	男	汉	四川省巴中市	波密县完全小学	林芝市少先队优秀辅导员	2019 年 4 月	共青团林芝市委员会 少先队林芝市工作委员会
19	丁增曲珍	女	藏	西藏波密县	波密县完全小学	优秀班主任	2019 年 9 月	中共林芝市委员会 林芝市人民政府
20	刘　婷	女	汉	四川省遂宁市	波密县完全小学	“101 教育 PPT 杯”课件大赛“三等奖”	2019 年 9 月	西藏自治区教育厅
21	扎西曲珍	女	藏	西藏波密县	波密县完全小学	“一师一优课 一课一名师”市级优课	2019 年 9 月	林芝市教育局
22	洪雪敏	女	汉	广东普宁	波密县倾多镇人民政府	2018 年度波密县“三八红旗手”	2019 年 3 月	西藏波密县妇女联合会
23	扎西旺堆	男	藏	西藏波密县	波密县倾多镇中心小学	西藏自治区名校长	2019 年 9 月	西藏自治区教育厅
24	扎西旺堆	男	藏	西藏波密县	波密县倾多镇中心小学	西藏自治区乡村教师从教 20 年荣誉奖	2019 年 9 月	西藏自治区教育厅
25	扎西旺堆	男	藏	西藏波密县	波密县倾多镇中心小学	林芝市教育奉献奖	2019 年 9 月	中共林芝市委员会、人民政府
26	邓　云	男	汉	四川达州	波密县倾多镇中心小学	全区优秀思想政治教育工作者	2019 年 9 月	西藏自治区教育厅
27	扎西次仁	男	藏	西藏波密	波密县倾多镇中心小学	西藏自治区乡村教师从教 25 年终身成就奖	2019 年 9 月	西藏自治区教育厅
28	旺　杰	男	藏	西藏察隅	波密县倾多镇中心小学	西藏自治区乡村教师从教 20 年荣誉奖	2019 年 9 月	西藏自治区教育厅
29	洛多措姆	女	藏	西藏波密	波密县倾多镇中心小学	西藏自治区乡村教师从教 25 年终身成就奖	2019 年 9 月	西藏自治区教育厅
30	洛多措姆	女	藏	西藏波密	波密县倾多镇中心小学	林芝市乡村教师从教 25 年奉献奖	2019 年 9 月	中共林芝市委员会、人民政府
31	次仁多吉	男	洛巴	西藏墨脱	波密县倾多镇中心小学	西藏自治区乡村教师从教 25 年终身成就奖	2019 年 9 月	西藏自治区教育厅

续表 18

序号	姓名	性别	民族	籍贯	工作单位	获奖名称	表彰时间	授予单位
32	次仁多吉	男	洛巴	西藏墨脱	波密县倾多镇中心小学	林芝市乡村教师从教 25 年奉献奖	2019 年 9 月	中共林芝市委员会、人民政府
33	扎西拉姆	女	藏	西藏波密县	波密县倾多镇中心小学	西藏自治区乡村教师从教 20 年荣誉奖	2019 年 9 月	西藏自治区教育厅
34	德吉	女	藏	西藏波密县	波密县倾多镇中心小学	西藏自治区乡村教师从教 20 年荣誉奖	2019 年 9 月	西藏自治区教育厅
35	阿增	男	藏	西藏波密县	波密县倾多镇中心小学	西藏自治区乡村教师从教 20 年荣誉奖	2019 年 9 月	西藏自治区教育厅
36	阿增	男	藏	西藏波密县	波密县倾多镇中心小学	林芝市最美乡村教师	2019 年 9 月	中共林芝市委员会、人民政府
37	多杰	男	藏	西藏波密县	波密县倾多镇中心小学	优秀辅导员	2019 年 10 月	共青团林芝市委员会、少先队林芝市工作委员会
38	次久罗布	男	藏	西藏波密县	倾多镇巴康村	中国少数民族（藏语原生态唱法）展演	2019 年 8 月	中国民间文艺家协会 青海省文学艺术界联合会
39	史倩云	女	汉	河南洛阳	波密县第二幼儿园	林芝市第四届幼儿教师教学竞赛暨全区第二届幼儿教师教学竞赛初赛荣获二等奖	2019 年 5 月	林芝市教育局
40	旦增卓嘎	女	藏	西藏山南	波密县第二幼儿园	林芝市第三届中小学（幼儿园）微课制作比赛被评为三等奖	2019 年 5 月	林芝市教育局
41	陈睿	女	汉	河南新密	波密县纪委监委	林芝市“不忘初心跟党走、职工有为新时代”学习强国知识竞赛优秀奖	2019 年	中共林芝市纪委、林芝市总工会
42	刘自强	男	汉	贵州威宁	波密县森林消防中队	三等功	2019 年 12 月	西藏森林消防总队
43	冯梦	女	汉	四川射洪	波密县强基办	自治区创先争优强基础惠民生活动先进工作者	2019 年	自治区党委、自治区政府
44	宋国辉	男	汉	湖南衡东	波密县强基办	三等功	2019 年	自治区党委组织部
45	尼娜	女	藏	昌都芒康	中共波密县委政法委	林芝市创先争优强基础惠民生活动先进驻村（居）工作队员	2020 年 1 月	中共林芝市委员会林芝市人民政府

续表 18

序号	姓名	性别	民族	籍贯	工作单位	获奖名称	表彰时间	授予单位
46	康桑	男	藏	拉萨市林周县	波密县中学	林芝市第三届中小学微课制作比赛一等奖	2019 年 5 月	林芝市教育局
47	嘎松顿珠	男	藏	玉树州囊青县	波密县中学	林芝市优秀共青团干部	2019 年 5 月	共青团林芝市
48	向银宇	男	土家	湖北省利川市	波密县中学	“一师一优课 一课一名师”市级优课	2019 年 9 月	林芝市教体局
49	雷才民	男	汉	甘肃省民乐县	波密县中学	初中教学竞赛三等奖	2019 年 8 月	林芝市教育局
50	雷才民	男	汉	甘肃省民乐县	波密县中学	林芝市第三届中小学微课比赛二等奖	2019 年 5 月	林芝市教育局
51	彭超文	男	汉	湖北省天门市	波密县中学	林芝市初中教学竞赛二等奖	2019 年 8 月	林芝市教育局
52	贡秋旺姆	女	藏	林芝市波密县	波密县中学	论文大赛二等奖	2019 年 7 月	林芝市教体局
53	扎西卓玛	女	藏	林芝市米林县	波密县中学	林芝市书法比赛三等奖	2019 年 10 月	林芝市编译局
54	阿旺加措	男	藏	日喀则昂仁县	波密县中学	“一师一优课 一课一名师”市级优课	2019 年 9 月	林芝市教体局
55	索朗旺堆	男	藏	西藏山南隆子县	波密县中学	课件制作大赛优秀奖	2019 年 5 月	区教育厅
56	索朗旺堆	男	藏	西藏山南隆子县	波密县中学	课件制作大赛三等奖	2019 年 5 月	区教育厅
57	李春兰	女	汉	四川省万源市	波密县中学	市级公开课	2019 年 11 月	林芝市教育局
58	伍敏	女	汉	四川省遂宁市	波密县中学	“一师一优课 一课一名师”市级优课	2019 年 9 月	林芝市教育局
59	吕美燕	女	汉	广东省鹤山市	波密县中学	林芝市初中教学竞赛三等奖	2019 年 8 月	林芝市教体局
60	吴盛滔	男	汉	广东省封开县	波密县中学	西藏第十二届电脑制作活动指导老师三等奖	2019 年 7 月	西藏自治区教育厅
61	裴向彬	男	汉	河南省西平县	波密县中学	“一师一优课 一课一名师”市级优课	2019 年 9 月	林芝市教育局

续表 18

序号	姓名	性别	民族	籍贯	工作单位	获奖名称	表彰时间	授予单位
62	杨赵龙	男	汉	青海省民和县	波密县中学	“一师一优课 一课一名师”市级优课	2019 年 9 月	林芝市教育局
63	洛桑达瓦	男	藏	西藏乃东县	波密县中学	“一师一优课 一课一名师”市级优课	2019 年 9 月	林芝市教育局
64	洛桑达瓦	男	藏	西藏乃东县	波密县中学	藏文书法优秀学员	2019 年 4 月	西藏自治区教育科学院
65	洛桑达瓦	男	藏	西藏乃东县	波密县中学	书法比赛三等奖	2019 年 1 月	西藏自治区教育厅
66	段新刚	男	汉	陕西临潼	波密县中学	中国移动和教育杯论文大赛三等奖	2019 年 1 月	西藏自治区电教馆
67	普扎西	男	藏	西藏江孜县	波密县中学	林芝市第三届中小学微课比赛三等奖	2019 年 5 月	林芝市教体局
68	普扎西	男	藏	西藏江孜县	波密县中学	林芝市中小学教师教育教学论文大赛中荣获二等奖	2019 年 1 月	林芝市教育体育局
69	伟色贡秋	男	藏	西藏波密县	波密县中学	庆祝中国共产党成立 70 周年全区书法比赛二等奖	2019 年 1 月	西藏自治区教育厅
70	伟色贡秋	男	藏	西藏波密县	波密县中学	“唱响林芝”第四届歌手比赛三等奖	2019 年 12 月	林芝市宣传部
71	崔强	男	汉	陕西商洛	波密县中学	“一师一优课 一课一名师”市级优课	2019 年 9 月	林芝市教育局
72	崔强	男	汉	陕西商洛	波密县中学	林芝市第三届微课比赛三等奖	2019 年 5 月	林芝市教育局
73	崔强	男	汉	陕西商洛	波密县中学	林芝市教育系统优秀共产党员	2019 年 7 月	林芝市教育局党组
74	崔强	男	汉	陕西商洛	波密县中学	西藏自治区课件比赛优秀奖	2019 年 5 月	西藏自治区教育厅
75	杨亚垒	男	汉	河南郏县	波密县中学	林芝市第三届微课比赛三等奖	2019 年 5 月	林芝市教体局
76	汪海军	男	汉	甘肃陇西	波密县中学	第二届“易美课堂”广州－林芝 波密“互联网＋美育”	2019 年 5 月	广州市教育局 林芝市教育局
77	汪海军	男	汉	甘肃陇西	波密县中学	“一师一优课 一课一名师”市级优课	2019 年 9 月	林芝市教育局

续表 18

序号	姓名	性别	民族	籍贯	工作单位	获奖名称	表彰时间	授予单位
78	文　雯	女	汉	四川省遂宁市	波密县中学	林芝市第三届微课比赛三等奖	2019 年 5 月	林芝市教育局
79	文　雯	女	汉	四川省遂宁市	波密县中学	西藏自治区首届书画大赛三等奖	2019 年 1 月	西藏自治区教育厅 西藏自治区书法家协会
80	文　雯	女	汉	四川省遂宁市	波密县中学	“一师一优课 一课一名师”市级优课	2019 年 9 月	林芝市教育局
81	尹　舵	男	汉	山东嘉祥	多吉乡人民政府	美术作品“秋日鲁朗”在“中华民族一家亲 同心共筑中国梦”活动中荣获三等奖	2019 年 1 月	西藏自治区民族事务委员会 西藏自治区文学艺术界联合会
82	达瓦央宗	女	藏	西藏林芝	多吉乡人民政府	林芝市“遵行四条标准 争做先进僧尼”教育实践活动先进工作者	2019 年 12 月	中共林芝市委员会 林芝市人民政府
83	西　洛	女	藏	西藏拉萨	古乡人民政府	林芝市三八红旗手	2019 年 4 月	林芝市妇女联合会
84	赵树兵	男	汉	云南寻甸	古乡人民政府	林芝市优秀驻村工作队队员	2019 年 12 月	林芝市委员会
85	尼玛次仁	男	藏	西藏林芝	古乡巴卡村村民村委会	西藏自治区民族团结进步模范个人	2019 年 12 月	中共西藏自治区委员会 西藏自治区人民政府
86	次仁拉姆	女	藏	西藏林芝	古乡巴卡村村民村委会	乡村文化和旅游能人	2019 年 11 月	中华人民共和国文化和旅游部
87	阿博多吉	男	藏	西藏林芝	古乡索通村	关注森林活动 20 周年突出贡献个人	2019 年 5 月	中国人民政治协商会议全国委员会人口资源环境委员会、全国绿化委员会、国家林业和草原局、中华人民共和国教育部、国家广播电视总局、中华全国总工会、中国共产主义青年团中央委员会、中华全国妇女联合会、中华全国工商业联合会、中国绿化基金会

续表 18

序号	姓名	性别	民族	籍贯	工作单位	获奖名称	表彰时间	授予单位
88	次仁多吉	男	珞巴	西藏墨脱县	倾多镇小学	西藏自治区乡村教师从教20年荣誉奖	2019年12月	西藏自治区教育厅
89	洛多措姆	女	藏	西藏波密县	倾多镇小学	西藏自治区乡村教师从教20年荣誉奖	2019年12月	西藏自治区教育厅
90	旺青罗布	男	藏	西藏波密县	多吉乡小学	西藏自治区乡村教师从教20年荣誉奖	2019年12月	西藏自治区教育厅
91	罗　玛	男	藏	西藏巴宜区	古乡小学	西藏自治区乡村教师从教20年荣誉奖	2019年12月	西藏自治区教育厅
92	索朗卓玛	女	藏	西藏波密县	玉许乡小学	西藏自治区乡村教师从教20年荣誉奖	2019年12月	西藏自治区教育厅
93	嘎玛索朗	女	藏	青海玉树	松宗镇小学	西藏自治区乡村教师从教20年荣誉奖	2019年12月	西藏自治区教育厅
94	扎西次仁	男	藏	西藏波密县	倾多镇小学	西藏自治区乡村教师从教20年荣誉奖	2019年12月	西藏自治区教育厅
95	扎西旺堆	男	藏	西藏波密县	倾多镇小学	西藏自治区乡村教师从教20年荣誉奖	2019年9月	西藏自治区教育厅
96	尼玛次仁	男	藏	西藏波密县	康玉乡小学	西藏自治区乡村教师从教20年荣誉奖	2019年9月	西藏自治区教育厅
97	阿　增	男	藏	西藏波密县	倾多镇小学	西藏自治区乡村教师从教20年荣誉奖	2019年9月	西藏自治区教育厅
98	次巴扎西	男	藏	西藏米林县	易贡乡小学	西藏自治区乡村教师从教20年荣誉奖	2019年9月	西藏自治区教育厅
99	德　吉	女	藏	西藏波密县	倾多镇小学	西藏自治区乡村教师从教20年荣誉奖	2019年9月	西藏自治区教育厅
100	旺　杰	男	藏	西藏察隅县	倾多镇小学	西藏自治区乡村教师从教20年荣誉奖	2019年9月	西藏自治区教育厅
101	扎西拉姆	男	藏	西藏波密县	倾多镇小学	西藏自治区乡村教师从教20年荣誉奖	2019年9月	西藏自治区教育厅

续表 18

序号	姓名	性别	民族	籍贯	工作单位	获奖名称	表彰时间	授予单位
102	仁青多吉	男	藏	西藏察隅县	玉普乡小学	西藏自治区乡村教师从教20年荣誉奖	2019年9月	西藏自治区教育厅
103	巴桑旺姆	女	藏	西藏波密县	多吉乡小学	西藏自治区乡村教师从教20年荣誉奖	2019年9月	西藏自治区教育厅
104	普　布	男	藏	西藏巴宜区	玉许乡第二小学	西藏自治区乡村教师从教20年荣誉奖	2019年9月	西藏自治区教育厅
105	扎　穷	男	藏	西藏波密县	玉许乡第二小学	西藏自治区乡村教师从教20年荣誉奖	2019年9月	西藏自治区教育厅
106	查珠卓玛	女	藏	西藏波密县	多吉乡小学	西藏自治区乡村教师从教20年荣誉奖	2019年9月	西藏自治区教育厅
107	落才旺	男	藏	西藏波密县	易贡乡小学	西藏自治区乡村教师从教20年荣誉奖	2019年9月	西藏自治区教育厅
108	扎　桑	女	藏	西藏林周县	玉许乡小学	西藏自治区乡村教师从教20年荣誉奖	2019年9月	西藏自治区教育厅
109	嘎玛次仁	男	藏	西藏波密县	古乡小学	西藏自治区乡村教师从教20年荣誉奖	2019年9月	西藏自治区教育厅
110	白玛罗布	男	藏	西藏米林县	古乡小学	西藏自治区乡村教师从教20年荣誉奖	2019年9月	西藏自治区教育厅
111	次仁旺堆	男	藏	西藏日喀则	玉许乡小学	西藏自治区乡村教师从教20年荣誉奖	2019年9月	西藏自治区教育厅
112	扎西旺姆	男	藏	西藏波密县	玉许乡小学	西藏自治区乡村教师从教20年荣誉奖	2019年9月	西藏自治区教育厅
113	和　平	男	藏	西藏米林县	玉许乡小学	西藏自治区乡村教师从教20年荣誉奖	2019年9月	西藏自治区教育厅
114	顿珠扎西	男	藏	西藏波密县	玉许乡小学	西藏自治区乡村教师从教20年荣誉奖	2019年9月	西藏自治区教育厅
115	格桑旺姆	女	藏	西藏山南	易贡乡小学	西藏自治区乡村教师从教20年荣誉奖	2019年9月	西藏自治区教育厅

续表 18

序号	姓名	性别	民族	籍贯	工作单位	获奖名称	表彰时间	授予单位
116	王宽容	女	汉	山西翼城	波密县多吉乡小学	林芝市教育系统2019年度优秀党务工作者	2019年6月	林芝市教育局党组
117	党骁	男	汉	陕西周至	波密县松宗镇小学	林芝市教育系统2019年度优秀党员	2019年6月	林芝市教育局党组
118	崔强	男	汉	陕西商洛	波密县波密县中学	林芝市教育系统2019年度优秀党员	2019年6月	林芝市教育局党组
119	邓云	男	汉	四川达州	波密县倾多镇小学	全区优秀思想政治教育工作者	2019年9月	自治区教育厅
120	扎西多吉	男	藏	西藏波密县	波密县县中学	全区优秀校长	2019年9月	自治区教育厅
121	刘敏	女	汉	四川蓬安	波密县县小学	全区优秀教师	2019年9月	自治区教育厅
122	郑祖云	男	汉	云南威信	波密县县中学	全区优秀教师	2019年9月	自治区教育厅
123	央珍	女	门巴	西藏林芝	波密县县小学	林芝市优秀教师	2019年9月	林芝市教育局
124	畅娣娣	女	汉	陕西乾县	波密县县中学	林芝市优秀教师	2019年9月	林芝市教育局
125	史旌剑	男	汉	山西沁源	波密县古乡小学	林芝市优秀教师	2019年9月	林芝市教育局
126	丁增曲珍	女	藏	西藏波密县	波密县县小学	林芝市优秀班主任	2019年9月	林芝市教育局
127	措姆	女	藏	西藏林芝县	波密县县中学	林芝市优秀班主任	2019年9月	林芝市教育局
128	阿增	男	藏	西藏波密县	波密县倾多镇小学	林芝市最美乡村教师	2019年9月	林芝市教育局
129	普布	男	藏	西藏林芝县	波密县玉许乡第二小学	林芝市优秀校长	2019年9月	林芝市教育局
130	扎西旺堆	男	藏	西藏波密县	波密县倾多镇中心小学	第二批全区中小学名校长	2019年9月	西藏自治区教育厅
131	赤列	男	藏	山南市贡嘎县	康玉乡人民政府	林芝市创先争优强基础惠民生活动先进驻村（居）工作队员	2020年1月	中共林芝市委员会林芝市人民政府
132	格松加参	男	藏	康玉乡通堆村	通堆村村民委员会	西藏自治区“四讲四爱”群众教育实践活动宣讲员	2019年3月	中共西藏自治区委员会宣传部

续表 18

序号	姓名	性别	民族	籍贯	工作单位	获奖名称	表彰时间	授予单位
133	边巴卓玛	女	藏	西藏拉萨	波密县民政局	林芝市消防先进个人	2019 年 11 月	林芝市消防大队
134	孙　娜	女	汉	山东德州	中国银行波密县支行	中国银行西藏区分行中银卓越先进个人	2020 年 1 月	中国银行西藏自治区分行
135	孙　娜	女	汉	山东德州	中国银行波密县支行	中国银行西藏分行 2019 年度中文录入三级能手	2019 年 12 月	中国银行西藏自治区分行
136	仁增多吉	男	藏	西藏山南	中国银行波密县支行	中国银行西藏分行 2019 年度中文录入三级能手	2019 年 12 月	中国银行西藏自治区分行
137	贡觉卓玛	女	藏	西藏日喀则	中国银行波密县支行	中国银行西藏分行 2019 年度对私业务二级能手	2019 年 12 月	中国银行西藏自治区分行
138	旦　增	男	藏	云南迪庆	中国银行波密县支行	中国银行西藏分行 2019 年度中文录入三级能手	2019 年 12 月	中国银行西藏自治区分行
139	张永县	男	汉	河南南阳	中国银行波密县支行	中国银行四川省分行新员工入职培训“优秀学员”	2019 年 7 月	中国银行四川省分行
140	丁增桑姆	女	藏	昌都江达	波密县人社局	自治区创先争优强基础惠民生活动先进驻村（居）工作队员	2019 年	中共西藏自治区委员会、西藏自治区人民政府
141	阳雨庆	男	汉	湖南隆回	波密县人社局	林芝市人社系统业务技能练兵比武活动“优秀选手”称号	2019 年	林芝市人力资源和社会保障局
142	曾晓燕	女	藏	四川金川	波密县司法局	林芝市创先争优强基础惠民生活动先进驻村（居）工作队队员	2020 年 1 月	中共林芝市委员会 林芝市人民政府
143	杨家国	男	汉	重庆	松宗镇	自治区创先争优强基础惠民生活动先进驻村（居）工作队员称号	2019 年 12 月	中共西藏自治区委员会 西藏自治区人民政府
144	普　布	男	藏	角达村	松宗镇	脱贫攻坚先进人	2019 年 6 月	中共林芝市委员会 林芝市人民政府
145	索朗旺杰	男	藏	栋曲村	栋曲村	第四期农牧民建筑施工队伍岗位培训班优秀学员	2019 年 12 月	林芝市博达职业技能培训学校

续表 18

序号	姓名	性别	民族	籍贯	工作单位	获奖名称	表彰时间	授予单位
146	张庆冲	男	汉	河南浚县	波密县文化和旅游局（借调）	2019 年林芝市民族团结进步模范个人	2019 年 12 月	中共林芝市委员会 林芝市人民政府
147	张庆冲	男	汉	河南浚县	波密县文化和旅游局（借调）	2019 年大学生创业就业人物典型事迹	2019 年 8 月	全国高等学校学生信息咨询与就业指导中心
148	阿旺仁青	男	藏	西藏波密县	波密县委宣传部	最美退役军人	2019 年 8 月	中共林芝市退役军人事务局党组
149	阿旺仁青	男	藏	西藏波密县	波密县委宣传部	2019 年度先进个人	2020 年 1 月	四川省民族文化影像艺术协会
150	罗舒盾	男	汉	广东遂溪	易贡乡人民政府	学习强国知识竞赛先进奖	2019 年 8 月	中共林芝市委宣传部
151	罗舒盾	男	汉	广东遂溪	易贡乡人民政府	林芝优秀共青团干部—驻村团干部专项称号	2019 年 5 月	共青团林芝市委员会
152	扎西卓玛	女	藏	西藏波密县	玉普乡人民政府	林芝市“遵行四条标准 争做先进僧尼”教育实践活动先进工作者	2019 年 12 月	中共林芝市委员会、林芝市人民政府
153	吕春晓	女	汉	山东青岛	玉普乡人民政府	自治区创先争优强基础惠民生活动先进工作者	2019 年 12 月	中共西藏自治区委员会、西藏自治区人民政府
154	郑端阳	男	汉	山东济宁	玉普乡人民政府	自治区创先争优强基础惠民生活动先进驻村工作队员	2019 年 12 月	中共西藏自治区委员会、西藏自治区人民政府
155	代维川	男	汉	江苏丰县	玉许乡人民政府	自治区创先争优强基础惠民生活动先进驻村工作队员	2019 年 12 月	中共西藏自治区委员会西藏自治区人民政府
156	四郎旺姆	女	藏	西藏波密	玉许乡人民政府	林芝市创先争优强基础惠民生活动先进驻村工作队员	2019 年 12 月	中共林芝市委员会 林芝市人民政府
157	王跃明	男	汉	河南漯河	玉许乡人民政府	林芝市创先争优强基础惠民生活动先进驻村工作队员	2019 年 12 月	中共林芝市委员会 林芝市人民政府
158	永彩	男	藏	西藏察隅	波密县扎木镇城关派出所	2020 年度优秀公务员	2019 年 12 月	林芝市公安局
159	邓珠卓玛	女	藏	西藏波密	波密县扎木镇人民政府	自治区先进驻村工作队员	2019 年 12 月	中共西藏自治区委员会 西藏自治区人民政府

续表 18

序号	姓名	性别	民族	籍贯	工作单位	获奖名称	表彰时间	授予单位
160	永　彩	男	藏	西藏察隅	波密县扎木镇城关派出所	2019 年嘉奖一次	2020 年 3 月	林芝市公安局
161	拉巴次仁	男	藏	山南乃东	波密县扎木镇城关派出所	2019 年嘉奖一次	2020 年 3 月	林芝市公安局
162	普　布	男	藏	西藏日喀则	波密县扎木镇人民政府	林芝市 2019 年度专武干部集训优秀学员	2019 年 11 月	林芝市国防动员委员会
163	白玛才宗	女	藏	西藏波密	波密县扎木镇人民政府	歌声礼赞新时代 -- 林芝市第四届“唱响林芝”歌手大赛优秀奖	2019 年 12 月	林芝市委宣传部 林芝市文化广播电视局
164	全保卫	男	汉	河南栾川	波密县人民政府	2019 年西藏自治区脱贫攻坚创新奖	2020 年 1 月	中共西藏自治区委员会 西藏自治区人民政府
165	夏　文	男	汉	四川邛崃	波密县政协委员会办公室	全区政协系统 2019 年度信息工作先进个人奖	2020 年 6 月	政协自治区委员会办公厅
166	韩小超	女	汉	河南郏县	波密县中心幼儿园	2019 年林芝市第三届微课制作比赛三等奖	2019 年 5 月	林芝市教育局
167	何　勇	男	汉	四川乐山	波密县委办公室	2019 年度全市党委系统先进个人	2019 年 12 月	中共林芝市委办公室
168	次旺卓嘎	女	藏	西藏波密县	波密县委办公室	2019 年度波密县森林防火工作先进个人	2019 年 11 月	波密县人民政府、波密县森林防火指挥部

牢记党员使命 永葆初心本色

——在“不忘初心、牢记使命”专题党课上的讲话

县委书记 朱正辉

（2019 年 8 月 26 日）

同志们：

按照中央和区党委、市委的统一安排，为深入贯彻落实习近平新时代中国特色社会主义思想和党的十九大精神，今年 9 月我们将在全县集中开展“不忘初心、牢记使命”主题教育。今天的党课，既是中央和区党委、市委要求的规定动作，也是对我县“不忘初心、牢记使命”主题教育的进一步动员。下面，我结合学习习近平总书记系列重要讲话精神和区党委、市委关于“不忘初心、牢记使命”工作要求，联系波密实际，围绕不忘初心、牢记使命、做合格党员谈几点体会，与大家交流、共勉。

一、深刻认识“不忘初心、牢记使命”的丰富内涵和重大意义

习近平总书记在党的十九大报告里指出：“中国共产党人的初心和使命，就是为中国人民谋幸福，为中华民族谋复兴。”今年是中华人民共和国成立 70 周年，在这个重要时间节点开展“不忘初心、牢记使命”主题教育，这是以习近平同志为核心的党中央统揽伟大斗争、伟大工程、伟大事业、伟大梦想作出的重大部署，是信心所在、党心所系、民心所向、决心所致。

（一）开展“不忘初心、牢记使命”主题教育，是用习近平新时代中国特色社会主义思想武装头脑的迫切需要。习近平新时代中国特色社会主义思想是我们党顺应时代发展而产生的，是具有当代现实意义的马克思主义，贯穿着马克思主义立场方法、闪耀着马克思主义真理光芒，展现了中国共产党人的政治立场、价值追求、精神风范，内容博大精神、体系科学完备，是党和国家必须长期坚持的指导思想。党的十八大以来，总书记着眼党的治藏方略，提出了治边稳藏重要论述，对西藏改革发展稳定作出了一系列重要指示，为推动西藏长足发展和长治久安指明了方向和提供了遵循。我们要始终把习近平新时代中国特色社会主义思想作为学习的重要内容，在扎实推进“两学一做”常态化制度化和深入开展“四讲四爱”群众教育活动的基础上，联系实际学、带着问题学、全面系统学，不断增强“四个意识”、坚定“四个自信”、切实做到“两个维护”，筑牢信仰之基、补足精神之钙、把稳思想之舵。

（二）开展“不忘初心、牢记使命”主题教育，是加强党的建设的现实需求。中国特色社会主义进入新时代，党的建设面临更加艰

巨的任务。新时代是挑战和机遇并存的年代，是奋斗者的时代，我们在西藏工作，尤其要继承和发扬好“两路精神”“老西藏精神”和“红楼精神”。我们要坚持党要管党、全面从严治党，坚持吴英杰书记在自治区第九次党代会提出的“三个牢固树立”，坚持问题导向，以整治“四风”为突破口，着力解决和祛除党内存在的突出问题和不良现象。要认真贯彻落实新时代党的建设总要求，全面推进党的政治建设、思想建设、组织建设、作风建设、纪律建设，深入推进反腐败斗争，奔着问题去，以刮骨疗伤的勇气、坚韧不拔的韧劲坚决予以整治，从根本上解决思想不纯、政治不纯、组织不纯、作风不纯等问题。

（三）开展“不忘初心、牢记使命”主题教育，是保持党同人民群众血肉联系的内在要求。 我们党的根基在人民、血脉在人民、力量在人民，党从成立之日起就把为人民服务作为根本宗旨，把不断实现好、维护好、发展好最广大人民群众的利益作为全部工作的出发点和落脚点。保持党同人民群众的血肉联系是我们党面临的一个永恒主题，我们要继续引导广大党员干部永葆赤子之心，践行好党的根本宗旨，把群众观点、群众路线深植于思想中、落实在行动上，将自己融入到群众中去，切实为群众谋利益，干实事，解难题，不辜负人民群众对我们党的信任，巩固好我们党在西藏的执政基础，筑牢群众根基。

（四）开展“不忘初心、牢记使命”主题教育，是推进波密长足发展和长治久安的重要保证。 党的十九大提出的“两个一百年”奋斗目标，是人民对美好生活向往的集中体现，是当代共产党人最重要最现实的使命担当。一直以来，在党中央、区党委和市委的坚强领导下，在广东人民的无私援助下，全县广大党员干部主动担当、勇于作为，各族群众同心同德、感恩奋进，“五个波密”建设取得了阶段性成效，全县也处在快速发展的黄金时期。在看到成绩的同时，我们也要正视在队伍建设中和作风建设的不足。有的党员干部干事精神不振、担当劲头不足，休假了不想回来、回来了不想工作，当一天和尚撞一天钟，不谋事、不干事；有的党员干部表态的时候，说的比谁都好，到真正落实的时候，拿不出实际行动，工作一套、汇报一套，对党和人民事业极度不负责；有的党员干部不敢创新工作方法，干工作按部就班、坐等领导指挥；还有的党员干部身在其职、不谋其责，甚至以这病那病的理由要求提前退休。我敢说，波密的很多干部身体都有问题、又有很多是夫妻孩子异地工作生活的，为什么别人能克服困难，自己却不可以，下去以后大家要好好反思一下。这次主题教育的开展就是要激励广大党员干部牢固树立立党为公、执政为民的价值理念，砥砺不忘初心、牢记使命的精神品格，对党忠诚、积极工作，努力推进波密长足发展和长治久安，谱写好中华民族伟大复兴的波密篇章。

二、准确把握“不忘初心、牢记使命”在波密的时代精神

艰苦奋斗是我们党在长期的革命和建设里程中形成的优良传统和作风，也是新中国成立以来一路高歌猛进的重要精神支撑，新时代新征程需要我们自觉延续这种宝贵的精神传统。

六十载岁月积淀，红楼不仅见证着波密县的发展，更见证着西藏在祖国怀抱中茁壮成长。1953 年，康藏公路管理局四区为解决办

公、住宿之需，设计建造了红楼。1956年，扎木中心县委和昌都解放委员会波密第二办事处搬进红楼办公、住宿，执行“六年不改”政策，宣传党的民族宗教政策，开荒种地、影响群众、统战上层。1959年扎木保卫战打响，红楼就成为了这场战役的指挥中心，60余位同志在这里与叛军进行了英勇顽强的斗争，等来了援军，取得了胜利，树立了平叛必胜的决心。波密解放和民主改革以来，一批又一批、一代又一代波密党员干部始终保持对人民的赤子之心，不忘初心、牢记使命，继续为红楼精神添砖加瓦，红楼的精神内涵也越来越深厚。可以说，今天的红楼是波密各族人民团结拼搏的精神动力和锐意进取的力量源泉，更是波密各族儿女应该继承和发扬的时代精神。关于传承波密时代精神，在这里我再讲三点要求。

第一，要打牢思想根基。树高千尺，要靠深深扎根；信念坚定，要有思想根基。这次“不忘初心、牢记使命”主题教育总要求就是“守初心、担使命，找差距、抓落实”，这是以习近平为核心的党中央根据新时代党的建设任务、针对党内存在的突出问题、结合这次主题教育的特点提出来的，我们必须结合波密实际以钉钉子精神落实好。

现实工作中谈到初心，我们县少数党员干部往往也会生出类似迷惑和不解：感觉初心过于高大上无法触摸，不由自主地发出“初心在哪里”的感慨。正因为不知道如何诠释初心、把握初心，导致有的把初心当“奢侈品”，认为在自己只是普通干部，主题教育“与我无关”，守初心“太奢侈”；有的把初心当“附属品”，觉得随着党龄增长、经历累积，初心会“随之而来”；有的把初心当“替代品”，心想做好布置工作、完成交办任务就等于守初心。凡此种种，在初心上“犯迷糊”“充楞子”，于是浑浑噩噩、得过且过、后知后觉，让党性意识、政治品格不断萎靡、退变，最终脱离党和人民群众。

“风起于青萍之末，浪成于微澜之间”。守好初心，要牢记全心全意为人民服务的根本宗旨，以坚定的理想信念坚守初心、以真挚的人民情怀滋养初心，以牢固的公仆意识践行初心，当好人民的勤务员，永远不脱离群众、轻视群众、漠视群众的疾苦。我们更要秉承“忠党报国，造福人民；自力更生，不畏艰难；反对分裂，捍卫统一”的红楼精神建设好“五个波密”，矢志不渝为波密各族人民谋幸福、谋复兴。

第二，要抓好组织建设。“欲筑室者，先治其基”。党的基层组织是党全部工作和战斗力的基础，任何时候任何情况下，抓党的基层组织建设一刻不可放松。近年来，波密县紧紧围绕市委“135”基层党建工作思路，以提升基层党组织组织力为目标，强责任、聚合力，强规范、打基础，强创新、求突破，基层党建工作取得了一定的成绩，但离党建工作要求还有一定的差距。在新的历史方位上，全县各级党组织必须牢牢把握新时代党的建设总要求，旗帜鲜明地坚定党对一切工作的领导，突出思想引领，强基固本、有为有位，提升基层党建质量。

注重思想引领，全面加强思想政治建设。要坚持把党的政治建设放在首位，用习近平新时代中国特色社会主义思想武装全党，深入学习贯彻党的十九大、十九届二中、三中全会精神，筑牢“两个坚决维护”的政治忠诚，全力抓好“不忘初心、牢记使命”主题教育。要不断培育和践行社会主义核心价值观，弘扬波密优秀文化，深化中国特色社会主义和中国梦宣传教育，教育引导党员干部夯实理想信念之基，保持先进性和纯洁性。

注重强基固本，全面提升基层党建质量。以提升组织力为重点，突出政治功能、明确任务目标、细化工作举措、创新实践载体，推动党的建设和组织工作提质增效。要严格贯彻落实《中国共产党支部工作条例（试行）》《中国共产党农村基层组织工作条例》，执行好“三会一课”、民主生活会和组织生活会，谈心谈话、民主评议党员等基本制度；积极探索开放式“主题党日”、创意型组织生活、不断增强支部“主题党日”的吸引力。逐村制定完善村集体经济发展规划，发展壮大村级集体经济。进一步落实基层组织标准化建设工作，在全面完成建设的基础上，完善配套设施，拓展阵地功能，定期组织活动，用好用活用实活动阵地，推动活动阵地从全覆盖建成向加强管理、有效使用、发挥作用转变。深化拓展“党建+”行动，做好党建与产业发展、民族团结、乡村振兴等各项工作的结合，抓好党建示范点和品牌的辐射引领，提升基层党建品牌质量。

注重有为有位，全面深化干部队伍建设。要动员和激励全县广大党员干部带头履职尽责，带头担当作为，带头顶在最前面、干在最难处，在三岩搬迁、乡村振兴、经济发展等中心工作中成为攻坚克难的“主心骨”和“先锋队”。实施村党组织带头人整体优化提升行动，深化农村“领头雁”培养工程，加强党组织书记、驻村工作队等基层队伍建设，全面提升基层工作水平。深化党员队伍建设，严格党员发展步骤，提高发展党员质量。强化农牧民党员教育培训，将有理想、听党话、想干事的农牧民党员统一进行培训，让其为波密经济社会发展贡献积极力量。

第三，要做好宣传教育。通过宣传党的路线、方针、政策等，抢占党在基层各领域的党组织建设阵地，进一步夯实党在基层的执政根基。一是营造基层党建浓厚氛围。结合全域旅游，以县、乡公路为轴，以村居为点，利用传统或新兴媒体，常态开展思想宣传工作，让党的思想、主张沿国道公路，进村庄帐篷、到田间地头，积极营造大抓基层党建浓厚氛围。二是加大经验总结提炼。深挖基层党建工作有效做法，总结各领域基层党建创新思路，推广破解基层问题、难点的具体举措，让基层党建做得实、说得出、讲得清、能推广、成示范。三是注重培育先进典型。通过每年集中精力打造一批示范点，串点成线、连线成面，形成“点上有特色，线上成体系，面上显品牌”的工作格局。

三、对照初心和使命要求，充分认清我们存在的差距和不足

近年来，我们也严格按照中央、区党委和市委有关指示要求，坚持与党中央对标对表，大力推进各项工作，在党的建设、经济发展、乡村振兴等方面取得新突破。但是，对照上级党委的要求还有不少差距。主要表现在以下几个方面：

（一）运用党的创新理论武装头脑上还有差距

学习缺乏主动性。部分党员领导干部对理论学习抱有无所谓的态度，缺乏学习的主动性和自觉性，被动参加理论学习的现象仍然存在。把学习当成一种负担，表现在要我学，而不是我要学，上级有要求才学，不部署就很少学；

工作需要了就学点，一时用不上就不学；集中组织学习就好一些，个人自学就放任自流。主要原因是对学习的重要性和必要性缺乏足够的认识，认识不到学习是党员干部的第一需要、第一责任，认识不到党的创新理论是改造主观世界的锐利思想武器。学习缺乏系统性。有的学习不是立足运用，而是满足个人喜好，自己喜欢什么就看什么；有的满足看一看标题、记个观点、了解些只言片语，以此来代替理论学习；有的习惯于听专家讲座、听学者辅导，在读原著学原文悟原理上用心用力不够。

到底就是把学习当成了可有可无、事不关已的软指标，缺乏不学习就要落伍，就可能走下坡路、走歪路的紧迫感。三是学习质量不够高。有的就学习抓学习，把学习当作任务，满足于学过了，不求领悟了，蜻蜓点水、浅尝辄止，与习总书记“往深里去、往实里去、往心里去”的要求相距甚远。有的学习图形式、走过场，满足于书上划道道、本上抄笔记，以武装笔记本代替武装头脑，以应付检查代替学习效果。有的学习联系实际不够，不能带着问题学、结合任务学、联系思想学，致使出现学用相脱节、“两张皮”的现象，使学习没能达到武装头脑、指导实践、推动工作的目的。究其原因是学习的指导思想不够端正，没能正确处理好学与用、形式与内容，过程与效果的关系，没把学习为什么、图什么的问题解决好。

（二）在落实从严治党要求上还有差距

刚才，我们通报了我县扶贫领域腐败和作风问题专项治理工作情况以及九届县委巡察发现的共性问题和九届县委换届以来我县查处的典型案例。自换届以来，县纪委监委共受理问题线索98件，立案40起，给予党纪处分38人，政务处分6人，诫勉谈话16人，约谈36人，下达监察建议书14份，追缴违规违纪资金61万余元，有效推动了全县各级党组织层层落实主体责任，提升了监督的质量。

从通报的巡察共性问题来看，我县有的党组织和党员干部仍不同程度存在一些问题。如：违反政治纪律，对抗组织审查、维稳措施落实不力的有之；违反中央八项规定精神，公车私用、超标准豪华装饰公车、超范围发放津补贴的有之；违反廉洁纪律，骗取财政资金的有之；违反工作纪律，擅自脱岗的有之；违反生活纪律，参与赌博的有之；违反国家法律法规，参与群体性冲突事件、扰乱公共秩序的有之；违反精准扶贫政策规定，精准识别不到位、惠民政策落实不到位、违规安排生态岗位的有之。虽然以上问题的发生主要是个别干部自身出现了问题，但通过深入剖析这些不正之风和腐败问题的根源，也说明我们在教育管理和监督制约等方面还存在“两个责任”落实不到位，对干部管理失之以宽、失之于软，部分岗位权力过于集中、重点部位监管乏力等问题，没有形成完善的监督制约体系和强大的震慑作用。对于这些问题都需要我们高度重视、认真整改，在今后的工作中坚持真管真严、敢管敢严、长管长严，抓早抓小、防微杜渐，以更严的标准、更实的举措推动全面从严治党主体责任落地生根。

（三）在为民服务的宗旨意识上树得还不够牢

近几年，我们县党员干部在服务群众、积极为基层办实事、解难题等方面，做了大量的工作。但也要看到服务意识不强，作风不够扎实的问题并没有从根本上得到很好地解决。

有的工作作风飘浮，平时深入实际调查研究不够，对实际情况若明若暗，特别是缺乏一些定量的分析；有的谋划和指导工作考虑实际需要不够，抓工作重部署轻落实，上篇文章做得好，下篇文章做得差；今年是基层减负年，有一些部门还存在以会议落实会议、以文件落实文件的现象，文山会海仍不同程度存在。有的党员干部工作标准不高，只求过得去，不求过得硬，工作小进则安，小进则满，还有的办文办事存在“粗、疏、错、漏”现象，马虎了事，应付差事，出精品的思维没有树起来，缺乏绘工笔画、下绣花功的耐心和韧劲。有的单位和部门提交常委会的事项和汇报材料经常存在逻辑不通、错别字的问题，这些问题都是能够避免的，为什么还会发生，说轻点是工作不细心，说重点就是政治站位不高，哪几个单位自己心里也有数，回去以后好好反思整改。有些党员干部对群众关切的问题敏感性不够，透过现象看本质，举一反三找差距的意识缺乏。存在的问题从表面上看是作风不扎实、工作能力不足的问题，追根溯源是为人民服务的宗旨意识没树牢。十九大报告中指出：脱离群众是我们党执政后的最大危险、密切联系群众是我们党的最大政治优势。我们要时刻牢记党全心全意为人民服务的根本宗旨，树牢群众观点，坚持走群众路线，始终把人民放在心中最高位置，切实解决好人民群众最关心最直接最现实的利益问题。

（四）在履行使命担当上本领还不够强

提高全县各级党员干部的能力素质，是贯彻落实党的十九大精神，忠实履行使命，推进“五个波密”建设又好又快发展的必然要求。分析当前干部队伍能力素质不够高的根本原因，一是缺乏危机感。一些同志对学习重视不够，抓的不紧，学理论钻的不透，学业务知难而退，学管理浅尝辄止，没有深刻认识到在知识日新月异，履行新使命不仅要做勤政苦干、爱岗敬业的“老黄牛”，更要做素质全面、本领过硬的“千里马”，不提高能力素质就会被时代所淘汰、被岗位所抛弃。二是缺乏刻苦钻研的精神。有的同志思想怕艰苦，工作怕辛苦，加不了班，熬不了夜；有的党组织学习做样子，开会走形式，不善于学习新知识，研究新问题，业务不精，思维层次不高，工作方法简单粗暴；有的到单位工作七八年，写不了材料，干不了业务，胜任不了本职工作，缺乏提升自我的意识。领导岗位格外重要，对干部素质要求更高，为造就高素质的干部人才提供了良好平台，而我们一些同志被组织提拔以后，不能很好的借助这个平台锻炼自己、遇到工作能推就推，能躲就躲，错失了发展自我的机遇。当然，提高能力素质也不是一朝一夕之功，这需要水滴石穿的韧劲和敢为人先的闯劲。因此，提高全县各级党员干部的能力素质，既是一项十分紧迫的任务，又是一项长期任务，大家一定要高度重视，切实增强提高能力素质的危机感、紧迫感和使命感。

（五）在制度建设上还不够完善

十八大以来，我们在涉及到党的政治建设、思想建设、组织建设、作风建设、纪律建设以及全县重点工作方面的制度措施也着实建立了不少。但是通过对扶贫领域发生的几起案例深入剖析，以及巡视巡察指出问题和我们深入查摆问题，我感到，波密县有些制度措施规定仍不够完善，流程还不够严谨，特别是针对全县面临的新形势新特点新任务，创新发展理念，创造性开展工作的制度措施保障上还有较大差距。针对这些问题，我们一定要举一反三，在标本兼治上下大功夫，做到坚持当下改与长久立相结合，进一步完善各项工作制度，既要集中解决工作中的突出问题，又要聚焦波密改革发展的难点痛点堵点，聚焦涉及波密改革发展稳定的重要事项、关键问题、关键环节，研究务实之措、治本之策。

四、党员干部如何做到“不忘初心、牢记使命”

习近平总书记指出：“每个时代总有属于自己的问题，只要科学地认识、准确地把握、正确地解决问题，就能够把我们的社会不断推向前进。”解决问题不仅是这次党课的出发点和落脚点，也是推进“五个波密”建设可持续发展的助推器和动力源。为此，我们一定要借这次主题教育的东风，真正做到刀刃向内，刮骨疗伤，多管齐下，标本兼治，切实把我们存在的问题解决好。具体讲，我们要从以下几个方面发力。

（一）强化宗旨意识，着力打牢不忘初心使命的思想基础

我们党之所以能够发展成为世界最大执政党，就是因为我们党始终同人民风雨同舟、血脉相通、生死与共，就是因为我们党有着一颗为人民谋幸福的初心。党的十八大以来，以习近平同志为核心的党中央模范践行着为人民谋幸福的初心。习近平总书记在这次主题教育工作会提出的“三个弄明白”，是在新时代践行为人民谋幸福初心的具体要求。说到底，人民立场是我们党的根本政治立场，全心全意为人民服务是我们党的根本宗旨，人民对美好生活的向往就是我们的奋斗目标。联系波密实际，我们必须始终坚持以人民为中心的发展理念，永远把人民放在心中最高的位置，永远不脱离群众、轻视群众、漠视群众疾苦，热忱服务群众，着力解决人民群众身边的操心事、烦心事、揪心事，进一步形成到基层一线解决问题的导向，以服务群众的实际成效践行我们波密党员干部的初心，用实际行动赢得人民信任。

（二）强化使命担当，不断夯实践行初心使命的能力基础

初心和使命是激励一代代中国共产党人前赴后继、奋勇前进的根本动力，是新时代赋予我们的命题、是我们必须答好的时代答卷，是我们必须扛起的时代责任。要将这份责任履行好，将这份时代答卷答好，党员干部必须要有铁一样的责任担当，有能干事、干成事的工作魄力。

首先，要有过硬的本领。俗话说：“打铁还需自身硬”。面对复杂多变的国际形势，我们一些同志学习意识不强，本领的恐慌感不够，知识方面存在许多短板。新形势下波密改革发展稳定挑战与机遇并存，我们要切实激发抓学习、强素质、长本领的内在动力，焕发干事创业的精气神。注重培养专业能力、专业精神，努力成为本职工作的行家里手；注重实践锻炼，甘当群众的学生，在基层一线、急难险重的工作中增长经验智慧，在经风雨、见世面中壮筋骨、长才干。其次，当有坚韧的工作干劲。习近平总书记在今年访问欧州三国，回答意大利众议长菲科提问时“我将无我，不负人民”的深情表达迅速刷屏，赢得广泛赞誉。总书记那种“得罪千百人、不负十三亿”的决心，体现了勇于担当的精神。正所谓，“大事难事看担当、逆境顺境看襟度”。作为党员领导干部，我们要学习总书记从政实践中彰显出

来的担当精神，做勇于担当负责的表率。面对现实中的“沟沟壑壑、坎坎坷坷”，要有滚石上山、爬坡过坎的毅力和决心，以人一之我十之、人十之我百之的努力和功成不必在我、功成必定有我的境界作出无愧于时代、无愧于人民、无愧于历史的业绩。

（三）强化廉政意识，务必守住牢记初心使命的底线

党的作风建设关系人心向背、关系党的生死存亡。在开启波密建设新的历史征程中，全县广大党员干部特别是领导干部，要以习近平总书记“信念坚定、为民服务、勤政务实、敢于担当、清正廉洁”的要求为标准，注重廉政建设，不断掸去思想上的灰尘。

坚持言行合一，增强“四个意识”。要树牢“四个意识”，坚定“四个自信”，坚决做到“两个维护”，自觉在思想上政治上行动上同以习近平同志为核心的党中央保持高度一致。要把纪律和规矩挺在前面，对照党章党纪党规，把自己的一言一行、一举一动都置于其内，切实做到政治上讲忠诚、组织上讲服从、行动上讲纪律。要自觉贯彻落实党的路线方针政策，深入贯彻落实习近平新时代中国特色社会主义思想，始终做到党中央提倡的坚决响应，党中央决定的坚决照办，党中央禁止的坚决不做。

坚持慎独慎微，筑牢自律防线。前车之覆，后车之鉴，全县各级党员领导干部要从我县的一些典型案例中深刻汲取教训，高度警醒、引以为戒、举一反三，切实做到心中有戒、行有所止、警钟常鸣，时刻绷紧廉洁自律这根弦，牢记人情里面有原则、交往之中有纪律，切实管住管好自己“八小时之外”的“社交圈”“生活圈”“朋友圈”。要强化对权力的敬畏感，对待权力要有如履薄冰、如临深渊的危机感，常修为政之德，正确对待是非、利害、荣辱、苦乐，不为名利所困，不为得失所扰，不为虚荣所累。

树立良好家风，引领社会风尚。党员干部要坚持把家风建设摆在重要位置，切实立好家规家训，在思想、情感上给予正确引导，帮助家人划清是非、美丑、荣辱界限，以有形的家规家训带动无形的家风，使家人行动有指南，做事不踩底线不碰红线；说到这里，前两天重庆保时捷车主李月就是一个很好的例子，自称“红灯从来都是闯、打个电话全部改”，在社会舆论的压力下，她老公童小华接受调查，被免去了派出所所长职务，这就是典型的没有管好家里人导致毁掉前程的家风建设问题，我们波密的党员干部可不能让妻子孩子成为第二个“李月”。做好家风建设，要严格教育管理家庭成员及其身边工作人员，经常进行家庭助廉教育，教育他们树立正确的人生观、价值观、权力观和利益观，自觉做守纪律、讲规矩、重操守的人，防止“枕边风”成为贪腐的导火索，防止子女打着自己的旗号非法牟利，防止身边人把自己拉下水，切实通过良好的家风建设，带动社会风气不断向好。

同志们，开展“不忘初心、牢记使命”主题教育意义重大、影响深远。让我们更加紧密地团结在以习近平同志为核心的党中央周围，不忘初心、牢记使命，廉洁自律、扎实工作，以推进波密经济社会长足发展和长治久安的优异成绩庆祝新中国成立70周年。

今天党课就讲到这里，谢谢！

在波密县庆祝全国第35个教师节暨表彰大会上的讲话

县委书记 朱正辉

（2019年8月26日）

各位老师、同志们：

春华秋实，桃李芬芳。再过两天，就是全国第35个教师节，这是广大人民教师光荣和幸福的节日。刚才，我们对一年来全县教育工作战线上涌现出来的先进集体和个人进行了表彰，3位受表彰的老师代表也分别从不同角度，谈经验、谈收获，谈体会，发自肺腑，情真意切，充分展示了我县教师和教育工作者的精神风貌，听后我深受启发、很受感动。在此，我谨代表县委、县政府向受到表彰的先进集体和先进个人，表示热烈的祝贺！向在座的各位，并通过你们向全体教育工作者、离退休教师致以节日的问候和崇高的敬意！向长期关心支持波密教育事业发展的社会各界人士，表示衷心的感谢！

教育是发展之源、强县之基、民生之本。近年来，我县教育工作在全市连续实现争先进位，提振了信心，赢得了各级领导的充分肯定和高度评价。党的十九大以来，在习近平新时代中国特色社会主义思想指引下，全县教育工作者“不忘从教初心、牢记育人使命”，认真贯彻落实国家和地方教育方针政策，主动通过“走出去”和“请进来”相结合的方式，不断强化师资力量，“五个100%”工作成效显著；坚持教育优先发展战略，加大教育投入力度，办学条件进一步改善，为全县教育教学水平提升奠定了坚实基础；签订广州——波密五年帮扶协议，选派优秀专业师范生进驻县中小学开展教育帮扶，搭建了教育援藏新平台；向县中小学和幼儿园免费开放“启智星”和“班班通”网络教学资源平台，“互联网+教学”工作得到进一步深化；选派运动员参加林芝市第七届“尼洋河杯”足球比赛并夺得冠军，体育事业蓬勃发展。2019年，我县中考成绩500分以上42人，同比去年增长22人，内地班上线15人，其中藏文班物理、化学摘得全市中学单科状元；小考成绩300分以上26人，内地班上线25人，同比去年增长4人，录取22人。这些成绩的取得，是县委、县政府尊师重教的结果，是全县各级各部门高度重视、密切配合的结果，是社会各界大力支持的结果，更是全县教育工作者默默无闻、勤奋工作和无私奉献的结果。

成绩属于过去，奋斗成就未来。当前，随着市委关于深化新时代教育改革发展的意见及时出台，切实把林芝教育改革试点工作推向深入，使波密教育站在新的历史起点，进入新的发展期，对各类资源的需求更加突出、更加紧迫、更加精细。下面，就进一步做好全县教育工作，我提几点意见和希望。

一、高度重视，认真落实教育优先发展战略

百年大计，教育为本；千年伟业，教育为基。习近平总书记强调，“两个一百年”奋斗目标的实现、中华民族伟大复兴中国梦的实现，归根到底靠人才、靠教育。教育是一项基础性、先导性、战略性的事业，一个国家、一个地区的竞争说到底是人才的竞争，人才的竞争根本上就是教育质量的竞争。一要充分认识教育工作的重要意义。教育是提高人民思想道德素质和科学文化素质的基本途径。在去年召开的全国教育工作会议上，习近平总书记作了重要讲话，讲话站在新时代坚持和发展中国特色社会主义的战略高度，深刻阐明了教育在党和国家工作大局中的战略地位，集中阐述了“九个坚持”，科学回答了教育根本性问题，为加快推进教育现代化、建设教育强国、办好人民满意的教育，指明了前进方向、提供了根本遵循，首次提出了教育是国之大计、党之大计。应该看到，教育涉及千家万户，办好教育绝不单纯是教育部门的工作，也是全党全社会、各级各部门的共同责任，发展教育，功在当代、利在千秋，教育是否优先发展，事关百姓福祉，事关“五个波密”建设进程。二要将教育工作摆在重要位置。坚定教育优先发展战略，是落实习近平新时代中国特色社会主义思想的必然要求，促进教育事业持续快速发展，是时代赋予我们的光荣使命。实践告诉我们，一个地方穷，穷在教育；发展慢，慢在教育；竞争能力弱，弱在教育。各乡（镇）和教育部门要牢固树立忧患意识，站在立党为公、执政为民的高度来重视教育、谋划教育、发展教育，始终把教育摆在优先发展的位置，始终把教育公平作为改善民生的重点，始终把推进素质教育、促进全面发展作为办学的根本，一以贯之，一抓到底，特别是各乡（镇）党政一把手要努力当好“教育书记”“教育乡（镇）长”，全力推动教育沿着更加均衡化、特色化和现代化的路径发展，为全县经济社会长足发展提供强大的人才支持和智力支撑。

二、统筹推进，办好让人民满意的教育

教育事业是社会民生的重要组成部分，是人民群众根本利益的重要体现。大力推进教育民生建设，办好人民群众满意的教育，既是党委、政府得人心、暖人心、稳人心的好事实事，也是人民群众对教育的新追求、新期待。

（一）要敢于正视教育发展中的问题和不足。近年来，随着国家投入的不断加大，全县各级各类学校办学条件和办学水平有了极大提高，但我们也要对存在的不足保持深刻而清醒的认识。一是由于教育历史欠账多，投入相对不足，部分学校基础设施建设还比较滞后；二是教育发展还不够均衡，乡镇生源向县城流动、县城学校班额过大的问题还依然存在；三是教育教学管理水平还有待提高，学校教育教学管理制度等还需要进一步完善；四是教育资源不充分不均衡、外来人口子女教育压力大等问题仍不容忽视，这与我全面建成小康社会的内在要求还不相称。为此，全县各级各部门要着眼于促进教育公平，提高整体水平，坚持统筹推进、一体发展，优化教育资源配置，着力加强薄弱学校改造，加大投入，不断提高农村教师队伍素质和教育管理水平；要加紧谋划建设县城二小，努力实现规划布局一体化、建设标准一体化、办学条件一体化、教师保障一体化、

管理水平一体化、教育质量一体化均衡推进，着力缩小城乡间、校际间教育差距，推动我县义务教育由基本均衡向优质均衡迈进。

（二）围绕“立德树人”教育目标，培养全面发展的社会主义接班人。著名教育家陶行知说过：“千教万教教人求真，千学万学学做真人。” 教育的功能不仅在于“传道、授业、解惑”，更在于“励志、立德、教化”。我们要把立德树人贯彻到教育的各领域、各方面、各环节，全力培养社会主义建设者和接班人。一是坚持把社会主义核心价值观融入教育全过程。要结合“四讲四爱”群众教育实践活动和“不忘初心、牢记使命”主题教育活动，引导广大学生树立正确的世界观、人生观、价值观。要注重培养青少年学生健康、乐观、向上的品格，教育广大学生自觉遵纪守法、维护秩序、节约资源、爱护环境、扶贫济困、助人为乐、尊老爱幼、明理包容，努力成长为有文化修养、有人文情怀、有社会担当的优秀人才。要充分发挥好县委红楼、易贡将军楼、通麦十英雄纪念碑等红色资源，深入开展以爱国主义为核心的民族团结教育，深化民族团结进步校园创建活动，积极培育中华民族共同体意识，让“三个离不开”和“五个认同”思想深深根植于青少年学生心中。二是坚持把实践育人融入教育全过程。抓好实践育人这个重要环节，引导学生坚定理想信念，在学习实践中增长知识才干，在劳动实践中磨炼意志品质，在社会实践中强化使命担当，真正成长为德才兼备、全面发展的优秀人才。要全面推进素质教育，素质教育不能只是挂在嘴边的口号，要作为学校一切工作的出发点和落脚点，让每一个孩子上好学、有发展、能出彩。三是坚持把理想信念教育融入教育全过程。这两个月，香港事件是全国上下当之无愧的舆论焦点，“港独”分子进行非法示威游行，扰乱公共秩序，几度侮辱国旗、国徽，人虽然多，但有一个共同的特征，参与人员基本上是年轻人。俗话说的好，“年轻人出了问题一定是教育出了问题，有什么样的教科书，就会有什么样的年轻一代”。香港的教育和我们不一样，德育教育基本是空白，香港特区政府也曾提出中小学要增设德育课程，但却受到了巨大阻力，最后搁浅。可以说，德育的缺失是导致香港事件的问题所在。波密地处民族地区，每一名教师更要担负起历史赋予我们的神圣职责，深化理想信念教育，增强思想政治教育的针对性，教育引导学生厚植爱国情怀，培养道德情操，帮助学生扣好人生的第一粒扣子，切实增强学生的“四个自信”，用实际行动答好“爱国三问”（你是中国人吗？你爱中国吗？你愿意中国好吗？）

三、修德提能，争做教书育人的好园丁

教师是立教之本、兴教之源，是教育发展的第一生产力。建设一支思想过硬、师德高尚、业务精湛、充满活力的教师队伍，是加快教育事业发展的重要前提和保证，是全面推进素质教育的关键所在。推动我县教育事业又好又快发展，培养高素质人才，教师是关键，我希望全县教师能够做到以下几点。

（一）勤奋钻研、严谨好学。在当今时代知识进步、知识更新不断发展的条件下，要成为合格教育者，就必须不断学习、不断充实自己。广大教师要进一步增强学习的紧迫感和责任感，树立终身学习理念，拓宽知识视野，更新知识结构，争当学习的模范、创新的模范。

（二）立足岗位、关爱学生。广大教师要

牢记自己肩负的责任，牢固树立为教育事业献身的精神，切实承担教育者的社会责任。每个教师要以自己的良好形象和人格魅力教育学生和影响学生，充分发挥教师在教育教学中的主体地位和润物细无声的重要作用。

（三）更新观念，开拓创新。教师从事的是创造性工作。我们的广大教师，要真正从思想上、行动上顺应素质教育的要求，就必须切实转变教育思想、更新教育观念。要树立以人为本的教育观，树立人才多样化、人人能成长的人才观，树立“德智体美劳”全面发展的教育质量观，不断改变学生的求学观念，提升学习质量，使他们全面掌握专业知识和技能，为其将来拥有幸福美满的人生打下良好基础。

（四）淡泊名利、为人师表。教师的道德、品质和人格，对学生具有重要的影响，我们不仅要注重教书，更要注重育人，不仅要注重言传，更要注重身教。广大教师要自觉坚持社会主义核心价值体系，带头实践社会主义荣辱观，树立高尚的道德情操和精神追求，甘为人梯，乐于奉献，自尊自律，为人师表，努力做受学生爱戴、让人民满意的教师。

四、积极参与，大力支持教育事业发展

教育是学校、政府、社会多方共同努力的结果。教育要想变得更好，既需要负责任的老师，也需要党委政府的高度重视，更需要全社会都营造崇文重教的浓厚氛围。社会各界都要从事关人民群众根本利益、事关波密经济社会长足发展的高度，进一步关心和支持教育事业发展，大力弘扬尊师重教的传统，营造全党重教育、全民办教育、全社会支持教育的良好风尚。

（一）要加强党委政府的组织领导作用。做好教育工作，加强党的领导是根本保证。全县各级各部门领导干部都要站在历史和时代的高度，把发展教育事业放在心上，抓在手上，下大力气把教育工作抓好抓实、抓出成效。按照年初机构改革工作要求，下一步我县要成立县委教育工作领导小组，由我担任组长。领导小组在教育局下设秘书组，负责处理领导小组日常事务工作。领导小组成立后要积极发挥作用，认真研究、具体解决教育改革和发展中存在的问题，把教育改革发展纳入工作重要日程。同时，县委、县政府也将继续加大力度，确保项目、资金、人才优先用于教育发展，公共资源优先满足教育工作需要；在重要节日节庆期间对广大教师开展慰问等系列活动。各乡镇和教育部门要及时协调解决教育发展和改革中遇到的实际困难，努力为教育、为教师办实事、做好事、解难事，真正做到为官一任、兴教一方。县发改、财政等部门要认真落实教育优先发展的一系列政策措施，在项目实施、经费安排、人员配备、待遇落实等方面尽量向教育倾斜；人大、政协要加强对教育工作的执法检查和民主监督，保障教育事业健康发展；机构编制部门要加大对教育编制标准的提高，统筹使用编制资源，不断服务教育发展；人社部门要主动配合好深化教师职称制度改革相关工作，创新师资培训机制，着力提升教师综合水平；住建、自然资源局等部门在编制城镇建设规划时，要充分考虑教育事业长远发展的需要，优先规划落实学校建设用地，为教育发展留足空间。公安、应急、文化、市场监管、交警等部门要高度负责地做好学校周边环境综合治理、校园安全、食品安全、安全出行等工作，严厉打击侵害师生权益、扰乱学校正常秩序的行为，切实守护好校园净土。特别是要认真汲取湖北

恩施市白杨坪镇朝阳坡小学恶性伤人事件教训，始终绷紧校园安全这根弦，全力维护师生安全。其他各部门都要立足自身实际，发挥职能作用，办好教育实事，为教育事业发展提供更大的支持、更多的帮助、更有力的服务。在全力支持保障的同时，要尽可能减少对正常教学的干扰，减轻学校的额外负担，切实让教育回归本真。

（二）发挥学校的教育主导作用。学校教育是个人一生中所受教育最重要组成部分，要充分发挥学校教育的主导作用，不断提高教育质量和水平，加强对学生的文化知识教育，同时切实加强对学生的思想政治教育、品德教育、纪律教育、法制教育。要建立激励竞争机制，将教育工作的各项任务目标，层层分解，落实到人，充分调动广大教育工作者的积极性和主动性，始终保持教育事业发展的活力和竞争力。要强化学校日常管理，教育部门要切实履行好管党治党的主体责任，加强各类学校党的领导和党的建设。各学校党组织要把抓好党建作为办学治校的基本功，牢牢掌握住意识形态工作的领导权、主动权、话语权，让教书育人的地方成为爱国爱党的发源地。要加强校园文化建设，坚持“文化立校、特色办学”的育人策略，充分挖掘地方和学校优势教育资源，积极打造“非遗文化、红色精神、书香校园”等为标志的校园文化特色品牌，促进学生身心健康、快乐成长、全面发展。要着力提升校长队伍水平，各中小学校长要真正把精力放在加强管理、提升质量、钻研业务上，工作中多一些“学气”，少一些“官气”，努力成为研究型、创新型校长，既要做教师团队的“带头人”，更要做教师团队的“贴心人”。

（三）要营造尊师重教良好氛围。尊师重教是中华民族的优良传统。全县上下要积极倡导尊师重教的良好风尚，满腔热情关心教师，改善教师待遇，关心教师健康，维护教师权益，支持广大教师乐教爱教、甘守讲台、静心教书、潜心育人，使教师成为最受社会尊重的职业。要广泛动员社会各方面、各阶层的力量，调动企业和爱心人士的积极性，引导和鼓励企业家、爱心人士、创业成功人士通过捐赠、扶助等形式支持教育，在社会上广泛开展教育结对帮扶和丰富多样的助学活动，形成学校、家庭、社会共同发展教育的良好局面。宣传、教育等部门要大力宣传教育战线上的先进典型，进一步激发广大教师投身教育事业的积极性、主动性和创造性，真正让“党以重教为先，政以兴教为本，民以助教为荣”的思想深入人心，努力在波密全社会营造尊师重教的浓厚氛围。

各位老师、同志们，教书千秋伟业，育人万世丰功！教育承载着波密发展的希望，承载着全县人民的期盼，推进教育事业发展，使命崇高，责任重大。希望全县广大教师和教育工作者牢记使命、不负重托，开拓奋进、扎实工作，全力开创波密教育事业新辉煌，书写波密教育发展新篇章，为决胜全面小康、建设“五个波密”作出新的更大贡献！以优异成绩向新中国成立70周年献礼！

最后，衷心祝愿我县的教育事业蒸蒸日上、再创辉煌！祝愿广大教师和教育工作者节日愉快、身体健康、工作顺利、阖家幸福、扎西德勒！

中共波密县委员会
关于表彰2019年度先进基层党组织
优秀党务工作者和优秀共产党员的决定

波密县委〔2019〕30号

（2019年6月27日）

近年来，全县各级党组织和广大党员以习近平新时代中国特色社会主义思想为指导，认真贯彻落实党的十九大、十九届二中、三中全会精神，深入学习习近平总书记系列重要讲话精神，坚决落实中央大政方针、区党委重大决策部署和市委、县委工作要求，扎实推进“两学一做”学习教育常态化制度化，攻坚克难、奋勇争先，锐意进取、开拓创新，为推进“五个波密”建设做出了重要贡献。

为表彰先进、树立典型、弘扬正气，激励全县基层党组织和党员干部守初心、担使命、找差距、抓落实，在庆祝中国共产党成立98周年之际，县委决定，授予扎木镇党委等16个单位“先进基层党组织”荣誉称号，授予陆文刚等15名同志“优秀党务工作者”荣誉称号，授予次仁片多等67名同志“优秀共产党员”荣誉称号。

此次受表彰的先进集体和优秀个人，是各级党组织中涌现出的优秀代表。他们的先进事迹和精神风貌，集中体现了我县党组织的强大战斗力，充分彰显了新时期共产党员的先进性，是全县各级党组织和广大党员学习的榜样。县委希望，受表彰的集体和个人珍惜荣誉、谦虚谨慎，戒骄戒躁、再接再厉，发扬成绩、扎实工作，不断创造新业绩，开创各项工作新局面。

县委号召，全县各级党组织和广大党员干部要向受表彰的先进集体和优秀个人学习，紧密团结在以习近平为核心的党中央周围，坚定不移用习近平新时代中国特色社会主义思想武装头脑、指导实践、推动工作。要切实增强“四个意识”，坚定“四个自信”，做到“两个维护”，牢固树立新发展理念，坚持以人民为中心的发展思想，不忘初心、牢记使命，敢于担当、务实进取，充分发挥基层党组织战斗堡垒和党员先锋模范作用，为进一步巩固脱贫攻坚成果、推进乡村振兴战略大力实施、决胜全面建成小康社会而努力奋斗！

2019年度先进基层党组织、优秀党务工作者和优秀共产党员名单

一、先进基层党组织（16个）

扎木镇党委、玉许乡党委、玉普乡党委、县委办党支部、发改委党支部、县中学党支部、税务局党支部、倾多镇热西村党支部、扎木镇东若村党支部、松宗镇岗巴村党支部、多吉乡德吉村党支部、古乡雪瓦卡村党支部、玉许乡林琼村党支部、八盖乡雄吉村党支部、玉普乡米美村党支部、易贡乡沙玛村党支部。

二、优秀党务工作者（15名）

陆文刚　易贡乡机关党支部
拉巴次仁　扎木镇机关党支部
松　杰　松宗镇机关党支部
措　姆　八盖乡机关党支部
伍金次仁　古乡机关党支部
杜　梅　倾多镇机关党支部
张宇飞　玉许乡机关党支部
汪宗位　玉普乡机关党支部
何　磊　康玉乡机关党支部
卓玛次登　多吉乡西巴村党支部
刘　斌　县公安局机关党支部
龙浩瀚　县人民检察院党支部
边巴次仁　县政府办党支部
李　欣　县农业农村局党支部
刘　婷　县完全小学党支部

三、优秀共产党员（67名）

赵选贺　县委办党支部
次仁片多　县人大常委会机关党支部
益西拉姆　县政府办党支部
周江南　县委组织部党支部
王　帆　县委宣传部党支部
四郎拉姆　县委政法委党支部
蒋亚男　县巡察工作领导小组办公室党支部
索朗次旺　易贡乡机关党支部（桑林寺管委会）
钟文娟　团县委党支部
罗秀红　县工商联党支部
格桑旺姆　县法院党支部
杨春建　县公安局机关党支部
普布次仁　县公安局机关党支部
白玛多吉　县波茂广场便民警务站党支部
旺　久　倾多镇派出所党支部
阿　姑　县司法局党支部
陈　鹏　八盖乡机关党支部
樊尚泽　县财政局党支部
罗　兴　县人力资源和社会保障局党支部
嘎松拉姆　县自然资源局党支部
次仁卓玛　县水利局党支部
罗桑卓嘎　县农业农村局党支部
张庆冲　县文化和旅游局党支部
车南拉加　县卫生健康委员会党支部
多吉次仁　县市场监督管理局党支部
嘎玛罗追　县统计局党支部
肖德超　县扶贫开发办公室党支部
田　刚　县林业和草原局党支部
曲　珠　县城市管理和综合执法局党支部
尼玛央金　县中学党支部
扎西曲珍　县完全小学党支部
方晓勇　县中心幼儿园党支部

达瓦央金　县第二幼儿园党支部
仁青多吉　古乡中心小学党支部
索朗群培　八盖乡中心小学党支部
仁增巴珍　康玉乡中心小学党支部
格日才旦　县卫生服务中心党支部
央青群措　县税务局党支部
贾 群 英　县非公有制经济组织党支部
邓 玉 华　县扎木离退休党支部
卓　　嘎　县大桥离退休党支部
索朗旺秋　县桑登离退休党支部
李　　克　扎木镇机关党支部
达瓦扎西　扎木镇娘那村党支部
崩　　地　扎木镇东若村党支部
陈 小 河　古乡机关党支部
尼玛次仁　古乡巴卡村党支部
才央拉姆　倾多镇机关党支部
索朗顿珠　倾多镇巴康村党支部
次仁顿珠　倾多镇康达村党支部
尼玛拉措　松宗镇机关党支部
扎西次仁　松宗镇纳玉村党支部
江村群培　松宗镇栋曲村党支部
代 维 川　玉许乡机关党支部
顿珠次仁　玉许乡玉沙村党支部
桑　　登　玉许乡亚它村党支部
强巴丁增　玉普乡机关党支部
巴　　向　玉普乡米美村党支部
黄 泳 辉　多吉乡机关党支部
仁青旺久　多吉乡毛江村党支部
白　　朗　多吉乡通参村党支部
姜　　波　易贡乡机关党支部
赤列平措　易贡乡贡仲村党支部
单增洛桑　康玉乡机关党支部
阿旺尼玛　康玉乡达曲村党支部
洛松曲珍　八盖乡机关党支部
索朗次仁　八盖乡巴瑞村党支部

中共波密县委员会 波密县人民政府关于表彰波密县2019年上半年“遵行四条标准、争做先进僧尼”教育实践活动模范寺庙、优秀僧人、优秀组织单位和先进寺管干部的决定

波密县委〔2019〕39号

（2019年8月7日）

今年以来，在区党委、政府，市委、市政府和县委、县政府的坚强领导下，全县各级各部门认真履职、密切配合、协调联动，各寺管会驻寺干部和广大宗教界人士开拓进取、主动作为、积极参与，自觉做到忠诚拥戴人民领袖、维护祖国统一、加强民族团结、以戒为师精进学识、同心同行共建和谐，为促进藏传佛教与社会主义社会相适应发挥了积极作用，为推进“五个波密”建设贡献了积极力量。

为进一步表彰先进、树立典型，进一步激励全县各级各部门、广大寺庙僧人及驻寺干部转变作风、深化服务，不断加强和创新寺庙管理，县委、县政府决定，授予曲宗寺等5座寺庙“波密县模范寺庙”荣誉称号；授予索朗尼玛等44名僧人“波密县优秀僧人”荣誉称号；授予曲宗寺管理委员会等4个寺庙管委会（专职管理特派员办公室）“波密县优秀组织单位”荣誉称号；授予贾文升等5名驻寺干部“波密县先进寺管干部”荣誉称号。希望受到表彰的优秀集体和个人珍惜荣誉、发扬成绩，继续发挥好示范带头作用，在寺庙管理工作中再接再厉、再立新功。

县委、县政府号召，全县各宗教活动场所和广大宗教界人士要更加紧密的团结在以习近平同志为核心的党中央周围，高举中国特色社会主义旗帜，以“不忘初心、牢记使命”主题教育为重要抓手，贯彻落实习近平新时代中国特色社会主义思想以及关于宗教工作的重要论述，深入开展“遵行四条标准 争做先进僧尼”教育实践活动和“四讲四爱”群众教育实践活动，继续发扬藏传佛教的优良传统，坚持团结一致、攻坚克难，开拓进取、扎实工作，努力构建寺庙和谐、社会稳定的长效机制，为推进波密经济社会长足发展和长治久安作出新的更大贡献！

波密县2019年上半年“遵行四条标准争做先进僧尼”教育实践活动模范寺庙、优秀僧人、优秀组织单位和先进寺管干部名单

一、模范寺庙（5座）

曲宗寺、加达寺、普龙寺、贡果寺、日昂寺

二、优秀僧人（44名）

（一）曲宗寺（8名）

索朗尼玛、尼玛江村、扎巴、扎西、赤列、布绕、向秋次仁、扎西平措

（二）加达寺（6名）

布央、多吉次仁、斯朗多旦、嘎玛扎西、扎西罗布、拉巴

（三）普龙寺（12名）

嘎玛、四朗旺堆、嘎玛仁增、吉吉、布嘎、索朗次加、旺德扎西、嘎玛玖美、顿珠益西、四它、罗桑次平、索朗平措

（四）贡果寺（8名）

曲尼伟色、布穷、次仁顿珠、次成、巴桑、嘎罗、达杰、土登江村

（五）日昂寺（1名）

阿旺美拉

（六）玉仁寺（1名）

扎西罗布

（七）倾多寺（1名）

扎西占堆

（八）宗来日追（1名）

曲英

（九）松宗寺（2名）

夏加、仁增江措

（十）巴卡寺（1名）

布左

（十一）许木寺（2名）

次仁尼玛、次仁多吉

（十二）多东寺（1名）

阿道

三、优秀组织单位（4处）

曲宗寺管理委员会

许木寺管理委员会

普龙寺管理委员会

日昂寺专职管理特派员办公室

四、先进寺管干部（5名）

贾文升　桑林寺管委会

旺　旦　倾多寺管委会

阿桑罗布　普龙寺管委会

徐　龙　多东寺管委会（干警）

次仁顿珠　许木寺管委会（干警）

中共波密县委员会 波密县人民政府 关于表彰2019年中小考成绩优秀学校和“教育先进工作者”的决定

波密县委〔2019〕43号

（2019年9月6日）

今年以来，在县委、县政府的正确领导下，全县教育系统认真贯彻落实党的十九大精神和党的教育方针政策，以创建教育强县为目标、以提高教育教学质量为核心，以强化管理为举措，推动全县教育事业实现了长足发展，在中小考工作中取得了优异成绩。

为表彰先进，树立典型，进一步弘扬和激发优秀教师爱岗敬业、艰苦奋斗、无私奉献的崇高精神，号召我县广大教师队伍进一步增强责任感和使命感，营造人人争做优秀的“比、学、赶、帮、超”的良好氛围，推动我县教育教学质量不断攀升，在全社会形成尊师重教的良好风尚。经县委、县政府研究决定：

授予县中学、县完全小学、玉许乡第二小学和玉许乡中心小学4所学校“优秀学校”荣誉称号。

授予县中学领导班子扎西多吉（县中学）、洪长风（县中学）、黎世川（县中学）、索朗旺堆（县中学）4名教师“2019年波密县中考先进工作者”荣誉称号；授予县完小、玉许乡第二小学和玉许乡中心小学3所学校领导班子白玛拉珍（县完全小学）、央珍（县完全小学）、嘎玛罗布（县完全小学）、普布扎西（玉许乡中心小学）、扎西旺姆（玉许乡中心小学）、久美次仁（玉许乡中心小学）、普布（玉许乡第二小学）、扎穷（玉许乡第二小学）、多杰措姆（玉许乡第二小学）9名教师“2019年波密县小考先进工作者”荣誉称号。

希望受表彰的优秀学校和先进工作者立足新起点，扎实工作，锐意进取，开拓创新，化荣誉为新动力，为波密县教育事业发展再立新功。全县广大教师和教育工作者要以受表彰的集体和个人为榜样，以务实创新的工作作风，扎实有效的工作举措，积极投身我县教育事业中，为建设教育强县作出新的更大贡献。

中共波密县委员会 波密县人民政府关于表彰波密县2019年下半年“遵行四条标准、争做先进僧尼”教育实践活动模范寺庙、优秀僧人、优秀组织单位和先进寺管干部的决定

波密县委〔2019〕60号

（2019年11月17日）

2019年以来，在区党委、政府，市委、市政府和县委、县政府的坚强领导下，全县各涉宗成员单位、各寺管会驻寺干部和广大宗教界人士以实现宗教与社会主义社会相适应为目标，主动作为、协调联动，严守党的宗教工作基本方针政策，实现了管理有新举措、思想有新认识、责任有新担当、作为有新贡献、制度有新加强的目标，为实现决胜全面建成小康社会、促进波密经济长足发展和社会长治久安奠定了坚实基础。

为表彰先进、树立典型，激励广大涉宗干部和寺庙僧人干事创业热情，营造人人学典型、事事当先进的浓厚氛围，持续引导宗教与社会主义社会相适应，经县委、县政府研究决定：

授予多东寺等5座寺庙“波密县模范寺庙”荣誉称号；授予罗布顿珠等65名僧人“波密县优秀僧人”荣誉称号；授予许木寺管理委员会等5个寺庙管委会（专职管理特派员办公室）“波密县优秀组织单位”荣誉称号；授予次仁平措等5名驻寺干部“波密县先进寺管干部”荣誉称号。希望受到表彰的模范寺庙、优秀僧人、优秀组织单位、先进寺管干部珍惜荣誉、戒骄戒躁、再接再厉，发扬成绩、扎实工作，努力为“五个波密”建设作出新的更大贡献。

县委、县政府号召，全县各涉宗部门、涉宗干部和广大宗教界人士要以受表彰的集体和个人为榜样，继续发扬藏传佛教的优良传统，坚持团结一致、攻坚克难，开拓进取、扎实工作，努力构建寺庙和谐、社会稳定的长效机制，为推进波密经济社会长足发展和长治久安作出新的更大贡献！

波密县2019年下半年“遵行四条标准、争做先进僧尼”教育实践活动模范寺庙、优秀僧人、优秀组织单位和先进寺管干部表彰名单

一、模范寺庙（5座）

多东寺、倾多寺、玉仁寺、巴卡寺、成色寺

二、优秀僧人（65名）

（一）多东寺（22名）

索朗扎西、旺青尼玛、向秋多杰、扎西罗布、布布、江村普布、拉旺扎西、曲珠、次仁罗布、扎西占堆、永旦赤列、多吉贡布、次旺巴旦、齐美次仁、旺久多吉、次旺扎西、索朗次旺、扎左、才旺曲珠、贡桑罗布、阿道、布穷

（二）倾多寺（17名）

布鲁、扎西占堆、扎西平措、扎根拉顿、益洛次仁、旺久、仁增罗布、曲尼、曲旦平措、平措顿珠、朗杰次任、坚参、德青伦珠、达瓦、次仁平措、次仁加措、阿珠玛

（三）玉仁寺（11名）

罗珠桑布、罗布顿珠、索朗才旺、嘎罗、当珍、穷穷、扎西罗布、群培、索朗格桑、加塔、嘎嘎

（四）巴卡寺（9名）

布措、阿次、索朗平措、阿尼、尼玛次仁、阿布、其美多吉、白玛登珠、布索朗

（五）成色寺（1名）

扎西巴旦

（六）许木寺（2名）

次仁尼玛、次仁多吉

（七）贡果寺（1名）

布穷

（八）加达寺（1名）

拉巴

（九）松宗寺（1名）

仁增加措

三、优秀组织单位（5处）

多东寺庙管理委员会

倾多寺庙管理委员会

桑林寺庙管理委员会

许木寺庙管理委员会

巴卡寺专职管理特派员办公室

四、先进寺管干部（5名）

次仁平措　巴卡寺专职管理特派员办公室

旺　　旦　倾多寺管委会（松宗寺专职管理特派员办公室负责人）

次仁多吉　桑林寺管委会（日昂寺专职管理特派员办公室负责人）

冷　　杰　倾多寺管委会

扎　　央　松宗寺专职管理特派员办公室（干警）

中共波密县委员会 波密县人民政府关于表彰2019年度县级“先进双联户”创建评选工作先进集体、“先进双联户”和“优秀气象信息员”的决定

波密县委〔2019〕64号

（2019年12月7日）

2019年以来，全县各级、各部门在县委、政府的坚强领导下，深入贯彻落实习近平新时代中国特色社会主义思想，特别是总书记关于治边稳藏重要战略思想和论述，聚焦“双联户”服务管理和“先进双联户”创建评选规定内容，在做实做细规定动作上补短板，在做优做亮自选动作上显特色，履职尽责、担当作为、精准施策，有效推动了全县“联户平安、联户增收”及社会管理事业又好又快发展，纵深推进了我县群防群治和社会治安综合治理工作，为维护我县社会局势持续、长期、全面稳定奠定良好基础，涌现出了一批先进集体和个人。

为表彰先进，树立典型，激励广大干部群众参与“双联户”工作的热情，努力开创“双联户”工作新局面，根据《中共西藏自治区委员会办公厅 西藏自治区人民政府办公厅印发〈西藏自治区“先进双联户”创建评选活动实施方案（试行）〉的通知》（藏委厅〔2013〕43号）文件要求，经县委九届七十二次常委会研究同意，现决定对玉普乡等3个乡（镇），康玉乡宗热村等8个村，扎木镇扎木路居民委员会第70联户单位普迟等11个联户单位（129户），玉许乡白玉村第六联户单位索朗多吉等3名优秀气象信息员予以表彰，并按照规定兑现奖金。

希望受到表彰的先进集体、“先进双联户”及“优秀气象信息员”珍惜荣誉，持续发力，争创更多佳绩。希望未受表彰的单位和个人总结经验，克服不足，在今后的“双联户”和社会治安综合治理中，开拓创新，扎实工作，努力为我县实现经济跨越式发展和社会长治久安作出新的贡献。

2019年度县级“先进双联户”创建评选工作先进集体、“先进双联户”及“优秀气象信息员”名单

一、2019年度县级“先进双联户”创建评选工作先进集体名单（11个）

（一）“先进双联户”创建评选工作先进乡（镇）（3个）

玉普乡、倾多镇、玉许乡

（二）“先进双联户”创建评选工作先进村（8个）

康玉乡宗热村、古乡巴卡村、倾多镇巴康村、易贡乡沙玛村、松宗镇德巴村、多吉乡西巴村、八盖乡雄吉村、玉许乡亚它村

二、“先进双联户”名单（129户）

（一）扎木镇（19户）

扎木镇扎木路居民委员会第70联户单位 普迟（户长）

扎木镇扎木路居民委员会第70联户单位 旺杰

扎木镇扎木路居民委员会第70联户单位 白玛罗布

扎木镇扎木路居民委员会第70联户单位 陈卫

扎木镇扎木路居民委员会第70联户单位 张波

扎木镇扎木路居民委员会第70联户单位 朱琳

扎木镇扎木路居民委员会第70联户单位 扎西顿珠

扎木镇扎木路居民委员会第227联户单位 索朗次仁（户长）

扎木镇扎木路居民委员会第227联户单位 珠鲁

扎木镇扎木路居民委员会第227联户单位 次仁罗布

扎木镇扎木路居民委员会第227联户单位 才登卓玛

扎木镇扎木路居民委员会第227联户单位 罗桑吉

扎木镇扎木路居民委员会第227联户单位 多吉才巴

扎木镇扎木路居民委员会第227联户单位 欧嘎扎西

扎木镇扎木路居民委员会第227联户单位 罗桑江村

扎木镇扎木路居民委员会第227联户单位 贡布扎西

扎木镇扎木路居民委员会第227联户单位 扎西平措

扎木镇扎木路居民委员会第227联户单位 布仁措

扎木镇扎木路居民委员会第227联户单位 尼玛邓珠

（二）松宗镇（10户）

松宗镇岗巴村第3联户单位 土登克珠（户长）

松宗镇岗巴村第3联户单位 索朗曲登

松宗镇岗巴村第3联户单位 登增

松宗镇岗巴村第3联户单位 格桑尼登

松宗镇岗巴村第3联户单位 次仁多吉

松宗镇岗巴村第 3 联户单位
索朗占堆
松宗镇岗巴村第 3 联户
单位巴桑
松宗镇岗巴村第 3 联户单位
索朗丁增
松宗镇岗巴村第 3 联户单位
索朗旺秋
松宗镇岗巴村第 3 联户
单位嘎宗

（三）玉许乡（12 户）

玉许乡白玉村第 6 联户单位
索朗多吉（户长）
玉许乡白玉村第 6 联户单位
阿珠玛
玉许乡白玉村第 6 联户单位
白玛央吉
玉许乡白玉村第 6 联户单位
多它
玉许乡白玉村第 6 联户单位
尼玛次仁
玉许乡白玉村第 6 联户单位
旺久
玉许乡白玉村第 6 联户单位
益西加措
玉许乡白玉村第 6 联户单位
索朗曲吉
玉许乡白玉村第 6 联户单位
扎拉玛
玉许乡白玉村第 6 联户单位
扎西次仁
玉许乡白玉村第 6 联户单位
加央平措
玉许乡白玉村第 6 联户单位
扎西旺堆

（四）古乡（8 户）

古乡雪瓦卡第 2 联户单位
索朗次仁（户长）
古乡雪瓦卡第 2 联户单位
才杰罗布
古乡雪瓦卡第 2 联户单位
索朗措姆
古乡雪瓦卡第 2 联户单位
扎西次仁
古乡雪瓦卡第 2 联户单位
扎西旺堆
古乡雪瓦卡第 2 联户单位
近巴
古乡雪瓦卡第 2 联户单位
曲旦
古乡雪瓦卡第 2 联户单位
罗松平措

（五）玉普乡（12 户）

玉普乡格巴村第 2 联户单位
旦巴将增（户长）
玉普乡格巴村第 2 联户单位
阿旺次成
玉普乡格巴村第 2 联户单位
阿西
玉普乡格巴村第 2 联户单位
白玛
玉普乡格巴村第 2 联户单位
才旺久美
玉普乡格巴村第 2 联户单位
格桑曲珍
玉普乡格巴村第 2 联户单位

加央占堆

玉普乡格巴村第2联户单位

拉加

玉普乡格巴村第2联户单位

其美多吉

玉普乡格巴村第2联户单位

强巴

玉普乡格巴村第2联户单位

索朗拉姆

玉普乡格巴村第2联户单位

扎西次仁

（六）多吉乡（11户）

多吉乡西巴村第1联户单位

嘎桑多吉（户长）

多吉乡西巴村第1联户单位

勃地

多吉乡西巴村第1联户单位

勃姆

多吉乡西巴村第1联户单位

布穷

多吉乡西巴村第1联户单位

布珠玛

多吉乡西巴村第1联户单位

嘎桑仁增

多吉乡西巴村第1联户单位

玖阿

多吉乡西巴村第1联户单位

奶喳

多吉乡西巴村第1联户单位

其美仁增

多吉乡西巴村第1联户单位

索朗多吉

多吉乡西巴村第1联户单位

索朗央宗

（七）易贡乡（11户）

易贡乡贡仲村第2联户单位

边扎（户长）

易贡乡贡仲村第2联户单位

其来

易贡乡贡仲村第2联户单位

索朗多吉

易贡乡贡仲村第2联户单位

次仁多吉

易贡乡贡仲村第2联户单位

陈连

易贡乡贡仲村第2联户单位

江勇曲珍

易贡乡贡仲村第2联户单位

卓玛曲吉

易贡乡贡仲村第2联户单位

军巴

易贡乡贡仲村第2联户单位

多吉次仁

易贡乡贡仲村第2联户单位

次仁顿珠

易贡乡贡仲村第2联户单位

色巴

（八）倾多镇（20户）

倾多镇巴康村第8联户单位

白玛益西（户长）

倾多镇巴康村第8联户单位

德吉卓玛

倾多镇巴康村第8联户单位

阿郎

倾多镇巴康村第8联户单位

尼珍

倾多镇巴康村第8联户单位

阿米

倾多镇巴康村第8联户单位

贡松

倾多镇巴康村第8联户单位

罗布

倾多镇巴康村第8联户单位

洛桑卓玛

倾多镇巴康村第8联户单位

奇美仁曾

倾多镇巴康村第8联户单位

索郎顿珠

倾多镇巴康村第8联户单位

西桑

倾多镇巴康村第8联户单位

扎西央宗

倾多镇巴康村第8联户单位

嘎玛才旺

倾多镇巴康村第8联户单位

扎西才登

倾多镇巴康村第8联户单位

扎朱

倾多镇巴康村第8联户单位

朱角玛

倾多镇巴康村第8联户单位

布拉

倾多镇巴康村第8联户单位

次仁平措

倾多镇巴康村第8联户单位

拉巴卓玛

倾多镇巴康村第8联户单位

平措次仁

（九）康玉乡（16户）

康玉乡通堆村第13联户单位

阿旺索朗（户长）

康玉乡通堆村第13联户单位

央措

康玉乡通堆村第13联户单位

宋国辉

康玉乡通堆村第13联户单位

仁增玛

康玉乡通堆村第13联户单位

何磊

康玉乡通堆村第13联户单位

格桑平措

康玉乡通堆村第13联户单位

王胜坤

康玉乡通堆村第13联户单位

平措拉珍

康玉乡通堆村第13联户单位

日增曲珠

康玉乡通堆村第13联户单位

李兴玉

康玉乡通堆村第13联户单位

刘思敏

康玉乡通堆村第13联户单位

达娃

康玉乡通堆村第13联户单位

赵静

康玉乡通堆村第13联户单位

王帆

康玉乡通堆村第13联户单位

乔德吉

康玉乡通堆村第13联户单位

阿旺贡松

（十）八盖乡（10户）

八盖乡日卡村第4联户单位
阿旺多杰（户长）

八盖乡日卡村第4联户单位
拉旺次珠

八盖乡日卡村第4联户单位
白路

八盖乡日卡村第4联户单位
次旺达珍

八盖乡日卡村第4联户单位
普布次仁

八盖乡日卡村第4联户单位
穷珍

八盖乡日卡村第4联户单位
尼玛顿珠

八盖乡日卡村第4联户单位
宗吉

八盖乡日卡村第4联户单位
罗追

八盖乡日卡村第4联户单位
论珠

三、优秀气象信息员（3名）

玉许乡白玉村第6联户单位
索朗多吉（户长）

易贡乡贡仲村第2联户单位
边扎（户长）

多吉乡西巴村第1联户单位
嘎桑多吉（户长）

中共波密县委员会 波密县人民政府关于表彰广州市第六批三级医院对口帮扶援藏医疗队队员的决定

波密县委〔2019〕70号

（2019年12月18日）

2019年3月，广州市第六批三级医院对口帮扶援藏医疗队深入我县开展医疗帮扶工作。工作期间，医疗队员认真贯彻落实粤藏省区关于对口帮扶工作的具体要求，主动践行老西藏精神，踏实履职、不辱使命，坚持“科学援藏、真情援藏、奉献援藏”的工作理念，积极开展对口帮扶工作，特别是在科室建设、制度完善、柔性帮扶、临床指导、下乡义诊、人才培养等方面作出了有力贡献，为推动波密医疗卫生水平提升和县医院争创二甲提供了积极指导，受到了全县干部群众的充分认可和广泛好评。

为表彰援藏医疗队的突出贡献，县委、县政府决定：授予广州市第六批对口帮扶援藏医疗队队员钟俊斌、杨英、卢呈祥、黄燕芳、李维杰5名同志“医疗援藏优秀个人”荣誉称号。希望受表彰的个人不忘初心、牢记使命，珍惜荣誉、发扬成绩，积极为医疗卫生事业发展再创佳绩、再立新功。

县委、县政府号召，全县广大医务工作者要以先进典型为学习榜样，向受到表彰的优秀个人学习，坚持以习近平新时代中国特色社会主义思想为指导，深入贯彻落实区党委、政府和市委、市政府决策部署，以维护人民健康为最高使命，努力争做有理想信念、有高尚医德、有精湛技术、有医者仁心的好医生、好护士，积极向社会提供更高标准、更好水平的医疗服务，不断提升人民福祉，为加快推进波密经济社会长足发展和长治久安作出新的更大贡献！

中共波密县委员会 波密县人民政府关于表彰2019年波密县民族团结进步模范集体和模范个人的决定

波密县委〔2020〕1号

（2020年1月7日）

2019年，全县各族人民在县委、县政府的正确领导下，坚持以习近平新时代中国特色社会主义思想为指导，深入贯彻落实习近平总书记关于治边稳藏的重要论述和“加强民族团结、建设美丽西藏”的重要指示精神，贯彻落实习近平总书记在全国民族团结进步表彰大会上的重要讲话精神，以推进波密长足发展和长治久安为目标，以巩固和发展平等团结互助和谐的社会主义民族关系为己任，积极投身波密经济发展和社会建设之中，扎实推动了全县各族人民和睦相处、和衷共济、和谐发展，涌现出一批维护民族团结的模范集体和模范个人。

为表彰先进、树立典型，激励全县各族干部群众进一步弘扬民族团结的光辉传统，促进民族团结事业不断向前发展，县委、县政府决定：授予县委办等13个单位“2019年波密县民族团结进步模范集体”荣誉称号，授予陈东等15名同志“2019年波密县民族团结进步模范个人”荣誉称号。希望受表彰的集体和个人，珍惜荣誉，再接再厉，用优秀品格和模范行动引导和鼓舞全县各族人民共同团结奋斗、共同繁荣发展。

全县各级党政组织和各族干部群众要以模范典型为榜样，自觉做国家统一、民族团结和社会稳定的维护者，做各民族交往、交流、交融的促进者，以习近平新时代中国特色社会主义思想为指导，认真贯彻落实新形势下中央和自治区、林芝市关于加强民族团结的决策部署，求真务实、甘于奉献、开拓进取，为促进各民族共同繁荣与进步、全面建成小康社会作出新的更大贡献。

2019年波密县民族团结进步模范集体和模范个人名单

一、波密县民族团结进步模范集体（13个）

县委办

县人大办

县政府办

县政协办

县公安局

县住建局

县教育局

县林业草原局

扎木镇人民政府

扎木大站

县“三岩”办

中国农业银行波密县支行

倾多镇巴康村

二、波密县民族团结进步模范个人（15名）

陈　　东　县应急管理局局长、四级调研员

次仁卓嘎　县财政局局长、一级主任科员

张　　斌　县卫健委主任、一级主任科员

黄　　勇　县统计局局长

刘 仕 林　县综合执法局局长

赵 明 军　县纪委常委、监委委员

冯　　勇　多东寺管委会主任

扎西多吉　县中学校长

尼玛扎西　县人民医院院长

韩 林 芸　县农业农村局一级科员

次仁多吉　退休干部

索朗顿珠　倾多镇巴康村党支部书记

尼玛江村　曲宗寺僧人

扎西央宗　环卫工人

马 得 良（回族）　个体工商户

中共波密县委员会 波密县人民政府 关于表彰2019年度优秀乡(镇)和单位的决定

波密县委〔2020〕4号

(2020年1月14日)

2019年是新中国成立70周年、西藏民主改革60周年,也是决胜脱贫攻坚、全面建成小康社会的关键之年。一年来,在市委坚强领导下,县委、县政府团结带领全县各级各部门和广大干部群众,以习近平新时代中国特色社会主义思想为指导,坚决贯彻落实中央和自治区、林芝市一系列决策部署和会议精神,紧盯“五个波密”建设目标,按照县委、县政府年初确定的各项任务,以正确处理“十三对关系”为根本方法,保持战略定力,坚持稳中求进,统筹推进发展稳定生态各项工作,保持了经济持续健康发展和社会大局和谐稳定,人民群众获得感、幸福感、安全感不断提升,涌现出一批真抓实干、实绩突出的先进乡(镇)和单位。

为表彰先进、树立典型、发扬成绩,进一步激发和调动全县各级各部门和广大党员干部干事创业的积极性、主动性,促进形成担当作为、竞相发展的良好局面,根据波密县2019年度年终综合考评结果,县委、县政府决定,授予玉许乡2019年度乡(镇)工作一等奖,授予扎木镇、倾多镇、多吉乡2019年度乡(镇)工作二等奖,授予易贡乡、玉普乡、古乡2019年度乡(镇)工作三等奖,授予康玉乡、八盖乡、松宗镇2019年度乡(镇)工作达标奖;授予县委政法委、县委巡察办、县委组织部、县委宣传部、发改委、住建局、财政局、应急管理局、公安局、市场监督管理局、林业和草原局、自然资源局、扶贫办、市生态环境局波密县分局、气象局“波密县2019年度工作优秀单位”荣誉称号;授予波密县城投公司“波密县2019年度优秀企业”荣誉称号。希望受到表彰的乡(镇)和单位珍惜荣誉、戒骄戒躁、再创佳绩、再立新功。

2020年是全面建成小康社会和“十三五”规划收官之年,全县各级各部门和广大党员干部要以先进为榜样,更加紧密地团结在以习近平同志为核心的党中央周围,高举习近平新时代中国特色社会主义思想伟大旗帜,全面贯彻落实党的十九大、十九届四中全会精神,贯彻落实区党委经济工作会议精神,按照市委一届九次全会和市委经济工作会议部署要求,紧扣全面建成小康社会目标任务,坚持新发展理念,着力固根基、扬优势、补短板、强弱项,用创新举措推动高质量发展,用发展成效推进“五个波密”建设,为全面建成小康社会作出新的更大贡献。

中共波密县委员会 波密县人民政府关于表彰创先争优强基础惠民生活动第八批先进驻村（居）工作队先进驻村（居）工作队员、优秀组织单位的决定

波密县委〔2020〕8号

（2020年1月21日）

第八批驻村工作开展以来，波密县严格按照自治区党委、政府，市委、市政府决策部署，坚持认真组织，精心安排，强化指导，推动驻村工作有力有序开展。各派驻单位按照工作要求，坚持因村选人组队，选优配强驻村干部，强化保障支持、做好坚强后盾，积极支持驻村（居）工作队开展工作。各驻村（居）工作队和广大驻村（居）干部紧紧围绕新时代干部驻村“七项重点任务”，讲政治、讲担当，舍小家、顾大家，统筹推进基层经济建设、政治建设、文化建设、社会建设、生态文明建设和党的建设，农牧区基础设施建设日益完善，人居环境明显改善，以党组织为核心的基层组织建设进一步加强，各族群众对党和国家的向心力不断增强，赢得了全县各族群众的广泛认可，涌现出了一批先进集体和先进个人。

为表彰先进、树立典型，激励各级党组织和广大党员干部积极投身创先争优强基础惠民生活动的工作中来，县委、县政府决定，授予八盖乡人民政府派驻波密县八盖乡竹玉村工作队等8个工作队“创先争优强基础惠民生活动先进驻村（居）工作队”荣誉称号；授予八盖乡人民政府派驻波密县八盖乡日卡村工作队队长扎西旺杰等36名驻村干部“创先争优强基础惠民生活动先进驻村（居）工作队员”荣誉称号；授予波密县卫生健康委员会等6家单位“创先争优强基础惠民生活动优秀组织单位”荣誉称号。希望受到表彰的先进集体和先进个人珍惜荣誉、戒骄戒躁，在各自的岗位上进一步发挥模范表率作用，取得更新更好的成绩。

全县各级党组织和广大党员干部要以先进典型为榜样，以习近平新时代中国特色社会主义思想为指导，认真贯彻落实区党委、市委工作部署，凝心聚力、砥砺前行，勇于担当、主动作为，精准深入推进干部驻村工作，推动我县驻村工作向更高水平、更高质量发展，为夯实基层基础、决战决胜脱贫攻坚、全面建成小康社会作出新的更大贡献！

波密县深入开展创先争优强基础惠民生活动第八批先进驻村（居）工作队先进驻村（居）工作队员优秀组织单位名单

一、先进驻村（居）工作队（8个）

波密县八盖乡人民政府派驻八盖乡竹玉村工作队

波密县纪委监委派驻古乡嘎朗村工作队

波密县康玉乡人民政府派驻康玉乡宗热村工作队

波密县公安局、司法局、法院联合派驻倾多镇扎西村工作队

波密县委办公室派驻倾多镇如纳村工作队

波密县农业农村局派驻易贡乡连片试点工作队

波密县玉许乡人民政府派驻玉许乡林琼村、热西村、棠木村、试点工作队

波密县人民检察院派驻玉许乡海定村工作队

二、驻村工作队员（36名）

（一）八盖乡（2个）

扎西旺杰　波密县八盖乡人民政府派驻八盖乡日卡村工作队队长

仓卓嘎　波密县八盖乡人民政府派驻八盖乡雄吉村工作队队员

（二）古乡（3个）

张允琛　波密县纪委监委派驻古乡嘎朗村工作队副队长

肖林辰　波密县古乡人民政府派驻古乡索通村工作队副队长

卓玛　波密县古乡人民政府派驻古乡索通村工作队队员

（三）松宗镇（5个）

余玲玲　波密县人民法院派驻松宗镇纳玉村工作队队长

王昌红　波密县农技推广服务站派驻松宗镇多格村工作队队长

普布　波密县松宗镇人民政府派驻松宗镇德巴村试点工作队队员

布阿娘　波密县松宗镇人民政府派驻松宗镇栋曲村工作队副队长

尼玛　波密县松宗镇人民政府派驻松宗镇德巴村试点工作队队员

（四）多吉乡（5个）

次央　波密县多吉乡人民政府派驻多吉乡德吉村试点工作队队长

和平　波密县教育局派驻多吉乡通参村工作队队长

才让吉　波密县多吉乡人民政府派驻多吉乡通参村工作队副队长

黄泳辉　波密县多吉乡人民政府派驻多吉乡德吉村试点工作队队员

王慧　波密县财政局派驻多吉乡木古村工作队副队长

（五）康玉乡（1个）

格桑平措　波密县康玉乡人民政府派驻康玉乡拉瓦西村工作队副队长

（六）易贡乡（2个）

贾芳丽　波密县易贡乡人民政府派驻易贡乡联合驻村工作队队长

何鑫　波密县农业农村局派驻易贡乡联合驻村工作队副队长

（七）玉普乡（2个）

欧珠多吉　波密县玉普乡人民政府派驻玉普乡格巴村工作队队长

泽仁曲措　波密县文化和旅游局派驻玉普乡米美村连片试点工作队队员

（八）倾多镇（4个）

益西拉姆　波密县政府办公室派驻倾多镇德吉村工作队副队长

次　　登　波密县倾多镇人民政府派驻倾多镇康达村试点工作队队员

顿珠次仁　波密县民政局派驻倾多镇朱西村工作队队长

革勒罗布　波密县倾多镇人民政府派驻倾多镇如纳村工作队队员

（九）扎木镇（6个）

阿旺措姆　波密县扎木镇人民政府驻扎木镇东若村试点工作队副队长

次仁德吉　波密县扎木镇人民政府驻扎木镇东若村试点工作队队员

苏　　宇　波密县扎木镇人民政府派驻扎木镇岗巴村工作队队长

梁 耀 文　波密县扎木镇人民政府派驻扎木镇康木村工作队队长

才　　珍　波密县扎木镇人民政府派驻扎木镇康木村工作队副队长

蒯 世 磊　波密县人力资源和社会保障局派驻扎木镇桑登村工作队队员

（十）玉许乡（6个）

次旺德吉　波密县玉许乡人民政府派驻玉许乡林琼村试点工作队队长

万 睿 钦　波密县市场监督管理局派驻玉许乡白玉村工作队副队长

阿旺平措　波密县玉许乡人民政府派驻玉许乡则普村工作队副队长

四朗登巴　波密县委宣传部派驻玉许乡帮肯村工作队队长

拉巴次仁　波密县公安局派驻玉许乡普热村工作队队长

任 智 勇　波密县发展和改革委员会派驻玉许乡扎西岗村工作队副队长

三、优秀组织单位（6个）

波密县卫生健康委员会

波密县市场监督管理局

波密县司法局

波密县人民检察院

波密县粮食和物资储备局

波密县林业和草原局

中共波密县委员会 波密县人民政府关于表彰2019年度平安建设（综治）工作先进乡（镇）、先进集体和先进个人的决定

波密县委〔2020〕9号

（2020年1月21日）

2019年，在市委、市政府的坚强领导下，县委、县政府团结带领全县各族干部群众，坚持党建引领，积极探索城乡基层社会治理新举措，以深入推进“扫黑除恶、打非治乱”专项斗争为契机，不断深化平安建设和社会治理各项工作，基层基础不断夯实，社会和谐稳定局面持续巩固，平安建设水平稳步提升，人民群众的获得感幸福感安全感有力增强，涌现出一批主动作为、真抓实干、勇于奉献的先进集体和先进个人。

为表彰先进、树立典型，进一步激发全县干部群众参与平安建设和综治工作的积极性、主动性，县委、政府决定，授予玉许乡“波密县2019年度平安建设（综治）工作第一名”荣誉称号；授予扎木镇“波密县2019年度平安建设（综治）工作第二名”荣誉称号；授予玉普乡“波密县2019年度平安建设（综治）工作第三名”荣誉称号；授予倾多镇、康玉乡、松宗镇、八盖乡、古乡、易贡乡、多吉乡等7个乡（镇）“波密县2019年度平安建设（综治）工作达标乡（镇）”荣誉称号；授予县委办等17家单位“波密县2019年度平安建设（综治）工作先进集体”荣誉称号；授予米玛等26名同志“波密县2019年度平安建设（综治）工作先进个人”荣誉称号。授予多吉乡巴桑等24个家庭“平安家庭”荣誉称号，授予波密县游客服务中心酒店、雪山江景大酒店为“平安酒店”荣誉称号。希望受到表彰的先进集体和先进个人珍惜荣誉，戒骄戒躁，充分发挥模范带头作用，在平安建设和综治工作中再创佳绩、再立新功。

全县各级各部门和各族干部群众要以先进为榜样，以习近平新时代中国特色社会主义思想为指导，深入贯彻落实区党委、政府和市委、市政府工作部署，把维护国家安全和社会局势持续和谐稳定放在首位，不忘初心、牢记使命，持续深化祥和波密建设，全面提升我县社会综合治理现代化水平，为推动波密长足发展和长治久安、决胜全面建成小康社会作出新的更大贡献！

波密县2019年度平安建设（综治）工作先进乡（镇）、先进集体、先进个人和平安家庭、平安酒店名单

一、先进乡镇（3个）

玉许乡
扎木镇
玉普乡

二、先进集体（17个）

县委办公室
县人大办公室
县政府办公室
县政协办公室
县纪委监委
县委组织部
县委统战部
县委宣传部
县人民法院
县人民检察院
县公安局
县财政局
县司法局
县自然资源局
县应急管理局
县信访局
县扫黑办

三、先进个人（26名）

米　　玛　县退役军人事务局局长
柳 军 力　县林草局局长
刘　　俊　县委国安委办副主任
梅 贞 平　县民政局副局长
索朗央宗　县人社局副局长
江　　安　松宗镇文化服务中心主任
钟 文 娟　团县委副书记
尼玛拉姆　县卫计委副主任
樊 西 豫　古乡党委委员、统战委员
周 小 林　县市场监督管理局一级科员
次旺热旦　县文旅局一级科员
史 旌 剑　县教育局事业人员
江安平措　县委政法委一级科员
格桑白姆　县公安局(110 指挥中心)辅警
次仁平措　县公安局(梅州路警务站)辅警
四朗多吉　县公安局（驻寺）民警
白 旭 梅　松宗镇四级主任科员
卓玛央吉　八盖乡一级科员
何　　磊　康玉乡事业人员
张　　倩　多吉乡一级科员
郭　　炎　倾多镇一级科员
格桑卓嘎　易贡乡事业人员
李　　冬　县农业农村局事业人员
王　　伟　玉普一级公安检查站民警
冷　　杰　县委统战部（驻寺干部）一级科员
桑　　杰　县农行行长

四、平安家庭（24户）

巴　　桑　多吉乡人民政府
卓玛才登　多吉乡西巴村
阿　　成　古乡松绕村
扎　　珠　古乡嘎朗村
白玛多吉　康玉乡宗热村
普　　助　康玉乡达曲村
丁　　增　易贡乡贡仲村
吾坚旦增　易贡乡江拉村

布　　琼　松宗镇角达村
阿旺美兰　松宗镇德巴村
杨　　帆　扎木镇人民政府
黄 华 珍　扎木镇人民政府
四郎卓玛　扎木镇居委会
平措扎西　扎木镇居委会
李 荣 金　扎木镇居委会
洛　　旦　扎木镇居委会
蔡仁多吉　扎木镇居委会
贡　　嘎　扎木镇居委会
阿旺罗布　八盖乡龙普村
阿　　娘　八盖乡巴瑞村
扎西次培　玉普乡达巴村
扎西曲加　玉普乡阿西村
阿　　压　倾多镇达龙村
达瓦次仁　倾多镇热西村

五、平安酒店（2家）

卢 俊 香　波密游客服务中心酒店
林 常 青　雪山江景大酒店

勘误表

《波密年鉴（2019）》勘误表

表 19

页数	位置	误	正	备注
前彩	上图	烈士公园	烈士陵园	
148 页	第 5 行	县委宣传部	删掉	

索 引

说 明

一、本索引采用主题分析索引法，按主题词首字汉语拼音（同音字按声调）顺序排列；首字相同的按第二字汉语拼音顺序排列，依此类推。

二、大事记、特载的重要文件只索引到文章的二级标题。非音序集中列在本索引末。

三、主题词后的阿拉伯数字表示内容所在页码及参见页码，数字后的拉丁字母（a、b、c）表示该页码从左至右的栏别，类目、部（门）目标题和页码用黑体字标明。

A

B

C

D

H

J

K

L

M

N

S

T

W

X

Y

Z

非音序